PROBLEME DER POLITISCHEN ÖKONOMIE

Deutsche Akademie der Wissenschaften zu Berlin

Jahrbuch des Instituts für Wirtschaftswissenschaften

Band 7

Probleme der politischen Ökonomie

AKADEMIE-VERLAG · BERLIN

1964

Manuskriptabschluß: 31. März 1964

Verantwortlicher Redakteur: Dipl. oec. Götz Heininger

Erschienen im Akademie-Verlag GmbH, Berlin W 8, Leipziger Straße 3/4

Lizenznummer: 202 · 100/11/64
Gesamtherstellung: IV/2/14 VEB Werkdruck Gräfenhainichen 2297
Bestellnummer: 2113/7 · ES 5 B 2 · Preis: MDN 17,–

INHALTSVERZEICHNIS

Dr. habil. Walter Gellrich

Dr. Ottomar Kratsch

Prof. Dr. Gunther Kohlmey

BERICHT ÜBER DIE ARBEIT DES INSTITUTS FÜR WIRTSCHAFTSWISSENSCHAFTEN IM JAHRE 1963

Die Arbeit des Instituts stand im Jahre 1963 im Zeichen der konsequenten Konzentration auf die Durchführung der Beschlüsse des VI. Parteitages der SED, der Wirtschaftskonferenz und des 5. Plenums des ZK der SED. Die Leitung des Instituts orientierte insbesondere die Mitarbeiter der Abteilung „Politische Ökonomie des Sozialismus" auf die Ausarbeitung der wissenschaftlichen Grundlagen des neuen ökonomischen Systems der Planung und Leitung der Volkswirtschaft und auf die Mitwirkung bei der Umsetzung der gewonnenen Erkenntnisse in die Praxis. Die Aufgaben der einzelnen Arbeitsgruppen wurden in Einklang mit den langfristigen Forschungszielen so festgelegt, daß sie sich organisch in die Gesamtplanung der wirtschaftswissenschaftlichen Forschungsarbeit in der Republik eingliedern, die unter Leitung des ökonomischen Beirats bei der Staatlichen Plankommission erfolgt. Gleichzeitig wurde die Erforschung von Grundproblemen des modernen Kapitalismus und der bürgerlichen Ideologie in Übereinstimmung mit den Erfordernissen unseres nationalen Kampfes verstärkt fortgeführt. Die Arbeit des gesamten Kollektivs des Instituts wurde somit den Bedürfnissen der gesellschaftlichen Praxis angepaßt. Dabei wurde, ausgehend von den vorhandenen Kräften, die Methode der Konzentration auf Schwerpunkte weiterhin durchgesetzt. Im Hinblick auf den Kaderbestand fand dies unter anderem seinen Ausdruck in der weiteren quantitativen und qualitativen Verstärkung der Abteilung „Politische Ökonomie des Sozialismus".

In der Arbeitsgruppe „Planung und Wertgesetz" wurde im Berichtsjahr zugleich an zwei eng miteinander verbundenen Aufgaben gearbeitet. Die erste besteht in der Ermittlung von Methoden zur Berechnung des gesamten Arbeitsaufwandes je Produkt in Zeit und in der Messung des Arbeitsaufwandes als einer Grundlage für eine wissenschaftlich begründete Preisbildung. Zweitens beschäftigt sich die Arbeitsgruppe mit der Analyse der preisbildenden Faktoren, mit dem Preisbildungsgesetz im Sozialismus. Die Aufgaben der Arbeitsgruppe entsprechen den langfristigen Forschungsaufgaben, die vom Ökonomischen Beirat der Staatlichen Plankommission gestellt wurden. Die Mitarbeiter der Gruppe werden den Kern eines Forschungskollektivs des Arbeitskreises „Bilanzierung" bilden; ein Mitarbeiter der Gruppe arbeitet im Arbeitskreis „Preise" mit.

Bei der Bearbeitung der Forschungsthemen konnten 1963 erste Ergebnisse erzielt werden. In Anlehnung an Studien sowjetischer Ökonomen über die Faktoren der Preisbildung und ihre Klassifikation wurden erste Untersuchungen über die Einwirkung vor allem von zwei Gruppen von Faktoren auf den Preis im Sozialismus vorgenommen: solcher Faktoren, die den gesellschaftlich notwendigen Arbeitsaufwand – als die Grundlage des Preises – bestimmen, und solcher, die eine Abweichung der Preise vom Wert hervorrufen. Ausgehend davon, befaßte sich die Arbeitsgruppe mit der Fragestellung, ob im Sozialismus eine spezifische Form der Wertmodifikation existiert und ob dieser modifizierte Wert die eigentliche Grundlage für die Preisbildung ist. Es wurde geprüft, ob nicht ein der sozialistischen Produktionsweise adäquates Preisschema so aussehen müßte, daß das Reineinkommen sowohl entsprechend den Grundfonds als auch entsprechend dem Lohn verteilt wird. Zu diesen Fragen wurden von der Arbeitsgruppe Ausarbeitungen angefertigt, die z. T. ihren Niederschlag in Publikationen, Vorträgen und Vorschlägen für leitende Wirtschaftsorgane gefunden haben.

Bei den Untersuchungen über die Berechnung des Arbeitsaufwandes stand die Klärung methodischer Fragen im Vordergrund. Es wurde untersucht, wie der Arbeitsaufwand für Erzeugnisgruppen mit Hilfe von Verflechtungsbilanzen zu bestimmen ist. Begonnen wurde zugleich mit Untersuchungen des damit zusammenhängenden Problems, wie unter sozialistischen Bedingungen der Reduktionsprozeß von komplizierter auf einfache Arbeit zu fassen ist. Ferner wurde untersucht, wie man methodisch vorzugehen hat, um die Reduktion quantifizierbar und somit für Arbeitsaufwandsberechnungen anwendbar zu machen. Die Klärung der methodischen Frage ist so weit gediehen, daß mit der Berechnung von Arbeitsaufwandskennziffern – zunächst in der Braunkohlenindustrie – begonnen werden kann.

Gleichzeitig wurde die Bearbeitung solcher wichtigen Probleme des neuen ökonomischen Systems der Planung und Leitung der Volkswirtschaft, die mit der Durchsetzung der wirtschaftlichen Rechnungsführung und deren Einführung in den VVB zusammenhängen, fortgeführt und die Publikationstätigkeit wesentlich verstärkt.

Über die langfristigen Forschungsaufgaben hinaus beteiligte sich die Arbeitsgruppe an der Lösung kurzfristiger Aufgaben. So wurde im Auftrag des Ministeriums der Finanzen bei der Vorbereitung der Industriepreisreform mitgewirkt. Auch in Zukunft werden solche Arbeiten als ein wichtiger Bestandteil der Forschungsarbeiten angesehen werden.

Die Arbeitsgruppe „Arbeitsproduktivität" setzte die bereits seit einigen Jahren laufenden Produktivitätsforschungen planmäßig fort und bearbeitete solche Themen wie die Vervollkommnung der Methoden der Planung und Messung der Arbeitsproduktivität in Industrie und Landwirtschaft, die Faktorenanalyse und die Entwicklung von Methoden zur Messung der vergegenständlichten Arbeit in Arbeitszeit. Ferner war der Arbeitskreis „Nutzeffekt der gesellschaftlichen Arbeit", der auf Beschluß des Ökonomischen Beirats bei der Staatlichen Plankommission von Prof. Dr. Behrens geleitet wird, zu bilden, und es war zu gewährleisten, daß er seine Arbeit schnell aufnahm.

Für die sozialistischen Landwirtschaftsbetriebe (VEG und LPG) konnten Methoden zur Messung der Arbeitsproduktivität nach Faktoren auf der Grundlage der

Zeit- und Kostensummenmethode erarbeitet werden, nachdem sie in der Praxis überprüft worden waren. Die erarbeitete Rahmenrichtlinie sowie die Arbeitsanleitung und die erforderlichen Formulare konnten dem vorbereitenden Komitee des VIII. Deutschen Bauernkongresses übergeben werden. Zur Vervollkommnung dieser Methoden wurden Teilergebnisse und Lösungswege für die Einbeziehung des wissenschaftlich-technischen Fortschritts und der Qualität der Erzeugnisse in die Messung und Planung der Arbeitsproduktivität bzw. in die Faktorenanalyse erarbeitet, die jedoch noch einer Überprüfung in der Praxis bedürfen.

Gute Resultate konnten bei der Erforschung eines den heutigen Erfordernissen entsprechenden Systems der Buchführung und Rechnungslegung erzielt werden. Ein solches System der gesellschaftlichen Buchführung muß die Einheit von Mengen-, Zeit- und Wert-(Geld-)Rechnung sichern und eine Erfassung sowohl der betrieblichen als auch der volkswirtschaftlichen Kennziffern mit Hilfe von Rechenzentren ermöglichen. Die theoretische Erarbeitung eines solchen Systems konnte abgeschlossen und für eine experimentelle Erprobung vorbereitet werden. (Vgl. hierzu auch den Artikel von W. Gellrich über die gesellschaftliche Buchführung im Sozialismus im vorliegenden Jahrbuch.)

Theoretische Untersuchungen zu den Problemen der Messung des Nutzeffektes der gesellschaftlichen Arbeit und des Lohnes im Sozialismus erbrachten neue Ergebnisse und Fragestellungen. Insbesondere gilt das für das Verhältnis von Lohn und Akkumulation und für die Erarbeitung solcher Lohnformen, die der Schaffung des Systems materieller Anreize dienen. (Vgl. hierzu auch die Arbeit von F. Behrens „Der Lohn in der sozialistischen Produktion“ im vorliegenden Jahrbuch.)

Die Mitarbeiter der Arbeitsgruppe „Sozialistische Weltwirtschaft“ begannen sich im Berichtsjahr in das neue, langfristige Forschungsthema „Theoretische und methodische Grundfragen des ökonomischen Wachstums der sozialistischen Weltwirtschaft (unter besonderer Berücksichtigung der Rolle der DDR)“ einzuarbeiten. Es wurde zunächst damit begonnen, das ökonomische Niveau der sozialistischen Länder zu erfassen und internationale Niveauvergleiche durchzuführen. Ferner beteiligte sich die Arbeitsgruppe an der Erarbeitung einer Reihe volkswirtschaftlicher Kennziffern.

Erste Untersuchungen wurden u. a. zu folgenden Problemen durchgeführt: Begriffsbestimmung und Abgrenzung des ökonomischen Entwicklungsniveaus einer sozialistischen Volkswirtschaft; das Wechselverhältnis zwischen Arbeitsproduktivität und Nationaleinkommen; die Wechselbeziehungen zwischen Industrie und Landwirtschaft; das Verhältnis des Außenhandels der sozialistischen Länder zu ihrer Produktion und zur internationalen Produktionsspezialisierung sowie zu anderen Strukturproblemen des Außenhandels; die Rolle des Maschinenbaus und der internationalen Produktionsspezialisierung für die sozialistischen Länder. Zu diesen Problemen wurden von der Arbeitsgruppe Ausarbeitungen angefertigt, die z. T. ihren Niederschlag in Publikationen (vgl. hierzu auch im vorliegenden Jahrbuch den Artikel von G. Kohlmey „Weltwirtschaftliche Strukturveränderungen und sozialistische Wirtschaftsplanung“), in Vorträgen, in wissenschaftlichen Gutachten und Stellungnahmen für wirtschaftsleitende Organe der DDR fanden.

In der Arbeitsgruppe wurden wissenschaftliche Diskussionen durchgeführt, die in einer Reihe von Grundfragen eine klare theoretische Orientierung ergaben. Dies betraf insbesondere: die Notwendigkeit der Steigerung der Arbeitsproduktivität in den führenden Zweigen für das schnelle und kontinuierliche Wachstum der sozialistischen Länder; die Rolle der internationalen sozialistischen Arbeitsteilung für die Steigerung der gesellschaftlichen Produktivität und damit für das ökonomische Wachstum der RGW-Länder; die Konzentration der internationalen Plankoordinierung und der Spezialisierungsmaßnahmen auf die führenden Zweige u. a. Einige Probleme sind gegenwärtig noch Gegenstand einer wissenschaftlichen Diskussion in der Arbeitsgruppe, so z. B. die Fragen der Rolle der Reproduktionsverhältnisse für die Bestimmung des ökonomischen Niveaus eines sozialistischen Landes, der Wechselbeziehungen zwischen Industrie und Landwirtschaft, besonders der Rolle der Landwirtschaft als volkswirtschaftliche Akkumulationsquelle, und andere Fragen. Neben der Inangriffnahme neuer Forschungsobjekte wird auch an der Klärung dieser Probleme weitergearbeitet.

Es besteht eine enge Zusammenarbeit mit dem Arbeitskreis „Sozialistische Weltwirtschaft", der auf Beschluß des Ökonomischen Beirats bei der Staatlichen Plankommission von Prof. Dr. Kohlmey geleitet wird.

Die Mitarbeiter der Arbeitsgruppe „Reproduktion und Nationaleinkommen" arbeiteten im Jahre 1963 an der Prüfung und Entwicklung von mathematisch-statistischen Methoden zur Messung der Arbeitsproduktivität auf volkswirtschaftlicher Ebene. Es wurde überprüft, inwieweit die aus der internationalen Fachliteratur bekannten Verfahren zur sogenannten Faktorenanalyse auf die Erforschung von Entwicklungstendenzen der volkswirtschaftlichen Arbeitsproduktivität anwendbar sind. Die Mitglieder der Gruppe arbeiten sich weiterhin in die umfangreiche Thematik ein, ob und inwieweit die mathematisch-statistischen Methoden zur Ermittlung sogenannter aggregierter Produktionsfunktionen für die Messung der Arbeitsproduktivität und deren künftigen Verlauf innerhalb der Volkswirtschaftsplanung angewendet werden können.

Es wurden ferner Arbeiten zur theoretischen und praktischen Erforschung der Grundbeziehungen zwischen den vorgeschossenen Produktionsfonds und dem erzielten Produktionsresultat begonnen, die in Form der Kennziffer und des Koeffizienten der Fondsintensität der Produktion eine wichtige neue methodologische Grundlage für die Perspektivplanung ergeben. (Vgl. hierzu auch den Artikel von O. Kratsch „Die Fondsintensität der Produktion" im vorliegenden Jahrbuch.)

Die Mitglieder der Arbeitsgruppe richteten ihr Bemühen – insbesondere durch Veröffentlichungen, Vorträge und Tätigkeit in staatlichen und wissenschaftlichen Gremien – auf eine erweiterte Anwendung moderner mathematischer, statistischer und kybernetischer Verfahren in der Forschung auf dem Gebiet der politischen Ökonomie des Sozialismus. Es ist ihnen im Jahre 1963 erstmals gelungen, eine enge, systematische Gemeinschaftsarbeit zwischen Wirtschaftswissenschaftlern und Mathematikern herbeizuführen.

Am Ende des Jahres 1963 wurde mit dem Aufbau einer Arbeitsgruppe „Soziologie" begonnen. Die Leitung der Gruppe wurde Prof. Dr. Braunreuther übertragen.

Dieser Gruppe wurde die Aufgabe gestellt, grundlegende Probleme der marxistischen Industriesoziologie zu bearbeiten. Zunächst sollen Untersuchungen über die sozialökonomische Struktur der DDR und zum Informationssystem in der sozialistischen Industrie durchgeführt werden. Gleichzeitig wird die Gruppe Vorarbeiten zu einer Geschichte der bürgerlichen Soziologie in Westdeutschland leisten. (Vgl. hierzu auch den Artikel von K. Braunreuther „Max Weber – der bedeutendste Vertreter der bürgerlichen Soziologie in Deutschland" im vorliegenden Jahrbuch.)

Im Rahmen der Abteilung „Politische Ökonomie des Kapitalismus" setzte die Arbeitsgruppe „Reproduktion und Krisen" im Berichtsjahr ihre Forschungsarbeit über die Wirkung des staatsmonopolistischen Kapitalismus auf Akkumulation und Realisierung fort. Als Einzelthema wurden in diesem Zusammenhang weiterhin Fragen der Integration, der Rolle des äußeren Marktes, der Rüstung, der Landwirtschaft und der Mobilisierung des Kapitals über das Geld-, Kredit- und Finanzsystem bearbeitet. Ein zentrales theoretisches Problem aller Einzelarbeiten war die Entfaltung des Widerspruchs zwischen Produktion und Markt unter den Bedingungen des staatsmonopolistischen Kapitalismus. Besondere Aufmerksamkeit wurde hierbei der veränderten Struktur von Produktion und Konsumtion, vor allem aber der Rolle und dem Gewicht der individuellen Konsumtion gewidmet.

Diese Zusammenhänge erlangen für den staatsmonopolistischen Kapitalismus besondere Bedeutung, weil hier die staatlichen Maßnahmen gerade auf eine verstärkte Akkumulation und Ausdehnung der staatlichen Nachfrage überhaupt (einschließlich der parasitären Konsumtion) abzielen. In diesem Zusammenhang ergeben sich weitere theoretische Fragen, zum Beispiel nach der Struktur der produktiven und der individuellen Konsumtion unter den Bedingungen der technischen Revolution, über die Beziehungen zwischen Abteilung I und II (bzw. Gruppe A und B) sowie über solche neuen Erscheinungen wie eine Einschränkung der Produktion durch Stillegung von Kapazitäten bei gleichzeitiger Erneuerung des fixen Kapitals u. ä.

Die zu diesen Problemen durchgeführten Diskussionen zeigten, daß die Untersuchung des Widerspruchs zwischen Produktion und Markt eine Fülle von neuen theoretischen Fragen aufwirft, die nicht gleichzeitig mit den ursprünglich gestellten Aufgaben gelöst werden können. Es wurde daher beschlossen, die begonnenen Arbeiten unter einer begrenzten Aufgabenstellung im Jahre 1964 abzuschließen und dann die Arbeiten unter Einbeziehung weiterer Fragen fortzuführen.

Zur weiteren Fundierung der Arbeit durch empirische Untersuchungen wurden eine statistisch-analytische Auswertung der Sozialproduktberechnungen in den kapitalistischen Hauptländern sowie die Anfertigung von Studien über die Wirkung des technischen Fortschritts auf Produktionsstruktur und volkswirtschaftliche Verflechtung führender Zweige in Westdeutschland in Angriff genommen. (Vgl. hierzu auch den Artikel von L. Zahn „Einige ökonomische Auswirkungen des technischen Fortschritts im Kapitalismus – Dargelegt an Hand der Entwicklung der Stahlindustrie und des Maschinenbaus in Westdeutschland" im vorliegenden Jahrbuch.)

Seit Mitte des Jahres 1963 waren die Mitarbeiter der Arbeitsgruppe in verstärktem Umfang in der Propagandaarbeit über Fragen des staatsmonopolistischen Kapitalismus in Westdeutschland tätig. Die Arbeitsgruppe beteiligte sich außerdem an der Vorbereitung und Durchführung der Konferenz über „Die Entwicklung des staatsmonopolistischen Kapitalismus in Westdeutschland und die Wirtschaftspolitik der Erhard-Regierung", die im Dezember 1963 stattfand.

Die Arbeitsgruppe „Der westdeutsche Neokolonialismus" hat sich im Verlauf des Jahres 1963 sowohl mit einigen Grundlagenproblemen des Neokolonialismus als auch insbesondere mit der spezifischen Rolle des westdeutschen Neokolonialismus beschäftigt. Eine der Hauptaufgaben dieser Gruppe war die Untersuchung der Veränderungen des Kolonialmonopols in der dritten Etappe der allgemeinen Krise des Kapitalismus. Den Hauptteil der Arbeit bildete die Analyse der neuen Methoden des Neokolonialismus. Im einzelnen wurden die Methoden des Vorstoßes der westdeutschen Monopole auf den Absatzmärkten der Entwicklungsländer untersucht, die neuen Formen der westdeutschen Kapitalexporte sowie die Rohstoffpolitik des westdeutschen Neokolonialismus. Mitarbeiter der Gruppe fertigten außerdem eine Untersuchung über Strukturwandlungen des Welthandels infolge der Industrialisierung der Entwicklungsländer an.

Aus der Tätigkeit der Abteilung „Geschichte der politischen Ökonomie" sind folgende Arbeitsergebnisse hervorzuheben:

Die Vorarbeiten für eine umfangreiche Arbeit über die bürgerliche politische Ökonomie in Westdeutschland wurden fortgeführt und im wesentlichen abgeschlossen. In eingehenden Diskussionen konnten wichtige konzeptionelle Fragen geklärt werden; mit der Ausarbeitung einzelner Kapitel wurde begonnen.

Das Manuskript einer Untersuchung über die ökonomischen Ansichten der SPD wurde zur Veröffentlichung an den Verlag übergeben. In dieser Arbeit werden die historischen sozialen Entstehungsursachen und die Entwicklung des ökonomischen Revisionismus in Deutschland vom beginnenden Zeitalter des Imperialismus bis zur Gegenwart untersucht. Die Darstellung läßt erkennen, daß der Revisionismus, der das theoretische Rüstzeug für Reformismus und Opportunismus in der Arbeiterbewegung liefert, sich etappenweise über die offene Abkehr vom Marxismus schließlich zur antikommunistischen Ideologie des sogenannten „demokratischen Sozialismus" entwickelt hat, wie er sich im Godesberger Programm der SPD manifestiert. Die genannte Arbeit kann dazu beitragen, die im Grundriß der Geschichte der deutschen Arbeiterbewegung aufgeworfene Problematik des ökonomischen Reformismus und Rechtssozialismus weiter zu vertiefen.

Ferner wurden spezielle Untersuchungen zu den heutigen wirtschaftstheoretischen und -politischen Ansichten der SPD, insbesondere zu ihrer Planungskonzeption, durchgeführt. Im Verlauf dieser Untersuchungen ergab sich die Notwendigkeit, eine spezielle Analyse und Einschätzung der theoretischen Ansichten der modernen bürgerlichen Ökonomie zum Problem der ökonomischen Prognosebildung vorzunehmen. Erste Forschungsergebnisse wurden zur Diskussion gestellt.

Auf dem Gebiet der ideologischen Auseinandersetzung mit dem politischen Klerikalismus wurde auf der Grundlage einer bereits verteidigten Dissertation ein umfangreiches Manuskript mit dem Titel „Soziologie der Päpste" fertiggestellt. In dieser Arbeit wird der Versuch unternommen, die politische, geistige und organisatorische Krise des politischen Katholizismus einzuschätzen. Auf dieser Grundlage werden die bei der Vorbereitung des zweiten vatikanischen Konzils und die im Verlaufe des ersten und zweiten Konzilabschnittes sichtbar gewordenen Tendenzen beurteilt, einen Ausweg aus dieser Krise zu finden. Die vielfältigen Probleme des politischen Klerikalismus werden in enger Verbindung mit der politischen und ideologischen Situation in Westdeutschland behandelt.

Die Erforschung der älteren Geschichte der politischen Ökonomie in Deutschland wurde weitergeführt. So wurde eine Dissertation fertiggestellt, in der die Entwicklung der Werttheorie bei Karl Marx, und zwar zunächst in der Periode bis 1858 („Grundrisse der Kritik der politischen Ökonomie"), untersucht worden ist. Diese Arbeit ist ein wichtiger Beitrag zur Marx-Forschung in Deutschland. Die Untersuchung der Entwicklung der Werttheorie wird fortgesetzt. Ferner wurde eine Dissertation über die ökonomischen Ansichten Friedrich von Wiesers angefertigt und verteidigt, deren Ergebnisse eine wesentliche Grundlage für eine marxistische Gesamteinschätzung der Grenznutzentheorie bilden. So konnte im Anschluß daran in Gemeinschaftsarbeit mit einem Wissenschaftler der Universität Halle die Arbeit an dem Manuskript einer solchen Gesamteinschätzung aufgenommen werden. Im Jahre 1963 wurde mit Vorarbeiten zu einer größeren Arbeit über die bürgerliche politische Ökonomie in Deutschland zur Zeit des Faschismus begonnen.

Die Arbeiten zur Herausgabe ökonomischer Studientexte wurden fortgeführt. 1963 erschien der erste Band einer dreibändigen Ausgabe von Adam Smith' „Untersuchung über das Wesen und die Ursachen des Reichtums der Nationen". Für eine zweibändige deutsche Ausgabe ökonomischer Schriften N. G. Tschernyschewskis wurden die Texte übersetzt. Weitere Fortschritte machten auch die Arbeiten für einen Sammelband ausgewählter Texte der Hauptvertreter des progressiven ökonomischen Denkens in Rußland von 1790–1861. Von einem auswärtigen Mitarbeiter wurden die Arbeiten zu einer zweibändigen Ausgabe der ökonomischen Schriften von F. Quesnay aufgenommen.

Die Tätigkeit der Arbeitsgruppe „Dokumentation" wurde im wesentlichen durch die Aufgabenstellung der ihr beigeordneten Zentralstelle für wirtschaftswissenschaftliche Dokumentation und Information bestimmt. Im Jahre 1963 wurden außer dem Dokumentationsdienst „Sozialistisches Weltwirtschaftssystem" die Dokumentationsdienste „Politische Ökonomie des Kapitalismus" und „Ökonomische Theorien und ihre Geschichte" in je 12 Lieferungen herausgegeben. Die Redakteure für die Dokumentationsdienste „Sozialistisches Weltwirtschaftssystem" und „Politische Ökonomie des Kapitalismus" bemühten sich bei der Herausgabe besonders um die Aktualisierung der Dienste.

Die Vorarbeiten für den Dokumentationsdienst „Politische Ökonomie des Sozialismus" wurden in Zusammenarbeit mit den Mitarbeitern der Abteilung „Politische Ökonomie des Sozialismus" bis zum Ende des Jahres 1963 abgeschlossen.

Im Berichtsjahr konnte die Zentralstelle für wirtschaftswissenschaftliche Dokumentation und Information in stärkerem Maße außerhalb des Instituts wirksam werden. In Verbindung mit der Hochschule für Ökonomie und dem Ökonomischen Forschungsinstitut bei der Staatlichen Plankommission wurden die Voraussetzungen für die Herausgabe des Dokumentationsdienstes „Planung und Leitung der sozialistischen Volkswirtschaft“ geschaffen, dessen erste Lieferung im November 1963 erschien. Ferner wurde Verbindung mit dem Ministerium der Finanzen zwecks Herausgabe des Dokumentationsdienstes „Sozialistisches Finanzsystem“ sowie mit der Staatlichen Zentralverwaltung für Statistik und dem Institut für Statistik der Hochschule für Ökonomie zwecks Herausgabe eines Dokumentationsdienstes „Theoretische Statistik“ aufgenommen.

Von der Zentralstelle wurden Ende des Jahres Kontakte zu VVB und Industriebetrieben hergestellt, um in Erfahrung zu bringen, in welchem Maße die von uns aufbereitete wirtschaftswissenschaftliche Literatur den Erfordernissen der Praxis entspricht. Diese Untersuchungen sind wichtig für den Aufbau einer umfassenden Information im Jahre 1964. Seit Mitte des Jahres wird an der Ausnutzung der modernen Lochkartentechnik für die Belange der wirtschaftswissenschaftlichen Dokumentation und Information gearbeitet.

Außer an kleineren bibliographischen Arbeiten wurde laufend an der Fertigstellung der großen Bibliographie für die Abteilung „Geschichte der politischen Ökonomie“ gearbeitet. Die ersten beiden Teile der genannten Bibliographie „Literatur über deutsche Ökonomen“ (drei Bände) wurden Anfang des Jahres 1963 fertiggestellt. Mit dem Abschluß des dritten Teils „Literatur über deutsche Ökonomen – Schulen und Richtungen“ ist 1964 zu rechnen.

Im Juni 1963 wurde auf Beschluß der Leitung des Instituts eine „Statistisch-analytische Rechengruppe“ gebildet. Die Gruppe unterstützt die Forschungsarbeiten am Institut durch die Ausarbeitung statistisch-analytischer Übersichten und vor allem durch die Übernahme von statistisch-rechnerischen Arbeiten. Seit Bildung der Gruppe wurden von den wissenschaftlichen Mitarbeitern 75 Aufträge erteilt. Besonders für die Abteilung „Politische Ökonomie des Sozialismus“ war die Tätigkeit der statistisch-analytischen Rechengruppe zur Erfüllung der wissenschaftlichen Aufgabenstellung eine große Hilfe. So wurden zum Beispiel umfangreiche statistische Zusammenstellungen über die Außenhandelsverflechtungen im Weltmaßstab angefertigt. Für Produktivitäts- und Kostenuntersuchungen in der sozialistischen Landwirtschaft der DDR wurde eine Vielzahl von statistisch-analytischen Untersuchungen und Berechnungen durchgeführt.

Es wurden weiterhin methodische Vorarbeiten für die Schaffung eines statistischen Lochkartenarchivs geleistet. Hiermit soll künftig ermöglicht werden, statistische Übersichten schnell und ohne größeren manuellen Arbeitseinsatz zur Verfügung zu stellen.

In der Bibliothek wurden in erster Linie die Arbeiten am Alphabetischen und Systematischen Katalog fortgeführt. Der Lesesaalbestand wurde in Zusammenarbeit mit Wissenschaftlern der einzelnen Abteilungen überprüft und den Bedürfnissen des Instituts angepaßt. Eine Revision des Buchbestandes des Jahrgangs 1954 wurde durchgeführt. In der Zeitschriftenstelle wurden zur Vervollständigung des Zeitschriftenkataloges 162 Titelaufnahmen fremdsprachiger Zeitschriften angefertigt.

Das Institut gab im Berichtsjahr das Jahrbuch „Probleme der politischen Ökonomie", Band 6, Berlin, Akademie-Verlag 1963, 302 Seiten, heraus. Außerdem erschienen von Mitarbeitern des Instituts folgende Publikationen:

a) Abteilung „Politische Ökonomie des Sozialismus"

Behr, Johannes: Wirtschaftswissenschaften und Kybernetik. Kybernetik und Wissenschaft, Technik und Wirtschaft der DDR. Berlin, Akademie-Verlag 1963, 62–84.

– Kybernetik und Wirtschaft. Wirtschaftswissenschaft 11 (1963) 3, 327–343.

Behrens, Fritz: Besonderheiten der deutschen bürgerlichen politischen Ökonomie. In: Das ökonomische Denken in Deutschland. Institut für Ökonomie bei der Akademie der Wissenschaften der UdSSR, Moskau 1963, 17–42 (russ.).

– Deutsche Kameralisten. In: Das ökonomische Denken in Deutschland. Institut für Ökonomie bei der Akademie der Wissenschaften der UdSSR, Moskau 1963, 1–16 (russ.).

– Über Erfahrungen mit der Zeitsummenmethode. Warschau, Pracy (1963) 3 (poln.).

– Zur Anwendung mathematischer Methoden in der ökonomischen Analyse. Wirtschaftswissenschaft 11 (1963) 3, 419–423.

– Rezension: A. Tomm, S. Schubert, Kennziffern der Arbeitskräfte, der Arbeitsproduktivität und des Lohnes. Deutsche Literatur-Zeitung 84 (1963) 7/8, 641–642.

– Einige Bemerkungen zum Artikel von Jürgen Kuczynski: „Produktivität der Arbeit, Nutzeffekt der Investitionen, Selbstkosten – statistische Probleme". Statistische Praxis 18 (1963) 6, 159–160.

– Arbeitsproduktivität und Lohn. Wirtschaftswissenschaft 11 (1963) 5, 732–735.

– Rezension: Autorenkollektiv, Ökonomik der Arbeit in der DDR. Wirtschaftswissenschaft 11 (1963) 6, 963–965.

– Durchschnittslohn und Arbeitsproduktivität. Arbeitsökonomik und Arbeitsschutz 7 (1963) 3, 308–312.

– Einige Bemerkungen zur Faktorenanalyse. Arbeitsökonomik und Arbeitsschutz 7 (1963) 3, 295–302.

– Messung des gesamten Arbeitsaufwandes als Weiterentwicklung der Zeitsummenmethode. Wirtschaftswissenschaft 11 (1963) 7, 1107–1122.

– Zur Theorie der Messung des Nutzeffektes der gesellschaftlichen Arbeit. Berlin, Akademie-Verlag 1963. 86 S.

– Zur Definition und Messung der Arbeitsproduktivität. Berlin, Akademie-Verlag 1963. 22 S.

Behrens, Fritz; Franke, Albert; Domin, Ernst: Die Zeitsummenmethode, 4., überarbeitete Auflage, Berlin, Verlag Die Wirtschaft, 242 S.

Behrens, Fritz; Franke, Albert: Instrument exakter Planung – Anwendung und Nutzen der Zeitsummenmethode. Neues Deutschland, 4. 5. 1963.

Bichtler, Karl: Für die Verbesserung der wissenschaftlichen Grundlagen der Preisbildung im Sozialismus. In: Preisprobleme im Sozialismus. Wirtschaftswissenschaftliche Informationen, (1963) 33, I–XI.

Bichtler, Karl; Schmidt, Wilhelm: Wissenschaftliche Konferenz zu Fragen der Preisbildung der Akademie der Wissenschaften der UdSSR. Wirtschaftswissenschaft 11 (1963) 7, 1140–1152.

Brünecke, Kurt: Plenum des Instituts für Wirtschaftswissenschaften zum Thema „Die Auswertung von Erkenntnissen der politischen Ökonomie des Kapitalismus für die sozialistische Wirtschaftsführung“. Wirtschaftswissenschaft 11 (1963) 9, 1505–1508.

Huber, Gerhard: Die Bestimmung des ökonomischen Entwicklungsniveaus eines sozialistischen Landes. Wirtschaftswissenschaft 11 (1963) 4, 544–561.

– Konferenz über „Gesetzmäßigkeiten in der Entwicklung des sozialistischen Weltsystems. Wirtschaftswissenschaft 11 (1963) 5, 779–782.

Huber, Gerhard; Sydow, Peter: Die industrielle Entwicklung der RGW-Länder im Jahre 1962. Außenhandel 13 (1963) 5 und 6, 38–41 bzw. 29–32.

– Maßnahmen der ČSSR und der VR Polen zur schnellen wirtschaftlichen Entwicklung. Außenhandel 13 (1963) 6, 32–35.

– Die Entwicklung des Außenhandels der RGW-Länder im Jahre 1962. Außenhandel 13 (1963) 7 und 9, 30–33 bzw. 3–6.

Jonuscheit, Karl-Heinz: Die Entwicklung der Wirtschaftswissenschaften in der Deutschen Demokratischen Republik. In: Das ökonomische Denken in Deutschland. Institut für Ökonomie bei der Akademie der Wissenschaften der UdSSR, Moskau 1963, 222–271 (russ.).

– Das neue ökonomische System der Planung und Leitung unserer Volkswirtschaft, das Prinzip des demokratischen Zentralismus und die materielle Interessiertheit. Einheit 18 (1963) 5, 59–68.

– Gesellschaftliche Kontrolle – Teil des neuen ökonomischen Systems der Planung
– und Leitung. Einheit 18 (1963) 8, 19–28.
Die wirtschaftliche Rechnungsführung der VVB. Die Wirtschaft 18 (1963) 36, 11–13.

– Die wirtschaftliche Rechnungsführung in den VVB – Elemente und Erfordernisse. Deutsche Finanzwirtschaft 17 (1963), 1–6.

– Ziel und Inhalt des neuen ökonomischen Systems der Planung und Leitung der Volkswirtschaft. Berufsbildung (1963) 9, 414–417.

– Rezension: F. Behrens, Ware, Wert und Wertgesetz, Wirtschaftswissenschaft 11 (1963) 11, 1747–1754.

Keil, Joachim: Internationale Wirtschaftszusammenarbeit auf neuer, höherer Stufe. Spektrum 9 (1963) 1, 26–28.

Keller, Wolfgang; Tuchscheerer, Gerda: Die Kategorie Arbeitsproduktivität und die Zeitsummenmethode. Wirtschaftswissenschaft 11 (1963) 3, 407–418.

Kohlmey, Gunther: Neue Aufgaben für die Erforschung der kapitalistischen Wirtschaft. Einheit 18 (1963) 8, 58–71.

Kohlmey, Gunther: Gemeinsam zu großen Erfolgen – Internationaler Ausgleich des Wirtschaftsniveaus der sozialistischen Länder. Urania 26 (1963) 10.
– Welthandelsstruktur und sozialistische Wirtschaftsplanung. Außenhandel 13 (1963) 12, 34–38.
– Einige Entwicklungstendenzen der Welthandelsstruktur. Közgazdasagi Szemle (1963) 12, 1385–1396 (ung.).
Kratsch, Ottomar: Rezension: Grundfragen der langfristigen Planung. Verflechtungsbilanz. Deutsche Literaturzeitung 84 (1963) 1, 65–68.
– Zur sowjetischen Diskussion über „Plan, Gewinn, Prämie". Wirtschaftswissenschaft 11 (1963) 1, 109–126.
Maler, Siegrid: Umrechnungsfaktor ist überflüssig. Die Wirtschaft 18 (1963) 11, 13.
– Erfahrungsaustausch über die Planung der Arbeitsproduktivität. Wirtschaftswissenschaft 11 (1963) 5, 783–786.
Maier, Siegrid; Teuber, Karl: Normzeitmethode sinnvoll angewandt. Die Wirtschaft 18 (1963) 7, 16–17.
– Mode und Planung in der Konfektionsindustrie. Die Wirtschaft 18 (1963) 16, 15.
Mehnert, Martliese: Exaktes Messen in der sozialistischen Landwirtschaft. Deutsche Finanzwirtschaft 17 (1963) 21, 15–17; 22, 17–19; 23, 17–19.
Rudolph, Johannes: Die Konsumtionsbilanz. Eine Studie zur volkswirtschaftlichen Bilanzierung der Distribution des Konsumtionsfonds und des aus dem Prozeß der nichtproduktiven Konsumtion resultierenden Bedarfs an materiellen Produkten. Jahrbuch des Instituts für Wirtschaftswissenschaften, Bd. 6 (1963), 19–66.
Schmidt, Wilhelm: Zur Funktion des Geldes als Mittel der Geldakkumulation im Sozialismus – Notwendigkeit und Inhalt dieser Funktion und ihr Einfluß auf den materiellen und wertmäßigen Verlauf des erweiterten sozialistischen Reproduktionsprozesses. Jahrbuch des Instituts für Wirtschaftswissenschaften, Bd. 6 (1963), 67–127.
Seickert, Heinz: Probleme der Profitrealisierung und Profitaneignung im Bereich der Kommunalwirtschaft unter den Bedingungen des modernen Kapitalismus in Deutschland. Jahrbuch des Instituts für Wirtschaftswissenschaften, Bd. 6 (1963), 247–301.
– Veranstaltung des Instituts für Wirtschaftswissenschaften zum Thema „Gesellschaftliche Buchführung". Wirtschaftswissenschaft 11 (1963) 11, 1840–1846.
Sydow, Peter: Rezension: R. Brauer, Probleme der Ermittlung des ökonomischen Nutzens der sozialistischen internationalen Arbeitsteilung und des Außenhandels der sozialistischen Staaten. Wirtschaftswissenschaft 11 (1963) 7, 1161–1166.
Tuchscheerer, Gerda; Erhard, Hans: Richtig rechnen, messen, wiegen. Neues Deutschland, 5. 2. 1963.
Winkelmann, Herbert: Probleme des internationalen Niveauvergleichs der Arbeitsproduktivität in der Landwirtschaft. Jahrbuch des Instituts für Wirtschaftswissenschaften, Bd. 6 (1963), 129–177.
– Die praktische Messung der Arbeitsproduktivität in der Landwirtschaft. Leipzig-Markkleeberg: Landwirtschaftsrat der DDR (1963), 20 S.

Winkelmann, Herbert: Planung und Messung der Arbeitsproduktivität im Volkswirtschaftszweig Landwirtschaft der DDR. Zeitschrift für Agrarökonomik (1963) 10, 285–287.

Winkelmann, Herbert; Hoffmann, Ingeborg: Eine Methode zur Messung der landwirtschaftlichen Bruttoproduktion. Paris, Etudes Economiques (1963) 144 (franz.).

b) Abteilung Politische Ökonomie des Kapitalismus

Gündel, Rudi; Heininger, Horst; Hess, Peter; Zieschang, Kurt: Die Labilität des Wirtschaftssystems in Westdeutschland. Zur Perspektivlosigkeit des westdeutschen Imperialismus. Berlin, Dietz Verlag 1963. 278 S.

Heininger, Horst: Die Labilität des westdeutschen Wirtschaftssystems. Beiträge für das gesellschaftswissenschaftliche Grundstudium, hrsg. vom Franz-Mehring-Institut an der Karl-Marx-Universität Leipzig, Jg. 2 (1963), 1 und 2.

Katzenstein, Robert: Die besondere Bedeutung des moralischen Verschleißes und seiner Durchsetzung für die zyklische Entwicklung der kapitalistischen Produktion. Jahrbuch des Instituts für Wirtschaftswissenschaften, Bd. 6 (1963), 179–246.

– Der Reproduktionsprozeß des Kapitals im Spiegel der westdeutschen volkswirtschaftlichen Gesamtrechnungen. Konjunktur und Krise 7 (1963) 4, 187–216.

– Rezension: Ottomar Kratsch, Die Wirkung der Amortisationen auf die Akkumulation des Kapitals im staatsmonopolistischen Kapitalismus. Wirtschaftswissenschaft 11 (1963) 6, 791–974.

– Rezension: George Wheeler, Ökonomische Probleme der Automatisierung in den USA. Wirtschaftswissenschaft 11 (1963) 2, 297–300.

Klemens, Leo: Einige Betrachtungen zur Dynamik der Preise in den Krisen im vormonopolistischen und monopolistischen Kapitalismus in Deutschland. Konjunktur und Krise 7 (1963) 1, 1–22.

Nehls, Katja: Voraussetzungen, Formen und Methoden des westdeutschen Kapitalexports 1952–1958. Berlin, Akademie-Verlag 1963, 173 S.

– Zur Bewegung der deutschen Kapitalexporte. Jahrbuch für Wirtschaftsgeschichte, 1963 Teil IV.

Oelßner, Fred: Was ist Arbeitsproduktivität? Einheit 18 (1963) 3, 135–147.

Schmidt, Johann-Lorenz: Neue Probleme der Krisentheorie, Rio de Janeiro 1963 (portug.).

– Probleme des Neokolonialismus. Berlin, Akademie-Verlag 1963, 36 S.

– Probleme des staatsmonopolistischen Kapitalismus. In: Protokoll der Moskauer Konferenz über staatsmonopolistischen Kapitalismus. Berlin, Dietz Verlag 1963, 12 S.

Zahn, Lola: Die Einwirkung des Sozialismus auf die Bedingungen des Kampfes der westdeutschen Arbeiter um das Recht auf Bildung. Wissenschaftliche Zeitschrift der Hochschule für Ökonomie. Der Einfluß des Sozialismus auf den Kampf und die Lage der Arbeiterklasse in den imperialistischen Ländern Europas. 8 (1963) Sonderheft, 79–81.

Zahn, Lola: Rezension: - Eduard Terrahe, Möglichkeiten und Grenzen einer Rationalisierung in der westdeutschen Baumwollweberei. Deutsche Literaturzeitung 84 (1963) 11, 932–934.

– Rezension: J. Chmelnizkaja: Der westdeutsche Monopolkapitalismus. Wirtschaftswissenschaft 11 (1963) 12, 2011–2014.

– Beratung der Forschungsgemeinschaft „Reproduktion und Krise" über die Konjunkturentwicklung in Westdeutschland. Wirtschaftswissenschaft 11 (1963) 12, 2009–2010.

Zieschang, Kurt: Rezension: L. Maier, L. Ivánek, Unternehmer Staat. Zur Rolle der Staatskonzerne in Westdeutschland. Konjunktur und Krise 6 (1963) 2, 111–116.

– Rezension: Heinz Haller, Finanzpolitik. Deutsche Literaturzeitung 2 (1963), 156–157.

c) *Abteilung Geschichte der politischen Ökonomie*

Bönisch, Alfred: Was bietet Erhards Wirtschaftsbericht? Die Wirtschaft 18 (1963) 9, 28.

– Wirklichkeit des Wohlfahrtsstaates. Die Wirtschaft 18 (1963) 11, 22.

– Was bezeichnet man als Wirtschaftsplanung? Die Wirtschaft 18 (1963) 15, 26–27.

– Die Halbheiten von Scarborough. Die Wirtschaft 18 (1963) 42, 31.

– Wesen und Aufgabe des westdeutschen „Wirtschaftsberichts". Wirtschaftswissenschaft 11 (1963) 9, 1473–1487.

– Die reformistischen Planungstheorien in der Weimarer Republik als Vorläufer der imperialistischen Planungskonzeption der SPD. Wirtschaftswissenschaft 11 (1963) 11, 1793–1811.

Bönisch, Alfred; Krause, Werner: Rezension: I. G. Bljumin, Die Krise der modernen bürgerlichen politischen Ökonomie. Wirtschaftswissenschaft 11 (1963) 10, 1685–1688.

König, Erika: Die Entstehung des Revisionismus und Opportunismus der III. Internationale. In: Das ökonomische Denken in Deutschland. Institut für Ökonomie bei der Akademie der Wissenschaften der UdSSR, Moskau 1963, 43–188 (russ.).

Krause, Werner: Erforschung älterer ökonomischer Lehren. Wirtschaftswissenschaft 11 (1963) 6, 913–924.

Lehmann, Hermann: Zur Geschichte der politischen Ökonomie. Die Wirtschaft 18 (1963) 23, 28.

Maier, Harry: Revanchismus unter der Kutte, Warschau, Argumenty (1963) 6, 2 (poln.).

– Sozialtemperierter Kapitalismus und die Wirklichkeit. In: Mater et magistra – 70 Jahre klerikale Apologetik des Kapitals. Bratislava 1963, 37–71 (slow.).

Maier, Harry; Stier, Peter: Faschismus und politischer Klerikalismus. Moskau 1963. Überarbeitete und erweiterte Fassung der deutschen Ausgabe (russ.).

Steiner, Helmut: Der Klassenkampf in Westdeutschland und die Angestellten. Einheit 18 (1963) 9, 64–74.

Steiner, Helmut: Die ökonomische und gesellschaftliche Stellung der Betriebsintelligenz im gegenwärtigen Imperialismus. Wissenschaftliche Zeitschrift der Humboldt-Universität zu Berlin, Gesellschafts- und Sprachwissenschaftliche Reihe 12 (1963) 7/8, 813–832.

– Den Problemen des Lebens auf der Spur. Neues Deutschland, 7. 9. 1963.

Turley, Hermann: Rezension: J. Chmelnizkaja, Der westdeutsche Monopolkapitalismus. Konjunktur und Krise 7 (1963) 4.

Im Berichtsjahr wurden vier Hefte des Bulletins „Wirtschaftswissenschaftliche Informationen“, das vom Institut seit mehreren Jahren herausgegeben wird, fertiggestellt:

Heft 33: Preisprobleme im Sozialismus. Über eine Konferenz zu Fragen des gesellschaftlich notwendigen Arbeitsaufwandes, der Selbstkosten und der Rentabilität, veranstaltet vom wissenschaftlichen Rat für Preisbildung der Akademie der Wissenschaften der UdSSR. Eingeleitet von K. Bichtler, übersetzt unter Leitung von W. Schmidt.

Heft 34: Beiträge zur Anwendung mathematischer Methoden bei der Planung und Leitung des Außenhandels. Verantwortliche Bearbeiter: Peter Sydow (redaktionelle Überarbeitung der Übersetzungen) und Kurt Brünecke (Korrektur des mathematischen Apparates).

Heft 35: Maurice Godelier: Strukturuntersuchung der von Karl Marx im „Kapital“ angewandten Methode. Bearbeitet und eingeleitet von Lola Zahn.

Heft 36: Probleme der Angleichung des ökonomischen Entwicklungsniveaus sozialistischer Länder. Bearbeitet von E. Schneider und P. Sydow.

Die Institutsleitung

Fritz Behrens

DER LOHN IN DER SOZIALISTISCHEN PRODUKTION

Untersuchungen zur Lohntheorie und zum Verhältnis zwischen Konsumtion und Akkumulation

I. ZUR METHODE DER OPTIMALEN ANALYSE ÖKONOMISCHER PROZESSE

Planen ist Vorausschauen und bewußtes Gestalten ökonomischer Entwicklungen. Planendes Handeln ist somit vorausschauendes und bewußt gestaltendes Handeln. Beides beruht auf der Kenntnis der Gesetze der Ökonomie und der Zusammenhänge der ökonomischen Prozesse. Das Planen ökonomischer Prozesse wird um so exakter, je tiefer die Einsicht in die objektiven Gesetze und je umfassender die Kenntnis der ökonomischen Fakten ist. Von der Einsicht in die Gesetzmäßigkeit und dem Umfang der Faktenkenntnis hängt aber nicht nur die Qualität der Planung ab, sondern auch der Zeitraum, für den geplant werden kann. Je tiefer die Einsicht in die objektiven Gesetze und je umfassender die Kenntnis der ökonomischen Fakten ist, um so länger kann der Zeitraum sein, für den geplant wird. Wenn gilt, daß die Zeit, auf die planende Maßnahmen sich erstrecken, um so kürzer sein muß, je konkreter diese Maßnahmen sind, und um so länger sein kann, je allgemeiner sie sind, so wird diese Regel durch den Grad der Exaktheit der Erkenntnisse und den Umfang der Kenntnisse modifiziert. Dies ist uns aus der Praxis der Planung als der Unterschied zwischen Perspektivplanung und kurzfristiger Planung bekannt. Dazu kommt die Notwendigkeit, die künftigen Veränderungen in Naturwissenschaft und Technik möglichst exakt zu berücksichtigen sowie die Methoden und Institutionen der volkswirtschaftlichen und betriebswirtschaftlichen Planung dem sich verändernden technischen Niveau anzupassen. Die Zeiträume, für die geplant werden kann und geplant wird, sind daher relativ, aber sowohl die konkrete kurzfristige als auch die globale langfristige Planung wird immer nur den Charakter von Hypothesen haben, wenn sie nicht auf empirischen Analysen der Vergangenheit beruht. Natürlich trägt jedes Planen ökonomischer Prozesse auch Prognosecharakter, aber es ist mehr als eine Hypothese, wenn es auf einer empirischen Analyse der Vergangenheit und somit auf der Projizierung grundlegender qualitativer und quantitativer Prozesse in die Zukunft beruht.

In der Analyse und Prognose kommen objektive Gesetzmäßigkeit und Voraussehen bereits zum Ausdruck. Aber eine Analyse ist nicht nur qualitative, sondern auch quantitative Analyse, und eine Prognose ist nicht nur ein Voraussehen qualitativer Prozesse, sondern auch ihrer quantitativen Entwicklung. Damit wird nicht das Primat der Politik bestritten, aber es wird damit gesagt, daß ein Primat der Politik auf der Anerkennung ökonomischer Fakten beruhen sollte. Natürlich kann eine Politik gewaltsam durchgesetzt werden, aber wenn sie gegen ökonomische Gesetze verstößt, kostet sie Geld. Es gilt hier aber, was Friedrich Engels einmal über das Verhältnis von Staat und Ökonomie schrieb:

> „Es ist nicht, daß die ökonomische Lage Ursache, allein aktiv ist und alles andere nur passive Wirkung. Sondern es ist Wechselwirkung auf Grundlage der in letzter Instanz stets sich durchsetzenden ökonomischen Notwendigkeit."[1]

Die Einwirkung der Staatsmacht kann nach Engels von dreierlei Art sein: Sie kann die ökonomische Entwicklung unterstützen, sie kann ihr entgegenwirken oder – was allerdings immer auf einen dieser beiden Fälle hinausläuft – sie kann der ökonomischen Entwicklung bestimmte Richtungen abschneiden und andere vorschreiben.[2] Man kann das auch so ausdrücken, daß man sagt, das Grundproblem der sozialistischen Planung ergibt sich aus der Möglichkeit, die ökonomischen Prozesse zentral zu planen und zu leiten, und aus der Notwendigkeit, die schöpferische Aktivität der werktätigen Massen maximal zu entfalten. Je besser beide – zentrale Planung und schöpferische Aktivität der Massen – miteinander in Einklang stehen, um so voller entfalten sich die Vorzüge der sozialistischen Produktionsverhältnisse. Walter Ulbricht sagte auf dem VI. Parteitag der SED:

> „Die richtige Ausnutzung der ökonomischen Gesetze ist nur dann möglich, wenn wir das System der Planung und Leitung so verbessern, daß den Triebkräften der ökonomischen Entwicklung freie Bahn geschaffen wird und zugleich die Hauptproportionen in ihrer dynamischen Bewegung wissenschaftlich präzise festgelegt werden und ihre Realisierung kontrolliert wird. Ein richtiges System der Planung und Leitung zu besitzen, heißt also auch und vor allem, auf der Grundlage der ökonomischen Gesetze und mit ihrer Hilfe die entscheidende Triebkraft der ökonomischen Entwicklung im Sozialismus zu entfalten, zu lenken und zu regeln."[3]

Es geht – mit anderen Worten – darum, einen optimalen Nutzeffekt der gesellschaftlichen Arbeit zu erzielen, wobei wir unter optimal einen solchen Nutzeffekt verstehen, bei dem die Befriedigung der Bedürfnisse der Gesellschaft ein *Maximum* und die zur Produktion dieser Gebrauchswerte verbrauchte gesellschaftliche Arbeit ein *Minimum* erreicht.

Hierzu sind *zwei Bemerkungen* erforderlich.

Die *erste* Bemerkung ist methodischer Art. Es handelt sich bei dem optimalen Nutzeffekt der gesellschaftlichen Arbeit um eine Minimax-Aufgabe, wie sie in der Theorie der strategischen Spiele behandelt wird. Jedoch soll uns die methodische

[1] *Karl Marx/Friedrich Engels*, Ausgewählte Briefe, Dietz Verlag, Berlin 1953, S. 560.

[2] Vgl. ebenda, S. 507.

[3] *Walter Ulbricht*, Referat auf dem VI. Parteitag der SED, „Neues Deutschland" vom 16. Januar 1963, Beilage, S. 5.

Seite in dieser Arbeit nicht beschäftigen, in der wir uns nur mit der ökonomischen Problematik befassen wollen.[4]

Die *zweite* Bemerkung betrifft die Begriffe „gesellschaftliche Arbeit" und „gesellschaftliche Bedürfnisse". Wir schränken beide Begriffe in dieser Arbeit auf den Bereich der materiellen Produktion – einschließlich der materiellen Dienste – ein; soweit nicht aus dem Zusammenhang die Einbeziehung der nichtmateriellen Bereiche erforderlich ist und dies ausdrücklich vermerkt wird. Diese Beschränkung auf die materielle Produktion ist keine Verkennung der Bedeutung der nichtmateriellen Bereiche für die Befriedigung der gesellschaftlichen Bedürfnisse, die natürlich nicht nur materieller Natur sind. Sie hängt vielmehr mit den Schwierigkeiten zusammen, die sich aus der Bestimmung des Begriffes des Nutzens ergeben. Hierzu ist eine weitere Bemerkung prinzipieller Art erforderlich.

Es ist heute unbestritten, daß die komplizierten Probleme der Theorie der sozialistischen Planwirtschaft nicht ohne die Anwendung mathematischer Verfahren zu bewältigen sind. Aber die Vieldeutigkeit und Unklarheit der ökonomischen Begriffe und der Problemstellung ließ ihre mathematische Behandlung lange Zeit als hoffnungslos erscheinen. Nicht wenige sozialistische Ökonomen machten hieraus sogar eine Theorie der Unmöglichkeit. Ein bezeichnendes Beispiel für Unklarheit der Formulierung und Problemstellung liefern die Begriffe des Nutzens und des Nutzeffektes. Sie werden nicht nur in unserer Planungspraxis, sondern auch in unserer theoretischen Literatur ständig verwendet, ohne daß sie definiert sind. Dabei wird der Begriff des Nutzens – als ökonomischer Nutzen – etwa im Sinne des Wertes oder auch des Gewinnes verwendet, und der Begriff des Nutzeffektes etwa im Sinne der Rentabilität. Mir scheint daher, daß es notwendig ist, sowohl den Nutzen als auch den Nutzeffekt möglichst eindeutig zu definieren und beide Begriffe gegen den Wert, den Gewinn und die Rentabilität abzugrenzen.

Wir verstehen in folgendem unter *Nutzen* die Bedürfnisbefriedigung, die ein Gebrauchswert schafft, und unter Nutzeffekt den Nutzen, den die gesellschaftliche Arbeit in der Produktion von Gebrauchswerten schafft.

Es kann hier nicht die Problematik der Quantifizierbarkeit des Nutzens diskutiert werden, aber es muß auf die unbestreitbare Tatsache hingewiesen werden, daß eine Quantifizierung des Nutzens in unserer Planungspraxis ständig vorgenommen wird. Wenn diese naive Verwendung des Nutzenbegriffes auch wissenschaftlich nicht befriedigt, so beruht sie doch mit einem wissenschaftlichen Begriff des Nutzens auf

[4] In einem Artikel („Kommunist", H. 16, 1962) von *A. Alter*, *P. Krylow*, *B. Miroschnitschenko*: „Herangereifte Fragen der Planungsmethodik" heißt es: „Die optimale Planvariante ist die Variante, die die höchste Befriedigung der Bedürfnisse der Gesellschaft bei niedrigstem Niveau des Aufwandes sichert. Folglich setzt die optimale Planung voraus:

a) exakte Messung des Aufwandes und seine Reduzierung auf ein Minimum und

b) exakte Messung der Bedürfnisse und ihre maximale Befriedigung."

„Die Festlegung des rationellsten Verhältnisses zwischen der notwendigen Menge Arbeitszeit und dem Umfang der gesellschaftlichen Bedürfnisse – eben das ist die Hauptaufgabe der optimalen Planung" – Zitiert aus: „Die Presse der Sowjetunion", Nr. 138, S. 3020 und 3021, 1962.

der Tatsache, daß es nicht erforderlich ist, einen subjektiven und objektiven Nutzen zu unterscheiden, wenn man den Nutzen als eine ökonomische und nicht als eine psychologische Kategorie auffaßt.[5] Der Nutzen hat als ökonomische Kategorie die gleiche prinzipielle Bedeutung für eine ökonomische Theorie der sozialistischen Planung wie die Kategorie des Wertes und der vom Wert abgeleitete Begriff der Rentabilität. Das zeigt sich u. a. darin, daß die Planung in „Form des Gebrauchswertes" steigende Bedeutung erhält.

Das Rohholz und das Schnittholz dient als Produktionsmittel genauso der Bedürfnisbefriedigung wie der fertige Stuhl oder Tisch als Konsumtionsmittel. Rohholz und Schnittholz wie Stuhl und Tisch stiften Nutzen, und dieser Nutzen ist untrennbar mit ihrem Gebrauchswert verbunden, aber weder Ursache ihres *Wertes* noch mit ihm identisch. Während der Wert eine spezifische Kategorie der Warenproduktion ist, ist der Nutzen eine allgemeine ökonomische Kategorie, weil der *Nutzen* stiftende Gebrauchswert der stoffliche Träger des Wertes ist. Die Arbeit, welche Gebrauchswerte produziert, die Bedürfnisse der Gesellschaft befriedigen, ist gesellschaftlich nützliche Arbeit. Als solche ist sie zweckbestimmte – konkrete – Arbeit und zugleich als Teil der gesellschaftlichen Arbeit Arbeit schlechthin, abstrakte Arbeit. Daraus folgt aber *erstens*, daß die konkrete Arbeit von der abstrakten Arbeit unterschieden werden muß, und folgt daraus *zweitens*, daß die gesellschaftlich notwendige Arbeit oder der Wert nicht nur von der Produktion, sondern auch von der Bedürfnisbefriedigung her bestimmt ist. Anders formuliert: der individuelle – betriebliche – Arbeitsaufwand – ob in Arbeitszeit oder in Geld ausgedrückt – ist nicht identisch mit dem gesellschaftlich durchschnittlichen Arbeitsaufwand, und der gesellschaftlich durchschnittliche Arbeitsaufwand wieder ist noch nicht identisch mit dem gesellschaftlichen Wert.[6]

[5] *John von Neumann/Oskar Morgenstern*, Spieltheorie und wirtschaftliches Verhalten, Physica-Verlag, Würzburg 1961, S. 15ff. In der Spieltheorie wird vom Begriff der „Präferenz" ausgegangen, für den „die unmittelbare Empfindung ... die Basis" liefert (S. 16). „Man kann den Standpunkt vertreten, daß das einzig auf diesem Gebiet gegebene Merkmal die Relation ‚größer', d. h. der Begriff der Präferenz sei. In diesem Fall wäre der Nutzen bis auf eine monotone Transformation numerisch." (S. 23.) „Der Nutzen ist dann eine Zahl bis auf eine lineare Transformation." (S. 25.)

[6] Vgl. hierzu vom Verfasser, Zur Theorie der Messung des Nutzeffektes der gesellschaftlichen Arbeit, Akademie-Verlag, Berlin 1963, S. 33ff. und S. 59ff.

Der individuelle Wert unterscheidet sich aus zwei Gründen vom gesellschaftlichen Wert: *erstens* weicht der individuelle vom gesellschaftlichen Arbeitsaufwand aus technischen und organisatorischen Ursachen ab und *zweitens* muß der Arbeitsaufwand in der Produktion dem gesellschaftlichen Bedürfnis nach den hergestellten Erzeugnissen entsprechen. Die den – gesellschaftlichen – Wert bestimmende gesellschaftlich notwendige Arbeitszeit enthält also zwei Momente: 1. durchschnittliche Bedingungen der Produktion der Betriebe und 2. Übereinstimmung von Qualität und Struktur der betrieblichen Produktion mit dem gesellschaftlichen Bedürfnis. – Gesellschaftlich notwendige Arbeitszeit ist Arbeitszeit, sagt *Marx*, „die erheischt ist, unter dem gegebenen Durchschnitt der gesellschaftlichen Produktionsbedingungen das gesellschaftlich erheischte Gesamtquantum der auf dem Markt befindlichen Warenspezies zu erzeugen."

Soweit zum Begriff des Nutzens. Ähnlich, wie die Rentabilität sich zum Wert verhält, verhält sich der *Nutzeffekt* zum Nutzen. Der Nutzeffekt läßt sich in einer Kennziffer ausdrücken, die die produzierten Gebrauchswerte auf verbrauchte Arbeit bezieht. Dabei ist es prinzipiell gleich, ob die Gebrauchswerte mengenmäßig oder wertmäßig gezählt und zusammengefaßt werden.[7] Da Gebrauchswerte nicht als solche addiert werden können, wird allerdings durch die Wahl der Äquivalenzziffer immer das Ergebnis verzerrt. Aber abgesehen von dieser „Unschärfe-Relation" der Ökonomie, kann der Nutzeffekt der Arbeit mit diesen Ausdrücken gemessen werden, ohne daß der Nutzen als solcher quantifiziert wird, solange wir die den Nutzen stiftenden Gebrauchswerte selbst als Maß für den Nutzen nehmen. Wir klammern also die – bislang noch ungelöste – Frage der Quantifizierung des Nutzens völlig aus und haben doch die Möglichkeit, exakte Ausdrücke für den Nutzeffekt der Arbeit zu berechnen. Das ist relativ einfach zu bewerkstelligen, wenn es um den Nutzeffekt der lebendigen Arbeit geht, bereitet aber größere Schwierigkeiten, wenn es den Nutzeffekt der gesamten gesellschaftlichen Arbeit betrifft, da hierbei sowohl die Qualität der Produkte als auch der Grad der Übereinstimmung der Produktion mit dem Bedarf zu berücksichtigen sind. Bis diese Frage befriedigend beantwortet werden kann, werden wir uns mit der Messung des Nutzeffektes des individuellen Arbeitsaufwandes bzw. Wertes begnügen müssen.[8]

Was das Problem des optimalen Nutzeffektes der gesellschaftlichen Arbeit anlangt, so wurde an anderer Stelle bereits versucht, einen quantitativen Ausdruck für das Verhältnis zwischen Arbeitsproduktivität und Selbstkosten zu finden.[9] Im Mittelpunkt der vorliegenden Arbeit steht das optimale Verhältnis zwischen Arbeitsproduktivität und Durchschnittslohn, das eine der kompliziertesten Proportionen einer geplanten Volkswirtschaft ist; denn zwischen gleichbleibendem Durchschnittslohn bei gegebenem Steigerungsgrad der Arbeitsproduktivität und

[7] „Der allgemeine Begriff des Nutzeffektes läßt sich auf die verschiedensten Gebiete anwenden", schreibt *W. W. Nowoshilow*. „Ganz allgemein ist er das Verhältnis des Effekts (Resultats) zu den für diesen Effekt geleisteten Aufwendungen. Vergleicht man die einzelnen Aufwendungsarten mit den damit verbundenen Elementen des nützlichen Effekts, so erhalten wir eine Vielzahl von Kennziffern des Nutzeffekts: die Arbeitsproduktivität, den Koeffizienten der nützlichen Wirkung, den Koeffizienten der Ausnutzung von Ausrüstungen usw. Die Kennziffern des Nutzeffekts wurden oft umgekehrt als Verhältnis der Aufwendungen zum Effekt ausgedrückt: als Selbstkosten pro Produktionseinheit, als Aufwand von Brennstoffen pro Produktionseinheit usw." (*Nowoshilow*, Die Messung der Aufwendungen und ihrer Ergebnisse in der sozialistischen Wirtschaft, in: Anwendung mathematischer Methoden in der Ökonomie, Herausgegeben von *W. S. Nemtschinow*, B. G. Teubner Verlagsgesellschaft, Leipzig 1963, S. 50.)

[8] „Da Aufwendungen letztlich nur aus Arbeit bestehen, ist der volkswirtschaftliche Nutzeffekt nichts anderes als der Nutzeffekt der gesellschaftlichen Arbeit", schreibt *Nowoshilow*. „Der Nutzeffekt der Arbeit wird jedoch gewöhnlich mit ihrer Produktivität gleichgesetzt. Indessen sind das Produkt der Arbeit und der Effekt der Arbeit nicht ein- und dasselbe. Der volkswirtschaftliche Effekt der Arbeit erschöpft sich nicht in der Produktion." (A. a. O., S. 50.)

[9] Vgl. hierzu vom Verfasser, Zur Theorie der Messung . . ., a. a. O., S. 101ff.

seiner Erhöhung proportional diesem Steigerungsgrad gibt es zahlreiche Varianten. Die Auswahl der „richtigen“ Variante ist eine wirtschaftspolitische Entscheidung, die auf Grund der objektiven ökonomischen Gesetze und Zusammenhänge sowie unter Berücksichtigung der politischen Zielsetzung der Pläne getroffen werden muß.[10] Mit Recht wendet sich daher Herbert Luck gegen die Autoren, die sich mit der *allgemeinen* Feststellung begnügen, die Arbeitsproduktivität müsse schneller wachsen als der Durchschnittslohn, ohne zu sagen, was ein planmäßiges Verhältnis zwischen beiden ist, „wie dieses bestimmt wird und woran es gemessen werden soll“[11]. Man muß Luck auch darin zustimmen,

> „daß das Suchen nach geplanten Entwicklungsverhältnissen zwischen dem Wachstum der Arbeitsproduktivität und dem Durchschnittslohn eine zweitrangige und nicht das Wesen des Problems berührende Frage ist“[12].

Aber gerade weil das so ist, müssen die Grenzen, zwischen denen eine ökonomische Entscheidung möglich ist und deren Überschreiten „unökonomisch“ wird, möglichst exakt abgesteckt werden. Denn – das lehrt uns die Erfahrung – ein „unrichtiges“ Verhältnis zwischen der Entwicklung der Arbeitsproduktivität und der des Durchschnittslohnes führt zu Verschwendung und Verlusten.

Auch im Sozialismus besteht ein Unterschied zwischen der Befriedigung der Bedürfnisse und der Befriedigung des kaufkräftigen Bedarfs. Das Verhältnis zwischen den vorhandenen Bedürfnissen und dem kaufkräftigen Bedarf ist nicht starr, sondern wechselt, und die Differenz zwischen beiden ist um so kleiner, je besser die produzierten Warenfonds – bei gegebenem Umfang – in ihrer Struktur den Bedürf-

[10] „Das bisherige Planungs- und Leitungssystem unserer Volkswirtschaft sichert nicht in genügendem Maße einen ständig hohen Nutzeffekt der Wirtschaftstätigkeit, der die entscheidende Voraussetzung einer schnellen und proportionalen Entwicklung der Produktivkräfte ist. Die traditionellen Methoden der Planung, die ihnen entsprechende Leitungstätigkeit zur Durchführung und Kontrolle der Planaufgaben und die Mängel in der Anwendung der wirtschaftlichen Rechnungsführung sowie der Formen der materiellen Interessiertheit behindern sowohl den notwendigen Grad an Wissenschaftlichkeit der planmäßigen Leitung der Wirtschaft wie auch die volle Entfaltung der Triebkräfte der sozialistischen Entwicklung. Dies schränkt die Mitarbeit der Werktätigen an der Planung und Leitung der Volkswirtschaft ein und erschwert ihre sozialistische Erziehung.

Alle diese Mängel sind Ausdruck einer durch die politische und ökonomische Entwicklung überholten Art und Weise der Planung und Leitung, die nicht mehr für die vollständige Ausnutzung der ökonomischen Gesetze des Sozialismus geeignet ist, sogar Verletzungen dieser Gesetze zuläßt und damit begonnen hat, das erforderliche Tempo unserer ökonomischen und gesellschaftlichen Entwicklung zu bremsen. Diese Erscheinungen entsprechen weder der historischen Notwendigkeit unserer Zeit noch den großen progressiven Möglichkeiten des sozialistischen Systems der Volkswirtschaft.“ (Richtlinie für das neue ökonomische System der Planung und Leitung der Volkswirtschaft, „Neues Deutschland“ vom 16. Juli 1963, Sonderbeilage, S. 3.)

[11] *Herbert Luck*, Zur Theorie des Arbeitslohnes im Sozialismus, „Wissenschaftliche Zeitschrift der Universität Rostock“, Jahrg. 11, H. 4, S. 349, 1962.

[12] Ebenda, S. 349.

nissen entsprechen. Das Verhältnis zwischen dem Warenfonds und dem kaufkräftigen Bedarf spiegelt aber das Verhältnis zwischen der Arbeitsproduktivität und dem Durchschnittslohn wider.

Es soll versucht werden, einen wichtigen Ausschnitt des ökonomischen Gesamtprozesses auf der Grundlage der qualitativen Analyse quantitativ darzustellen.[13]

[13] Als ein gutes Beispiel der quantitativen Analyse ökonomischer Prozesse auf einem Teilgebiet sollen kurz die Ergebnisse einer Arbeit von *Manfred Bratke*, „Dynamik und Statik der Produktivität der Arbeit im System der betrieblichen Kennziffern" („*Freiberger Forschungshefte*", A 174, Akademie-Verlag, Berlin 1960) wiedergegeben werden. *Bratke* untersucht die Entwicklung der Arbeitsproduktivität im deutschen Braunkohlenbergbau und im Braunkohlenbergbau der Deutschen Demokratischen Republik, wobei er sich z. T. auf Material über ca. 80 Jahren Entwicklung stützt. Was an seiner Arbeit besonders interessant ist, das ist die Tatsache, daß „Faktoren untersucht werden, die echte Parameter der Arbeitsproduktivität darstellen" (S. 19). Außer den naturbedingten Einflüssen untersucht er den Einfluß technischer und ökonomischer Faktoren, wie Betriebsgröße, Mechanisierungsgrad, Arbeitsintensität usw. Er bedient sich ökonometrischer Untersuchungsmethoden, die auf der Großzahlforschung beruhen, und die ermöglichen, aus oft unzuverlässigem statistischen Material trotzdem recht brauchbare Schlüsse zu ziehen. Es liegt auf der Hand, daß Natureinflüsse im Braunkohlenbergbau eine große Rolle spielen. *Bratke* zeigt, daß die monatlichen Temperaturabweichungen nicht unerheblichen Einfluß auf die Arbeitsproduktivität im Braunkohlenbergbau ausüben und kommt zu dem Schluß, „daß sowohl unterhalb als auch oberhalb des Temperaturbereichs von + 12 bis + 15 °C Monatsdurchschnittstemperaturen je Grad Temperaturab- bzw. -zunahme ein Rückgang der Pro-Kopf-Leistung von 3% zu erwarten ist. Die günstigste Monatsdurchschnittstemperatur liegt in dem eben erwähnten Bereich, wo im Republikmaßstab eine um rund 15% über dem Jahresdurchschnitt liegende Kennziffer der Pro-Kopf-Leistung zu erwarten ist." (S. 21f.) Einen Einfluß der Niederschläge auf die Pro-Kopf-Leistung konnte Bratke nicht ermitteln (S. 23).

Als Hauptfaktor jeder langfristigen Steigerung der Arbeitsproduktivität untersuchte *Bratke* mit Recht die Mechanisierung, die sich sowohl in einer Erhöhung der pro-Arbeitszeiteinheit produzierten Güter als auch in einer Senkung der Selbstkosten je produzierte Einheit widerspiegeln muß. Da eine eingetretene Verbesserung der Kennziffern der Arbeitsproduktivität keineswegs mit dem Nutzeffekt der angewandten Mechanisierungsmaßnahmen identisch sein muß, bezieht *Bratke* die Selbstkosten mit in seine Analyse ein und behandelt die Betriebs- und Gerätegrößen als Parameter des Mechanisierungsgrades (S. 23f.). *Bratke* kommt zu dem Ergebnis, „daß die empirischen Werte die theoretischen Überlegungen bestätigen und die Werte einen erstaunlich geringen Streubereich ausweisen", mit anderen Worten: die empirische Untersuchung bestätigt, daß mit steigender Arbeitsproduktivität durch zunehmende Mechanisierung, zum Ausdruck kommend in wachsender Betriebs- und Gerätegröße, die Selbstkosten je Produktionseinheit sinken, wobei die anlageabhängigen Kosten, „die der sichtbare Ausdruck des Mehraufwandes an vergegenständlichter Arbeit sind", relativ anwachsen (S. 24). *Bratke* gibt hierzu detaillierte Untersuchungen. „Es ist festzustellen, daß bei progressiv steigender Arbeitsproduktivität und linearer Abnahme der Selbstkosten die Anteile der lebendigen Arbeit innerhalb der Selbstkosten um ein geringes schneller fallen als die Anteile der vergegenständlichten Arbeit." (S. 36.) Aber nicht nur wegen seiner Analyse und ihrer Ergebnisse ist die Arbeit von *Bratke* interessant, sondern vor allem deswegen, weil er auf Grund der gefundenen

Wir definieren den Lohn als individuellen Anteil der Werktätigen am Nettoprodukt der sozialistischen Gesellschaft, der nach der Quantität und Qualität der geleisteten Arbeit bemessen wird. Dann muß im Hinblick sowohl auf die Lohnstruktur als auch die Lohnentwicklung der Lohn unter zwei Gesichtspunkten betrachtet werden:

a) als Lohneinkommen,

b) als Lohnkosten.

Unter *Lohnstruktur* verstehen wir die während eines bestimmten Zeitraumes gegebene konkrete Verteilung des als Lohneinkommen verwendeten Teils des gesellschaftlichen Nettoproduktes dieser Periode auf die Bereiche der materiellen und nichtmateriellen Produktion und weiter auf die Zweige, Stufen und Bereiche der materiellen Produktion bis hin zu den individuellen Tätigkeiten und Berufen. Die

Werte eine Prognose über den weiteren Verlauf der Kurven der Arbeitsproduktivität und der Selbstkosten zu geben vermag. „Weiterhin steigende Arbeitsproduktivität bedeutet weiterhin sinkende Kosten für die lebendige Arbeit, und da die spezifischen Gesamtselbstkosten wachsen, müssen die Kosten für die vergegenständlichte Arbeit ständig zunehmen, was", wie *Bratke* zeigt, „die Lage der Brückenbetriebe und die Projektdaten" auch zeigen (S. 36).

Bratke kommt zu folgendem zusammenfassenden Schluß: „Selbstkosten und Arbeitsproduktivität zeigen bei Abraumzugbetrieben eindeutige Abhängigkeiten nicht nur voneinander, sondern auch von der Betriebs- und Gerätegröße, den Parametern des Mechanisierungsaufwandes, wobei ... festgestellt werden kann, daß Arbeitsproduktivität und Selbstkosten bei Zugbetriebsgrößen um 25 Mill. m^3/J ihr Optimum haben, während die Gerätegrößen wahrscheinlich bei 2500–3000 m^3/h ein Optimum der Arbeitsproduktivität und knapp über 2000 m^3/h ein Selbstkostenoptimum erreichen werden. Dabei ist es durchaus wahrscheinlich, daß sich letztere Optima nach oben verschieben können, da eine Überdimensionierung der Geräte gegenüber dem derzeitigen Verhältnis zur Betriebsgröße produktivitätsseitig nachweisbar und selbstkostenseitig wahrscheinlich Vorteile bringt. Bei Brückenbetrieben ist in Abhängigkeit von der Betriebsgröße noch keine Verminderung der Zuwachsrate der Arbeitsproduktivität zu entdecken.

Weiterhin konnte festgestellt werden, daß, ausgehend von der Tatsache, daß die Betriebe mit den höchsten Pro-Kopf-Leistungen tendenziell die niedrigsten spezifischen Anlagekosten aufweisen, bei progressiv steigender Arbeitsproduktivität das Verhältnis der Kosten für die lebendige Arbeit zu den fast ausschließlich anlagebedingten Kosten für die vergegenständlichte Arbeit eine linear sinkende Tendenz aufweist. Dabei liegen die z. Z. besten Zugbetriebe bereits in der Nähe des Wendepunkts der extrapolierten Kurve, der zugleich ein Minimum der spezifischen Kosten für die vergegenständlichte Arbeit darstellt, weil bei dessen Überschreitung ... die Kosten für die lebendige Arbeit weiterhin, wenn auch in geringerem Maße sinken werden, die Kosten für die vergegenständlichte Arbeit jedoch wieder ansteigen, und zwar stärker ansteigen, als die Kosten für die lebendige Arbeit abnehmen, und damit den spezifischen Gesamtselbstkosten im Abraum eine steigende Tendenz verleihen." (S. 37f.) Ob die Prognose, die *Bratke* für die Entwicklung von Arbeitsproduktivität und Selbstkosten im Braunkohlenbergbau gibt, zureichend begründet ist, das zu beurteilen muß den Fachexperten überlassen bleiben. Auf jeden Fall liefert *Bratke* für einen wichtigen Teil der Volkswirtschaft eine empirische Analyse und eine darauf beruhende Prognose, die als Grundlage für Planungsmaßnahmen durchaus zu brauchen ist.

Lohnentwicklung ist die Entwicklung des als Lohneinkommen verteilten Teils des Nettoprodukts von der einen Periode zur anderen. Für die Lohnentwicklung sind Veränderungen in der Lohnstruktur von mehr oder minder großer Bedeutung, da sie sowohl in positiver als auch in negativer Hinsicht auf die konkrete Höhe des durchschnittlichen Lohneinkommens einwirken. Jedoch werden wir solche Veränderungen in unserer Untersuchung nicht berücksichtigen.

Unter *Nominallohn* verstehen wir den in Geld ausgedrückten individuellen Anteil der Werktätigen am gesellschaftlichen Nettoprodukt innerhalb eines bestimmten Zeitraumes, unter *Reallohn* die Kaufkraft dieses in Geld ausgedrückten individuellen Anteils.[14] Eine Erhöhung des Reallohnes kann bewirkt werden:

a) durch Erhöhung des Nominallohnes,

b) durch Preissenkungen,

c) durch Verbindung beider Methoden.

Unter *Lohneinkommen* versteht man in der Regel die Summe der Löhne der pro duktiven und der unproduktiven Arbeiter, d. h. die Summe der ursprünglichen und der abgeleiteten Einkommen der sozialistischen Gesellschaft. Während das Lohneinkommen der produktiven Arbeiter als ursprüngliches Lohneinkommen unmittelbarer Bestandteil des von der produktiven Arbeit produzierten Nettoproduktes ist, wird das Lohneinkommen der unproduktiven Arbeit aus dem Nettoprodukt abgeleitet.

Das Lohneinkommen der unproduktiven Arbeit *innerhalb* der materiellen Produktion ist ebenso wie das Lohneinkommen der unproduktiven Arbeit *außerhalb* der materiellen Produktion entweder aus dem ursprünglichen Lohneinkommen oder aus dem Reineinkommen abgeleitetes Einkommen. Ursprüngliches und abgeleitetes Lohneinkommen ergeben zusammen die individuelle Konsumtion. Aus dem Reineinkommen wird ferner die kollektive Konsumtion gespeist. Individuelle und kollektive Konsumtion ergeben zusammen die gesellschaftliche Konsumtion.[15]

[14] Die Fragestellung unserer Untersuchung macht es erforderlich, vom Bruttolohn auszugehen. Wir verstehen daher unter Reallohn den realen Bruttolohn. Es wird aber ausdrücklich darauf hingewiesen, daß der von der Staatlichen Zentralverwaltung für Statistik der DDR berechnete Index des Reallohnes die Veränderung der Kaufkraft des Nettolohnes wiedergibt. Der Unterschied zwischen realem Brutto- und Nettolohn ist für unsere Fragestellung jedoch unerheblich, zumal bei unseren Untersuchungen von dem Prinzip unveränderter Preise ausgegangen wird. (Vgl. hierzu die Bemerkung auf S. 38.)

[15] Wir bezeichnen hier und in den folgenden Untersuchungen:

L = Lohneinkommen der produktiven Arbeiter in unveränderten Preisen (ursprüngliches Lohneinkommen)

L_d = unproduktives Lohneinkommen (abgeleitetes Lohneinkommen)

R = Reineinkommen, ausgedrückt in unveränderten Preisen

K = Konsumtion

K_k = kollektive Konsumtion

A = Akkumulation

N = Nettoprodukt, ausgedrückt in unveränderten Preisen

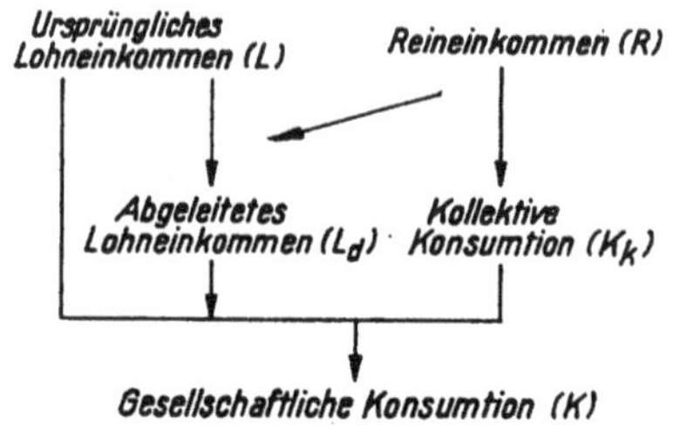

Wenn wir $L_d + K_k = K_a$ setzen, dann ist die gesellschaftliche Konsumtion $K = L + L_d + K_k = L + K_a$

Die *Lohnkosten* sind die Summe der in der materiellen Produktion anfallenden Lohneinkommen der produktiven Arbeiter. (Die Lohneinkommen der unproduktiven Arbeiter des Bereichs der materiellen Produktion gehören zu den Gemeinkosten.) Wir unterscheiden Lohnkosten insgesamt und Lohnkosten je Stück.

Eine besondere Bemerkung ist zum Begriff des *Durchschnittslohnes* erforderlich, den man ganz allgemein entweder als durchschnittlichen Nominallohn oder Reallohn je Kopf oder je Stunde definieren kann. Da wir – wie schon bemerkt – vom Prinzip unveränderter Preise ausgehen und nur den Bruttolohn betrachten, sind die Veränderungen des Reallohnes gleich denen des Nominallohnes. Wir verstehen daher unter Durchschnittslohn den durchschnittlichen Nominallohn, und zwar in der Regel je Stunde. Weiter verstehen wir unter Durchschnittslohn den durchschnittlichen Effektivlohn als Tariflohn plus Mehrkosten einschließlich aller Zulagen und Zuschläge. Nur der durchschnittliche Effektivlohn in diesem Sinne kann Bezugsgröße für die Entwicklung der Arbeitsproduktivität sein, wenn man die globalen volkswirtschaftlichen Zusammenhänge im Auge hat. Es muß jedoch auch hinzugefügt werden, daß eine detaillierte Untersuchung mit dem speziellen Zweck, konkrete Voraussetzungen für eine relative Konstanz der Löhne und der planmäßigen Entwicklung des Lohnniveaus zu formulieren, auch den durchschnittlichen Tarif-

Q = mengenmäßige Bruttoproduktion
B = Wertmäßige Bruttoproduktion, ausgedrückt in unveränderlichen Planpreisen
W = Wertmäßige Bruttoproduktion zu Preisen, die gleich dem Wert sind
Tl = Summe der lebendigen Arbeitszeit
Tv = Summe der vergegenständlichten Arbeit in Zeit
T = Summe der lebendigen und vergegenständlichten Arbeit in Zeit
Pm = Verbrauchte Produktionsmittel
Ag = Verbrauchte Arbeitsgegenstände
Am = Verbrauchte Arbeitsmittel
(Pm, Ag, Am: ausgedrückt in unveränderten Preisen)
t = Gesamte Arbeit je Erzeugniseinheit: $\frac{T}{Q}$
tl = lebendige Arbeit je Erzeugniseinheit: $\frac{Tl}{Q}$
tv = Vergegenständlichte Arbeit je Erzeugniseinheit: $\frac{Tv}{Q}$
l = Durchschnittslohn je Arbeiter bzw. Arbeitsstunde: $\frac{L}{Tl}$
lk = Lohnkosten je Erzeugniseinheit: $\frac{L}{Q}$
q = Erzeugniseinheit.

lohn mit einbeziehen muß. Doch geht eine solche Fragestellung über den Zweck unserer Untersuchung hinaus.

Es bestehen somit folgende grundlegende Beziehungen zwischen Lohneinkommen und Lohnkosten:

$$L = Tl \cdot l = Q \cdot lk = LK.$$

Dabei ist

$$L = l \cdot tl \cdot Q$$

und daher

$$lk = l \cdot tl.$$

Der Zusammenhang zwischen dem Lohneinkommen der produktiven Arbeiter (L) und dem Lohneinkommen der unproduktiven Arbeiter (L_d) ist:

$$L = N - (A + L_d + K_k)$$

d. h.

$$N - A = K = L + L_d + K_k.$$

II. BRUTTOPRODUKT UND NETTOPRODUKT; LOHNEINKOMMEN UND REINEINKOMMEN

Niveau und Entwicklung des Bruttoprodukts werden bestimmt durch Niveau und Entwicklung der beiden Grundfaktoren:

1. Volumen des Aufwands an lebendiger Arbeit;
2. Nutzeffekt der lebendigen Arbeit.

1.1.1. $$B = Tl \cdot Ap.$$

Die Entwicklung des Nutzeffektes der lebendigen Arbeit hängt von den beiden Faktorenkomplexen ab:

1. technischer Fortschritt;
2. Rationalisierung.[16]

Die Entwicklung des Aufwandes an lebendiger Arbeit ist abhängig von:

1. der Extensität der Arbeit;
2. der Intensität der Arbeit.

[16] Vgl. hierzu vom Verfasser, Zur Theorie der Messung des Nutzeffekts der gesellschaftlichen Arbeit, Akademie-Verlag, Berlin 1963, S. 87ff. und S. 128ff. Der Verfasser hat a. a. O. und schon vorher in: Der Nutzeffekt der gesellschaftlichen Arbeit und der Struktureffekt bei der Messung der Arbeitsproduktivität (Akademie-Verlag, Berlin 1961, S. 23ff.) versucht, beide Begriffe zu bestimmen und voneinander abzugrenzen. Im Rahmen der noch nicht abgeschlossenen Diskussion zum sogenannten Faktorenschema ist noch zu klären, inwieweit beide Begriffe sowohl einzelwirtschaftlich als auch volkswirtschaftlich gefaßt werden können oder nur volkswirtschaftlich bzw. einzelwirtschaftlich.

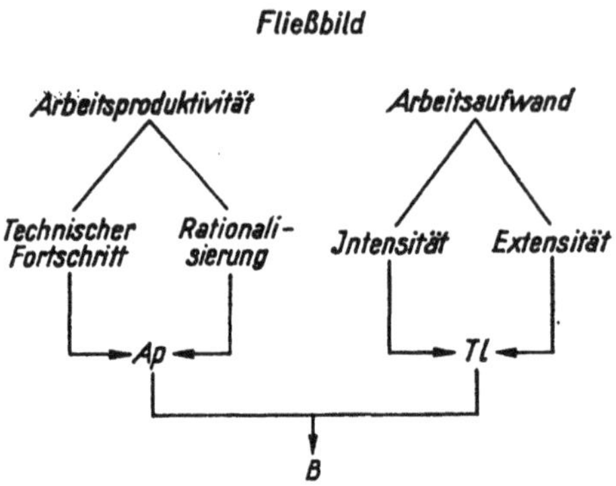

Abb. 2

Bleibt das Volumen des Arbeitsaufwandes unverändert, dann führt eine Steigerung der Arbeitsproduktivität zu einer Erhöhung der Bruttoproduktion. Sie kann über das durch die Steigerung der Arbeitsproduktivität bedingte Maß hinauswachsen, wenn das Aufwandsvolumen der Arbeit wächst, d. h.

a) die Zahl der in der materiellen Produktion beschäftigten Arbeitskräfte;
b) die durchschnittliche Länge ihrer Arbeitszeit;
c) ihre Arbeitsintensität.

Die Bruttoproduktion kann hinter dem durch die Steigerung der Arbeitsproduktivität bedingten Wachstum zurückbleiben, wenn das Volumen des Arbeitsaufwandes abnimmt.

Auf die Problematik der Entwicklung des Anteils der produktiven Arbeiter soll hier nicht näher eingegangen werden. Es ist anzunehmen, daß mit wachsender Arbeitsproduktivität und allmählicher Bedürfnissättigung bei Gütern der materiellen Produktion der Anteil der produktiven Arbeiter an der Gesamtzahl der Beschäftigten zurückgehen wird. Natürlich hängt das nicht nur von der Entwicklung der täglichen Arbeitszeit und der Dauer der Beschäftigung in der materiellen Produktion überhaupt ab.[17] Abgesehen von dieser – für uns noch nicht aktuellen – prinzipiellen Problematik spielt für die Entwicklung des Anteils der produktiven Arbeiter vor allem die Entwicklung der internationalen Arbeitsteilung sowie die Veränderung innerhalb der Struktur der Arbeitskräfte der Bereiche und Zweige der materiellen und nichtmateriellen Sphäre eine Rolle.

Der Index B' gibt die Entwicklung der Bruttoproduktion in unveränderten Preisen wieder:

1.1.2 $$B' = Tl' \cdot Ap'.$$

(Außer den bekannten Symbolen bedeuten: Ak = Zahl der beschäftigten Arbeitskräfte, Az = durchschnittliche Arbeitszeit je Arbeitskraft, Ai = durchschnittliche Arbeitsintensität, Ap = Arbeitsproduktivität, Apostroph = Index.)

Weiter ist

1.2. $$B_n = B_0 (1 + z_B)$$

wobei

$$z_B = B' - 1.$$

Hierzu zwei Bemerkungen: 1. Wir verwenden im folgenden für alle Wachstumsgrößen das Symbol z, wobei durch den tiefer gesetzten Index angezeigt wird, auf

[17] Vgl. hierzu vom Verfasser, Ware, Wert und Wertgesetz, Akademie-Verlag, Berlin 1961, S. 116ff.

welche Kennziffern sich die Angaben des Wachstums beziehen. 2. Angaben über die Struktur des Index werden in diesem Zusammenhang nicht gemacht.[18]

Jedoch ist der Begriff der Bruttoproduktion ohne Hinweise auf den Umfang des einbezogenen Bereiches nicht exakt. Wir unterscheiden:

1. Die gesellschaftliche Bruttoproduktion, die auch als Bruttoumsatz bezeichnet wird – B_{ges}.
2. Die betriebliche Bruttoproduktion – B_b.
3. Die volkswirtschaftliche Bruttoproduktion – B.[19]

Es ist für unsere Zwecke nicht erforderlich, den Einfluß zu berücksichtigen, den die aus der internationalen Arbeitsteilung sich ergebenden Außenhandelsbeziehungen auf die Entwicklung der Bruttoproduktion haben, ebensowenig wie es hier erforderlich ist, auf den Einfluß einzugehen, den die Berechnung in vom Wert abweichenden Preisen ausübt.

Den größten Umfang hat die gesellschaftliche Bruttoproduktion, die gleich der Summe der produzierten Gebrauchswerte ist, unabhängig davon, ob diese im gleichen Betrieb weiter verarbeitet oder als Warenproduktion umgesetzt werden. Die betriebliche Bruttoproduktion ist gleich der gesellschaftlichen Bruttoproduktion minus dem betrieblichen Eigenverbrauch (E). Die volkswirtschaftliche Bruttoproduktion ist gleich der Summe der Fertigerzeugnisse, die in die produktive oder individuelle Konsumtion eingehen. Die Beziehungen sollen an einem Modell dargestellt werden. Es ist:

1.3 $$L_1 + R_1 > Pm_2$$

1.4 $$B_{Ges} = \sum_{i=1}^{n} \cdot \sum_{k=1}^{n} B_{ik}$$

1.5 $$B_b = B_{ges} - E$$

1.6 $$B_v = F + Km.$$

Modell: abteilungsmäßige Struktur

Aufwand / Abteilung	Pm	L	R	Summe
1. Pm	60	20	20	100
2. Km	35	15	15	65
Summe	95	35	35	165

Das Modell der abteilungsmäßigen Struktur ist von Marx' Analyse der kapitalistischen Reproduktion her allgemein bekannt. Da es nur den Umsatz zwischen

[18] Vgl. hierzu vom Verfasser, Zur Theorie der Messung ..., a. a. O., S. 47ff.

[19] Vgl. zu den folgenden Ausführungen auch die Arbeit des Verfassers, Bruttoproduktion und Kooperation, in: Probleme der politischen Ökonomie (Jahrbuch des Institutes für Wirtschaftswissenschaften), Band 1, Akademie-Verlag, Berlin 1957, S. 199ff.

den beiden Abteilungen der gesellschaftlichen Produktion zum Ausdruck bringt – der Problemstellung bei Marx entsprechend – ist es für die Zwecke der sozialistischen Planung nicht ausreichend. Es muß um die Umsätze innerhalb der Abteilungen sowie um den betrieblichen Eigenverbrauch ergänzt werden. Aus Marx' Modell wird so ein Modell einer „Verflechtungsbilanz".

Modell: Verflechtungsbilanz

von / an	*R*	*H*	*F*	*Km*	*Pm*	*Km*	*B*
R	10	20	5	15	35	15	50
H	5	5	40	10	50	10	60
F	20	20	40	20	80	20	100
Km	15	15	15	20	45	20	65
Summe	50	60	100	65	210	65	275

$$B_{ges} = 275$$
$$B_b = 275 - 75 = 200$$
$$B_v = 100 + 65$$
$$Km = 65$$
$$N = 70$$
$$A = 5$$
$$F = 95 + 5 = 100$$

Wir verstehen im folgenden stets – wenn nicht ausdrücklich etwas anderes gesagt – unter Bruttoproduktion die gesellschaftliche Bruttoproduktion.

Um vom Index der Bruttoproduktion zum Index der Nettoproduktion zu kommen, muß der Index der Bruttoproduktion mit dem Koeffizienten der Entwicklung des Verhältnisses zwischen Nettoproduktion und Bruttoproduktion multipliziert werden:

1.7 $$N' = Tl' \cdot Ap' \cdot \frac{N'}{B'} = B' \cdot \Psi'.$$

1.8.1 $$\Psi = \frac{N}{B}$$

1.8.2 $$\Psi' = \frac{N'}{B'}.$$

Die Entwicklung des Nettoproduktes ist somit von drei Faktoren abhängig:

1. von der Entwicklung der Arbeitsproduktivität,
2. von der Entwicklung der Beschäftigten,
3. von der Entwicklung des Produktionsverbrauches.[20]

Hier sind *zwei Bemerkungen* erforderlich: Die *erste* Bemerkung betrifft den ökonomischen Zusammenhang von Arbeitsproduktivität, Wert und Wertprodukt.

[20] Vgl. hierzu vom Verfasser, Zur Theorie der Messung . . ., a. a. O., S. 141ff.

Wenn die Arbeitsproduktivität steigt, sinkt das Wertprodukt je Produkt umgekehrt proportional der Arbeitsproduktivität, wobei der Wert pro Produkt langsamer sinkt, weil der Anteil der vergegenständlichten Arbeit relativ zunimmt. Darin kommt das allgemeine Gesetz der Ökonomie der Zeit zum Ausdruck. Wenn die Preise mit den Werten sinken, entwickeln sich Wertprodukt und mengenmäßiges Nettoprodukt proportional, aber die Kennziffern für das mengenmäßige Nettoprodukt wachsen, wenn sie mit unveränderlichen Preisen berechnet werden. Wir können unsere Untersuchungen soweit offensichtlich an zwei Modellen der Entwicklung der sozialistischen Wirtschaft durchführen, die von den beiden – extremen – Möglichkeiten ausgehen, die sich aus dem Verhältnis zwischen den Preisen und den Werten ergeben:

1. die Preise sinken mit dem durch die Steigerung der Arbeitsproduktivität bewirkten Sinken der Werte und
2. die Preise bleiben unverändert oder sinken langsamer als die Werte.

Während der *erste Fall* dadurch charakterisiert wird, daß die Preisrelationen planmäßig auf die Wertrelationen reduziert werden, lösen sich im *zweiten Fall* die Preisrelationen – je länger, je mehr – von den Wertrelationen. Das kann zu planwidrigen Proportionen, insbesondere zwischen Kaufkraft und Konsumgüterproduktion, führen. Bisher wurde – meines Erachtens aus zwingenden und daher auch berechtigten, wenn auch nicht theoretisch, so doch historisch zu erklärenden Gründen – nur die zweite Möglichkeit verwirklicht. Doch kann man aus der Tatsache, daß bisher nur eine der beiden prinzipiellen Möglichkeiten verwirklicht wurde, noch nicht schließen, daß diese notwendig mit der Entwicklung der sozialistischen Wirtschaft verknüpft ist und daher die einzige Möglichkeit darstellt, die Entwicklung der Volkswirtschaft zu planen.

Andreas Schüler versucht in einer interessanten Arbeit über „Arbeitsproduktivität und Lohn" die meines Erachtens nur historisch zu erklärende Variante der Entwicklung der sozialistischen Wirtschaft theoretisch zu begründen.[21]

> „Wenn wir zunächst von der theoretischen Abstraktion ausgehen, daß die Arbeitsproduktivität in der Volkswirtschaft gleichmäßig steigt, so geschieht bei dem ‚Hinterherhinken' der Preise hinter den Werten an und für sich gar nichts, außer daß jede Geldeinheit eine geringere Arbeitseinheit ausdrückt als zuvor, jedoch die gleiche Gebrauchswertmenge."[22]

Aber Schüler gründet seinen Beweis nur auf eine m. E. unzulässige Gleichsetzung des Wertes mit der Kaufkraft des Geldes. Er schreibt:

> „Der Wert ist von vornherein kein absolutes Maß des Arbeitsaufwandes in Zeit, sondern nur dessen relativer Ausdruck in einer anderen Ware."[23]

Es ist ersichtlich, daß Schüler hier vom Tauschwert, d. h. nicht vom „absoluten" Wert, sondern vom relativen Wert spricht. Mir scheint aber diese Differenz

[21] *Andreas Schüler*, Arbeitsproduktivität und Lohn, „Wirtschaftswissenschaft", 11. Jahrg. H. 1, S. 92ff., 1963.

[22] Ebenda, S. 99. [23] Ebenda, S. 100.

in der theoretischen Auffassung nicht sehr bedeutsam zu sein. Schüler stellt die Frage:

> „In der Tat, warum müssen die Preise mit den Werten sinken? Was spricht eigentlich dafür, das zu einem unumstößlichen Dogma der politischen Ökonomie zu erheben?"[24]

Ich bin mit seiner Antwort auf seine theoretische Frage einverstanden, soweit es die Wirtschaftspolitik betrifft. Die Geschichte bewies, daß es „so ging"! Wenn daraus auch nicht folgt, daß man nun diese Variante der Entwicklung zu einem „unumstößlichen Dogma der politischen Ökonomie" erheben müßte, so folgt daraus doch, daß eine Analyse der 2. Variante wichtiger als eine Analyse der 1. Variante sei, die bislang nur theoretische, aber nicht praktische Bedeutung hatte. Wir untersuchen daher nur die erste Variante.

Die *zweite* Bemerkung betrifft die Berechnung der Kennziffern. Wenn wir schreiben:

$$N' = Ap' \cdot Tl' \cdot \Psi'$$
$$= B' \cdot \Psi',$$

so werden Indizes multipliziert, die nach verschiedenen Methoden gewichtet sein können:

1.9 $$N' = \frac{\Sigma q_n t_0}{\Sigma q_0 t_0} \cdot \Psi'$$

1.10 $$= \frac{\Sigma q_n p_0}{\Sigma q_0 p_0} \cdot \Psi'$$

1.11 $$= \frac{\Sigma q_n tl_0}{\Sigma q_0 tl_0} \cdot \Psi'.$$

Der Ausdruck 1.10 läßt sich am einfachsten berechnen. Er ist identisch mit 1.9, wenn $p_0 = t_0$, d. h., wenn die Preise gleich den Werten der Basisperiode sind. Der Ausdruck 1.11 ergibt sich als Zeitsummenindex, wobei die Frage offen bleibt, inwieweit er bereits ohne Multiplikation mit Ψ' einen Index der mengenmäßigen Veränderung des Nettoprodukts darstellt.

Wo im folgenden nicht ausdrücklich etwas anderes gesagt wird, verstehen wir unter Nettoprodukt den folgenden Ausdruck:

1.12 $$N' = \frac{\Sigma q_n t_0}{\Sigma q_0 t_0} \cdot \Psi'.$$

N' ist der Index der Entwicklung des Nettoprodukts zu unveränderlichen Preisen, die dem Wert der Erzeugnisse in der Basisperiode entsprechen.

Bedingt durch den technischen Fortschritt, wächst der Anteil des Produktionsverbrauchs am Wert. Dabei wächst das wertmäßige Nettoprodukt langsamer als das wertmäßige Bruttoprodukt. Jedoch gehen wir in den folgenden Untersuchungen – wie schon gesagt – vom mengenmäßigen Nettoprodukt aus, das ebenfalls – wie das wertmäßige Nettoprodukt – in seiner ursprünglichen Gestalt in das Produkt

[24] Ebenda, S. 101.

der Arbeit für sich, das *Lohneinkommen*, und in das Produkt der Arbeit für die Gesellschaft, das *Reineinkommen*, zerfällt.

1.13 $$N = L + R.$$

Wir definieren das Verhältnis zwischen Reineinkommen und Lohneinkommen in der materiellen Produktion als Rate des Reineinkommens

1.14 $$m = \frac{R}{L}.$$

Es ist dann

1.15 $$N = L(1 + m).$$

Wir bezeichnen

1.16 $$g_m = (1 + m).$$

und bemerken hierzu, daß wir das Symbol g auch als Ausdruck von Raten in anderem Zusammenhang gebrauchen. Wir bezeichnen dabei durch den tiefer gesetzten Index die Kennziffer, auf die sich g bezieht.

Es ist dann weiter:

1.17.1 $$N = L \cdot g_m$$

1.17.2 $$g_m = \frac{N}{L}$$

1.17.3 $$L = \frac{N}{g_m}.$$

Schließlich ist die Reineinkommensrate:

1.18 $$m = \frac{N}{L} - 1.$$

Aus 1.13 ergibt sich für das Wachstum des Nettoprodukts

1.19 $$\begin{aligned} N_n &= L_0(1 + z_L) + R_0(1 + z_R) \\ &= L_0 + \Delta L + R_0 + \Delta R \\ &= N_0(1 + z_N) \\ &= N_0 + \Delta N. \end{aligned}$$

Der Zuwachs des Lohneinkommens und des Reineinkommens ist:

1.20 $$\begin{aligned} z_L &= \frac{N_n - R_0(1 + z_R)}{L_0} - 1 \\ &= \frac{L_n}{L_0} - 1. \end{aligned}$$

1.21 $$\begin{aligned} z_R &= \frac{N_n - L_0(1 + z_L)}{R_0} - 1 \\ &= \frac{R_n}{R_0} - 1. \end{aligned}$$

Die Entwicklung des Lohneinkommens hängt im wesentlichen von zwei Faktoren ab:

1. von der Zahl der beschäftigten Arbeitskräfte bei gegebenem Durchschnittslohn;
2. von der Entwicklung des Durchschnittslohnes.

1.22
$$L_n = l_o \cdot Tl_o (1 + z_{Tl}) (1 + z_l).$$

Der Zuwachs des Durchschnittslohnes ergibt sich aus:

1.23
$$z_l = \frac{L_n}{l_o \cdot Tl_o (1 + z_{Tl})} - 1$$
$$= \frac{L_n}{L_o (1 + z_{Tl})} - 1$$
$$= \frac{N_n - R_n}{L_o (1 + z_{Tl})} - 1.$$

Wenn wir die Erhöhung des Lohneinkommens der unproduktiven Arbeit und die Erhöhung der kollektiven Konsumtion berücksichtigen, ergibt sich für den *Zuwachs des Durchschnittslohnes der produktiven Arbeit:*

$$z_l = \frac{N_n - (R_o + K_a)}{L_o (1 + z_{Tl})} - 1.$$

Mit anderen Worten: der Zuwachs des Durchschnittslohnes der produktiven Arbeit ergibt sich aus dem Nettoprodukt der Berichtsperiode minus dem Reineinkommen der Basisperiode plus dem Zuwachs an unproduktivem Lohneinkommen und der kollektiven Konsumtion.

III. DIE VERTEILUNG DES LOHNEINKOMMENS NACH DER LEISTUNG

Unter den sozialistischen Produktionsbedingungen ist der Lohn sowohl ein Stimulans für die Arbeitsproduktivität als auch ein Ausdruck für die Effektivität der sozialistischen Produktionsverhältnisse. Seine Bewegungen als Nominallohn und als Reallohn sind ein grundlegendes Element des Prozesses der erweiterten sozialistischen Reproduktion, der Produktionsverhältnisse und ihrer materiell-technischen Basis.[25]

[25] „Die Beziehungen zwischen der Arbeitsproduktivität und dem Lohn sind letztlich Beziehungen zwischen dem Arbeitsprozeß und dem Wertbildungsprozeß oder, was nur ein anderer Ausdruck dafür ist, des Wirkungsgrades der konkreten, gebrauchswerterzeugenden Arbeit im Verhältnis zur wertbildenden Arbeit", heißt es bei *Luck*, und weiter: „. . . die Beziehungen zwischen Arbeitsproduktivität und Lohn" reduzieren sich „auf das Wachstum der Arbeitsproduktivität, die Größe des Konsumtionsfonds, in ihrer Natural- und Wertform und auf die Kaufkraft des Lohnes." (A. a. O., S. 346)

An die Stelle des stummen Zwanges der ökonomischen Verhältnisse, der im Kapitalismus auf die Arbeiter einwirkt und sie unter die Botmäßigkeit ihrer Ausbeuter zwingt, tritt im Sozialismus die freiwillige Disziplin der Werktätigen, die auf einer neuen Arbeitsmoral beruht. Bis – wie Marx es ausgedrückt hat – die Arbeit „selbst das erste Lebensbedürfnis" der Menschen geworden ist oder solange die Gesellschaft – um noch einmal mit Marx zu sprechen – noch „in jeder Beziehung, ökonomisch, sittlich, geistig – mit den Muttermalen der alten Gesellschaft" behaftet ist, „aus deren Schoß sie herkommt", kann aber auch die sozialistische Gesellschaft nicht auf einen ökonomischen Zwang verzichten, der sich freilich von dem stummen Zwang der ökonomischen Verhältnisse des Kapitalismus wesentlich unterscheidet. Unter sozialistischen Bedingungen ist der ökonomische Zwang die Verteilung nach der Leistung. Auf ihm beruht die unmittelbare Interessiertheit der Werktätigen am Ergebnis der materiellen Produktion, die unter anderem auch durch die Verknüpfung der Lohnentwicklung mit der Steigerung der Arbeitsproduktivität erreicht werden soll. In der „ Richtlinie für das neue ökonomische System der Planung und Leitung der Volkswirtschaft" heißt es:

„Der Lohn als ökonomischer Hebel ist unmittelbar an die Arbeitsleistung gebunden. Seine Wirkung ergibt sich daraus, daß er die Hauptform der Erlangung des persönlichen Anteils am Nationaleinkommen ist. Dieser ökonomische Hebel wirkt richtig, wenn er in seinen Bedingungen und Forderungen die Übereinstimmung mit den gesellschaftlichen Erfordernissen wie hohe Arbeitsproduktivität, volle Ausnutzung der Technik, Qualität und Produktionsmenge sichert."[26]

Jede Produktionsweise ist nicht nur durch eine spezifische Verteilung der Produktionsmittel, sondern auch der mit ihrer Hilfe produzierten gesellschaftlichen Arbeitsprodukte charakterisiert. Die Verteilung der Produktionsmittel – das Produktionsmitteleigentum – wird, als wesentliches Merkmal der jeweils herrschenden Produktionsverhältnisse, letztlich vom erreichten Niveau der gesellschaftlichen Produktivkräfte bestimmt. Aber auch die Verteilung des gesellschaftlichen Arbeitsproduktes ist ein wichtiges, wenn auch abgeleitetes Merkmal der herrschenden Produktionsverhältnisse, das ebenfalls *letztlich* vom Entwicklungsniveau der gesellschaftlichen Produktivkräfte abhängt.

Das gilt auch für die sozialistische Produktionsweise. Auch unter sozialistischen Bedingungen wird der Lohn durch objektive ökonomische Fakten bestimmt – die nicht ohne Schädigung der ganzen Volkswirtschaft ignoriert werden dürfen –, wie die Proportion zwischen Akkumulation und Konsumtion, die Proportion zwischen individueller und gesellschaftlicher Konsumtion, die Beziehungen zwischen Nominal- und Reallohn sowie die besondere Rolle der führenden Wirtschaftszweige. Mit Recht hob daher Herbert Luck in seinem bereits zitiertem Referat hervor, daß der Arbeitslohn „primär eine Kategorie der Produktion" sei, „genauer gesagt, die Höhe der Lohneinkommen und die Kaufkraft des Lohnes in der sozialistischen Gesellschaft sind direkt abhängig vom Niveau der Produktivkräfte auf gegebener Stufe ihrer Entwicklung".[27] Luck sagte richtig:

[26] „Richtlinie . . .", a. a. O., S. 18.

[27] *Herbert Luck*, Zur Theorie des Arbeitslohnes im Sozialismus, a. a. O., S. 345.

„Es ist festzustellen, daß das ökonomische Gesetz der Verteilung nach der Arbeitsleistung als ein objektiv wirkendes Gesetz die Bewegung des Reallohnes reguliert und die Höhe des Nominallohnes bzw. das Streben der Werktätigen nach höheren Nominallöhnen nur als eine Funktion des Reallohnes erscheint."[28]

Die Aufteilung des gesellschaftlichen Nettoprodukts wird durch die jeweils gegebene Stufe der sozialistischen erweiterten Reproduktion und die damit zusammenhängende Größe der Akkumulationsfonds bestimmt. Daraus folgt *zweierlei*: *erstens* muß die Kaufkraft des Arbeitslohnes der Arbeitsleistung der Werktätigen adäquat sein und *zweitens* muß der Arbeitslohn durch die qualitativ und quantitativ unterschiedlichen individuellen Leistungen bestimmt werden. Man muß daher auch die Grundthese von Luck unterstreichen: die Verteilung nach der Leistung setzt die Aufteilung des gesellschaftlichen Nettoprodukts in den Akkumulations- und den Konsumtionsfonds voraus, und die dieser Aufteilung zugrundeliegenden Faktoren beeinflussen die Entwicklung des Arbeitslohnes positiv oder negativ.[29] Daß eine Verteilung nach der Leistung notwendig ist, solange eine Verteilung nach den Bedürfnissen noch nicht möglich ist, besagt aber wenig, wenn nicht auch gesagt wird, wie die Verteilung nach der Leistung *maximal* für die weitere und schnelle Entwicklung der gesellschaftlichen Produktivkräfte ausgenutzt werden kann und muß. Damit ist aber noch nichts für die Gestaltung der *konkreten* Form der Verteilung gewonnen, wenn man die Tatsache ausnimmt, daß dadurch zwei Formen ausgeschlossen werden:

1. Die Verteilung entsprechend den Reproduktionskosten der Arbeitskraft, die mit der Beseitigung des kapitalistischen Eigentums an den Produktionsmitteln ihre Grundlage verloren hat.
2. Die Verteilung zu gleichen Teilen unter alle arbeitsfähigen und nichtarbeitsfähigen Bürger, die jeden materiellen Anreiz der Produktion zerstören würde.

Es braucht hier nichts darüber gesagt zu werden, daß es natürlich auch bei Anwendung der Form der Verteilung nach der Leistung im Sozialismus immer mehr oder minder stark entwickelte Elemente der anderen beiden Verteilungsformen geben wird oder muß. So, wie die einfache Reproduktion der Arbeitskraft immer eine Untergrenze auch bei Verteilung nach der Leistung bleiben muß, so kommt die Verteilung zu gleichen Teilen durch zahlreiche und vielfältige sozialpolitische und kulturelle Maßnahmen zum Ausdruck. Nicht darum geht es, sondern um die Vorherrschaft der einen oder der anderen Form der Verteilung.

Wird gegen das Gesetz der Verteilung nach der Leistung verstoßen oder wird es nicht richtig ausgenutzt, so führt das – das lehrt uns die Erfahrung – zu einer Verletzung des geplanten Verhältnisses zwischen der Lohnentwicklung und der Steigerung der Arbeitsproduktivität. Das wirkt sich u. a. durch Veränderung des Anteils des Lohnes an den Selbstkosten auf die Rentabilitätsentwicklung der Betriebe aus, äußert sich aber vor allem in einer Diskrepanz zwischen dem Warenfonds und dem

[28] Ebenda, S. 346.

[29] Vgl. ebenda, S. 345.

Kauffonds. In dem Maße, wie es gelingt, die Werktätigen von der ökonomischen Notwendigkeit geplanter Proportionen zu überzeugen, wie sie die Bedeutung der ökonomischen Fakten erkennen, wird aus dem ökonomischen Zwang der Verteilung nach der Leistung die auf einer neuen Arbeitsmoral beruhende bewußte sozialistische Arbeitsdisziplin. Das Ziel der sozialistischen Produktion ist – mit anderen Worten – nicht zu verwirklichen, ohne daß die prinzipielle Übereinstimmung der individuellen mit den gesellschaftlichen Interessen bewußt zum Gesetz des Handelns der Werktätigen gemacht wird. Nur dann lassen sich die ökonomischen Gesetze im Sozialismus reibungslos durchsetzen. Voraussetzung der bewußten Ausnutzung der ökonomischen Gesetze sind aber nicht nur „richtige", d. h. sozialistische, subjektive Handlungen der Werktätigen, sondern auch entsprechende Methoden der Planung und entsprechende wirtschaftspolitische Maßnahmen des Staates. Diesen beiden Seiten soll das „Neue ökonomische System der Planung und Leitung der Volkswirtschaft" gerecht werden.

„Im neuen ökonomischen System der Planung und Leitung der Volkswirtschaft wird durch die bewußte Führungstätigkeit der Staats- und Wirtschaftsorgane die wissenschaftlich fundierte Planung mit der umfassenden Anwendung eines aufeinander abgestimmten Systems ökonomischer Hebel fest verbunden. Ökonomische Hebel sind gesetzmäßige Beziehungen zwischen den objektiven gesellschaftlichen Erfordernissen und den materiellen Interessen der Menschen, die direkt oder indirekt wirken und durch ihre jeweilige Gestaltung die Werktätigen zu einem bestimmten wirtschaftlichen Verhalten anregen. Das Problem ihrer richtigen Anwendung besteht darin, die zum großen Teil vorhandenen ökonomischen Hebel der wirtschaftlichen Rechnungsführung und die Formen der persönlichen materiellen Interessiertheit zu einem höchst wirkungsvollen Mechanismus zusammenzufügen. Erst durch diesen Zusammenschluß der ökonomischen Hebel wird erreicht, daß diese richtig auf das Denken und Handeln der Menschen einwirken."[30]

Es geht somit darum, sowohl die Herstellung und planmäßige Entwicklung der festgelegten Grundproportionen der Volkswirtschaft als auch die Mobilisierung aller schöpferischen Kräfte und die Ausnutzung der vorhandenen Reserven zu sichern. Das ist eine komplizierte Aufgabe, für deren Lösung es kein Generalrezept gibt.

Unter den gegebenen Bedingungen ergibt sich daraus aber die Notwendigkeit,

1. das geplante Verhältnis zwischen Arbeitsproduktivität und Durchschnittslohn einzuhalten;
2. den durchschnittlichen Lohnzuwachs in erster Linie für die Verwirklichung produktivitätswirksamer Maßnahmen zu verwenden;
3. Schritt für Schritt die bestehenden Disproportionen zwischen den Lohnformen, den Beschäftigtengruppen, den Betrieben und den Wirtschaftszweigen einzuschränken.

Es geht nicht darum, das vorhandene Nettoprodukt „gerecht" zu verteilen, sondern es so zu verteilen, daß maximale Anreize zur Steigerung der Arbeitsproduktivität entstehen. Die Verteilung des gesellschaftlichen Nettoprodukts soll – mit

30 „Richtlinie . . .", a. a. O., S. 17.

anderen Worten – einer doppelten Aufgabe gerecht werden: Sie soll einen *maximalen* Nutzen für die Werktätigen und zugleich eine *maximale* Ausnutzung der gesellschaftlichen Arbeit ergeben.[31] Wenn man die *maximale* Ausnutzung der gesellschaftlichen Arbeit als *minimalen* Aufwand an gesellschaftlicher Arbeit je produzierte Einheit definiert, können wir die Doppelaufgabe der Verteilung nach der Leistung auch als die Aufgabe formulieren, eine *optimale Variante der Verteilung des Nettoproduktes* zu erzielen. Es handelt sich somit um einen Teilaspekt des optimalen Nutzeffektes der gesellschaftlichen Arbeit überhaupt.

1. Verknüpfung der Entwicklung des Durchschnittslohnes und der Steigerung der Arbeitsproduktivität mit Hilfe von Arbeitsnormen

Wenn sowohl die Verteilung entsprechend den Reproduktionskosten der Arbeitskraft als auch die Verteilung zu gleichen Teilen unter alle Bürger ausgeschlossen wird, so reduziert sich die Frage nach der konkreten Form der Verteilung gemäß der Leistung auf die Frage, wie die individuelle Leistung gemessen werden kann, die zu einem entsprechenden Anteil am gesellschaftlichen Arbeitsprodukt führt.

Rein theoretisch können wir offenbar – was das Nettoprodukt angeht – zunächst zwei Möglichkeiten unterscheiden:

1. eine Verteilung mit Hilfe des Lohnes bei unveränderten Preisen;
2. eine Verteilung mit Hilfe der Preise bei unveränderten Löhnen.

In beiden Fällen soll eine Erhöhung des realen Lohneinkommens erreicht werden. Wir sehen aber von einer Verteilung des Nettoprodukts mit Hilfe der Preise bei unveränderten Löhnen ab, obwohl vom Standpunkt der maximalen Ausnutzung des Wertgesetzes eine Reihe theoretischer Überlegungen für diese Form sprechen. Die historische Entwicklung hat zugunsten der Verteilung mit Hilfe des Lohnes bei unveränderten Preisen entschieden. Mit Hilfe dieser Form ist eine planmäßige Entwicklung – wenn man die Planmäßigkeit nicht als eine rein ökonomische Kategorie auffaßt, sondern ihre gesellschaftlichen und politischen Aspekte berücksichtigt – im ganzen gesehen durchaus erreicht worden. Jedoch läßt sich die Frage nach der proportionalen Entwicklung nicht ebenso positiv beantworten.

Hier ist jedoch noch eine Vorbemerkung erforderlich. Bei „unveränderten" Preisen handelt es sich nicht um eine *absolute* Starrheit der Preise. sondern um eine *relative* Starrheit in bezug auf die mit steigender Arbeitsproduktivität sinkenden Werte. Es ist bekannt, daß in den vergangenen Jahren wiederholt erhebliche Preissenkungen durchgeführt wurden und daß nach dem 13. 8. 1961 sich bestimmte Preis-

[31] „Man wird behaupten können, daß die Lösung des Problems der optimalen Proportionierung ... von zwei unerläßlichen Bedingungen ausgehen muß:
1. von einem hohen Wachstumstempo des gesellschaftlichen Nettoprodukts und
2. von einem optimalen Wechselverhältnis zwischen Akkumulation und Konsumtion."
Wilhelm Bartl/Herbert Luck, Zu den Beziehungen zwischen den Investitionen und dem Wachstum des gesellschaftlichen Gesamtprodukts sowie des Nationaleinkommens. „Wirtschaftswissenschaft", 9. Jahrg., H. 10, S. 1479, 1961).

korrekturen notwendig machten. Es handelt sich bei der Verteilung mit Hilfe des Lohnes bei unveränderten Preisen um die Frage, wie das in unveränderten oder wenig veränderten Preisen ausgeschüttete zusätzliche Reineinkommen optimal verteilt werden kann.

Lange Zeit herrschte die Auffassung, ein Höchstmaß an stimulierenden Wirkungen zugunsten einer planmäßigen Steigerung der Arbeitsproduktivität sei nur dadurch zu erreichen, daß der Durchschnittslohn mit Hilfe von Arbeitsnormen mit der Arbeitsproduktivität verknüpft wird. Die historische Erfahrung hat das nicht bestätigt. Zumindest zeigt die Praxis, daß ein vorrangiges planmäßiges Wachstum der Arbeitsproduktivität dadurch nicht gewährleistet wird. Die Durchschnittslöhne wuchsen in unserer Volkswirtschaft zeitweise schneller als die Arbeitsproduktivität. Außerdem kommt es nicht nur darauf an, daß die Arbeitsproduktivität überhaupt schneller als der Durchschnittslohn steigt, sondern darauf, daß beide Größen sich in einem bestimmten Verhältnis zueinander entwickeln, das geplant und eingehalten werden muß. (Wobei es sich, wie oben gesagt, um ein abgeleitetes Verhältnis handelt, das von einer Reihe objektiver Faktoren abhängt.) Was erreicht wurde, war eine Orientierung vorwiegend auf eine rein mengenmäßige Erhöhung der Produktion, ohne Rücksicht auf die Qualität und Struktur der Produktion. Wir wollen diese allgemein bekannten Dinge nicht im einzelnen ausführen, möchten aber die „Richtlinie für das neue ökonomische System der Planung und Leitung der Volkswirtschaft" zitieren, in der es heißt:

> „Der Mangel der bisherigen Anwendungsweise des Prinzips der materiellen Interessiertheit bestand darin, daß wichtige Erfordernisse des gesellschaftlichen Reproduktionsprozesses — wie z. B. die Qualität der Erzeugnisse, die Ausnutzung der Produktionsfonds und die bedarfsgerechte Produktion — unzureichend ökonomisch stimuliert wurden. Es wurden zwar viele Hebel angewendet, aber sie waren insgesamt nicht aufeinander abgestimmt und riefen so mannigfaltige Widersprüche im Wirtschaftsprozeß hervor oder waren ungeeignet, vorhandene Unzulänglichkeiten zu überwinden. Das Spezifische des Systems ökonomischer Hebel besteht darin, daß der gesamte Reproduktionsprozeß durch in ihrer Wirkung aufeinander abgestimmte Maßnahmen erfaßt und somit zu einem höchst wirkungsvollen Mechanismus zusammengefügt wird."[32]

Bei einer Verknüpfung von Durchschnittslohn und Arbeitsproduktivität mit Hilfe von Arbeitsnormen ergeben sich *zwei* extreme Möglichkeiten:

1. Die Arbeitsnormen bleiben bei steigender Arbeitsproduktivität unverändert. Dann erhöht sich der Durchschnittslohn proportional der Steigerung der Arbeitsproduktivität, und sowohl die Lohnkosten je Erzeugniseinheit als auch das Verhältnis zwischen Lohneinkommen und Reineinkommen bleiben unverändert, es sei denn, es werden Kosten des Produktionsverbrauches eingespart.
2. Die Arbeitsnormen werden umgekehrt proportional der Steigerung der Arbeitsproduktivität gesenkt. Dann bleibt der Durchschnittslohn unverändert und die Lohnkosten je Erzeugniseinheit sinken, während die Rate des Reineinkommens steigt.

[32] „Richtlinie . . .", a. a. O., S. 5.

Natürlich gibt es innerhalb des Bereiches, der durch diese beiden extremen Möglichkeiten abgesteckt ist, zahlreiche Varianten der Entwicklung des Verhältnisses zwischen Durchschnittslohn und Arbeitsproduktivität, die in der Praxis auch alle von mehr oder minder großer Bedeutung sein können. Sie lassen sich jedoch im Prinzip alle auf die angeführten beiden Extremfälle zurückführen.

Im *1. Fall* ist eine lohnpolitische Entscheidung darüber, wie das zusätzliche Nettoprodukt aufgeteilt werden soll, nicht mehr erforderlich, weil infolge der direkten Proportionalität von Durchschnittslohn und Arbeitsproduktivität das zusätzliche Nettoprodukt je zur Hälfte das Lohneinkommen und das Reineinkommen erhöht.

Im *2. Fall* jedoch, wenn die Arbeitsnorm umgekehrt proportional der Steigerung der Arbeitsproduktivität gesenkt wird, bewirkt die Steigerung der Arbeitsproduktivität eine zusätzliche Erhöhung des Reineinkommens, und dann wird eine wirtschaftspolitische Entscheidung über die Verwendung dieses zusätzlichen Reineinkommens nötig. Eine Erhöhung des Durchschnittslohnes wird in diesem Fall nicht durch eine Normübererfüllung erreicht, sondern kann entweder durch eine Erhöhung des Tariflohnsatzes oder durch Verteilung von Prämien aus dem Reineinkommen erreicht werden. Das materielle Interesse kann nur dann gesellschaftlich voll wirksam werden, wenn die Norm exakt begründet und die gemäß der Norm zu bringende Arbeitsleistung dem Arbeitslohn äquivalent ist. Das materielle Interesse wird gesellschaftlich aber unwirksam und widerspricht den Erfordernissen einer sozialistischen Verteilung, wenn die der Norm entsprechende Arbeitsleistung dem Lohn nicht äquivalent ist. Die Arbeitsnormen müssen immer dann gesenkt werden, wenn die Steigerung der Arbeitsproduktivität objektiven, d. h. nicht direkt vom Arbeiter beeinflußbaren, Faktoren geschuldet ist.[33]

Wir wählen ein Beispiel, wobei wir annehmen, daß die Arbeitsintensität dem Durchschnittslohn entspricht. Die einer beliebigen Arbeitsnorm – tl_n – zugrunde liegende Zeitnorm – $Stck_n$ – betrage 45 Minuten. Dann ist die Arbeitsnorm $= \frac{60}{45} = 1{,}333$ Stück/Stunde. Der Tariflohnsatz – l_s – sei 1,50 DM. Der erzielte nominelle Verdienst je Stunde beträgt dann

$$l = \frac{l_s \cdot tl_n}{60} \cdot Stck_n$$

$$= \frac{1{,}50 \cdot 1{,}333}{60} \cdot 45 = 1{,}50 \text{ DM.}$$

Da die Norm mit 100% erfüllt wird, ergibt sich ein effektiver Lohn je Stunde, der dem Tariflohnsatz gleich ist. Die Lohnkosten je Stück betragen in diesem Falle

$$lk = \frac{l}{Ap}$$

$$= \frac{1{,}50}{1{,}333} = 1{,}125 \text{ DM.}$$

[33] In der „Richtlinie für das neue ökonomische System der Planung und Leitung der Volkswirtschaft" wird ausdrücklich vom „Prinzip ‚Neue Technik – neue Normen'" gesprochen. (A. a. O., S. 20.)

Nehmen wir an, die Arbeitsproduktivität verdoppelt sich. In diesem Fall erhöht sich bei unveränderter Zeitnorm die Erfüllung der Arbeitsnorm auf

$$\frac{2,0}{1,333} = 1,5,$$

d. h. um 50%. Bleibt der Tariflohnsatz auch unverändert, so erhöht sich nunmehr der Stundenverdienst auf

$$l = \frac{1,50 \cdot 1,333}{60} \cdot 4,5 \cdot 1,5 = 2,25 \text{ DM},$$

d. h. ebenfalls um 50%, während die Lohnkosten je Stück

$$lk = \frac{2,25}{20} = 1,125$$

unverändert bleiben. Bei gegebenem tariflichen Lohnsatz je Stunde erhöht sich somit der Stundenverdienst proportional der Arbeitsproduktivität, wenn die Zeitnorm nicht verändert wird. Jedoch kann hieraus noch nicht gefolgert werden, daß die Arbeitsnorm ihrer Aufgabe als Maß der Entlohnung nicht gerecht wird. Ob die Arbeitsnorm auch nach der Steigerung der Arbeitsproduktivität noch ihrer doppelten Aufgabe gerecht wird, Maß der zu leistenden Arbeit und Maß des individuellen Anteils am Nettoprodukt für den einzelnen Werktätigen zu sein, das hängt ausschließlich davon ab, worauf die Steigerung der Arbeitsproduktivität zurückzuführen ist. Liegt sie in der individuellen Leistung des Werktätigen begründet, so ist die Erhöhung des Stundenverdienstes gerechtfertigt. Hat sie jedoch Ursachen, die außerhalb des Einflusses des Werktätigen auf den Produktions- und Arbeitsprozeß liegen, so ist sie nur gerechtfertigt, wenn der Plan eine solche Erhöhung des Stundenverdienstes vorsieht. Anderenfalls muß die der Arbeitsnorm zugrunde liegende Zeitnorm – der Steigerung der Arbeitsproduktivität entsprechend – gesenkt werden.

Unsere Erfahrungen haben gezeigt, daß die Verknüpfung des Durchschnittslohnes mit der Arbeitsproduktivität durch Arbeitsnormen zu einer Bevorteilung individueller vor gesellschaftlichen Interessen führte und dadurch die proportionale Entwicklung unserer Volkswirtschaft gefährdete. Das trug dazu bei, daß sich die Betriebe keine maximalen Planaufgaben stellten und daß weder die vorhandenen Reserven zur Steigerung der Arbeitsproduktivität und Senkung der Selbstkosten ausgeschöpft wurden, noch ein maximaler wissenschaftlich-technischer Fortschritt angestrebt wurde. Bei einem hohen – aber nicht maximalen – Entwicklungstempo unserer Volkswirtschaft entstanden zugleich Disproportionen, die mit den derzeitigen Mitteln nicht beseitigt werden konnten.

Auf Grund dieser Erfahrungen setzte sich daher die Auffassung durch, daß Arbeitsnormen nur bei gegebenem Niveau der Arbeitsproduktivität als Maßstab für die Bewertung und ökonomische Anerkennung unterschiedlicher individueller Leistungen geeignet sind und daß die Entwicklung der Arbeitsproduktivität nicht durch steigende Normenübererfüllung anerkannt werden sollte.

Obwohl Arbeitsnormen keine zwingende Notwendigkeit als Grundlage für eine Entlohnung nach der Leistung sind, werden sie auch weiterhin eine wichtige Rolle hierbei zu spielen haben. Arbeitsnormen behalten bei gegebenem Niveau der Arbeitsproduktivität – neben anderen Kennziffern – als Maßstab der unterschiedlichen individuellen Leistung Bedeutung, und zwar nicht nur für den Stücklohn, sondern auch für alle anderen Lohnformen, ausgenommen den einfachen Zeitlohn. Luck sagt richtig:

„Der Übergang zu leistungsgebundenen Zeitlöhnen mit und ohne Prämie ist auch deshalb anzustreben, weil als Folge des wissenschaftlich-technischen Fortschritts über den Weg der Mechanisierung, Vollmechanisierung und schließlich Automation der Produktionsprozesse immer mehr technisch eindeutige Faktoren die Höhe und die Qualität der Produktion bestimmen.“[34]

Die Verbindung der Arbeitsproduktivität und des Lohnes durch Arbeitsnormen als Maß für den individuellen Anteil der Werktätigen am Nettoprodukt ist nur dann rationell, wenn die Werktätigen einen direkten Einfluß auf eine Erhöhung der Produktion durch Steigerung der Arbeitsproduktivität haben. Das ist aber *erstens* bereits auf unserem gegenwärtigen Entwicklungsniveau nicht generell der Fall, und wird *zweitens* bei zunehmender Mechanisierung und schließlicher Automatisierung der Produktion immer weniger der Fall sein.

Diese These wird auch nicht durch das Argument abgeschwächt, daß Arbeitsnormen dort noch immer eine Rolle spielen werden, wo sie auf der Grundlage technischer Parameter ermittelt werden, weil sie auf die volle Beherrschung der Technik, die volle Auslastung von Maschinen usw. orientieren. Wichtiger jedoch ist das Argument, daß zu den vom Arbeiter nicht direkt beeinflußbaren Faktoren auch das wachsende Geschick sowie wachsende Fähigkeiten gehörten, die bei gegebenen Arbeitsnormen zu einem Sinken der Arbeitsintensität führten. Natürlich muß auch in der sozialistischen Wirtschaft ein Durchschnittsniveau der Arbeitsintensität und eine Ausschöpfung der Reserven gewährleistet werden, die in unterschiedlichen individuellen Arbeitsintensitäten bestehen.

Je stärker die Mechanisierung der Produktion und in der weiteren Entwicklung ihre Automatisierung, um so unempfindlicher werden aber das Niveau und die Entwicklung der Arbeitsproduktivität gegen den Einfluß individueller Leistungsunterschiede und um so mehr wird die Arbeitsproduktivität – den erforderlichen Grad der Qualifikation vorausgesetzt – von technischen Kennziffern bestimmt. Je geringer der Grad der Mechanisierung, um so größer sind die Einflüsse auf die Arbeitsproduktivität, die durch individuelle Leistungsschwankungen hervorgerufen werden, wie z. B. der Einfluß der Qualifikation, einschließlich Erfahrungen und Geschicklichkeit, sowie vor allem der Arbeitsintensität.

Unsere Erfahrungen in der Vergangenheit kommen im „Beschluß über die Durchführung der Direktive zur Verwirklichung des Grundsatzes ‚Neue Technik – neue Normen‘ und Anwendung zweckmäßiger Lohnformen in der volkseigenen Wirtschaft im Jahre 1964“ klar zum Ausdruck.

„Den Lohnformen sind neben technisch begründeten Arbeitsnormen stärker qualitative Leistungskennziffern ... zugrunde zu legen.

[34] *Herbert Luck*, Zur Theorie des Arbeitslohnes im Sozialismus, a. a. O., S. 356.

Der Übergang vom einfachen Stücklohn zum Prämienlohn (Prämienstücklohn und Prämienzeitlohn) ist fortzusetzen und die einseitige Orientierung auf die Mengenleistung zu überwinden."[35]

Man kann sich daher voll den Ausführungen von Luck anschließen, der feststellt, daß die Praxis, den Nominallohn über den Mehrleistungslohn als variable Größe, die vom Grad der Normerfüllung abhängig ist, zu regulieren, sich als unzweckmäßig erwiesen hat.

„Der Hauptweg der künftigen Lohnpolitik ist der Übergang zu leistungsgebundenen Stundentariflöhnen plus differenziert zu gewährenden und nach oben begrenzten Prämien. Eine Erhöhung des durch den Stundentarif bestimmten mittleren Lohnniveaus ist nur über eine planmäßige Erhöhung der Tariflöhne möglich."[36]

Dabei muß – wie Luck weiter feststellt – für das Ausmaß von planmäßig vorzunehmenden Tariflohnerhöhungen das effektive Wachstum der Arbeitsproduktivität in der ganzen Volkswirtschaft sowie die Aufteilung des Nettoprodukts in Akkumulations- und Konsumtionsfonds und die Größe des Reineinkommens entscheidend sein.

„Die Dynamik dieser Größen ist entscheidend für die Bewegung des Reallohnes, entweder bei gleichbleibenden Tariflöhnen über Preissenkungen oder bei gleichbleibendem Preisniveau über die Erhöhung der tariflich geregelten Nominallohneinkommen."[37]

Die unbefriedigenden Ergebnisse, die mit der Regulierung des Nominallohnes durch Arbeitsnormen erzielt worden sind, haben ihre Ursache darin, daß man der Arbeitsnorm *zwei einander widersprechende Aufgaben* auferlegte: sie ist *einerseits* ein Maß für die zu leistende Arbeit, das sich auf objektive Merkmale gründet, und sie soll *andererseits* ein Maß für den individuellen Anteil der Werktätigen am Nettoprodukt sein, das einen materiellen Anreiz schafft, das Nettoprodukt zu entwickeln und die Arbeitsproduktivität zu steigern.

Natürlich ist dieses unbefriedigende Ergebnis nicht schlechthin auf die Anwendung von Normen zurückzuführen, denn als Maß für die zu leistende Arbeit ist die Arbeitsnorm im modernen Produktionsbetrieb ebenso unentbehrlich wie andere Normen. Materialverbrauchsnormen, Kapazitätsnormen und ähnliche Normen sind – ihrem Wesen nach – wissenschaftlich begründete Maße für maximal zulässige Aufwendungen an lebendiger und vergegenständlichter Arbeit. Sie werden bei einem gegebenen Stand der technischen und organisatorischen Entwicklung festgesetzt und müssen daher auch mit der Veränderung dieses Standes verändert werden. Bleiben sie unverändert, so verlieren sie ihren Sinn als Maß für den Verbrauch an gesellschaftlicher Arbeit, und anstatt Einsparungen zu ermöglichen, fördern sie dann die Verschwendung. Das gilt auch für die Arbeitsnormen, die auf der Grundlage eines gegebenen Niveaus der Arbeitsproduktivität festgesetzt werden. Ändert sich die Arbeitsproduktivität, so müssen auch die Arbeitsnormen verändert werden. Die Erfahrung zeigt aber, daß sich Veränderungen der Arbeitsnormen Schwierigkeiten entgegenstellen, die nicht nur politisch-historische Ursachen

35 Gesetzblatt der DDR, Teil II, S. 79, 31. 1. 1964.

36 *Herbert Luck*, Zur Theorie des Arbeitslohnes im Sozialismus, a. a. O., S. 356.

37 Ebenda.

haben, sondern auch Ursachen, die sich aus dem Charakter der modernen industriellen Großproduktion herleiten.

Um jedes Mißverständnis auszuschließen, sei noch einmal gesagt: die Normung der Arbeit ist in der sozialistischen Planwirtschaft ebensowenig zu entbehren wie jede andere Normung; aber wir können das Problem, um das es geht, noch allgemeiner formulieren, wenn wir es auf alle Normen beziehen. Dann geht es darum, alle Werktätigen, die mit Normen zu tun haben, daran zu interessieren, daß die Normen geändert werden, wenn sich die *der Aufstellung* der Normen zugrunde liegenden technisch-organisatorischen Grundlagen ändern. Bei steigender Arbeitsproduktivität sinkt der Arbeitsaufwand je Erzeugniseinheit, so daß bei steigender Arbeitsproduktivität auch die Aufwandsnormen sinken müssen. Wir müssen somit, so läßt sich unser Problem am allgemeinsten formulieren, die Werktätigen nicht an gleichbleibenden, sondern an sinkenden Normen für den Aufwand jeglicher Art interessieren.

Das kann in der mannigfaltigsten Weise geschehen, vor allem aber durch die Anwendung von Prämienlohnsystemen, denen auch andere leistungsabhängige Kennziffern zugrunde liegen. Auch ein materielles Interesse an der Erfüllung und Übererfüllung der Arbeitsnormen trägt bei gegebenem Niveau der Arbeitsproduktivität dazu bei, die vorhandenen Reserven auszunutzen und alle Möglichkeiten zu verwirklichen, wenn daneben andere Kennziffern herangezogen werden und die Einführung neuer Normen bei Erreichung eines höheren Niveaus der Arbeitsproduktivität entsprechend stimuliert wird, entweder durch einmalige Prämien oder durch Erhöhung des Durchschnittslohnes durch ein höheres Niveau von Leistungsprämien für die Erfüllung und Übererfüllung anderer Kennziffern.

In der „Richtlinie für das neue ökonomische System der Planung und Leitung der Volkswirtschaft“ heißt es:

„Die Lohnformen müssen auf die wichtigsten, beeinflußbaren Faktoren der Arbeitsproduktivität und der Selbstkosten wirken und die quantitativen und qualitativen Leistungen der Werktätigen exakt messen.

Das bedeutet, daß der einfache, individuelle Stücklohn, der einseitig auf die Produktionsmenge orientiert, nur dort angewendet werden darf, wo der Arbeitszeitaufwand das entscheidende Kriterium der Leistung ist, exakt gemessen und kontrolliert werden kann. In allen anderen Fällen ist der einfache Stücklohn zum Prämienstücklohn weiterzuentwickeln bzw. durch den Prämienzeitlohn zu ersetzen. Durch den Übergang zu gemischten Qualitäts- und Quantitätskennziffern bzw. zu reinen Qualitätskennziffern wird mit Hilfe des Prämienzeitlohnes eine richtige Lenkung des materiellen Anreizes auf die jeweiligen konkreten gesellschaftlichen Erfordernisse und eine allseitige Erfassung der Leistungen der Werktätigen im Lohn ermöglicht.

Durch die Anwendung kollektiver Lohnformen auf der Grundlage des aufgeschlüsselten Betriebsplanes (Plannorm) ist es möglich, das persönliche materielle Interesse des einzelnen bzw. der Kollektive am eigenen Arbeitsergebnis mit der Erfüllung der Planaufgaben der Brigade, der Abteilungen, des Betriebes und der VVB ökonomisch richtig zu verbinden.“[38]

[38] „Richtlinie . . .“, a. a. O., S. 20.

Herbert Luck gibt in seinem wiederholt zitierten Referat eine Übersicht über Veränderungen im System der Entlohnung in einigen sozialistischen Ländern seit 1956. Er arbeitet heraus, daß allgemein eine Erweiterung des Anwendungsbereiches eines leistungsgebundenen Zeitlohnes zu beobachten ist und daß neue Wege beschritten werden, um zu einer quantitativen Bestimmung der Arbeitsleistung und der Ausnutzung ökonomischer Hebel zu kommen.[39] Das gilt – ungeachtet einiger Unterschiede – für die Sowjetunion, für die ČSSR und für die Volksrepublik Ungarn.

So läßt das heute in Ungarn gültige System grundsätzlich kein automatisches Ansteigen der Durchschnittslöhne im Verhältnis zur Steigerung der Arbeitsproduktivität zu, wobei natürlich der Grundsatz beibehalten wird, daß die ständige Entwicklung der Volkswirtschaft verlangt, daß die Arbeitsproduktivität schneller als der Durchschnittslohn steigt. In der Planungspraxis wird aber keine „Regel" oder „Norm" durchgesetzt, die einen Automatismus in dem Verhältnis zwischen der auf Basis der Bruttoproduktion ermittelten Arbeitsproduktivität und der Erhöhung der Durchschnittslöhne auf einer höheren Leitungsebene voraussetzt (auf Betriebsebene kann ein bestimmter Zusammenhang bestehen und besteht auch im Hinblick auf das Lohnsystem).

„Denn eine Notwendigkeit zur Erhöhung des Durchschnittslohnes ergibt sich – neben dem grundsätzlichen Gesichtspunkt der Erhöhung des Lebensniveaus und der Berücksichtigung der zwischenzweiglichen Referenz – nur aus einer Erhöhung der Arbeitsintensität und der fachlichen Qualifikation. Andere, die Steigerung der Arbeitsproduktivität beeinflussende Faktoren wie neue Investitionen, der wissenschaftlich-technische Fortschritt, die Verbesserung der Produktionsorganisation usw. haben – unter der Voraussetzung einer richtigen Arbeitsnormung – keinen direkten Zusammenhang mit einer Erhöhung des Durchschnittslohnes. Erfahrungsgemäß wirkt sich die durch intensivere und qualifiziertere Arbeit der Arbeiter erreichte Steigerung der Arbeitsproduktivität auf gesamtvolkswirtschaftlicher Ebene in einem jährlichen Anstieg der Durchschnittslöhne von etwa 1,5 bis 2 Prozent aus."[40]

[39] Vgl. *Herbert Luck*, Zur Theorie des Arbeitslohnes im Sozialismus, a. a. O., S. 346

[40] „Die Presse der Sowjetunion", Ausgabe A, Nr. 113, S. 2485. 1963. Es heißt hier: „... daß die Regierung dem betreffenden Ministerium einen absoluten Lohnfonds bestätigt, daß also keine relative Inanspruchnahme des Lohnfonds zugelassen wird. Das vor 1957 gültige System der Lohnfondskontrolle gestattete die relative Inanspruchnahme des Lohnfonds in Abhängigkeit von der Erfüllung des Planes der Bruttoproduktion. Diese Methode verursachte jedoch erhebliche Verluste in der Volkswirtschaft, weil sie unbegründete Lohnfondserhöhungen ermöglichte. Bekanntlich kann bei einigen Betrieben in bestimmten Fällen die Bruttoproduktion steigen, obwohl sich die Produktion von Gebrauchswerten nicht erhöht (Ausdehnung der Kooperation) oder ohne daß ein proportional höherer Bedarf an Löhnen entsteht (höherer Anteil von Erzeugnissen mit geringerem Arbeitsaufwand, relative Einsparung an sonstigem Personal bei steigender Produktion). Mancher Betrieb konnte auf diese Weise unbegründet und ohne eigene Bemühungen Ansprüche auf zusätzlichen Lohnfonds geltend machen, was sich negativ auf das Gleichgewicht zwischen den Einnahmen der Bevölkerung und dem Warenfonds auswirkte.

Heute ist also eine absolute Lohnfondshöhe einzuhalten. Diese Verpflichtung gilt für die Ministerien als Ganzes. Den Betrieben können die Ministerien eine relative Lohnfonds-

2. Formeln für die Planung des Verhältnisses zwischen Durchschnittslohn und Arbeitsproduktivität

Das neue ökonomische System erfordert eine – möglichst – widerspruchslose Verbindung zwischen der Einkommenspolitik des Staates und der Anwendung des

inanspruchnahme zubilligen. Sie tun das, wenn eine Übererfüllung des Produktionsplanes wirklich erforderlich ist und eine verläßliche Kennziffer für die Einschätzung des erhöhten Bedarfs an Löhnen zur Verfügung steht.

Der Vorsitzende der Staatlichen Plankommission kann, sofern ihn die Regierung dazu ermächtigt, den Ministerien über den bestätigten absoluten Lohnfonds hinaus einen zusätzlichen Lohnfonds bewilligen, wenn Interesse daran besteht, den Produktionsplan in bestimmten Betrieben überzuerfüllen. Er prüft daher, ob die Volkswirtschaft eine erhöhte Produktion dieser Erzeugnisse benötigt, ob die Lohnkosten für diese Produktionserhöhung nicht aus dem bestätigten Lohnfonds gedeckt werden können und ob durch die zusätzliche Lohnfondserhöhung das Verhältnis zwischen Kaufkraft und Warenfonds nicht gestört wird. Die Ministerien sind verpflichtet, im voraus die Bewilligung eines zusätzlichen Lohnfonds für Übererfüllung des Produktionsplanes einzureichen.

Entsprechend der Übereinkunft zwischen dem Vorsitzenden der Staatlichen Plankommission, dem Minister für Arbeit und dem zuständigen Fachminister werden die Löhne der Beschäftigten als *Jahresdurchschnittslöhne*, bei Arbeitern eventuell als Tageslöhne (beispielsweise im Bergbau, in der Baustoffindustrie, im Bauwesen) oder Stundenlöhne (zum Beispiel im Hüttenwesen, im Maschinenbau, in der chemischen und Konsumgüterindustrie), festgelegt.

Außer der Höhe der Jahresdurchschnittslöhne wird in der Übereinkunft auch das erreichbare *maximale Lohnniveau* (beispielsweise am Ende des Planjahres) bestimmt. Damit wird einer spekulativen Bildung eines hohen Lohnniveaus, das für die Durchschnittslöhne des nächsten Jahres nicht zugrunde gelegt werden könnte, vorgebeugt. (Eine durchschnittliche jährliche Lohnerhöhung beispielsweise um 100 Forint kann auch dadurch erreicht werden, daß sich der Lohn im zweiten Halbjahr um 200 Forint oder sogar erst im letzten Quartal um 400 Forint erhöht.)

Bei den so festgelegten Durchschnittslöhnen ist das *absolute* Niveau verbindlich. Eine relative Erhöhung in Abhängigkeit von der Steigerung der Arbeitsproduktivität wird nur in Ausnahmefällen gestattet. In allen diesen Fällen wird aber darauf geachtet, daß die Löhne im Vergleich zur Arbeitsproduktivität grundsätzlich langsamer ansteigen und die vorher festgelegten Durchschnittslöhne um nicht mehr als ein bis zwei Prozent überschritten werden."

„Unter diesem Gesichtspunkt ist die Erhöhung der Durchschnittslöhne in der Volkswirtschaft insgesamt gesehen eher von der erforderlichen und möglichen Erhöhung der Nominallöhne und davon abhängig, daß richtige Relationen zwischen den Zweigen hergestellt werden.

Das Verfahren, die Durchschnittslöhne in absoluter Höhe verbindlich festzulegen, hat sich bewährt: die Durchschnittslöhne bleiben bereits seit mehreren Jahren auf dem vorgesehenen Niveau.

Die Methode der Planung der Durchschnittslöhne im neuenLeitungssystem unterscheidet sich noch in einer anderen Richtung von der früheren. Früher wurde die für das nächste Planjahr festgelegte Erhöhung der Durchschnittslöhne dem erreichten Ist (voraussichtliche Erfüllung) des Vorjahres zugerechnet. Im neuen System wird die geplante Erhöhung dem *geplanten Niveau des Vorjahres* (und nicht dem bisherigen Ist) zugerechnet."

Lohnes als eines ökonomischen Hebels zur Verwirklichung der Planaufgaben. Ausgehend von den festgelegten volkswirtschaftlichen Grundproportionen muß das Verhältnis zwischen der Entwicklung der Arbeitsproduktivität und des Lohnes auf Basis der berechneten Bedingungen der Wirtschaftsbereiche, der Wirtschaftszweige, VVB und Betriebe entsprechend differenziert werden. Dabei gibt es kein Rezept für ein „richtiges" Verhältnis zwischen Arbeitsproduktivitäts- und Lohnentwicklung. Es bedarf vielmehr bei der Festlegung konkreter Entwicklungsverhältnisse zwischen Arbeitsproduktivität und Durchschnittslohn auf VVB- und auf betrieblicher Ebene genauso wirtschaftspolitischer Entscheidungen wie auf der Ebene der Volkswirtschaft. Formeln können nur Hilfsmittel für solche Entscheidungen sein; allerdings sind sie Hilfsmittel, ohne die ein „richtiges" Verhältnis nicht ermittelt werden kann. Je nach dem Ausgangsniveau der Arbeitsproduktivität und der Selbstkosten, d. h. je nach dem technisch-organisatorischen Ausgangsniveau und den eingeleiteten und durchgeführten Maßnahmen zur Durchsetzung des wissenschaftlich-technischen Fortschritts, ergeben sich unterschiedliche Zuwachsraten der Arbeitsproduktivität, also auch unterschiedliche Entwicklungen der Selbstkosten und der Lohnkosten. Wenn auch mit steigender Arbeitsproduktivität der Anteil der lebendigen Arbeit je Erzeugniseinheit sinkt, so folgt daraus nicht gesetzmäßig eine Erhöhung des Durchschnittslohnes, sondern folgt daraus nur, welche Erhöhung *möglich* ist, wenn man die Entwicklung der Lohnkosten je Einheit berücksichtigt. Das ist das eine. Das andere ist, daß diese *mögliche* Erhöhung des Durchschnittslohnes unterschiedlich verwendet werden kann, und zwar unter anderem auch so, daß rückwirkend vom Lohn ein maximaler Anreiz zu einer Erhöhung der Produktion ausgeht. Es kann nicht Aufgabe sein, an dieser Stelle entsprechende Methoden hierfür vorzutragen, wo es unserer Aufgabenstellung entsprechend darum geht, Formeln als Hilfsmittel für die Analyse und Planung zu entwickeln.

Noch eine weitere Bemerkung ist hierzu erforderlich: Die *mögliche* Steigerung der Arbeitsproduktivität muß exakt berechnet werden, wenn doch geplant werden soll. Nur dann kann auch die *mögliche* Steigerung des Durchschnittslohnes exakt berechnet werden, die die Grundlage dafür bietet, ein materielles Interesse zu wecken. Wenn das geschieht, wird die Erhöhung des Durchschnittslohnes produktivitätswirksam.

Aus einer geplanten Steigerung der Arbeitsproduktivität folgt nicht gesetzmäßig eine bestimmte Erhöhung des Durchschnittslohnes. Umgekehrt folgt aber auch aus einer geplanten Erhöhung des Durchschnittslohnes nicht gesetzmäßig eine bestimmte – oder überhaupt eine – Steigerung der Arbeitsproduktivität. Eine geplante Erhöhung des Durchschnittslohnes gibt aber durch die Wahl zweckmäßiger Lohnformen die Möglichkeit, das geplante Wachstum der Arbeitsproduktivität maximal zu unterstützen. Weil es keinen automatischen Zusammenhang zwischen einer Steigerung der Arbeitsproduktivität und einem Wachstum des Durchschnittslohnes gibt, bleibt ein breiter Raum nicht nur für zentrale und betriebliche wirtschaftspolitische Entscheidungen, sondern auch für die Entfaltung der Aktivität der Werktätigen.

Worauf es ankommt: Um bei gegebenem – geplantem – Lohnzuwachs zu einer maximalen Steigerung der Arbeitsproduktivität zu kommen, muß der Durchschnittslohn an solche Kennziffern gebunden werden, die produktivitätswirksame Faktoren zur Geltung bringen. Daraus folgt aber auch, daß es nicht möglich ist, ein Kennziffernsystem auszuarbeiten, aus dem – entsprechend den natürlichen und ökonomischen Bedingungen der Zweige, Betriebe usw. – das Entwicklungsverhältnis zwischen Arbeitsproduktivität und Lohn sich automatisch ergibt. Deshalb können auch die Formeln nur als Grundlage für eine Diskussion über mögliche Kennziffernsysteme dienen, die den erforderlichen Entscheidungen zugrunde gelegt werden müssen.

Das *können* Kennziffern für die Ausnutzung der vorhandenen Technik oder für die Einführung einer neuen Technik oder Kennziffern für die Ausnutzung des Materials, für die Verbesserung der Qualität der Produktion, der Selbstkosten usw. sein. Es *müssen* Kennziffern sein, die eine reibungslose Verbindung der individuellen mit den gesellschaftlichen Interessen gewährleisten. Nur dadurch kann erreicht werden, daß das geplante Lohnniveau

$$l'_{plan} = \frac{l_0 + \Delta\, l_{plan}}{l_0}$$

zu einer maximalen Erhöhung des Niveaus der Arbeitsproduktivität führt:

$$Ap'_{plan} = \frac{Ap_0 + \Delta\, Ap_{plan}}{Ap_0}.$$

Es muß nunmehr untersucht werden, wie das Verhältnis zwischen Durchschnittslohn und Arbeitsproduktivität konkret festgelegt werden kann, wenn die wirtschaftspolitische Entscheidung über die Aufteilung des Nettoprodukts getroffen ist.

Wir gehen aus von

2.1 $$lk = \frac{l}{Ap}$$

2.2 $$lk' = \frac{l'}{Ap'}.$$

Der Index der Lohnkosten je Produkt ist gleich 1, wenn der Durchschnittslohn steigt wie die Arbeitsproduktivität, d. h.

$$lk' = 1, \text{ wenn } l' = Ap',$$
$$lk' < 1, \text{ wenn } l' < Ap',$$
$$lk' > 1, \text{ wenn } l' > Ap'.$$

Beispiel

Entwicklung von Durchschnittslohn und Arbeitsproduktivität

Zeit	B	L	Tl	lk	l	Ap
0	10	5	2	0,5	2,5	5,0
n	20	5	2	0,25	2,5	10
$l' = +50\%$	20	7,5	2	0,375	3,75	1,0
$l' = Ap'$	20	10	2	0,5	5,0	1,0
$l' > Ap'$	20	15	2	0,75	7,5	10

$$Ap' = 2{,}0,\ lk_0 = 0{,}5,\ l_0 = 2{,}5.$$

$$l' = Ap', \text{ dann ist } lk_n = \frac{2{,}5 + 2{,}5}{5{,}0 + 5{,}0} = 0{,}5.$$

$$l' < Ap', \text{ dann ist } lk_n = \frac{2{,}5 + 1{,}25}{5{,}0 + 5{,}0} = 0{,}375.$$

$$l' > Ap', \text{ dann ist } lk_n = \frac{2{,}5 + 5{,}0}{5{,}0 + 5{,}0} = 0{,}73.$$

Um die Entwicklung des Verhältnisses zwischen Durchschnittslohn und Arbeitsproduktivität zu bestimmen, definieren wir

2.3 $$v = \frac{\dfrac{\Delta l}{l_0}}{\dfrac{\Delta Ap}{Ap_0}}.$$

2.4 $$\bar{v} = \frac{\dfrac{\Delta l}{l_n}}{\dfrac{\Delta Ap}{Ap_n}}.$$

Es ist weiter

2.5 $$\frac{\bar{v}}{v} = \frac{\dfrac{\Delta l}{l_0}}{\dfrac{\Delta Ap}{Ap_0}} : \frac{\dfrac{\Delta l}{l_n}}{\dfrac{\Delta Ap}{Ap_n}} = \frac{l_n}{l_0} : \frac{Ap_n}{Ap_0} = lk'.$$

Somit ist

2.6 $$\frac{l'}{Ap'} = \frac{v}{\bar{v}} = lk'.$$

Ist $\frac{\Delta l}{l_0}$ gegeben, kann die Proportion des Wachstums des Durchschnittslohnes zur Steigerung der Arbeitsproduktivität bestimmt werden, und auf jener Grundlage muß die maximale Steigerung der Arbeitsproduktivität angestrebt werden. Nehmen wir an, $\frac{\Delta l}{l_0}$ sei auf $0{,}2 = 20\%$ festgelegt und v soll $0{,}33 = 30\%$ sein.

Wir haben dann

$$\begin{aligned} 0{,}33 &= 0{,}2 : x \\ &= 0{,}2 : 0{,}6, \end{aligned}$$

d. h., die Arbeitsproduktivität muß um 60% gesteigert werden. Steigt die Arbeitsproduktivität um mehr als 60%, dann ergibt sich ein günstigeres v, d. h. $v > 0{,}2$.

Steigt die Arbeitsproduktivität z. B. auf 80%, dann ist

$$v = 0{,}20 : 0{,}8 = 0{,}25.$$

Gehen wir von 2.3 aus, dann ist

$$\begin{aligned} \frac{\Delta l}{l_0} &= 0{,}2 = 0{,}33 \cdot 0{,}6 \\ &\text{bzw.} = 0{,}25 \cdot 0{,}8. \end{aligned}$$

Wir können somit für die Planung des Verhältnisses zwischen Durchschnittslohn und Arbeitsproduktivität sowohl von lk' als auch von ν ausgehen. Aber beide Ausdrücke sind noch zu formal, da sie die Beziehungen nicht aufdecken, die zwischen der Entwicklung des Durchschnittslohnes und der Entwicklung von Konsumtion und Akkumulation bestehen, wobei wir davon absehen wollen, daß bei der Planung des Verhältnisses zwischen Durchschnittslohn und Arbeitsproduktivität natürlich nicht nur der tarifliche Grundlohn und die Mehrleistungslöhne für Normübererfüllung, sondern auch die zahlreichen Zuschlagsarten und Zuschlagslöhne berücksichtigt werden müssen.

In seinem bereits zitierten Artikel „Arbeitsproduktivität und Lohn" konkretisiert Andreas Schüler die Formel 2.1, die er als „erstaunlich dürftig" bezeichnet.[41] Schüler geht aus von einer Formel für die Lohnkosten je Stück:

$$\nu_n = \frac{P_n - c_n}{1 + m'_n}$$

(ν = Lohnkosten je Stück, P = Preis je Stück, c_n = Produktionsverbrauch je Stück, m' = Mehrwertrate).

Für den Index der Lohnkosten ergibt sich

$$\nu' = \frac{P_n - c_n}{\nu_0 + m'_n \nu_0}.$$

Schüler bezeichnet den Durchschnittslohn mit V und erhält, da $V' = \nu' . Ap'$ ist, d. h. in der Terminologie von 2.2 $l' = lk' \cdot Ap'$,

$$V' = \frac{(P_n - c_n) \cdot Ap_n}{(\nu_0 + m'_n \nu_0)\, Ap_0} = \frac{(P_n - c_n)}{(\nu_0 + m'_n \nu_0)} \cdot Ap'.$$

Daraus folgt[42]

$$\frac{V'}{Ap'} = \frac{(P_n - c_n)}{(\nu_0 + m'_n \nu_0)}$$

$$m'_n = \frac{Ap'\,(P_n - c_n)}{V' \cdot \nu_0} - 1.$$

Schüler hebt die „Dürftigkeit" des Ausdruckes 2.1 somit nur dadurch auf, daß er lk' anders schreibt. In unserer Terminologie folgt aus

$$\frac{l'}{Ap'} = lk',$$

wenn wir nicht von den Werten je Stück, sondern von den gesamten Kosten ausgehen:

[41] *Andreas Schüler*, Arbeitsproduktivität und Lohn, a. a. O., S. 93.

[42] Vgl. ebenda, S. 106.

2.7 $$lk_n = \frac{B_n - Pm_n}{(1 + m_n) Q_n} = \frac{N_n}{(1 + m_n) Q_n}.$$

2.8 $$lk' = \frac{B_n - Pm_n}{(lk_o + m_n\, lk_o) Q_n} = \frac{N_n}{(lk_o + m_n\, lk_o) Q_n}.$$

Daraus folgt für die Rate des Reineinkommens:

2.9 $$m_n = \frac{(B_n - Pm_n) Ap'}{lk' \cdot lk_o \cdot Q_n} - 1 = \frac{N_n \cdot Ap'}{lk' \cdot lk_o \cdot Q_n} - 1.$$

Schüler schreibt, daß sich an Hand dieser Formeln (2.8 und 2.9) die quantitativen Beziehungen zwischen der Entwicklung von Arbeitsproduktivität, Durchschnittslohn und Rate des Mehrproduktes erkennen lassen.

„Je größer die Differenz zwischen der Zuwachsrate der Arbeitsproduktivität und der Zuwachsrate des Durchschnittslohns, desto größer wird die Rate des Mehrprodukts und umgekehrt, wobei die Differenz zwischen den Produktionsmittelkosten im Berichts- und im Basiszeitraum ein zusätzlicher Einflußfaktor ist. Die Planung des Entwicklungsverhältnisses zwischen Arbeitsproduktivität und Durchschnittslohn wird generell von der nach volkswirtschaftlichen Gesichtspunkten festzulegenden Rate des Mehrprodukts ausgehen müssen."[43]

Schüler kommt zu dem Schluß, daß der Betrieb das notwendige Verhältnis zwischen Arbeitsproduktivität und Durchschnittslohn ohne weiteres berechnen kann, wenn ihm die Kennziffer der volkswirtschaftlich notwendigen Reineinkommensrate vorgegeben wird.[44]

Die Reineinkommensrate ist aber keineswegs die für die volkswirtschaftliche Planung entscheidende Rate, sondern eine abgeleitete Rate, die sich aus der Planung von Konsumtion und Akkumulation ergibt. Wenn wir von der unten abgeleiteten Formel für die Rate der Akkumulation ausgehen (vgl. S. 63),

2.9.1 $$a = 1 - \frac{\frac{K_n}{L_n}}{g_m}$$

dann ist, wenn wir 2.9 benutzen,

2.9.2 $$a = 1 - \frac{\frac{K_n}{L_n}}{\frac{N_n \cdot Ap'}{l' \cdot lk_o \cdot Q_n}} = 1 - \frac{K_n Q_n lk_o}{l' N_n}.$$

[43] Ebenda, S. 106f, [44] Vgl. ebenda.

Wenn die Akkumulationsrate gegeben ist, ergibt sich daraus für das Verhältnis von Durchschnittslohn und Arbeitsproduktivität

2.10
$$\frac{l'}{Ap'} = \frac{a-1}{\frac{-K_n Q_n \cdot lk_o}{L_n N_n}}.$$

Wenn wir dagegen von der unten abgeleiteten Formel für die Konsumtionsrate ausgehen (vgl. S. 63),

2.10.1
$$k = 1 - \frac{\frac{A_n}{L_n}}{g_m,}$$

dann ist

2.10.2
$$k = 1 - \frac{\frac{A_n}{Q_n}}{\frac{N_n \cdot Ap'}{L' \cdot lk_o \cdot Q_n}}$$
$$= 1 - \frac{A_n \cdot Q_n \cdot lk_o}{L_n N_n}.$$

Ist die Konsumtionsrate gegeben, ergibt sich für das Verhältnis zwischen Durchschnittslohn und Arbeitsproduktivität

2.11
$$\frac{l'}{Ap'} = \frac{k-1}{\frac{A_n \cdot Q_n lk_o}{L_n \cdot N_n}}.$$

Die beiden Ausdrücke (2.10 und 2.11) lassen sich für die volkswirtschaftliche Planung verwenden. Um eine Formel für die betriebliche Planung zu erhalten, bezeichnen wir das betriebliche Reineinkommen mit

2.12
$$r = B - Sk$$

und definieren

2.13
$$r' = \frac{r}{L}.$$

Wir bezeichnen weiter

2.14
$$S = Sk - L,$$

so daß ist

2.15
$$B - S = L + r.$$

Wir haben dann

2.16
$$lk = \frac{B - S}{(1 + r')Q} = \frac{L + r}{(1 + r')Q}.$$

Wir erhalten weiter

2.17 $$lk_n = \frac{B_n - S_n}{(1 + r'_n)\,Q_n} = \frac{L_n + r_n}{(1 + r'_n)\,Q_n}.$$

2.18 $$r'_n = \frac{(B_n - S_n)\,Ap'}{l'\,lk_o\,Q_n} - 1 = \frac{(L_n - r_n)\,Ap'}{l'\,lk_o\,Q_n} - 1.$$

2.19 $$lk' = \frac{(B_n - S_n)}{(lk_o + r'_n\,lk_o)\,Q_n} = \frac{L_n + r_n}{(lk_o + r'_n\,lk_o)\,Q_n}.$$

Ist r gegeben, lassen sich sowohl $r' = \frac{r}{L}$ als auch $S = B - (L + r)$ berechnen. Das gesellschaftliche Reineinkommen ist dann

2.20 $$\begin{aligned} R &= B - L + (S - (S - Pm)) \\ &= B - L + Pm \\ &= r + (S - Pm), \end{aligned}$$

während

2.21.1 $$R = L \cdot m',$$

ist

2.21.2 $$r = L \cdot r'.$$

Wenn wir abschließend definieren

$$n = \frac{N}{Tl} \quad \text{und} \quad r = n - l$$

und davon ausgehen, daß ist

$$g_m = \frac{N}{L} = \frac{g_m \cdot l \cdot Tl}{l \cdot Tl} = \frac{n}{l}$$

und

$$lk = \frac{l}{Ap} = l \cdot tl$$

(vgl. S. 33 u. S. 39), so ist

$$\Psi = \frac{N}{B} = \frac{g_m \cdot l \cdot Tl}{Ap \cdot Tl} = \frac{n}{Ap}.$$

Daraus folgt

$$n = g_m \cdot l = \Psi \cdot Ap,$$

so daß wir erhalten

2.22 $$lk = \frac{\Psi}{g_m}$$

2.23 $$l = \frac{\Psi}{g_m} \cdot Ap$$

2.24 $$r = \Psi \cdot Ap - l$$

2.25 $$Ap = \frac{g_m \cdot l}{\Psi}$$

Wenn Ψ, g_m und l als Planungsgrößen gegeben sind, können lk und Ap berechnet werden. Sowohl die Entwicklung von Ψ als auch von g_m kann durch empirische Untersuchungen ermittelt werden. Somit bleibt *entweder* die Ermittlung der erforderlichen Steigerung der Arbeitsproduktivität bei einer geplanten Erhöhung des Durchschnittslohnes *oder* die Ermittlung der möglichen Erhöhung des Durchschnittslohnes bei einer geplanten Steigerung der Arbeitsproduktivität.

Ist somit die Entwicklung von Ψ' und g_m' empirisch gegeben, so ergibt sich *entweder* aus der *möglichen* Steigerung der Arbeitsproduktivität die mögliche Erhöhung des Durchschnittslohnes *oder* aus der geplanten Erhöhung des Durchschnittslohnes die *erforderliche* Steigerung der Arbeitsproduktivität.

Abschließend muß noch einmal darauf hingewiesen werden, daß die Formeln zur Messung des Entwicklungsverhältnisses zwischen Arbeitsproduktivität und Lohn nur Instrumente bei der Planung sein können. Es wurde auf den Raum hingewiesen, der bei geplanter Entwicklung der Arbeitsproduktivität hinsichtlich der Entwicklung des Durchschnittslohnes für zentrale und volkswirtschaftliche Entscheidungen, aber auch für die Aktivität der Werktätigen bleibt. Unsere Ausführungen würden mißverstanden werden, würden sie als Argumente für ein starres Entwicklungsverhältnis zwischen Arbeitsproduktivität und Durchschnittslohn angesehen. Sie sollen im Gegenteil dazu beitragen, daß – ausgehend von der zentralen Festlegung der Grundproportion zwischen Akkumulation und Konsumtion – in den VVB und den Betrieben optimale Entwicklungsverhältnisse erreicht werden. Das ist um so notwendiger, als schon ab 1964 bei uns nicht mehr der Durchschnittslohn geplant wird, sondern die Lohnsumme als Kostenrubrik in Abhängigkeit von der geplanten Steigerung der Arbeitsproduktivität. Hieraus ergibt sich erstens die Notwendigkeit, die sogenannte Faktorenanalyse schnell zu vervollkommnen, um die Effektivität der Faktoren der Arbeitsproduktivität vorausberechnen zu können. Zweitens ergibt sich die Notwendigkeit, das Lohnsystem Schritt für Schritt so zu verändern, daß es einen stimulierenden Einfluß auf die Entwicklung der Arbeitsproduktivität ausübt. Was diesen Punkt anbetrifft, so kann man sich auch hier Herbert Luck anschließen, der ausführt, daß dieser Forderung am besten durch solche Maßnahmen entsprochen wird, „die zu einer Konstanz des Lohnniveaus führen.“[45]

3. Berücksichtigung der Länge der Arbeitszeit und der Höhe der Arbeitsintensität[46]

Wir berücksichtigten in den Formeln zur Berechnung des Durchschnittslohnes bislang durch den Faktor $(1 + z_{Tl})$ nur die Entwicklung der Anzahl der produktiven Arbeitskräfte. Nicht berücksichtigt dagegen wurde

[45] *Herbert Luck*, Zur Theorie des Arbeitslohnes im Sozialismus, a. a. O., S. 356. Vgl. hierzu auch vom Verfasser, Arbeitsproduktivität und Lohnentwicklung („Arbeitsökonomik und Arbeitsschutz“, 5. Jahrg., H. 4, S. 321ff., 1961). In dieser Arbeit wurden bereits ähnliche Forderungen formuliert.

[46] Vgl. zum folgenden vom Verfasser, Die Arbeitsproduktivität, 3. Auflage, Verlag Die Wirtschaft, Berlin 1961, S. 144ff.

a) die durchschnittliche Länge der Arbeitszeit und
b) die Arbeitsintensität.

Bei gegebenem Niveau der Arbeitsproduktivität wirkt aber

a) eine Erhöhung der Arbeitsintensität wie eine Verlängerung der durchschnittlichen Arbeitszeit;
b) eine Senkung der Arbeitsintensität wie eine Verkürzung der durchschnittlichen Arbeitszeit.

Daraus folgt, daß bei Verkürzung der durchschnittlichen Arbeitszeit die durchschnittliche Verausgabung der Arbeit durch eine Erhöhung der Arbeitsintensität kompensiert oder sogar überkompensiert werden kann. Die Verkürzung der durchschnittlichen Arbeitszeit kann zu einer Erhöhung der durchschnittlichen Arbeitsintensität führen, weil die physikalische Leistungsfähigkeit der Werktätigen wächst. Wir vernachlässigen daher die Arbeitsintensität und beschäftigen uns nur mit der Wirkung der Verkürzung der Arbeitszeit auf das Wachstum des Durchschnittslohnes.

Verkürzung der Arbeitszeit bedeutet bei einem gegebenen Stand der Arbeitsproduktivität, daß die Produktion sinkt und die Kosten der Produktion je Einheit – entsprechend dem Anteil der Lohnkosten an den Gesamtkosten zwar unterschiedlich – entsprechend ansteigen.

Das durch eine Steigerung der Arbeitsproduktivität erzielte *zusätzliche* Nettoprodukt kann entweder zur Erhöhung des Reallohnes durch Erhöhung des Nominaleinkommens und Senkung der Einzelhandelspreise sowie durch Erhöhung der Aufwendungen des Staates für kulturelle und soziale Zwecke oder zur Erhöhung der Akkumulation verwendet werden. Wird mit steigender Arbeitsproduktivität die Arbeitszeit verkürzt, so wird damit – sofern diese Verkürzung nicht durch eine entsprechende Erhöhung der Arbeitsintensität kompensiert wird – auf einen Teil des möglichen zusätzlichen Nettoproduktes verzichtet. Bei einem geplanten Grad der Steigerung der Arbeitsproduktivität muß also entschieden werden, in welchem Ausmaß diese Steigerung zu einer Erhöhung des Nettoproduktes und zu einer Verkürzung der Arbeitszeit verwendet werden soll.

IV. KONSUMTIONSFONDS UND AKKUMULATIONSFONDS

Das Nettoprodukt ist wertmäßig der neu produzierte Wert, das Wertprodukt, und umfaßt stofflich sämtliche in der Abteilung II produzierten Konsumtionsmittel und den Teil der in Abteilung I produzierten Produktionsmittel, der der erweiterten Reproduktion dient. Es ist somit einerseits die Summe der Wertprodukte, andererseits die Summe der Gebrauchswerte, die den neu produzierten Wert vergegenständlichen, und steht für die Konsumtion und Akkumulation der Gesellschaft zur Verfügung, so daß es in zwei große Fonds, in den Konsumtionsfonds und den Akkumulationsfonds, zerfällt. Doch stellt sich das Nettoprodukt als Ergebnis der gesellschaftlichen Produktion nicht unmittelbar in diesen beiden Fonds dar, sondern nimmt seine Gestalt erst nach einer Umverteilung an, die, vom Staat planmäßig durchgeführt, auf ökonomischen Gesetzen beruht.

Die ursprüngliche Form des Nettoproduktes sind Lohneinkommen und Reineinkommen der materiellen Produktion. Nach der – administrativen und ökonomischen – Umverteilung zerfällt es in den Konsumtionsfonds und den Akkumulationsfonds.

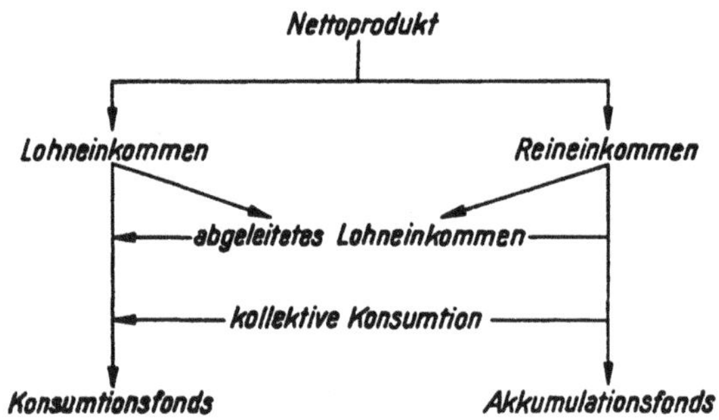

Abb. 3

Es ist

3.1 $$N = K + A.$$

Das Verhältnis des Konsumtionsfonds zum Nettoprodukt wird als Konsumtionsrate und das Verhältnis des Akkumulationsfonds zum Nettoprodukt als Akkumulationsrate bezeichnet:

3.2.1 $$k = \frac{K}{N}.$$

3.2.2 $$a = \frac{A}{N}.$$

Dann ist

3.2.3 $$\frac{K}{N} = (1 - a).$$

3.2.4 $$\frac{A}{N} = (1 - k).$$

Daraus folgt

3.3.1 $$K = N(1 - \mathrm{a}).$$

3.3.2 $$A = N(1 - k).$$

Uns interessiert naturgemäß besonders das Verhältnis des ursprünglichen Lohneinkommens – L – zum Fonds für die Konsumtion und zum Fonds für die Akkumulation.

Offensichtlich hängt das Verhältnis des ursprünglichen Lohneinkommens zu diesen beiden Fonds von zwei Faktoren ab:

1. von der Größe des Nettoprodukts, das bei gegebenem Lohneinkommen durch die Rate des Reineinkommens bestimmt wird, und
2. vom Anteil der Konsumtion und der Akkumulation am Nettoprodukt.

Es ist

3.4 $$\begin{aligned} K &= L(1 + m)(1 - a) \\ &= L \cdot g_m (1 - a) \\ &= L \cdot g_m \cdot k. \end{aligned}$$

Daraus folgt

3.5 $$\begin{aligned} \frac{K}{L} &= (1 + m)(1 - a) \\ &= g_m \cdot k. \end{aligned}$$

Es ist weiter

3.6
$$\begin{aligned} A &= L(1+m)(1-k) \\ &= L \cdot g_m (1-k) \\ &= L \cdot g_m \cdot a. \end{aligned}$$

Daraus folgt

3.7
$$\begin{aligned} \frac{A}{L} &= (1+m)(1-k) \\ &= g_m \cdot a. \end{aligned}$$

Aus 3.6 und 3.7 ergeben sich für die Reineinkommensrate und die Rate der Konumtion bzw. der Akkumulation

3.8.1
$$m = \frac{\frac{K}{L}}{k} - 1.$$

3.8.2
$$k = \frac{\frac{K}{L}}{g_m}.$$

3.8.3
$$a = 1 - \frac{\frac{K}{L}}{g_m}.$$

3.8.4
$$k = 1 - \frac{\frac{A}{L}}{g_m}.$$

Setzen wir 3.4 und 3.6 in 3.1 ein, so erhalten wir

3.9
$$\begin{aligned} N &= (L \cdot g_m \cdot k) + (L \cdot g_m \cdot a) \\ &= g_m (L \cdot k + L \cdot a). \end{aligned}$$

3.10
$$\begin{aligned} m &= \frac{N}{(L \cdot k) + (L \cdot a)} - 1 \\ &= \frac{N}{L \cdot (k+a)} - 1. \end{aligned}$$

Ausdruck 3.10 zeigt die Bedeutung der Rate des Reineinkommens für die Entwicklung der Konsumtion und Akkumulation, denn es ist

3.11.1
$$g_m = \frac{N}{L \cdot k + L \cdot a}.$$

3.11.2
$$N = g_m (L \cdot k + L \cdot a).$$

3.11.3
$$\frac{N}{g_m} = L \cdot k + L \cdot a.$$

Wir untersuchen jetzt die Frage, wie die Zuwachsrate des Durchschnittslohnes unter Berücksichtigung der Entwicklung des Verhältnisses zwischen Konsumtion und Akkumulation bestimmt werden kann, und stellen dazu zunächst fest, daß die

Zuwachsrate des Durchschnittslohnes vor allem eine abhängige Variable der Entwicklung des Nettoprodukts ist. Bei gegebener Entwicklung des Nettoprodukts hängt die Entwicklung des Durchschnittslohns somit offenbar davon ab, wie der Zuwachs des Nettoprodukts

$$N_n - N_0 = \Delta N$$

verwendet wird, d. h., ob es

1. zur Erhöhung der Konsumtion,
2. zur Erhöhung der Akkumulation

verwendet wird.

1. Einfache Reproduktion

Wenn das Nettoprodukt ganz für die Konsumtion verwendet wird, ist die Akkumulation gleich Null. Das Produkt der Abteilung II der gesellschaftlichen Produktion ist gleich dem Nettoprodukt der Gesellschaft, d. h., es findet einfache Reproduktion statt.

Dabei ist

$$a = \frac{A}{N} = 0,$$

$$K = N.$$

$$k = \frac{K}{N} = 1.$$

$$\frac{K}{L} = \frac{N}{L} = 1.$$

Mit anderen Worten: bei einfacher Reproduktion ist

$$g_m = \frac{N}{L} = (1 + m) = \frac{K}{L}.$$

Daraus ergibt sich als Rate des Reineinkommens bei einfacher Reproduktion

$$m = \frac{N}{L} - 1 = 0.$$

Ist – in anderen Worten – die Rate des Reineinkommens nicht mindestens

3.12 $$m_{\min} = \frac{g_{\min}}{k} - 1 = g_{\min} - 1 = 0,$$

so kann nicht einmal einfache Reproduktion stattfinden. Sinkt die Rate des Reineinkommens unter $m_{\min} = g_{\min} - 1 = 0$, so muß die Konsumtion eingeschränkt werden.

Natürlich ist die einfache Reproduktion ein theoretischer Fall – von extremen gesellschaftlichen Situationen abgesehen – und daher ist faktisch immer

$$m > \frac{g_{\min}}{k} - 1.$$

Wie entwickelt sich der Durchschnittslohn der produktiven Arbeiter unter den extremen Bedingungen der einfachen Reproduktion?

Aus 3.12 folgt, daß das gesamte Nettoprodukt $N_n = N_0$ als Lohneinkommen verteilt wird, so daß das Reineinkommen $R_n = 0$ wird und keine Akkumulation stattfinden kann. Allerdings kann der Durchschnittslohn nicht um

$$\frac{\Delta N}{Tl}$$

erhöht werden, wenn die Zahl der Arbeitskräfte, die produktiv arbeiten, zunimmt, sondern nur um

$$\frac{\Delta N}{Tl\,(1 + z_{Tl})},$$

d. h., das Lohneinkommen erhöht sich, auf Grund des Zuwachses von z_{Tl}, ohne daß sich die Durchschnittslöhne verändern, auf:

$$L_0\,(1 + z_{Tl}).$$

Die Rate des Reineinkommens darf nicht unter $g_{\min}$ sinken, wenn nicht die Konsumtion eingeschränkt werden soll.

Wir erhalten als Formel für die Bestimmung des Durchschnittslohnes der produktiven Arbeiter zunächst unter den Bedingungen der einfachen Reproduktion

3.13.1
$$z_l = \frac{N_0\,(B' \cdot \Psi')}{L_0\,(1 + z_{Tl})} - 1 = \frac{N_n}{L_0\,(1 + z_{Tl})} - 1.$$

Nach 3.13.1 wird das gesamte Nettoprodukt $N_n = N_0\,(B' \cdot \Psi')$, als Lohn verteilt, so daß kein Reineinkommen entsteht, Akkumulation nicht möglich ist.

In diesem Fall ist das Lohneinkommen

$$L_n = L_0\,(1 + z_{Tl})\,(1 + z_l).$$

Soll die kollektive Konsumtion und das Lohneinkommen der Unproduktiven unverändert bleiben, so ergibt sich

3.13.2
$$z_l = \frac{N_0\,(B' \cdot \Psi') - K_{ao}}{L_0\,(1 + z_{Tl})} - 1.$$

In diesem Falle ist

$$R_n = N_n - L_n = K_{ao}.$$

Formel 3.13.2 ergibt einen minimalen Zuwachs des Durchschnittslohnes, wenn der ganze Zuwachs des Nettoprodukts zur Erhöhung des Lohneinkommens der produktiven Arbeitskräfte verwendet wird.

2. Erweiterte Reproduktion

Soll erweiterte Reproduktion möglich sein, so muß die Abteilung I der gesellschaftlichen Produktion ein Produkt erzeugen, das nicht nur die verbrauchten Produktionsmittel ersetzt, sondern auch die erforderlichen Produktionsmittel für die Erweiterung der Produktion liefert. Die Abteilung II der gesellschaftlichen Produktion muß ein Produkt erzeugen, das wertmäßig und stofflich die individuellen und gesellschaftlichen Bedürfnisse der Werktätigen befriedigt. Daraus folgt, daß das Wertprodukt der Abteilung I größer sein muß als der Wert der verbrauchten Produktionsmittel.

Im Gegensatz zur einfachen Reproduktion, wo Lohn und Reineinkommen der Gesellschaft ganz in die individuelle und gesellschaftliche Konsumtion eingehen, so daß das Produkt der Abteilung II der gesellschaftlichen Produktion gleich dem Lohn und dem Reineinkommen der Abteilung I ist, geht bei erweiterter Reproduktion nur ein Teil des Reineinkommens in die individuelle und gesellschaftliche Konsumtion ein, weil ein Teil für die Akkumulation verwendet werden muß. Das Produkt der Abteilung II ist daher nur gleich dem Lohn plus einem Teil des Reineinkommens der Gesellschaft, dem Teil, der in die Konsumtion eingeht.

Es gibt *zwei Arten* der erweiterten Reproduktion:

1. die extensiv erweiterte Reproduktion,
2. die intensiv erweiterte Reproduktion.

Gemeinsames Merkmal jeder erweiterten Reproduktion ist immer, daß ein Teil des gesellschaftlichen Reineinkommens akkumuliert und investiert wird. Jedoch wird bei extensiv erweiterter Reproduktion nur das Feld der gesellschaftlichen Produktion erweitert, indem bei unverändertem technisch-organisatorischem Niveau, d. h. bei unveränderter Arbeitsproduktivität und bei unveränderten Selbstkosten, zusätzliche Arbeitskräfte beschäftigt werden. Intensiv erweiterte Reproduktion dagegen ist mit wissenschaftlich-technischem Fortschritt verbunden und führt

1. zu einer Steigerung der Arbeitsproduktivität und
2. zu einer Senkung des Gesamtaufwandes an Arbeit je Produkt bzw. zu einer Senkung der Selbstkosten.

An dieser Stelle sind *zwei Bemerkungen* erforderlich: Die *erste* Bemerkung betrifft den Begriff der Akkumulation und ihr Verhältnis zur Investition.

Unter *Akkumulation* verstehen wir die Verwendung eines Teiles des Nettoprodukts für die erweiterte – extensive und intensive – Reproduktion. Im gewöhnlichen Sprachgebrauch wird auch der Teil des Nettoprodukts dazu gerechnet, der zur Erweiterung der Grundfonds außerhalb des Bereichs der materiellen Produktion verwendet wird. Sowohl der engen, exakten als auch der erweiterten Fassung des Begriffs ist gemeinsam, daß darunter nur die Erweiterung der Grundfonds verstanden wird. Wir verwenden dagegen den Begriff der Akkumulation in dem Sinne, daß wir hierunter die Verwendung eines Teils des Nettoprodukts verstehen:

1. für die Erweiterung der materiellen Produktion und
2. sowohl für die Erweiterung der Grundfonds als auch des Umlauffonds.

Der von uns verwendete Begriff der Akkumulation ist also einerseits enger als der Begriff des gewöhnlichen Sprachgebrauchs, weil er sich nur auf den Bereich der materiellen Produktion erstreckt, und er ist andererseits weiter als der angeführte engere Begriff, weil er nicht nur die Erweiterung der Grundfonds umfaßt. Diese exakte Definition und Abgrenzung ist notwendig, weil sonst keine exakte Abgrenzung zur individuellen und kollektiven Konsumtion möglich ist.

Unter *Investition* werden in der Regel die gesamten Aufwendungen für die Erhaltung und Erweiterung von Anlagen in der Produktionssphäre und in der Nichtproduktionssphäre verstanden. Wir verstehen darunter nur den Teil des akkumulierten Nettoprodukts, der für die Erweiterung der Grundfonds in der materiellen Produktion verwendet wird. Auch diese Abgrenzung ist für unsere Zwecke – wie sich noch zeigen wird – notwendig.

Zwischen Akkumulation und Investition besteht somit auf Grund der von uns vorgenommenen Abgrenzung folgendes Verhältnis:

$$A > I = Am.$$

Von der Akkumulation, ihrem Effekt und ihrer Rate, hängt sowohl das Wachstum des Bruttoprodukts als auch das Wachstum des Nettoprodukts ab. Wenn wir den Zuwachs der Bruttoproduktion mit B, den Zuwachs der Nettoproduktion mit N, die Effektivität der Akkumulation mit E_B bzw. E_N und die Rate der Akkumulation mit a' bezeichnen, ist:

$$\frac{\Delta B}{B} = \frac{\Delta B}{A} \cdot \frac{A}{N} \cdot \frac{N}{B} = E_B \cdot a' \, \Psi.$$

$$\frac{\Delta N}{N} = \frac{\Delta N}{A} \cdot \frac{A}{N} = E_N \cdot a'.$$

Die *zweite* Bemerkung betrifft den Begriff des technischen Fortschritts.

Unter *technischem Fortschritt* verstehen wir die Anwendung neuer Arbeitsmittel und Verfahren zur Herstellung gegebener Gebrauchswerte – Produktionsmittel und Konsumtionsmittel – mit niedrigerem Aufwand an gesellschaftlicher – lebendiger und vergegenständlichter – Arbeit als bisher sowie die Entwicklung neuer Produkte, die ein gegebenes Bedürfnis billiger oder besser als die bisher üblichen Produkte decken oder gar ein bisher nicht befriedigtes Bedürfnis zu decken erlauben, ohne daß die Deckung anderer Bedürfnisse darunter leidet. Voraussetzung des technischen Fortschritts ist die ständige Entwicklung von Wissenschaft und Technik und die Überführung neuer wissenschaftlicher Erkenntnisse und technischer Errungenschaften in die Praxis der gesellschaftlichen Produktion. Das bedeutet, daß ständig ein Teil der gesellschaftlichen Arbeit der Produktion von Gebrauchswerten für die Gegenwart – Produktionsmittel und Konsumtionsmittel – entzogen werden muß, um für die Zwecke der Weiterentwicklung von Wissenschaft und Technik eingesetzt zu werden. Theoretisch wäre es durchaus möglich, die Versorgungslage in der Gegenwart dadurch schlagartig – aber eindeutig – zu heben, daß alle vorhandenen Produktionsmittel und Arbeitskräfte in die unmittelbare Produktion übergeführt werden. Das würde aber zu einer Stagnation von Wissenschaft und Technik führen, und der Preis für eine einmalige Erhöhung der materiellen Konsumtion und – oder – eine Verlängerung der Freizeit wäre Verzicht auf künftigen materiellen und kulturellen Fortschritt. Das andere Extrem einer solchen – theoretischen – Möglichkeit bestände darin, alle vorhandenen Produktionsmittel und Arbeitskräfte, die nicht erforderlich sind, um der Gesellschaft ein gerade ihre Produktivität gewährleistendes Versorgungsniveau zu erhalten, für die Forschung und Entwicklung neuer Verfahren und Produkte einzusetzen. Das würde zwar zu einem maximalen wissenschaftlich-technischen Fortschritt führen, jedoch zu einem Verzicht auf eine unmittelbare Erhöhung des materiellen und kulturellen Niveaus der Werktätigen.

Wird die Konsumtion erhöht, so geben wir der Gegenwart den Vorrang, wird die Akkumulation erhöht, so sorgen wir für die Zukunft. Es ist die Frage, wie die Interessen der Gegenwart mit der Sorge für die Zukunft, die Erhöhung der Konsumtion mit der Notwendigkeit der Akkumulation am zweckmäßigsten abgestimmt werden können. Zwischen einer *maximal* erweiterten Reproduktion und einer *minimal* erweiterten Reproduktion liegt offenbar das Optimum, d. h. die optimal erweiterte Reproduktion, die technischen Fortschritt mit der Hebung des materiellen und kulturellen Niveaus der Bevölkerung verbindet.

Wir betrachten zunächst den Fall der *maximal* erweiterten Reproduktion.

a) *Maximal erweiterte Reproduktion*

Die maximal erweiterte Reproduktion ist dadurch gekennzeichnet, daß der gesamte Zuwachs des Nettoprodukts akkumuliert wird, d. h.

$$\Delta N = \Delta A .$$

Daraus folgt

$$A_n = A_0 + \Delta N$$

und

$$\begin{aligned} K_n &= K_0 \\ &= L_0 + L_{d0} + K_{k0} \\ &= L_0 + K_{a0} . \end{aligned}$$

Bleibt die Konsumtion unverändert, dann wachsen offensichtlich Nettoprodukt und Akkumulation um den gleichen Betrag, wenn auch nicht im selben Verhältnis:

$$N_n = K_0 + A_0 + \Delta A .$$

Je größer der Anteil des Nettoprodukts für die Akkumulation, um so weniger bleibt für die Konsumtion. Die äußerste Grenze der Erweiterung der Produktion ist somit die bisherige Konsumtionsrate, die nicht gesenkt werden darf.

Für die Bestimmung des Durchschnittslohnes erhalten wir

3.14 $$z_l = \frac{N_n - (R_0 + \Delta A)}{L_0 (1 + z_{Tl})} - 1 .$$

Daraus folgt

$$\begin{aligned} L_n &= L_o\,(1 + z_{Tl}), \\ R_n &= R_o + \Delta N \\ &= R_o + \Delta A \\ &= A_n + K_{ao}. \end{aligned}$$

Die Rate des Reineinkommens erreicht ein Maximum

3.15
$$m_{\max} = \frac{\dfrac{K_n}{L_n}}{\dfrac{L_o\,(1 + z_{Tl}) + K_{ko}}{N_n}} - 1$$

$$= \frac{\dfrac{K_n}{L_n}}{k_{\min}} - 1.$$

b) Minimal erweiterte Reproduktion

Die minimal erweiterte Reproduktion hat mit einfacher Reproduktion gemeinsam, daß die Konsumtion maximal erhöht wird. Sie unterscheidet sich dadurch von der einfachen Reproduktion, daß Akkumulation stattfindet. Wir definieren die minimal erweiterte Reproduktion durch

$$\begin{aligned} A_n &= A_o\,(1 + o) \\ &= A_o. \end{aligned}$$

Daraus folgt

$$\begin{aligned} K_n &= K_o + \Delta N \\ &= L_o + \Delta L + L_{do} + \Delta L_d + K_{ko} + \Delta K_k \\ &= L_n + \Delta K_a \\ &= K_o + \Delta K. \end{aligned}$$

Jetzt wachsen Nettoprodukt und Konsumtion um den gleichen Betrag, wenn auch nicht im gleichen Verhältnis:

$$\begin{aligned} N_n &= K_o\,(1 + z_k) + A_o \\ &= K_o + \Delta K + A_o. \end{aligned}$$

Für die Berechnung des Durchschnittslohnes erhalten wir

3.16
$$z_l = \frac{N_n - (R_o + \Delta K_a)}{L_o\,(1 + z_{Tl})} - 1.$$

Daraus folgt

$$\begin{aligned} L_n &= L_o\,(1 + z_{Tl}) + \Delta N - \Delta K_a - L_o \cdot z_{Tl} \\ &= L_o + \Delta N - \Delta K_a, \\ R_n &= R_o + \Delta K_n \\ &= A_o + K_a. \end{aligned}$$

Die Rate des Reineinkommens sinkt auf ein Minimum:

3.17 $$m_{\min} = \frac{\dfrac{K_n}{L_n}}{\dfrac{L_o(1 + z_{Tl}) + \Delta L + \Delta K_a}{N_n}} - 1$$

$$= \frac{\dfrac{K_n}{L_n}}{k_{\max}} - 1.$$

c) Optimal erweiterte Reproduktion

Wir definieren die optimal erweiterte Reproduktion als eine solche, bei der ein m ximaler Zuwachs des Nettoprodukts durch optimale Kombination des Zuwachses von Akkumulation und Konsumtion erzielt wird. Daraus folgt, daß die Akkumulationsrate kleiner ist als bei maximal erweiterter Reproduktion und daß die Konsumtionsrate kleiner ist als bei minimal erweiterter Reproduktion.

Die Reineinkommensrate wird nach 3.15 und 3.17 begrenzt von

3.16 $$m_{\min} = \frac{\dfrac{K_n}{L_n}}{k_{\max}} - 1 < m_{\max} = \frac{\dfrac{K_n}{L_n}}{k_{\min}} - 1.$$

Zwischen den beiden Grenzen ist mit dem wachsenden Nettoprodukt ein Zuwachs des Verbrauchs verbunden. Solange weder die untere noch die obere Grenze erreicht wird, wächst das materielle und kulturelle Niveau der Werktätigen, weil sowohl Akkumulation stattfindet, als auch der Verbrauch wächst.

Der Zuwachs des Durchschnittslohnes der produktiven Arbeiter liegt jetzt zwischen

$$z_{l\,\min} < z_{l\,\mathrm{opt}} < z_{l\,\max}\,.$$

Wo er konkret liegt, das hängt ab

1. vom Zuwachs der Akkumulation

$$z_A = \frac{A_o + \Delta A}{A_o} - 1,$$

2. vom Zuwachs des Lohneinkommens der Unproduktiven und der kollektiven Konsumtion

$$z_{ka} = \frac{K_{ao} + \Delta K_a}{K_{ao}} - 1.$$

Es ist somit

$$\begin{aligned}
\Delta N &= \Delta A + \Delta K \\
A_n &= A_o + (\Delta N - \Delta K) = A_o + \Delta A \\
K_n &= K_o + (\Delta N - \Delta A) = K_o + \Delta K \\
N_n &= K_o(1 + z_k) + A_o(1 + z_A) \\
&= K_o + \Delta K + A_o + \Delta A \\
&= N_o + \Delta N.
\end{aligned}$$

Wir erhalten als Formel für den Zuwachs des Durchschnittslohnes

3.18 $$z_l = \frac{N_n - (R_0 + \Delta K_a + \Delta A)}{L_0 (1 + z_{Tl})} - 1.$$

Daraus folgt

$$\begin{aligned} L_n &= L_0 + (\Delta N - \Delta K_a - \Delta A), \\ R_n &= R_0 + \Delta K_a + \Delta A \\ &= K_{an} + A_n. \end{aligned}$$

Die Rate des Reineinkommens ist

3.19 $$m_{\text{opt}} = \frac{\frac{K_n}{L_n}}{\frac{L_0 (1 + z_{Tl}) + \Delta L + \Delta K_a}{N_n}} - 1$$

$$= \frac{\frac{K_n}{L_n}}{k_{\text{opt}}} - 1.$$

Folgende Kennziffern sind auf Grund empirischer Analyse bekannt:

N_0 = als Nettoprodukt der Basisperiode,

L_0 = als Lohneinkommen der Basisperiode,

$B' = Ap' \cdot Tl'$ = als Zuwachs des Bruttoprodukts auf Grund der geplanten Steigerung der Arbeitsproduktivität bei gegebenem Zuwachs an Arbeitskräften.

Ψ' = als sich mit dem technischen Fortschritt gesetzmäßig veränderndes Verhältnis zwischen Netto- und Bruttoprodukt.

Es muß somit außer der Entwicklung der Arbeitsproduktivität die Entwicklung des Reineinkommens geplant werden, die maßgeblich von der geplanten Entwicklung der Akkumulation abhängt.

Die optimale Entwicklung des Durchschnittslohnes der produktiven Arbeiter hängt somit, wenn die Entwicklung des Nettoprodukts gegeben ist, von drei Faktoren ab:

1. von der geplanten Entwicklung der Akkumulation,
2. von der Entwicklung der Konsumtion der unproduktiven Arbeiter,
3. von der geplanten Entwicklung der kollektiven Konsumtion.

Es bleibt noch die Frage, wie der Zuwachs der Akkumulation ΔA bestimmt wird.

$$\Delta A = \Delta N - \Delta K.$$

Wir gehen aus von

$$\begin{aligned} \frac{\Delta N}{N} &= \frac{\Delta N}{A} \cdot \frac{A}{N} \\ &= E_A \cdot a. \end{aligned}$$

Die Effektivität der Akkumulation ist ebenfalls empirisch bekannt. Somit ergibt sich die Akkumulationsrate, die erforderlich ist, um den geplanten Zuwachs des Nettoprodukts zu erreichen:

$$a = \frac{\frac{\Delta N}{N}}{E_A}.$$

3. Der optimale Durchschnittslohn

In der *Übersicht 1* sind die Formeln für die Berechnung des Wachstums des Durchschnittslohnes sowie die Formeln für L, R, K und A zusammengestellt. Als Hauptformeln erhielten wir:

3.20.1 $$z_{l\,max} = \frac{N_n (R_o + \Delta K)}{L_o (1 + z_{Tl})} - 1.$$

3.20.2 $$z_{l\,opt} = \frac{N_n - (R_o + \Delta K + \Delta A)}{L_o (1 + z_{Tl})} - 1.$$

3.20.3 $$z_{l\,min} = \frac{N_n - (R_o + \Delta A)}{L_o (1 + z_{Tl})} - 1.$$

Um die Grenzen für die Bestimmung der optimalen Entwicklung des Durchschnittslohnes festzulegen, müssen wir die Rate des Reineinkommens, der Konsumtion und der Akkumulation in unsere Untersuchung einbeziehen.

Wir haben gesehen, daß nach 3.12 die Rate des Reineinkommens bei erweiterter Reproduktion immer ist

$$m = \frac{g_{min}}{k} - 1.$$

Nach 3.15 ist die maximale Rate des Reineinkommens

$$m_{max} = \frac{\frac{K_n}{L_n}}{k_{min}} - 1.$$

Daraus folgt, daß die Rate des Reineinkommens bei erweiterter Reproduktion liegt zwischen

3.24 $$m_{min} = \frac{\frac{K_n}{L_n}}{k_{max}} - 1 < m_{opt} < \frac{\frac{K_n}{L_n}}{k_{min}} - 1 = m_{max}.$$

Während m_{min} mit einfacher Reproduktion zusammenfällt, fällt m_{max} mit maximal erweiterter Reproduktion zusammen. Die optimal erweiterte Reproduktion ist dadurch gekennzeichnet, daß

$$\Delta N = \Delta K + \Delta A$$
$$= \Delta L + \Delta K_a + \Delta A.$$

Übersicht 1

	Formel für z_l	z	L_n	R_n	K_n	A_n
einfache Reproduktion	$\frac{N_n}{L_o(1+z_{Tl})} - 1$	maximal		0	L_n	0
	$\frac{N_n - K_{ao}}{L_o(1+z_{Tl})} - 1$		$= L_o(1+z_{Tl})$	$= K_{ao}$	$= L_n + K_{ao}$	$= 0$
erweiterte Reproduktion						
minimal	$\frac{N_n - (R_o + \Delta K_a)}{L_o(1+z_{Tl})} - 1$	maximal	$= L_o + (\Delta N - \Delta K_a)$	$= A_o + K_{an}$	$= K_o + \Delta N$	$= A_o$
optimal	$\frac{N_u - (R_o + \Delta K_a + \Delta A)}{L_o(1+z_{Tl})} - 1$	optimal	$= L_o + (\Delta N - \Delta K_a - \Delta A)$	$= K_{an} + A_n$	$= K_o + \Delta K$	$= A_o + \Delta A$
maximal	$\frac{N_n - (R_o + \Delta A)}{L_o(1+z_{Tl})} - 1$	minimal	$= L_o(1+z_{Tl})$	$= A_n + K_{ao}$	$= K_o$	$= A_o + \Delta N$

Wir können somit die Formel für die optimale Rate des Reineinkommens auch schreiben:

3.25 $$m_{\text{opt}} = \frac{\dfrac{K_n}{L_n}}{\dfrac{L_o(1+z_{Tl}) + \Delta L + \Delta K_a}{N_n}} - 1.$$

Um die Grenzen für die Rate der Konsumtion und der Akkumulation zu bestimmen, gehen wir aus von 3.8.3 und 3.8.4

$$k = 1 - \frac{\dfrac{A}{L}}{g_m},$$

$$a = 1 - \frac{\dfrac{K}{L}}{g_m}.$$

Es ist

3.26 $$k_{\max} = 1 - \frac{\dfrac{A_n}{L_n}}{g_{m\,\min}} < k_{\text{opt}} < 1 - \frac{\dfrac{A_n}{L_n}}{g_{\max}} - k_{\min}.$$

3.27 $$a_{\min} = 1 - \frac{\dfrac{K_n}{L_n}}{g_{m\,\min}} < a_{\text{opt}} < 1 - \frac{\dfrac{K_n}{L_n}}{g_{m\,\max}} = a_{\max}.$$

Die Ergebnisse sind in *Übersicht 2* zusammengestellt.

Wenn wir 3.3.2 berücksichtigen

$$A = N(1-k)$$
$$a = 1-k,$$

können wir die Formel zur Berechnung des optimalen Zuwachses des Durchschnittslohnes nunmehr wie folgt schreiben:

3.28 $$z_l' = \frac{N_n - [(1-k_{\text{opt}})N_n + K_{an}]}{L_o(1+z_{Tl})} - 1$$
$$= \frac{N_n - [(a_{\text{opt}} \cdot N_n) + K_{an}]}{L_o(1+z_{Tl})} - 1.$$

Hierzu ist folgende Bemerkung erforderlich. Der optimale Zuwachs des Durchschnittslohnes liegt zwischen

$$z_{l\,\max} < z_{l\,\text{opt}} < z_{l\,\min},$$

wobei, wenn wir die einfache Reproduktion mit einbeziehen, $z_{l\,\max}$ mit einfacher Reproduktion, sonst mit minimal erweiterter Reproduktion, $z_{l\,\min}$ mit maximal erweiterter Reproduktion zusammenfällt. Die Bedeutung des optimalen Zuwachses des Durchschnittslohnes ist also keine rechnerische Angelegenheit, sondern ergibt sich aus wirtschaftspolitischen Entscheidungen, die ein optimales Verhältnis des

Übersicht 2

Formeln bei erweiterter Reproduktion

Erweiterte Reproduktion	Lohnformel	Rate des Reineinkommens	Rate der Konsumtion	Rate der Akkumulation
minimal	$z_{l\,max} = \frac{N_n - (R_o + \Delta K_a)}{L_o(1 + z_{Tl})} - 1$	$m_{min} = \frac{\frac{K_n}{L_n}}{k_{max}} - 1$	$K_{max} = 1 - \frac{\frac{A_n}{L_n}}{g_{m\,min}}$	$a_{min} = 1 - \frac{\frac{K_n}{L_n}}{g_{m\,min}}$
optimal	$z_{l\,opt} = \frac{N_n - (R_o + \Delta K_a + \Delta A)}{L_o(1 + z_{Tl})} - 1$	$m_{opt} = \frac{\frac{K_n}{L_n}}{k_{opt}} - 1$	$K_{opt} = 1 - \frac{\frac{A_n}{L_n}}{g_{m\,opt}}$	$a_{opt} = 1 - \frac{\frac{K_n}{L_n}}{g_{m\,opt}}$
maximal	$z_{l\,min} = \frac{N_n - (R_o + \Delta A)}{L_o(1 + z_{Tl})} - 1$	$m_{max} = \frac{\frac{K_n}{L_n}}{k_{min}} - 1$	$K_{min} = 1 - \frac{\frac{A_n}{L_n}}{g_{m\,max}}$	$a_{max} = 1 - \frac{\frac{K_n}{L_n}}{g_{m\,max}}$

Zuwachses der Konsumtion und der Akkumulation bezwecken. Da unter sozialistischen Bedingungen der Produktion eine Erweiterung der Produktion, somit Akkumulation und Investition der akkumulierten Mittel, nicht um des Profits willen und natürlich auch nicht um der Erweiterung der Produktion willen stattfindet, sondern zwecks Erweiterung und Verbesserung der Konsumtion, muß die Festlegung einer optimalen Akkumulationsrate mit der Festlegung einer optimalen Konsumtionsrate einhergehen. Wie sich die einfache Reproduktion verbietet, weil sie den gesellschaftlichen Fortschritt unmöglich macht, so verbietet sich die maximal erweiterte Reproduktion, wenn man von historisch begründeten Ausnahmefällen absieht, weil die Effektivität der Akkumulation von Faktoren abhängig ist, unter denen der materielle Anreiz auf der Grundlage eines wachsenden materiellen und kulturellen Niveaus der Werktätigen eine ganz entscheidende Rolle spielt. Soll eine maximale Effektivität der Akkumulation erreicht werden, so muß die Akkumulation von einer entsprechenden Zunahme der individuellen und gesellschaftlichen Konsumtion begleitet sein, die einen ausreichenden Anreiz zur Ausnutzung aller Reserven zur Steigerung der Arbeitsproduktivität und Senkung der Selbstkosten bietet. Mit anderen Worten: aus der Tatsache, daß der Zuwachs des Nettoprodukts außer von der Rate der Akkumulation von der Effektivität der Akkumulation bestimmt wird, folgt, daß ein maximaler Zuwachs des Nettoprodukts auf die Dauer nur erreicht werden kann, wenn mit einer Akkumulationsrate, die niedriger als die maximale Rate ist, ein solcher Zuwachs der Konsumtion verbunden wird, bei dem alle Reserven mobilisiert und alle Möglichkeiten ausgeschöpft werden. Nur das ist offensichtlich eine optimal erweiterte Reproduktion. Die optimal erweiterte Reproduktion ist nur dann zu erreichen, wenn die Planung der volkswirtschaftlichen Entwicklung sich auf Kennziffern stützt, die durch empirische Analyse gewonnen sind und die objektiven ökonomischen Prozesse möglichst exakt und umfassend widerspiegeln, und wenn die entscheidenden Kennziffern des Nutzeffekts der gesellschaftlichen Arbeit und der Effektivität der Akkumulation in das Programm des Kampfes der werktätigen Massen um die Erfüllung der Pläne aufgenommen werden.

4. Die optimale Konsumtion

Die optimal erweiterte Reproduktion ist durch ein hohes Tempo der Akkumulation bei gleichzeitigem Wachsen der Konsumtion gekennzeichnet. Das Wachsen der Konsumtion ist ein wesentliches Merkmal der optimal erweiterten Reproduktion, weil sie eine Voraussetzung für eine hohe Effektivität der Akkumulation ist. Im Trend muß die optimal erweiterte Reproduktion zu einer höheren Zuwachsrate des Nettoprodukts führen als bei maximal erweiterter Reproduktion, weil bei dieser die maximale Akkumulationsrate durch Sinken der Effektivität der Akkumulation kompensiert wird. Da der Konsumtionsfonds sich aus dem Lohnfonds für die produktiven und unproduktiven Arbeiter sowie aus dem Fonds für die kollektive Konsumtion zusammensetzt, ist es erforderlich, nicht allein den Lohnzuwachs der produktiven Arbeiter, sondern den Zuwachs der Konsumtion insgesamt zu planen. Als allgemeine Formel hierfür haben wir

$$z_k = \frac{N_n - A_n}{K_o (1 + z_{Tl})} - 1.$$

Für die optimal erweiterte Reproduktion haben wir

$$z_k = \frac{N_n - a_{\text{opt}} \cdot N_n}{K_o (1 + z_{Tl})} - 1.$$

V. DIE PROPORTION ZWISCHEN KONSUMTION UND AKKUMULATION

Eine Erhöhung des sozialen Wohlstandes ist nur möglich, wenn ein Teil des gesellschaftlichen Nettoprodukts ständig akkumuliert und für produktive Zwecke investiert wird. Die Gesellschaft kann nicht alle vorhandenen sachlichen und persönlichen Produktivkräfte für die Befriedigung der gegenwärtigen Bedürfnisse einsetzen. Sie muß auch die künftigen – wachsenden – Bedürfnisse berücksichtigen. Das Ziel der sozialistischen Produktion besteht nicht in der Produktion um der Produktion willen, also auch nicht in der Akkumulation um der Akkumulation willen, sondern „das Ziel der sozialistischen Produktion ist der Mensch mit seinen Bedürfnissen, die wir immer besser befriedigen wollen und müssen.“[47]

Das kommt vor allem in drei Merkmalen zum Ausdruck:

1. in den sozialen Leistungen und in der Verwirklichung der sozialen Sicherheit der Werktätigen, die sich aus der planmäßigen Entwicklung ergibt;
2. in dem gesicherten wachsenden Realeinkommen, das sich aus der Verteilung nach der Leistung ergibt;
3. in der Erhöhung der Freizeit und der zunehmenden Bildung der Werktätigen.

Die Aufteilung des Nettoprodukts in Akkumulation und Konsumtion kann somit weder beliebig festgesetzt noch beliebig verändert werden. Bei der Festsetzung des Anteils für gesellschaftliche und individuelle Konsumtion müssen auch historische und politische Gesichtspunkte berücksichtigt werden. Die Konsumtion, besonders die gesellschaftliche Konsumtion (Ausgaben für Kultur, Bildung, Gesundheits- und Sozialwesen usw.), hat eine relativ feststehende untere Grenze, die nicht ohne weiteres überschritten werden kann. So ist es unter unseren gegenwärtigen Bedingungen nicht möglich, die unbedingt erforderliche Erhöhung der Akkumulation durch entsprechende Kürzung der individuellen und gesellschaftlichen Konsumtion zu erreichen, sondern nur dadurch, daß das Anwachsen der Konsumtion auf das unumgänglich notwendige Maß beschränkt bleibt, damit ein möglichst großer Teil des Zuwachses des Nationaleinkommens akkumuliert werden kann. Zwischen den beiden Grenzen der

[47] „Richtlinie . . .“, a. a. O., S. 18.

minimal
und } erweiterten Reproduktion
maximal

liegt der Bereich der erweiterten Reproduktion, bei der sowohl die Akkumulation als auch die Konsumtion wächst.

Wir können aber nicht dabei stehen bleiben, diesen Bereich abzustecken, sondern müssen versuchen, ihn enger zu begrenzen.

1. Die Rate der Akkumulation

Akkumulation und Konsumtion sind voneinander abhängig. Je mehr wir konsumieren, desto weniger können wir akkumulieren. Für das wirtschaftliche Wachstumstempo ist entscheidend, wie hoch der Anteil des gesellschaftlichen Akkumulationsfonds am Nationaleinkommen (die Akkumulationsrate) ist, und mit welchem Nutzen er eingesetzt wird.

Der Aufwand an gesellschaftlicher Arbeit zur Erweiterung der Produktion ist nur dann rationell, wenn er *erstens* zu einer Einsparung an gesamter Arbeit je Erzeugnis und *zweitens* zu einer Erhöhung des Konsumtionsgüterfonds führt. Natürlich führt die Investition der akkumulierten Mittel in den produktiven Gesamtfonds und ihre Verwendung zur Erweiterung des produktiven Umlauffonds nicht sofort zu einer Erhöhung der Produktion von Konsumtionsmitteln, sondern erst nach einer bestimmten, mehr oder minder langen Zeit. Während dieser Zeit verzichtet die Gesellschaft auf die konsumtive Verwendung eines Teils der Produktionsmittel zugunsten der Zukunft, so daß die Abteilung I der gesellschaftlichen Produktion schneller wächst als die Abteilung II. Da das aber immer der Fall sein muß, wenn die gesellschaftliche Produktion erweitert wird, ist das vorrangige Wachstum der Abteilung I ein Merkmal der erweiterten Reproduktion und bringt zum Ausdruck, daß der durch Verwendung von akkumuliertem Nettoprodukt in die Produktion von Produktionsmitteln geleitete Strom an gesellschaftlicher Arbeit größer ist als der in die Produktion von Konsumtionsmittel geleitete Strom. Der Inhalt der Wahl einer optimalen Variante der gesellschaftlichen erweiterten Reproduktion ist Abstimmung der Befriedigung der gegenwärtigen mit den künftigen Bedürfnissen. Eine solche Variante ist sowohl durch eine Erhöhung der Konsumtion als auch durch eine Erhöhung der Akkumulation gekennzeichnet. Bei der Planung der notwendigen Akkumulation spielt auch die Erhöhung der Konsumtion eine wichtige Rolle.

Diese allgemeine Einsicht wird aber vertieft, wenn man berücksichtigt, daß die Entwicklung der Konsumtion für die Effektivität der Akkumulation von Bedeutung ist. Die Entwicklung der Akkumulation muß – anders ausgedrückt – unter Berücksichtigung der gegebenen und – weil beeinflußbaren – geplanten Effektivität der Akkumulation festgelegt werden. Erst daraus ergibt sich – unter Berücksichtigung der unproduktiven Lohneinkommen und der kollektiven Konsumtion – die mögliche Entwicklung des produktiven Durchschnittslohnes.

Bereits auf dem XV. Parteitag der KPdSU wurde das Prinzip formuliert, daß zwischen der Akkumulation und der Konsumtion ein optimales Wechselverhältnis bestehen muß.

„Auf dem Gebiete des Verhältnisses zwischen Produktion und Konsumtion ist unbedingt zu berücksichtigen, daß man nicht von einer gleichzeitig maximalen Ziffer des einen und des anderen ausgehen kann ..., denn das ist eine unlösbare Aufgabe. Es ist entweder vom einseitigen Interesse der Akkumulation für einen gegebenen Zeitabschnitt auszugehen oder aber vom einseitigen Interesse der Konsumtion. Berücksichtigt man die relative Widersprüchlichkeit dieser Momente und ihre Wechselwirkung und Abhängigkeit, wobei vom Standpunkt der Entwicklung für einen längeren Zeitabschnitt diese Interessen im allgemeinen zusammenfallen, muß man unbedingt von einer optimalen Kombination dieser beider Momente ausgehen."

Nowoshilow, dessen Arbeit über „Die Messung der Aufwendungen und ihre Ergebnisse in der sozialistischen Wirtschaft" wir dieses Zitat entnehmen, fügt hinzu, diese wichtige These der politischen Ökonomie des Sozialismus sei noch nicht genügend beachtet worden. Dabei sei das Wichtigste und zugleich Schwierigste die Klärung der Bedingungen, unter denen die Interessen der Akkumulation und der Konsumtion allgemein zusammenfallen. „Ein solcher Zusammenfall ist nur möglich, wenn man von der Entwicklung für einen längeren Zeitabschnitt ausgeht, wobei die Interessen für jeden einzelnen kürzeren Zeitabschnitt Gegensätze bleiben."[48]

Unsere Überlegungen sind in *zweierlei Hinsicht* von Bedeutung. Sie sind *einmal* insofern von Bedeutung, als sie zeigen, daß die Höhe der Akkumulationsrate nicht nur von den materiell-technischen Erfordernissen der erweiterten Reproduktion selbst bestimmt wird, sondern auch durch die – beeinflußbare – Effektivität der Akkumulation. Je höher die Effektivität der Akkumulation *ist*, um so niedriger *kann* die Akkumulationsrate sein. Aber unsere Überlegungen zeigen auch *zweitens*, daß die Akkumulationsrate von der Konsumtionsrate mit bestimmt wird, weil die Entwicklung der Konsumtion ein wichtiges Moment der Effektivität der Akkumulation ist. Je niedriger die Akkumulation *ist*, um so höher *kann* die Effektivität der Akkumulation sein.

Hier ist jedoch eine *doppelte Einschränkung* zu machen.

Erstens gilt der letzte Satz nur, wenn die Konsumtion wächst und nicht auch dann, wenn die Akkumulationsrate niedrig ist, weil durch wirtschaftspolitische Fehler und Fehlentscheidungen Nettoprodukt verschwendet wird, so daß auch die Konsumtion nicht wächst. Es sei daran erinnert, daß wir unter *Akkumulation* nur die Verwendung eines Teils des Nettoprodukts für die Erweiterung der materiellen Produktion und unter *Investition* nur die Verwendung des akkumulierten Nettoprodukts für die Erweiterung der Grundfonds in der materiellen Produktion verstehen. Es ist somit

$$\begin{aligned} A &> I \\ I &= \Delta Gf \\ A &= I + \Delta Uf \\ &= \Delta Gf + \Delta Uf \end{aligned}$$

(Gf = Grundfonds, Uf = Umlauffonds).

[48] Zitiert bei *Nowoshilow*, in: *W. S. Nemtschinow* (Hrsg.), Anwendung mathematischer Methoden in der Ökonomie, a. a. O., S. 180.

Da im gewöhnlichen Sprachgebrauch

$$A > \Delta Gf + \Delta Uf$$

verwendet wird, weil auch der Teil des Nettoprodukts als Akkumulation bezeichnet wird, der der Erweiterung der Grundfonds außerhalb der materiellen Produktion dient, kann sich hinter einer hohen Akkumulationsrate sowohl eine übermäßige Verausgabung eines Teils der Nettoproduktion für unproduktive Zwecke als auch eine zu niedrige Investition verbergen. Eine übermäßige Erweiterung der Grundfonds außerhalb der materiellen Produktion – Bau von Kulturhäusern, von kostspieligen Verwaltungsgebäuden usw. – geht auf Kosten der erweiterten Reproduktion sachlicher Produktivkräfte. Aber auch wenn eine solche übermäßige Verausgabung nicht stattfindet, kann eine zu große Differenz zwischen Akkumulation und Investition vorliegen, die dadurch verursacht wird, daß die Umlauffonds infolge einer nicht bedarfsgerechten Produktion anwachsen. Dieser Umstand kann dadurch verborgen bleiben, daß beim Handel nichtabsetzbare Waren sich anhäufen, so daß die nicht bedarfsgerechte Produktion weiter geht. In beiden Fällen – d. h. bei *Verschwendung* von Nettoprodukt und bei *Aufblähung* des Umlauffonds – ist die effektive Akkumulationsrate niedrig, ohne daß die Konsumtion wächst. Daraus folgt aber, daß auch die Effektivität der Akkumulation niedrig ist und daß keine materiellen Anreize zugunsten einer Erhöhung ihrer Effektivität entstehen.

Dazu kommt *zweitens*, daß eine wachsende und hohe Konsumtion nur dann zu einer hohen Effektivität der Akkumulation führt, wenn sie auch mit einer Erhöhung des kulturellen Niveaus der Werktätigen verbunden ist, so daß durch vertiefte Einsicht in die ökonomische Notwendigkeit die Einheit von individuellen und gesellschaftlichen Interessen im Handeln des Werktätigen wächst.

Es zeigt sich, daß die Planung des Verhältnisses zwischen Akkumulation und Konsumtion eine Angelegenheit ist, für die die Formulierung mathematisch-formeller Beziehungen zwar notwendig, aber nicht hinreichend ist. In den „Richtlinien für das neue ökonomische System der Planung und Leitung der Volkswirtschaft“ wird die komplexe Problematik dieses Verhältnisses wie folgt formuliert:

> „Das gesetzmäßige und ständige Wachstum von Akkumulation und Konsumtion erfordert, den gesellschaftlichen Nutzeffekt auf den Zuwachs des Volumens des Nationaleinkommens bei bedarfsgerechtem Sortiment zu orientieren. Demzufolge müssen alle Kennziffern der Erfassung des gesellschaftlichen Nutzeffektes bei der Planung und Leitung sowie der Anwendung ökonomischer Hebel so gestaltet werden, daß sie diesem Haupterfordernis entsprechen. Gleichzeitig ergibt sich hieraus, die Konsumtion als Bestandteil der Reproduktion zu entwickeln, daß die notwendige Entwicklung der Akkumulation voll wirksam wird und die ständig bessere Befriedigung der Bedürfnisse die Aktivität und die Schöpferkraft der Menschen als der wichtigsten Produktivkraft erhöht.“ [49]

Wir gehen davon aus, daß die Zuwachsraten der Bruttoproduktion und der Nettoproduktion sich aus der geplanten Steigerung der Arbeitsproduktivität und der Entwicklung der Zahl der Beschäftigten sowie des Verhältnisses zwischen Netto-

[49] „Richtlinie . . .“, a. a. O., S. 5.

produktion und Bruttoproduktion ergeben. Erst wenn die mögliche Zuwachsrate des Nettoprodukts auf Grund der Analyse der Möglichkeiten des wissenschaftlich-technischen Fortschritts und der dadurch zu erwartenden Steigerung der Arbeitsproduktivität bei gegebener Entwicklung der Beschäftigung durch die Perspektivplanung ermittelt ist, kann die erforderliche Akkumulation auf der Grundlage empirischer Analyse der Effektivität der Akkumulation ermittelt werden.

Hierzu stellen wir ein Entwicklungsmodell auf, bei dem wir annehmen, daß die Zahl der Beschäftigten unverändert bleibt und die Arbeitsproduktivität sich in 10 Jahren verzweieinhalbfacht. Das Verhältnis zwischen Nettoprodukt und Bruttoprodukt soll dabei um 12% sinken, was bei der angenommenen Steigerung der Arbeitsproduktivität eine realistische Annahme sein dürfte.

Modell

Zeit	*Tl*	*Ap*	%	*B*	*abs*	*Ψ'*	%	*N*	*abs*
1960	100	100	100		140	100	100		74
1970	100	250	250		350	88	220		163

Es versteht sich von selbst, daß das Modell nur die typischen Züge widergibt, auf die es ankommt.

Die *Übersicht 3* zeigt in den ersten beiden Spalten die Entwicklung des Brutto- bzw. des Nettoprodukts unter der Annahme, daß sich die Erhöhung in gleichen durchschnittlichen Raten je Jahr vollzieht. Während bei minimal erweiterter Reproduktion naturgemäß die Akkumulationsrate von Jahr zu Jahr sinkt, weil der gesamte Zuwachs des Nettoprodukts zugunsten der Erhöhung des individuellen Lohneinkommens der produktiven Arbeiter verwendet wird, wächst sie sowohl bei maximal erweiterter Reproduktion als auch bei optimal erweiterter Reproduktion. Aber sie wächst bei optimal erweiterter Reproduktion naturgemäß langsamer als bei maximal erweiterter Reproduktion. Die Konsumtionsrate, die bei minimal erweiterter Reproduktion maximal und bei maximal erweiterter Reproduktion minimal wächst, bleibt – wenn sie auch wächst – bei optimal erweiterter Reproduktion hinter der Akkumulation zurück.

Wir stellen zunächst noch einmal die wesentlichsten Merkmale der drei Varianten der erweiterten Reproduktion zusammen.

Variante	Z_l	L	R	K	A
minimal	max.	$L_0 + (\Delta N - \Delta K_a)$	$A_0 + Ka_n$	$K_0 + \Delta N$	A_0
optimal	opt.	$L_0 + (\Delta N - \Delta K_a - \Delta A)$	$A_n + Ka_n$	$K_0 + \Delta K$	$A_0 + \Delta A$
maximal	min.	$L_0 (1 + z_{Tl})$	$A_n + Ka_0$	K_0	$A_0 + \Delta N$

Für unser Modell ergeben sich durchschnittliche jährliche Steigungssätze, wie sie *Übersicht 4* zeigt.

Übersicht 3

			minimal erweiterte Reproduktion					maximal erweiterte Reproduktion					optimal erweiterte Reproduktion				
	B	N	l_{max}	L	R	K	A	l_{min}	L	R	K	A	l_{opt}	L	R	K	A
1960	140	74	5,8	36	38	62	12	5,8	36	38	62	12	5,8	36	38	62	1[illegible]
1961	253,5	80	6,8	42	38	68	12	5,8	36	44	62	18	6	37,2	42,8	64,9	1[illegible]
1962	168,5	86,5	7,8	48,5	38	74,5	12	5,8	36	50,5	62	24,5	6,18	38,4	48,1	67,9	1[illegible]
1963	185	93,5	9,0	55,5	38	81,5	12	5,8	36	57,5	62	31,5	3,37	39,6	53,9	71,0	2[illegible]
1964	203	101	10,2	63	38	89	12	5,8	36	65,5	62	39,5	6,56	40,9	60,1	74,3	2[illegible]
1965	222	109	11,5	71	38	97	12	5,8	36	73	62	47	6,77	42,3	66,7	77,8	3[illegible]
1966	243	118	12,9	80	38	106	12	5,8	36	82	62	56	6,98	43,7	74,3	81,5	3[illegible]
1967	266	128	14,5	90	38	116	12	5,8	36	92	62	66	7,2	45,2	82,8	85,4	4[illegible]
1968	292	139	17,7	101	38	127	12	5,8	36	101	62	77	74,2	46,6	92,4	88,8	5[illegible]
1969	320	150,5	18,2	112,5	38	138,5	12	5,8	36	114,5	62	88,5	76,5	48,2	102,3	93,0	5[illegible]
1970	350	163	20,2	125	38	151	12	5,8	36	127	62	101	78,5	49,8	113,2	97,3	6[illegible]
%	9,6	8,2	13,3	13,3	–	9,4	–	–	–	12,8	–	23,8	3,2	3,2	11,5	4,6	1[illegible]

Übersicht 4

Kennziffern	erweiterte Reproduktion minimal	maximal	optimal
B	9,6	9,6	9,6
N	8,2	8,2	8,2
l	13,3	–	3,2
L	13,3	–	3,2
R	–	12,8	11,5
K	9,4	–	4,6
A	–	23,8	11,8

Übersicht 5

Zeit	Wachstum der Akkumulationsrate bei minimal	maximal	optimal	Konsumtionsrate bei minimal	maximal	optimal
	erweiterter Reproduktion					
1960	16,0	16,0	16,0	84	84	84
1961	15	22,5	19	85	77,5	81
1962	13,5	28	21,5	86,5	72	78,5
1963	13	34	24	87	66	76
1964	12	38,5	26	88	61,5	74
1965	11	43	28,6	89	57	71,5
1966	10	47,5	31	90	52,5	68,5
1967	9,5	51,5	33,5	90,5	48,5	66,5
1968	8,6	55,5	36	91,4	44,5	64
1969	8	58,5	38,5	92	41,5	61,5
1970	7,5	62,0	40,5	92,5	38	58,5

In *Übersicht 5* ist die Entwicklung der Raten der Akkumulation und der Konsumtion zusammengefaßt worden.

2. Die Effektivität der Akkumulation

Nicht allein der Umfang der Akkumulation und ihr Anteil am Nettoprodukt sind für das ökonomische Wachstum entscheidend. Ebenso wichtig ist eine hohe und wachsende Effektivität der Akkumulation. Die Effektivität wird in hohem Maße von dem Nutzeffekt der Investitionen im produktiven Bereich der Volkswirtschaft bestimmt. Dabei gilt, daß das Wachstum der Akkumulation um so weniger das Wachstum der Konsumtion beeinträchtigt, je mehr der Zeitraum vom Baubeginn bis zur Inbetriebnahme der neuen Anlagen, bis zu ihrem Nutzbarmachen also, verkürzt wird. Es können somit alle Betriebe das Verhältnis zwischen Akkumulation und Konsumtion mitbestimmen.

Die Kennzeichnung der optimal erweiterten Reproduktion erfordert die Berücksichtigung der Effektivität der Akkumulation. Als optimal kann man nur eine solche Variante der erweiterten Reproduktion bezeichnen, in der die Effektivität der Akkumulation maximal ist. Aber die Effektivität der Akkumulation hängt nicht nur davon ab, daß mit wachsendem Nettoprodukt auch die Konsumtion wächst, also mit steigender Arbeitsproduktivität auch der Durchschnittslohn, sondern auch davon, daß zugleich mit dem steigenden materiellen Wohlstand auch das kulturelle Niveau der Werktätigen gehoben und alle ihre schöpferischen Kräfte mobilisiert werden. Die Planung des Verhältnisses zwischen Akkumulation und Konsumtion ist also in ebenso hohem Maße eine politische wie eine ökonomische Aufgabe.

Übersicht 6 zeigt – ausgehend von dem angenommenen Entwicklungsmodell – den Zusammenhang zwischen Rate und Effektivität der Akkumulation.

Übersicht 6

Zeit	N	Variante 1 $\frac{\Delta N}{N} : E_A = a$	Variante 2 $\frac{\Delta N}{N} : E_A = a$
1960	74	8,1 : 0,45 = 18,0	8,1 : 0,45 = 18,0
1961	80	8,1 : 0,6 = 13,5	8,1 : 0,5 = 16,2
1962	86,5	8,1 : 0,7 = 11,6	8,1 : 0,55 = 14,7
1963	93,5	8,0 : 0,8 = 10,0	8,0 : 0,6 = 13,3
1964	101	7,9 : 0,9 = 8,8	7,9 : 0,65 = 12,2
1965	109	8,2 : 1,0 = 8,2	8,2 : 0,7 = 11,7
1966	118	8,5 : 1,1 = 7,7	8,5 : 0,75 = 11,3
1967	128	8,6 : 1,2 = 7,1	8,6 : 0,8 = 10,7
1968	139	7,6 : 1,3 = 5,8	7,6 : 0,85 = 8,9
1969	150,5	8,8 : 1,4 = 5,9	8,3 : 0,9 = 9,2
1970	163	8,0 : 1,5 = 5,3	8,0 : 0,1 = 8,0

Bei beiden Varianten ist das Zuwachstempo des Nettoprodukts und das Ausgangsdatum für die Effektivität der Akkumulation gleich. Während aber bei Variante 1 die Effektivität der Akkumulation sich verdreifachte, verdoppelte sie sich bei Variante 2. Daraus ergab sich eine Senkung der Akkumulationsrate auf die Hälfte bei Variante 2 und auf ein Drittel bei Variante 1. Daraus folgt, daß die Erhöhung der Konsumtion bei Variante 1 größer ist als bei Variante 2. Aber man muß auch hinzufügen, daß eine solche Erhöhung der Effektivität der Akkumulation wie bei Variante 1 auch ein entsprechendes Wachstum der Konsumtion voraussetzt.

Hierzu ist eine Bemerkung erforderlich. Koziolek und Rudolph weisen in einem Artikel über „Rationelle Produktionsorganisation und Probleme des Nationaleinkommens" mit vollem Recht darauf hin, daß der Koeffizient der Effektivität der Akkumulation

$$E = \frac{\Delta N}{A}$$

keine „direkte Kausalbeziehung" zum Ausdruck bringt. In dem Artikel heißt es:

> „Diese Kausalkette besteht andeutungsweise in folgendem. Die Verteilung des Akkumulationsfonds auf die Produktionszweige wird bestimmt durch den Bedarf an Produkten jedes Zweiges, durch die Richtung der im Zweig vorzunehmenden Investitionen sowie durch den Umfang der technischen Neuausrüstung vorhandener Betriebe. Der Bedarf an Produktion jedes Zweiges wiederum wird — direkt und indirekt — bestimmt durch die investitionsmäßige, vor allem technische Entwicklung aller anderen Zweige, sowie durch den Bedarf für den Export und die individuelle sowie gesellschaftliche Konsumtion. Der jährliche Umfang der technischen Neuausrüstung hängt andererseits wieder vom Entwicklungsstand jener Zweige ab, die die notwendigen Ausrüstungen liefern. In diesem Rahmen ist die Effektivität der Investitionen in jedem Zweig jeweils bedingt durch die Güte der Vorbereitung (Projektierung usw.), das technische Niveau der zu investierenden Arbeitsmittel sowie der Organisation der Investitionsarbeiten (Bauzeit)."[50]

Aber alle diese Faktoren kommen in dem Koeffizienten zum Ausdruck, wenn auch nicht unmittelbar, nicht als solche oder „rein", sondern in aggregatmäßiger Form. Das trifft jedoch für die meisten ökonomischen Kennziffern zu, die Ursachen komplex ausdrücken und es wäre Aufgabe einer quantitativen Analyse, die einzelnen Ursachen zu isolieren.

Mir scheint daher, daß man statt von einer nicht „direkten Kausalbeziehung" von einer „vermittelten" Kausalbeziehung sprechen sollte. Auch Koziolek und Rudolph benutzen in ihrer Arbeit trotz ihrer Bedenken den Begriff der „Effektivität der Akkumulation", wenn auch mit dem Hinweis: „Solche Hilfsrechnungen sind sehr grob, dennoch haben sie eine bestimmte Aussage."[51] Dieser Vorbehalt sollte aber nicht die Erkenntnis abschwächen, die Koziolek und Rudolph ja auch nicht

[50] *Helmut Koziolek/Johannes Rudolph*, Rationelle Produktionsorganisation und Probleme des Nationaleinkommens, „Einheit", 17. Jahrg., H. 11/12, S. 27, 1962.

[51] Ebenda, S. 22f.

bestreiten, daß die vom erreichten technisch-organisatorischen Niveau abhängige Effektivität der Akkumulation ein wesentliches Merkmal der optimal erweiterten Reproduktion ist. Je höher die Effektivität der Akkumulation ist, um so niedriger kann bei geplanter Zuwachsrate des Nettoprodukts die Akkumulationsrate und um so höher die Konsumtionsrate sein, weil das Niveau der Konsumtion ein Moment der Effektivität der Akkumulation ist.[52] (Vgl. Fließbild.)

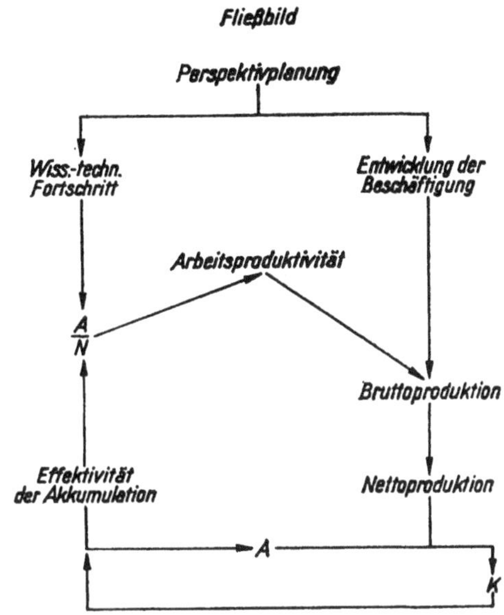

Abb. 4

Mir scheint, daß es möglich ist, bereits einige Verallgemeinerungen vorzunehmen. Dabei soll davon ausgegangen werden, daß das Niveau der Effektivität der Akkumulation von zwei Grundfaktoren abhängt (der

[52] *Bartl* und *Luck*, die in einer ersten Arbeit die Effektivität der Akkumulation noch nicht erwähnten, unterstreichen in einer zweiten Arbeit sehr nachdrücklich ihre Bedeutung für das planmäßige Wachsen des Nettoprodukts. Vgl. *Wilhelm Bartl/Herbert Luck*, Zu den Beziehungen zwischen den Investitionen und dem Wachstum des gesellschaftlichen Gesamtproduktes sowie des Nationaleinkommens („Wirtschaftswissenschaft“, 9. Jahrg., H. 10, 1961); *Wilhelm Bartl/Herbert Luck*, Optimale Beziehungen zwischen Nationaleinkommen, Akkumulation und Konsumtion („Wirtschaftswissenschaft“, 11. Jahrg., H. 2, 1963). – Wir befassen uns weiter unten näher mit ihren Untersuchungen. Hier soll nur notiert werden, daß sie die Ermittlung volkswirtschaftlicher Nutzeffektskoeffizienten ausdrücklich bejahen. Es ergibt sich die Frage, „ob die Ermittlung eines Koeffizienten, der aussagt, um wieviel das Nationaleinkommen mit einer Einheit Investitionen im Durchschnitt vergrößert werden kann, einen Sinn hat. Diese Frage muß aus folgenden Gründen mit ja beantwortet werden:

1. Die Akkumulation ist nur die Quelle der erweiterten Reproduktion; demzufolge läßt sich der Effekt der Akkumulation auf volkswirtschaftlicher Ebene nur am Wachstum des gesellschaftlichen Nettoproduktes messen.
2. Die Bewegung dieses Koeffizienten läßt Schlußfolgerungen über die Dynamik von Akkumulation, Nationaleinkommen und Konsumtion zu.

Die Ermittlung eines solchen Koeffizienten und die Beobachtung seiner Dynamik erlauben es, die Beziehungen zwischen Akkumulation, Nationaleinkommen und Konsumtion tiefergehend zu erforschen und den optimalen Beziehungen zwischen diesen drei Größen im Prozeß der erweiterten Reproduktion näherzukommen.

Bei der Ermittlung dieses Koeffizienten muß folgendes bachtet werden:

Begriff des technisch-organisatorischen Niveaus ist an anderer Stelle ausführlich von mir behandelt worden)[53]:

erstens vom technisch-organisatorischen Niveau der durch die produktive Verwendung des akkumulierten Nettoprodukts neu geschaffenen Anlagen und

zweitens vom technisch-organisatorischen Niveau der bereits vorhandenen produktiven Anlagen, vermittels derer die produktiven Investitionen durchgeführt und die erforderlichen zusätzlichen Umlauffonds produziert werden.

Dies kann durch zwei – zusammenfassende – Kennziffern charakterisiert werden:

erstens durch die Kennziffer der Arbeitsproduktivität sowie durch die beiden Faktorengruppen technischer Fortschritt und Rationalisierung,

$$\frac{B}{Tl} = \frac{Pm}{Tl} : \frac{Pm}{B},$$

zweitens durch eine Kennziffer, die das Verhältnis zwischen Arbeitsproduktivität und Selbstkosten zum Ausdruck bringt,

$$\frac{Sk}{Tl} = \frac{Sk}{B} \cdot \frac{B}{Tl}.$$

Die *erste Kennziffer* bringt zum Ausdruck, daß die Arbeitsproduktivität einerseits vom technischen Niveau abhängt, d. h. von der Ausrüstung der lebendigen Arbeit mit Produktionsmitteln, andererseits aber auch von der rationellen Ausnutzung der Produktionsmittel. Die folgende *Grafik* stellt das technisch-organisatorische Niveau der Betriebe A, B und C dar, von denen A und B das gleiche Niveau der Arbeitsproduktivität haben. Betrieb A hat eine hohe Kennziffer des technischen Fortschritts bei niedriger rationeller Ausnutzung der produktiven Fonds, und Betrieb B hat umgekehrt eine hohe Kennziffer der Ausnutzung der Produktionsmittel bei einer niedrigen Kennziffer der Ausrüstung der lebendigen Arbeit mit Produktionsmitteln. Betrieb C verbindet die hohe Kennziffer des technischen Fortschritts des Betriebes A mit der hohen Kennziffer der Ausnutzung der Produktionsfonds, so daß er auch ein höheres Niveau der Arbeitsproduktivität hat.

Bei der Schaffung neuer Anlagen durch Investitionen geht es somit nicht nur um den Bau neuer Betriebe auf der Grundlage des höchsten wissenschaftlich-technischen

a) Ein Teil des Zuwachses des Nationaleinkommens wird von Faktoren hervorgerufen, die nicht mit Investitionen verbunden sind. Dieser Teil wirkt aber nur positiv auf die Beziehungen zwischen Akkumulation, Konsumtion und Nationaleinkommen.

b) Zwischen den getätigten Investitionen und ihrem Wirksamwerden im Prozeß der erweiterten Reproduktion besteht ein zeitlicher Unterschied.

Die durchschnittliche Bauzeit von Investitionsvorhaben ist ein Faktor, der die Beziehungen zwischen Akkumulation, Nationaleinkommen und Konsumtion stark beeinflußt. Zweifellos liegt in unserer Volkswirtschaft die durchschnittliche Zeitspanne vom Beginn der Investition bis zu ihrem Wirksamwerden über den von *Chatschaturow* angegebenen Wert. *Mewis* weist darauf hin, daß die durchschnittliche Bauzeit aller 1961 im Bau befindlichen zentralen Staatsplanvorhaben bei 7 Jahren liegt.“ (S. 200)

[53] Vgl. hierzu vom Verfasser, Zur Theorie der Messung . . ., a. a. O., S. 73ff.

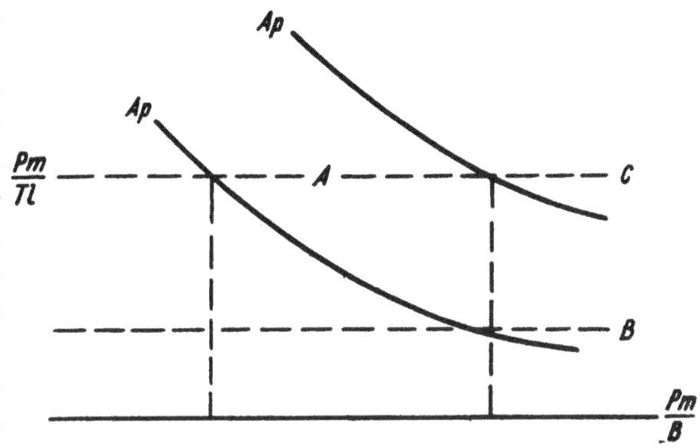

Abb. 5

Niveaus, sondern zugleich um die höchste Form der Organisation dieser Betriebe. Ein hohes Niveau der Arbeitsproduktivität muß daher auch in einem niedrigen Niveau der Selbstkosten zum Ausdruck kommen. Zum wissenschaftlich-technischen Niveau gehören nicht nur die Naturwissenschaften mit ihren exakten Disziplinen, sondern auch die exakten Disziplinen der Wirtschaftswissenschaften. Nur wenn das der Fall ist, wird die Effektivität der Akkumulation nicht mit steigender Rate der Akkumulation sinken und wird ein optimaler Ausgleich zwischen den Gegenwartsbedürfnissen und den künftigen Bedürfnissen, d. h. zwischen Konsumtion und Akkumulation, möglich sein.

Beispiel

Betrieb	*B*	*Pm*	*Tl*	$\frac{Pm}{Tl}$	$\frac{Pm}{B}$	$\frac{B}{Tl}$
A	5	5	2	2,5	1	2,5
B	10	5	4	1,25	0,5	2,5
C	20	10	4	2,5	0,5	5,0

Natürlich muß in jedem Jahr ein Teil des Nettoprodukts auch für die Erhöhung der Umlaufmittel, d. h. der Bestände an Roh- und Hilfsmaterialien, an unvollendeten und fertigen Erzeugnissen in den Industriebetrieben und an Waren im Handel, verwendet werden. Dabei ist aber zwischen dem Zuwachs an Produktionsvorräten und dem Zuwachs an Konsumtionsgüterbeständen zu unterscheiden. Unbegründete und unplanmäßige Bestandserhöhungen stellen ein Hindernis für die Entwicklung einer Volkswirtschaft dar, denn sie vermindern die Effektivität der Akkumulation.[54]

[54] In einem Artikel über „Akkumulation und Konsumtion" schreibt z. B. *K. H. Stiemerling*: „Untersuchungen haben ergeben, daß in den meisten Betrieben die Produktion ohne einen Pfennig Investitionen um etwa 20 Prozent erhöht werden könnte, wenn durch die reibungslose Organisation der Produktion die höchste Stundenleistung je Produktionsarbeiter im Jahresdurchschnitt erreicht wird. Eine wichtige Kennziffer, die den Ausnutzungsgrad der Grundmittel widerspiegelt, sei z. B. der Zuwachs an Produktion und Gewinn auf je 1000 DM Grundmittel.

Wenn die Technik rationell genutzt wird, dann steigt die Produktion je Grundmitteleinheit. Werden die ökonomischen Gesetze beachtet, d. h., steigt die Arbeitsproduktivität

Die *zweite Kennziffer* bringt zum Ausdruck, wie sich die Selbstkosten im Verhältnis zur Arbeitsproduktivität entwickeln: ob mit steigender Arbeitsproduktivität sinkende Selbstkosten verbunden sind. Es sei auch hierzu auf die bereits angeführte frühere Untersuchung verwiesen.[55]

Die beiden Kennziffern reichen nicht aus, um das technisch-organisatorische Niveau *allseitig* zu charakterisieren. Das sei ausdrücklich vermerkt. Es sind zusammenfassende Kennziffern eines Systems, das Nutzeffekts- und Aufwandskennziffern der verschiedenen Momente und Seiten der Produktion umfaßt, wie z.B. Arbeitskräfte und Produktion im Verhältnis zur manuellen, mechanisierten und automatisierten Produktion, Energieverbrauch je Arbeitskraft, je 1000 DM Materialkosten, Lohnkosten, Gewinn usw. In diesem Kennziffernsystem muß die Kennziffer des Produktionsverbrauchs weiter unterteilt werden in Kennziffern für die Grundfonds und die Umlauffonds. Worauf es aber ankommt, das ist, die analytischen und planmethodischen Voraussetzungen dafür zu schaffen, daß die akkumulierten Mittel rationell verwendet werden, d. h., daß sie

erstens nur zu solchen Investitionen verwendet werden, die gesellschaftlich notwendig sind und daß sie

zweitens von einer maximalen Ausnutzung des vorhandenen technisch-organisatorischen Niveaus zu einem neuen, höheren Niveau führen.

Zur ersten Bedingung gehört selbstverständlich nicht nur, daß Fehlinvestitionen infolge wirtschaftspolitischer Fehlentscheidungen vermieden werden, sondern daß auch eine richtige Proportion zwischen produktiven und konsumtiven Investitionen erzielt wird. Investruinen brauchen aber nicht nur eine Folge von Fehlinvestitionen zu sein, sondern können auch Folge einer nicht genügenden Ausnutzung des vorhandenen technisch-organisatorischen Niveaus sein. Selbstverständlich kann es

schneller als der Durchschnittslohn, werden die Rohstoffe sparsam verwendet und die Maschinen und alle Arbeitsmittel sorgfältig behandelt, dann steigt auch die Rentabilität. Diese Kennziffer gibt daher ein klares Bild darüber, wie es unsere Betriebe verstehen, die neue Technik zum Wohle des ganzen Volkes anzuwenden.“ („Neues Deutschland“ vom 24. Mai 1962, S. 5.)

Dabei sei es notwendig, „... daß der projektierte Nutzen in der Praxis auch wirklich erreicht wird“, schreibt *Stiemerling* an anderer Stelle. „Oftmals steht er nämlich nur auf dem Papier. In der Papierfabrik Schwedt sind die Selbstkosten je Tonne Pappe doppelt so hoch wie im Projekt vorgesehen. Das gleiche gilt für die Selbstkosten je Kubikmeter Möbelplatten im neuerbauten VEB Sperrholzwerk Gernrode. Doch das bedeutet, daß die geplante Rückflußdauer nicht eingehalten werden kann und daß die Möglichkeiten, das Tempo der sozialistischen Akkumulation zu beschleunigen, erheblich eingeschränkt werden.“ („Neues Deutschland“ vom 2. Juni 1962, S. 4.)

Große Rückstände gäbe es z. B. in der zentralgeleiteten Baumwollindustrie. Die Betriebe dieses Zweiges erhielten seit 1958 Investitionen in Höhe von einigen hundert Millionen DM. Aber mit diesen Mitteln wurde keine Erhöhung der Produktion und der Rentabilität je 1000 DM Grundmittel erreicht, d. h., die neue Technik wurde nicht genügend genutzt. (Vgl. „Neues Deutschland“ vom 24. Mai 1962, S. 5.)

[55] Vgl. hierzu vom Verfasser, Zur Theorie der Messung ..., a. a. O., S. 92ff.

historische Momente geben, wo eine Anspannung aller Kräfte erforderlich ist und wo die Gegenwartsinteressen im Interesse der Zukunft vernachlässigt werden müssen. Eine solche Situation bestand bekanntlich in der UdSSR in den ersten Jahren der sowjetischen Planung, als es galt, aus den Zerstörungen herauszukommen, die Krieg und Bürgerkrieg verursacht hatten, um den gefährlichen ökonomischen Rückstand angesichts der kapitalistischen Umkreisung schnell zu überwinden. Solche Situationen machen es unmöglich, optimale Varianten auszuwählen, weil alle Kräfte auf das materielle Wachstum der Produktion von Produktionsmitteln gerichtet werden müssen.

Die nebenstehende *Grafik* demonstriert abschließend hierzu noch einmal die Zusammenhänge. Es handelt sich um fünf Varianten des Zusammenspiels von Effektivität und Rate der Akkumulation.

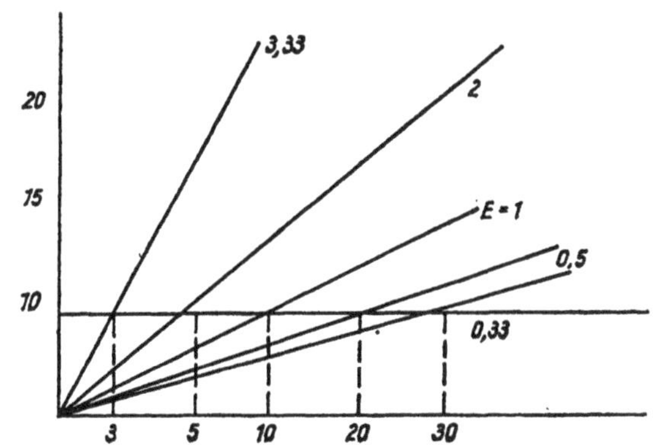

Abb. 6

Beispiel

Variante	$\frac{\Delta N}{N} = \frac{\Delta N}{A} \cdot \frac{A}{N}$	$\frac{\Delta N}{A} = \frac{\frac{\Delta N}{N}}{\frac{A}{N}}$
A	$10\% = 3{,}33 \cdot 3\%$	$3{,}33 = \frac{10}{3}$
B	$10\% = 2 \cdot 5\%$	$2 = \frac{10}{5}$
C	$10\% = 1 \cdot 10\%$	$1 = \frac{10}{10}$
D	$10\% = 0{,}5 \cdot 20\%$	$0{,}5 = \frac{10}{20}$
E	$10\% = 0{,}33 \cdot 30\%$	$0{,}33 = \frac{10}{30}$

3. Akkumulationsrate und Effektivität der Akkumulation

Für die Durchsetzung des wissenschaftlich-technischen Fortschritts ist nicht nu der Anteil der Akkumulation am Nettoprodukt, sondern auch die gründliche Vorbereitung und die schnelle Durchführung der Investitionsvorhaben von Bedeutung. Über die Effektivität der Akkumulation wird aber nicht nur in der Staatlichen

Plankommission, sondern vor allem dort entschieden, wo projektiert und gebaut, wo montiert und produziert wird.

Unsere Schlußfolgerungen erlauben es uns, zu der Frage Stellung zu nehmen, ob es möglich und, wenn ja, zweckmäßig ist, die Akkumulationsrate zu stabilisieren. Da die Zweckmäßigkeit der Stabilisierung der Akkumulationsrate offensichtlich nur dann gegeben sein kann, wenn sie als optimal angesehen werden kann, reduziert sich unsere Fragestellung darauf, ob eine stabilisierte Akkumulationsrate optimal sein kann.

Bei der Beantwortung dieser Frage gehen wir davon aus, daß zwischen der Entwicklung der Konsumtionsrate und der Akkumulationsrate folgende Beziehungen bestehen. Wenn die Akkumulationsrate schneller wächst als die Zuwachsrate des Nettoprodukts, dann sinkt die Rate der Konsumtion, und wenn die Akkumulationsrate langsamer wächst als die Zuwachsrate des Nettoprodukts, dann wächst die Rate der Konsumtion. Dabei sind die beiden extremen Fälle einerseits die minimal erweiterte Reproduktion, wo die Akkumulation unverändert bleibt, und die maximal erweiterte Reproduktion, wo die Konsumtion unverändert bleibt, so daß im ersten Fall die Konsumtionsrate, im zweiten Fall die Akkumulationsrate extrem wächst. Daraus folgt, daß Konsumtion und Akkumulation offenbar nur dann in gleichen Raten wachsen können, wenn Konsumtionsrate und Akkumulationsrate im gleichen Verhältnis wachsen wie die Zuwachsrate des Nettoprodukts. Das kann aber nur dann möglich sein, wenn die Effektivität der Akkumulation der Rate der Akkumulation angepaßt wird. Jede, wie auch immer geartete schematische Gestaltung der Rate der Akkumulation muß zwangsläufig zu einer Vernachlässigung der Effektivität der Akkumulation führen, d. h. aber zu einer Vernachlässigung des Kampfes um einen hohen Nutzeffekt der Investitionen. Selbstverständlich ist die Planung der Rate der Akkumulation das aktive Glied bei der Festlegung des Verhältnisses zwischen Akkumulation und Konsumtion, aber gerade das verbietet jede Art der „Stabilisierung" der Akkumulationsrate. Entweder Stabilisierung der Akkumulationsrate und spontane Entwicklung der Effektivität der Akkumulation oder optimale Gestaltung der Akkumulation unter Einbeziehung der Effektivität der Akkumulation und Kampf um ihre Erhöhung. Mir scheint, daß ein optimales Verhältnis zwischen Konsumtion und Akkumulation nicht damit identisch ist, daß Konsumtion und Akkumulation in gleichen Raten wachsen.

Mit der Frage des optimalen Verhältnisses zwischen Konsumtion und Akkumulation beschäftigten sich in jüngster Zeit u. a. S. Strumilin[56] sowie Bartl und Luck[57]. Wir wollen uns zunächst mit den Auffassungen von Bartl und Luck befassen. Sie schreiben:

„Der sozialistische Staat, der die Wirtschaft planmäßig zu leiten hat, muß bei der Festlegung der Proportionen der Reproduktion den jeweils erreichten Stand der gesellschaft-

[56] Vgl. *S. Strumilin*, Zum Problem der optimalen Proportionen, Sowjetwissenschaft, „Gesellschaftswissenschaftliche Beiträge", H. 11, S. 1220, 1962.

[57] Vgl. *Wilhelm Bartl/Herbert Luck*, Zu den Beziehungen zwischen den Investitionen und dem Wachstum des gesellschaftlichen Gesamtproduktes sowie des Nationaleinkommens, „Wirtschaftswissenschaft", 9. Jahrg., H. 10, S. 1477ff., 1961.

lichen Produktion, die inneren und äußeren Verhältnisse, die Tendenzen der internationalen sozialistischen Arbeitsteilung und vieles andere mehr berücksichtigen."[58]

Und weiter bemerken die Verfasser:

„In der Wirtschaft der Deutschen Demokratischen Republik war es außerdem erforderlich, durch die Akkumulation in Form von Investitionen die der kapitalistischen Wirtschaft eigenen und durch die Spaltung Deutschlands vertieften Disproportionen zu überwinden."[59]

Bartl und Luck stellen die Frage: Was ist ein „optimales Verhältnis" und wie wird es bestimmt? Ein solches Verhältnis habe zwei Seiten: Die qualitative Seite bestehe darin, bei Vorrangigkeit des Wachstums der Produktion von Produktionsmitteln die gesamte Produktion auf eine wachsende Konsumtion zu orientieren und diese zu decken. Die quantitative Seite sei „die Quantifizierung eines optimalen Verhältnisses zwischen Konsumtion und Akkumulation".[60] Bartl und Luck kommen zu dem Ergebnis, ein optimales Verhältnis zwischen Konsumtion und Akkumulation sei ein solches, bei dem die „Akkumulation in Form von Investitionen zur Steigerung der Produktion zu einer ebenso großen oder größeren Steigerung der Konsumtion führt."[61] Sie stellen fest, daß in der DDR für den Zeitraum 1950 bis 1959 im Durchschnitt auf 1% Zuwachs der Akkumulation 0,32% Konsumtionszuwachs entfiel bzw. 3,1% Zuwachs an Akkumulation erforderlich war, um 1% Konsumtionszuwachs zu erreichen.[62]

Bartl und Luck untersuchen die möglichen Beziehungen zwischen den Investitionen, dem Wachstum der Bruttoproduktion und des Nationaleinkommens, um zu Vorschlägen zur Quantifizierung dieser Beziehungen in der Perspektivplanung zu kommen. Sie verwenden dabei mathematische Methoden, die sie am Modell verifizieren. Auf diese Seite ihrer Untersuchungen soll an dieser Stelle nicht eingegangen werden, da für unsere Zwecke die Diskussion des gefundenen Ergebnisses ausreicht. „Maßstab für ein optimales Entwicklungsverhältnis ist das gleichmäßige Wachstum der drei Größen Nationaleinkommen, Akkumulation und Konsumtion", schreiben Bartl und Luck.[63] Ein solches gleichmäßiges Wachstum sei aber nur bei einer stabilisierten Akkumulationsrate möglich.[64] Werde die Akkumulationsrate auf einer bestimmten Höhe stabilisiert, so ergäbe 1% Akkumulationszuwachs immer 1% Wachstum des Nettoprodukts und der Konsumtion.[65] Jedes Abweichen von einer stabilisierten Akkumulationsrate führe zu einem ungleichmäßigen Wachstum der drei Größen Nationaleinkommen, Akkumulation und Konsumtion.

Bartl und Luck behaupten – mit anderen Worten – das optimale Verhältnis zwischen Konsumtion und Akkumulation sei ein direkt proportionaler Zuwachs, d. h.

$$\left(\frac{\Delta K}{\Delta A}\right) \text{opt} = \frac{z_K}{z_A} = 1 .$$

[58] Ebenda, S. 1479.
[59] Ebenda, S. 1479.
[60] Ebenda, S. 1483.
[61] Ebenda, S. 1483.
[62] Vgl. ebenda, S. 1485.
[63] Vgl. ebenda, S. 1500.
[64] Vgl. ebenda, S. 1501.
[65] Vgl. ebenda, S. 1501.

Gegen diese Konzeption lassen sich zwei Einwände erheben. Der *erste Einwand* ist formaler Natur. Man muß feststellen, daß Bartl und Luck kein inhaltliches Kriterium dafür angeben, daß ein gleichmäßiges Wachstum der drei genannten Größen ein optimales Wachstum ist. In Wahrheit kann die von Bartl und Luck als „optimal" bezeichnete Lösung nur als ein – selten eintretender – Spezialfall einer optimalen Lösung angesehen werden.

Mögliches Entwicklungsverhältnis des Wachstums von Nettoprodukt, Konsumtion und Akkumulation

$$\begin{aligned} &\text{Wenn } N' = K' = A', \text{ dann ist } k' = a',\\ &\text{wenn } N' > = A' < = K', \text{ dann ist } k' > a',\\ &\text{wenn } N' < = K' < = K', \text{ dann ist } k' < a'. \end{aligned}$$

Der *zweite Einwand* ist inhaltlicher Natur. Bartl und Luck legen m. E. der Effektivität der Akkumulation zu wenig Bedeutung bei. Bezieht man die Effektivität der Akkumulation mit in die Untersuchung ein, was notwendig ist, da sie ein wesentliches Moment ist, von dem nicht abstrahiert werden darf, ohne daß der Wirklichkeitsgehalt der Untersuchung sich verändert, so reduziert sich die von Bartl und Luck gestellte Frage darauf, ob die Effektivität der Akkumulation ebenfalls stabilisiert werden kann. Diese Frage muß aber verneint werden, weil die Effektivität der Akkumulation eine Funktion des technisch-organisatorischen Niveaus sowohl der alten als auch der neuen Anlagen ist. Das technisch-organisatorische Niveau hängt schließlich vom wissenschaftlich-technischen Fortschritt ab. Je mehr es gelingt, die Zeit zu verkürzen, die zwischen neuen Erkenntnissen und Entdeckungen der Wissenschaft und Technik und ihrer Nutzbarmachung in der Produktion verstreicht, d. h., je stärker die Wissenschaft mit der materiellen Produktion verschmilzt und zu einer unmittelbaren Produktivkraft wird, um so höher kann die Effektivität der Akkumulation sein. Ausgehend von der erreichten Effektivität der Akkumulation und nach Einschätzung der zu erreichenden Effektivität kann die Rate der Akkumulation daher unterschiedlich geplant werden. Nicht ihre Stabilisierung, sondern ihre Planung unter Berücksichtigung des erreichten und des zu erreichenden technisch-organisatorischen Niveaus ist das Problem. Die Werte einer optimalen Variante zwischen Konsumtion und Akkumulation sind kein mechanisch zu lösendes Rechenexempel, dessen Ergebnis ein für allemal festliegt, sondern eine ökonomische und politische Aufgabe, die sich auf rechnerische Methoden stützen muß und ständig neu zu lösen ist.

In einer Fortsetzung ihrer Arbeit: „Optimale Beziehungen zwischen Nationaleinkommen, Akkumulation und Konsumtion" modifizieren die Verfasser insofern ihre ursprüngliche These, als sie auch die Effektivität der Akkumulation mit in ihre Untersuchungen einbeziehen. Mit ihrer Feststellung: „Das Niveau, auf dem die Akkumulationsrate eines Landes stabilisiert werden kann, hängt vom Nutzeffekt der Akkumulation ab", kann man einverstanden sein.[66]

[66] *Wilhelm Bartl/Herbert Luck*, Optimale Beziehungen zwischen Nationaleinkommen, Akkumulation und Konsumtion, „Wirtschaftswissenschaft", 11. Jahrg., H. 2, S. 185ff., 1963.

Die Verfasser bemerken ferner:

„Ein hoher Nutzeffekt der Akkumulation führt zu hohem Zuwachs beim Nationaleinkommen, wodurch bei konstanter Akkumulationsrate die erforderliche Akkumulationsrate gesichert werden kann. Den Fragen des Nutzeffektes der Akkumulation muß deshalb größte Aufmerksamkeit geschenkt werden.“[67]

Mir scheint aber, daß Bartl und Luck von dieser richtigen Schlußfolgerung her noch den Schritt zur Untersuchung der Faktoren tun müssen, die die Effektivität der Akkumulation bestimmen. Sie werden dann erkennen, daß die Erhöhung der Konsumtion durch ihre Auswirkungen auf die subjektiven Momente des technisch-organisatorischen Niveaus ein wichtiger Faktor der Effektivität der Akkumulation ist, und daß daher weder eine Erhöhung der Akkumulationsrate noch ihre Stabilisierung auf irgendeinem mathematisch berechenbaren Niveau das Problem ist, sondern das planmäßige Wachstum des Nettoprodukts auf Grund einer Rate der Akkumulation, die sich aus einer maximalen Effektivität der Akkumulation ergibt. Anders ausgedrückt: *Die Rationalität eines Wirtschaftssystems kommt nicht in einem möglichst hohen oder stabilen Anteil der Akkumulation am Nettoprodukt zum Ausdruck, sondern in einer möglichst hohen Effektivität der Akkumulation.* Bartl und Luck schreiben richtig:

„Die Rate der produktiven Akkumulation und die Wachstumsrate des Nationaleinkommens weisen im Reproduktionsprozeß der DDR nicht die gleichen Entwicklungstendenzen auf. Bei wachsender Rate der produktiven Akkumulation sank die Zuwachsrate des Nationaleinkommens. Die Rate der produktiven Akkumulation ist eben nur ein Hauptparameter, der das Tempo der Reproduktion des Nationaleinkommens bestimmt. Der zweite Hauptparameter ist die Effektivität der Akkumulation.“[68]

Aber diesem zweiten Hauptparameter darf man keine geringere Bedeutung als dem ersten zumessen. Seine sinkende Tendenz, wie im Falle der DDR, sollte Anlaß sein, die Effektivität der ökonomischen Prozesse zu erhöhen. Nur dadurch, scheint mir, lassen sich optimale Lösungen erzielen.

Das Ergebnis unserer Überlegungen wird als unbefriedigend angesehen werden, wenn man das Problem darin sieht, eine *bestimmte* Verbindung zwischen dem Tempo des Zuwachses der Akkumulation und der Konsumtion als optimal anzusehen. Mir scheint, daß es Bartl und Luck nicht gelungen ist, eine solche Verbindung als notwendig nachzuweisen, aber daß das auch gar nicht erforderlich ist, weil es zwischen einer maximal erweiterten und einer minimal erweiterten Reproduktion viele Kombinationen gibt. Die optimale Kombination kann daher nicht ohne wirtschaftspolitische Entscheidungen herausgefunden werden, die wieder nicht ohne — positive, aber auch negative — Rückwirkungen auf die Effektivität der Akkumulation sind. Das Problem ist kompliziert, und es bedarf weiterer gründlicher Untersuchungen, um eine befriedigende Antwort zu finden. Bartl und Luck haben das Verdienst, das Problem gestellt zu haben, und es ist bedauerlich, daß ihre Thesen und Schlußfolgerungen bisher wenig Echo in unserer Literatur gefunden haben.

67 Ebenda, S. 195.
68 Ebenda, S. 198.

Unsere Ausführungen dazu können nur als Beitrag zu einer solchen Diskussion gewertet werden.

Auch S. Strumilin stellt die Frage nach „optimalen Lösungen auf dem Gebiet der produktiven Akkumulation".[69] Strumilin geht davon aus, daß „spontaner Selbstlauf – keine optimalen Lösungen gewährleisten" kann.[70] Unklar sei jedoch auch heute noch das Kriterium, nach welchem man auf diesem Gebiet das Optimum der zu erreichenden Verbindungen zwischen der Entwicklung des Konsumtionsfonds und des Akkumulationsfonds beurteilen könne.[71] Strumilin glaubt, „eine völlig bestimmte Lösung" finden zu können. Sie bestehe darin, daß der erzielte Zuwachs des Volkseinkommens zu gleichen Teilen für die Konsumtion und die Akkumulation verwendet wird.[72] Anders ausgedrückt: der Zuwachs des Nettoprodukts, ΔN, wird je zur Hälfte für die Erhöhung der Konsumtion und für die Erhöhung der Akkumulation verwendet:

$$N_n = K_o + \frac{\Delta N}{2} + A_o + \frac{\Delta N}{2}.$$

Strumilin führt den Beweis für eine optimale Lösung an Hand von Zahlenbeispielen, von denen er selbst schreibt, daß sie nicht alle möglichen Faktoren und Momente erfassen, durch welche die Bedingungen der Investitionseffektivität bestimmt werden.[73] Trotzdem zieht er daraus die Schlußfolgerung, daß „eine solche Aufteilung gleichermaßen den Interessen der Werktätigen für heute wie für die Zukunft" dient, daß sie das „ununterbrochene Wachstum des Niveaus der Produktivkräfte und der Arbeitsproduktivität" gewährleistet und sich aus dem ökonomischen Gesetz „erklärt", „daß die Arbeitsproduktivität schneller steigen muß als der Arbeitslohn."[74]

So interessant die Betrachtungen Strumilins auch sind, sie enthalten wenig Beweiskräftiges. Auch Strumilin abstrahiert von dem dynamischen Moment der Effektivität der Akkumulation und konstruiert rechnerisch-mechanische Beispiele. Wenn es möglich ist, die „Verzögerungszeit" zwischen neuen wissenschaftlichen Erkenntnissen und technischen Entdeckungen und ihrer Anwendung in der materiellen Produktion zu verkürzen und das Tempo des wissenschaftlich-technischen Fortschritts zu erhöhen, so kann auch die Effektivität der Akkumulation erhöht und damit bei gleichbleibender Rate der Akkumulation ein stets wachsender Zuwachs des Konsumtionsfonds erreicht werden. Hierin scheint mir der eigentliche Sinn der These zu liegen, daß die Planung der Akkumulationsrate das aktive Glied in der Planung des ökonomischen Wachstums ist. Denn nicht um der Akkumulation willen akkumulieren wir, sondern um der Konsumtion willen. Daraus folgt aber, daß nicht hohe Akkumulationsraten das Ziel der sozialistischen Planung sind, sondern solche Raten, bei denen eine Befriedigung der gegenwärtigen Bedürfnisse möglich ist, die zu einer maximalen Effektivität der Akkumulation führt. Mir

[69] Vgl. *S. Strumilin*, Zum Problem . . ., a. a. O., S. 1224.
[70] Ebenda, S. 1221.
[71] Vgl. ebenda, S. 1225.
[72] Vgl. ebenda, S. 1230.
[73] Vgl. ebenda, S. 1230.
[74] Ebenda.

scheint aber, daß die Ausführungen Strumilins nicht dazu beitragen, eine solche – optimale – Variante zu finden. Anders ist es mit den Ausführungen Strumilins zum sogenannten Konsumtionseffekt.[75] Jedoch geht es hierbei nicht mehr um die Planung des Entwicklungsverhältnisses zwischen Konsumtion und Akkumulation, sondern um die richtige Strukturierung der Produktion von Konsumtionsmitteln, um eine bedarfsgerechte Struktur der Produktion von Konsumtionsmitteln. Das geht aber über den Rahmen unserer Untersuchung hinaus.[76]

VI. SCHLUSSBEMERKUNG

Wenn wir die Ergebnisse unserer Untersuchung zusammenfassen, so müssen wir als *erstes* und wichtigstes Ergebnis feststellen, daß eine optimale Variante der Entwicklung des Verhältnisses zwischen Arbeitsproduktivität und Durchschnittslohn ein bestimmter Aspekt eines optimalen Nutzeffektes der gesellschaftlichen Arbeit ist, daß aber die Auswahl „richtiger" Varianten nicht nur *richtige* wirtschaftspolitische Entscheidungen, sondern auch *richtige* wirtschaftspolitische Maßnahmen und Handlungen voraussetzt. Auch auf dem Gebiete der Ökonomie kann der jesuitische Grundsatz, daß der Zweck die Mittel heiligt, nur schädliche Folgen haben, weil nur zweckentsprechende Mittel zur Erreichung geplanter ökonomischer Ziele führen können. Das Gesetz der Ökonomie der Zeit kann als Grundgesetz jeder ökonomischen Entwicklung sowenig wie irgendein anderes ökonomisches Gesetz nur durch ökonomische Mittel verwirklicht werden. Auch ökonomische Mittel setzen politische Handlungen und Maßnahmen voraus und verlangen sie laufend. Maximal erweiterte Reproduktion, wenn sie – die in bestimmten historischen Situationen gerechtfertigt ist – über einen längeren Zeitraum durchgesetzt wird, lähmt sie die schöpferischen Kräfte der Werktätigen. Optimal erweiterte Reproduktion ist eine Variante, die nur durch eine Wirtschaftspolitik verwirklicht werden kann, die die schöpferischen Kräfte der Werktätigen weckt und sie maximal nutzt.

Daraus folgt aber als *zweites* Ergebnis unserer Untersuchung, daß bei der Bestimmung und Auswahl dieser Variante die Stimulierung der Effektivität der Akkumulation ein wichtiges ökonomisches Mittel ist. Von der Effektivität der Akkumulation hängt die erforderliche Rate der Akkumulation ab, während die Erhöhung der Konsumtion zugleich ein immanenter Bestandteil von ihr ist. Erst müssen die wirtschaftspolitischen Grundentscheidungen gefällt und die Grundproportionen festgelegt sein, dann erst kann das Entwicklungsverhältnis zwischen Arbeitsproduktivität und Durchschnittslohn geplant werden. Die Entwicklung des Durchschnittslohnes muß so festgelegt werden, daß eine maximale Steigerung der Arbeitsproduktivität erreicht wird, indem die Entwicklung des Lohnes mit den

75 Vgl. ebenda, S. 1234ff.

76 Vgl. hierzu vom Verfasser, Der Einfluß der Qualität und der bedarfsgerechten Struktur der Produktion auf die Entwicklung der Arbeitsproduktivität, „Arbeitsökonomik und Arbeitsschutz", 6. Jahrg., H. 4 und H. 5, 1962.

produktivitätswirksamen Faktoren verknüpft und die Einsicht der Werktätigen in die Einheit der individuellen und gesellschaftlichen Interessen gefördert wird.

Zu dem Urteil, daß der Begriff des Optimums ein verschwommener Begriff ist[77], kann man daher nur dann kommen, wenn die Einheit von Ökonomie und Politik zwar anerkannt, aber in der Praxis nach „rein" ökonomischen Lösungen gesucht wird.[78] Es gibt solche „rein" ökonomischen Lösungen ebensowenig, wie es „nur" ökonomisch zu verwirklichende optimale Lösungen gibt. Varianten müssen Grundlage wirtschaftspolitischer Entscheidungen sein und durch wirtschaftspolitische Maßnahmen und Handlungen verwirklicht werden. Aber die „richtige" Variante erfordert auch „richtige" Handlungen. Beides ist untrennbar miteinander verbunden, und zwar in genau dem Sinne, der in der am Beginn dieser Arbeit zitierten Stelle aus Engels' „Anti-Dühring" ausgesprochen ist. Die Durchsetzung nichtoptimaler Varianten kostet Geld, weil sie den *möglichen* Zuwachs an Nettoprodukt verhindert. Aus verschiedenen Gründen kann es notwendig sein, nichtoptimale Varianten durchzusetzen, aber es sollte selbstverständlich sein, daß die Planungsorgane berechnen, was eine „Wahl" die Gesellschaft kostet.

[77] Vgl. *Johannes Rudolph.* Die Optimierung des volkswirtschaftlichen Produktionsplanes mit Hilfe der Volkswirtschaftsbilanz, Verlag Die Wirtschaft, Berlin 1962, S. 25.

[78] Im Lehrbuch für „Politische Ökonomie" heißt es: „Die sozialistische Gesellschaft ist bestrebt, ein solches optimales Verhältnis zwischen Akkumulation und Konsumtion zu erreichen, das neben der vorrangigen Entwicklung der Produktionsmittel, dem Wachstum des Nationaleinkommens und dem zunehmenden Umfang der sozialistischen Akkumulation ein unentwegtes Wachstum der Fonds für den Verbrauch des Volkes sowie eine immer vollständigere Befriedigung der wachsenden Bedürfnisse der Werktätigen gewährleistet." (Dietz Verlag, Berlin 1959, S. 728.)

Auf der von der Akademie der Wissenschaften der UdSSR im April 1960 in Moskau durchgeführten Tagung über die Anwendung mathematischer Methoden in der ökonomischen Forschung wurde auch zum Problem des Optimums Stellung genommen. Es wurde festgestellt, daß die Mathematik zwar eine bedeutende Hilfe bei der Auswahl optimaler Varianten zu leisten vermögen, daß aber die Ökonomen die Kriterien der Optimalität bestimmen müßten. (Vgl. Mathematische Methoden in der Ökonomik, Wirtschaftswissenschaftliche Informationen, H. 23, S. 12, 1961.)

Walter Gellrich

PROBLEME DER HERSTELLUNG DER EINHEIT VON MENGEN-, ZEIT- UND WERT-(GELD-)RECHNUNG IM ZUSAMMENHANG MIT DER ENTWICKLUNG EINES EINHEITLICHEN SYSTEMS DER GESELLSCHAFTLICHEN BUCHFÜHRUNG

I. EINLEITUNG

Jahrelange theoretische und praktische Bemühungen vieler Experten, intensive kollektive Forschungs- und Entwicklungsarbeiten auf dem Gebiet der Rechnungsführung und Statistik haben es bisher nur in wenigen und vereinzelten Fällen vermocht, die Entwicklung auf diesem Gebiet im Gesamtmaßstab unserer Volkswirtschaft voranzutreiben. Da die Methoden und Instrumente der Erfassung und Widerspiegelung der ökonomischen Wirklichkeit nicht in dem Maße und Tempo weiterentwickelt worden sind, wie es die stürmische Entwicklung der Produktivkräfte und Produktionsverhältnisse verlangte, konnten die hervorragenden und großartigen Erfolge und Ergebnisse der Arbeit der Werktätigen nicht umfassend und geschlossen dargestellt werden. Vereinzelter neuer – oft kostspieliger und kurzlebiger – Mittel unerachtet, erhielt die Leitung der Volkswirtschaft nicht genügend tiefe, allseitige und rechtzeitige und vor allem keine einheitlichen Informationen über den Stand und die Entwicklung der ökonomischen Wirklichkeit. Dadurch wurde ein operatives Eingreifen in die laufenden Prozesse, eine qualifizierte und kurzfristige Analyse der abgelaufenen Prozesse erschwert. Die Methodik der Planung, Abrechnung und Statistik ist nicht bzw. nur auf Teilgebieten komplex mit- und aufeinander abgestimmt.

Besondere Erschwernisse resultieren aus der Zerrissenheit, Isoliertheit und Doppelgleisigkeit in der Rechnungsführung und Statistik. Wiederholt hat die Partei die Unzulänglichkeit der Instrumente und Methoden zur quantitativen Messung der ökonomischen Erscheinungen kritisiert.

Zur Durchsetzung der Beschlüsse des VI. Parteitages der Sozialistischen Einheitspartei Deutschlands hat das Präsidium des Ministerrates der DDR am 11. Juli 1963 die „Richtlinie für das neue ökonomische System der Planung und Leitung der Volkswirtschaft“ beschlossen. Darin wird festgelegt:

> „Die Statistik ist verpflichtet, den gesellschaftlichen Reproduktionsprozeß in seinen einzelnen Phasen und Komplexen, in seinen Einzelheiten, Zusammenhängen und Verflechtungen allseitig, umfassend und lückenlos zu erfassen, darzustellen, abzurechnen und zu analysieren. Dazu ist es notwendig, ein einheitliches geschlossenes System der Rechnungsführung und Statistik zu schaffen, das im Zusammenhang mit der Entwick-

lung hochmechanisierter Rechenanlagen die schnelle Übermittlung von Einzel- und Gesamtangaben für die Planung, für die operative Leitung, für die Kontrolle und Analyse des volkswirtschaftlichen Reproduktionsprozesses sicherstellt.

Das einheitliche System der Rechnungsführung und Statistik muß aufbauen auf einer einheitlichen Primärerfassung, die inhaltlich gleichartige wirtschaftliche Prozesse, Vorgänge und Elemente auf der Grundlage der untrennbaren Einheit von Mengen-, Zeit- und Wert-(Geld)rechnung in ihrem untrennbaren Zusammenhang und ihrer gegenseitigen Abhängigkeit allseitig erfaßt und darstellt."[1]

Um ein einheitliches, geschlossenes System der Rechnungsführung und Statistik aufzubauen, ist es in erster Linie notwendig, ein *einheitliches System der Wert-(Geld-) rechnung* zu erarbeiten. Das ist gleichbedeutend mit der Organisierung und Einführung einer einheitlichen, für alle Bereiche der Volkswirtschaft in gleicher Weise geltenden „gesellschaftlichen Buchführung". Aufbauend auf den theoretischen Grundsätzen von Marx und Lenin muß sie unter sozialistischen Produktionsverhältnissen inhaltlich, organisatorisch und technisch zu einem umfassenden Mittel der Wiederspiegelung und Kontrolle des sozialistischen Reproduktionsprozesses entwickelt werden.

Die gesellschaftliche Buchführung als Hauptkettenglied eines einheitlichen Systems volkswirtschaftlicher Rechnungsführung wird entscheidend dazu beitragen:

a) die systematische, straffe und einheitliche Koordinierung aller Seiten des Reproduktionsprozesses zu sichern und die operative staatliche Leitungstätigkeit auf betrieblicher und überbetrieblicher Ebene durch wahrheitsgetreue Abrechnungs- und Berichtsunterlagen mit umfassender Aussagekraft zu verbessern;

b) die Leitungs- und Kontrolltätigkeit der Volksvertretungen zu vereinfachen und zu erleichtern;

c) die Kontrolltätigkeit der staatlichen Finanzorgane, der Staatsbank und der Arbeiter-und-Bauerninspektion zu verbessern und zu stärken;

d) den Rückstand in der Mechanisierung der Abrechnungsarbeiten schnell zu überwinden und die modernste Technik zur Übermittlung und Auswertung der ökonomischen Informationen nutzbar zu machen und weiterzuentwickeln;

e) den Aufwand an Material, Zeit und Geld auf dem Gebiet der Rechnungsführung und Statistik maximal einzuschränken.

Da in unserer Volkswirtschaft und in der der sozialistischen Bruderländer bisher nur geringe und unzureichende praktische Erfahrungen mit einer gesellschaftlichen Buchführung vorliegen, wird es notwendig und zweckmäßig sein, die erarbeiteten Vorschläge experimentell zu erproben.

Bei der Erprobung und Einführung eines einheitlichen Systems der gesellschaftlichen Buchführung, auf dessen organisatorisch-technische Seite ein besonderes Gewicht gelegt wird, sollten systematisch und aufeinander abgestimmt in entsprechenden Etappen folgende Aufgaben erfüllt werden:

[1] „Neues Deutschland" vom 16. Juli 1963, Sonderbeilage S. 7.

1. Herstellung der Einheit von Mengen-, Zeit- und Wert-(Geld-)rechnung als Grundlage einer allseitigen Erfassung und Darstellung des gesellschaftlichen Reproduktionsprozesses und einer exakten wissenschaftlichen quantitativen Messung des gesellschaftlichen Aufwandes.
2. Vereinheitlichung und Standardisierung der Primärerfassung (Dokumentation und Belegwesen) der wirtschaftlichen Erscheinungen – Elemente und Prozesse – in den Betrieben, Institutionen und Organisationen nach einheitlichen Mengen-, Zeit- und Wert-(Geld-)maßstäben.
3. Herstellung der Einheit von operativer, buchhalterischer und statistischer Erfassung der in Geld ausgedrückten ökonomischen Prozesse und Erscheinungen durch ein einheitliches System von Erfassungskennziffern.
4. Anwendung der Methode der „doppelten Buchführung" zur Darstellung der Wechselseitigkeit und Abhängigkeit der ökonomischen Erscheinungen, mit der eine der wesentlichen Grundlagen für die ökonomische Kybernetik geschaffen wird.
5. Herstellung der Einheit von Planungs- und Abrechnungsmethodik und Schaffung eines einheitlichen, von unten bis oben durchgehenden Bilanzierungssystems als Grundlage für die Aufstellung betrieblicher und volkswirtschaftlicher Teil-, Gesamt- und Verflechtungsbilanzen.
6. Rationalisierung, Vereinheitlichung und Standardisierung der Erfassungs- und Rechentechnik als Grundlage für den Aufbau eines umfassenden, differenzierten und beweglichen Netzes betrieblicher und regionaler Rechenstationen zur schnellen und kurzfristigen Übermittlung ökonomischer Informationen für die leitenden Staats- und Wirtschaftsorgane.
7. Konzentration und Zentralisation der ökonomischen Arbeit in allen Bereichen und Ebenen der Volkswirtschaft und Vereinheitlichung und Verbesserung der ökonomischen Organisation.
8. Zentralisation der Leitung und Anleitung der Rechnungsführung und Statistik in der Zentralverwaltung für Statistik beim Ministerrat der DDR.
9. Schaffung der Grundlagen für eine einheitliche Ausbildung der Kader an den Hoch- und Fachschulen und anderen wissenschaftlichen Institutionen auf dem Gebiet der Rechnungsführung und Statistik bei gleichzeitiger Vereinheitlichung der entsprechenden Lehrprogramme und Lehrmaterialien.
10. Herausgabe eines zentralen Publikationsorganes „Planung, Abrechnung und Statistik" für die theoretische und praktische Arbeit auf dem Gebiet der Planung, Rechnungsführung und Statistik, einschließlich der Technik, Mathematik und der ökonomischen Kybernetik.

In der Volkswirtschaft der Deutschen Demokratischen Republik besteht zur Zeit weder eine Einheit von Rechnungsführung und Statistik noch eine Einheit von Mengen-, Zeit- und Wert-(Geld-)rechnung. Es besteht keine Einheitlichkeit zwischen den nach den verschiedenen Bereichen und Zweigen, nach verschiedenen Eigentumsformen aufgebauten Chiffrierungssystemen zur Kennzeichnung ökonomischer Erscheinungen. Das zeigt sich besonders deutlich in dem Bestehen und der Anwendung unterschiedlicher Kontensysteme, Kontenrahmen und Kontenpläne. Die unterschiedlichen Kennziffernsysteme der buchhalterischen und statistischen Berichterstattung sind nicht koordiniert. In den Betrieben und Institutionen gibt es keine fundierten und einheitlichen Bilanzen, mit deren Hilfe jederzeit Stand und Entwicklung der Gesamtsituation erkannt und analysiert werden könnten. Die verschiedenen und unterschiedlichsten Verfahren und Techniken der Aufbereitung, Sammlung und Übermittlung von ökonomischen Informationen sind nicht mit- und aufeinander abgestimmt. Ausbildung (Programme und Methoden) der Kader für Buchführung, Betriebsabrechnung, Statistik und Analyse an den verschiedenen Lehr- und Ausbildungsstätten sind unterschiedlich. Auch innerhalb des Geld- und Verrechnungsverkehrs sind die objektiven Möglichkeiten für die Form einer gesellschaftlichen Buchführung nicht genutzt worden.

Da noch kein einheitliches System der Erfassung, Darstellung, Abrechnung, Bilanzierung und Kontrolle der betrieblichen und volkswirtschaftlichen Prozesse vorhanden ist, wird die Planung und Leitung der Volkswirtschaft nach dem Produktionsprinzip und nach komplex-territorialen Erfordernissen außerordentlich erschwert.

Uneinheitlichkeit, Isoliertheit, Zerrissenheit und Mehrgleisigkeit auf dem Gebiet der Rechnungsführung und Statistik sind außerdem Ursachen eines hohen unproduktiven Verwaltungsaufwandes.

Ein einheitliches System der wertmäßigen Erfassung und Darstellung des Reproduktionsprozesses, das in Form der „Gesellschaftlichen Buchführung" eine lückenlose, umfassende Widerspiegelung des Reproduktionsprozesses in Geldform verwirklicht, ist das *Hauptkettenglied* eines einheitlichen Systems der Rechnungsführung und Statistik. Mit der Vergesellschaftung der Produktion wird eine gesellschaftliche Buchführung objektiv möglich und notwendig.

II. BUCHFÜHRUNG UND WERTRECHNUNG

(„Das Meßbare messen, das Unmeßbare meßbar machen." – Thales von Milet)

Der Sieg der sozialistischen Produktionsverhältnisse in der DDR hat die Bedingungen geschaffen, die Erfassung und Abrechnung des Reproduktionsprozesses auf ein neues und höheres Niveau zu heben. In der Periode des umfassenden Aufbaus und der Vollendung des Sozialismus wird das sozialistische Wirtschaftssystem weiterentwickelt. Die Buchführung als „Kontrolle und ideelle Zusammenfassung des Prozesses"[2] wird immer mehr in „eine gesellschaftliche Buchführung" verwandelt. Die Buchführung über die Arbeitszeit und über die Verteilung der gesellschaftlichen Arbeit auf die verschiedenen Produktionsgruppen wird als Mittel zur Wertbestimmung, zur Preisbestimmung, zur Berechnung der Warenpreise (Preiskalkulation) wesentlicher denn je.[3]

[2] *Karl Marx*, Das Kapital, Band II, Dietz Verlag, Berlin 1952, S. 129.

[3] Vgl. *Karl Marx*, Das Kapital, Band II, a. a. O., S. 127; Band III, S. 907.

Erst unter sozialistischen Produktionsverhältnissen besteht die Möglichkeit, ein *einheitliches System* der Buchführung für die gesamte Volkswirtschaft, eine wirklich gesellschaftliche Buchführung aufzubauen.

Im Kapitalismus vollzieht sich die Bildung und Verwertung des Kapitals in erbittertem Konkurrenzkampf. Art und Weise der Profiterzielung und die Methoden der Ausbeutung der Arbeiterklasse erfordern die Wahrung des Geschäftsgeheimnisses. Eine einheitliche gesellschaftliche Buchführung ist daher objektiv nicht möglich, wenngleich durch die fortschreitende Vergesellschaftung der Produktion, durch die Konzentration des Bankkapitals im System der Großbanken die Form einer allgemeinen Buchführung, aber auch nur die Form gegeben ist.[4]

Wenn auf der Grundlage des sozialistischen Eigentums nunmehr auch vom Inhalt her die Möglichkeit einer einheitlichen Buchführung gegeben ist, muß ein System der gesellschaftlichen Buchführung entwickelt werden, das unter Ausnutzung und Weiterentwicklung der modernsten Technik zu einem *unentbehrlichen Instrument der staatlichen Leitung der Volkswirtschaft* wird. Die Entwicklung eines unserem einheitlichen sozialistischen Wirtschaftssystem entsprechenden einheitlichen Systems der gesellschaftlichen Buchführung wird dazu beitragen, die Erfassung und Messung ökonomischer Prozesse und Einzelfakten auf eine neue und höhere Stufe zu heben.

Dazu ist es notwendig,

a) den Inhalt und Begriff ökonomischer Kategorien zu präzisieren,

b) die jetzt bestehenden unterschiedlichen Systeme der Buchführung – Rechnungsführung und Statistik – der Betriebe, Institutionen und Organisationen inhaltlich, methodisch und organisatorisch zu vereinheitlichen.

Aufgabe einer *gesellschaftlichen* Buchführung ist es, den *tatsächlichen* Ablauf des Reproduktionsprozesses und seine *tatsächlichen* Ergebnisse zu erfassen und darzustellen. Wenn dies geschieht, ist es möglich, die Einhaltung der in den Plänen festgelegten proportionalen Entwicklung der Volkswirtschaft sowie die Entstehung und Verteilung des gesellschaftlichen Gesamtprodukts im ganzen und im einzelnen ständig zu kontrollieren und das Wertgesetz richtig anzuwenden.

Es ist nicht Aufgabe der gesellschaftlichen Buchführung, die Preise der Erzeugnisse und Leistungen festzusetzen; ihre Aufgabe ist es, die Abweichungen des betriebsindividuellen Aufwandes vom gesellschaftlich notwendigen Aufwand auszuweisen. Die vordringliche Aufgabe besteht darin, das Instrument der einheitlichen zeit-, mengen- und wertmäßigen Erfassung des Reproduktionsprozesses so zu vervollkommnen, daß *in jeder Phase des Reproduktionsprozesses der tatsächliche Aufwand des Betriebes mit dem geplanten Aufwand – beide gemessen und berechnet in Zeit, Menge und Geld – verglichen werden kann*. Das erfordert, die nach einheitlichen Gesichtspunkten erfaßten Daten auf überbetrieblicher Ebene zu vergleichen, damit auf der Grundlage von Bestwerten die Maßstäbe für eine richtige Einschätzung der Ergebnisse der Betriebe ermittelt werden können.

[4] Vgl. *Karl Marx*, Das Kapital, Band III, Dietz Verlag, Berlin 1951, S. 655.

Nur so können die Ergebnisse des erfolgreichen Kampfes der Werktätigen um höchste Sparsamkeit, um volle Ausnutzung und Aufdeckung der großen inneren Reserven jederzeit erkannt, ausgewertet und verallgemeinert werden. Eine genaue Ermittlung der Ergebnisse und der Abweichungen zwischen betrieblichem und gesellschaftlichem Aufwand gestattet es auch festzustellen, in welchem Ausmaß die Preise, die auf der Grundlage rückständiger Produktionsbedingungen, hoher unproduktiver Aufwendungen und negativer betriebsindividueller Arbeit berechnet („kalkuliert") worden sind, Disproportionen in der Volkswirtschaft hervorrufen. Die genaue Kenntnis und Analyse der Abweichungen – nach Umfang und Ursachen – wird es ermöglichen, den gesellschaftlich notwendigen Aufwand exakt zu berechnen und ein einheitliches Preis- und Tarifsytem zu schaffen.

Die Anwendung einheitlicher Preise und einheitlicher Tarife in der Volkswirtschaft der DDR schafft eine einheitliche Basis für die Planung der Selbstkosten. Bei einheitlichen Abgabepreisen für Erzeugnisse und Leistungen gleicher Art und gleicher Qualität ist die Summe der beim Verkauf der Erzeugnisse und Leistungen erzielten Geldeinnahmen ein Maßstab für die unterschiedliche Erfüllung des Planes der Warenproduktion. Wenn die Erzeugnisse zu den festgesetzten Abgabepreisen realisiert werden, widerspiegeln die tatsächlichen Erlöse

1. den durch die lebendige Arbeit auf die Erzeugnisse übertragenen Wert;
2. das durch die lebendige Arbeit geschaffene Wertprodukt.

Einheitliche (und dennoch bewegliche, operative) Preise für gleiche Erzeugnisse erleichtern es, den Wert der übertragenen vergegenständlichten Arbeit und der lebendigen Arbeit festzustellen, wenn eine exakte Mengenrechnung geführt wird. Einheitliche Lohntarife und eine exakte Arbeitszeitrechnung erleichtern die Berechnung des Lohneinkommens und damit des individuellen Anteils am Wert der lebendigen Arbeit. Damit wird auch die Feststellung des im einzelnen Betrieb erarbeiteten und im Preis des einzelnen Erzeugnisses enthaltenen Reineinkommens weniger schwierig. Die Teilung des Reineinkommens in betriebliches und zentralisiertes (staatliches) Reineinkommen unter Berücksichtigung des Prinzips der materiellen Interessiertheit und der Bedürfnisse des Staates ist dann vom rechnerischen Standpunkt ebenfalls nicht problematisch. Vor allem wird die Kontrolle und Überprüfung der Entwicklung des Verhältnisses der Wertbestandteile erleichtert. Kompliziert sind Berechnungen und Bewertungen jeder Art, solange in der Volkswirtschaft noch nicht überall einheitliche Preise gelten. Das Wertgesetz kann dann noch nicht voll für die planmäßige Entwicklung der Volkswirtschaft genutzt werden.

Einheitliche Preise tragen dazu bei, die wirtschaftliche Rechnungsführung in den Betrieben zu verwirklichen, ohne daß die Betriebe zusätzlich innerbetriebliche Plan-, Fest- oder Verrechnungspreise bilden müssen. Auf dieser Basis aufgestellte betriebsindividuelle Normen für den Aufwand an vergegenständlichter Arbeit und Arbeitszeit sind mit analogen Normen anderer Betriebe weitestgehend vergleichbar, so daß auch die Vergleichbarkeit der Plankosten und des Reineinkommens zwischen den Betrieben erleichtert wird.

Unterschiedliche, auf betriebsindividuellen Selbstkosten basierende Abgabepreise haben zur Folge, daß die in Geld ausgedrückten Pro-Kopf-Leistungen der

Betriebe nicht mehr vergleichbar sind. Die Ermittlung und Festsetzung einheitlicher Preise ist nicht einfach, doch bereitet das Fehlen einheitlicher Preise noch wesentlich größere Schwierigkeiten, zumal in diesem Falle eine Reihe komplizierter Rechenarbeiten zu bewältigen sind.

Aber auch unter den zur Zeit bestehenden Bedingungen müssen alle Möglichkeiten ausgeschöpft werden, die verschiedenen ökonomischen Hebel für die Entwicklung unserer Volkswirtschaft zur Anwendung zu bringen. Um die Bildung einheitlicher Preise besser zu ermöglichen, ist es notwendig, die *einheitliche Wertrechnung in Form der gesellschaftlichen Buchführung* zu schaffen.

Die Ausarbeitung eines einheitlichen Systems der wertmäßigen Erfassung und Darstellung des gesellschaftlichen Reproduktionsprozesses setzt voraus, daß über den Inhalt und den Begriff der zu erfassenden objektiv existierenden ökonomischen Erscheinungen einheitliche, auf den Erkenntnissen der Theorie und Praxis beruhende Vorstellungen bestehen.

Daß es bei der Festsetzung der Preise für Produktionsmittel und Konsumtionsmittel nicht wenig Schwierigkeiten gibt, hat verschiedene Ursachen. Wesentliche Gründe sind zum Beispiel:

1. Es gibt bis heute keine nach einheitlichen Richtlinien organisierte Erfassung der Selbstkosten (die Selbstkosten bilden die Grundlage für die Preisberechnung).
2. Es gibt keine eindeutige Begriffsbestimmung des Inhalts der Selbstkosten und in der Praxis keine klare Trennung der unterschiedlichen Wertbestandteile des Gesamtprodukts, unabhängig davon, ob dieser oder jener Bestandteil den Selbstkosten zugerechnet wird oder nicht.
3. Die Lehre von Marx über die erweiterte Reproduktion wurde insofern mißachtet, als das in der Abteilung I geschaffene Wertprodukt nicht voll in die Preise für Produktionsmittel einbezogen wurde und dadurch insbesondere das hier geschaffene Reineinkommen überhaupt nicht oder fälschlicherweise über ein zu hohes Reineinkommen in der Abteilung II realisiert wurde. Daraus ergab sich eine Unrentabilität der Betriebe der Abteilung I, die sich hemmend auf die Verwirklichung des Prinzips der materiellen Interessiertheit und auf die Weiterentwicklung der Grundstoffindustrie auswirkte. Die konkrete Auswirkung zeigte Walter Ulbricht auf dem VI. Parteitag:

   > „Ausgerechnet die in harter Bergmannsarbeit geförderte Braunkohle hat einen Preis, der nicht die Selbstkosten deckt.“[5]

   Aus der Mißachtung des Gesetzes der erweiterten Reproduktion ergab sich auch ein dem Entwicklungsstand der Wirtschaft nicht entsprechender und zu niedriger Wert der Produktionsmittel, dem wieder ein zu niedriger Verschleißwert und zu niedrige Selbstkosten folgten usw. usf. – kurzum, durch Mißachtung der Theorie wurde eine wahre Kettenreaktion ausgelöst. Weil die

[5] *Walter Ulbricht*, Das Programm des Sozialismus und die geschichtliche Aufgabe der Sozialistischen Einheitspartei Deutschlands, Dietz Verlag, Berlin 1963, S. 92.

Größe des durch die lebendige Arbeit geschaffenen Wertprodukts falsch ausgewiesen wurde, ergaben sich auch Schwierigkeiten und Ungenauigkeiten bei der Messung der Arbeitsproduktivität.

Schließlich sind alle auf falschen Zahlenangaben aufbauenden Folgerechnungen mit mehr oder weniger großen Fehlern und Ungenauigkeiten behaftet. Das bedeutet nicht, daß die Berechnungen an sich falsch waren. Aber die den Berechnungen zugrunde liegenden Zahlen aus der Praxis waren und sind fehlerhaft. Wenn man nur mit einem *einzigen* Fehler in der ursprünglichen Berechnung konsequent hätte weiter rechnen können und die nachfolgenden Rechnungen wären theoretisch und methodisch richtig, so hätte es wenig Schwierigkeiten bedeutet, den ursprünglichen Fehler zu berichtigen. Aber durch ständige Änderungen in der Berechnung – z. B. Globalabschreibungen – und der Erfassung der Selbstkosten in den Betrieben der materiellen Produktion (durch die Vermischung ökonomisch unterschiedlicher Kostenelemente) und durch uneinheitliche Bewertungen – Plankosten oder Istkosten – wurden die Rechenfehler nicht kleiner.

Die Hauptursache liegt darin, daß die „ideelle Zusammenfassung und Kontrolle" des Reproduktionsprozesses durch die bisherigen Systeme der Buchführung nicht gewährleistet war. Die Unterschätzung der Buchführung als Mittel zur Messung und Berechnung des Aufwandes, als Mittel der Preisberechnung und als einziges Mittel zur Kontrolle der ökonomischen Zusammenhänge mußte zu unliebsamen Folgen führen. Vor 11 Jahren schrieb Fred Oelßner:

> „Die Geringschätzung der Buchführung ist prinzipiell unmarxistisch und gerade für unsere jetzige Periode ein außerordentliches Hindernis für die wirkliche Durchführung des Prinzips der wirtschaftlichen Rechnungsführung."[6]

Die Entwicklung bis zur Gegenwart zeigt, daß die Geringschätzung nicht geringer geworden ist.

Verhältnismäßig einfach ist es, die Phasen und die Elemente des Reproduktionsprozesses in ihrer äußersten Abstraktion darzustellen, wenn man die von Marx in so einzigartiger Weise entwickelten Formeln und Schemata verwendet. Schwieriger ist es, die vielfältigen konkreten ökonomischen Erscheinungen so zu ordnen, zu kennzeichnen und zu erfassen, daß sie entsprechend ihrem unterschiedlichen Inhalt mit Hilfe von Marx' Formeln und Schemata zusammengefaßt und verallgemeinert werden können.

So ist es z. B. wenig schwierig, Marx' Formel der erweiterten Reproduktion[7] für theoretische Überlegungen mit „idealisierten" Zahlen auszustatten, um den Kern der Formel: $\mathrm{I}\, v + m > \mathrm{II}\, c$ deutlich sichtbar zu machen. Man muß darauf achten, daß die Relationen der Wertbestandteile des Produkts – c, v, m – und das Verhältnis zwischen Abteilung I und Abteilung II theoretisch richtig ausgewiesen werden; man wird von den spezifischen Besonderheiten abstrahieren; man wird dabei nicht im

[6] *Fred Oelßner*, Über die wirtschaftliche Rechnungsführung, Verlag Die Wirtschaft, Berlin 1952, S. 45.

[7] Vgl. *Karl Marx*, Das Kapital, Band II, a. a. O., S. 521.

einzelnen auf die in der Praxis bestehenden Schwierigkeiten eingehen, die sofort offenbar werden, wenn man das Tabellenschema für die erweiterte Reproduktion mit konkreten Zahlen aus der Wirklichkeit ausfüllen soll.

1. Schwierigkeiten entstehen bereits bei der Frage nach dem richtigen Ausweis und der richtigen Erfassung des Gesamtprodukts entsprechend seiner stofflichen Zusammensetzung in *Produktionsmittel* (*Abt. I*) und *Konsumtionsmittel* (*Abt. II*).

Es ist notwendig und durchaus möglich, im Bereich der materiellen Produktion die Erzeugnisse und Leistungen in jedem Fall im Augenblick des Absatzes – zum überwiegenden Teil bereits in der Herstellung (bei der Festlegung des Planes bereits vor der Herstellung) – nach Produktions- und Konsumtionsmitteln zu gliedern. Gewisse Schwierigkeiten können sich nur ergeben, wenn Produkte in den nachfolgenden Bereichen sowohl als Produktions- wie als Konsumtionsmittel verwendet werden. In der kapitalistischen Wirtschaft ist es den Eigentümern der Betriebe (besser noch: den Aktieninhabern) gleichgültig, was und für wen produziert wird – entscheidend ist, daß die *Waren* mit hohem Profit verkauft werden. In den sozialistischen Betrieben müssen die zwischen den Abteilungen I und II planmäßig festgelegten Proportionen eingehalten werden. Die Kontrolle darüber muß bereits durch die im Betrieb organisierte Erfassung (Buchführung) ausgeübt werden können. In der von der Zentralverwaltung für Statistik herausgegebenen „Betriebssystematik 1959“ werden zwar die Betriebe u. a. der Abteilung I oder Abteilung II zugeordnet. Um jedoch das Gesamtprodukt nach Produktions- und Konsumtionsmitteln gliedern zu können, genügt die Zuordnung der Betriebe nicht, außer wenn in den Betrieben entweder *nur* Produktionsmittel oder *nur* Konsumtionsmittel hergestellt würden.

2. Für die Erfassung und Messung der Wertbestandteile des Gesamtprodukts – auch der Produktions- und Konsumtionsmittel im einzelnen – ergeben sich insbesondere folgende Fragen:

a) Wie hoch ist der durch die lebendige Arbeit auf das Produkt übertragene Wert der im technologischen Prozeß eingesetzten Grundmittel?

b) Wie hoch ist der tatsächliche Aufwand an Material im technologischen Prozeß?

c) Wie hoch ist der in der materiellen Produktion für produktive Tätigkeit tatsächlich gezahlte Lohn a) nach Tarif, b) über Tarif? (Nicht nur schlechthin für Produktionsarbeiter, sondern für Produktions*arbeiten*.)

d) Wie hoch ist das auf der Grundlage der bestehenden Abgabepreise ausgewiesene Reineinkommen?

e) Wie groß ist das Gesamtprodukt; wie werden die einzelnen Erzeugnisse und wie die Wertbestandteile des Gesamtprodukts verteilt und verwendet?

Die Beantwortung dieser Fragen erfordert konkrete Kenntnisse, die sich auf konkrete Angaben über den Ablauf des Reproduktionsprozesses, über die Entstehung, Verteilung und Verwendung des Produkts stützen.

1. Zur Frage der Selbstkosten

Im Zusammenhang mit der Erfassung des betriebsindividuellen Aufwandes ergibt sich die Frage nach dem Inhalt und dem Charakter der Selbstkosten. Wie können die Selbstkosten sowohl nach theoretischen Gesichtspunkten als auch nach dem Prinzip der wirtschaftlichen Rechnungsführung erfaßt und ausgewiesen werden?

Der Wert der Produkte zerfällt in der sozialistischen Gesellschaft in folgende drei Bestandteile:

erstens in den Wert der verbrauchten Produktionsmittel,
zweitens in den Wert des durch die notwendige Arbeit geschaffenen Produkts und
drittens in den Wert des durch die Mehrarbeit geschaffenen Produkts.

Die ersten beiden Bestandteile der gesellschaftlichen Produktionskosten werden in den staatlichen sozialistischen Betrieben in den Selbstkosten der Erzeugnisse ausgedrückt:

„Den *Selbstkosten* eines Erzeugnisses liegt der in Geldform ausgedrückte Teil des Wertes dieses Erzeugnisses zugrunde, der die Aufwendungen für die verbrauchten Produktionsmittel und die Löhne umfaßt. Folglich verkörpern die Selbstkosten die vergangene Arbeit, die in den verausgabten Produktionsmitteln enthalten ist, und den Teil der neuaufgewandten Arbeit, der das notwendige Produkt schafft.“[8]

Soweit die Definition der Selbstkosten der Erzeugnisse im Zusammenhang mit den gesellschaftlichen Produktionskosten. Weiter aber heißt es:

„In den Selbstkosten (der Erzeugnisse der staatlichen Betriebe) sind Geldausgaben für Verwaltungszwecke und Kreditzinsen enthalten. Die Sozialversicherungsbeiträge der Betriebe und die Kreditzinsen sind ein in Geldform ausgedrückter Teil des Mehrprodukts – des Produkts für die Gesellschaft.“[9]

Daraus wird erkennbar, daß die Definition der Selbstkosten unterschiedlich ist, was in der Berechnung zu unterschiedlichen Auffassungen führt. Die Praxis aber kennt in der Frage der Bestimmung der Selbstkosten nicht nur unterschiedliche Auffassungen, sondern auch unterschiedliche Methoden und Verfahren der Berechnung, Erfassung und Abrechnung.

In der im Gesetzblatt Nr. 51 vom 28. 7. 1962 veröffentlichten „Verordnung über die Planung und Abrechnung der Selbstkosten der Betriebe und Erzeugnisse vom 12. 7. 1962“ wird der Inhalt der Selbstkosten mit Wirkung vom 1. 1. 1963 wesentlich erweitert.[10] Wenn die Messung der drei Wertbestandteile bisher unzureichend war, so schafft die Verordnung in dieser Frage keine Präzisierung. Bereits in der bisherigen fehlerhaften Erfassung der wertmäßigen Seite des Reproduktionsprozesses liegt eine der entscheidenden Ursachen für die ungenaue Berechnung und Messung der drei Wertbestandteile des gesellschaftlichen Gesamtprodukts.

[8] Politische Ökonomie, Lehrbuch, Dietz Verlag, Berlin 1960, S. 641f.
[9] Ebenda, S. 643.
[10] Vgl. Gesetzblatt der DDR, Teil II, Nr. 51, vom 28. 7. 1962.

Es erscheint notwendig, im einzelnen zu zeigen, daß die Verordnung über die Planung und Abrechnung der Selbstkosten nicht geeignet ist, die eindeutige Trennung und Erfassung der Wertbestandteile – insbesondere des Mehrprodukts – zu sichern. Eine solche Verordnung hätte den volkswirtschaftlichen Erfordernissen entsprechen müssen, um die Wertbestandteile des Gesamtprodukts nicht mehr auf dem Wege von Umrechnungen, Schlüsselungen usw. ermitteln zu müssen.

Im § 2 der o. g. Verordnung wird definiert:

„Selbstkosten der Betriebe und Erzeugnisse sind alle Geldaufwendungen, soweit in den folgenden Bestimmungen Ausnahmen nicht festgelegt sind."

Im § 3 dieser Verordnung wird bestimmt:

„In die bisherigen Selbstkosten der Betriebe und Erzeugnisse sind einzubeziehen:

a) 1. Kosten für Schadensfälle, Abbruch, Verschrottung und stillgelegte Grundmittel,
   2. außerplanmäßige Bankzinsen,
   3. Verspätungszinsen,
   4. Standgelder und Zuschläge,
   5. Vertragsstrafen und Schadensersatz,
   6. Geldstrafen,
   7. Inventurdifferenzen,
   8. abgeschriebene Forderungen,
   9. Kosten vergangener Jahre,
   10. Materialabwertungen,
   11. sonstige Kosten;

b) der Saldo des Materialeinkaufskontos;

c) die Kosten für vermietete und verpachtete Grundmittel sowie Umbewertungsverluste;

d) die bisher aus der Gewinnverwendung gedeckten
   1. Lohnzuschläge im Zusammenhang mit der Abschaffung der Lebensmittelkarten,
   2. Weihnachtszuwendungen,
   3. Zuführungen zum Betriebsprämienfonds bis zur planmäßigen Höhe (einschließlich der Prämienanteile, die auf Arbeiten im Rahmen der betrieblichen Weiterentwicklung und auf Projektierungsarbeiten entfallen),
   4. Zuführungen zum Kultur- und Sozialfonds,
   5. Tilgungen und Zinsen von Rationalisierungskrediten, die nicht zur Anschaffung von Grundmitteln verwendet wurden;

e) die den Betrieben unmittelbar aus dem Staatshaushalt erstatteten Aufwendungen, soweit nicht bestehende gesetzliche Bestimmungen etwas anderes besagen.

Die unter a und c genannten Kosten sind mit den entsprechenden Erlösen aufzurechnen. Soweit die Erlöse die Kosten überschreiten, sind sie als Kostengutschriften zu behandeln. Das gilt auch für den Saldo des Materialeinkaufskontos."

Eine neue Version, der zufolge vor allem die Kostendynamik beachtet werden soll, ergibt sich durch den § 5 der Verordnung:

„Die Selbstkosten der Betriebe und Erzeugnisse sind — unabhängig von der Erfassung nach Kostenarten — grundsätzlich zu gliedern in:

a) planbare und für die Zwecke der Preisbildung kalkulierbare Kosten
   1. variable direkte Grundkosten,
   2. variable indirekte Kosten,
   3. konstante Kosten;

b) planbare, jedoch für die Preisbildung nicht kalkulierbare andere Kosten;

c) nicht planbare und nicht kalkulierbare Kosten — Kosten aus schlechter Leitungstätigkeit und sonstige Verluste —."

Weiter heißt es im § 6 (1):

„Alle gemäß den §§ 2 und 3 zu tragenden Geldaufwendungen sind Selbstkosten und auf die Erzeugnisse zu verrechnen."

Aus alledem ergibt sich: Alle Geldaufwendungen (§ 6) sind Selbstkosten und auf die Erzeugnisse zu verrechnen. Dabei sind aber nicht alle Geldaufwendungen für die Zwecke der Preisbildung kalkulierbar. Die kalkulierbaren Geldaufwendungen sind planbar. Aber die planbaren Geldaufwendungen sind nicht alle kalkulierbar; aber alle Geldaufwendungen, die planbaren und kalkulierbaren, die planbaren und nicht planbaren und nicht kalkulierbaren sind als Selbstkosten der Betriebe auf die Erzeugnisse zu verrechnen.

Durch die „Verordnung über die Planung und Abrechnung der Selbstkosten der Betriebe und Erzeugnisse vom 12. 7. 1962" werden mit Wirkung vom 1. Januar 1963 auch die bisher außerhalb der Selbstkosten erfaßten Kosten in die Selbstkosten einbezogen. Während alle Kosten dieser Art auf die Erzeugnisse zu verrechnen sind, wird nur ein bestimmter Teil in die *Planung der Selbstkosten* der Betriebe *und* Erzeugnisse einbezogen.

Es wird aber im § 7 Absatz 3 der Verordnung angewiesen, daß, obwohl alle Geldaufwendungen als Selbstkosten *auf die Erzeugnisse verrechnet werden* sollen, die Selbstkosten, soweit sie planbar sind, für die einzelnen Kostenträger oder die Kostenträgergruppen oder die gesamten Kosten des Betriebes zu planen sind. Mithin bleibt die Möglichkeit, auch die planbaren Selbstkosten *nicht* für Kostenträger oder Kostenträgergruppen, sondern für die gesamten Kosten des Betriebes zu planen. Das letztere schließt jedoch die Möglichkeit wieder aus, alle Geldaufwendungen auf die Erzeugnisse zu verrechnen.

Die verschiedenen Varianten bei der Planung und Verrechnung der Selbstkosten erfordern eine entsprechende unterschiedliche Erfassung. Trotz der einheitlichen Bezeichnung „Selbstkosten der Betriebe *und* Selbstkosten der Erzeugnisse" bleibt die Notwendigkeit bestehen, die Selbstkosten in *Selbstkosten der Erzeugnisse* und *Selbstkosten der Betriebe* zu trennen.

Die Selbstkosten der Erzeugnisse sind in der Summe der Selbstkosten der Betriebe enthalten. Aber wenn man die Teile der Selbstkosten des Betriebes näher betrachtet, die als „planbare, jedoch für die Preisbildung nicht kalkulierbare andere Kosten" und als „nicht planbare und nicht kalkulierbare Kosten" bezeichnet werden, so bestehen — außer vielleicht bei „Materialabwertungen" und „Saldo des Materialeinkaufskontos" – keine direkten Beziehungen zu den für die Herstellung und den Absatz erforderlichen Aufwendungen (Abschreibungen, Materialeinsatz und -verbrauch, Lohnfonds). Diese Kosten können daher nicht Bestandteil der Kosten für Herstellung und Absatz der Erzeugnisse sein. Diese Kosten können auch nicht aus den nach der Realisierung an den Betrieb zurückfließenden Mitteln gedeckt werden, die für die *Herstellung und den Absatz* verausgabt wurden. Folglich verbleiben dafür als Deckungsquellen a) die Differenz zwischen den auf Grund der Abgabepreise erzielten Erlösen und den für Herstellung und Absatz entstandenen Kosten und b) solche Einnahmen, die der Betrieb aus anderer Tätigkeit erzielt. Da letztere Quelle jedoch bei der planmäßigen Finanzierung der Geldaufwendungen des Betriebes außer Betracht bleiben muß, wird das beim Verkauf der Erzeugnisse vom Betrieb mit dem Gesamterlös vereinnahmte Mehrprodukt immer zur Quelle aller der Geldaufwendungen, die nicht in den für die Erzeugnisse kalkulierten Kosten enthalten sind. In den kalkulierten Kosten sind aber bereits Teile des Mehrprodukts enthalten.

Die entscheidende Zielsetzung der genannten Verordnung besteht darin, zu erreichen, daß alle mit der Gesamttätigkeit des Betriebes entstehenden tatsächlichen Aufwendungen für die Einschätzung der Leistung eines Betriebes, für die Ermittlung der betrieblichen Rentabilität, für die Durchsetzung der materiellen Interessiertheit herangezogen werden.

Rechnet man den für die Herstellung und für den Absatz der Erzeugnisse ermittelten Gestehungskosten alle anderen Geldaufwendungen hinzu, so muß das betriebliche Reineinkommen um so niedriger werden, je höher alle anderen Geldaufwendungen sind, vorausgesetzt, daß das zentralisierte Reineinkommen in geplanter Höhe abgeführt wird und Festpreise für die Erzeugnisse bestehen. Alle für Zwecke der Preisbildung nicht kalkulierbaren Geldaufwendungen haben für die Planung der Gestehungskosten der Erzeugnisse keine Bedeutung. Die betriebliche Rentabilität wird nicht am *Reineinkommen eines Erzeugnisses*, sondern an der *Gesamtsumme des betrieblichen Reineinkommens* und an den tatsächlichen Gesamtaufwendungen des Betriebes gemessen. Die Verrechnung aller nicht direkt mit der Herstellung der Erzeugnisse zusammenhängenden Aufwendungen haben keinen zusätzlichen Effekt für die Durchsetzung des Prinzips der wirtschaftlichen Rechnungsführung. Abgesehen davon, daß die Verrechnung dieser Geldaufwendungen auf das einzelne Erzeugnis, auf Kostenträgergruppen usw. keine Bedeutung hat, wenn diese Geldaufwendungen nicht kalkulierbar sind, so erfordert die nachträgliche Verrechnung der nicht direkt mit der Herstellung der Erzeugnisse in Verbindung stehenden Aufwendungen zusätzliche, komplizierte und absolut unproduktive Rechen- und Verwaltungsarbeiten.

Die Rentabilität kann man nur planen, wenn man den mit der Herstellung und dem Absatz der Erzeugnisse unmittelbar entstehenden notwendigen Aufwand und das als Differenz zum Festpreis sich ergebende Mehrprodukt zugrunde legt. Eine andere Frage ist dann, ob der Betrieb aus der Gesamtsumme der Reineinkommen der Erzeugnisse (das zentralisierte Reineinkommen abgesetzt) nach Abzug zusätzlicher unproduktiver Aufwendungen über ein genügend großes betriebliches Reineinkommen verfügen kann. Erhöht der Betrieb seine Geldeinnahmen durch außerordentliche, außerplanmäßige und periodenfremde Erlöse, so erhöht er damit keineswegs die Rentabilität. Solche Einnahmen sind letztlich in den anderen Betrieben außerordentliche, außerplanmäßige und periodenfremde Kosten oder Geldaufwendungen. Volkswirtschaftlich wird nur etwas gewonnen, wenn die Gestehungskosten der Erzeugnisse gesenkt bzw. wenn Geldausgaben (Unkosten) zugunsten des Mehrprodukts eingespart werden.

Aus alledem ergibt sich, daß die „Verordnung über die Planung und Abrechnung der Selbstkosten der Betriebe und Erzeugnisse vom 12. 7. 1962" nicht geeignet ist, die Erfassung und Messung des gesellschaftlich notwendigen Aufwandes zu qualifizieren. Das bezieht sich auch auf die Frage der Messung der Arbeitsproduktivität, auf die Messung und Kontrolle der Rentabilität sowohl in den Betrieben als auch auf den verschiedenen Ebenen der Volkswirtschaft.

Durch die allgemeine Definition „Selbstkosten sind der Geldausdruck für den Aufwand an vergegenständlichter Arbeit und eines Teiles (der im Lohn ausgedrückten) lebendigen Arbeit" wird folgerichtig auf die Arbeitszeit hingewiesen, denn lebendige Arbeit ist in erster Linie in Arbeitszeit erfaßbar und meßbar; in der neuen Verordnung gibt es keinen derartigen Hinweis. Es bleibt daher nach wie vor Aufgabe der ökonomischen Wissenschaft, die Klarheit und Ordnung für eine exakte Erfassung der Selbstkosten zu schaffen. Man muß dabei davon ausgehen, daß die Selbstkosten nur ein – und zwar der wesentlichste – Teil der wertmäßigen Darstellung (Widerspiegelung) des Reproduktionsprozesses sind. Da die Widerspiegelung Aufgabe der Buchführung ist, ist die Erfassung der Selbstkosten kein außerhalb der Buchführung liegendes Sondergebiet.

2. Wirtschaftliche Rechnungsführung und Selbstkosten

Da als einer der Hauptgründe für die VO vom 12. 7. 1962 die Verbesserung der wirtschaftlichen Rechnungsführung angeführt wird, soll auf diese Frage näher eingegangen werden. Die wirtschaftliche Rechnungsführung, die durch das Wirken des Wertgesetzes bedingt ist,

> „findet ihren Ausdruck in der Gegenüberstellung der Produktionsaufwendungen und der Produktionsergebnisse in Geldform,
> in der Deckung der Ausgaben des Betriebes aus eigenen Einnahmen,
> in der sparsamen Verwendung der Mittel und in der Sicherung der Rentabilität der Produktion."[11]

Die volle Ausnutzung der wirtschaftlichen Rechnungsführung als eine im Sozialismus objektiv notwendige ökonomische Kategorie bedingt, daß die planmäßige Entwicklung und Senkung aller Aufwendungen des Betriebes für die Produktion und die Realisierung der Erzeugnisse und Leistungen und für andere Zwecke streng kontrolliert werden.

[11] Politische Ökonomie, Lehrbuch, a. a. O., S. 627.

1. In den Selbstkosten der Erzeugnisse findet die Produktionstätigkeit des Betriebes ihren zusammengefaßten Ausdruck, desgleichen seine Tätigkeit in bezug auf die Materialversorgung und den Absatz der Erzeugnisse.[12] Die *unterschiedliche Art der Tätigkeit* der Werktätigen bei der Produktion und beim Absatz der Erzeugnisse (und Leistungen) muß durch eine entsprechende Gliederung der Selbstkosten zum Ausdruck gebracht werden und kontrolliert werden können.

2. In den Selbstkosten werden die Wertbestandteile der gesellschaftlichen Produktionskosten (Mehrprodukt teilweise) ausgedrückt; eine Gliederung der Selbstkosten muß diese Gesichtspunkte berücksichtigen.

3. Da die Kontrolle über die Entwicklung der Selbstkosten und der Selbstkostensenkung auf der Basis des Plan/Ist-Vergleiches (abgesehen vom Zeitvergleich u. a.) erfolgt, müssen die Selbstkosten nach Planselbstkosten und Istselbstkosten gegliedert werden.

Eine Gliederung und Systematisierung der Selbstkosten unter Beachtung dieser Aspekte ist notwendig, um die Tätigkeit des Betriebes und die Zusammensetzung der Selbstkosten nach ihrem ökonomischen Inhalt besser erfassen und kontrollieren zu können.

Wenn auch die Verordnung über die Buchführung und die buchhalterische Berichterstattung der volkseigenen Industriebetriebe vom 29. 9. 1955[13] dem Prinzip der wirtschaftlichen Rechnungsführung noch nicht voll genügte, so gab sie doch eine gute Möglichkeit, die Selbstkosten nach dem ökonomischen Inhalt zu erfassen. Die „Verordnung über Planung und Abrechnung der Selbstkosten vom 12. 7. 1962“ läßt erkennen, daß die bisherige Aussage der einzelnen Kostenarten für eine Untersuchung der Entwicklung der Selbstkosten nicht genügt. Die in dieser Verordnung festgelegte Gliederung der Kosten nach komplexen Gesichtspunkten und ein dementsprechender Ausweis in „Konten“ (Konten 400 bis 404) ist zwar eine Änderung gegenüber der bisherigen Regelung, neu sind diese Gesichtspunkte allerdings nicht. Denn in der ursprünglichen Fassung der „Grundsätze des Neuen Rechnungswesens“ (Verordnung vom 30. 10. 1952, mit der Verordnung vom 29. 9. 1955 außer Kraft gesetzt) war bereits eine Gliederung der Kosten nach komplexen Positionen vorgesehen, die in entsprechenden Konten des Kontenplanes ihren Niederschlag gefunden hatte.

Die Erkenntnisse und Erfahrungen der bisherigen Entwicklung zeigen, daß eine Qualifizierung der Erfassung und Berechnung der Selbstkosten notwendig ist. Eine Auswertung der Erfahrungen der Sowjetunion und insbesondere des sowjetischen Einheitskontenplanes, der ab 1. Januar 1960 für Industrie, Baubetriebe, Projektierungs-, Kraftverkehrs-, Versorgungs-, Absatz- und Handels-, für landwirtschaftliche Betriebe u. a. verbindlich angewendet wird, hätte die Entwicklung auf dem Gebiet der Kostenerfassung und -abrechnung positiv beeinflussen können. Vor allem wäre es zweckmäßig gewesen, sich bei der Entwicklung des Systems der wertmäßigen Erfassung und Darstellung im Interesse der Abstimmung und Vergleich-

[12] Vgl. ebenda, S. 643.
[13] Vgl. Gesetzblatt der DDR, Teil I, vom 31. 10. 1955, S. 592.

barkeit der Selbstkosten auf die Erfahrungen der sozialistischen Bruderländer zu stützen.

Eine Gliederung der Selbstkosten unter Berücksichtigung der theoretischen Erkenntnisse und der Forderungen der wirtschaftlichen Rechnungsführung könnte durch folgende Schemata dargestellt werden. (Vgl. Schema 1 und 2.)

	Gesamtaufwand									
	Aufwand des Betriebes								Reineinkommen	Produktionskosten
	indiv. Aufwand						verrechn. Reineink.	Selbstkosten II		
	materieller Aufwand				Lohneinkommen	Selbstkosten I				
	Material	materielle Leistungen	Abschreibung	mat. Aufw.						
Selbstkosten – Prod. Selbstkosten – Vorleistungen	×	×			×					
Selbstkosten – Prod. Selbstkosten – Grundkosten – erzeugnisabhg.	×	×								
Selbstkosten – Prod. Selbstkosten – Grundkosten – zeitabhängig	×	×	×		×					
Selbstkosten – Prod. Selbstkosten – Grundkosten – Summe										
Selbstkosten – Prod. Selbstkosten – Gemeinkosten	×	×	×		×		×			
Selbstkosten – Prod. Selbstkosten – Summe										
Selbstkosten – Zirkulationskosten	×	×	×		×		×			
Selbstkosten – 1) Summe										
gesellschaftl. Reineink.									×	
verrechn. Reineink.										
Produktionskosten										

1) vergleichbar mit Jstkosten

Schema 1. Plankosten

In der schematischen Darstellung werden die Selbstkosten entsprechend ihrer Stellung im Produktionsprozeß nach Einzelelementen und Komplexpositionen gegliedert, unabhängig davon, ob einzelne Kosten oder Kostenkomplexe sich im Verhältnis zum Produktionsvolumen proportional, variabel oder konstant verhalten. Dieser Gesichtspunkt ist für die Erfassung der Selbstkosten nach ihrem ökonomischen Inhalt zunächst ohne Bedeutung und nicht bestimmend für die Zwecke der wertmäßigen Darstellung des Produktionsprozesses.

Die wichtigste Aufgabe bei der wertmäßigen Erfassung des Reproduktionsprozesses besteht darin, *die Selbstkosten nach ihrem ökonomischen Inhalt* auszuweisen. Dies ist für die Durchsetzung des Prinzips der wirtschaftlichen Rechnungsführung von vorrangiger Bedeutung. Um sowohl den theoretischen Erkenntnissen als auch den Forderungen der wirtschaftlichen Rechnungsführung Rechnung zu tragen, werden die Selbstkosten wie folgt ausgewiesen (vgl. Schema):

a) *Als Selbstkosten I:* das sind Selbstkosten, die sich nur aus dem Produktionsverbrauch und dem Lohneinkommen zusammensetzen; man könnte sie „produktive" Selbstkosten nennen.

b) *Als Selbstkosten II:* das sind die „produktiven" Selbstkosten *und* die Bestandteile des Mehrprodukts, die aus Gründen der wirtschaftlichen Rechnungsführung in die Selbstkosten einbezogen werden. Wichtig ist, daß Bestandteile des Mehrprodukts, die in die Selbstkosten verrechnet werden, bei der Primärerfassung eindeutig als solche erfaßt werden, um die Zusammensetzung des Gesamtprodukts nach den drei Wertbestandteilen ohne zusätzliche Erfassungs- und Rechenarbeiten ermitteln zu können.

Durch die getrennte Erfassung der Teile des Mehrprodukts, die „aus Gründen der wirtschaftlichen Rechnungsführung" den Selbstkosten zugerechnet werden, ergibt sich auch eine bessere Grundlage für die Berechnung der zur Durchführung des Produktionsprozesses notwendigen Umlaufmittel, die sich ihrem Umfang nach aus dem *Wert zu ersetzender Produktionsmittel* und den *für die Produktion bereitzustellenden Lohnfonds* zusammensetzen (unbeschadet der sich ergebenden ständigen Passiva). Ebenso aber ist es bereits bei der Primärerfassung vorteilhaft, zwischen *notwendigem Produkt* und *Mehrprodukt* zu trennen, um bei Analysen über die Gesamtrentabilität, über die Produktivität der Arbeit, über das Verhältnis von notwendigem und Mehrprodukt nachträgliche und zeitraubende Berechnungen oder Auseinanderrechnungen zu sparen. In den Selbstkosten findet die Produktionstätigkeit des Betriebes ihren zusammengefaßten Ausdruck, desgleichen seine Tätigkeit in bezug auf die Materialversorgung und den Absatz.[14] Das bedeutet, daß der Aufwand in untrennbarem Zusammenhang mit der jeweiligen Tätigkeit erfaßt und dargestellt werden muß. Die unterschiedliche Art der Tätigkeit im betrieblichen Produktions- und Zirkulationsprozeß wird nach „Kostenkomplexen" erfaßt, d. h., es werden im einzelnen erfaßt:

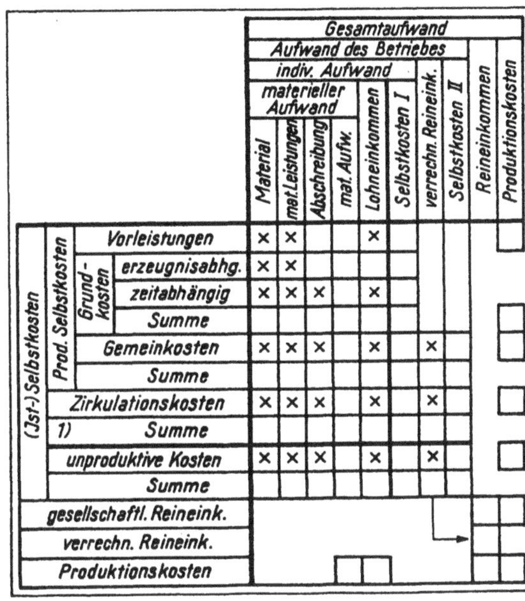

1) vergleichbar mit Plankosten

Schema 2. Istkosten

die Tätigkeiten im technologischen Prozeß für die laufende Produktion nach Grundkosten,
die vorbereitenden Tätigkeiten für die Einführung neuer Erzeugnisse usw. nach Vorleistungen,
die Tätigkeiten für die Leitung, Planung usw. des Prozesses nach Gemeinkosten und
die Tätigkeiten für Absatz und Beschaffung nach Zirkulationskosten.

Der mit diesen unterschiedlichen Tätigkeiten verbundene unterschiedliche Aufwand wird in Einzelelementen: Material, Abschreibungen und Lohn erfaßt. Eine Trennung ist erforderlich, um die Kosten sowohl nach der unterschiedlichen Tätigkeit als auch nach der Verantwortlichkeit und Beeinflußbarkeit im Rahmen der

14 Politische Ökonomie, Lehrbuch, a. a. O., S. 643.

innerbetrieblichen wirtschaftlichen Rechnungsführung auf die einzelnen Abteilungen eines Betriebes aufteilen zu können.

Die Festlegung des bei der Ausübung dieser Tätigkeiten notwendigen Arbeitsaufwandes erfolgt zu Plankosten. Plankosten werden auf der Grundlage konkreter Mengen- und Zeiteinheiten durch Normen und Normative berechnet. Mithin werden in den Plankosten die Kampfziele für die Steigerung der Arbeitsproduktivität, für die zu erreichende Selbstkostensenkung, für die beschleunigte Einführung der neuen Technik und fortschrittlicher Arbeitsverfahren, für eine Verbesserung der Organisation des Produktionsprozesses und für die Rationalisierung der Verwaltungsarbeit festgelegt. Das Spiegelbild der tatsächlich erreichten Kampfziele sind die auf der Grundlage der tatsächlichen (Ist-) Kosten ermittelten Differenzen (Abweichungen) zwischen Plan- und Istkosten, die in Produktionsberatungen und Rentabilitätsbesprechungen Gegenstand einer allseitigen Analyse sind.

In der Praxis und Theorie gibt es über den Begriff und den Inhalt der „Plankosten" eine weitestgehend einheitliche Auffassung. Es besteht auch kein Zweifel darüber, daß Plankosten die wesentlichste Grundlage für die Kalkulation der Selbstkosten und der Preise sind. Plankosten sind auch kalkulierbar, wenn man von wenigen, aber genau bestimmten Ausnahmen absieht. Plankosten sind allgemein mit den Planselbstkosten der Erzeugnisse weitestgehend identisch. Diesen Planselbstkosten der Erzeugnisse stehen die nach gleichen Gesichtspunkten festgestellten Istselbstkosten gegenüber, wobei Aufwendungen des Betriebes, die bisher außerhalb der Selbstkosten ausgewiesen werden, weder in die Selbstkosten der Betriebe noch in die Selbstkosten der Erzeugnisse einbezogen werden.

Bei den Kosten „außerhalb der Selbstkosten" (die Verordnung vom 12. 7. 1962 legt hier eine prinzipielle Neuregelung fest) handelt es sich um solche Aufwendungen, die nicht geplant werden und die – Aufwand für unproduktive Tätigkeit – als „unproduktive Kosten", im Sinne von Verlusten, erscheinen. Da es wichtig ist, den geplanten Kosten für die produktive Tätigkeit die Istkosten für die produktive Tätigkeit gegenüberzustellen, ist es zweckmäßig, die „unproduktiven Kosten" in einer besonderen Komplexposition zu erfassen. (Vgl. die Schemata.) Unbeschadet dessen, daß in diesen unproduktiven Kosten materielle Aufwendungen und Lohnteile enthalten sind, neben anderen Geldausgaben, sind sie immer Abzug vom Produkt und mindern das Reineinkommen, ganz gleich, ob sie am Ende des Abrechnungszeitraumes den Istselbstkosten zugeschlagen werden oder direkt vom Reineinkommen abgesetzt werden. Diese unproduktiven Kosten sind in keinem Falle wertbildende Faktoren. Es muß jedoch folgendes beachtet werden.

Die unproduktiven Kostenbestandteile, die reine Geldausgaben sind und demzufolge anderen Betrieben oder staatlichen Organen aus der Verletzung der Vertrags- oder Finanzdisziplin in Form von Strafen, Verzugszinsen usw. gezahlt werden, sind bei den Empfängern zusätzliche Einnahmen, die aber dort in keiner Weise als *zusätzliches* Reineinkommen ausgewiesen werden können. Sie sind immer eine Verteilung von Reineinkommen.

Es ist aber ein Unterschied, ob solche Geldbeträge an ein staatliches Organ oder an einen Betrieb des materiellen Bereichs abgeführt werden. In letzterem können unproduktive Ausgaben als Material- und Lohnaufwand entstehen, die durch Verletzung nicht eingehaltener Verpflichtungen des Vertragspartners notwendig wurden. Diese mindern sein Reineinkommen (als Zusatz zu den Selbstkosten). In diesem Falle würden die von dem schuldigen Betrieb überwiesenen Geldeinnahmen die ursprüngliche Schmälerung des Reineinkommens des betroffenen Betriebes reduzieren. Selbst wenn die „produktiven" Istselbstkosten sich wegen der Verletzung der Disziplin durch den anderen Betrieb erhöht hätten, kann diese Erhöhung nicht durch eine Erstattung rückgängig gemacht und berichtigt werden. Es bleibt immer nur eine nachträgliche, meist nach Abschluß des Abrechnungszeitraumes mögliche Korrektur des Reineinkommens, ohne daß dadurch zusätzliches Reineinkommen geschaffen wurde. Tatsache bleibt, daß die Rentabilität geschmälert wurde, wenn auch durch Verschulden eines anderen Betriebes.

Die Verrechnung der unproduktiven Kosten wie auch der analogen Einnahmen in die Selbstkosten der Erzeugnisse bzw. in die Selbstkosten für den laufenden Abrechnungszeitraum verwischt die ursprünglichen Fakten, erschwert die Analyse und erfordert zusätzliche Rechenarbeiten. Eine wirksame Maßnahme würde sein, unproduktive Kosten direkt zu Lasten des dem Betrieb verbleibenden betrieblichen Reineinkommens (Gewinn) zu verrechnen, so daß der ursprünglich ausgewiesene Gewinn das echte Ergebnis eines normalen Ablaufs des Produktions- und Zirkulationsprozesses darstellt, das später durch außerplanmäßige Ausgaben berichtigt würde. Andererseits sollten alle zusätzlichen reinen finanziellen Ausgaben wie Strafen, Verspätungszinsen unmittelbar an die staatlichen Finanzorgane als „Sonderabführungen" abgeführt werden, so daß das betriebliche Reineinkommen davon unberührt bleibt. Die „Bereicherung" eines Betriebes durch zusätzliche Geldeinnahmen läßt sich nicht mit den Prinzipien sozialistischer Wirtschaftsführung vereinbaren.

Eine nachträgliche Verrechnung außerplanmäßiger Ausgaben und Einnahmen in die Selbstkosten der Erzeugnisse entbehrt jeder materiellen Grundlage. Diese Kosten oder Erlöse sind weder auf Mengen- noch Zeiteinheiten beziehbar. In keinem Falle können Selbstkosten einschließlich dieser Faktoren jemals Grundlage für Preisberechnungen sein. Sie sind es auch jetzt nicht, da die gesetzlichen Vorschriften über Preiskalkulation von der Verordnung über die Planung und Abrechnung der Selbstkosten vom 12. 7. 1962 nicht berührt werden. Es heißt in § 6 dieser Verordnung:

> „Unbeschadet der Bestimmungen gemäß den Absätzen 1 und 2 sind bis zur Neufestsetzung der Kalkulationselemente für die Zwecke der Preisbildung die Kalkulationen weiterhin mit den bei Inkrafttreten dieser Verordnung gültigen Kalkulationselementen aufzustellen."[15]

Da aber die Kalkulation der Selbstkosten, wie allgemein formuliert wird, das Kernstück der wirtschaftlichen Rechnungsführung ist, widerspricht es auch der wirtschaftlichen Rechnungsführung, außerplanmäßige und außerordentliche Ausgaben, die das Reineinkommen schmälern, in die Selbstkosten einzubeziehen.

[15] Gesetzblatt der DDR, Teil II, Nr. 51, vom 28. 7. 1962.

Nachdem auf der 6. Tagung des Zentralkomitees der SED im Jahre 1951 die Einführung der wirtschaftlichen Rechnungsführung beschlossen wurde, nahm die Entwicklung auf dem Gebiet der Buchführung einen progressiven Verlauf. Es war eine Zeit der Auseinandersetzungen mit der Buchführung im Kapitalismus und eine Zeit des wissenschaftlichen Meinungsstreits über Selbstkosten, Gewinn usw. Fred Oelßner schrieb damals:

> „Natürlich können wir die Buchführung des Kapitalismus nicht einfach übernehmen, denn im Kapitalismus ist es u. a. der Zweck der Buchführung, die Gewinne zu verschleiern. Deshalb werden viele Unkosten, und nicht nur die Unkosten, sondern sogar Teile des Gewinnes in die produktiven Selbstkosten hineingesteckt ...
> Wir haben auch in der Buchführung in den Volkseigenen Betrieben noch außerordentlich viel Überreste dieser kapitalistischen Buchführung. Es gibt noch keine reine Selbstkostenrechnung. Ich habe bereits erwähnt, daß viele Gemeinkosten, gesellschaftliche Unkosten, ja ich möchte noch drastischer sagen, viele Kosten für die allgemeine Schlamperei, die es noch gibt, in die Selbstkosten hineingebucht werden und dadurch eine genaue Kalkulation der Selbstkosten unmöglich machen. Hier erwächst im Kampf um die Durchführung des Prinzips der wirtschaftlichen Rechnungsführung eine außerordentlich große Aufgabe."[16]

Wenn die wirtschaftliche Rechnungsführung Mittel ist, a) die genaue Kalkulation der Selbstkosten zu sichern und b) die Rentabilität der Betriebe durch eine Gegenüberstellung aller Einnahmen und Ausgaben zu ermitteln, so sind dies zwei Aufgaben, die im Rahmen der Buchführung methodisch voneinander abgegrenzt und durch eine entsprechend getrennte Erfassung der Aufwendungen und Erträge gelöst werden müssen. Daher war die Trennung in „*Ergebnis aus Absatz*" und „*übriges Ergebnis*" durchaus vorteilhaft. Um das Prinzip der wirtschaftlichen Rechnungsführung besser durchzusetzen, wäre es lediglich notwendig gewesen, die Rentabilität des Betriebes als Grundlage für Zuführungen zum Prämienfonds usw. mit Hilfe des Gesamtergebnisses einzuschätzen. Eine Verbesserung der wirtschaftlichen Rechnungsführung und der innerbetrieblichen wirtschaftlichen Rechnungsführung kann auch durch direkte materielle Erziehung (Prämienfonds) und durch persönliche Haftung der Schuldigen erreicht werden. Unkosten, die nichts mit der Produktion zu tun haben, nachträglich den Selbstkosten der einzelnen Erzeugnisse direkt zuzurechnen, ist theoretisch unhaltbar, ist nicht nur kompliziert, sondern wird auch wegen des Fehlens einer materiellen Basis von subjektiven Faktoren und Gesichtspunkten der Zweckmäßigkeit beeinflußt.

In jedem Fall müssen die „unproduktiven" Ausgaben bereits bei ihrer ersten Erfassung in einem gesonderten Komplex ausgewiesen werden, damit nicht nur für innerbetriebliche Analysen über die Entwicklung der Istselbstkosten in Gegenüberstellung zu den Planselbstkosten eine bessere Übersicht und Kontrolle erreicht wird, sondern auch Vergleiche mit anderen Betrieben besser durchgeführt werden können. Die unproduktiven Ausgaben, die ein Ausdruck für unplanmäßige, außergewöhnliche, „periodenfremde" Erscheinungen sind (ebenso wie die entsprechenden – „unproduktiven" – Einnahmen) sind keine Maßstäbe für den Leistungsvergleich

[16] *Fred Oelßner*, Über die wirtschaftliche Rechnungsführung, a. a. O., S. 45.

zwischen den Betrieben innerhalb der DDR und erst recht nicht für den Vergleich mit den Betrieben anderer Länder. Denn die Erziehungsmaßnahmen zur Festigung der Vertrags- und Finanzdisziplin – durch Strafen, Verzugszinsen u. ä. – sind je nach dem Stand der Entwicklung in jedem Lande unterschiedlich.

Der eindeutige Ausweis des durch die Steigerung der Arbeitsproduktivität erreichten Mehr-Reineinkommens ist ein Maßstab für das Sinken des Wertes der einzelnen Erzeugnisse. Eine Erfassung dieses Mehr-Reineinkommens ist deshalb möglich, weil die Preise im Sozialismus diesem gesunkenen Wert planmäßig angepaßt werden. Durch außerplanmäßige Ausgaben, durch unproduktive Kosten wird das Reineinkommen tatsächlich dann geschmälert, wenn es sich um materielle Verluste oder um unberechtigte und unplanmäßige Lohnerhöhungen handelt. Sind die „unproduktiven Kosten“ Abführungen an staatliche Organe oder andere Einrichtungen, deren Ausgaben grundsätzlich aus dem Mehrprodukt gedeckt bzw. finanziert werden, so hat eine Schmälerung des Reineinkommens insgesamt nicht stattgefunden. Nur das Reineinkommen in dem betreffenden Betrieb verringert sich. Da durch derartige Ausgaben das in Form der Produktionsabgabe usw. oder der Gewinnabführung dargestellte zentralisierte Reineinkommen nicht geschmälert werden darf, bewirken diese „unproduktiven“ Ausgaben eine Schmälerung des betrieblichen Reineinkommens; ob man diese Ausgaben aus „taktischen“ Gründen den Selbstkosten hinzurechnet (es sind keine) oder nicht, ändert nichts am Ergebnis.

Die Tatsache und die Forderung, daß der Betrieb für alle von ihm verursachten und von ihm beeinflußbaren Aufwendungen voll verantwortlich ist, ist kein Grund dafür, die Selbstkosten der Erzeugnisse zu erhöhen. Besser ist es dann schon, zwischen Selbstkosten und zusätzlichem Aufwand – auch bei der Erfassung und dem Ausweis – zu unterscheiden (die Gründe wurden oben dargelegt). Dabei darf nicht übersehen werden, daß die jetzigen Selbstkosten bereits Teile des Mehrprodukts enthalten, deren Höhe und Umfang der Betrieb nicht von sich aus beeinflussen kann. Letztlich enthalten aber die Selbstkosten auch die verschiedenen Lohnbestandteile, die in ihrer absoluten Höhe im einzelnen auf Grund gesetzlicher Lohntarife usw. festgelegt sind. Die Lohnkosten können durch Einsparung von Arbeitszeit (damit von Arbeitskräften) und durch Verbesserung der Arbeitsbedingungen (Wegfall entsprechender Zuschläge) gesenkt werden. Die Erhöhung des Gesamtumfanges des Nationaleinkommens infolge gestiegener Arbeitsproduktivität führt zu einer planmäßigen Erhöhung des Lohnes, ohne daß der einzelne Betrieb direkt auf die Distribution des Nationaleinkommens Einfluß nimmt.

3. Darstellung der Wertbestandteile durch komplexe Wertkennziffern

Eine der wichtigsten Aufgaben bei der Erarbeitung eines einheitlichen Systems der wertmäßigen Erfassung, Darstellung und Abrechnung des gesellschaftlichen Reproduktionsprozesses ist die Bildung komplexer Wertkennziffern mit hoher qualitativer Aussagekraft. Solche komplexen Wertkennziffern müssen in gleicher Weise den Anforderungen der betrieblichen und volkswirtschaftlichen Darstellung des

Reproduktionsprozesses entsprechen, so daß mit ihrer Hilfe die wirtschaftlichen Prozesse bereits bei der Primärerfassung nach ihrer unterschiedlichen qualitativen Erscheinung gekennzeichnet werden können und ihre Zusammenfassung zu jeder quantitativen Größe für betriebliche und volkswirtschaftliche Aussagen, Analysen usw. einheitlich und mit mechanischen Mitteln möglich ist. Dennoch muß gewährleistet sein, daß die komplexen Wertkennziffern auch dann angewendet werden können, wenn mechanische maschinelle Einrichtungen fehlen.

Wir wollen an dieser Stelle zeigen, wie man mit Hilfe komplexer Wertkennziffern die Entstehung *und* die Zusammensetzung des Gesamtprodukts darstellen kann. Bisher gibt es in der Primärerfassung keine komplexen Wertkennziffern; sie müssen aus den Erfassungs-, Abrechnungs- und Berichtsunterlagen zusammengestellt werden. Die hier vorgeschlagene Lösung besteht in folgendem:

I. *Kennzeichnung der Wertbestandteile:*

1. Abschreibungen (Wert des Verschleißes der Arbeitsmittel) — a
2. Materialaufwand — b
3. Aufwand für materielle Leistungen — c
4. Summe des materiellen Aufwandes — v
5. Lohnaufwand (individuelles Einkommen) — d
6. Betriebsindividueller Aufwand — i
7. Mehraufwand (gesellschaftliches Reineinkommen) — m
8. Gesamtaufwand — s

II. *Kennzeichnung der Komplexe für die Art der Tätigkeit, durch die der Aufwand entsteht:*

1. Tätigkeit im technologischen Prozeß — Grundkosten — f
2. Tätigkeit für die Leitung der Produktion — Gemeinkosten — g
3. Tätigkeit im Zirkulationsprozeß — Zirkulationskosten — h
4. Selbstkosten — k
5. Gesellschaftliche Produktionskosten — p
6. Kosten für unproduktive Tätigkeit — Unkosten — u
7. Zusätzliche Einnahmen aus unproduktiver Tätigkeit — z

III. *Kennzeichnung der jeweiligen Gesamtsummen mit der Zahl 0*

Aus den Kennzeichen unter I und II bilden wir entsprechende komplexe Kennzeichen unter Anwendung der Schachbrettform. (Vgl. Schema 3.)

Eine derartige Kennzeichnung der jeweiligen isolierten Erscheinungen gestattet es, Kennziffern mit hoher komplexer Aussagekraft zu bilden, aus denen ständig die Zusammenhänge der Erscheinungen im Reproduktionsprozeß zu erkennen sind, ohne daß dadurch die Möglichkeit eingeschränkt wird, die Einzelerscheinung auch für sich allein (d. h. isoliert und ohne Zusammenhang) darzustellen. (Die im Schema mit Buchstaben gekennzeichneten Erscheinungen sind nur Symbole für diese Erscheinungen.)

Erläuterung der Darstellung

1. Die einzelnen Arten des Aufwandes (a–d) lassen noch nicht erkennen, mit welcher Tätigkeit die „Kostenarten“ zusammenhängen. So erscheint z. B. die „Kostenart“ Materialverbrauch in allen Bereichen der Volkswirtschaft; aber eine Addition schlechthin – siehe *bo* – ist lediglich eine quantitative Aussage, während über den vollen ökonomischen Inhalt des Materialverbrauchs erst im Zusammenhang mit der Tätigkeit auch qualitativ etwas ausgesagt wird. Im Schema selbst wurde der Übersichtlichkeit halber noch keine Trennung des Materialverbrauchs nach Einsatz- und Hilfsmaterial vorgenommen, so daß *fb* bei der praktischen Erfassung der Unterschiedlichkeit in b_1, b_2, b_3 usw. zu untergliedern ist. Denn der Verbrauch der einzelnen Materialarten verhält sich zum Steigen oder Sinken der Produktion unterschiedlich. Daher sind bei den im System zu entwickelnden Wertkennziffern diese Unterschiede herauszustellen.

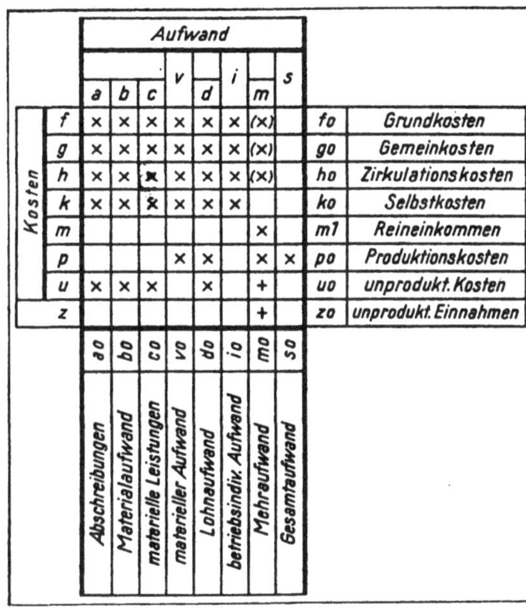

Schema 3

2. Nehmen wir ein anderes Beispiel: Buchstabe d ist das Symbol für den Lohnaufwand. Ob es sich um Tariflohn, um Zuschläge, um Leistungslohn usw. handelt, muß durch Angaben wie d_1, d_2, d_3 usw. ergänzt werden. Das Symbol *do* kennzeichnet die Gesamtsumme des Lohnaufwandes, der sich jedoch aus den Löhnen für verschiedenartige Tätigkeit zusammensetzt.

Die Summe *do* setzt sich zusammen aus:

fd = Lohn für Tätigkeit im technologischen Prozeß und
gd = Lohn für Tätigkeit bei der Leitung usw. des Produktionsprozesses;
hd = Lohn für Tätigkeit in der Zirkulation;

die Summe *fd* + *gd* ist gleich dem in die Produktionsselbstkosten verrechneten Lohnaufwand; (die Summe *fd* + *gd* + *hd* ergibt den Lohn, der in den Selbstkosten enthalten ist, da *fo* + *go* + *ho* die Summe der Selbstkosten – *ko* – ausdrückt).

So ist in der Summe *do* auch Lohn für unproduktive Tätigkeit enthalten (z. B. Lohn für Ausschuß, Lohn für Warte- und Stillstandszeiten, Lohn für gesellschaftliche Tätigkeit). Werden aus Gründen der wirtschaftlichen Rechnungsführung solche Lohnteile in die Istselbstkosten einbezogen, so ändert das nichts daran, daß die Tätigkeit, für die der Lohn gezahlt wird, nicht zur Wertbildung beiträgt. Dieser Lohn *ud* ist Unkostenlohn, der das durch die lebendige (produktive) Arbeit geschaffene Mehrprodukt schmälert bzw. eine Verwendung von Mehrprodukt darstellt (Lohn für gesellschaftliche Tätigkeit).

3. Wenn aus Gründen der wirtschaftlichen Rechnungsführung bestimmte Teile des Mehrprodukts (*m*) in die Grundkosten (*f*), in die Gemeinkosten (*g*) oder in die Zirkulationskosten (*h*) zu verrechnen sind, so würde dies durch die Kennzeichen *fm, gm, hm* dargestellt. Obwohl diese Wertbestandteile in den Summen *fo, go, ho* enthalten sind, können die Grundkosten, Gemeinkosten, Zirkulationskosten dennoch ohne weiteres von diesen Mehrproduktteilen bereinigt werden, indem gerechnet wird:

$$fo \;./.\; fm$$
$$go \;./.\; gm$$
$$ho \;./.\; hm;$$

ebenso lassen sich diese Größen aus der Summe *ko* ausgliedern, so daß

$$ka + kb + kc + kd$$

(unproduktiver Aufwand nicht angenommen) die Summe der „produktiven" Selbstkosten ergibt.

4. Ebenso ist der Ausweis der Zusammensetzung von *po* exakt möglich. Gesetzt den Fall, daß in *ao, bo, co* und *do* unproduktiver Aufwand *u* verrechnet wurde, er gibt die Rechnung

$$(ao \;./.\; ua) + (bo \;./.\; ub) + (co \;./.\; uc) + (do \;./.\; ud) + (mo)$$

(„*um*" und „*zm*" heben sich auf)

die Summe der Produktionskosten getrennt nach den drei Wertbestandteilen:

Vergegenständlichte Arbeit	$pa + pb + pc$
Lohneinkommen	pd
Mehrprodukt	pm
	$= po$

5. Aus der Darstellung ist ersichtlich, daß die mit dem Buchstaben *u* gekennzeichneten Aufwendungen – *ua, ub, uc, ud* – zwar eine Erhöhung des Gesamtaufwandes bedeuten, aber aus dem in der materiellen Produktion geschaffenen Reineinkommen gedeckt werden müssen.

Die Kennzeichen „*um*" und „*zm*" haben keinen Einfluß auf die Höhe des Mehrprodukts; erscheint in einem Betrieb lediglich „*um*", d. h., werden hier als Unkosten Verzugszinsen, Strafen u. a. erfaßt, die an staatliche Organe oder andere Betriebe abgeführt worden sind, so kann es sich nur um eine Verwendung des in *pm* erfaßten und ausgewiesenen Reineinkommens handeln. Oder: das in *pm* ausgewiesene Reineinkommen steht für die planmäßig vorgesehene Verwendung oder Abführung nicht zur Verfügung, da mit „*um*" bereits Teile des Reineinkommens abgeführt worden sind. Da, wie wir vorher darlegten, die planmäßigen Teile des zentralisierten Reineinkommens nicht geschmälert werden können, müssen folglich die Teile des Reineinkommens gekürzt werden, über die der Betrieb hätte verfügen sollen.

Das oben dargestellte Schema zeigt, auf welche Art in einem System der gesellschaftlichen Buchführung Wertkennziffern gebildet werden können – mit welcher ziffernmäßigen Bezeichnung sei zunächst dahingestellt –, die verwendbar sind:

1. für betriebliche und volkswirtschaftliche Zwecke;
2. für die Erfassung, Berichterstattung, Planung und Kontrolle;
3. für die manuelle und maschinelle Aufbereitung und Weiterbearbeitung der ökonomischen Daten;
4. für die Aufstellung von Planungs- und Berichtsbilanzen.

III. ZEITRECHNUNG UND WERTRECHNUNG

(„Die allgemeine Arbeitszeit stellt sich daher ihrerseits dar als ein besonderes Ding, eine Ware neben und außer allen andern Waren."[17] – Karl Marx)

Auf der Grundlage eines einheitlichen Systems der gesellschaftlichen Buchführung lassen sich Zeitrechnung und Wertrechnung eng miteinander verbinden. Kennziffern wie Preis, Kosten und Gewinn pro Mengeneinheit werden allgemein für die Planung und Abrechnung angewendet; die Kennziffer „Zeit pro Mengeneinheit bzw. pro Arbeitsgang" wird bei der Ausarbeitung technisch begründeter Arbeitsnormen und mit der Einführung der Zeitsummenmethode zu einer entscheidenden Kennziffer für die Messung der Arbeitsproduktivität. Dagegen werden Kennziffern, mit denen Zeit *und* Wert (Kosten, Preis) im Zusammenhang betrachtet werden können, in ungenügendem Maße als Leitungs-, Planungs- und Abrechnungskennziffern angewendet.

Wenn Marx die allgemeine Arbeitszeit als ein besonders *Ding*, als eine Ware neben und außer allen anderen Waren bezeichnet, so kann das durchaus als ein Hinweis verstanden werden, die allgemeine Arbeitszeit (gemessen in Zeiteinheiten) als Grundlage für die Wertrechnung zu benutzen. Dabei gilt, was Marx sagt, nämlich:

> „Der wirkliche Wert einer Ware ist aber nicht ihr *individueller*, sondern ihr *gesellschaftlicher* Wert, d. h. er wird nicht durch die Arbeitszeit gemessen, die sie im einzelnen Fall dem Produzenten tatsächlich kostet, sondern durch die gesellschaftlich zu ihrer Produktion erheischte Arbeitszeit."[18]

Wie schwierig und kompliziert auch die Erfassung und Messung der gesellschaftlich notwendigen Arbeitszeit sein mag, die Aufgabe wird sich nur lösen lassen, wenn man mit der Erfassung und Bewertung der (betriebs)individuellen Arbeitszeit beginnt.

[17] *Karl Marx*, Zur Kritik der Politischen Ökonomie, Dietz Verlag, Berlin 1951, S. 43.
[18] *Karl Marx*, Das Kapital, Band I, Dietz Verlag, Berlin 1951, S. 332.

Mit der exakten Erfassung der Arbeitszeit in den Betrieben und mit der durch das System der gesellschaftlichen Buchführung zu erreichenden einheitlichen Wertrechnung werden sich auf der Ebene des Betriebes und dann auf überbetrieblicher Ebene komplexe Zeit-Wert-Kennziffern direkt anbieten, da sie ohne irgendwelche zusätzlichen Berechnungen aus den vorhandenen Unterlagen der Betriebe abgelesen werden können. Ja, noch mehr: Solche Kennziffern lassen sich auch dann bereits als Kennziffern für die Planung verwenden, wenn die konkreten Planaufgaben des Betriebes noch nicht endgültig ausgearbeitet sind.

In der in der „Prawda" geführten Diskussion über die Vervollkommnung der Leitung und Planung der Volkswirtschaft[19] nehmen sowjetische Wissenschaftler und Leiter von Betrieben Stellung zu den Fragen der Anwendung ökonomischer Kennziffern mit höherer Aussagekraft und größerer Wirksamkeit. In dem Diskussionsbeitrag des Direktors des Sewastopoler Bekleidungswerkes, A. Petrenko, heißt es:

> „Nach Meinung vieler Ökonomen sollte man die Arbeitsproduktivität nicht nur für einen Arbeiter berechnen, sondern auch für die geleistete Arbeitsstunde. Das ist ein richtiger Vorschlag zur rechten Zeit."[20]

Daraus ergibt sich, daß die Leistung eines Betriebes, einer Abteilung, eines Arbeiters – gemessen in Produktionseinheiten und in MDN – auch auf die für die Herstellung der Leistung benötigten Arbeitsstunden bezogen werden kann. Durch Summierung der unterschiedlichen Arbeitsstunden konkreter Arbeit erhält die einzelne Arbeitsstunde den allgemeinen Charakter einer Durchschnittsstunde. Das schließt die Möglichkeit ein, den in Preisen oder Kosten gemessenen Wert einer Leistung auf eine Arbeitsstunde durchschnittlicher Arbeit zu beziehen. (Die problematische Frage des Maßstabes selbst kann hierbei zunächst außer acht gelassen werden.)

Bei der „Bewertung der Arbeit" beschäftigt man sich bereits mit der abstrakt menschlichen Arbeit. Man abstrahiert also von ihrem Charakter als konkrete nützliche, zweckgerichtete, den Gebrauchswert produzierende Arbeit. Marx sagt:

> „Als Bildnerin von Gebrauchswerten, als *nützliche Arbeit,* ist die Arbeit daher eine von allen Gesellschaftsformen unabhängige Existenzbedingung des Menschen, ewige Naturnotwendigkeit, um den Stoffwechsel zwischen Mensch und Natur, also das menschliche Leben zu vermitteln."
>
> „Alle Arbeit ist andrerseits Verausgabung menschlicher Arbeitskraft in besondrer zweckbestimmter Form, und in dieser Eigenschaft konkreter nützlicher Arbeit produziert sie Gebrauchswerte."[21]

Diese konkrete nützliche Arbeit wird durch die Menge der von ihr in dem jeweils gegebenen Zeitraum produzierten Gebrauchswerte gemessen. Das ist zugleich der Ausdruck ihrer Produktivkraft:

> „Produktivkraft ist natürlich stets Produktivkraft nützlicher, konkreter Arbeit, und bestimmt in der Tat nur den Wirkungsgrad zweckmäßiger produktiver Tätigkeit in

[19] Vgl. „Presse der Sowjetunion", Nr. 108, S. 2333ff., 1962.
[20] „Presse der Sowjetunion", Nr. 121, S. 2608, 1962.
[21] *Karl Marx*, Das Kapital, Band I, a. a. O., S. 47 und S. 51.

gegebnem Zeitraum. Die nützliche Arbeit wird daher reichere oder dürftigere Produktenquelle im *direkten Verhältnis* zum Steigen oder Fallen ihrer Produktivkraft." – „Aber sie liefert *in demselben Zeitraum verschiedene Quanta Gebrauchswerte*, mehr, wenn die Produktivkraft steigt, weniger, wenn sie sinkt."[22]

Die konkrete nützliche Arbeit bestimmt aber auch die Qualität der produzierten Gebrauchswerte:

„Je zweckmäßiger die Arbeit, desto besser das Garn, alle andren Umstände als gleichbleibend vorausgesetzt. Die Arbeit des Spinners war spezifisch verschieden von andren produktiven Arbeiten, und die Verschiedenheit offenbarte sich subjektiv und objektiv, im besondren Zweck des Spinnens, seiner besondren Operationsweise, der besondren Natur seiner Produktionsmittel, dem besondren Gebrauchswert seines Produkts."[23]

Die Zweckmäßigkeit und Qualität der konkreten Arbeit im Arbeitsprozeß zeigt sich im Gebrauchswert des Produkts, der sich im nachfolgenden Prozeß der produktiven oder individuellen Konsumtion realisiert:

„Machen Produktionsmittel im Arbeitsprozeß ihren Charakter als Produkte vergangner Arbeit geltend, so durch ihre Mängel. Ein Messer, das nicht schneidet, Garn, das beständig zerreißt usw., erinnern lebhaft an Messerschmied A. und Garnwichser E. Im gelungnen Produkt ist die Vermittlung seiner Gebrauchseigenschaften durch vergangne Arbeit ausgelöscht."[24]

Ob nun im Arbeitsprozeß für die Herstellung eines Gebrauchswertes einfache oder komplizierte Arbeit aufgewendet wird, hängt von der Art des herzustellenden Gebrauchswertes ab, wobei die Produktivkraft einfacher Arbeit sich von der Produktivkraft komplizierter Arbeit an sich nicht unterscheidet. Beide sind qualitativ verschiedene produktive Arbeiten. Die unterschiedliche Produktivkraft der komplizierten und der einfachen Arbeit wird an der Menge der im gegebenen Zeitraum produzierten qualitativ unterschiedlichen Gebrauchswerte gemessen.

Die Gleichsetzung der unterschiedlichen konkreten nützlichen Arbeit und damit die Gleichsetzung und Vergleichbarkeit der unterschiedlichen besonderen und mannigfaltigen Gebrauchswerte ist gegeben durch die Reduktion konkreter Arbeit auf abstrakte Arbeit, auf allgemein menschliche Arbeit.

„Schneiderei und Weberei, obgleich qualitativ verschiedne produktive Tätigkeiten, sind beide produktive Verausgabung von *menschlichem* Hirn, Muskel, Nerv, Hand usw., und in diesem Sinn beide *menschliche Arbeit*."[25]

„Abstrahieren wir von seinem Gebrauchswert (dem des Arbeitsprodukts – W. G.) so abstrahieren wir auch von den körperlichen Bestandteilen und Formen, die es zum Gebrauchswert machen. Es ist nicht länger Tisch oder Haus oder Garn oder sonst ein nützlich Ding. Alle seine sinnlichen Beschaffenheiten sind ausgelöscht. Es ist auch nicht länger das Produkt der Tischlerarbeit oder der Bauarbeit oder der Spinnarbeit oder sonst einer bestimmten produktiven Arbeit. Mit dem nützlichen Charakter der Arbeitsprodukte verschwindet der nützliche Charakter der in ihnen dargestellten Arbeiten, es verschwinden also auch die verschiednen konkreten Formen dieser Arbeiten, sie unterscheiden sich nicht länger, sondern sind allzusamt reduziert auf gleiche menschliche Arbeit, abstrakt menschliche Arbeit."[26]

[22] Ebenda, S. 51. [23] Ebenda, S. 197. [24] Ebenda, S. 191.
[25] Ebenda, S. 48. [26] Ebenda, S. 42.

Diese (gesellschaftlich notwendige) abstrakt menschliche Arbeit ist die den Wert des Gebrauchswertes bildende Arbeit. Die Größe seines Wertes wird gemessen durch das Quantum der in ihm enthaltenen „wertbildenden Substanz", der Arbeit.

„Die Quantität der Arbeit selbst mißt sich an ihrer *Zeitdauer*, und die *Arbeitszeit* besitzt wieder ihren Maßstab an *bestimmten Zeitteilen*, wie Stunde, Tag usw."[27]

„Die Arbeit jedoch, welche die Substanz der Werte bildet, ist gleiche menschliche Arbeit, Verausgabung derselben menschlichen Arbeitskraft. Die gesamte Arbeitskraft der Gesellschaft, die sich in den Werten der Warenwelt darstellt, gilt hier als eine und dieselbe menschliche Arbeitskraft, obgleich sie aus zahllosen individuellen Arbeitskräften besteht. Jede dieser individuellen Arbeitskräfte ist dieselbe menschliche Arbeitskraft wie die andere, soweit sie den Charakter einer gesellschaftlichen Durchschnitts-Arbeitskraft besitzt und als solche gesellschaftliche Durchschnitts-Arbeitskraft wirkt, also in der Produktion einer Ware auch nur die im Durchschnitt notwendige oder *gesellschaftlich notwendige Arbeitszeit* braucht. Gesellschaftlich notwendige Arbeitszeit ist Arbeitszeit, erheischt, um irgendeinen Gebrauchswert mit den vorhandenen gesellschaftlich-normalen Produktionsbedingungen und dem gesellschaftlichen Durchschnittsgrad von Geschick und Intensität der Arbeit darzustellen."[28]

Die Wertgröße einer Ware (eines Gebrauchswertes) wird daher durch die zu ihrer Produktion erheischte gesellschaftlich notwendige Arbeitszeit bestimmt.

„Letztere wechselt aber mit jedem Wechsel in der *Produktivkraft der Arbeit.*"[29]

Während es sich im Arbeitsprozeß um die Qualität, die Beschaffenheit und den Inhalt der Arbeit handelt, handelt es sich bei der wertbildenden Arbeit nur noch um die Quantität der Arbeit. „Diese ist einfach zu zählen."[30]

Um aber die verschiedenen Arbeiten, die sich im Arbeitsprozeß qualitativ voneinander unterscheiden und daher unterschiedliche qualitative Gebrauchswerte produzieren, miteinander vergleichen zu können, müssen die verschiedenen Arbeiten auf unterschiedslose, gleichförmige, einfache (auf gesellschaftliche Durchschnitts-) Arbeit reduziert werden, die qualitativ dieselbe ist und sich dann nur quantitativ unterscheidet.[31] Das entscheidende Problem besteht hierbei darin, die einfache gesellschaftliche Durchschnittsarbeit zu ermitteln, die durch den Grad der Qualifikation, der Fähigkeit usw. des „einfachen gesellschaftlichen Durchschnittsarbeiters" bestimmt wird. Marx sagt zwar:

„Die verschiednen Proportionen, worin verschiedne Arbeitsarten auf einfache Arbeit als ihre *Maßeinheit* reduziert sind, werden durch einen gesellschaftlichen Prozeß hinter dem Rücken der Produzenten festgesetzt und scheinen ihnen daher durch das Herkommen gegeben. Der Vereinfachung halber gilt uns im Folgenden jede Art Arbeitskraft unmittelbar für *einfache* Arbeitskraft, wodurch nur die Mühe der Reduktion erspart wird."[32]

„Wir nehmen an, daß die Spinnarbeit *einfache* Arbeit, gesellschaftliche Durchschnittsarbeit ist."[33]

[27] Ebenda, S. 43. [28] Ebenda, S. 43.
[29] Ebenda, S. 44. [30] Ebenda, S. 197.
[31] Vgl. *Karl Marx*, Zur Kritik der Politischen Ökonomie, a. a. O., S. 23; *Karl Marx*, Das Kapital, Band I, a. a. O., S. 197.
[32] *Karl Marx*, Das Kapital, Band I, a. a. O., S. 49. [33] Ebenda, S. 197.

In der Wirklichkeit bestehen jedoch immer qualitativ unterschiedliche Arbeiten: einfache und komplizierte Arbeit. Gesetzt den Fall, alle Arbeit wird auf einfache Arbeit reduziert, so ist komplizierte Arbeit „*potenzierte*, oder vielmehr *multiplizierte* einfache Arbeit, so daß ein kleineres Quantum komplizierter Arbeit gleich einem größeren Quantum einfacher Arbeit."[34] Wie soll man aber einfache und komplizierte, unqualifizierte und qualifizierte Arbeit messen?

Da die Messung des notwendigen Aufwandes, vor allem die Erfassung und Messung der notwendigen lebendigen (produktiven) Arbeit eine sehr praktische Seite hat, dürfte es zweckmäßig sein, grundsätzlich von der Messung des für die *Herstellung der Gebrauchswerte* notwendigen Zeitaufwandes auszugehen. Damit würde man eine einheitliche und in der Praxis realisierbare Basis schaffen, um dann auch feststellen zu können, wieviel und welche Gebrauchswerte zur Befriedigung der individuellen und gesellschaftlichen Bedürfnisse erforderlich sind – und wieviel Arbeitszeit dazu notwendig ist.

Das Ergebnis – der Gebrauchswert – einer Stunde einfacher Arbeit ist qualitativ verschieden von dem Gebrauchswert einer Stunde komplizierter Arbeit. Und eine Stunde komplizierter Arbeit ist mehr als eine Stunde einfacher Arbeit. *Dieselbe* Wertgröße ist daher nur durch *dieselbe* Arbeit gegeben. Ist daher die Wertgröße der einfachen Arbeit *eine* Stunde gesellschaftlich *notwendiger Durchschnittsarbeit* und die komplizierte Arbeit das dreifache der einfachen Arbeit, so ist die Wertgröße *einer* Stunde komplizierter Arbeit das dreifache der Wertgröße einfacher Arbeit.

Es ist in der Praxis jedoch nicht möglich, eine Stunde komplizierter Arbeit in anderen *Zeiteinheiten* zu messen als eine Stunde einfacher Arbeit, die als Basis der gesellschaftlichen Durchschnittsarbeit gilt. Wenn aber auch nach außen eine Stunde gleich einer Stunde ist, so ist der Wertteil, den eine Stunde komplizierter Arbeit dem Rohstoff zusetzt, größer als der Wertteil, den eine Stunde einfacher Arbeit dem Rohstoff zusetzt, da beide – einfache und komplizierte Arbeit – qualitativ verschieden sind, also im Arbeitsprozeß qualitativ verschiedene Gebrauchswerte produzieren. Der Unterschied zwischen einfacher und komplizierter (unqualifizierter und qualifizierter) Arbeit wird in dem unterschiedlichen individuellen Anteil sichtbar, den der qualifizierte und der weniger qualifizierte Arbeiter aus dem durch die produktive Arbeit geschaffenem Nationaleinkommen erhalten. Auch wenn der in Form von Arbeitslohn an den einzelnen Arbeiter gezahlte Anteil am Wertprodukt nicht mehr Preis der Ware Arbeitskraft und der Teil des für die Gesellschaft geschaffenen Neuwertes nicht mehr Mehrwert ist, besteht objektiv ein bestimmtes Verhältnis zwischen beiden, das in Übereinstimmung mit den individuellen und gesellschaftlichen Erfordernissen planmäßig festgesetzt wird.

„Wird z. B. die Arbeit eines Goldschmieds teurer bezahlt als die eines Taglöhners, so stellt die Mehrarbeit des Goldschmieds in demselben Verhältnis auch größern Mehrwert her als die des Taglöhners."[35]

[34] Ebenda, S. 49.

[35] *Karl Marx*, Das Kapital, Band III, a. a. O., S. 166.

In dem Maße jedoch, in dem durch die Entwicklung der Produktivkraft und aller damit zusammenhängenden Umstände die gesellschaftliche Durchschnittsarbeit auf eine höhere Stufe gehoben wird, werden die Unterschiede zwischen einfacher und komplizierter Arbeit, zwischen unqualifizierter und qualifizierter Arbeit, zwischen körperlicher und geistiger Arbeit geringer und verschwinden mehr und mehr. Durch größere Fähigkeit und durch höhere Qualifikation werden innerhalb eines gegebenen Zeitraumes mehr und bessere Gebrauchswerte geschaffen. Dadurch wird für die Herstellung des einzelnen Gebrauchswertes weniger Arbeitszeit – ausgedrückt in Zeiteinheiten – aufgewendet. Das hat zur Folge, daß sich die Wertgröße des Gebrauchswertes – sein Wert – verringert.

„Derselbe Wechsel der Produktivkraft, der die Fruchtbarkeit der Arbeit und daher die Masse der von ihr gelieferten Gebrauchswerte vermehrt, *vermindert* also die *Wertgröße* dieser *vermehrten* Gesamtmasse, wenn er die Summe der zu ihrer Produktion notwendigen *Arbeitszeit* abkürzt."[36]

So bedeutungsvoll aber die Erfassung und Messung des Unterschiedes zwischen einfacher und komplizierter Arbeit ist, so wenig tritt der Unterschied in der Praxis im Gebrauchswert und im Wert der Erzeugnisse unverfälscht in Erscheinung. Denn jeder Gebrauchswert ist zu unterschiedlichen Teilen die Summe einfacher und komplizierter Arbeit, so daß letztlich im Gebrauchswert die in ihn eingegangenen qualitativ unterschiedlichen konkreten Arbeiten sich miteinander vereinen. Ein Gebrauchswert ist das Ergebnis der unterschiedlichen und vielfältigen konkreten Arbeit einer riesigen Anzahl von Arbeitern. Die Verschmelzung der unterschiedlichen Arbeiten wird noch deutlicher im Wertbildungsprozeß. Die Reduktion der unterschiedlichen konkreten Arbeit auf allgemein menschliche (abstrakte) Arbeit stellt die verschiedenen Arbeiten einander gleich und verwischt alle Unterschiede.

„Der Unterschied zwischen höherer und einfacher Arbeit, ‚skilled' und ‚unskilled labour', beruht *zum Teil* auf bloßen Illusionen, oder wenigstens Unterschieden, die längst aufgehört haben, reell zu sein, und nur noch in traditioneller Konvention fortleben; ... Zufällige Umstände spielen dabei eine so große Rolle, daß dieselben Arbeitsarten den Platz wechseln."[37]

1. Die Bewertung der Arbeitszeit

Aus den zuletzt dargelegten Gründen wird darauf verzichtet, bei der Bewertung der Arbeitszeit zunächst Unterschiede zwischen einfacher und komplizierter oder unqualifizierter und qualifizierter Arbeit zu machen. Worauf es hier ankommt ist, zu zeigen, daß eine Bewertung der Arbeitsstunde – die Berechnung des Aufwandes an vergegenständlichter und lebendiger Arbeit, bezogen auf eine produktive Arbeitsstunde – *eine allgemeine ökonomische Basis zur Kalkulation der Selbstkosten und Preise für die einzelnen Erzeugnisse ist.* Die in Sekunden und Minuten gemessene

36 *Karl Marx*, Das Kapital, Band I., a. a. O., S. 51.
37 Ebenda, S. 206, Anmerkung.

Arbeitsstunde, in der der Rohstoff mit Hilfe von Maschinen, Werkzeugen und anderen technischen Ausrüstungen durch die lebendige Arbeit in Form, Aussehen und Zusammensetzung verändert wird, bezeichne ich im weiteren als *produktive Arbeitsstunde* und erkläre sie zum Objekt der Messung und Bewertung der Arbeitsleistung.

Die Wahl der produktiven Arbeitsstunde als Objekt der Bewertung wird sowohl für betriebliche als auch für volkswirtschaftliche Belange zu einer exakteren und wesentlich einfacheren Berechnung des betrieblichen und gesellschaftlichen Arbeitsaufwandes führen. In keiner Weise wird deshalb die genaue Berechnung der Selbstkosten und des Preises pro Erzeugnis oder pro Erzeugniseinheit eingeschränkt. Im Gegenteil, indem wir als allgemeines Erzeugnis, als „allgemeinen Kostenträger", die produktive Arbeitsstunde wählen, wird eine größere Genauigkeit bei der Berechnung der Selbstkosten und Preise pro Erzeugnis erreicht werden, vor allem deshalb, weil es nach den bisherigen Richtlinien und Gepflogenheiten in der Kostenrechnung keine geringen Schwierigkeiten bei der Verrechnung all der Kosten gibt, die den einzelnen Erzeugnissen indirekt zugerechnet werden. Die eigentlichen Schwierigkeiten der indirekten Zurechnung von Kosten auf das Erzeugnis bzw. die Erzeugniseinheit liegen allein darin begründet, daß infolge des Weiterlebens der bürgerlichen Kostentheorien, d. h. der Lostrennung der Kosten von ihrer materiellen Basis, übersehen und außer acht gelassen wird, daß es in Wirklichkeit keine indirekte Verrechnung bzw. Zurechnung gibt.

Solange eine alleinige Berechnung des Arbeitsaufwandes in Zeiteinheiten noch nicht möglich ist – das wird erst mit dem allmählichen Übergang zur komplexen Zeitrechnung im Laufe der Entwicklung des Sozialismus zum Kommunismus allmählich zu verwirklichen sein –, ist die Ermittlung des Arbeitsaufwandes zur Herstellung eines Erzeugnisses von der materiellen Seite her gesichert:

1. Über die Mengenrechnung – für die vergegenständlichte Arbeit (mit entsprechenden Einschränkungen).
2. Über die Zeitrechnung – für die lebendige Arbeit.

Der in Menge und Zeit ausgedrückte Aufwand steht *direkt* mit dem Erzeugnis in Verbindung. Dabei werden bestimmte Teile der vergegenständlichten Arbeit (Verbrauch von Arbeitsmitteln, Verbrauch von Hilfsmaterial) jedoch über die aufgewandte Zeit zugerechnet werden – in Mengeneinheiten (und in Geld verallgemeinert) oder nur über den Geldausdruck. Auf materieller Basis wurden bisher die Kosten für das für die Erzeugnisse „verbrauchte" Grundmaterial direkt dem sogenannten Kostenträger, dem Arbeitsauftrag usw. zugerechnet, da hier pro Erzeugniseinheit technisch begründete (oder auch vorläufige) Materialverbrauchsnormen für die Einheit der Erzeugnisse auf Grund von Stücklisten, Rezepturen usw. exakt ermittelt und festgesetzt werden konnten. (Dies betrifft auch erzeugnis- und typengebundene Werkzeuge.)

In bestimmten technologischen – besonders in chemischen – Prozessen bleiben auch hier gewisse Schwierigkeiten (Fehlen von Meß- und Zähleinrichtungen), so daß auch bestimmte Mengen von Grundmaterial über eine Verschlüsselung den Erzeugnissen zugerechnet werden. Direkt zugerechnet wird nur noch der

Grundlohn in Form von Leistungsgrundlohn oder Stücklohn auf der Basis technisch begründeter Arbeitsnormen. Alle übrigen Kosten werden in Komplexen wie indirekte Grundkosten, Abteilungsgemeinkosten, indirekte Abteilungskosten und Betriebsgemeinkosten erfaßt und den Erzeugnissen durch Divisions- oder Zuschlagsrechnung (Zuschlagssätze auf den Lohn (!) oder andere Verrechnungsschlüssel) zugerechnet. Daß dadurch der Grundsatz der Genauigkeit der Zurechnung nicht mehr gewahrt werden kann, wird durch die Redewendung einer „annähernden Genauigkeit" eingestanden. Goll schreibt:

> „Die Kalkulation ist in der Regel eine mehr oder weniger genaue Berechnung der Selbstkosten, da die direkte Zurechnung sämtlicher Kostenelemente meistens nicht möglich ist und demzufolge mit zusammengefaßten Zahlen gerechnet werden muß, die untauglich für die Kostenkontrolle sind."[38]

Die bewußte Anwendung ökonomischer Gesetze, zu der die immer bessere Verwirklichung der wirtschaftlichen Rechnungsführung in den Betrieben gehört, erfordert die genaue Erfassung und Messung der für die Herstellung der Erzeugnisse aufgewandten vergegenständlichten und lebendigen Arbeit.

Die Schwierigkeiten bei der Zurechnung der Kosten auf die Produktionseinheit und damit die Ungenauigkeiten werden bei der unveränderten Beibehaltung der traditionellen Kalkulationsverfahren immer größer. Ursache dafür ist allein, daß bei den traditionellen Kalkulationsverfahren die Verrechnung der Kosten nicht auf materieller Basis erfolgt. Die Kalkulation der Selbstkosten und die Kontrolle der Istselbstkosten, die nicht mehr auf materiellen Grundlagen aufbaut, die die materielle Basis verläßt, artet entweder in eine subjektivistische oder in eine rechentechnische und formelle Kostenrechnung aus. Goll schreibt:

> „Nicht alle Kostenelemente, für die eine Person oder Personengruppe verantwortlich ist, sind in ihrer absoluten Höhe beeinflußbar."[39]

Allerdings darf man nicht übersehen, daß die Praxis – gezwungen durch die objektiv sich entwickelnden technischen Bedingungen – zu neuen Formen der Kostenrechnung übergeht. Während z. B. bei der Zuschlagskalkulation bisher allgemein der „Grundlohn für Produktionsarbeiter" als Basis für die Verrechnung der indirekten Kosten dient, wird mit der weiteren Mechanisierung und Automatisierung in zunehmendem Maße die Maschinenstunde als „Verrechnungsschlüssel" angewendet. D. h., es werden insbesondere die indirekten Grundkosten, die überwiegend als Kosten für die Unterhaltung und den Betrieb der Maschinen und Ausrüstungen entstehen, für eine Stunde Maschinenzeit bzw. Maschinenlaufzeit berechnet, um dann über die Maschinenstunden pro Kostenträger auf den Kostenträger verrechnet zu werden. (Diese Art der Verrechnung erfordert aber eine genaue Erfassung der Maschinenlaufzeit, die entweder besondere Belege erfordert oder aus den Lohnscheinen oder anderen Auftragsdokumenten entnommen und registriert werden muß.)

Der Übergang zur Kalkulation und Verrechnung der Selbstkosten mit Hilfe von Kostensätzen pro Maschinenstunde zeigt, daß die traditionellen Methoden der

[38] *Günter Goll*, Zur Kontrolle der Kostenelemente, „Die Wirtschaft", Nr. 5, S. 23, 1963.
[39] Ebenda.

Zuschlagskalkulation nicht mehr den Bedingungen der fortschreitenden Technisierung entsprechen. So erfolgte z. B. bei der Zuschlagskalkulation in der bürgerlichen Betriebswirtschaftslehre die allgemein übliche Verrechnung der dem Kostenträger nicht direkt zurechenbaren Kosten (Fertigungsgemeinkosten, Verwaltungsgemeinkosten usw.) auf der Basis „Fertigungslohn".

Dieser „Fertigungslohn", der in Verbindung mit der Menge der herzustellenden Erzeugnisse bzw. Arbeitsgänge als Stücklohn nur für die unmittelbar mit der Fertigung beschäftigten *Arbeiter* berechnet wird, sinkt mit der Steigerung der Arbeitsproduktivität und Arbeitsintensität, so daß der Stücklohn pro Produktionseinheit infolge der Mechanisierung und Automatisierung des Produktionsprozesses, die zur Freisetzung von Arbeitskräften führt, an Umfang und auf die Produktionseinheit bezogen absolut abnimmt. Der Lohn für die Bedienung der Maschinen wird in der bürgerlichen Betriebswirtschaftslehre als „Gemeinkostenlohn" bzw. als Fertigungsgehalt in die „Fertigungsgemeinkosten" verrechnet, da ein „Stücklohn" im bisherigen Sinne nicht mehr berechnet werden kann. Da bei Anwendung der Zuschlagskalkulation – zur Verrechnung der der Produktionseinheit zuzurechnenden „Gemeinkosten" – das prozentuale Verhältnis des Stücklohns zu den Gemeinkosten auf 1000 und mehr anwächst, hört die praktische Anwendung dieser Art von Kalkulation auf. Damit nimmt die Divisionskalkulation (Kosten dividiert durch Anzahl der Produktionseinheiten) an Bedeutung zu, die in chemischen und anderen Produktionsprozessen mit Massenfertigung typisch ist. Da die Anwendung der Divisionskalkulation für die Kalkulation von unterschiedlichsten Einzelteilen kaum und die Zuschlagskalkulation auf Basis des Stücklohns überhaupt nicht mehr möglich ist, wird die Kalkulation auf Basis der Maschinenzeit mit Kostensätzen pro Maschinenstunde zu einer neuen Form der Zuschlagskalkulation entwickelt. Diese Entwicklungstendenz ist auch in den Industriebetrieben der DDR zu beobachten.

Eine genaue Kalkulation der Selbstkosten pro Produktionseinheit, die ein wesentliches Erfordernis der wirtschaftlichen Rechnungsführung ist, kann nur dann erreicht werden, wenn eine Zurechnung des Aufwandes auf das konkrete Produkt oder Teilprodukt des Arbeitsprozesses über die konkret meßbaren Mengen- und Zeitgrößen erfolgt. Dabei müssen

a) die vergegenständlichte Arbeit in Mengeneinheiten,

b) die lebendige Arbeit in Zeiteinheiten (Arbeitsstunden)

ursprünglich gemessen und zur Feststellung des Gesamtaufwandes über die Umrechnung (Verallgemeinerung) in Geld addierbar gemacht werden; Beziehungen der Kosten (im weitesten Sinne) zum herzustellenden Produkt (Erzeugnis) sind abgeleitete, sekundäre Beziehungen. Somit stellen direkte oder indirekte Zurechnungen oder Verrechnungen von Kosten auf das Produkt keine inhaltlichen, sondern nur formelle und rechentechnische Beziehungen dar. Daß der Gesamtaufwand zur Herstellung der Erzeugnisse noch nicht direkt in Arbeitszeit erfaßt und dargestellt werden kann, ergibt sich aus dem Charakter der Warenproduktion. Das bedeutet aber nicht, daß man deshalb bei der Erfassung des Aufwandes an vergegenständlichter und lebendiger Arbeit auf die primäre Erfassung des Aufwandes in Mengen- und Zeiteinheiten verzichtet.

Aus diesem Grunde ist die vergangene Arbeit in Mengeneinheiten zu erfassen und zu messen, wobei die vergegenständlichte Arbeit in Form materieller Leistungen (fremde Lohnarbeit) nur in Zeiteinheiten erfaßt werden kann. In den Betrieben, in denen keine Erzeugnisse, sondern nur materielle Leistungen hergestellt werden (Projektierungs- und Konstruktionsarbeiten, Montageleistungen, Reparaturarbeiten), ist die Zeiteinheit (produktive Arbeitsstunde) immer das Objekt – der Kostenträger –, auf das alle in dieser Zeit entstehenden Aufwendungen (Kosten) zu verrechnen sind. Bei Reparaturbetrieben bzw. -arbeiten werden das Material bzw. die Ersatzteile, die stofflich in das Reparaturobjekt eingehen, zwar mengenmäßig erfaßt, können aber nicht auf die Reparaturzeit verrechnet werden.

Die Erfassung und Messung der vergangenen Arbeit in Mengeneinheiten ist eine Seite, die wertmäßige (kostenseitige) Zurechnung auf das neue Produkt eine andere. Bestimmte Teile der vergegenständlichten Arbeit können dem Produkt nicht in Mengeneinheiten zugerechnet werden. Nur der Teil der vergegenständlichten Arbeit, der als Material (Rohstoff) Träger des Gebrauchswertes ist, geht stofflich in das herzustellende Produkt ein und sein „Verbrauch" – besser sein Einsatz – wird mengenmäßig genau gemessen und berechnet. Der Verbrauch von Hilfs- und Betriebsstoffen und auch Kleinwerkzeugen (sie werden wirklich verbraucht) wird zwar mengenmäßig gemessen, kann aber stofflich dem Erzeugnis nicht direkt zugerechnet werden.

Der Verschleiß der Produktionsinstrumente läßt sich nur wertmäßig messen und berechnen. (Wir wollen davon absehen, daß Produktionsinstrumente auch bei Nichtbenutzung verschleißen und daß Hilfsstoffe außerhalb der Arbeitszeit verbraucht werden können.) Umfang und Höhe des Verbrauchs und der Nutzung dieser Teile der vergegenständlichten Arbeit hängen direkt von der lebendigen Arbeit ab, die in Arbeitszeit gemessen wird.

2. Erfassung und Bewertung des Verbrauchs an vergangener Arbeit

a) Die vergangene Arbeit in Form von Rohstoffen, Material und Halbfabrikaten bestimmt die stoffliche Zusammensetzung des Produkts. Sie ist der stoffliche Träger des Gebrauchswertes. Die stoffliche Zusammensetzung, Bearbeitung und Montage dieser vergangenen Arbeit ist bestimmend für das Funktionieren und die Güte des neuen Gebrauchswertes. Der Gebrauchswert dieser vergangenen Arbeit realisiert sich im Gebrauchswert des neuen Erzeugnisses, das stofflich in die nächste Stufe der Konsumtion eingeht und dort produktiv oder individuell (bzw. gesellschaftlich unproduktiv) konsumiert wird. Der in Mengeneinheiten erfaßte Verbrauch wird zu den für die Rohstoffe usw. festgesetzten Preisen bewertet.

Auch wenn die Menge und der Umfang des Grundmaterials (Rohstoffe, Halbfabrikate) direkt von der Anzahl der herzustellenden Produkte abhängig sind, so ergibt sich ein „Verbrauch" in jedem Fall nur durch die Betätigung lebendiger

Arbeit. Das heißt, daß in einer bestimmten Arbeitszeit entsprechend den gegebenen sachlichen und subjektiven Bedingungen bestimmte Mengen an Grundmaterial im Produktionsprozeß be- und verarbeitet werden, so daß man hier die instruktive Kennziffer „*Einsatz von Grundmaterial pro Stunde produktiver Arbeitszeit*“ für die Analyse und Beobachtung der Entwicklung des Produktionsprozesses, der Entwicklung der Arbeitsproduktivität, der Einhaltung des Prinzips strengster Sparsamkeit und der Entwicklung des technischen Fortschritts verwenden kann. Hierbei verwendet man zur Messung und Kontrolle nicht nur die Angaben über den Einsatz von Mengen pro Stunde, sondern zwecks Verallgemeinerung und zur Erfassung und Messung des Gesamtaufwandes die komplexe Kennziffer: „*Einsatz von Grundmaterial in MDN pro Stunde*“.

> „Hier gelten auch die Waren, die in den Arbeitsprozeß eingehn, nicht mehr als funktionell bestimmte, stoffliche Faktoren der zweckmäßig wirkenden Arbeitskraft. Sie *zählen* nur noch als bestimmte Quanta vergegenständlichter Arbeit.“[40]

b) Es gibt vergangene Arbeit in Form von Hilfsstoffen, Hilfsmaterial, Werkzeugen und Arbeitsschutzkleidung, die während der Bearbeitung des Grundmaterials stofflich verbraucht und aufgezehrt wird, sei es in einem oder mehreren Arbeitsprozessen, sei es bei maschineller oder Handarbeit, ohne stofflich im neuen Produkt zu erscheinen.

c) Weiterhin haben wir es mit vergangener Arbeit in Form von Energie zu tun, die für die maschinelle oder manuelle Bearbeitung des Rohstoffes erforderlich ist und deren Einsatz gleichzeitig ihr stofflicher Verbrauch ist.

In den Fällen b) und c) wird der Verbrauch ebenfalls zu den jeweils feststehenden Preisen bewertet.

Die Menge und der Umfang der Rohstoffe, des Grundmaterials usw. hängen unmittelbar von der Menge, Größe und Qualität des herzustellenden Produkts ab. Ihr Einsatz wird durch Einsatznormen und Einsatzschlüssel auf Grund technologischer Berechnungen und Dokumentationen festgelegt (ME mal Anzahl der Produktionseinheiten). Der Verbrauch der unter b) und c) genannten Teile der vergangenen Arbeit steht in unmittelbarem Zusammenhang mit der Bearbeitungsdauer, die in Zeiteinheiten gemessen wird. Die Höhe und der Umfang des Verbrauchs dieser Mengen werden im wesentlichen durch die Art und Weise und die Bedingungen des technologischen Prozesses sowie die Fähigkeit und Qualifikation des produktiven Arbeiters bestimmt, der den Rohstoff usw. unmittelbar bzw. mit Hilfe technischer Einrichtungen bearbeitet bzw. seine Bearbeitung überwacht. Außerdem hängt der Verbrauch von der Art, Zusammensetzung und Qualität des zu be- und verarbeitenden Rohstoffes sowie von der in einer bestimmten Zeit herzustellenden Menge der Produkte ab.

Da der Verbrauch des „Hilfsmaterials“ aber in erster Linie von der lebendigen Arbeit abhängt, die in Zeiteinheiten gemessen wird, können Menge und Umfang des Verbrauchs direkt auf die Arbeitszeit bezogen werden, so daß sich Kennziffern wie

[40] *Karl Marx*, Das Kapital, Band I, a. a. O., S. 204.

„*Verbrauch von Hilfsmaterial, Werkzeugen usw. pro produktive Stunde*" und „*Verbrauch von Energie pro Stunde*" verwenden lassen.

c) Der Verbrauch von vergangener Arbeit in Form des Verschleißes der Produktionsinstrumente wird durch die mögliche Einsatz- und Lebensdauer der Arbeitsmittel bestimmt und kann direkt auf die Bearbeitungszeit bezogen werden, so daß hier die Kennziffer „*Verschleiß der Produktionsinstrumente pro Arbeitsstunde*" festgelegt werden kann.

Zusammenfassende Darstellung: Bei dem mit Hilfe der Buchführung widerzuspiegelnden Wertbildungsprozeß und der damit verbundenen Kalkulation könnte daher der unterschiedliche Verbrauch von vergegenständlichter Arbeit und die entsprechende Verrechnung der durch die lebendige Arbeit stattfindenden Wertübertragung wie folgt dargestellt werden:

Beispiel:

Zu erzeugende Menge q	=	500 ME
betriebsnotwendige Arbeits-(Herstellungs-)zeit t	=	4000 Std.

	Summe			
	abhängig von q	abhängig von t	pro 1 Std.	pro 1 ME
Grundmaterial C_z1	60000	–	(15,–)	120,–
Hilfsmaterial C_z2		3600	–,90	(7,20)
Energie C_z3		1200	–,30	(2,40)
Verschleiß C_f		7200	1,80	(14,40)
	60000	12000		

Mithin sind als Kennziffern für die Erfassung und Darstellung der Wertübertragung zu fixieren:

a) Einsatz von Grundmaterial in MDN (p = Preis) pro zu erzeugende Mengeneinheit (ursprüngliche Erfassung des Verbrauchs in Mengeneinheiten durch Messung):

$$t_{v1} \cdot p = C_z 1 \text{ MDN } q.$$

b) Verbrauch von Hilfsmaterial, Werkzeugen usw. (von einer Spezifizierung wird abgesehen) in DM pro Stunde produktiver Arbeit (ursprüngliche Erfassung des Verbrauchs in Mengeneinheiten durch Messung)

$$t_{v2} \cdot p = C_z 2 \text{ MDN}^{h}.$$

c) Verbrauch von Energie (für Produktion) in MDN pro Stunde produktiver Arbeit (ursprüngliche Erfassung des Verbrauchs in Mengeneinheiten durch Messung)

$$t_{v3} \cdot p = C_z 3 \text{ MDN}^{h}.$$

d) Verschleiß der Produktionsinstrumente in DM pro Stunde produktiver Arbeit

$$t_{v4} \cdot p = C_f \text{ MDN}^{h}.$$

Bei diesen und den weiteren Überlegungen und Rechenbeispielen gehe ich von der Möglichkeit der Primärerfassung der gegebenen und zählbaren Mengen- und Zeiteinheiten aus, ohne hier oder bei den benutzten Wertmaßstäben festzustellen, ob der betriebsindividuelle Aufwand gleich dem gesellschaftlich notwendigen Aufwand ist. Die Festsetzung des gesellschaftlich notwendigen Aufwandes ist aber nur bei genauer Kenntnis des effektiv ausgewiesenen Aufwandes pro Produktions- und pro Zeiteinheit möglich. Im übrigen wird eine gewisse Annäherung bereits dadurch erzielt, daß der Aufwand pro Produktions- bzw. Zeiteinheit in technisch begründeten Verbrauchs- und Zeitnormen (-normativen) fixiert wird. Es kommt mir darauf an, den Nachweis zu führen, daß die Methoden der Erfassung des Aufwandes in Mengen-, Zeit- und Geldeinheiten (Kosten usw.) auf einer neuen Grundlage entwickelt werden können, um die jetzige Wertrechnung (Kostenrechnung) auf die materielle Basis zurückzuführen.

3. Erfassung und Bewertung der lebendigen Arbeit

Bei der Erfassung der lebendigen Arbeit kommt es in erster Linie darauf an, die Quantität der Arbeit zu messen, d. h., die Arbeit mit ihrem natürlichen Maßstab zu erfassen.

„Die Quantität der Arbeit selbst mißt sich an ihrer *Zeitdauer*, und die *Arbeitszeit* besitzt wieder ihren Maßstab an *bestimmten Zeitteilen*, wie Stunde, Tage usw.“[41]

Die Erfassung der Arbeitszeit kann sich nicht nur schlechthin auf die Erfassung der produktiv verausgabten Arbeitszeit beschränken, sondern muß auch auf die Erfassung der Arbeitszeit für alle anderen außerhalb der Produktionstätigkeit liegenden Tätigkeiten und für die innerhalb der gesetzlichen Arbeitszeit entstehenden Nichtarbeitszeiten (Ausfallzeiten usw.) ausgedehnt werden. Grundlage der Erfassung bilden die Anzahl der Beschäftigten und die im Rahmen der gesetzlichen Bestimmungen pro Arbeitskraft maximal zur Verfügung stehende Arbeitszeit. Auf Einzelheiten soll in dieser Abhandlung verzichtet werden. Mit der Anwendung der Zeitsummenmethode[42] und mit der durch die Arbeitszeitbilanzierung festgelegten Arbeitszeiterfassung sind alle Voraussetzungen für eine strenge Rechnungsführung und Kontrolle über die Arbeitszeit gegeben. Worum es hier geht, ist die Untersuchung der Möglichkeit, die in Zeiteinheiten auszudrückende lebendige Arbeit als materielle Grundlage für die Erfassung und Berechnung des Aufwandes zu benutzen. Bisher wurde der Aufwand fast ausschließlich nur in Geld dargestellt und mit Hilfe der Kostenrechnung den herzustellenden Erzeugnissen durch unterschiedliche Methoden zugerechnet, um Selbstkosten und Preise zu kalkulieren.

Ist die allgemeine Arbeitszeit ein besonderes Ding, das neben und außer allen anderen Waren existiert, so ist es möglich, auch die betriebsindividuelle Arbeitszeit

[41] Ebenda, S. 43.

[42] *F. Behrens*, *A. Franke*, *E. Domin*, Die Zeitsummenmethode, Verlag Die Wirtschaft, Berlin 1961.

zum Objekt der Kalkulation und Bewertung zu machen. Die Zeit, die zu bewerten ist, ist die in Stunden usw. zu erfassende produktive Arbeitszeit, die Zeit, in der die lebendige Arbeit den Wert schafft, und in der der Wert der vergangenen Arbeit übertragen wird.

Beispiel:

Anzahl der Beschäftigten	= 35
davon beschäftigt als Produktionsgrundarbeiter (PGA)	25
als Produktionshilfsarbeiter (PHA)	5
als Angstellte in der Verwaltung (Ang.)	5;

maximale Arbeitszeit für den Zeitraum eines Monats bei 200 Std. durchschnittlicher Arbeitszeit pro Beschäftigten:

35 AK 200 Std.	= 7000 Std.
35 Verwaltungsstunden (5 Ang. 200 Std.)	= 1000 Std.
	6000Std.
35 Produktionshilfszeit (5 PHA 200 Std.)	= 1000 Std.
	= 5000 Std.
abzüglich Ausfallzeit durch Urlaub, Krankheit usw. 20%	= 1000 Std.
zur Verfügung stehende Arbeitszeit für Produktionsgrundarbeiten	4000 Std.

Von der im obigen Beispiel berechneten Gesamtzeit sind 57,14% produktive Arbeitszeit, die der Bewertung zugrunde gelegt werden. Es besteht die Möglichkeit, diese Arbeitszeit zu erhöhen, wenn die Ausfallzeit (nicht eingerechnet den gesetzlichen Urlaub) sowie die Zeit für Hilfsarbeiten in der Produktion und in der Verwaltung verringert wird. Dadurch kann die Arbeitsleistung erhöht und die Arbeitsproduktivität ohne zusätzliche Arbeitskräfte gesteigert werden.

Wenn man von Festpreisen für die Erzeugnisse und von gesetzlichen Tarifen für den Lohn ausgeht, ist eine „Bewertung“ der aufgewandten lebendigen individuellen Arbeit (t_1 = 4000 Std.) auf zwei Arten möglich:

a) durch Ermittlung der Differenz zwischen dem in (zur Zeit gültigen) Preisen p fixierten Gesamtaufwand für die Herstellung der Produkte ($q \times p$) und dem in Preisen ausgedrückten Aufwand der vergegenständlichten Arbeit,

b) durch Summierung des im Lohn ausgedrückten individuellen Anteils (t_{li}) und des in den verschiedenen Formen des Mehrprodukts erscheinenden gesellschaftlichen Anteils (t_{lg}) am Gesamtaufwand der lebendigen Arbeit.

Der Ermittlung des Aufwandes an lebendiger Arbeit – gemessen in MDN – und der Trennung von t_{li} und t_{lg} liegt eine Berechnung zugrunde, die sich bei einer entsprechenden, die ökonomischen Prozesse widerspiegelnden Buchführung folgerichtig in folgender Übersicht darstellen läßt (Angaben über vergegenständlichte Arbeit entsprechen den Angaben in der Tabelle 1):

Erläuterung und Analyse:

1. Zusammensetzung des Gesamtaufwandes von 130000 nach Wertbestandteilen:

t_v 1 + 2	= 60000 + 13800 =	73800 =	56,7%
t_{li}	= 15000 + 7600 =	22600 =	17,4%
Selbstkosten		96400	
t_{lg}	33600	33600	25,9%
	33600	130000	100,0%

2. Der Aufwand der lebendigen Arbeit

t_{li}	=	22600 =	40,2%
t_{lg}	=	33600 =	59,8%
		56200 =	100,0%

mithin das (Distributions-) Verhältnis von

$$t_{li} : t_{lg} = 1 : 1{,}48$$

3. Der Aufwand an lebendiger Arbeit – in Geld ausgedrückt – auf der Ebene des Betriebes bei staatlich festgesetzten Preisen pro Stunde produktiver Arbeitszeit:

56200: 4000 = 14,05 MDN

4. Selbstkosten pro Stunde (betriebsindividueller Aufwand):

96400: 4000 = 24,10 MDN

5. Die Kalkulation der Selbstkosten und die Ermittlung der Preise wird von allen rechnerischen Kompliziertheiten befreit und dadurch auch die Kontrolle der Entwicklung außerordentlich vereinfacht. Es sind zu berechnen und zu erfassen:

a) der Einsatz des Grundmaterials pro Produktionseinheit,

b) der durch die lebendige Arbeit übertragene und neugebildete Wert (ohne Grundmaterial) pro Zeiteinheit und

c) die Verrechnung des Aufwandes (ohne Grundmaterial) in einer Summe auf die Produktionseinheit durch die Multiplikation der Anzahl der pro Produktionseinheit aufgewendeten Zeiteinheiten mit dem „Stundensatz".

zu a)

Grundmaterial pro ME	120,–

zu b) und c)

Stunden pro ME: 8 Std. mal Stundensatz 17,50	140,–
Aufwand pro ME	260,–

6. Auf Grund vorstehender Berechnung ist die Kalkulation der Selbstkosten pro Erzeugnis- bzw. Produktionseinheit außerordentlich vereinfacht, da dieser Kalkulation die Berechnung der Selbstkosten pro Zeiteinheit vorausgeht (die Kosten des Grundmaterials ausgenommen); demnach kann pro Zeiteinheit wie folgt gerechnet werden (Zahlenbeispiel der Tabelle 1):

TABELLE 1

Mengen-, Zeit-, Wertrechnung — Zahlenbeispiel

	Aufwand für			zu verrechnen			Erzeugnisse					
	Gesamt-aufwand	Verwalt.- u. nicht-prod. Arbeit	Tätig-keit im Prod.-prozeß	auf Zeit		auf Erzeug-nisse	Q 1		Q 2		Q 3	
				Σ T	pro Std. t	Q	100 ME	pro ME	100 ME	pro ME	50 ME	pro ME
	1	2	3	4	5	6	7	8	9	10	11	12
Ausfallzeit	1000	1000										
Hilfsarbeiten	2000	1000	1000									
Produktionsarbeit	4000		4000			4000	2000	20	1000	10	1000	20
Gesamt	7000	2000	5000									
Hilfsmaterial	4400	800	3600	3600	0,90			(18,–)		(9,–)		(18,–)
Energie	1400	200	1200	1200	0,30			(6,–)		(3,–)		(6,–)
Abschreibungen	8000	800	7200	7200	1,80			(36,–)		(18,–)		(36,–)
Summe 1	13800	1800	12000	12000	3,00			(60,–)		(30,–)		(60,–)
Lohn f. Prod. Arbeit	15000	–	15000	15000	3,75			(75,–)		(37,50)		(75,–)
Lohn f. übr. Tätigkeit	4600	2400	2200	2200	0,55			(11,–)		(5,50)		(11,–)
Lohn f. Ausfallzeit	3000	3000	–	–	–							
Summe 2	22600	5400	17200	17200	4,30							
Summe 1 + 2	36400	7200	29200	29200	7,30			–		–		–
Verr. d. Gemeinkosten	–	–	7200	7200	1,80			(36,–)		(18,–)		(36,–)
Zeitkosten	36400		36400	36400	9,10		18200	182,–	9100	91,–	9100	182,–
Grundmaterial	60000		60000		(15,00)	60000	10000	100,–	30000	300,–	20000	400,–
Selbstkosten	96400		96400		24,10		28200	282,–	39100	391,–	29100	582,–
Reineinkommen	33600			33600	8,40		16800	168,–	8400	84,–	8400	168,–
Produktionskosten	130000				32,50		45000	450,–	47500	475,–	37500	750,–
		Σ 1, 2, 4, 5		70000	17,50		35000	350,–	17500	175,–	17500	350,–
Wertprodukt (2, 4, 5)				58000	14,50		29000	290,–	14500	145,–	14500	290,–

Verbrauch von Hilfsmaterial	–,90 MDN^{h}
Verbrauch von Energie	–,30 MDN^{h}
Verschleiß der Grundmittel	1,80 MDN^{h}
Lohn für Produktionsarbeiten	3,75 MDN^{h}
Lohn für Produktionshilfsarbeiten	–,55 MDN^{h}
Produktionsselbstkosten (ohne Grundmaterial)	7,30 MDN^{h}
Gemeinkosten*	1,80 MDN^{h}
Selbstkosten (ohne Grundm.)	9,10 MDN^{h}

Es entspricht den wissenschaftlichen Erkenntnissen weitaus besser, das Reineinkommen, das in einer Stunde produktiver Arbeit geschaffen wird, getrennt von den Selbstkosten zu erfassen, auszuweisen, zu planen, zu analysieren und zu kontrollieren. Dabei wird eindeutig ausgewiesen, welche Teile des Reineinkommens „Gewinn" für die Gesellschaft und für den Betrieb sind, und welche Teile einen Abzug vom Reineinkommen darstellen, die insbesondere den Gewinn des Betriebes schmälern. Die Beeinflußbarkeit solcher Beträge, die das Reineinkommen schmälern – und damit ein ausgesprochener Verlust für die Gesellschaft sind – und die Pflicht, diese unproduktiven „Kosten" zu senken, wird nicht dadurch erhöht, wenn diese Beträge in die Selbstkosten einbezogen werden. Entscheidend ist in jedem Fall, daß das in der materiellen Produktion geschaffene Reineinkommen realisiert wird.

Dazu wiederum ein Zahlenbeispiel:

Das durch die lebendige Arbeit geschaffene Reineinkommen beträgt 33600,– MDN,
d. h. pro Stunde (4000 Stunden) 8,40 MDN

Wir erkennen aus den Belegen der Buchführung, daß folgende Beträge als Reineinkommen verrechnet wurden:

a) Betriebsanteile zur Sozialversicherung	2600,–
b) Zinsen für planmäßigen Kredit	600,–
c) Abführung an den Staatshaushalt PDA 40,– pro ME (500)	20000,–
d) Rückzahlung von Rationalisierungskredit	4000,–
	27200,–
e) außerplanmäßige Zinsen, Vertragsstrafen, Standgelder, Ausschußverluste, Kosten für Stillstandszeiten, Inventurverluste u. a.	1800,–
f) „Netto"gewinn des Betriebes	4600,–
	33600,–

7. Der geplante Gewinn, der bei Vermeidung der außerplanmäßigen Unkosten erreicht worden wäre, hätte 6400,– (33600,– ./· 27200) betragen. Daraus folgt:

a) Legt man zur Errechnung der Rentabilität die Selbstkosten I zugrunde (produktive Selbstkosten) = 96400,–, so ergibt dies eine Rentabilitätsrate von

$$\frac{6400}{96400} = 6{,}64\% .$$

b) Der tatsächliche Gewinn (betriebliches Reineinkommen) beträgt 4600,–: erreichte Rentabilität:

$$\frac{4600}{96400} = 4{,}77\% .$$

c) Werden die „Unkosten“ in die Selbstkosten einbezogen, so ist die erreichte Rentabilität:

$$\frac{4600}{96400 + 1800} = \frac{4600}{98200} = 4{,}68\% .$$

8. Ausschlaggebend für die Ermittlung der betrieblichen Rentabilität ist das nach Abzug aller betrieblichen und gesellschaftlichen Ausgaben dem Betrieb für Prämiierungen, für soziale und kulturelle Zwecke und für die Erweiterung verbleibende betriebliche Reineinkommen, das ein Bestandteil des in der produktiven Arbeitszeit geschaffenen Mehrprodukts ist. Es ergibt sich auch die Möglichkeit, den Gewinn als absoluten Betrag in MDN pro produktive Stunde zu berechnen:

a) geplanter Gewinn: 6400,– MDN
produktive Stunden: 4000 Std.
Gewinn pro Stunde = 1,60 MDN

b) erreichter Gewinn 4600,– MDN
produktive Stunden 4000 Std.
Gewinn pro Stunde = 1,15 MDN

c) Steigert der Betrieb die Arbeitsproduktivität, so daß in der gleichen Zeit mehr Erzeugnisse produziert werden – siehe Beispiel auf Seite 141, so muß dies zur Erhöhung des Gewinnes pro Stunde führen:

Erlös	136500,– MDN	
Selbstkosten I	99400,– MDN	
Reineinkommen	37100,– MDN	
Verwendung und planmäßige Abführung		27200,– MDN
	Gewinn =	9900,– MDN
produktive Stunden		4000 Std.
Gewinn pro Stunde	=	2,475 MDN

Gesamteinkommen pro Std.:

$$\frac{37100 \text{ MDN}}{4000 \text{ Std.}} = 9{,}275 \text{ MDN}$$

gegenüber	8,400 MDN	
Erhöhung	0,875 MDN	
	2,475 MDN	tatsächlicher Gewinn
	1,600 MDN	geplanter Gewinn
	0,875 MDN	Überplangewinn

d) Steigert der Betrieb die Arbeitsproduktivität, indem er die geplante Menge Erzeugnisse mit weniger Stunden produziert – 500 ME in 3800 Std. –, so ergibt sich:

d1. Erlös		130000,– MDN
d2. Abführung:		
Sozialversicherung	2600,– MDN	
Zinsen	600,– MDN	
PDA	20000,– MDN	
Kredit	4000,– MDN	27200,– MDN
		102800,– MDN
d3. Grundmaterial		60000,– MDN
		42800,– MDN
d4. Selbstkosten (ohne Grundmaterial) pro Stunde (Plan) 9,10 · 3800 Std.		= 34580,– MDN
Gewinn		8220,– MDN
pro Stunde	= 2,16 MDN	
geplant	1,60 MDN	
Überplangewinn pro Stunde	0,56 MDN	

e) In analoger Weise werden die Berechnungen durchgeführt, wenn in der geplanten Zeit weniger Erzeugnisse hergestellt wurden, wenn für die erzeugten Mengen mehr Arbeitszeit aufgewendet wurde, wenn die Selbstkosten pro Stunde bei gleichem Produktionsausstoß oder bei geringerer Produktion gestiegen sind.

Die negativen Tatsachen wirken sich in einem geringeren Gewinn pro Stunde produktiver Arbeitszeit oder in einem geringeren Gesamtreineinkommen aus.

Aus den Zahlenbeispielen wird deutlich, daß die getrennte Erfassung und Darstellung der Wertbestandteile für die Kalkulation, für die Kontrolle der Selbstkosten und des Reineinkommens wesentlich bessere betriebliche und volkswirtschaftliche Erkenntnisse ermöglicht. In keiner Weise wird dabei gegen das Prinzip der wirtschaftlichen Rechnungsführung verstoßen oder die Theorie vergewaltigt. Diese Zahlenangaben müssen – welche Bestimmungen es auch immer geben mag – eindeutig aus den Unterlagen einer gesellschaftlichen Buchführung ablesbar sein.

9. Es ergibt sich die Möglichkeit, auf Grund der nach einheitlichen Richtlinien in den Betrieben organisierten gesellschaftlichen Buchführung das Verhältnis der Distribution von t_{li} und t_{lg} – siehe Ziffer 2 auf S. 135 – in seiner Entwicklung zu erkennen.

Obwohl der Lohn Geldausdruck nur *eines* Teils der lebendigen Arbeit ist, wird der Berechnung des Lohnes der gesamte Aufwand an Arbeitszeit zugrunde gelegt, der – in Stunden gemessen – mit den für eine Stunde unterschiedlich festgesetzten Tarifstundensätzen multipliziert wird. Auch wenn die Berechnung des Lohnes nach der Stückzahl der hergestellten Erzeugnisse – Stücklohn – erfolgt, geht man von den bei der Herstellung des Stückes aufgewendeten Arbeitsstunden aus.

Auch wenn wir im Betrieb nur den Aufwand an „betriebsindividueller“ Arbeitszeit ermitteln, ist es möglich, auf der Basis von Planpreisen, Festpreisen oder Istpreisen (bei der Realisierung) die Differenz zwischen diesen und den „produktiven“ Selbstkosten zu ermitteln, um den im Betrieb in der „betriebsindividuellen“ Arbeitszeit geschaffenen Neuwert (d. h. Lohn plus Mehrprodukt) zu berechnen. Auch bei der Produktion verschiedenartiger Erzeugnisse mit nach unterschiedlichen Bedingungen festgesetzten Preisen ergibt sich ebenso wie ein betrieblicher Durchschnittslohn pro Stunde ein betriebliches Mehrprodukt pro Stunde. Das letztere verändert sich in gleicher Weise bei Sortimentsverschiebungen, Preisänderungen und Veränderung der Selbstkosten, wie auch bisher das betriebliche Reineinkommen sich dadurch erhöht oder verringert hat.

Jedoch ist durch die Bildung einer solchen Kennziffer eine weitere Möglichkeit gegeben, um zumindest auf der Betriebsebene die Messung des in der „betriebsindividuellen“ Arbeitszeit geschaffenen Neuwertes zu ergänzen bzw. zu vervollkommnen. Dadurch kann auch die Berechnung der betrieblichen Rentabilität pro Stunde produktiver Arbeitszeit (auf der Grundlage des betrieblichen Reineinkommens) durch die Berechnung einer betrieblichen Gesamtrentabilität (auf der Grundlage des gesamten Reineinkommens) erweitert werden.

Auf Grund realer Erkenntnisse aus den betrieblichen Unterlagen wird man durch entsprechende überbetriebliche Zusammenfassungen zu allgemeinen Durchschnittsgrößen gelangen, mit denen Grundlagen für die Messung des gesellschaftlich notwendigen Aufwandes geschaffen werden. Einheitliche Erfassung und Darstellung des Reproduktionsprozesses über ein einheitliches System der Buchführung ist dafür eine der wichtigsten Bedingungen.

10. Mit Hilfe des in der Übersicht gegebenen Zahlenbeispiels soll demonstriert werden, wie sich das Verhältnis zwischen Zeit, Menge und Wert entwickelt, wenn in der gleichen Zeit mit dem gleichen Geld mehr Erzeugnisse produziert werden.

Wir nehmen an, daß die Produktion von 500 auf 525 Produktionseinheiten gesteigert wird. Der Einfachheit halber werden die Kosten, die auf die Zeit (t) verrechnet wurden, unverändert gelassen, auch wenn sie in Wirklichkeit im einzelnen durch Sparmaßnahmen gesenkt werden – Einschränkung unproduktiver Kosten und des materiellen Verbrauchs – oder wenn sie aus diesen oder jenen Gründen steigen mögen.

An Hand dieses Beispiels wird gezeigt, wie die Selbstkosten pro Produktionseinheit bei steigender Produktion sinken und – bei gleichbleibendem Lohn – das Reineinkommen erhöht wird.

Durch die Steigerung der Produktion sinkt die Herstellzeit (bei gleichbleibender Gesamtzeit) pro Produktionseinheit von 8 auf 7,62 Stunden.

	Gesamt	Istaufwand pro 1 Std.	Istaufwand pro ME	Plan pro 1 ME	Abweichung		
Grundmaterial	63000	(15,75)	120,–	120,–	–		
Hilfsmaterial	3600	–,90	6,86	7,20	–,34		
Energie	1200	–,30	2,29	2,40	–,11		
Verschleiß	7200	1,80	13,71	14,40	–,69		1,14
Lohn f. Prod. Arb.	15000	3,75	28,57	30,–	1,43	1,43	
Lohn. f. Prod. H. Arb.	2200	–,55	4,19	4,40	–,21	–,21	
	(92200)	7,30	55,62	58,40	2,78		
Gemeinkosten	7200	1,80	13,72	14,40	–,68	–,68	
	99400	9,10	69,34	72,80	3,46		
gepl. RE 2	33600	8,40	64,–	67,20	3,20	3,20	5,52
		17,50	133,34	140,00	6,66		6,66
		15,75	120,00	120,00	–		
Gesamtaufwand	133000	33,25	253,34	260,00	6,66		
Erlös	136500	34,12	260,00				
	3500	–,87	6,66				
	3000	–,75	1,62				
		32,50					

Aus der vorstehenden Rechnung ist zu erkennen:

a) Die Warenproduktion – ausgedrückt in unveränderten Abgabepreisen pro Erzeugniseinheit – steigt

von	130000,–
auf	136500,–
somit um	6500,–

= 5%.

b) Im gleichen Verhältnis steigt der Einsatz des Grundmaterials, wobei davon abgesehen wird, daß auch hier eine Einsparung möglich ist. Im Beispiel bleibt der Verbrauch von Grundmaterial (t_{v1}) konstant; der nicht vom Erzeugnis, sondern von der Arbeitszeit abhängige Verbrauch von Hilfsmaterial und Energie sowie der Verschleiß (t_{v2}) sinkt in dem gleichen Verhältnis, wie die Zeit pro Produkt sinkt.

$$t_{v2} \cdot \left(1 - \frac{1.00}{1.05}\right) = st_{v2}$$

(s = Senkungsbetrag);
mithin

$$24,- \cdot 0,476 = 1,14 \text{ DM}^q.$$

c) Der Aufwand an lebendiger Arbeit (t_l), der pro Zeiteinheit h mit 116,– DM^h unverändert bleibt, sinkt durch die Steigerung der Arbeitsproduktivität im gleichen Verhältnis, wie die Arbeitsproduktivität steigt

$$t_l \cdot \left(1 - \frac{1.00}{1.05}\right) = st_l$$

mithin

$$116,- \text{ DM}^h \cdot 0,476 = 5,52 \text{ DM}^q.$$

d) Die Rechnung zeigt folgendes Ergebnis:

Der Gesamtaufwand pro Produktionseinheit q sinkt durch die Steigerung der Produktionsmenge Q:

von 260,– DM auf 253,34 = 6,66 DM oder um 2,56%; dabei sinkt aber t_l mehr als t_v:

t_v um 1,14 DM = 0,792%
t_l um 5,52 DM = 4,758%

e) Das Verhältnis von t_v und t_l am Gesamtaufwand verändert sich dementsprechend

	von		auf	
t_v	144	55,5%	142,87	56,4%
t_l	116	44,5%	110,47	43,6%
	260	= 100,0%	253,34	= 100,0%

mithin:

$$(55,5 \cdot 0,792) + (44,5 \cdot 4,758) = 2,56;$$

von dem Betrag der Senkung des Gesamtaufwandes von 6,66 DM entfällt auf die Senkung:

t_v (1,14) 17,1%
t_l (5,52) 83,9%.

Ergebnis: Mit den vorstehenden Rechnungen sollte gezeigt werden, daß auf betrieblicher Ebene durch eine exakte Erfassung der Wertbestandteile die Steigerung der Arbeitsproduktivität und die Senkung der Selbstkosten der Produktion ($c + v$) mit den gleichen Methoden kontrolliert werden können.

Es war zu beweisen, daß Zeit- und Wertrechnung eine untrennbare Einheit bilden, daß die Wertrechnung (damit auch die Kostenrechnung) mit der Zeit- und Mengenrechnung verbunden ist. Die Wertrechnung wird so zu einem Instrument der Kontrolle und ideellen Zusammenfassung der konkreten Seiten des Reproduktionsprozesses.

Wir haben bei den Berechnungen davon Abstand genommen, zu untersuchen, welche Auswirkungen sich im einzelnen ergeben, wenn die Maßstäbe der Bewertung – die Preise, Tarife usw. – auf Grund der Entwicklung der Arbeitsproduktivität oder auf Grund wirtschafts- und finanzpolitischer Überlegungen geändert werden. Im System der gesellschaftlichen Buchführung muß gesichert werden, daß die Unterschiede zwischen dem betriebsindividuellen und dem gesellschaftlichen Aufwand in jeder Phase des Reproduktionsprozesses besonders erfaßt und dargestellt werden. Dadurch wird es möglich, nicht nur den Umfang der Abweichungen im Gesamtmaßstab der Volkswirtschaft zu bestimmen, sondern auch die Planmäßigkeit der Entwicklung zu kontrollieren.

4. Kalenderzeit; Arbeitszeit; Maschinenzeit

Die Wertrechnung stützt sich auf die Zeit- und Mengenrechnung; sie verallgemeinert die in Zeit und Mengen erfaßten konkreten Erscheinungen des Reproduktionsprozesses. Es wurde nachgewiesen, daß es sich bei der Einheit von Zeit- und Wertrechnung nicht um eine Zeitrechnung im allgemeinen handelt, sondern um die Erfassung und Bewertung der Zeit, mit der die lebendige Arbeit in Stunden usw. gemessen wird. Es ist zu untersuchen, in welchem Maße auch die Kalenderzeit, die Maschinenzeit und die Handzeit bei der Wertrechnung zu berücksichtigen sind. Während die Kalenderzeit jeweils den Zeitraum absteckt, in dem die verschiedenen Tätigkeiten und die einzelnen Phasen des Reproduktionsprozesses vollzogen werden, sind Maschinenzeit und Handzeit zunächst nur eine spezielle Kennzeichnung für die unterschiedliche technische Qualität der Arbeitszeit selbst. Die Unterschiedlichkeit der Arbeit hat bestimmenden Einfluß auf den unterschiedlichen Aufwand von vergegenständlichter und lebendiger Arbeit, auf die Entwicklung der Arbeitsproduktivität und der gesellschaftlich notwendigen Arbeit.

> „Ist die Spinnmaschine das gesellschaftlich herrschende Arbeitsmittel für die Spinnerei, so darf dem Arbeiter nicht ein Spinnrad in die Hand gegeben werden.“[43]

a) Kalenderzeit und Arbeitszeit

Die Kalenderzeit kennzeichnet und begrenzt den Zeitraum, innerhalb dessen menschliche Arbeit auf unterschiedlichste Weise aufgewandt wird. Die Arbeitszeit, die in einem gegebenen Kalenderzeitraum zur Verfügung steht, ist abhängig:

von der Anzahl der Arbeitskräfte;
von der durch den Staat für die Arbeitsfähigen gesetzlich festgelegten Arbeitszeit;
von der innerhalb dieser Arbeitszeit ebenfalls gesetzlich festgelegten Ausfallzeit (Urlaub, gesellschaftliche Tätigkeit);
von der innerhalb dieser Arbeitszeit aus verschiedenen Gründen entstehenden Ausfallzeit;

[43] *Karl Marx*, Das Kapital, Band I, a. a. O., S. 204.

von der durch freiwillige Arbeit außerhalb der gesetzlichen Arbeitszeit im voraus nicht bestimm- und berechenbaren zusätzlichen Arbeitszeit.

Auf die Berechnung der zur Verfügung stehenden Arbeitszeit ist auf Seite 134 eingegangen worden.

Je mehr Arbeitszeit (gemeint ist die Arbeitszeit für materielle Produktion) in einem gegebenen Zeitraum zur Verfügung steht, um so höher ist bei einem gegebenen Stand der Qualifikation der Arbeitskräfte, der Arbeitsmoral und der Entwicklung der Technik der Umfang der der Gesellschaft zur Verfügung stehenden materiellen Güter.

Je weniger Zeit von dieser Arbeitszeit zur Herstellung der einzelnen materiellen Güter verwendet wird, um so größer ist die Menge der Produktions- und Konsumtionsmittel, um so besser können die ständig wachsenden Bedürfnisse der Gesellschaft befriedigt werden; um so mehr werden aber auch die Bedingungen dafür geschaffen, die für einzelne Gruppen von Werktätigen festgelegte Arbeitszeit unter Berücksichtigung volkswirtschaftlicher Belange herabzusetzen.

Wenn man daher den Gesamtwert der Produktion eines bestimmten Kalenderzeitraumes betrachtet – sagen wir den eines Monats –, so entspricht dieser Gesamtwert der Summe des Wertes der vergangenen und lebendigen Arbeit, der in diesem Zeitraum durch die lebendige Arbeit – gemessen in Arbeitsstunden – übertragen bzw. neu gebildet wurde. Mit den im vorhergehenden Abschnitt genannten Zahlenangaben kann man wie folgt rechnen:

In einem Kalenderzeitraum von 30 Tagen mit 25 Kalenderarbeitstagen ist ein Gesamtwert von 130000,– DM produziert worden (oder 500 Produktionseinheiten); an einem Kalenderarbeitstag von 8 Stunden (35 Arbeitskräfte) wurden 20 Produktionseinheiten mit einem Gesamtwert von 5200,– DM hergestellt, in einer Kalenderarbeitsstunde daher 2,5 Produktionseinheiten mit 650,– DM Gesamtwert. In einer Kalenderarbeitsstunde standen effektiv 20 Arbeiterstunden zur Verfügung (bei 35 Arbeitskräften – davon 10 mit Hilfsarbeiten in der Produktion und mit Verwaltungstätigkeit beschäftigt –; 20% der möglichen Stunden für die Produktion entfallen auf Ausfallzeit). In einer *Arbeiterstunde* wird ein Gesamtwert von 32,50 DM hergestellt.

Als Grundlage für die Wertrechnung fungiert daher nur die Arbeiterstunde, während die Kalenderarbeitsstunde als Hilfsgröße für Planungs- und Kontrollrechnungen zu verwenden ist.

b) Arbeitszeit und Maschinen- und Handzeit

Jede Arbeit in der Produktion ist je nach dem technologischen Stand der Produktion, je nach der Art und Weise der Produktion Maschinen- oder Handarbeit. Jede Stunde Arbeitszeit ist daher Maschinen- oder Handarbeitszeit oder Maschinenhandzeit. Mit der Mechanisierung und Automatisierung der Arbeitsprozesse wächst der Anteil der Maschinenarbeit, die den Menschen von schwerer körperlicher Arbeit befreit, so daß die Bedienung, Steuerung und Kontrolle der Maschinen, Aggregate, Apparaturen und Fließreihen die eigentliche Arbeit wird, die aber ebenso in Arbeitszeit gemessen wird. Die Produktivität der Arbeit steigt mit der Steigerung der Leistungsfähigkeit der Maschinen und mit der damit wachsenden Fähigkeit des Arbeiters, solche Maschinen herzustellen und zu bedienen. Auch wenn die Bedienung durch automatische Steuereinrichtungen, Relais usw. erfolgt, muß der Mensch den Mechanismus programmieren und in Bewegung setzen. Die Maschinenarbeit kann nicht isoliert von der lebendigen Arbeit des Menschen betrachtet werden. Nicht die Maschinenarbeit ist wertübertragende und wertbildende Arbeit; daher kann auch nicht die Maschinenzeit „bewertet" werden. *Es ist allein die lebendige Arbeit des Menschen, die das Wertprodukt schafft und die Höhe des Aufwandes bestimmt.* Je besser die technische Leistungsfähigkeit einer Maschine – die produktive Leistung der Menschen vorhergehender Produktionsprozesse, die den neuen Gebrauchswert geschaffen haben – durch den Arbeiter-Ingenieur ausgenutzt wird, um so produktiver wird die lebendige Arbeit, ohne daß dadurch die Maschinen selbst produktiv sein können.

> „Als solche zweckgemäße produktive Tätigkeit ... erweckt die Arbeit durch ihren bloßen *Kontakt* die Produktionsmittel von den Toten, begeistert sie zu Faktoren des Arbeitsprozesses und verbindet sich mit ihnen zu Produkten."[44]

Aus diesem Grunde kann die Maschinenstunde (Aggregatstunde usw.) nicht als Bewertungsobjekt für die Kalkulation verwendet werden. Zu „bewerten" ist die Maschinen*arbeit*, die in Stunden lebendiger Arbeit gemessen wird.

Das schließt nicht aus, daß die Maschinenzeit ebenso wie die Kalenderarbeitszeit als Hilfsgröße verwendet wird. Die Maschinenzeit kann als Kontrollgröße verwendet werden, um die durch den Betrieb und die Unterhaltung der Maschinen entstehenden Aufwendungen zu berechnen. Der in Geld ausgedrückte Aufwand an lebendiger Arbeit ($v + m$) kann jedoch nur auf die Arbeiterstunde bezogen werden. So können der Aufwand für eine Stunde Maschinenarbeit und für eine Stunde Handarbeit in ihrer Zusammensetzung und Entwicklung miteinander verglichen werden, wobei beim Vergleich beider auch die unterschiedliche Produktivität gemessen werden kann. Die Stunde Handarbeit ist immer gleich einer Stunde lebendiger Arbeit; die Stunde Maschinenarbeit hingegen ist nur dann mit einer Stunde lebendiger Arbeit identisch, wenn *ein* Arbeiter an *einer* Maschine arbeitet. Abweichungen zwischen beiden bestehen,

a) wenn ein Arbeiter mehrere Maschinen gleichzeitig bedient – dann ist die Anzahl der Maschinenstunden um ein Mehrfaches höher;

b) wenn mehrere Arbeiter eine Maschine oder einen Maschinenkomplex bedienen – dann ist die Anzahl der Arbeiterstunden entsprechend größer als eine Maschinenstunde.

Nicht die Maschine, die zur Be- und Verarbeitung des Rohstoffes (Grundmaterials) eingesetzt wird, saugt die lebendige Arbeit auf, sondern das zu be- und verarbeitende Material selbst:

> „Das Rohmaterial gilt hier nur als *Aufsauger eines bestimmten Quantums Arbeit.*"[45]

[44] Ebenda, S. 209. [45] Ebenda, S. 198.

In diesem Zusammenhang erscheint es angebracht, auf den Zweck der Methoden der Kostenrechnung in der bürgerlichen Betriebswirtschaftslehre hinzuweisen. Dort wird der Anschein erweckt, als ob die Maschine Arbeit verrichtet. Der Arbeiter gilt als ein Anhängsel der Maschine. Es wird propagiert, die Technik beherrsche den Menschen, um davon abzulenken, daß die kapitalistischen Produktionsverhältnisse die Ursache der verschärften Ausbeutung des Arbeiters sind. Arbeiter und Maschine sind dort kostenverursachende, wenn auch notwendige Faktoren des kapitalistischen Verwertungsprozesses. Jedoch gelingt es nicht, den „Kostenfaktor" Arbeiter vollends zur Maschine zu machen, da Hirn und Faust letztlich nicht durch Strom und Maschinenöl in Bewegung gehalten werden.

In der von der Ausbeutung befreiten Gesellschaft wird der Mensch zum Beherrscher der Technik und der Natur, die er sich zur Befriedigung seiner und der Gesellschaft Bedürfnisse dienstbar macht, er wird zum Beherrscher der Maschinen, die ihn mehr und mehr von schweren körperlichen und geistigen mechanischen Arbeiten befreien.

5. Zusammenfassung

In der sozialistischen Warenproduktion, in der zur Kontrolle des Reproduktionsprozesses, zur Messung der Arbeitsproduktivität in zunehmendem Maße mit der „Naturalform" des Wertes, der Arbeitszeit (in Zeiteinheiten), gerechnet wird, ergibt sich folgerichtig die Notwendigkeit der Zeitrechnung. Insbesondere kommt es darauf an, auf der Ebene der Betriebe bei Verwirklichung der innerbetrieblichen wirtschaftlichen Rechnungsführung den betrieblichen Arbeitszeitaufwand immer genauer zu messen. (Vgl. Tabelle 2.)

Durch die Erfassung der Arbeitszeit für ein einzelnes Erzeugnis, für einen einzelnen Arbeitsgang und für einzelne Produktionsstufen wird es auch möglich werden, den durchschnittlichen Aufwand für die Herstellung eines Produktes in Zeit zu berechnen. Wenn F. Behrens dafür eintritt, „daß das Rechnungswesen der sozialistischen Betriebe allmählich zu einer Zeitrechnung wird"[46], so muß dies in jedem Fall bejaht werden. Ebenso dringend aber ist im Augenblick die Qualifizierung der Wert-(Geld-) Rechnung in allen Betrieben unserer Volkswirtschaft, insbesondere ihr Aufbau nach wissenschaftlichen Erkenntnissen für die Bedürfnisse der volkswirtschaftlichen Gesamtrechnung.

Die Vereinheitlichung der Wertrechnung in den sozialistischen Betrieben, in den Institutionen und Organisationen wird der allmählichen Einführung der Zeitrechnung große Erleichterungen schaffen, weil durch eine einheitliche Wertrechnung auch organisatorisch und methodisch der inhaltliche Ablauf des Reproduktionsprozesses systematischer erfaßt und abgerechnet werden kann. Insbesondere wird es dann möglich sein, die engen Verbindungen und Beziehungen zwischen Menge, Zeit und Wert auf gleicher Grundlage auszuweisen.

[46] *F. Behrens*, Gesamter Arbeitsaufwand und Wert, „Wirtschaftswissenschaft", 10. Jahrg. H. 6, S. 111, 1962.

Tabelle 2

Gegenüberstellung der Entwicklung des Aufwandes bei Steigerung der AP

		A Handarbeit					B Maschinenarbeit				
		Σ	pro ME	pro 1 t_l	pro 1 t_k	pro AK	Σ	pro ME	pro 1 t_l	pro 1 t_k	pro AK
	Mengen	1000	–	0,1	5	20	8000	–	5	40	400
	Grundarbeiter	50				1	20				1
	Hilfsarbeiter	15					5				
	prod. Stunden	10000	10			200	4000	0,5			200
Grundkosten	Grundmaterial	10000	10,–	1,–	50,–	200,–	80000	10,–	20,–	400 –	4000,–
	Hilfsmaterial	1000	1,–	–,10	5,–	20,–	4800	–,60	1,20	24,–	240,–
	Energie	–	–	–	–	–	3200	–,40	–,80	16,–	160,–
	Verschleiß	–	–	–	–	–	2400	–,30	–,60	12,–	120,–
	T	11000	11,–	1,10	55,–	220,–	90400	11,30	22,60	452,–	4520,–
	Lohn PG-Arbeiten	20000	20,–	2,–	100,–	400,–	20000	2,50	5,–	100,–	1000,–
	Lohn P-Hilfsarbeiten	6000	6,–	0,60	30,–	120,–	2800	–,35	0,70	14,–	140,–
	Summe	37000	37,–	3,70	185,–	740,–	113200	14,15	28,30	566,–	5660,–
Gemeinkosten		13000	13,–	1,30	65,–	260,–	6800	–,85	1,70	34,–	340,–
Selbstkosten		50000	50,–	5,–	250,–	1000,–	120000	15,–	30,–	600,–	6000,–
Reineinkommen		40000	40,–	4,–	200,–	800,–	40000	5,–	10,–	200,–	2000,–
Gesamtaufwand		90000	90,–	9,–	450,–	1800,–	160000	20,–	40,–	800,–	8000,–
	Preis A/B	–	90,–					20,–			
	Preis B/A	20000	20,–				720000	90,–			
Neuwert Σ ∅		79000	79,–	7,90	395,–	1580,–	69600	8,70	17,40	348,–	3480,–

IV. MENGENRECHNUNG UND WERTRECHNUNG

Das gesellschaftliche Gesamtprodukt, das im Bereich der materiellen Produktion durch die produktive Arbeit von Millionen Werktätigen für die sozialistische Gesellschaft erzeugt wird, ist die Gesamtheit aller während eines bestimmten Zeitraumes hergestellten Erzeugnisse und materiellen Leistungen.[47]

„Das gesellschaftliche Produkt tritt in zwei Formen auf:

a) in der stofflichen oder Naturalform und
b) in der Wert- und Geldform."[48]

Das Gesamtprodukt – Produktions- und Konsumtionsmittel – setzt sich in seiner Wert- oder Geldform zusammen aus

a) dem Wert der verbrauchten Produktionsmittel, der durch die Arbeit auf das neue Produkt übertragen wurde,
b) dem neugeschaffenen Wert – gleich dem Nationaleinkommen –, der durch die notwendige Arbeit und durch die Mehrarbeit geschaffen worden ist.

Das gesellschaftliche Gesamtprodukt, das die Summe aller in der materiellen Produktion geschaffenen materiellen Güter ist und in seiner Naturalform stofflich im Gebrauchswert der einzelnen Erzeugnisse erscheint, kann durch die Mengenrechnung in Naturaleinheiten erfaßt und gemessen werden, wenn es sich um gleichartige Erzeugnisse handelt; durch Äquivalenzziffern sind gleiche Erzeugnisse mit unterschiedlicher Qualität zusammenfaßbar. Jedoch ist eine Darstellung der Gesamtsumme und des Gesamtumfangs des Produkts nur in Wertform möglich.

Alle betrieblichen materiellen Prozesse sind an der Entstehung des gesellschaftlichen Gesamtprodukts in seiner Natural- und Wertform beteiligt. Die Verteilung und die Verwendung des Gesamtprodukts werden letztlich nur in den Betrieben, Institutionen und Organisationen der produktiven und unproduktiven Bereiche der Volkswirtschaft realisiert und nachgewiesen. Für volkswirtschaftliche Zusammenfassungen ist es unerläßlich, die ablaufenden und abgelaufenen Prozesse der Entstehung, Verteilung und Verwendung des Gesamtprodukts in den Betrieben, Institutionen und Organisationen unverfälscht und lückenlos durch ein einheitliches System der gesellschaftlichen Buchführung zu erfassen. Alle ökonomischen Berechnungen müssen sich auf die originären Angaben der Wirklichkeit stützen. Eine Gesamtrechnung auf einheitlichen Grundlagen gibt die Möglichkeit einer richtigen Einschätzung der effektiven ökonomischen Angaben. Hierzu ist neben der Mengenrechnung, die immer an die Naturalform der Erzeugnisse (Gebrauchswerte) gebunden ist, die Organisierung einer einheitlichen Zeit- und Wertrechnung erforderlich. Wenn in der Warenproduktion das Geld als Wertmaß notwendige Erscheinungsform des Wertes ist, so ist das immanente Wertmaß der Waren die Arbeitszeit.[49]

„Das Geld wurde für die praktische Auffassung der entscheidende Wertmesser, und dies um so mehr, je mannigfaltiger die in den Handel kommenden Waren wurden, je mehr sie

[47] Vgl. Politische Ökonomie, Lehrbuch, a. a. O., S. 736.
[48] Ebenda.
[49] Vgl. *Karl Marx*, Das Kapital, Band I, a. a. O., S. 99.

entlegnen Ländern entstammten, je weniger also die zu ihrer Herstellung nötige Arbeitszeit sich kontrollieren ließ."[50]

Die Mengenrechnung, die zum überwiegenden Teil durch die Organisation der statistischen Erfassung und Berichterstattung auf einheitlichen Grundlagen aufgebaut ist, muß gewährleisten, daß zu jeder Zeit die für die Kontrolle der Gebrauchswerte erforderlichen Angaben über die Bewegung und den Bestand der Produktions- und Konsumtionsmittel zur Verfügung stehen. Dazu gehört, daß die Absatz- und Lieferstatistik über die mit den Empfängern und Lieferern entstehenden materiellen und Geldbeziehungen allseitig Auskunft gibt, um die zwischen den Produzenten und Verbrauchern und die innerhalb der Produktionsstufen entstandenen Verflechtungen darstellen zu können.

Die Wertrechnung muß gewährleisten, daß in jeder Phase des Produktionsprozesses eine Kontrolle der Mengen durch die Mark erfolgt. Eine der entscheidenden Bedingungen dafür ist, daß die in der materiellen Produktion hergestellten, für den Absatz oder den betrieblichen Eigenverbrauch bestimmten Erzeugnisse und materiellen Leistungen nach einheitlichen Grundsätzen bewertet werden. Hier entsteht zunächst die Frage, zu welchen Preisen die Brutto- und Warenproduktion zu bewerten ist. Grundsätzlich ist davon auszugehen, daß in jeder Stunde produktiver Arbeit nicht nur der Wert der vergangenen Arbeit auf das neue Produkt übertragen wird.

„Nicht nur der Wert der verausgabten Arbeitskraft, sondern auch der Mehrwert wird beständig während des Arbeitsprozesses auf das Produkt übertragen, aber auf unfertiges Produkt, das noch nicht die Gestalt der fertigen Ware hat, also noch nicht zirkulationsfähig ist."[51]

Demzufolge wäre es durchaus richtig, bei der Bewertung der noch unfertigen Waren den dem jeweiligen Grad der Fertigstellung entsprechenden Gesamtwert zugrunde zu legen.

Wenn man, wie im vorhergehenden gezeigt wurde, eine Verrechnung des Aufwandes auf das Produkt auf Basis der Arbeitszeit durchsetzen würde, so wäre eine solche Bewertung aller einzelnen Teilerzeugnisse ohne rechnerische Schwierigkeiten denkbar. Auch ein Ausweis des Mehrprodukts, das noch nicht realisierbar ist, ist mit Hilfe des zweckentsprechenden Systems der Erfassung möglich. Es wird jedoch hier Einwände geben, nicht nur in der Hinsicht, daß eine Fertigstellung der unvollendeten Produktion noch nicht gesichert ist, sondern auch wegen entsprechender Umrechnungen zur Finanzierung der unvollendeten Produktion durch die vom Staat in Form des Umlaufmittelfonds oder durch die von der Bank in Form von Krediten zur Verfügung gestellten oder zu stellenden Mittel. Es würde aber auch hier keine Schwierigkeiten geben, da

a) das bisher im Produktionsprozeß eingesetzte und für die verschiedenen herzustellenden Erzeugnisse erforderliche Grundmaterial ohnehin durch die bisherige Dokumentation mengen- und wertmäßig erfaßt wird;
b) die Erfassung der bisher aufgewendeten Arbeitszeit pro unvollendetes Erzeugnis ebenfalls durch die entsprechenden Belege, Arbeitspapiere usw. festgestellt wurde oder feststellbar ist;

[50] *Friedrich Engels* in: *Karl Marx*, Das Kapital, Band III, a. a. O., S. 34.
[51] *Karl Marx*, Das Kapital, Band II, a. a. O., S. 228.

c) die Bewertung der Arbeitsstunden mit „vollem Wert" erfolgt;

d) mit Rechenmaschinen der „Wert" der bisher aufgewendeten Arbeitsstunden – auch in entsprechender Unterteilung – schnell errechnet werden kann.

Wenn die unvollendete Produktion (Erzeugnisse, Teilerzeugnisse, Arbeitsgänge) nicht zum vollen Wert bewertet wird, so kann doch die fertiggestellte Produktion zum vollen Wert bewertet werden, auch wenn das erarbeitete Reineinkommen noch nicht realisiert ist. Marx sagt:

„Obgleich der Überschuß des Werts der Ware über ihren Kostpreis im unmittelbaren Produktionsprozeß entsteht, wird er erst realisiert im Zirkulationsprozeß und erhält um so leichter den Schein, aus dem Zirkulationsprozeß zu entspringen, als es in der Wirklichkeit, innerhalb der Konkurrenz, auf dem wirklichen Markt, von Marktverhältnissen abhängt, ob oder nicht, und zu welchem Grad, dieser Überschuß realisiert wird. Es bedarf hier keiner Erörterung, daß, wenn eine Ware über oder unter ihrem Wert verkauft wird, nur eine andre Verteilung des Mehrwerts stattfindet, und daß diese verschiedne Verteilung, das veränderte Verhältnis, worin verschiedne Personen sich in den Mehrwert teilen, weder an der Größe noch an der Natur des Mehrwerts irgend etwas ändert."[52]

Diese Darstellung bezieht sich auf den kapitalistischen Reproduktionsprozeß. Unter den Bedingungen der sozialistischen Warenproduktion wird nicht für einen Markt mit unbekannten Konsumenten produziert. Die Verteilung der Waren im Wege des Kaufs und Verkaufs wird planmäßig durch Verträge usw. durchgesetzt, so daß das Reineinkommen im Prinzip realisiert werden muß. Wird die Ware aus verschiedenen Ursachen nicht oder nicht zum „vollen" Wert – soweit dieser durch entsprechende Preise annähernd fixiert werden kann – realisiert, ist es notwendig, diese Abweichungen zu erfassen, um die Ursachen der Differenz zwischen Produktion und Verteilung analysieren zu können.

Daher sollten Brutto- und Warenproduktion einheitlich zu Industrieabgabepreisen bewertet werden, sofern es die Produktionsmittel und diejenigen Konsumtionsmittel betrifft, die nicht für den individuellen Verbrauch bestimmt sind.

Die Industrieabgabepreise sind zugleich Großhandelspreise. Sie enthalten das betriebliche Reineinkommen und den Teil des in der materiellen Produktion geschaffenen Reineinkommens, der als Produktions- und Dienstleistungsabgabe und in Form anderer staatlicher Abgaben zentralisiert wird. Sie enthalten außerdem die Großhandelsspanne und die Zirkulationskosten, unabhängig davon, wer diese in Anspruch nimmt. Dieser Industrie-(Großhandels-)preis gilt für den abgebenden Betrieb als Abgabepreis *und* zugleich als Einstandspreis für den empfangenden Betrieb. Die Kontrolle über die Warenbewegung durch den Industrie-(Großhandels-)preis ist durchaus gesichert.

Die durch spezifische Umstände entstehenden Differenzen zwischen den festgesetzten (und geplanten) Industrieabgabepreisen und den effektiven Preisen werden als entsprechende Abweichungen beim Lieferer oder Empfänger besonders erfaßt und ausgewiesen. Damit ist eine Kontrolle der Abweichungen gesichert.

[52] *Karl Marx*, Das Kapital, Band III, a. a. O., S. 63.

Die Warenproduktion, die für die individuelle Konsumtion bestimmt ist, kann bereits im Herstellerbetrieb zu Endverbraucherpreisen bewertet werden. Damit würden diese Waren tatsächlich zu dem Preis bewertet, der dem vollen Wert entspricht.[53] Das im Industriebetrieb ausgewiesene Reineinkommen enthält dann auch die Einzelhandelsspanne, die – bei Abgabe der Waren an den Einzelhandel – diesem vom abgebenden Betrieb zu vergüten ist. (Das ist eine auch jetzt bereits praktizierte Methode bei der Teilung der Handelsspanne.) Aus diesem Betrag werden die Kosten des Einzelhandels gedeckt. Durch ein einheitliches System der gesellschaftlichen Buchführung muß gesichert werden, daß die Spanne zwischen Industrieabgabepreis und Endverbraucherpreis als Reineinkommen der materiellen Produktion ausgewiesen wird, auch wenn dies in den Einzelhandelsbetrieben geschieht.

Ebenso aber ist es notwendig, auch die über den Außenhandel abgesetzte Warenproduktion voll zu den Industrieabgabepreisen auszuweisen, die im Inland gelten und annähernd den Wert widerspiegeln, der in der materiellen Produktion des eigenen Landes geschaffen wurde. Der Weiterverkauf erfolgt zu Valutaabgabepreisen, die unter oder über den Industrieabgabepreisen liegen. Die Differenz zwischen IAP und VAP, die bei demjenigen erfaßt wird, der direkt mit dem Auslandspartner in Handelsbeziehungen steht, bildet die Grundlage dafür, die Rentabilität unserer Volkswirtschaft mit den entsprechenden internationalen Daten zu vergleichen. Auch hier wird eine einheitliche Erfassung mit gleichen Kennziffern in allen Bereichen der Volkswirtschaft wesentlich dazu beitragen, die Gesamtzusammenhänge besser zu erkennen.

Das gesellschaftliche Gesamtprodukt in seinen materiellen Formen – in Gebrauchswerten – wird durch eine einheitliche Mengenrechnung erfaßt. Eine mit einheitlichen Maßstäben durchgeführte Bewertung der Erzeugnisse und materiellen Leistungen widerspiegelt und kontrolliert nicht nur die finanziellen Verrechnungen und Geldbeziehungen, sondern bildet auch die Grundlage für die Kontrolle über die Distribution und Verwendung der Wertbestandteile.

Die Aufgaben einer mit der Mengenrechnung zusammenhängendenWertrechnung lassen sich wie folgt umreißen:

1. Sie hat den mengenmäßigen Einsatz und Verbrauch der Waren in Geld zu verallgemeinern und widerzuspiegeln und damit auch die Einhaltung mengenmäßig festgelegter Verbrauchsnormen zu kontrollieren.

2. Sie muß die auf den Warenbeziehungen beruhenden Geldbeziehungen so erfassen und darstellen, daß ein umfassender Überblick über die Verteilung und Verwendung der abgesetzten und gelieferten Warenproduktion gegeben ist.

3. Durch die Wertrechnung sind alle sich aus gesetzlichen Preisveränderungen, Umbewertungen und Wertberichtigungen ergebenden Abweichungen zwischen Plan- und effektiven Preisen absatz- und empfangsseitig zu erfassen und gesondert auszuweisen, damit die Möglichkeit besteht, Auswirkungen von Preisänderungen usw. im Rahmen des nationalen und internationalen Warenverkehrs zu erkennen.

53 Abgesehen von der besonderen Festsetzung der Produktionsabgabe bei bestimmten Konsumtionsgütern.

Ottomar Kratsch

DIE FONDSINTENSITÄT DER PRODUKTION

I. DIE PROBLEMSTELLUNG

Der Produktionsprozeß ist die zweckmäßige und rationelle Vereinigung des subjektiven Elements der Produktion – der lebendigen Arbeit – mit den gegenständlichen Elementen – Arbeitsmittel und Arbeitsgegenstand – mit dem Ziel, die gegebenen Naturstoffe für die Konsumtion der Gesellschaft in Gebrauchsgüter umzuformen. Dabei ist der Wirkungsgrad der lebendigen Arbeit um so höher, je mehr die Arbeitskraft quantitativ und qualitativ mit Arbeitsmitteln ausgestattet und mit zweckentsprechend vorbereiteten Arbeitsgegenständen versorgt wird.

Diese bestimmende Grundbeziehung der gesellschaftlichen Produktion, das Verhältnis zwischen Produktionsmitteln und Arbeitskräften, erlangt mit fortschreitender Entwicklung der modernen Gesellschaft stets zunehmende Bedeutung. Karl Marx hat diesen Zusammenhang mehrfach dargestellt:

> „Abgesehen von Naturbedingungen, wie Fruchtbarkeit des Bodens usw., und vom Geschick unabhängiger und isoliert arbeitender Produzenten, das sich jedoch mehr qualitativ in der Güte als quantitativ in der Masse des Machwerks bewährt, drückt sich der gesellschaftliche Produktivgrad der Arbeit aus im relativen Größenumfang der Produktionsmittel, welche ein Arbeiter, während gegebener Zeit, mit derselben Anspannung von Arbeitskraft, in Produkt verwandelt. Die Masse der Produktionsmittel, womit er funktioniert, wächst mit der Produktivität seiner Arbeit."[1]

Als Resümee stellt dann Karl Marx fest:

> „Die Zunahme der letzteren (der Produktivität der Arbeit – O. K.) erscheint also in der Abnahme der Arbeitsmasse verhältnismäßig zu der von ihr bewegten Masse von Produktionsmitteln, oder in der Größenabnahme des subjektiven Faktors des Arbeitsprozesses verglichen mit seinen objektiven Faktoren."[2]

Die Grundbeziehung der gesellschaftlichen Produktion, die die wechselseitigen Abhängigkeiten zwischen den Produktionsmitteln einerseits und der lebendigen Arbeit andererseits widerspiegelt, ist das Resultat des Zusammenwirkens einer Vielzahl unterschiedlich verlaufender Einzelbewegungen, so daß zwischen der Erhöhung

[1] *Karl Marx/Friedrich Engels*, Werke, Band 23, Dietz Verlag, Berlin 1962, S. 650.
[2] Ebenda, S. 651.

des Ausstattungsgrades der lebendigen Arbeit mit Arbeitsmitteln und Arbeitsgegenständen und einer entsprechenden Steigerung der Produktivität der Arbeit kein Gleichheitszeichen gesetzt werden kann. In der Entwicklung der sozialistischen Ökonomik gibt es Perioden, in denen der Zuwachs der Produktionsfonds dem Wachstum der Arbeitsproduktivität vorauseilt, während in anderen Zeitabschnitten die Produktivität der Arbeit schneller zunimmt als die Fondsausstattung der Arbeit. So ist z. B. nachgewiesen worden, daß während der Industrialisierung der sowjetischen Ökonomik die Fondsintensität der Produktion beträchtlich anstieg, während in dem Zeitraum von 1940 bis 1959 einer Steigerung der Arbeitsproduktivität um 182 Prozent eine Erhöhung der Fondsausstattung der Arbeit um nur 119 Prozent gegenüberstand.[3] Aber auch innerhalb jeder Etappe gibt es viele gegenläufige Bewegungen.

Die Entwicklung der Grundbeziehungen zwischen Produktionsmitteln und Arbeitskräften bzw. zwischen vergegenständlichter und lebendiger Arbeit wird durch zahlreiche und vielfältige qualitative Momente und Qualitätsveränderungen bestimmt, was den tendenziellen Verlauf der quantitativen Relationen wesentlich beeinflußt.

So ist zunächst einmal von Bedeutung, daß jede neue Produktion, ehe sie ökonomisch wirksam werden kann, für ihren Aufbau eine zeitlich vorausgehende Minimal-Akkumulation finanzieller und stofflicher Mittel voraussetzt. Das gilt in besonderem Maße für die Realisierung der wissenschaftlichen Forschungsergebnisse in der Produktion, die größtenteils hohe Anforderungen an die Akkumulationskraft der Volkswirtschaft stellt.[4] Werden diese mit qualitativen Neuentwicklungen unmittelbar verbundenen Akkumulationen aber schließlich produktionswirksam, dann kommen Naturkräfte zur Geltung, die einem Gratisdienst der Produktionsmittel gleichgesetzt werden können. Auf dieses Phänomen hat Karl Marx mehrfach hingewiesen.[5]

Angesichts der wissenschaftlich-technischen Revolutionierung der Produktion in der DDR, die sich vor allem nach dem VI. Parteitag der SED in beschleunigtem Tempo vollzieht, gewinnen diese beiden Aspekte besondere Bedeutung. Der forcierte technische Fortschritt stellt sich unter diesem Gesichtspunkt dar als steigendes Verhältnis zwischen dem Umfang des Gratisdienstes der Produktionsmittel einer-

[3] Vgl. *W. Kudrow*, Die gesellschaftliche Produktion in der UdSSR und in den USA, „Weltwirtschaft und internationale Beziehungen", H. 7, S. 22f., 1963. (Russ.)

[4] „Wie mit den Naturkräften, verhält es sich mit der Wissenschaft. Einmal entdeckt, kostet das Gesetz über die Abweichung der Magnetnadel im Wirkungskreise eines elektrischen Stroms oder über Erzeugung von Magnetismus im Eisen, um das ein elektrischer Strom kreist, keinen Deut. Aber zur Ausbeutung dieser Gesetze für Telegraphie usw. bedarf es eines sehr kostspieligen und weitläufigen Apparats." (*Karl Marx/Friedrich Engels*, Werke, Band 23, a. a. O., S. 407f.)

[5] „Um soviel größer der produktive Wirkungsumfang der Maschinerie als der des Werkzeugs. um soviel größer ist der Umfang ihres unentgeltlichen Dienstes verglichen mit dem des Werkzeugs." Und: „Erst in der großen Industrie lernt der Mensch, das Produkt seiner vergangnen, bereits vergegenständlichten Arbeit auf großem Maßstab gleich einer Naturkraft umsonst wirken zu lassen." (Ebenda, S. 409.)

seits und der dafür eingesetzten Größe der Akkumulationen andererseits. Die Entwicklung, Konstruktion und Fertigung des ersten Exemplars einer numerisch gesteuerten Werkzeugmaschine erfordert weit höhere Aufwendungen als die Fortentwicklung herkömmlicher Maschinen. Die laufenden Ausgaben nach Inbetriebnahme sind aber unverhältnismäßig niedriger als bei dem Einsatz einer entsprechend größeren Zahl von herkömmlichen Werkzeugmaschinen. (Es entfallen die hohen Aufwendungen für Vorrichtungen und Zusatzeinrichtungen, die effektive Maschinenzeit nimmt bedeutend zu usw.) Der Bau weiterer Exemplare ist weit billiger als der des ersten Musters, wodurch sich jener Gratisdienst erhöht. Dieses Beispiel macht besonders deutlich, wie im Zeitalter der technischen Revolutionierung diese genannten qualitativ-quantitativen Wechselbeziehungen, die vor allem in den führenden Zweigen der Volkswirtschaft vorherrschen, die Effektivität und die Entwicklungstempi der sozialistischen Produktion in starkem Maße bestimmen.

Ein weiteres qualitatives Moment, das die Beziehungen zwischen der vergangenen und der lebendigen Arbeit wesentlich beeinflußt, ist die gesamtgesellschaftliche Organisation der sozialistischen Produktion. Karl Marx betonte bereits den Fortschritt der kapitalistischen Großproduktion gegenüber der manufakturmäßigen Arbeitsorganisation.[6] In der sozialistischen Ökonomik sind die gesellschaftlichen Organisationsformen der Produktion – die Konzentration, Spezialisierung, Kooperierung und Kombination der Produktionsprozesse – im Rahmen ganzer Zweige wirksam und münden in den Gesamtprozeß der volkswirtschaftlichen Entwicklung ein. Damit werden neue ökonomische Triebkräfte wirksam, die das allgemeine Entwicklungstempo beschleunigen, wenn die entsprechenden materiellen Grundlagen in Form von optimalen Strukturrelationen zwischen Produktionsmitteln und Arbeitskräften geschaffen werden. Es erhöhen sich somit Ausmaß, Komplexität und Variabilität der Grundbeziehungen zwischen vergangener und lebendiger Arbeit im gegenwärtigen Entwicklungsstadium der sozialistischen Ökonomik.

Es werden nunmehr die Bedingungen geschaffen, um zur Automatisierung ganzer Fabriken und Produktionszweige überzugehen. Die operative Produktionsleitung wird in naher Zunkunft vorwiegend nach kybernetischen Gesichtspunkten erfolgen, und elektronische Rechenautomaten werden wesentlicher Bestandteil der Regulierungsprozesse sein.

Wie schnell sich dieser Prozeß durchsetzen wird, hängt sehr entscheidend auch davon ab, daß optimale Relationen zwischen der vergangenen und der lebendigen Arbeit, zwischen Produktionsmitteln und Arbeitskräften hergestellt werden. Und zwar stehen gegenwärtig zwei Aspekte im Vordergrund. *Erstens* sind diese Relationen so zu gestalten, daß die erforderlichen hohen Akkumulationsmittel für den raschen Einsatz der modernsten Technik und Technologie sehr bald bereitgestellt werden

6 „Als Maschinerie erhält das Arbeitsmittel eine materielle Existenzweise, welche Ersetzung der Menschenkraft durch Naturkräfte und erfahrungsmäßiger Routine durch bewußte Anwendung der Naturwissenschaft bedingt. In der Manufaktur ist die Gliederung des gesellschaftlichen Arbeitsprozesses rein subjektiv, Kombination von Teilarbeiten; im Maschinensystem besitzt die große Industrie einen ganz objektiven Produktionsorganismus, den der Arbeiter als fertige materielle Produktionsbedingung vorfindet." (Ebenda, S. 407.)

können. Das verlangt einmal, daß die unmittelbaren Investitionen in die Zweige gelenkt werden, die diese Zielstellung fördern. Das verlangt zum anderen, daß die rationellste Verbindung zwischen den gegebenen Produktionsfonds und den unmittelbar neu zu schaffenden Produktionsbedingungen hergestellt und die vorhandenen Produktionsmittel maximal ausgenutzt werden. *Zweitens* sind für die revolutionäre Umgestaltung der Produktionstechnik und -organisation vorwiegend die Varianten auszuwählen, die vom volkswirtschaftlichen Standpunkt aus den höchsten Nutzeffekt garantieren, wodurch bei gegebenem Akkumulationsfonds maximale Ergebnisse erzielt werden können. Diese Anforderungen, die direkt aus dem auf dem VI. Parteitag der SED beschlossenen Programm folgen, machen eine gründliche und exakte Analyse und Planung der Grundbeziehungen zwischen vergangener und lebendiger Arbeit erforderlich.

Es sind dies vor allem die Wechselbeziehungen zwischen den eingesetzten Produktionsfonds und dem Produktionsresultat, die durch die mannigfaltigsten Einzelbewegungen und -beziehungen vermittelt werden. Sie kommen zum Ausdruck: in der Fondsausstattung der Arbeitskraft, die sich in einer entsprechenden Entwicklung der Arbeitsproduktivität niederschlägt; in den zweigstrukturellen Veränderungen, die die Infrastruktur der Volkswirtschaft bestimmen; im Wirkungsgrad der Akkumulationen, der wesentlich durch den Gratisdienst der Produktionsmittel beeinflußt wird usw. Die bewußte Planung dieser Wechselbeziehungen erfordert neue Methoden und zusätzliche Berechnungen, die notwendig sind, um diese Potenzen für den gesellschaftlichen Fortschritt, für die Lösung der auf dem VI. Parteitag beschlossenen zentralen Aufgabe auf ökonomischem Gebiet, voll wirksam werden zu lassen. Andererseits erhöht sich die Gefahr, daß volkswirtschaftliche Verluste eintreten, wenn diese Beziehungen nicht genügend berücksichtigt werden.[7]

Es ist einer der entscheidenden Vorzüge der sozialistischen Ökonomik gegenüber allen vorhergehenden Wirtschaftsordnungen, daß sie die planmäßige Gestaltung und Lenkung der gesellschaftlichen Gesamtprozesse auf allen Ebenen objektiv möglich macht. Diese objektive Möglichkeit, die zugleich eine objektive Notwendigkeit ist, wird jedoch noch nicht überall in der gebotenen Weise wahrgenommen. In ganz besonderem Maße gilt das für die planmäßige Gestaltung und Lenkung der Beziehungen zwischen Produktionsmitteln und Arbeitskräften.

Die relevanten Beziehungen zwischen vergangener und lebendiger Arbeit im gesellschaftlichen Produktionsprozeß werden im gegenwärtigen System der Planung und Leitung der Volkswirtschaft weder systematisch noch komplex behandelt. Ihre Rolle und Stellung im Produktions- und Reproduktionsprozeß der sozialistischen Ökonomik kommt in dem bislang noch geltenden Kennziffernsystem der Planung und Abrechnung nicht genügend zum Ausdruck.

[7] „Wenn es daher auf den ersten Blick klar ist, daß die große Industrie durch Einverleibung ungeheurer Naturkräfte und der Naturwissenschaft in den Produktionsprozeß die Produktivität der Arbeit außerordentlich steigern muß, ist es keineswegs ebenso klar, daß diese gesteigerte Produktivkraft nicht durch vermehrte Arbeitsausgabe auf der anderen Seite erkauft wird.“ (Ebenda, S. 408.)

Das Kennziffernsystem der Planung und Abrechnung, das bis 1963 gültig war und im Maße der Durchsetzung des neuen ökonomischen Systems der Planung und Leitung der Volkswirtschaft ständig verbessert wird, basiert im wesentlichen auf der Kategorie des gesellschaftlichen Gesamtprodukts. Die wichtigen gesellschaftlichen Proportionen zwischen Abteilung I und Abteilung II, zwischen Akkumulation und Konsumtion, zwischen Ersatzfonds und Nationaleinkommen, zwischen Lohnfonds und Reineinkommen usw. – das alles sind Proportionen innerhalb des gesellschaftlichen Gesamtprodukts. Ebenso beziehen sich die Kennziffern Bruttoproduktion, Warenproduktion, Eigenleistung der Betriebe, Selbstkosten, Investitionen usw. auf das Jahresergebnis der Produktion. Die wichtige Kennziffer Arbeitsproduktivität kennzeichnet das Verhältnis des jährlichen Produktionsresultates zur Größe der im gleichen Zeitraum aufgewendeten lebendigen Arbeit. Kurz, die entscheidenden Kennziffern der Planung und Abrechnung gehen letzten Endes von der Kategorie des gesellschaftlichen Gesamtprodukts aus.

Das gesellschaftliche Gesamtprodukt als volkswirtschaftliche Kennziffer kennzeichnet aber nur das Resultat der gesellschaftlichen Produktion innerhalb eines bestimmten Zeitabschnittes (gewöhnlich eines Jahres), ganz gleich, ob es sich dabei um das geplante oder um das faktisch erzielte Produktionsresultat handelt. Das bedeutet im Prinzip, daß das Produktionsresultat des Planjahres ausgehend vom Produktionsresultat des Basisjahres geplant wird, denn die entscheidenden Kennziffern sind die oben genannten ökonomischen Daten und Proportionen.

Diese Verfahrensweise ist aber überholt und entspricht nicht mehr den Anforderungen, die im Rahmen des neuen ökonomischen Systems der Planung und Leitung der Volkswirtschaft an die Perspektivplanung gestellt werden:

> „Die Festlegung der Perspektive und ihre Widerspiegelung im Plan kann nur richtig sein, wenn sie von der Kenntnis der Erfordernisse ausgeht, die die wissenschaftlich-technische Entwicklung im Zeitraum bis 1970 und weiter bis 1980 stellt. Von dieser Position aus müssen wir zurückrechnen, und die unmittelbar bevorstehenden Abschnitte der ökonomischen Entwicklung bestimmen."[8]

Das ist – und das hebt Walter Ulbricht hervor – eine prinzipiell andere Methode der Planung, die nicht mehr wie bisher vom gegenwärtigen Zustand ausgeht.

Diese neue Verfahrensweise der Planung erfordert natürlich auch entsprechende Veränderungen im Kennziffernsystem: Neubildung von Kennziffern, die bisher vernachlässigte Seiten der Ökonomik sichtbar machen und eine planmäßige Steuerung dieser Prozesse ermöglichen; Neugruppierung der Kennziffern; Verlagerung der Gewichtungen im Kennziffernsystem usw. Es müßten daneben aber auch vor allem die Grundbeziehungen zwischen der vorgeschossenen vergangenen Arbeit und der lebendigen Arbeit der Volkswirtschaft als Ganzes und in den verschiedenen Produktionszweigen direkt in das Kennziffernsystem einbezogen werden, die Beziehung also der eingesetzten Fonds zum Produktionsresultat.

[8] Walter Ulbricht, Die Durchführung der ökonomischen Politik im Planjahr 1964 unter besonderer Berücksichtigung der chemischen Industrie, Dietz Verlag, Berlin 1964, S. 54.

Man kann – bezüglich der letzten Forderung – diese unterschiedliche Betrachtungsweise des Reproduktionsprozesses in etwa an den unterschiedlichen Bewegungen verdeutlichen, die Karl Marx in den verschiedenen Kreisläufen des Warenkapitals und des produktiven Kapitals dargestellt hat, wenn man dabei von den spezifisch kapitalistischen Formen absieht, unter denen sich diese Prozesse vollziehen, und wenn man berücksichtigt, daß Marx zum Zwecke der Vereinfachung unterstellt hat, das ganze produktive Kapital werde in einem Jahreszyklus verzehrt.[9]

Karl Marx stellt dar, daß im Kreislauf des Warenkapitals (W′ – G′ – W ... P ... W′) das bereits verwertete Kapital – im übertragenen Sinne also das Produktionsresultat – in Gestalt des gesamten Warenprodukts den Ausgangspunkt bildet und die Form des sich bewegenden Kapitals besitzt.[10] In diesen Kreislauf des Warenkapitals wird aber keineswegs der gesamte Reproduktionsprozeß einbezogen, weil die Grundfonds in ihrer Gesamtgröße außer Betracht bleiben:

> „Fixiert man daher diese Figur (den Kreislauf des Warenkapitals – O. K.), so scheinen alle Elemente des Produktionsprozesses aus der Warenzirkulation herzukommen und nur aus Waren zu bestehen. Diese einseitige Auffassung übersieht die von den Warenelementen unabhängigen Elemente des Produktionsprozesses."[11]

Sollen die Grundbeziehungen zwischen den vorgeschossenen Produktionsfonds und dem Produktionsprodukt und die dieses Verhältnis bestimmende Grundbeziehung zwischen vergangener und lebendiger Arbeit in die Planung der ökonomischen Entwicklung einbezogen werden, was ohne Zweifel erforderlich ist, dann muß dem das Kreislaufschema P ... P′ zugrunde gelegt werden, allerdings in einer modifizierten Form, in der die vereinfachenden Annahmen von Karl Marx aufgehoben werden.

Natürlich soll dieses Kreislaufschema nicht das Kreislaufschema des gesellschaftlichen Gesamtprodukts ersetzen. Dadurch würde nur eine einseitige Betrachtungs-

[9] „In jeder seiner Phasen ist das industrielle Kapital an eine bestimmte Form gebunden, als Geldkapital, produktives Kapital, Warenkapital. Nur nachdem es die seiner jedesmaligen Form entsprechende Funktion vollzogen hat, erhält es die Form, worin es eine neue Verwandlungsphase eingehn kann. Um dies klarzulegen, haben wir in unserm Beispiel *angenommen, daß der Kapitalwert der im Produktionsstadium erzeugten Warenmasse* gleich sei der Gesamtsumme des *ursprünglich als Geld vorgeschoßnen Werts*, mit andern Worten, daß der ganze als Geld vorgeschoßne Kapitalwert auf einmal aus dem einen Stadium in das jedesmal nächstfolgende tritt. Wir haben aber gesehn (Buch I, Kap. VI), daß ein Teil des konstanten Kapitals, die eigentlichen Arbeitsmittel (z. B. Maschinen) in seiner größern oder geringern Anzahl von Wiederholungen derselben Produktionsprozesse stets von neuem dienen, ihren Wert daher auch nur stückweis an das Produkt abgeben. Wieweit dieser Umstand den Kreislaufprozeß des Kapitals modifiziert, wird sich später zeigen." (Hervorhebungen – O. K.). (*Karl Marx/Friedrich Engels*, Werke, Band 24, Dietz Verlag, Berlin 1963, S. 59.)

[10] „Die Verteilung des gesellschaftlichen Gesamtprodukts, wie die besondere Verteilung des Produkts für jedes individuelle Warenkapital, einerseits in individuellen Konsumtionsfonds, andrerseits im Reproduktionsfonds, ist in dieser Form in den Kreislauf des Kapitals eingeschlossen." (Ebenda, S. 98.)

[11] Ebenda, S. 103.

weise durch eine andere Einseitigkeit aufgehoben werden. Beide Betrachtungsweisen müssen gleichzeitig und gleichermaßen bei der Planung und der ökonomischen Analyse entsprechend den spezifischen Aufgabenstellungen angewandt werden.

Natürlich werden in gewissen Grenzen die Beziehungen zwischen Produktionsmitteln und Arbeitskräften auch gegenwärtig schon in die Planung einbezogen. Vor allem bei der Ausarbeitung des Betriebsplans, wenn das Produktionsprogramm mit der Produktionskapazität abgestimmt wird; im Planteil Neue Technik, wo die Maßnahmen zur Entwicklung des wissenschaftlich-technischen Fortschritts festgelegt werden; im Investitionsplan, wo die Maßnahmen zur erweiterten Reproduktion begründet werden usw. Daneben werden eine Reihe von speziellen Untersuchungen und Berechnungen durchgeführt, wie etwa bei der Analyse der Faktoren zur Steigerung der Arbeitsproduktivität und zur Senkung der Selbstkosten. Auch für die Produktionszweige im einzelnen und die Volkswirtschaft insgesamt werden zahlreiche Berechnungen angestellt, die direkt von den Beziehungen zwischen der vergangenen und der lebendigen Arbeit ausgehen. So z. B., wenn die Hauptentwicklungsrichtungen der einzelnen Produktionszweige festgelegt werden. Ab 1964 sind eine Reihe zusätzlicher Kennziffern verbindlich eingeführt worden, die sich vor allem auf die Grundfonds beziehen. Es wird die Einführung einer Produktionsfondsabgabe experimentell erprobt u. a. m.

Das sind aber letztlich doch alles nur Einzeluntersuchungen, die zusätzlich durchgeführt werden, um die entscheidenden Kennziffern des Plans – die nach wie vor auf dem gesellschaftlichen Gesamtprodukt basieren – zusätzlich zu begründen oder zu erklären. Sie vermögen aber keinesfalls die Beziehungen zwischen der lebendigen und der vergegenständlichten Arbeit in ihrer Ganzheit und Komplexität zu erfassen, und es ist bislang noch nicht gelungen, einen einigermaßen befriedigenden Zusammenhang zwischen dieser Grundbeziehung und dem tragenden Kennziffernsystem der Planung herzustellen.

Auch die Amortisationen bringen die Beziehungen zwischen Produktionsfonds und Produktionsresultat nur sehr unvollkommen zum Ausdruck, selbst wenn sie nach der für 1964/65 geplanten Umbewertung der Grundmittel objektiv richtige Relationen widerspiegeln werden. Das hängt nicht nur damit zusammen, daß der Anteil der Abschreibungen an der Kostenstruktur der Erzeugnisse relativ sehr niedrig ist. Die Unvollkommenheit besteht vor allem darin, daß sie nur den Prozeß der Wertübertragung der Grundmittel kennzeichnen. Die Maschinen und Anlagen nehmen aber nicht ratenweise am Produktionsprozeß teil, sondern als Ganzes und als Gesamtfonds. Die Summe der Abschreibungen steht fest, unabhängig davon, ob viel oder wenig mit diesen Fonds produziert wird. Die Abschreibungen sagen nichts darüber aus, ob die Fonds rationell eingesetzt wurden, weil die Abschreibungssätze nicht an entsprechende Nutzeffektsberechnungen gebunden sind.

Dieser Mangel, daß die relevanten Beziehungen zwischen vergangener und lebendiger Arbeit, zwischen den eingesetzten Produktionsfonds und dem Produktionsresultat bislang nicht direkt in das tragende Kennziffernsystem der ökonomischen Planung und Abrechnung einbezogen worden sind, ist Ausdruck und Ergebnis dessen, daß diese wichtigen Beziehungen in der Vergangenheit stark unterschätzt worden sind.

Selbst Herbert Wolf, der maßgeblich an der Ausarbeitung des neuen ökonomischen Systems der Planung und Leitung der Volkswirtschaft mitgearbeitet hat, zählte noch in einer Arbeit aus dem Jahre 1957 die genannten Beziehungen bei einer entsprechenden Klassifizierung „zu den anderen Zusammenhängen . . ., die zwar auch beachtet werden müssen, jedoch keine entscheidende Bedeutung haben."[12] Er begründet diese Auffassung wie folgt:

> „Sie (die Fonds — O. K.) stellen einen gewissen Teil des Nationalvermögens dar, der wohl mit der Reproduktion des gesellschaftlichen Produkts beschäftigt ist, stets aber nur zu einem Bruchteil in dieses eingeht. Insoweit bilden diese Fonds im gesellschaftlichen Maßstab eine Art Vorrat, aus dem laufend an den volkswirtschaftlichen Kreislauf abgegeben wird und der ebenso laufend aus diesem ersetzt werden muß. In diesem Sinne gleicht die Bewegung der Fonds denen der Warenvorräte . . ."

Hier wird nicht zwischen dem Kreislauf der Produktionsfonds und dem Kreislauf des Produkts differenziert. Wolf fährt fort:

> „Die einfache Reproduktion dieser Fonds ändert also in der Bilanz das ökonomische Gesamtergebnis des laufenden Wirtschaftsprozesses ebensowenig wie die Existenz echter Reserven, die — normalerweise — gar nicht in den Wirtschaftsprozeß eingreifen. Damit ist schon gesagt, daß *die Größe dieser Fonds an und für sich keinen unmittelbaren Einfluß auf den Umfang der Produktion materieller Güter* ausübt."[13]

Diese weit verbreitete Auffassung von der passiven Rolle der Produktionsfonds würde — wenn sie wahr sein sollte — zu deprimierenden Schlüssen führen: Da sich mit fortschreitender Entwicklung der Anteil der vergangenen Arbeit gegenüber der lebendigen zunehmend erhöht, der in den Produktionsmitteln verkörperten vergangenen Arbeit aber nur eine passive Rolle zukommt, würde das in der Endkonsequenz bedeuten, daß der Wirkungsgrad der Produktivkräfte mit dem gesellschaftlichen Fortschritt relativ absinkt. Dem widerspricht aber die Tatsache des beschleunigten gesellschaftlichen Fortschritts ganz offensichtlich.

Karl Marx hat ausführlich über die Beziehungen geschrieben, die zwischen der steigenden Produktivkraft der Arbeit einerseits und der reproduktiven Entwicklung der Produktionsfonds andererseits bestehen, wobei er auch die Veränderungen der Produktivität der Arbeitsmittel und Arbeitsgegenstände darstellte. Es sei hier ein ausführliches Zitat angeführt:

> „Die Entwicklung der Produktivkraft der Arbeit reagiert auch auf das Originalkapital oder das bereits im Produktionsprozeß befindliche Kapital. Ein Teil des funktionierenden konstanten Kapitals besteht aus Arbeitsmitteln, wie Maschinerie usw., die nur in längeren Perioden konsumiert und daher reproduziert oder durch neue Exemplare derselben Art ersetzt werden. Aber jedes Jahr stirbt ein Teil dieser Arbeitsmittel ab, oder erreicht das Endziel seiner produktiven Funktion. Er befindet sich daher jedes Jahr im Stadium seiner periodischen Reproduktion oder seines Ersatzes durch neue Exemplare derselben Art. Hat die Produktivkraft der Arbeit sich in der Geburtsstätte dieser Arbeitsmittel

[12] *H. Wolf*, Eine falsche Lösung für ein echtes Problem, „Geld und Kredit", Berlin, H. 2, S. 81, 1957.

[13] Ebenda, S. 81f.

erweitert, und sie entwickelt sich fortwährend mit dem ununterbrochenen Fluß der Wissenschaft und der Technik, so tritt wirkungsvollere und, ihren Leistungsumfang betrachtet, wohlfeilere Maschine, Werkzeug, Apparat usw. an die Stelle der alten. Das alte Kapital wird in einer produktiveren Form reproduziert, abgesehn von der fortwährenden Detailveränderung an den vorhandnen Arbeitsmitteln. Der andre Teil des konstanten Kapitals, Rohmaterial und Hilfsstoffe, wird fortwährend innerhalb des Jahrs, der der Agrikultur entstammende meist jährlich reproduziert. Jede Einführung beßrer Methoden usw. wirkt hier also fast gleichzeitig auf Zuschußkapital und bereits in Funktion begriffnes Kapital. Jeder Fortschritt der Chemie vermannigfacht nicht nur die Zahl der nützlichen Stoffe und die Nutzanwendungen der schon bekannten, und dehnt daher mit dem Wachstum des Kapitals seine Anlagesphären aus. Er lehrt zugleich die Exkremente des Produktions- und Konsumtionsprozesses in den Kreislauf des Reproduktionsprozesses zurückschleudern, schafft also ohne vorherige Kapitalauslage neuen Kapitalstoff. Gleich vermehrter Ausbeutung des Naturreichtums durch bloß höhere Spannung der Arbeitskraft, bilden Wissenschaft und Technik eine von der gegebnen Größe des funktionierenden Kapitals unabhängige Potenz seiner Expansion. Sie reagiert zugleich auf den in sein Erneuerungsstadium eingetretenen Teil des Originalkapitals. In seine neue Form einverleibt es gratis den hinter dem Rücken seiner alten Form vollzogenen gesellschaftlichen Fortschritt."[14]

Die Produktionsfonds einer Volkswirtschaft, die in der DDR z. B. einen Wert von mehreren hundert Milliarden MDN repräsentieren, sind nicht einfach eine Anhäufung toter Gegenstände, die passiv am Produktionsprozeß beteiligt sind, sondern sie sind akkumulierte Produktivkräfte, deren Wirkungsgrad außerordentlich variabel und ständig steigerungsfähig ist. Diese akkumulierte ökonomische Potenz wird nur in der Verbindung mit der lebendigen Arbeit in der Produktion wirksam. Aber es besteht eine direkte Wechselbeziehung zwischen dem Wirkungsgrad der Produktionsmittel, der vergangenen Arbeit einerseits und dem Wirkungsgrad der lebendigen Arbeit andererseits. Es muß jeweils das optimale Verhältnis zwischen der vergangenen und der lebendigen Arbeit hergestellt werden, und dieses optimale Verhältnis ist in starkem Maße auch durch die technologischen Beziehungen und Gesetzmäßigkeiten der Produktion bestimmt. Daraus erwächst die Aufgabe, diese Beziehungen und Gesetzmäßigkeiten unmittelbar in das tragende Kennziffernsystem der Analyse und Planung einzubeziehen.

Aus dem Zitat von Marx wird aber auch deutlich, daß den Wirkungsgrad der Produktionsfonds die mannigfaltigsten Umstände und Faktoren beeinflussen, die im Hinblick darauf erst unzureichend erforscht worden sind. Dadurch wird zumindest verständlich, daß die aktive Rolle der Produktionsfonds bislang zu gering bewertet worden ist.

Es kommt ein weiterer Umstand hinzu: Die Faktoren wirken nicht immer in die gleiche Richtung und laufen nicht synchron; außerdem haben sie ein sehr unterschiedliches Gewicht. Einzeluntersuchungen und spezielle Kennziffern bleiben daher in ihrer Aussage stark beschränkt, weil ihr Einfluß auf den Gesamtprozeß nicht festgestellt werden kann; es fehlen die Bezugsgrößen.

[14] *Karl Marx/Friedrich Engels*, Werke, Band 23, a. a. O., S. 631f.

Der Ausweg und zugleich die dringlichste Aufgabe besteht daher zunächst vor allem darin, eine verallgemeinernde Kennziffer zu finden, die die vielen und mannigfaltigen Einzelbewegungen und Einzelwirkungen in einer durch sie bestimmten Gesamtentwicklung erfaßt, und die die Möglichkeit bietet, die einzelnen Einflüsse dabei in ihrer jeweils anteilmäßigen Gewichtung einzuordnen und zu bewerten. Diese verallgemeinernde Kennziffer könnte und sollte nach unserem Dafürhalten die *Kennziffer der Fondsintensität der Produktion* sein.

In der vorliegenden Arbeit soll der Versuch unternommen werden, die Bedeutung dieser Kategorie darzustellen und einige Aspekte ihrer kennziffernmäßigen Gestaltung sowie ihrer praktischen Anwendung zu untersuchen.

II. DIE BEDEUTUNG DER KATEGORIE FONDSINTENSITÄT DER PRODUKTION

1. Begriffsbestimmungen

Unter *Fondsintensität der Produktion* verstehen wir allgemein das Verhältnis der eingesetzten (vorgeschossenen) Produktionsfonds zum Produktionsresultat:

$$f_p = \frac{PF}{P}, \tag{1}$$

wobei zu den Produktionsfonds die gesamten, während des gegebenen Zeitraums in der Produktion funktionierenden materiellen Fonds gerechnet werden: die Produktions-Grundfonds und die materiellen Produktions-Umlauffonds. Im Nenner dieses Quotienten steht die Brutto- oder Warenproduktion des Betriebes, des Zweiges oder der Volkswirtschaft. Für spezielle Fragestellungen kann auch die betriebliche Eigenleistung gewählt werden.

Die Multiplikation der Produktion mit dem Koeffizienten der Fondsintensität ergibt somit den Bedarf an Produktionsfonds:

$$f_p \cdot P = PF.$$

Und umgekehrt, die zu erwartende Produktion kann bei gegebenem Koeffizienten der Fondsintensität aus dem Quotienten

$$\frac{PF}{f_p} = P$$

abgelesen werden.

Eine dem Koeffizienten der Fondsintensität ähnliche Größe ist der *Koeffizient der Investitionsintensität.*[15] Unter Investitionsintensität der Produktion verstehen

[15] In der Praxis werden die Investitionen gewöhnlich nur mit der Grundfondsentwicklung in Verbindung gebracht. Das ist aber eine unzulässige Vereinfachung, die die objektiv bestehenden proportionalen Beziehungen zwischen den Grund- und Umlaufmitteln ignoriert. Wir halten es daher für legitim und erforderlich, der Investitionsintensität der Produktion die Produktionsfondsintensität gegenüberzustellen.

wir allgemein das Verhältnis der eingesetzten Investitionen zum Produktionszuwachs:

(2) $$i_p = \frac{I}{\Delta P}.$$

Auch hier sind Umformungen – wie oben genannt – möglich.

Daneben ist es zweckmäßig, wenn die volkswirtschaftliche Effektivität der Produktion und der Produktionsfonds errechnet werden soll, die Fondintensität und Investitionsintensität des Nettoprodukts zu errechnen. Dabei ist unter *Fondsintensität des Nettoprodukts* das Verhältnis der eingesetzten (vorgeschossenen) Produktionsfonds zum Endprodukt (Nationaleinkommen oder Nettoprodukt) zu verstehen, das für die Akkumulation und Konsumtion bestimmt ist.

(3) $$f_{NP} = \frac{PF}{NP}.$$

Ähnlich wie der Koeffizient der Investitionsintensität der Produktion wird der Koeffizient der *Investitionsintensität des Nettoprodukts* gebildet:

(4) $$i_{NP} = \frac{I}{\Delta NP}.$$

Neben diesen *Koeffizienten* der Fonds- bzw. Investitionsintensität der Produktion bzw. des Nettoprodukts, die in der wirtschaftswissenschaftlichen Literatur z.T. bereits behandelt wurden, scheint es uns dringend geboten, adäquate *Kennziffern* zu bilden, die Aggregatgrößen darstellen, und deren Grundlage die bestimmenden Ursachenkomplexe der Fondsintensitätsentwicklung der Produktion bilden.

Wenn man zunächst davon ausgeht, daß zwischen der Ausstattung der Arbeitskraft mit Produktionsfonds einerseits und der Arbeitsaufwendigkeit der Produktion (Arbeitsaufwendigkeit im Sinne der Verausgabung von lebendiger Arbeit) andererseits ein kausaler Zusammenhang besteht, und wenn man weiter annimmt, daß alle wesentlichen, die Fondsintensitätsentwicklung der Produktion beeinflussenden Faktoren sich in diesen beiden Komponenten in bestimmter Weise niederschlagen, dann kann die Kennziffer der Fondsintensität der Produktion in allgemeiner Form wie folgt dargestellt werden:

(5) $$F_p = \frac{PF}{AK} \cdot \frac{AK}{P}.$$

Für AK = Arbeitskraft kann sowohl die Zahl der Beschäftigten als auch der jeweilige Lohnfonds eingesetzt werden.

Vom Formellen her scheint sich kein wesentlicher Unterschied zum Koeffizienten zu ergeben, weil aus einem Index durch Dazwischenschieben des Parameters Arbeitskraft zwei Indizes geworden sind. Das wäre aber in der Tat nur ein sehr formaler Gesichtspunkt.

Die wesentliche Unterscheidung liegt in zwei wichtigen Momenten begründet: *Erstens* stellt die Kennziffer der Fondsintensität der Produktion nicht mehr nur die einfache Konstatierung eines gegebenen Standes im Verhältnis zwischen eingesetzten

Produktionsfonds und erzielter Produktion dar, sondern die Fondsintensitätsentwicklung der Produktion wird ermittelt und dargestellt als qualitativ-quantitative Wechselbeziehung zwischen zwei numerisch hinreichend genau erfaßbaren Grundparametern, die die Entwicklung dieser Kategorie bestimmen. Es ist die empirische Ermittlung einer zweifellos objektiv vorhandenen Proportionalitätsbeziehung, die in ihrer quantitativen Größenordnung bislang nicht bestimmt worden ist.

Zweitens handelt es sich bei Formel (5) nur um die allgemeine Form eines komplizierteren Aggregats. Beispielsweise kann die erste Komponente, die Fondsausstattung der lebendigen Arbeit, ihrerseits wiederum zerlegt werden nach bestimmenden Ursachenkomplexen, die sich in dieser Form als bestimmte Proportionalitätsbeziehungen darstellen. So kann die Komponente Fondsausstattung der lebendigen Arbeit zunächst unterteilt werden in die Grundfondsausstattung und in die Umlauffondsausstattung der lebendigen Arbeit:

$$b_p = \frac{PF}{AK} = \frac{GF}{AK} + \frac{UF}{AK},$$

so daß die Formel (5) die folgende Gestalt annehmen würde:

$$F_p' = \frac{GF + UF}{AK} \cdot \frac{AK}{P}. \tag{5a}$$

Analog der Kennziffer der Fondsintensität der Produktion kann auch eine Kennziffer der Investitionsintensität der Produktion gebildet werden, deren allgemeine Form die nachfolgende Gestalt hätte:

$$I_p = \frac{I}{AK} \cdot \frac{AK}{\Delta P}. \tag{6}$$

Durch Einsetzung der Größe Nationaleinkommen bzw. Nettoprodukt an Stelle der Größe Produktion im Nenner des Quotienten erhalten wir die Kennziffern der Fondsintensität und der Investitionsintensität des Nettoprodukts:

$$F_{NP} = \frac{PF}{AK} \cdot \frac{AK}{NP} \tag{7}$$

und

$$I_{NP} = \frac{I}{AK} \cdot \frac{AK}{\Delta NP}. \tag{8}$$

Es wird zunächst von der methodologischen Seite, von der konkreten Gestaltung der genannten Koeffizienten und Kennziffern abgesehen. Es soll vorerst nur geklärt werden, welche allgemeine Bedeutung diesen Koeffizienten und Kennziffern zukommt.

2. Allgemeiner Zusammenhang zwischen Produktionsfonds, Produktionszuwachs und Fondsintensität der Produktion

In ihrer allgemeinen Form sagen die Koeffizienten und Kennziffern der Fondsintensität bzw. der Investitionsintensität der Produktion und des Nettoprodukts aus, wieviel Einheiten Produktionsfonds eingesetzt (vorgeschossen) werden müssen, um eine Einheit Produktion bzw. Nettoprodukt zu erbringen. Aus der Entwicklung der Fondsintensitätskoeffizienten der Produktion und der Nettoproduktion können die wechselseitigen Beziehungen zwischen den Produktionsfonds einerseits und dem Produktionswachstum andererseits abgelesen werden.

Es ist von außerordentlicher Bedeutung, ob mit dem forcierten wissenschaftlich-technischen Fortschritt die Fondsintensität der Produktion steigt oder sinkt. Welche Auswirkungen eine sich verändernde Fondsintensität der Produktion zeitigen kann, läßt Schema 1 erkennen.

Es wird angenommen, die Produktion mache im Basisjahr einen Gesamtbetrag von 100 Mrd. MDN aus, die Fondsintensität der Produktion sei gleich 1,20, das heißt, für die Erzeugung von Produkten im Betrag von 1 Mrd. MDN müßten Produktionsfonds für 1,2 Mrd. MDN vorgeschossen werden; die Produktionsfonds beliefen sich demzufolge auf 120 Mrd. MDN im Basisjahr. Es sollen nun drei verschiedene Varianten untersucht werden, und zwar wird in Variante 1 sinkende Fondintensität angenommen, in Variante 2 gleichbleibende und in Variante 3 steigende Fondsintensität; bei allen Varianten steigt die Produktion in jedem Jahr um 10 Einheiten an. Welche Auswirkungen hat die unterschiedliche Entwicklung der Fondsintensität der Produktion bei gegebenem Produktionszuwachs auf die Bewegung der Produktionsfonds?

Bei gleichbleibender Fondsintensität der Produktion müßten für eine Produktionssteigerung um 100 Prozent von 100 auf 200 Mrd. MDN zusätzliche Produktionsfonds in Höhe von 120 Mrd. MDN vorgeschossen werden. Würde dagegen die Fondsintensität der Produktion um 8,3 Prozent gesenkt werden, dann würden Produktionsfonds in Höhe von 20 Mrd. MDN eingespart, das sind 16,7 Prozent der ursprünglichen Fonds. Eine Erhöhung der Fondsintensität der Produktion um 8,3 Prozent erfordert einen Mehrbedarf an Produktionsfonds in Höhe von zusätzlich 16,7 Prozent der ursprünglichen Fonds, und zwar jeweils für den gleichen Produktionszuwachs.

Der Bedarf an vorgeschossenen Produktionsfonds hängt also direkt von der Entwicklung des Koeffizienten der Fondsintensität der Produktion (f_p) und von der Wachstumsrate der Produktion selbst ab. Wenn wir die Veränderung des Fondsintensitätskoeffizienten der Produktion mit x bezeichnen und den Koeffizienten der Produktionsfondsentwicklung in Abhängigkeit von der Veränderung der Fondsintensität der Produktion und dem Produktionswachstum mit y, dann stellt sich die Größe y als eine Funktion der Größen x und w (Wachstumsrate der Produktion) dar:

$$f(x, w) = y .$$

Und zwar ist y um so günstiger, je höher die Wachstumsrate der Produktion ist und je mehr sich der Koeffizient der Fondsintensität der Produktion verringert.[16] Ebenso gilt die umgekehrte Beziehung.

16 Diesen Zusammenhang impliziert die Formel (1), wenn man die Ausgangsbeziehung

$$f_p \cdot P = PF$$

etwas modifiziert:

$$f_p \cdot \Delta P = \Delta PF .$$

Doch würde es sich hier um absolute Werte handeln, während es in der Funktionalbeziehung

$$f(x, w) = y$$

um Wachstums*raten* geht.

SCHEMA 1

Entwicklung der Produktionsfonds in Abhängigkeit von Produktionszuwachs und Fondsintensität (in Mrd. MDN)

Jahr	Produktion		1. Variante			2. Variante			3. Variante		
			Fonds-	Produktionsfonds		Fonds-	Produktionsfonds		Fonds-	Produktionsfonds	
	absolut	in %	intens.	absolut	in %	intens.	absolut.	in %	intens.	absolut	in %
0	100	100	1,20	120,0	100,0	1,20	120,0	100,0	1,20	120,0	100,0
1	110	110	1,19	131,0	109,2	1,20	132,0	110,3	1,21	133,1	110,9
2	120	120	1,18	141,6	118,0	1,20	144,0	120,0	1,22	146,4	122,0
3	130	130	1,17	152,1	126,7	1,20	156,0	130	1,23	159,9	133,2
4	140	140	1,16	162,4	135,3	1,20	168,0	140	1,24	173,6	144,7
5	150	150	1,15	172,5	143,8	1,20	180,0	150	1,25	187,5	156,3
6	160	160	1,14	182,4	152,0	1,20	192,0	160	1,26	201,6	168,0
7	170	170	1,13	192,1	160,1	1,20	204,0	170	1,27	215,9	179,9
8	180	180	1,12	201,6	168,0	1,20	216,0	180	1,28	230,4	192,0
9	190	190	1,11	210,9	175,8	1,20	228,0	190	1,29	245,1	204,3
10	200	200	1,10	220,0	183,3	1,20	240,0	200	1,30	260,0	216,7

Durch diese Beziehungen wird der Koeffizient der Fondsintensität der Produktion zu einem Gradmesser für den Effektivitätsgrad der produktiven Akkumulationen. Bei steigender Fondsintensität der Produktion sinkt die Effektivitätsrate der produktiven Akkumulationen, während sie bei sinkender Fondsintensität steigt.

Diese Beziehungen können ebenfalls an Hand entsprechender Schemata demonstriert werden. Die Bedingungen seien die folgenden: Die Produktion beläuft sich im Basisjahr auf 100 Mrd. MDN, ihre jährliche Wachstumsrate betrage 10 Prozent. Das Verhältnis zwischen Ersatzfonds und Nationaleinkommen betrage 50:50 und bleibe konstant. Die Akkumulationsrate ist durch den Bedarf an Produktionsfonds für das folgende Jahr bestimmt. In drei Varianten wird nunmehr die Einwirkung der Veränderung des Koeffizienten der Fondsintensität der Produktion bei gegebener Wachstumsrate der Produktion auf die Akkumulationsrate dargestellt, wobei unterstellt wird, daß die produktiven Akkumulationen des Vorjahres im folgenden Jahr voll wirksam werden.

SCHEMA 2

1. Variante: Sinkende Fondsintensität (in Mrd. MDN)

Jahr	Produktion	Koeff. d. Fondsint.	Produktionsf.	Ersatzfonds	Nationaleinkommen			
					insg.	Konsumtionsf.	Akk.-Fonds	Akk.-Rate (in %)
0	100,0	1,20	120,0	50,0	50,0	39,0	11,0	22,0
1	110,0	1,19	131,0	55,0	55,0	43,2	11,8	21,5
2	121,0	1,18	142,8	60,5	60,5	47,6	12,9	21,3
3	133,1	1,17	155,7	66,6	66,5	51,4	14,1	21,2
4	146,4	1,16	169,8	73,2	73,2	58,8	15,4	21,0
5	161,0	1,15	185,2	80,5	80,5	63,8	16,7	20,7
6	177,1	1,14	201,9	86,6	86,5	86,3	18,2	21,0
7	194,8	1,13	220,1	97,4	97,4	77,5	19,9	20,5
8	214,3	1,12	240,0	107,2	107,1	85,5	21,6	20,2
9	235,7	1,11	261,6	117,9	177,8	94,2	23,6	20,0
10	259,3	1,10	285,2	129,7	129,6	103,9	25,7	19,8

Wenn wir die Ergebnisse des 10. Jahres mit den Daten des Basisjahres vergleichen, dann ergeben sich die folgenden Veränderungen: der Produktionszuwachs beträgt entsprechend den vorgegebenen Bedingungen (jeweils 10prozentige Wachstumsrate) 259,3 Prozent; die Fondsintensität der Produktion ist um 8,3 Prozent gesunken; der Produktionsfonds wächst langsamer als der Produktionszuwachs beträgt und beläuft sich auf insgesamt 237,7 Prozent. Die Akkumulationsrate, die im Basisjahr 22 Prozent betrug, konnte um 10 Prozent auf 19,8 Prozent gesenkt werden, und zur Sicherung des geplanten Produktionszuwachses reichte eine Steigerung der Gesamtakkumulation auf 233,6 Prozent aus. Die absolute Einsparung an Investitionen für den Zuwachs der Produktionsfonds beträgt gegenüber einer Entwicklung bei gleichbleibender Fondsintensität 21,6 Mrd. MDN.

SCHEMA 3

2. Variante: Gleichbleibende Fondsintensität (in Mrd. MDN)

Jahr	Produktion	Koeff. d. Fondsint.	Produktionsf.	Ersatzfonds	Nationaleinkommen insg.	Konsumtionsf.	Akk.-Fonds	Akk.-Rate (in %)
0	100,0	1,20	120,0	50,0	50,0	38,0	12,0	24,0
1	110,0	1,20	132,0	55,0	55,0	47,8	13,2	24,0
2	121,0	1,20	145,2	60,5	60,5	46,0	14,5	23,9
3	133,1	1,20	159,7	66,6	66,5	50,5	16,0	24,1
4	146,4	1,20	175,7	73,2	73,2	55,7	17,5	23,9
5	161,0	1,20	193,2	80,5	80,5	61,2	19,3	23,9
6	177,1	1,20	212,5	86,6	86,5	65,2	21,3	24,6
7	194,8	1,20	233,8	97,4	97,4	74,0	23,4	24,0
8	214,3	1,20	257,2	107,2	107,1	81,5	25,6	23,9
9	235,7	1,20	282,8	117,9	117,8	89,4	28,4	24,1
10	259,3	1,20	311,2	129,7	129,6	98,6	31,0	23,9

Bei gleichbleibender Fondsintensität wachsen die Produktionsfonds und demzufolge auch die produktiven Akkumulationen im gleichen Verhältnis an, d. h., bei einem gleichmäßigen Produktionszuwachs von jährlich 10 Prozent ist bei einer konstanten Fondsintensität von 1,2 die Akkumulationsrate in allen Jahren gleich 24 Prozent. Die geringfügigen Abweichungen widerspiegeln rechnerische Ungenauigkeiten.

SCHEMA 4

3. Variante: Steigende Fondsintensität (in Mrd. MDN)

Jahr	Produktion	Koeff. d. Fondsint.	Produktionf.	Ersatzfonds	Nationaleinkommen insg.	Konsumtionsf.	Akk.-Fonds	Akk.-Rate (in %)
0	100,0	1,20	120,0	50,0	50,0	36,9	13,1	26,2
1	110,0	1,21	133,1	55,0	55,0	40,5	14,5	26,4
2	121,0	1,22	147,6	60,5	60,5	44,4	16,1	26,6
3	133,1	1,23	163,7	66,6	66,5	48,7	17,8	26,8
4	146,4	1,24	181,5	73,2	73,2	53,4	19,8	27,0
5	161,0	1,25	201,3	80,5	80,5	58,7	21,8	27,1
6	177,1	1,26	223,1	86,6	86,5	62,2	24,3	27,9
7	194,8	1,27	246,4	97,4	97,4	70,5	26,9	27,6
8	214,3	1,28	274,3	107,2	107,1	77,3	29,8	27,8
9	235,7	1,29	304,1	117,9	117,8	84,8	33,0	28,0
10	259,3	1,30	337,1	129,7	129,6	93,1	36,5	28,2

Hier zeigt der Vergleich der Ergebnisse des 10. Jahres mit den Daten des Basisjahres die umgekehrten Verhältnisse wie in Schema 2 an: Der Produktionszuwachs beträgt ebenfalls 259,3 Prozent, aber der Koeffizient der Fondsintensität der Produktion steigt um 8,3 Prozent. Demzufolge wachsen die Produktionsfonds schneller als die Produktion, und zwar erhöhen sie sich auf 281,0 Prozent. Die Akkumulationsrate, die im Basisjahr 26,2 Prozent betrug, erhöht sich auf 28,2 Prozent, was eine Steigerung um 7,6 Prozent bedeutet. Um den geplanten Produktionszuwachs zu gewährleisten, mußte der Akkumulationsfonds auf 278,6 Prozent erhöht werden. Der absolute Mehrbedarf an Investitionen für den erforderlichen Zuwachs der Produktionsfonds beträgt gegenüber einer Entwicklung bei gleichbleibender Fondsintensität 21,7 Mrd. MDN.

In Schema 5 sind die dargestellten Ergebnisse der Veränderungen entsprechend den drei Varianten direkt gegenübergestellt worden.

SCHEMA 5

Vergleich der drei Varianten

	Maßeinheit	1. Variante	2. Variante	3. Variante
Produktionszuwachs	%	259,3	259,3	259,3
Veränderung der Fondsintensität	%	– 8,3	0	+ 8,3
Zuwachs der Produktionsfonds	%	237,7	259,3	281,0
Mehr- oder Minderbedarf an Produktionsfonds durch veränderte Fondsintensität	Mrd. MDN	– 21,6	0	+ 21,7
Zuwachs des Akkumulationsfonds	%	233,6	258,3	278,6
Veränderung der Akkumulationsrate	%	– 10,0	0	+ 7,6

Das allgemeine Resümee dieser Untersuchung ist: Bei einem gegebenen gleichmäßigen Produktionszuwachs (gleichbleibende Wachstumsrate) hängt die Akkumulationsrate von der Entwicklung der Fondsintensität der Produktion ab: sie sinkt bei sinkender Fondsintensität, sie bleibt konstant bei gleichbleibender Fondsintensität und sie steigt bei steigender Fondsintensität der Produktion. Ist eine konstante Akkumulationsrate vorgegeben, dann sinkt die Wachstumsrate der Produktion bei steigender Fondsintensität, sie bleibt gleich bei konstanter Fondsintensität und sie steigt bei sinkender Fondsintensität.

Die wachsende Effektivität der produktiven Akkumulationen bei sinkender Fondsintensität wird in Schema 6 verdeutlicht. Es wird eine konstante Akkumulationsrate in Höhe von 25 Prozent und sinkender Fondsintensität angenommen, die Produktion entwickelt sich in Abhängigkeit von diesen beiden Daten; ansonsten gelten die vorgenannten Bedingungen.

Unter der Voraussetzung einer konstanten Akkumulationsrate und eines sinkenden Fondsintensitätskoeffizienten der Produktion erhöht sich die Wachstumsrate der Produktion, weil der anteilmäßige Zuwachs der Produktionsfonds zurückgeht. Dabei ist noch zu berücksichtigen, daß wir in unseren Schemata eine konstante Relation zwischen Ersatzfonds und Nationaleinkommen (50:50) unterstellt haben.

Für reale Verhältnisse dürfen wir aber annehmen, daß sich bei steigender Fondsintensität der Produktion der Anteil des Ersatzfonds gegenüber dem Nationaleinkommen auf Kosten des Akkumulationsfonds erhöht, während sinkende Fondsintensität einen wachsenden Anteil des Akkumulationsfonds auf Kosten des Ersatzfonds bewirkt, wenn wir einen gegebenen Konsumtionsfonds voraussetzen. Wenn wir diesen Umstand in unsere Betrachtung einbeziehen, dann folgt daraus, daß die oben genannten tendenziellen Entwicklungen in noch stärkerem Grade wirksam sind.

SCHEMA 6

Entwicklung der Produktion bei konstanter Akkumulationsrate und sinkender Fondsintensität der Produktion (in Mrd. MDN)

Jahr	Produktion	Koeff. d. Fondsint.	Produktionsf.	Ersatzfonds	Nationaleinkommen insg.	Konsumtionsf.	Akk.-Fonds	Akk.-Rate (in %)
0	100,–	1,20	120,0	50,0	50,0	37,5	12,5	25
1	111,4	1,19	132,5	55,7	55,7	41,8	13,9	25
2	124,1	1,18	146,4	62,05	62,05	46,55	15,5	25
3	138,4	1,17	161,9	69,2	69,2	51,9	17,3	25
4	154,5	1,16	179,2	77,25	77,25	57,95	19,3	25
5	172,6	1,15	198,5	86,3	86,3	64,5	21,8	25
6	193,0	1,14	220,3	96,5	96,5	72,4	24,1	25
7	216,3	1,13	244,4	108,15	108,15	81,1	27,0	25
8	242,3	1,12	271,4	121,15	121,15	90,86	30,29	25
9	271,2	1,11	301,7	135,6	135,6	101,7	33,9	25
10	305,1	1,10	335,6	152,6	152,6	114,3	38,3	25

Die angeführten Schemata dienen allerdings nur zur Illustration des objektiv bestehenden Zusammenhangs zwischen den Produktionsfonds, dem Produktionszuwachs und der Fondsintensität der Produktion. Sie reichen nicht aus, um schon quantitativ exakt bestimmte Proportionalitätsbeziehungen ableiten zu können.

Die Wechselbeziehungen, die zwischen Produktion, Produktionsfonds und Akkumulation bestehen, gehören zu den Grundbeziehungen in der Ökonomik. Sie alle werden in entscheidendem Maße von dem Niveau und der Entwicklung der Fondsintensität der Produktion beeinflußt, genauer gesagt, die Fondsintensität der Produktion widerspiegelt in verallgemeinerter Form die Entwicklungstendenzen, die sich im Zusammenwirken dieser ökonomischen Hauptparameter in den verschiedenen Entwicklungsetappen herausbilden. Der Fondsintensitätskoeffizient und die Kennziffer der Fondsintensität der Produktion sind somit objektive Gradmesser, die von großer Bedeutung sowohl für analytische Untersuchungen als auch für planwirtschaftliche Entscheidungen sein können und sollen.

3. Zusammenhang zwischen Nationalvermögen, gesellschaftlichem Gesamtprodukt und Reproduktionsfondsintensität

Bei Anwendung der Koeffizienten und Kennziffern der Fondsintensität wird es auch möglich sein, die tragenden Beziehungen zwischen dem gesellschaftlichen Reichtum bzw. Nationalvermögen, das den im Verlaufe vieler Jahre angesammelten Bestand an Gebrauchswerten kennzeichnet, und dem jährlichen Gesamtprodukt bzw. Nettoprodukt präziser zu bestimmen.

Während das gesellschaftliche Gesamtprodukt die Bewegung des Jahresprodukts der Produktion kennzeichnet, wovon der größere Teil sich ständig reproduziert und nur der kleinere Teil in die Sphäre der gesellschaftlichen und individuellen Konsumtion eintritt, stellt der gesellschaftliche Reichtum die Masse der von der Gesellschaft akkumulierten Produktionsmittel und Konsumgüter dar.[17]

Die sozialistische Produktion ist keine Produktion um der Produktion willen. In Übereinstimmung mit dem ökonomischen Grundgesetz der sozialistischen Produktionsweise ist ihr Ziel, die wachsenden Bedürfnisse der Gesellschaft zu befriedigen. Das setzt aber einen wachsenden gesellschaftlichen Reichtum voraus, denn er verkörpert die Güter, über die die Gesellschaft zu jedem Zeitpunkt verfügen kann. Es ist daher erstaunlich, daß diese Kategorie überhaupt nicht geplant und nicht in die volkswirtschaftlichen Berechnungen einbezogen wird. Stattdessen beschränkt sich die ökonomische Analyse und Planung – wir wiesen bereits in einem anderen Zusammenhang darauf hin – fast ausschließlich auf die Entwicklung des gesellschaftlichen Gesamtprodukts und seiner einzelnen Bestandteile. Wenn aber Ausgangs- und Endpunkt der sozialistischen Produktion die Bedürfnisbefriedigung der Gesellschaft ist, dann muß das auch seinen Niederschlag in der Produktionsplanung finden, indem die jeweiligen Auswirkungen auf die Vermehrung des gesellschaftlichen Reichtums ermittelt und gesteuert werden.

Angesichts dieser Tatsachen verwundert es nicht, daß dieser wichtige Problemkreis auch in der ökonomischen Theorie völlig vernachlässigt worden ist. Lediglich in einigen sowjetischen Arbeiten, die allgemeine Reproduktions-Probleme behandeln, wird die Kategorie gesellschaftlicher Reichtum bzw. Nationalvermögen beschrieben, ohne daß allerdings tiefgründige Untersuchungen gegeben werden.

Kronrod beschränkt sich zum Beispiel in der zitierten Arbeit darauf, die Zusammensetzung des gesellschaftlichen Reichtums und die Unterscheidung zwischen gesellschaftlichem Gesamtprodukt und gesellschaftlichem Reichtum darzustellen. Es genügt aber nicht festzustellen, daß zwischen beiden Kategorien eine wechselseitige Abhängigkeit besteht. Um den Prozeß der Vermehrung des Nationalvermögens aktiv steuern und fördern zu können, bedarf es genauer Kenntnisse, die die numerische Erfassung und Planung zulassen.

[17] „Der gesellschaftliche Reichtum stellt die akkumulierten Resultate der materiellen Produktion, die akkumulierten Elemente des gesellschaftlichen Gesamtprodukts dar." (*J. A. Kronrod,* Das gesellschaftliche Gesamtprodukt und seine Struktur im Sozialismus, Moskau 1958, S. 116. – Russ. –)

Das Nationalvermögen der sozialistischen Gesellschaft setzt sich aus drei Bestandteilen zusammen:

1. aus dem Reproduktionsfonds, der seinerseits aus dem Produktionsfonds (Produktionsgrundfonds und Produktions-Umlauffonds) und aus dem Zirkulationsfonds gebildet wird,
2. aus dem Fonds der nichtproduzierenden Sphäre, der sich unterteilt
   a) in die Grundfonds der nichtproduzierenden Sphäre und
   b) in die Reserven der übrigen Vermögen für den Verbrauch und
3. aus den gesellschaftlichen Reserven.[18]

Entsprechend der Bestimmung der Fondsintensität als Verhältnis des vorgeschossenen Produktionsfonds zum Gesamtprodukt bzw. zum Nettoprodukt ergibt sich eine direkte Beziehung zwischen dem gesellschaftlichen Gesamtprodukt bzw. dem Nationaleinkommen und einem bestimmten Teil des Nationalvermögens. Für volkswirtschaftliche Berechnungen kann ergänzend ein Koeffizient der *Reproduktionsfondsintensität* der Produktion bzw. des Nettoprodukts gebildet werden, indem in die Berechnungen zusätzlich der Zirkulationsfonds als Bestandteil des Reproduktionsfonds aufgenommen wird:

$$f_r = \frac{PF + ZF}{P}. \tag{9}$$

Hiervon lassen sich dann, wenn die Effektivität der Akkumulationen berücksichtigt wird, Aussagen ableiten, die sich auf den übrigen Teil des Nationalvermögens beziehen.

Allerdings müssen auch hier gegenläufige Bewegungen berücksichtigt werden. Wenn zum Beispiel der Satz richtig ist, daß steigende Fondsintensität der Produktion zu einem wachsenden Anteil des Ersatzfonds am gesellschaftlichen Gesamtprodukt auf Kosten des Nationaleinkommens führt, dann kann daraus nicht unmittelbar gefolgert werden, daß sich das Wachstum des Nationalvermögens unmittelbar vermindert, sondern es kann zunächst nur festgestellt werden, daß sich die Relationen zwischen dem Reproduktionsfonds und den übrigen Teilen des Nationalvermögens zugunsten des ersteren verändern. Welche Auswirkungen dies auf das Wachstumstempo des Nationalvermögens selbst zeitigt, kann dann nur durch eine detaillierte numerische Analyse ermittelt werden.

Wie groß oder wie gering die Aussagekraft der genannten Koeffizienten der Produktionsfondsintensität bzw. der Reproduktionsfondsintensität der Produktion in bezug auf die Entwicklung des Nationalvermögens auch sein möge, unbestritten bleibt, daß sie eine wichtige Ausgangsgrundlage für die theoretische und praktische Untersuchung und für die künftige Planung dieser für die Entwicklung der sozialistischen Gesellschaft relevanten Beziehungen bilden.

[18] Vgl. ebenda, S. 127.

4. Zum Koeffizienten der Fondsintensität

In der ökonomischen Literatur bricht sich immer stärker die Erkenntnis Bahn, daß der Kategorie der Fondsintensität der Produktion eine wichtige Bedeutung zukommt. Davon zeugen vor allem die Arbeiten, die in letzter Zeit zu diesem Problemkreis publiziert worden sind.

A. I. Notkin zählt die Fondsintensität der Produktion zu den Bestimmungsfaktoren der Reproduktionstempi der Volkswirtschaft. Er entwickelte die folgende Formel für die Bewegung der stofflichen Produktionselemente:[19]

$$r = \frac{(PF_0 + PA_1) : f_{p1}}{PF_0 : f_{p0}}.$$

Hier bedeuten:

r — Tempi des Reproduktionsprozesses,
PF_0 — Umfang der Produktionsgrund- und -umlauffonds in der Basisperiode,
PA_1 — produktive Akkumulation im gegebenen Jahr (Zuwachs der Produktionsfonds)
f_0 u. f_{p1} — Fondsintensität der Produktion im gegebenen und im laufenden Jahr.

Das Reproduktionstempo hängt demnach ab: 1. von der Größe der produktiven Akkumulation (PA_1), bzw. von der produktiven Akkumulationsrate, 2. vom Verhältnis des Fondszuwachses zum Gesamtbestand an Produktionsfonds im Basisjahr

$$\frac{PF_0 + PA_1}{PF_0}$$

und 3. von der Veränderung des Fondsintensitätskoeffizienten

$$\frac{f_{p1}}{f_{p0}}.$$

A. Notkin hatte schon in einer früheren Arbeit das Wechselverhältnis zwischen Produktionsfonds und Produktionsresultat untersucht[20], wobei er Perioden unterschied, in denen die Produktionsfonds schneller als die Produktion zunahmen, und Perioden, in denen das Produktionswachstum den Fondszuwachs übertraf. Diese unterschiedlichen und widersprüchlichen Entwicklungstendenzen der Fondsintensität der Produktion werden aus dem jeweilig vorherrschenden Typ des technischen Fortschritts erklärt.

A. Notkin unterscheidet zwei Entwicklungsetappen der Industrie beziehungsweise einzelner Zweige: Die erste Etappe stellt die ursprüngliche Einführung von Maschinen in die Produktion, die Primärausstattung der Handarbeit mit Maschinen dar. Diese Primärausstattung ist der Hauptfaktor für das schnellere Wachstum der Produktionsfonds gegenüber der Produktion, der Hauptfaktor dafür, daß in dieser Entwicklungsetappe die Fondsintensität der Produktion ansteigt. In der zweiten Ent-

[19] Vgl. *A. I. Notkin*, Tempo und Proportionen der sozialistischen Reproduktion, Moskau 1961, S. 86. (Russ.)

[20] *A. I. Notkin*, Technischer Fortschritt und Wachstum der Produktion, „Mitteilungen der Akademie der Wissenschaften der UdSSR, Abteilung Wirtschafts- und Rechtswissenschaften", Heft 2, 1946. (Russ.)

wicklungsetappe setzt sich dann allmählich die entgegengesetzte Tendenz durch: die Steigerung der Produktivität der maschinellen Produktion als Hauptform des technischen Fortschritts. In dieser Etappe herrscht die sinkende Fondsintensität vor.[21]

In der zitierten Arbeit aus dem Jahre 1961 weist Notkin dann auch an Hand statistischer Daten nach, daß die Fondsintensität der Produktion in der Volkswirtschaft der UdSSR in der Periode von 1941 bis 1959 gesunken ist. Allerdings nahm die sinkende Tendenz in den Jahren 1957 bis 1959 ab, und 1960 mußte sogar eine steigende Fondsintensität konstatiert werden.[21a]

J. A. Kronrod polemisiert in der bereits angeführten Monographie über das gesellschaftliche Gesamtprodukt gegen die Periodisierung Notkins, bezeichnet es aber als ein Verdienst, daß dieser die wachsende Produktivität der Maschinen als einen Faktor bestimmte, der dahin wirkt, daß die Wachstumstempi des Produkts höher sind als der Zuwachs der Grundfonds.

Kronrod nennt vier Ursachenkomplexe, die die Entwicklung der Grundfondsintensität der Produktion beeinflussen:

1. Die Grundfondsintensität der Produktion ist abhängig vom jeweiligen Typ des technischen Fortschritts, d. h. davon, ob die Durchsetzung des technischen Fortschritts mit einer größeren oder geringeren Investitionsintensität verbunden ist.

2. Sie hängt ab vom Charakter der Mechanisierung der Arbeit, hängt davon ab, ob sie auf eine Einsparung von Arbeit im Rahmen des gegebenen Produktionsmaßstabes gerichtet ist, oder auf eine Ökonomie von Arbeit bei wachsender Produktion oder schließlich einfach auf eine Erleichterung der Arbeitsbedingungen.

3. Weiter wirkt als Faktor der beständige Prozeß der Spezialisierung und Kooperierung der Produktion, wodurch das gegebene Produkt in einem zunehmend stärker verzweigten System spezialisierter Zweige erzeugt wird, die jeweils mit eigenen Arbeitsinstrumenten, Ausrüstungen, Kommunikationsanlagen und anderen Produktionsmitteln ausgestattet werden, was in den meisten Fällen die Masse der je Erzeugniseinheit angewandten Grundfonds erhöht.

4. Schließlich ist von Einfluß die in jedem Zweig erfolgende Modernisierung und Verlängerung der Nutzungsdauer der Maschinen und Anlagen, das Tempo ihres moralischen Verschleißes und der Intensitätsgrad in der Nutzung der Produktionsmittel.[22]

[21] „In der zweiten Entwicklungsetappe der maschinellen Produktion, wenn ein relativ hohes Mechanisierungsniveau erreicht wird, wird die Steigerung der Produktivität der maschinellen Produktion zur Hauptform des technischen Fortschritts im Rahmen der einfachen und erweiterten Reproduktion. Obwohl die Primärausstattung mit Maschinen beständig fortgesetzt wird, spielt sie doch in den am meisten entwickelten Ländern immer mehr eine nur untergeordnete Rolle. Dadurch wird die Diskrepanz zwischen derVergrößerung des Produktionsapparates und dem Produktionswachstum abgeschwächt. In einer Reihe von Fällen beginnt der physische Umfang der Bruttoproduktion schneller zu wachsen als der Produktionsapparat." (*A. I. Notkin*, zitiert bei *J. A. Kronrod*, a. a. O., S. 216.)

[21a] Vgl. *A. I. Notkin*, Tempo und Proportionen . . ., a. a. O., S. 156. (Allerdings wird hier nur die *Grund*fondsintensität der Produktion behandelt, weil Daten über die Entwicklung der Umlauffonds nicht zur Verfügung standen.)

[22] Vgl. *J. A. Kronrod*, a. a. O., S. 212f.

Als Resümee werden die folgenden Entwicklungstendenzen formuliert:

„Historisch ... ist in den Industriezweigen, die mit der Verarbeitung von Rohstoffen oder mit der Gewinnung ursprünglicher Arbeitsgegenstände aus relativ reichen Lagerstätten (Erdöl, Erze usw.) verbunden sind, das Wachstumstempo der Produktion der gegebenen Zweige in der Regel höher als das Wachstumstempo der Fonds. In anderen Zweigen, in denen die Einführung von Maschinen vor allem für Zwecke der Arbeitseinsparung erfolgt und wo sie in relativ geringerem Maße als in der verarbeitenden Industrie zu einer Erhöhung des Produktionsumfanges führt — zum Beispiel in der Landwirtschaft, in der extraktiven Industrie, wenn relativ ärmere Lagerstätten abgebaut werden, usw. —, wächst das Produkt langsamer, als die Grundfonds zunehmen."[23]

Die genannten Faktoren gelten für die einzelnen Zweige der materiellen Produktion. Vom anteilmäßigen Gewicht der einzelnen Zweige an der volkswirtschaftlichen Produktion und ihren unterschiedlichen Entwicklungstempi hängt die volkswirtschaftliche Entwicklungstendenz ab. Kronrod bemerkt dazu, daß die Wachstumstempi der grundfondsintensiven Zweige niedriger als die der weniger grundfondsintensiven Zweige sind, wodurch infolge der dadurch bedingten Strukturveränderung der Volkwirtschaft sich eine sinkende Tendenz der Fondsintensität der Produktion durchsetzt.[24]

Als allgemeines Ergebnis wird formuliert, daß in den entwickelten Industrieländern das schnellere Wachstum des gesellschaftlichen Gesamtprodukts im Vergleich zum Wachstum des gesamten Produktionsgrundfonds überwiegt.[25]

[23] Ebenda, S. 213.

[24] „Im Entwicklungsprozeß der Volkswirtschaft wachsen am schnellsten vor allem die Zweige der verarbeitenden Industrie, die relativ weniger grundfondsintensiv sind als die Zweige der extraktiven Industrie. Letztere erhöhen ihre Produktion in geringerem Tempo als die verarbeitenden Zweige. Das gilt auch für die Wachstumstempi der übrigen Zweige der materiellen Produktion, die infolge der Mechanisierung außerordentlich grundfondsintensiv sind (Landwirtschaft, Transportwesen usw.). Infolgedessen tritt die Strukturveränderung der Volkswirtschaft als ein Faktor für das schnellere Wachstum des gesellschaftlichen Gesamtprodukts gegenüber der Zunahme der gesamten Produktionsgrundfonds auf." (Ebenda, S. 214.)

[25] Vgl. ebenda, S. 215. In einer späteren Arbeit wird ebenfalls die Fondsintensität mit der Grundfondsintensität weitgehend identifiziert: „Was die Dynamik des volkswirtschaftlichen Koeffizienten der Fondsintensität (Verhältnis der Produktionsfonds zum Produkt) anbelangt, so bewirkt das in der Sowjetunion erreichte hohe Niveau der industriellen Entwicklung und der moderne technische Fortschritt eine Tendenz zu seiner Senkung. Das wird aus einer Gegenüberstellung der Entwicklung der Produktionsanlagefonds und des gesellschaftlichen Gesamtprodukts der UdSSR ersichtlich:

	1940	1955
Produktionsanlagefonds	1	2,2
Gesellschaftliches Gesamtprodukt	1	2,4
Index-Verhältnis gesellschaftliches Gesamtprodukt zu Produktionsanlagefonds	1 : 1	1 : 0,92"

(Vgl. *J. A. Kronrod*, Einige Besonderheiten der sozialistischen Reproduktion in der gegenwärtigen Etappe, „Sowjetwissenschaft, Gesellschaftswissenschaftliche Beiträge", Heft 3, S. 321f., 1960.)

Auch *M. Bor* zählt die Fondsintensität zu den Faktoren, die das Tempo und die Proportionen der sozialistischen Reproduktion bestimmen. Er untersucht in einer speziellen Arbeit[26] folgende Hauptfaktoren, auf deren Grundlage das für einen Perspektivzeitraum objektiv mögliche Tempo der Reproduktion festgelegt werden kann: a) der Anteil des Nationaleinkommens am gesellschaftlichen Gesamtprodukt; b) der Anteil des Akkumulationsfonds am Nationaleinkommen; c) der Anteil der Erweiterung des Produktionsfonds am Akkumulationsfonds (oder der Anteil der Akkumulation an den Produktionsanlagefonds); d) die Fondsintensität der Produktion.[27]

Bor stellt zunächst an Hand statistischer Daten über die Entwicklung des gesellschaftlichen Gesamtprodukts und der Produktionsanlagefonds der UdSSR fest, daß die Fondsintensität der gesellschaftlichen Produktion der UdSSR in der Zeit von 1928 bis 1956 auf 78 Prozent gesunken ist (1928 = 100), fügt aber einschränkend hinzu, daß „diese die Volkswirtschaft der UdSSR global charakterisierenden Angaben für die Aufdeckung und Analyse der Entwicklungstendenzen des Verhältnisses zwischen Fonds und gesellschaftlichem Gesamtprodukt nicht ausreichen."[28] Er empfiehlt daher, die Beziehungen zwischen den Produktionsfonds und der Produktion gesondert in der Industrie, im Bauwesen und in der Landwirtschaft zu analysieren.[29]

Über die Entwicklung dieser Beziehungen speziell in der sowjetischen Industrie werden die folgenden statistischen Daten angeführt:[30]

TABELLE 1

Jahr	Produktionsfonds in der Industrie in % zu			Industr.-Bruttoproduktion in % zu			Fondsintensität der Produktion in % zu		
	1932	1940	1950	1932	1940	1950	1932	1940	1950
1932	100	–	–	100	–	–	100	–	–
1937	221	–	–	220	–	–	100	–	–
1938	248	–	–	246	–	–	100,8	–	–
1939	282	–	–	286	–	–	99,9	–	–
1940	321	100	–	319	100	–	100,6	100	
1945	315	98	–	293	92	–	107,5	106,5	–
1946	335	104	–	245	77	–	136,8	135,1	–
1947	363	113	–	298	93	–	121,8	121,5	–
1948	403	125	–	376	118	–	107,2	105,9	–
1949	446	139	–	451	141	–	98,9	99,9	–
1950	494	154	100	553	173	100	89,4	89,1	100
1951	549	171	111	644	202	117	85,3	84,7	94,9
1952	610	190	124	719	225	131	84,9	84,4	94,7
1953	678	211	137	803	252	145	84,4	83,8	94,5
1954	757	236	153	910	285	165	83,2	82,8	92,7
1955	846	264	171	1023	320	185	82,7	82,5	92,5

26 Vgl. *M. Bor*, Über einige Besonderheiten des Tempos und der Proportionen der sozialistischen Reproduktion, „Sowjetwissenschaft, Gesellschaftswiss. Beiträge", Heft 1, S. 49ff., 1960.

27 Vgl. ebenda, S. 62.

28 Ebenda, S. 50.

29 Vgl. ebenda.

30 Vgl. ebenda, S. 54.

Danach ist die Fondsintensität in der Industrie der UdSSR im Verlaufe des zweiten Fünfjahrplanes und während der drei Friedensjahre des dritten Fünfjahrplans stabil geblieben. In den Kriegsjahren stieg sie infolge der starken Strukturveränderungen in der Industrieproduktion und der Verringerung des Produktionsumfanges steil an. In den Nachkrigsjahren erfolgt ein ständiges Absinken der Produktionsfondsintensität.

Für die möglichen Tendenzen dieser Wechselbeziehungen in der Perspektive werden die folgenden Ursachenkomplexe genannt:

1. „Das Wirken des Gesetzes der vorrangigen Entwicklung der Produktion von Produktionsmitteln führt zur ständigen Erhöhung des Anteils der Gruppe 'A' an der industriellen Bruttoproduktion. Das bewirkt eine Steigerung der Fondsintensität der Industrieproduktion, denn der Anteil der Amortisationen an den Produktionskosten ist in den Zweigen der Schwerindustrie höher als in den Zweigen der Leicht- und Nahrungsmittelindustrie."

2. „Bei der Analyse der Entwicklungstendenzen der Fondsintensität ist auch zu berücksichtigen, daß die für die Errichtung produzierender Betriebe notwendige Zeit in den verschiedenen Industriezweigen unterschiedlich ist. Die Praxis zeigt, daß die Errichtung von Betrieben in der extraktiven Industrie mehr Zeit erfordert als in der verarbeitenden Industrie. Längere Termine für den Aufbau von Betrieben bedeutet aber auch größere Bestände an unvollendeten Bauten. Folglich ist je Produktionseinheit eine entsprechend größere Akkumulation nötig."[31]

3. Die Hauptrichtungen in der Reproduktion der Produktionsanlagefonds: „Die Erschließung und Entwicklung neuer Gebiete erfordert die Abzweigung bedeutend größerer volkswirtschaftlicher Mittel, größere Anfangsaufwendungen je Einheit produzierender Kapazitäten."[32]
Das sind alles Faktoren, die zunächst zu einer steigenden Fondsintensität führen.

4. Bor nennt noch einen vierten Faktor: „Die Tendenz zur steigenden Fondsintensität der Industrieproduktion in den Nachkriegsjahren wird durch eine entgegengesetzte Tendenz überkompensiert, die mit der effektvolleren Nutzung der Produktionsanlagefonds, mit dem schnelleren Umschlag der Mittel in der Volkswirtschaft und einer wesentlichen Einsparung an Produktionsumlauffonds verbunden ist."[33] (Über die künftigen Entwicklungstendenzen der Fondsintensität macht Bor keine bestimmten Aussagen.[34])

31 Ebenda, S. 55. 32 Ebenda, S. 56. 33 Ebenda.

34 „Die Errichtung der materiell-technischen Basis des Kommunismus ist untrennbar mit einem gewaltigen Umfang von Neubauten in solchen Industriezweigen, wie Erzbergbau, Chemie, Schwarz- und Buntmetallurgie, Erdgas- und Erdölförderung, Elektroenergetik, Baustoffindustrie verbunden. Alles das sind Zweige, die eine Abzweigung der Mittel auf lange Zeiten erfordern und die eine hohe Produktionsfondsintensität aufweisen. Deshalb haben die Maßnahmen, die auf eine Senkung der Produktionsfondsintensität in der Industrie und in der Volkswirtschaft insgesamt gerichtet sind, unter den gegenwärtigen Bedingungen eine besondere Rolle inne." (Ebenda, S. 57.)

In einer Arbeit von *J. Kwascha* und *W. Krasowski* über den ökonomischen Nutzeffekt der Investitionen[35] wird unter Fondsintensität dem Wesen nach die Investitionsintensität der Produktion verstanden und diese zum Hauptkriterium für den ökonomischen Nutzeffekt der Investitionen erklärt. Es wird dort auf die Bedeutung hingewiesen, die der Erhöhung des Nutzeffektes der Investitionen, „... vor allem durch Senkung der Fondsintensität, das heißt des Investitionsaufwands je Erzeugniseinheit", zukommt: „Die Tendenz zur sinkenden Fondsintensität – die die wichtigste Voraussetzung für die Steigerung des Nutzeffekts der Investitionen ist – bahnt sich ihren Weg, indem sie die beständig aufkommenden, mannigfaltigen entgegenwirkenden Kräfte in der technischen Entwicklung überwindet... Das weitere Wachstum der sozialistischen Produktion ist vor allem mit einer Erhöhung des Nutzeffekts der Investitionen zu verknüpfen, mit einer zunehmenden ‚Abgabe' der Investitionen, nicht aber mit einem wachsenden Anteil der Akkumulationen am Nationaleinkommen, was unvermeidbar war in der ersten Etappe der Industrialisierung."[36]

Die Autoren führen eine Reihe von Reserven für eine Erhöhung des ökonomischen Nutzeffekts der Investitionen an, die zugleich Faktoren für eine sinkende Investitionsintensität darstellen:

1. Die Veränderung der Zweigstruktur der Investitionen. Es erhöht sich das Gewicht der Zweige, in denen eine bedeutende Reduzierung der Investitionsintensität zu erwarten ist (Gerätebau, Elektronik, Halbleitertechnik, Radiotechnik, Chemie der Polymere und petrochemische Erzeugnisse, Fertigung von Automatisierungseinrichtungen).
2. Erhöhung des Anteils der Maschinen und Ausrüstungen in der technologischen Struktur der Investitionen. Nach Berechnungen der Autoren bedeutet jedes Prozent bei der Erhöhung des Anteils der Maschinen und Ausrüstungen an den Gesamtinvestitionen gleichermaßen eine „unbezahlte" Erhöhung des Produktionsausstoßes – bezogen auf den gleichen Umfang an neuen Produktionsfonds – um etwa eine Milliarde Rubel.
3. In gleicher Richtung wirkt die Verbilligung der Kapazitäten durch die Industrialisierung des Bauwesens, durch die Anwendung neuer Baustoffe sowie durch die konstruktive Gewichtsverminderung der Maschinen und Ausrüstungen.
4. Ebenso die Verkürzung der Bauzeiten. Wenn zum Beispiel vor wenigen Jahren noch für den Bau großer Wasserkraftwerke 8 bis 10 Jahre benötigt wurden, so genügen dafür gegenwärtig schon 4 bis 6 Jahre.
5. Schließlich wird noch auf die Möglichkeit der Rekonstruktion bestehender Betriebe verwiesen.

In dieser Arbeit wird nicht der Versuch unternommen, die Beziehungen zwischen Fondsintensität und Investitionsintensität zu untersuchen, und es werden auch

[35] *J. Kwascha* und *W. Krasowski*, Der ökonomische Nutzeffekt der Investitionen, „Kommunist", H. 15, S. 63ff., 1961. (Russ.)

[36] Ebenda, S. 64.

keine Faktoren genannt, die zu einer steigenden Investitionsintensität führen könnten.

Zuletzt sei schließlich noch auf eine Arbeit von *W. Kudrow* verwiesen, in der Vergleiche zwischen der UdSSR und den USA angestellt werden.[37] Hier wird die Fondsintensität der Produktion als ein wichtiger Gradmesser für die Effektivität in der Nutzung der Produktionsfonds betrachtet.

Kudrow nennt als Faktoren für eine steigende Fondsintensität das Wachstum der Fondsausstattung der Arbeit und die Nichtauslastung der Kapazitäten. Als wichtigste Faktoren für die sinkende Fondsintensität werden die Vervollkommnung der technischen Mittel und die Erhöhung der Qualifizierung der Arbeitskräfte bezeichnet; weiter gehören dazu: Die Erhöhung des Schichtkoeffizienten bei der Maschinennutzung, die anteilmäßige Zunahme der Maschinen und Ausrüstungen an den Fonds („je höher der Anteil der Maschinen und Ausrüstungen, um so niedriger ist die Fondsintensität"), die Verbilligung der Produktionsmittel. Schließlich wird noch auf zweigstrukturelle Veränderungen in der Ökonomik verwiesen, die ebenfalls die Entwicklung der Fondsintensität der Produktion beeinflussen.

Speziell zur Entwicklung der Fondsintensität der sowjetischen Produktion werden die folgenden Daten genannt: In den Jahren 1931 bis 1934 hat sich die Fondsintensität der Produktion in der Großindustrie der UdSSR um 35 Prozent erhöht (die Akkumulationsrate ist in dieser Zeit noch schneller gewachsen). In der Nachkriegsperiode überwiegt die sinkende Tendenz. Im Vergleich zu 1940 (= 100) sank die Fondsintensität der Industrieproduktion der UdSSR bis 1950 auf 89 und 1959 auf 80 ab; 1961 betrug sie 83. Auch Kudrow leitet diese entgegengesetzten Tendenzen – wie Notkin – aus den Bedingungen der beiden Entwicklungsetappen der sowjetischen Ökonomik ab.[38] Kudrow folgert, daß die überwiegende Tendenz eine sinkende Fondsintensität der Produktion sei, daß dieser Prozeß sich in der UdSSR aber noch in ungenügendem Maße durchsetze.

Seit längerem werden die Wechselbeziehungen zwischen Produktionsfonds und Produkt in ihrem tendenziellen Verlauf auch von bürgerlichen Ökonomen untersucht und Versuche unternommen, den Kapitalkoeffizienten – das eingesetzte

[37] *W. Kudrow*, a. a. O., S. 15ff.

[38] „Im Verlaufe der ersten Periode – extensive Entwicklung und Schaffung der industriellen Basis für die Ökonomik – wächst die Fondsintensität objektiv an. Im Verlaufe der zweiten Periode, in der die mit der steigenden Effektivität der Produktion verbundenen Faktoren ... zunehmende Bedeutung erlangen, sinkt objektiv die Fondsintensität der Produktion ... Die bedeutende Senkung der Fondsintensität der industriellen Produktion der UdSSR in den Nachkriegsjahren ist hervorgerufen durch ein schnelleres Wachstum der Arbeitsproduktivität gegenüber der Zunahme der technischen Fondsausstattung der Arbeit. In der Zeit von 1940 bis 1959 erhöhte sich die Arbeitsproduktivität in der Industrie der UdSSR um 182 Prozent, während die Fondsausstattung um 119 Prozent anstieg ... In letzter Zeit ist eine gewisse Erhöhung eingetreten, die mit der verstärkten Entwicklung der Industrie in den Gebieten Sibiriens, des Nordens und im Fernen Osten zusammenhängen ... Diese Erhöhung ist auch durch zweigstrukturelle Veränderungen hervorgerufen worden, vor allem durch die anteilmäßige Erhöhung solcher fondsintensiven Zweige wie der Energiewirtschaft." (Ebenda, S. 22f.)

Kapital im Verhältnis zur erzielten Produktion – als ökonomischen Parameter in theoretische Modellkonstruktionen einzubauen. Es werden dabei die globalen Kapitalkoeffizienten, die in ihrem formalen Aufbau etwa den Koeffizienten der Fondsintensität der Produktion bzw. des Nettoprodukts gleichkommen, von den marginalen Kapitalkoeffizienten unterschieden, die formell mit den Koeffizienten der Investitionsintensität der Produktion beziehungsweise des Nettoprodukts übereinstimmen.

Im Rahmen der vorliegenden Arbeit sind nur die konkreten Daten von Interesse, wobei berücksichtigt werden sollte, daß ein direkter Vergleich der Kapitalkoeffizienten mit den Koeffizienten der Fondsintensität der Produktion in der sozialistischen Volkswirtschaft nicht möglich ist. Hier kann nur der tendenzielle Verlauf der Entwicklung des Kapitalkoeffizienten einen gewissen Aufschluß geben.

1955 publizierte der Amerikaner E. D. Domar eine Arbeit, in der er seine eigenen Berechnungen über die Entwicklung des amerikanischen Kapitalkoeffizienten mit analogen Berechnungen anderer amerikanischer Ökonomen vergleicht. (Vgl. Tabelle 2.)[39]

TABELLE 2

Das Verhalten des amerikanischen Kapitalkoeffizienten

1889–1949

Jahr	Von Goldsmith Fixes-Netto-Kapital: Netto-Nationalprodukt	Von Kuznets Fixes-Netto-Kapital plus Lager: Netto-Nationalprodukt	Brutto Fixes-Brutto-Kapital plus Lager: Brutto-Nationalprodukt
1889	–	2,99	–
1890	–	–	5,6
1897	2,68	–	–
1898	2,66	–	–
1899	2,54	3,36	–
1900 A	2,51	–	5,3
1900 B	2,51	–	4,6
1901	2,37	–	–
1902	2,44	–	–
1903	2,42	–	–
1904	2,56	–	–
1905	2,49	–	–
1906	2,34	–	–
1907	2,37	–	–
1908	2,68	–	–
1909	2,38	3,40	–

[39] *E. D. Domar*, Die gegenseitigen Beziehungen zwischen Kapital und Ausstoß in der amerikanischen Wirtschaft, „Zeitschrift für Nationalökonomie", Band XV, Heft 1–2, S. 115ff., 1955.

Fortsetzung Tabelle 2

Jahr	Von Goldsmith Fixes Netto-Kapital Netto-Nationalprodukt	Von Kuznets Fixes Netto-Kapital plus Lager: Netto-Nationalprodukt	Brutto Fixes Brutto-Kapital plus Lager: Brutto-Nationalprodukt
1910	2,47	—	—
1911	2,61	—	—
1912	2,68	—	4,8
1913	2,68	—	—
1914	2,90	—	—
1915	2,70	—	—
1916	2,47	—	—
1917	2,28	—	—
1918	2,17	—	—
1919	2,24	3,76	—
1920	2,54	—	—
1921	2,76	—	—
1922	2,63	—	4,7
1923	2,35	—	—
1924	2,42	3,53	—
1925	2,46	—	—
1926	2,42	—	—
1927	2,51	—	—
1928	2,59	—	—
1929	2,47	3,86	4,4
1930	2,81	—	—
1931	3,09	—	—
1932	3,63	—	—
1933	3,59	—	—
1934	3,15	4,03	—
1935	2,82	—	—
1936	2,45	—	—
1937	2,35	—	—
1938	2,49	—	—
1939	2,29	3,27	4,3
1940	2,10	—	—
1941	1,68	—	—
1942	1,63	—	—
1943	1,43	—	—
1944	1,32	3,19	—
1945	1,34	—	—
1946	1,51	—	—
1947	1,59	—	—
1948	1,62	—	3,7
1949	1,71	—	

TABELLE 3

Die Entwicklung der Bruttokapitalkoeffizienten der Industrie (ohne Kleinbetriebe) im Gebiet der Bundesrepublik 1925 bis 1956

Jahres-durch-schnitt	Bergbau Grundstoff- und Produk-tionsmittel-industrie	Investitions-güter-industrien	Verbrauchs-güter-industrie	Nahrungs- und Genuß-mittel-industrie	Industrie gesamt
1925	2,11	1,26	0,72	0,75	1,32
1926	2,16	1,35	0,79	0,70	1,36
1927	1,76	0,95	0,69	0,65	1,11
1928	1,81	1,02	0,72	0,62	1,15
1929	1,79	1,00	0,77	0,63	1,15
1930	2,13	1,23	0,83	0,65	1,31
1931	2,75	1,89	0,88	0,70	1,60
1932	3,34	2,88	1,02	0,78	1,94
1933	2,88	2,22	0,94	0,76	1,71
1934	2,21	1,52	0,91	0,74	1,44
1935	1,95	1,25	0,88	0,72	1,30
1936	1,73	1,07	0,84	0,70	1,18
1937	1,62	0,94	0,81	0,67	1,11
1938	1,59	0,86	0,79	0,65	1,06
1939	1,65	0,76	0,83	0,62	1,05
1940	1,81	0,75	0,88	0,67	1,12
1941	1,93	0,75	0,93	0,73	1,18
1942	2,05	0,78	1,00	0,80	1,26
1943	2,15	0,80	1,08	0,84	1,32
1944	2,00	0,72	1,14	0,85	1,25
1948/1	4,10	2,58	2,11	1,44	2,85
1948/2	2,98	1,66	1,44	1,01	1,97
1949	2,54	1,39	1,09	0,83	1,61
1950	2,14	1,12	0,89	0,77	1,35
1951	1,91	0,92	0,84	0,73	1,20
1952	1,92	0,89	0,88	0,72	1,19
1953	1,92	0,91	0,80	0,65	1,16
1954	1,88	0,83	0,78	0,63	1,11
1955	1,82	0,75	0,75	0,60	1,06
1956	1,86	0,77	0,74	0,59	1,07
1925–29	1,91	1,09	0,74	0,67	1,21
1930–34	2,59	1,79	0,91	0,72	1,57
1935–39	1,70	0,94	0,83	0,67	1,13
1940–44	1,99	0,76	1,00	0,77	1,23
1925–44	2,00	1,01	0,86	0,71	1,26
1948/2–56	2,02	0,92	0,85	0,69	1,22
1951–56	1,88	0,83	0,79	0,65	1,12
1924–56	2,00	0,98	0,86	0,70	1,25

Während aus den Daten von Domar eine beständig sinkende Kapitalintensität der Produktion beobachtet werden kann, weisen die Kapitalkoeffizienten nach den Berechnungen von Kuznets bis 1934 eine fast ununterbrochen steigende Tendenz auf, und der nach diesem Zeitabschnitt niedrigste Koeffizient im Jahre 1944 ist immer noch höher als der Koeffizient des Jahres 1889. Die Koeffizienten, die Goldsmith errechnete, widerspiegeln die Zyklizität der Entwicklung. Im allgemeinen tendenziellen Verlauf stimmen sie etwa mit dem Koeffizienten von Kuznets überein, wobei nur zu bemerken wäre, daß auch in der ersten Periode, etwa von 1897 bis etwa 1907, ein vorübergehendes Absinken der Kapitalintensität abgelesen werden könnte. In dem Zeitabschnitt von 1944 bis 1949 gilt wieder steigende Fondsintensität. Interessant ist, daß in den Kriegsjahren hier sinkende Kapitalintensität beobachtet werden kann, während in der sowjetischen Ökonomik steigende Fondsintensität nachgewiesen wurde. Die Entwicklung der Kapitalkoeffizienten bestätigt somit die allgemein bekannte Tatsache, daß der zweite Weltkrieg für die USA-Monopole ein „big bussines“ war.

Die angeführten Daten über die Entwicklung des amerikanischen Kapitalkoeffizienten beruhen zum großen Teil auf Schätzungen, was ihren Aussagewert stark mindert. Für uns ist jedoch vor allem bemerkenswert, daß diese Problematik zunehmendes Gewicht in der bürgerlichen wirtschaftswissenschaftlichen Forschung erhält. Zudem muß zugestanden werden, daß sich die genannten Ökonomen selbst zunächst nur bescheidene Ziele gestellt hatten. Vor allem ging es um die Frage, ob es einen „sinkenden Kapitalertrag“ gibt.[40]

Die genannten Unzulänglichkeiten[41] sind auch den Berechnungen eigen, die *R. Krengel* bezüglich der Entwicklung des Bruttokapitalkoeffizienten (Brutto-

[40] „Obwohl es nur grobe Schätzungen sind, so erlauben sie uns doch, zumindest vorübergehend, die Meinung, daß eine ‚Vertiefung‘ des Kapitals für die wirtschaftliche Entwicklung notwendig sei, zurückzuweisen, obwohl dies in verschiedenen Ländern zu bestimmten Perioden der Fall gewesen sein mag. Es scheint, daß in den Vereinigten Staaten ‚sinkende Erträge‘ des Kapitals (infolge einer geringeren Wachstumsrate der Arbeit) durch langfristige technologische Vorgänge kompensiert wurden. Das Grenzprodukt des Kapitals scheint heute nicht erheblich geringer zu sein als vor 50 Jahren. Die negative Formulierung hier ist beabsichtigt; die Schätzungen rechtfertigen keine mehr positiven Schlußfolgerungen.“ (Ebenda, S. 118.)

[41] „Es lohnt sich, ... darüber zu diskutieren, ob dieser Mangel (fehlende Sachkapitalstatistik — O. K.) durch eine Sachkapitalschätzung ausreichend ersetzt werden kann; insbesondere, ob die fehlende Statistik durch eine Schätzung nicht sogar ersetzt werden muß, ist durchaus der Überlegung wert.

Einmal deshalb, weil sich eine derartige Statistik, d. h. eine amtliche Erhebung mit der ‚normalen‘ Fehlergrenze von Wirtschaftsstatistiken, vermutlich als undurchführbar erweisen wird. Zweitens deshalb, weil ja auch eine amtliche Erhebung des Sachkapitalbestandes notgedrungen derart mit Konventionen aller Art, insbesondere über die aufzuwendenden Richtlinien für die Bewertung belastet wäre, daß auch diese amtliche ‚Statistik‘ letzten Endes doch nur eine — eben amtliche — ‚Schätzung‘ bliebe. Es ist kein Geheimnis, daß z. B. die vom Statistischen Bundesamt veröffentlichten Berechnungen über das Sozialprodukt — die selbstverständlich auf Statistiken beruhen — dennoch ‚nur das Ergebnis von

Anlagevermögen im Verhältnis zum Nettoprodukt in Preisen von 1950) in der westdeutschen Industrie publizierte. (Vgl. Tabelle 3)[42]

Auch für diese Daten – die allerdings nur die Grundfondsintensität des Nettoprodukts erfassen – ist das hervorstechendste Merkmal, daß sie eine bestimmte Zyklizität in der dynamischen Zeitreihe ausweisen, während eine sinkende oder steigende Tendenz der Kapitalkoeffizienten für den gesamten Zeitraum nicht eindeutig nachgewiesen werden kann.

Sowohl die zitierten Untersuchungen der sowjetischen Ökonomen als auch die angeführten Daten aus bürgerlichen Berechnungen bestätigen nachdrücklich die große Bedeutung, die der Kategorie der Fondsintensität der Produktion in der ökonomischen Analyse und Planung zukommt. Sie bringt in verallgemeinerter Form zum Ausdruck, mit welchem Effekt die Produktionsfonds in der Volkswirtschaft genutzt werden. Steigende Fondsintensität der Produktion bedeutet eine entsprechende Verminderung der Fondseffektivität, während sinkende Fondsintensität einen steigenden Nutzeffekt des Produktionsfonds anzeigt. Der absolute Effekt der produktiven Akkumulationen hängt direkt von dieser Fondsintensitätsentwicklung ab. Damit steht außer Zweifel, daß die Fondsintensität der Produktion einen Grundparameter der sozialistischen erweiterten Reproduktion darstellt, der ebenso bei der ökonomischen Analyse und Wirtschaftsplanung berücksichtigt werden sollte wie die herkömmlichen ökonomischen Hauptkennziffern selbst.

Die angeführten Daten machen andererseits aber auch deutlich, daß für diese wichtige Aufgabenstellung die Berechnung des Koeffizienten der Fondsintensität der Produktion beziehungsweise des Nettoprodukts allein nicht ausreicht. In seiner globalen Form sagt dieser Koeffizient nur aus, *wie* sich die Wechselbeziehungen zwischen den vorgeschossenen Produktionsfonds und der Produktion selbst im zeitlichen Ablauf entwickeln. Sinkende Fondsintensität kennzeichnet eine zunehmende Effektivität der eingesetzten Produktionsfonds, denn es wird ein absolut und relativ höheres Produktionsergebnis im Verhältnis zu den Produktionsfonds erzielt, steigende Fondsintensität bedeutet dagegen einen sinkenden Wirkungsgrad der vorgeschossenen Gesamtfonds. Dieser Koeffizient vermag aber in seiner globalen Form nichts über die *Ursachen* dieser Entwicklungstendenzen auszusagen, denn es könnte nur von den allgemeinen Tendenzen auf künftige Entwicklungen geschlossen werden. Die volkswirtschaftliche Planung setzt aber eine exakte Ursachenforschung voraus.

Wenn der Koeffizient der Fondsintensität zu einer tragenden Kennziffer und zu einem wirksamen Instrument bei der ökonomischen Analyse und Planung werden soll, dann sind vor allem Möglichkeiten für eine detailliertere Spezifikation dieses

Schätzungen sind, wenn auch von so gut wie möglich fundierten und qualifizierten Schätzungen'.

Das gleiche gilt selbstverständlich auch von den amtlichen Ermittlungen der Netto-Anlage-Investitionen ..." (*R. Krengel*, Zur Berechnung der Produktionsfunktion, insbesondere des marginalen Kapitalkoeffizienten, „IFO-Studien", Heft 1–2, S. 111, 1958).

[42] *R. Krengel*, Anlagevermögen, Produktion und Beschäftigung der Industrie im Gebiet der Bundesrepublik von 1924 bis 1956, Berlin-Lichterfelde 1958, S. 84.

Koeffizienten zu suchen, die die Faktorenmessung zuläßt und dabei den allgemeinen Zusammenhang wahrt. Es sind daher die möglichen Faktoren der Fondsintensitätsentwicklung zu behandeln.

5. Die Kennziffer der Fondsintensität

Die Kennziffer der Fondsintensität der Produktion bzw. des Nationaleinkommens kann u. E. nur dann zu einem wirkungsvollen Instrument der ökonomischen Analyse und Planung entwickelt werden, wenn die wichtigsten Ursachenkomplexe bestimmt werden, die das Verhältnis zwischen den vorgeschossenen Produktionsfonds und dem erzielten Produktionsresultat beeinflussen, und wenn der Anteil dieser Ursachen an der Gesamtwirkung ermittelt wird, um dann auf dieser Grundlage zu einer Verallgemeinerung zu gelangen, die eine Beobachtung der darauf aufbauenden synthetischen Kennziffer sinnvoll werden läßt. Das setzt voraus, daß diese Beziehungen zunächst auf der Betriebs-, Erzeugnisgruppen- und Zweigebene erforscht werden, ehe Koeffizienten für die Volkswirtschaft insgesamt aufgestellt werden. Ferner muß der dynamischen Zeitreihe der statische Vergleich vorausgehen.

Die Aufgabe besteht vor allem darin, die objektiv vorhandenen und quantitativ bestimmbaren Proportionsbeziehungen, die zwischen den eingesetzten Produktionsfonds und dem jeweils erzielten oder erzielbaren Produktionsresultat bestehen, aufzudecken und in die laufende und perspektivische Planung einzubeziehen. Die wissenschaftlich fundierte Planung, wie sie für die Durchsetzung des neuen ökonomischen Systems der Planung und Leitung der Volkswirtschaft erforderlich ist, benötigt objektiv begründete Proportionalitäts-Normative und exakt nachweisbare Orientierungswerte, um den wissenschaftlich technischen Fortschritt mit höchstem Nutzeffekt realisieren zu können.

Die Kennziffer der Fondsintensität der Produktion muß also — wenn sie diesen Anforderungen genügen soll — eine Aggregat-Größe darstellen, in der die wichtigsten Ursachenkomplexe der Fondsintensitätsentwicklung in Form von zusammenwirkenden Proportionalitätsbeziehungen dargestellt werden. Eine isolierende Behandlung der einzelnen Faktorengruppen wäre hierbei unzureichend, denn sie könnte weder die wechselseitigen Einflüsse noch die jeweilige Gewichtung der Faktoren hinreichend genau ausweisen. Im Aggregat kann diese Forderung erfüllt werden. Andererseits ist jedoch die Aufgabenstellung so kompliziert, daß anfangs nur eine erste Näherungslösung gesucht werden kann, die, wenn sich ihre Richtigkeit und Zweckmäßigkeit erweisen sollte, in künftigen Untersuchungen entsprechend erweitert und ergänzt werden müßte.

In der ökonomischen Literatur ist die Thematik, eine Kennziffer der Fondsintensität der Produktion zu bilden, nach unserer Kenntnis noch nicht behandelt worden. Aber über die Faktorengruppen, die die Entwicklung der Fondsintensität der Produktion bestimmen, gibt es bereits zahlreiche Untersuchungen, die genutzt werden können.

Im nächsten Abschnitt soll versucht werden, die wichtigsten Faktorengruppen der Fondsintensität zu bestimmen, um dann auf dieser Grundlage ein Kennziffern-Aggregat als ersten Lösungsweg zu bilden.

III. DIE FAKTOREN DER FONDSINTENSITÄT

Die Kategorie der Fondsintensität der Produktion ist insofern ein Gradmesser der gesellschaftlichen Entwicklung, als sie ausweist, wie sich der technische Fortschritt in der gesellschaftlichen Produktion niederschlägt, das heißt, ob die eingesetzten Produktionsfonds zu einer entsprechenden Erhöhung des Produktionsvolumens führen. Diese Funktion folgt aus der Bedeutung, die dem wissenschaftlich-technischen Fortschritt in der gesellschaftlichen Entwicklung generell zukommt, besonders aber gegenwärtig, da sich in der sozialistischen Gesellschaft eine wissenschaftlich-technische Revolutionierung der Produktionsgrundlagen vollzieht, und sie folgt ferner aus der – besonders für die DDR außerordentlich aktuellen – Tatsache, daß in der modernen sozialistischen Gesellschaft die vorhandenen Arbeitsressourcen fast vollständig in den Produktionsprozeß einbezogen sind, und die Zuwachsrate für die quantitative Erweiterung des Arbeitszeitfonds verhältnismäßig klein oder zeitweilig sogar negativ ist.

Der entscheidende Bestimmungsfaktor für die Entwicklung der gesellschaftlichen Produktion ist demzufolge der technische Fortschritt, vorwiegend in Gestalt der Ausstattung der Arbeitsressourcen mit mehr und modernen Maschinen und Ausrüstungen, mit verbesserten technologischen Verfahren, mit neuen Werkstoffen usw. Demzufolge „drückt sich der gesellschaftliche Produktionsgrad der Arbeit aus im relativen Größenumfang der Produktionsmittel, welche ein Arbeiter, während gegebner Zeit, mit derselben Anspannung von Arbeitskraft, in Produkt verwandelt. Die Masse der Produktionsmittel, womit er funktioniert, wächst mit der Produktivität seiner Arbeit . . .“[43]

Eine Grundbeziehung, die das Wechselverhältnis zwischen Produktionsfonds und Produktionsresultat bestimmt, ist somit die Beziehung zwischen Produktionsmitteln und Arbeitskräften, die Beziehung also zwischen vergegenständlichter und lebendiger Arbeit in ihrem unmittelbaren Zusammenwirken im Produktionsprozeß. Diese Beziehungen sind vorwiegend technologischer Natur.[44]

Der Hinweis von Karl Marx auf den technologisch bestimmten Charakter der unmittelbaren Produktionsbeziehungen zwischen Produktionsmitteln und Arbeitskräften ist von besonderer Bedeutung, wenn es gilt, die sozialistische Ökonomik so zu entwickeln, daß sich optimale Relationen bilden, und die Wirtschaftswissen-

[43] *Karl Marx/Friedrich Engels*, Werke, Band 23, a. a. O., S. 650.

[44] „Um den Teil des gesellschaftlichen Reichtums, der als konstantes Kapital oder, stofflich ausgedrückt, als Produktionsmittel funktionieren soll, in Bewegung zu setzen, ist eine bestimmte Masse lebendiger Arbeit erheischt. Diese ist technologisch gegeben.“ (Ebenda, S. 637.)

schaften als ökonomische Potenz wirksam werden zu lassen. Da „die Proportionen, worin der Produktionsprozeß erweiterbar, nicht willkürlich, sondern technisch vorgeschrieben sind ...“[45], verlangt die auf dem VI. Parteitag der SED beschlossene Vervollkommnung des gesamten Systems der Planung, deren Kern die wissenschaftlich fundierte Perspektivplanung des wissenschaftlich-technischen Fortschritts bildet, daß von den unmittelbaren, technologisch bestimmten Produktionsbeziehungen ausgegangen wird und daß diese stufenweise über ein entsprechendes System der ökonomischen Informationen zu einem volkswirtschaftlichen System von ökonomischen Parametern verdichtet werden.[46] Die entscheidende Grundbeziehung ist dabei das Verhältnis zwischen Produktionsmitteln und Arbeitskräften.

Die *erste Faktorengruppe*, die im Hinblick auf die Entwicklung der Fondsintensität der Produktion zu analysieren ist, schließt das *Verhältnis zwischen den eingesetzten Produktionsmitteln und der sie belebenden Arbeitskraft sowie die Auswirkung dieser Faktoren auf die Produktionsentwicklung* ein. Das sind nicht nur technologische Beziehungen, aber die technologischen Bedingungen sind bestimmend.

Die unmittelbaren Produktionsbeziehungen hängen darüber hinaus in entscheidendem Maße von den Bedingungen der gesellschaftlichen Organisation der Produktion ab, die sich innerhalb der gegebenen Gesellschaftsordnung vor allem auf die Entwicklung der gesellschaftlichen Arbeitsteilung gründen.

Der wissenschaftlich-technische Fortschritt schreitet nicht gleichmäßig in allen Zweigen voran, zudem entstehen neue Zweige, verändern alte Zweige ihr Profil und ihre Bedeutung usw. Die auf dem VI. Parteitag beschlossene vorrangige Entwicklung der führenden Zweige in der Volkswirtschaft der DDR verstärkt diese Prozesse. Durch diese Entwicklung der gesellschaftlichen Arbeitsteilung gestalten sich die Produktionsbeziehungen innerhalb der Zweige und vor allem zwischen ihnen sehr unterschiedlich, und deren Entwicklung wird durch diese gesellschaftlichen Bedingungen in starkem Maße beeinflußt. Die Leistungsfähigkeit der Textilanlagen wird zum Beispiel durch den Entwicklungsstand des wissenschaftlich-technischen Fortschritts im Textilmaschinenbau bestimmt; die Entwicklungsmöglichkeiten der Halbleitertechnik werden entscheidend durch die Bereitstellung von Reinststoffen bedingt, die die Metallurgie und die Chemie liefern; der Ertrag der landwirtschaftlichen Produktion hängt von der Menge und Qualität der Düngemittelproduktion ab usw. Diese arbeitsteiligen Prozesse finden ihren Niederschlag in einer ständigen Veränderung der Zweigstruktur der Volkswirtschaft.

Daraus ergibt sich die Notwendigkeit, die *Prozesse der gesellschaftlichen Arbeitsteilung als eine besondere zweite Faktorengruppe zu behandeln*, die sowohl die Fondsintensität der Produktion innerhalb der einzelnen Zweige als auch durch die strukturellen

[45] *Karl Marx/Friedrich Engels*, Werke, Bd. 24, a. a. O., S. 82.

[46] Die Planung ausgehend von den Kategorien des gesellschaftlichen Gesamtprodukts erfaßt die technologischen Produktionsbeziehungen nicht direkt und daher unzulänglich. Die Beziehungen zwischen Arbeitsmittel und Produktion werden z. B. durch das Medium der Abschreibungen erfaßt, auf deren höchst unzureichende Aussagekraft bereits verwiesen wurde.

Veränderungen die Entwicklung der entsprechenden volkswirtschaftlichen Parameter entscheidend beeinflußt.

Es scheint, daß sich in diese beiden Gruppen alle wesentlichen Faktoren, die die Fondsintensität der Produktion beeinflussen, einordnen lassen.

1. Die Beziehungen zwischen Produktionsmitteln und Arbeitskräften innerhalb der Zweige

Die bestimmende Grundbeziehung in der gesellschaftlichen Produktion ist – wie wir bereits aufzeigten – die Beziehung zwischen Produktionsmitteln und Arbeitskräften oder, mit anderen Worten, das Verhältnis zwischen vergangener und lebendiger Arbeit. Bei gegebenem Entwicklungsstand der Produktivkräfte ist die optimale Beziehung zwischen den beiden Hauptkomponenten technologisch bestimmt. Der wissenschaftlich-technische Fortschritt hingegen ist durch eine wachsende Ausstattung der lebendigen Arbeit mit Produktionsmitteln gekennzeichnet. Woraus nach Karl Marx abzuleiten ist, daß die Produktivkraft der Arbeit in dem Maße zunimmt, wie sich die Ausstattung der Arbeitskraft mit Produktionsmitteln erhöht.

Diese gesetzmäßige Beziehung kann durch die organische Verbindung zweier Kennziffern präzisiert werden, wenn die Grundbeziehung zwischen Produktionsfonds und Produktionsresultat, die die Beziehung zwischen Produktionsmitteln und Arbeitskräften noch nicht unmittelbar zum Ausdruck bringt, um das Zwischenglied „lebendige Arbeit“ erweitert wird:

$$\frac{PF}{P} = \frac{PF}{AK} \cdot \frac{AK}{P} \tag{5}$$

wobei:

AK = Zahl der Beschäftigten (oder Lohnfonds).

Das erste Glied des Produkts kennzeichnet die Fondsausstattung der Arbeitskraft. Der Quotient $\frac{PF}{AK}$ zeigt an, wieviel Produktionsfonds auf eine Arbeitskraft entfallen, wie hoch der Ausstattungsgrad der lebendigen Arbeit mit vergangener Arbeit ist.

Das zweite Glied, das Verhältnis Arbeitskraft zu Produktion $\frac{AK}{P}$, stellt die Arbeitsaufwendigkeit (Arbeitsintensität)[47] der Produktion dar; denn sie besagt, wieviel

[47] Der Aufwand an lebendiger Arbeit je erzeugte Produktionseinheit sollte besser mit dem Terminus „Arbeitsintensität der Produktion“ bezeichnet werden, denn wir sprechen von „materialintensiver“, „energieintensiver“, „intelligenzintensiver“ Produktion, und ebenso kann und sollte man dann – um eine bestimmte terminologische Einheitlichkeit zu wahren – auch von „arbeitsintensiver Produktion“, das heißt von einer Produktion mit hohem Anteil der lebendigen Arbeit, sprechen. Der Terminus „Arbeitsaufwendigkeit“ beziehungsweise „arbeitsaufwendige Produktion“ bringt den betreffenden Sachverhalt keineswegs präziser

lebendige Arbeit aufgewendet werden muß, um eine Einheit Produktion zu erzeugen.

Da die Arbeitsproduktivität das Verhältnis der Produktion zur Arbeitskraft ist (Bruttoproduktion, Warenproduktion oder Eigenleistung des Betriebes je Arbeiter oder Beschäftigten — $\frac{P}{AK}$), stellt die Arbeitsaufwendigkeit (Arbeitsintensität) der Produktion direkt die reziproke Größe der Arbeitsproduktivität dar.

Über das *Wechselverhältnis zwischen der Fondsausstattung der Arbeitskraft und der Arbeitsaufwendigkeit* (*Arbeitsintensität*) *der Produktion* wird somit eine unmittelbare Beziehung hergestellt zwischen dem technischen Fortschritt — soweit er sich in entsprechenden Veränderungen der Produktionsfonds niederschlägt — einerseits und der Arbeitsproduktivitätsentwicklung andererseits; denn sinkende Arbeitsaufwendigkeit (Arbeitsintensität) der Produktion ist gleichbedeutend mit steigender Arbeitsproduktivität.

Wenn wir die erste Komponente der Formel, die Fondsausstattung der Arbeitskraft, mit dem Symbol b bezeichnen, und die zweite Komponente, die Arbeitsintensität der Produktion, mit a, dann läßt sich die Fondsintensität der Produktion in der folgenden Form darstellen:

$$f_p = b \cdot a \,. \tag{10}$$

Wenn a in demselben Verhältnis abnimmt, wie b wächst, dann bleibt f_p unver ändert; wächst aber b rascher als a abnimmt, dann steigt die Fondsintensität der Produktion; und umgekehrt, wenn b langsamer ansteigt als a sinkt, sinkt die Produktionsfondsintensität.

Dieses Wechselverhältnis zwischen der Fondsausstattung der lebendigen Arbeit und der Arbeitsintensität der Produktion ist die tragende Grundbeziehung der Kategorie der Fondsintensität der Produktion; denn alle Faktoren, die die Fondsintensitätsentwicklung der Produktion beeinflussen, schlagen sich in dieser synthetischen Kennziffer nieder. Darin liegt zugleich der entscheidende Vorzug der Kennziffer der Fondsintensität der Produktion gegenüber anderen Kennziffern begründet, die von einer isolierenden Betrachtung ausgehen.[48]

Hier wird allerdings vorausgesetzt, daß sich eine zunehmende Fondsausstattung der lebendigen Arbeit entsprechend auf eine adäquate sinkende Arbeitsintensität der Produktion auswirkt. Diese Voraussetzung gilt aber nicht unbedingt. Es ist

zum Ausdruck und ist stilistisch unschön. Eine Verwechslung mit dem politökonomischen Begriff „Arbeitsintensität“, der die physische und geistige Anspannung des Arbeiters im Arbeitsprozeß bezeichnet, ist insofern nicht möglich, da es sich im angewendeten Falle immer um die Arbeitsintensität *der Produktion*, um arbeitsintensive *Produktion* handelt.

[48] „Der Vorzug der synthetischen Kennziffer der Fondsintensität besteht vor allem darin, daß sie es ermöglicht, die Dynamik der Fondsausstattung und Produktivität der Arbeit und des Fondsaufwandes je Erzeugniseinheit zu verbinden, wodurch quantitative Gesetzmäßigkeiten der erweiterten Reproduktion, die von größter Bedeutung für die Bestimmung ihrer Tempi sind, aufzustellen sind.“ (*A. I. Notkin*, Tempo und Proportionen . . ., a. a. O., S. 123.)

durchaus möglich, daß die Fondsintensität der Produktion sinkt, nicht weil die Arbeitsintensität der Produktion in stärkerem Maße abnimmt, als die Fondsausstattung steigt (sie mag sogar in gewissen Grenzen steigen), sondern weil die Fondsausstattung der Arbeitskraft sinkt (z. B. durch Erhöhung des Schichtkoeffizienten).

Die Wechselbeziehung zwischen der Fondsausstattung der Arbeitskraft und der Arbeitsintensität der Produktion stellt einen sehr komplizierten Zusammenhang dar. Diese Wechselbeziehung ist durch eine Reihe von Zwischengliedern vermittelt, weil sie in synthetischer Form das Zusammenwirken einer Vielzahl von Faktoren zum Ausdruck bringt, wobei gegenläufige Bewegungen nicht ausgeschlossen sind. Durch Disproportionen oder durch unökonomischen Einsatz der Technik können sich fortschrittliche Maßnahmen in ihr Gegenteil verkehren. Andererseits ist das Wachstum der Arbeitsproduktivität nicht unmittelbar von der Masse der Produktionsmittel abhängig.[49]

Die Tatsache, daß die Veränderungen im Wechselverhältnis zwischen Fondsausstattung der lebendigen Arbeit und Arbeitsintensität der Produktion beide Komponenten nicht im gleichen Maße berühren, weist im Grunde genommen nur auf den wichtigen Umstand hin, daß die Fondsausstattung der Arbeitskraft an sich nichts darüber aussagt, in welchem Grade die Produktionsfonds effektiv genutzt und ausgelastet werden. Es ist daher unerläßlich, daß in das Kennziffern-Aggregat Elemente aufgenommen werden, die bestimmte qualitative Momente zum Ausdruck bringen. Im weiteren Fortgang der Kennziffern-Bestimmung wird eine detaillierte Faktoren-Analyse unumgänglich.

Zunächst ist ein Element zu bestimmen, das die *effektive Auslastung der Produktionsfonds* kennzeichnet. Wenn zum Beispiel unter den gegebenen Bedingungen vom Ein-Schicht-Regime zum Zwei-Schicht-Regime übergegangen würde, dann hätte das zur Folge: die Größe der Grundfonds bleibt gleich, aber die Zahl der Beschäftigten verdoppelt sich, und es wird mit denselben Fonds ein doppelt so hohes Produktionsresultat erzielt. Die Fondsausstattung je Arbeitskraft wäre in diesem Falle auf die Hälfte gesunken, während die Arbeitsintensität der Produktion im wesentlichen gleichbliebe (der steigenden Beschäftigtenzahl entspräche – unter sonst gleichen Bedingungen – eine ebensolche Produktionserhöhung). Das doppelte Produktionsresultat würde also ohne zusätzliche Fonds erzielt, das heißt, die Fondsintensität wäre in diesem Falle gesunken.

Es ist daher zweckmäßig, einen entsprechenden Schicht-Koeffizienten (s) einzuführen, um diesen Faktor gesondert ausweisen zu können. Außerdem ist noch ein Auslastungskoeffizient (c) einzuführen, der die Beziehungen zwischen den insgesamt vorhandenen Gesamtfonds und den effektiv eingesetzten Produktionsfonds widerspiegelt. Denn es ist eine Tatsache, daß es neben den notwendigen Kapazitäts-

[49] „Obschon in allen Industriezweigen der aus Arbeitsmitteln bestehende Teil des konstanten Kapitals genügen muß für eine gewisse, durch die Größe der Anlage bestimmte Anzahl Arbeiter, so braucht er doch keineswegs immer in demselben Verhältnis zu wachsen, wie die beschäftigte Arbeitsmenge.“ (*Karl Marx/Friedrich Engels*, Werke, Bd. 23, a. a. O., S. 629.)

reserven in den Betrieben noch relativ große Bestände an sogenannten nichtgenutzten Grund- und Umlaufmitteln gibt (hervorgerufen meist durch Veränderungen im Produktionsprogramm u. ä.). Hier liegen noch bedeutende Reserven für die Senkung der Fondsintensität der Produktion verborgen.

Beide Koeffizienten sind natürlich Elemente der Kennziffer b, der Fondsausstattung der Arbeitskraft, denn diese Größe selbst bleibt unverändert. Es wird nur innerhalb dieses Parameters die Wirkung der Auslastungskoeffizienten gesondert ausgewiesen. Indem durch Einführung der beiden Auslastungskoeffizienten diese Einflüsse gesondert erfaßt werden, treten nunmehr die unmittelbaren technologischen Beziehungen zwischen Produktionsmitteln und Arbeitskräften unvermittelt zutage und können einer detaillierten Analyse unterzogen werden.

Zunächst ist weiter zu untergliedern in die *Grundfondsausstattung der Arbeitskraft* und in die *Umlauffondsausstattung der Arbeitskraft*, die sich beide bekanntlich nach eigenen Gesetzen entwickeln.

Man kann und muß die These vertreten, daß bei gegebenem Stand der technisch ökonomischen Entwicklung jeweils optimale Proportionalitätsrelationen zwischen den Produktionsgrundfonds und Umlauffonds bestehen, die vorwiegend technologisch bestimmt sind. Deshalb kommt der speziellen Behandlung der Beziehungen zwischen der Grundfonds- und Umlauffondsausstattung der Arbeitskraft eine besondere Bedeutung zu.

Die erste Komponente der Formel für F_p nimmt danach die folgende Gestalt an:

(11) $$b = s \cdot c \cdot \left(\frac{GF}{AK} + \frac{UF}{AK}\right).$$

Die Grundfondsausstattung der Arbeitskraft läßt sich ihrerseits wieder zerlegen nach den verschiedenen Grundfondsarten, wodurch der aktive Teil von den übrigen Grundfondsarten getrennt analysiert werden kann:

(11a) $$\frac{GF}{AK} = \frac{AM + EM + TM + B}{AK}$$

wobei: AM – Arbeitsmaschinen,
EM – Energiemaschinen und -anlagen,
TM – Transportmittel und -einrichtungen,
B – Bauten und bauliche Einrichtungen.

Diese detaillierte Spezifikation der Grundfondsausstattung der Arbeitskraft macht zweierlei Wirkungen sichtbar: *Erstens* die positiven oder negativen Auswirkungen aus den Strukturveränderungen der Anlagefonds. Entscheidend für die Produktionsentwicklung sind vor allem die Arbeitsmaschinen. Wenn es gelingt, den Anteil der aktiven Grundfonds zu erhöhen, dann hat das ein Sinken der Fondsintensität der Produktion zur Folge, weil die Gesamtgrundfonds dann gewöhnlich langsamer anwachsen als die Produktion. Zu den wichtigsten Aufgaben bei der Realisierung des wissenschaftlich-technischen Fortschritts in der Produktion gehört die systematische Senkung des Bauanteils der Investitionen, weil das eine wesentliche Voraussetzung für die Verkürzung der Fertigstellungsfristen der Objekte und für die

Senkung der Investitions- und Produktionskosten ist. Diese Reduzierung des Bauanteils der Investitionen schlägt sich unmittelbar in einer sinkenden Fondsintensität der Produktion nieder. Internationale Vergleiche lassen erkennen, daß hier noch große Reserven verborgen sind.

Nach Eliminierung dieses Struktureffektes kann dann *zweitens* die unmittelbare Auswirkung der einzelnen Grundfondsarten auf die Produktion ermittelt werden. Das gilt insbesondere für die Modernisierung und Neuanschaffung von Grundmitteln. Der Vergleich des neuen Standes mit dem vorherigen zeigt – bei Eliminierung der vorgenannten Koeffizienten und des Struktureffektes – den direkten Produktionseffekt der realisierten Neuanlagen beziehungsweise der Modernisierung.

Von besonderer Bedeutung ist auch die gesonderte Analyse der Umlauffondsintensität bzw. der Materialintensität der Produktion. Meist wird den Produktions-Umlauffonds in bezug auf die Produktionsentwicklung eine völlig passive Rolle zugeschrieben, wobei man sich häufig auf Karl Marx stützt, der im „Kapital" nachwies, daß sich der Anteil des in Arbeitsgegenstände verausgabten Aufwands proportional zur Steigerung der Arbeitsproduktivität entwickelt.

Aber erstens betrifft das nur die Kostenstruktur der Erzeugnisse, also einen Parameter, der vom gesellschaftlichen Gesamtprodukt abgeleitet ist, während hier das Verhältnis der eingesetzten Fonds zur Produktion untersucht werden soll. Zweitens bedarf diese These unter den heutigen gesellschaftlichen und ökonomischen Entwicklungsbedingungen u. E. einer ernsthaften Überprüfung. Vor allem deshalb, weil mit der vorrangigen Entwicklung der Chemie, der Entwicklung der Halbleitertechnik, der Erschließung neuer Energiequellen usw. die Substituierbarkeit der Stoffe in einem ungeahnten Ausmaß anwächst, indem die traditionellen Grundmaterialien Metall, Holz und Naturfasern mehr und mehr durch Chemiestoffe ersetzt werden können, was nicht nur eine Verbilligung der Materialien und der Materialverarbeitung bewirkt, sondern auch in gewisser Weise die Abhängigkeit von einigen Rohstoffen vermindert. Hinzu kommt, daß mit der allmählichen Durchsetzung der kontinuierlichen Produktionsprozesse mit Hilfe der komplexen Mechanisierung, Automatisierung und Chemisierung der Produktion der Materialeinsatz rationeller organisiert werden kann und durch die Beschleunigung des Transports die Reservebildung reduziert wird. In derselben Richtung wirken die konstruktiven Veränderungen der Erzeugnisse selbst. Im Ergebnis all dieser Maßnahmen muß die Produktion schneller wachsen als der Einsatz von Arbeitsgegenständen, was ebenfalls eine sinkende Fondsintensität der Produktion bewirkt.

Auch hier erweist sich eine Spezifikation der Umlauffondsausstattung der Arbeitskraft als zweckmäßig, und zwar sollten zumindest die Energieausstattung und die Materialausstattung der Arbeitskraft gesondert ausgewiesen werden.

Sowjetische Ökonomen haben zum Beispiel die These aufgestellt, daß sich die Arbeitsproduktivität in demselben Verhältnis wie die Energieausstattung der Arbeitskraft erhöht. Diese These stützt sich auf einen Vergleich von Zeitreihen über einen größeren Zeitraum. Diesen Koeffizienten haften u. E. die gleichen Mängel wie den oben angeführten Koeffizienten der Fondsintensität an, weil sie sich nur auf grobe Durchschnittsdaten stützen und nicht mit den konkreten Produktionsprozessen konfrontiert worden sind. Aber hier ist ein Zusammenhang aufgezeigt worden, der sehr bemerkenswert ist, weil besonders der Elektroenergie die Besonderheit eigen ist, daß sie sofort verbraucht werden muß, das heißt, hier handelt es sich nicht nur um eine potentielle Energieausstattung der Arbeitskraft, sondern um eine unmittelbar realisierte.

Der gesonderte Ausweis der Materialausstattung der Arbeitskraft ergibt sich aus den oben genannten Einsparungs- und Substitutionsmöglichkeiten, die im Interesse des wissenschaftlich-technischen Fortschritts maximal genutzt werden müssen. Für einzelne Zweige kann sich außerdem noch der gesonderte Ausweis von speziellen Umlauffondsarten als zweckmäßig erweisen. Zum Beispiel könnte es zweckmäßig sein, innerhalb der Materialausstattung den Anteil des verbrauchten Metalls gesondert auszuweisen, vor allem dort, wo Metalle durch chemische Stoffe abgelöst werden können. Das ist vor allem deshalb bedeutsam, weil die Reduzierung des Metalleinsatzes direkt zu einer sinkenden Fondsintensität der Produktion führt.

Unbedingt ist von der Energieausstattung und der Materialausstattung die Ausstattung der Arbeitskraft mit sonstigen Umlaufmitteln abzusondern, vor allem der Bestand an unvollendeter Produktion, weil hier ebenfalls bedeutende Reserven für die Senkung der Fondsintensität der Produktion verborgen sind.

Empirisch ist zu ermitteln, welche Beziehungen zwischen dem Materialverbrauch je Arbeitskraft einerseits und der Umlauffondsausstattung der Arbeitskraft andererseits gültig sind. Da es z. Zt. noch keine brauchbaren statistischen Unterlagen über die Entwicklung der Produktionsumlauffonds gibt, muß vorläufig allein der Materialverbrauch in den Kalkül gesetzt werden, wodurch die unterschiedliche Umschlagsgeschwindigkeit der Umlauffonds in den einzelnen Zweigen unberücksichtig bleibt.

Die detaillierte Spezifikation der Ausstattung der Arbeitskraft mit Produktionsumlauffonds würde somit die folgende Gestalt annehmen:

$$\frac{UF}{AK} = \frac{EU + MU + UU}{AK} \tag{11b}$$

wobei: EU — Energieausstattung der Arbeitskraft (Energieverbrauch),
MU — Materialausstattung der Arbeitskraft (Materialverbrauch),
UU — Ausstattung der Arbeitskraft mit sonstigen Umlaufmitteln.

Die erste Komponente der Kennziffer der Fondsintensität der Produktion, die die Beziehungen der Produktionsfonds zur Arbeitskraft zum Ausdruck bringt, kann in entwickelter Form dargestellt werden:

$$b = s \cdot c \cdot \frac{AM + EM + TM + B}{AK} + \frac{EU + MU + UU}{AK}. \tag{11c}$$

Die Kennziffer Ausstattung der Arbeitskraft mit Produktionsfonds ist somit selbst eine aggregierte Größe, die aus den wichtigsten Parametern, die diese Kennziffer bestimmen, zusammengesetzt ist. Ihre Gesamtwirkung auf das ökonomische Resultat ergibt sich damit aus Ursachenkomplexen, die erforscht werden können.

Die Veränderungen in der Produktionsfondsausstattung der Arbeitskraft schlagen sich in der *Arbeitsintensität der Produktion*, in der zweiten Komponente der Kennziffer der Produktionsfondsintensität der Produktion, nieder. Die allgemeine These, daß die Erhöhung der Fondsausstattung der Arbeitskraft zu einem Wachstum der Arbeitsproduktivität und damit zu einem Sinken der Arbeitsintensität der Produktion (als reziproke Größe der Arbeitsproduktivität) führt, die nicht in jedem konkreten Fall gilt, kann nunmehr präzisiert werden, indem die Wechselbeziehungen zwischen den einzelnen Parametern des Aggregats und die bestimmenden Gesetzmäßigkeiten in der für die praktische Planung und Produktionsleitung erforderlichen Spezifikation ermittelt werden.

Es handelt sich aber zunächst bei unentwickelter Form dieser zweiten Komponente nur um die globale Auswirkung auf die Entwicklung der Arbeitsintensität der Arbeit schlechthin. Es ist aber zu bedenken, daß durch die Bildung dieser beiden Komponenten der Fondsintensität der Produktion eine direkte Beziehung zwischen den Produktionsfonds als Bestandteil der Kategorie des gesellschaftlichen Reichtums und dem Produktionsresultat (Bruttoprodukt, Warenprodukt oder Nettoprodukt) als Bestandteil der Kategorie des gesellschaftlichen Gesamtprodukts hergestellt wird. Darin liegt ein großer Vorzug der Kennziffer der Fondsintensität der Produktion.

Sowohl dieser positive Umstand als auch die Möglichkeiten, die sich aus der Aggregierung der ersten Komponente ergeben, lassen es als zweckmäßig erscheinen, auch die zweite Komponente zu spezifizieren. Zumindest sollte die Arbeitsintensität des Ersatzfonds gesondert erfaßt werden, so daß die Kennziffer in entwickelter Form die folgende Gestalt annehmen würde:

$$a = \frac{AK}{EF + NP}, \tag{12}$$

wobei: EF — Ersatzfonds (verbrauchte Arbeitsgegenstände plus Amortisationen),
NP — Nettoprodukt (Löhne plus Gewinn).

Die Zweckmäßigkeit dieser Aggregierung zeigt sich daran, daß sich so direkte Beziehungen zwischen einzelnen Parametern der ersten Komponente und der Arbeitsintensität des Ersatzfonds in der zweiten Komponente der Fondsintensität der Produktion herstellen lassen. Die Erhöhung der Auslastung der vorhandenen Produktionsgrundfonds (entsprechende Veränderung der Koeffizienten s und c) sowie die Senkung der Materialintensität der Produktion und die Reduzierung der Bestände und Reserven führen meist zu einer absoluten Verminderung des Ersatzfonds der Produktion, die sich bei entsprechendem (nachweisbarem) Zusammenwirken mit den übrigen Parametern auch in einer relativen Abnahme des Anteils des Ersatzfonds am Gesamtprodukt niederschlagen kann. Andererseits wies Karl Marx auf die wachsenden Vorräte in Form des produktiven Kapitals hin.[50]

[50] „Man hat früher gesehen, daß mit der Entwicklung der Produktivität der Arbeit ... die Masse der Arbeitsmaschinen dem Prozeß ein für allemal einverleibt und stets wiederholt, während längerer oder kürzerer Periode in ihren fungierenden Produktionsmitteln (Gebäude, Maschinen etc.) beständig wächst ... Das nicht nur absolute, sondern relative Wachstum

Da die Effektivität der gesellschaftlichen Produktion sehr entscheidend von der anteilmäßigen Entwicklung des Ersatzfonds einerseits und des Nettoprodukts andererseits beeinflußt wird, ist die detaillierte Erforschung und Planung dieser Beziehungen in der von uns dargelegten Form dringend geboten, und zwar vor allem deshalb, weil der entscheidende Faktor, der das Wechselverhältnis zwischen Ersatzfonds und Nettoprodukt (Nationaleinkommen) bzw. das Wechselverhältnis zwischen Nationaleinkommen und gesellschaftlichem Gesamtprodukt bestimmt, die Entwicklung des technischen Fortschrittes und die Steigerung der Arbeitsproduktivität ist.

Der technische Fortschritt ist mit einer wachsenden organischen Zusammensetzung der Produktionsfonds verbunden. Diese wiederum schlägt sich in einer entsprechenden Veränderung der strukturellen Zusammensetzung des Produkts nieder. Mit Hilfe der aggregierten Kennziffer der Fondsintensität der Produktion lassen sich somit die nach Ursachenkomplexen gegliederten Wechselbeziehungen zwischen der organischen Zusammensetzung der Produktionsfonds und der organischen Zusammensetzung des gesellschaftlichen Gesamtprodukts ermitteln und darstellen.

Das Gesamtaggregat des Koeffizienten der Fondsintensität der Produktion auf Betriebs-, Erzeugnisgruppen- oder Zweigebene hat somit die folgende entwickelte Form:

$$F_p = \left(s \cdot c \frac{AM + EM + TM + B}{AK} + \frac{EU + MU + UU}{AK}\right) \frac{AK}{EF + NP}. \tag{13}$$

Die in das Gesamtaggregat eingehenden Parameter können auf der Betriebsebene ohne weiteres erfaßt werden. Bei der Erarbeitung dieser Daten wird eine wertvolle analytische Grundlage für ökonomische Berechnungen und Planprojektierungen gewonnen. Einen Vergleich der Parameter von Betrieben mit gleichartiger Produktion und Technologie, aber unterschiedlichen Produktionsergebnissen läßt unmittelbar wichtige Produktionsreserven sichtbar werden. Besonders aufschlußreich aber ist ein Vergleich der Parameter, die in Betrieben mit gleichartiger Produktion und unterschiedlicher Technologie oder in Betrieben mit unterschiedlicher Produktion und gleichartiger Technologie ermittelt werden. Es werden damit wichtige Grundlagen für die Aufdeckung der unter den gegebenen Bedingungen objektiv bestehenden optimalen Relationen in der Parameterkombination geschaffen, die unerläßlich für die Ausarbeitung von optimalen Programmen sind.

Die Tatsache, daß die Möglichkeit gegeben ist, die Parameter für analytische Zwecke zu bestimmen und als Kontrollgrößen zu verwenden, begründet von der

des Reichtums in dieser Form ... charakterisiert vor allem die kapitalistische Produktionsweise ... Mit der Stufenleiter der Produktion und der Steigerung der Produktivkraft der Arbeit durch Kooperation, Teilung, Maschinerie usw. wächst die Masse des Rohmaterials, der Hilfsstoffe etc., die in den täglichen Reproduktionsprozeß eingehen ... Der Umfang dieses in der Form von produktivem Kapital existierenden Vorrats wächst also absolut." Und einige Seiten später stellt Karl Marx fest: „Nach wie vor bleiben Kosten der Vorratsbildung Abzüge von dem gesellschaftlichen Reichtum, obgleich sie eine Existenzbedingung desselben sind." (*Karl Marx/Friedrich Engels*, Werke, Bd. 24, a. a. O., S. 142ff. u. S. 149.

prinzipiellen Seite her auch die Möglichkeit, diese Koeffizienten als Plangrößen einzusetzen. Auf der Grundlage der betrieblichen Aggregat-Kennziffer der Fondsintensität der Produktion können entsprechende Kennziffern für die Erzeugnisgruppen und Aggregat-Kennziffern der Fondsintensität der Produktion für die einzelnen Zweige gebildet werden, die eine bedeutende Rolle für die Vervollkommnung der Leitung und Planung der Industriezweige zu spielen vermögen. Auf dieser Basis gewinnen dann auch die synthetischen Koeffizienten der Fondsintensität der Produktion eine gewichtige Aussagekraft.

Für eine weitere Verdichtung dieser Kennziffern und Koeffizienten müssen die zweigstrukturellen Veränderungen, die aus dem Prozeß der gesellschaftlichen Arbeitsteilung erwachsen, in die Analyse der Fondsintensität der Produktion einbezogen werden.

2. Zweigstrukturelle Veränderungen der Fondsintensität der Produktion im Ergebnis der Entwicklung der gesellschaftlichen Arbeitsteilung

Bislang sind solche Faktoren behandelt worden, die die Entwicklung der Fondsintensität innerhalb eines Betriebes oder Zweiges beeinflussen, wobei die Aggregierung der Parameter die Möglichkeit bietet, die bestehenden Wechselbeziehungen numerisch auszuweisen und damit diese Prozesse vorausschauend in optimale Kombinationen zu bringen. Die künftigen Auswirkungen von projektierten Investitionsvorhaben lassen sich im voraus durch einen Vergleich der Investitionsintensität der Produktion (2) mit der Fondsintensität hinreichend genau berechnen, wobei sich für beide Kennziffern dieselbe Aggregatbildung vornehmen läßt. Das ermöglicht u. E. eine fundiertere Bestimmung des Nutzeffekts der Investitionen, als es die bisherigen methodologischen Grundlagen zulassen. Die genannten Aggregat-Kennziffern bilden also die methodologische Voraussetzung dafür, daß eine planmäßige Senkung der Fondsintensität der Produktion in den Betrieben und Zweigen entsprechend den gegebenen Möglichkeiten und Bedingungen erreicht werden kann.

Es ist aber durchaus möglich, daß in der Mehrzahl der Zweige die Fondsintensität der Produktion sinkt, die Fondsintensität im Rahmen der gesamten Volkswirtschaft aber steigt. Das tritt dann ein, wenn sich die Zweige mit einer verhältnismäßig hohen Fondsintensität der Produktion schneller entwickeln als die Zweige mit niedriger Fondsintensität der Produktion. Hierin kommen Gesetzmäßigkeiten zum Ausdruck, die aus dem Prozeß der gesellschaftlichen Arbeitsteilung folgen. Das macht eine gesonderte Behandlung dieser Problematik erforderlich.

Zunächst ist in diesem Zusammenhang zu klären, ob die fortschreitende gesellschaftliche Arbeitsteilung, die zu einer Absonderung immer neuer Produktionszweige führt, im volkswirtschaftlichen Rahmen eine steigende Fondsintensität der Produktion bewirkt. Die oben zitierten Hinweise von Karl Marx, wonach der Teil des gesellschaftlichen Reichtums in Form der Produktionsgrundfonds absolut und relativ anwächst (vor allem in der kapitalistischen Produktionsweise) und die Vorräte in Gestalt des Rohmaterials, der Hilfsstoffe etc., die in den täglichen Reproduktionsprozeß eingehen, mit der Stufenleiter der Produktion und steigender Arbeitsproduktivität absolut zunehmen, lassen noch keine eindeutige Beantwortung der aufgeworfenen Frage zu.

Hingegen stellte Kronrod in der zitierten Arbeit die These auf, daß der fortschreitende Prozeß der gesellschaftlichen Arbeitsteilung zu einer steigenden Fondsintensität der Produktion führe.[51] Gegen die Schlüsse, die Kronrod aus dieser These für die Beziehungen zwischen den Produktionsfonds und der organischen Zusammensetzung des gesellschaftlichen Gesamtprodukts ableitet, polemisiert W. S. Nemtschinow:

„Da die gesellschaftliche Arbeitsteilung von einer steigenden Produktivkraft der Arbeit begleitet ist, wird der übertragene Wert der Produktionsmittel im Vergleich zur Masse der in Bewegung gesetzten Produktionsmittel abnehmen. Im Ergebnis dessen wird nur dann ein relatives Wachstum des Anteils des übertragenen Werts der Stufenproduktion auf den Wert des Bruttoprodukts in dem Zeitabschnitt zu beobachten sein, in dem der Prozeß der Vertiefung der gesellschaftlichen Arbeitsteilung begleitet ist von einem verlangsamten Wachstum der Produktivkraft der Arbeit (zum Beipsiel: infolge eines langsamen technischen Fortschritts). Es existiert also keinerlei ‚Gesetz des wachsenden Anteils des übertragenen Werts am Wert des gesellschaftlichen Gesamtprodukts', wie das von einigen Ökonomen behauptet wird."[52]

Hier wird zwar keine direkte Antwort auf die aufgeworfene Frage gegeben, aber es wird auf den wichtigen Umstand hingewiesen, daß eine direkte Wechselbeziehung zwischen der gesellschaftlichen Arbeitsteilung und der Steigerung der Arbeitsproduktivität besteht, von deren Wachstumsrelationen es abhängt, ob die Fondsintensität der Produktion steigt, gleichbleibt oder sinkt. Es ist dies im Grunde genommen die Problematik, die im vorangegangenen Abschnitt in bezug auf die Wechselbeziehungen zwischen den beiden Komponenten der Kennziffer der Fondsintensität der Produktion auf betrieblicher und zweiglicher Ebene abgehandelt worden ist: die Wechselbeziehung zwischen der Ausstattung der Arbeitskraft mit Produktionsfonds und der Arbeitsintensität der Produktion als reziproke Größe der Arbeitsproduktivität. Steigt die Arbeitsproduktivität schneller, d. h., sinkt die Arbeitsintensität der Produktion in stärkerem Grade, als die Produktionsfondsausstattung der Arbeitskraft zunimmt, dann hat das eine sinkende Fondsintensität der Produktion zur Folge; im umgekehrten Falle ist es umgekehrt.[53]

51 „Auf das genannte Wachstumsverhältnis (zwischen Grundfonds und Produktion — O. K.) wirkt als Faktor der beständige Prozeß der Spezialisierung und Kooperierung der Produktion, wodurch das gegebene Produkt in einem zunehmend stärker verzweigten System spezialisierter Zweige erzeugt wird, die jeweils mit eigenen Arbeitsinstrumenten, Ausrüstungen, Kommunikationsanlagen und anderen Produktionsmitteln ausgestattet werden, was in den meisten Fällen die Masse der je Erzeugniseinheit angewandten Grundfonds erhöht ..." (*J. A. Kronrod*, Das gesellschaftliche Gesamtprodukt und seine Struktur im Sozialismus, a. a. O., S. 212.)

52 *W. S. Nemtschinow*, Ökonomisch-mathematische Methoden und Modelle, Verlag für sozialökonomische Literatur, Moskau 1962, S. 366. (Russ.)

53 „Die Relationen zwischen den Anteilen des übertragenen Werts und des neugeschaffenen Werts innerhalb des Gesamtwerts des Produkts schwanken ebenso wie auch die übrigen

Des weiteren ist die Annahme unbegründet, daß die Neubildung von Zweigen zu einer steigenden Fondsintensität der Produktion führe, denn den „eigenen Arbeitsinstrumenten, Ausrüstungen, Kommunikationsanlagen und anderen Produktionsmitteln" steht eine eigene Produktion der Zweige gegenüber, deren Masse im Verhältnis zu den eingesetzten Produktionsfonds vom Wirkungsgrad dieser Fonds abhängt, letztlich also wiederum von den Wachstumsrelationen zwischen der gesellschaftlichen Arbeitsteilung und der Produktivkraft der Arbeit. Während zum Beispiel die nach der Betriebsmethode ermittelte Bruttoproduktion nominell zunehmen kann, ohne substantiell zu wachsen – beispielsweise durch bloße Umwandlung eines Kombinats in mehrere selbständige Betriebe – berührt der Prozeß der Neubildung von Zweigen die Kennziffer der Fondsintensität der Produktion von dieser Seite her gar nicht, denn der auf diese Weise „neuentstandenen" Produktion stehen entsprechende Produktionsfonds gegenüber.

Gänzlich anders stellt sich dieses Problem aber dar, wenn man die unterschiedliche Entwicklung der Fondsintensität der Produktion und der Fondsintensität des Nettoprodukts verfolgt. Für das Wachstum des gesellschaftlichen Reichtums ist die Entwicklung der Fondsintensität des Nettoprodukts ausschlaggebend. Es ist daher dringend geboten, diese Kennziffer gesondert neben der bislang behandelten Kennziffer der Fondsintensität der Produktion zu analysieren, wenn die Prozesse der gesellschaftlichen Arbeitsteilung und ihre Auswirkungen auf die volkswirtschaftliche Effektivität der Produktionsfonds in den Kalkül einbezogen werden sollen.

In bezug auf die Entwicklung der Fondsintensität des Nettoprodukts kann die oben zitierte These von J. A. Kronrod als eine erste Hypothese gewertet werden. Die methodologische Grundlage für die empirische Ermittlung der wirkenden Entwicklungstendenzen wäre u. E. der Vergleich der Entwicklungsreihen, die die beiden Koeffizienten der Fondsintensität der Produktion und des Nettoprodukts durchlaufen.

Das eigentliche Problem besteht aber darin, daß wegen der unterschiedlichen Produktionsbedingungen die Fondsintensität der Produktion in den einzelnen Zweigen außerordentlich stark variiert. An Hand von Daten der Industrie-Berichterstattung für das Jahr 1961 haben wir versucht, einen Brutto-Fondsintensitäts-Koeffizienten für die Industrie insgesamt sowie für die Industriebereiche und für die einzelnen Zweige als erste Näherungsgrößen zu bilden, wobei gesondert noch die jeweiligen Koeffizienten der Grundfondsintensität und der Umlauffondsintensität der Produktion ausgewiesen wurden.[54] Diese Koeffizienten geben eine ungefähre

volkswirtschaftlichen Grund-Proportionen um eine optimale Größe, die dem gegebenen Stadium der gesellschaftlichen Entwicklung eigen ist. Diese optimale Größe selbst hängt ab von den Relationen zwischen der gesellschaftlichen Arbeitsteilung und der Produktivkraft der Arbeit. Letztere ist nicht nur bedingt durch die gesellschaftliche Arbeitsteilung, sondern hauptsächlich durch den technischen Fortschritt und durch die Erhöhung des kulturellen Niveaus der Werktätigen. Für gewöhnlich ist dabei der technische Fortschritt begleitet von einer Einsparung an Arbeitsgegenständen und Arbeitsinstrumenten in der Produktion der verschiedenen Erzeugniseinheiten." (Ebenda.)

[54] Die Bezeichnung „Brutto"-Fondsintensität der Produktion wurde gewählt, weil in diesem Falle an Stelle des Umlauffonds der Materialverbrauch des gegebenen Zeitraums in

Vorstellung davon, wieweit die Zweig-Koeffizienten voneinander abweichen. (Vgl. Tabelle 4.)

TABELLE 4

Koeffizienten der Brutto-Fondsintensität der Produktion in der Industrie der DDR im Jahre 1961

Industriezweige	Fonds-intensität der Produktion	davon Grundfonds-intensität	davon Umlauffonds-intensität
Industrie insges.	1,27	0,62	0,65
Darunter:			
I. Grundstoffindustrie	2,23	1,51	0,72
darunter:			
1. Energiebetriebe	3,40	2,61	0,78
darunter:			
Fernheizwerke	11,38	10,42	0,96
2. Bergbau	4,01	3,17	0,84
darunter:			
a) Nichteisenerzbergbau	7,49	5,60	1,89
b) Braunkohlenwerke, -kokereien u. -Brikettfabriken	4,95	4,14	0,82
3. Metallurgie	1,86	0,98	0,88
darunter:			
Nichteisen-Metallgewinnungs-betriebe	4,25	2,90	1,35
4. Chemische Industrie	1,49	0,89	0,59
darunter:			
a) Zelluloseregeneratfasern u. synthetische Fasern	2,16	1,33	0,83
b) Plaste u. Plasterzeugnisse für die Konsumtion	0,87	0,27	0,60
5. Baumaterialproduktion	2,85	1,75	0,83
II. Metallverarbeitende Industrie	1,16	0,41	0,75
darunter:			
1. Schwermaschinenbau	1,31	0,51	0,80
2. Allgemeiner Maschinenbau	1,26	0,50	0,77
3. Fahrzeugbau	1,08	0,34	0,74
4. Schiffbau	1,48	0,59	0,89

die Produktionsfonds eingesetzt worden ist. Es ist weiter zu bemerken, daß als Nenner nicht die ausgewiesene Bruttoproduktion genommen wurde, sondern die Produktionskosten plus Löhne plus Gewinn plus Produktionsabgabe.

Fortsetzung Tabelle 4

Industriezweige	Fonds-intensität der Produktion	davon Grundfonds-intensität	Umlauffonds-intensität
5. Gießereien u. Schmieden	1,48	0,67	0,81
6. Metallindustrie	1,04	0,35	0,69
7. Elektrotechnische Industrie	0,99	0,29	0,70
8. Feinmechanische u. optische Industrie	1,10	0,42	0,68
III. Leichtindustrie	1,03	0,38	0,65
darunter:			
1. Zellstoff- u. Papierind., Buchbindereien	1,61	0,85	0,76
2. Bekleidungs- u. Näherzeugnis-industrie	0,64	0,08	0,56
IV. Nahrungs- u. Genußmittelindustrie	1,49	0,80	0,70
darunter:			
1. Fischfang (See- u. Küstenf.)	5,32	4,20	1,12
2. Gewinnung von Sprit	0,15	0,06	0,09
3. Herstellung v. Tabakwaren	0,20	0,03	0,17

Bei einem Durchschnittskoeffizienten für die Fondsintensität der Industrieproduktion insgesamt von 1,27 schwanken die entsprechenden Koeffizienten für die Industriebereiche zwischen 2,23 (Grundstoffindustrie) und 1,03 (Leichtindustrie). Innerhalb dieser Bereiche ist aber eine außerordentlich große Variationsbreite zu beobachten. Sie reicht von dem durchschnittlichen Fondsintensitätskoeffizienten für Fernheizwerke mit 11,38 über die Koeffizienten für die Nichteisenerzbergbaubetriebe (7,49), des Fischfangs (5,32), der Braunkohlenwerke, -kokereien und -Brikettfabriken (4,95), der Nichteisen-Metallgewinnungsbetriebe (4,25), der Eisenerzbergbaubetriebe (4,18), der Steinkohlenwerke u. -kokereien (4,16) und der Herstellung von Ziegel- und Dachziegelerzeugnissen (3,75) bis zu den Durchschnittskoeffizienten für die Fondsintensität der Spriterzeugung mit (0,15), der Herstellung von Tabakwaren (0,20), der Herstellung von sonstigen Nahrungs- und Genußmitteln und Futtermitteln (0,37), der Schlachthöfe (0,46), der Fertigung von Haushaltswäsche (0,49), von Leibwäsche (0,52), von sonstigen Konfektions- und Näherzeugnissen und Kunststofferzeugnissen 0,58), der Spirituosenbetriebe und Keltereien (0,61), der Milchverarbeitung und Herstellung von Eierzeugnissen (0,63) und der Herstellung von Damen-Oberbekleidung (0,65). Die Skala reicht also von 11,38 bis 0,15.

Diese Daten sind natürlich mit entsprechenden Daten für das Jahr 1964 nicht vergleichbar, weil sich nach der Umbewertung der Grundmittel und nach Abschluß der ersten Etappe der Industriepreisreform erhebliche Veränderungen ergeben haben. 1961 war der Großteil der fungierenden Grundmittel in der Ökonomik der DDR stark unterbewertet. Die folgenden Ausführungen kennzeichneten die Situation:

„Als die Betriebe in Volkseigentum übergingen, wurden in den betrieblichen Zeitwert-eröffnungsbilanzen alle vorhandenen Maschinen und Ausrüstungen zu den im Jahre 1944 gültigen Preisen und nach der noch zu erwartenden Restnutzungsdauer bewertet. Bei Gebäuden dagegen wurden die Preise des Jahres 1913, zuzüglich eines Zuschlages von 60 Prozent, zugrunde gelegt. Die Grundmittel wiederum, die nach 1948 aus staatlichen Investitionen, Rationalisierungskrediten und anderen Fonds angeschafft wurden, haben die zum Anschaffungszeitpunkt gültigen Preise zur Grundlage. Und Investitionsgüter schließlich, die die Betriebe für sich selbst herstellten, wurden auf Kostenbasis bewertet und bilanziert."[55]

Das bedeutet, daß in unseren Daten die Fondsintensität der Produktion zu niedrig ausgewiesen ist.

In gewisser Weise kompensierend in bezug auf die Entwicklung der Fondintensität der Produktion wirkte das 1961 noch geltende Preissystem für die Industrieerzeugnisse. In den gegenwärtigen Preisen bestand ein zum Teil starkes Gefälle von den Erzeugnissen der Konsumgüterproduktion zu den Produkten der Produktionsmittelindustrie hin, da das Mehrprodukt zum großen Teil über den Preis der Produkte der Gruppe „B" realisiert wurde. Die Preise für den größten Teil der Produktionsmittel lagen also unter dem Wert, während viele Konsumgüter Preise hatten, die über dem gesellschaftlichen Wert lagen. Die Extreme sind dabei sogar soweit geführt worden, daß es sogenannte „Verlustproduktionen" gab.[56]

Da nun die Unterbewertung der Grundmittel die Zweige der Gruppe „A" in weit stärkerem Maße betrifft als die Zweige der Gruppe „B" – die Fondsintensität der Produktion in den Produktionsmittel produzierenden Zweigen ist objektiv höher als in der Konsumgüterindustrie – und da auch der Nenner des Koeffizienten der Fondsintensität der Produktion der Zweige der Gruppe „A" – der Umfang der Produktion – infolge der genannten Preissituation niedrigere Werte anzeigt, als der objektiven Realität entspricht, erfolgt hier in gewissen Grenzen eine Kompensation (Zähler und Nenner sind kleiner als die objektiven Werte). Anders ist es in bezug auf die Fondsintensität der Erzeugnisse der Gruppe „B". Die Daten im Zähler des Koeffizienten sind ebenfalls unterbewertet, aber die Daten im Nenner – der Produktionsumfang – sind überbewertet. Dadurch wird hier die Fondsintensität in zweifacher Hinsicht als zu niedrig ausgewiesen. Da aber in diesen Zweigen das Gewicht der Grundmittel geringer ist als in den Zweigen der Gruppe „A", dürfen wir annehmen, daß die in der Tabelle 3 ausgewiesenen Relationen ungefähr den bestehenden Bedingungen entsprechen.

55 *Claus Boltz/Horst Frase/Walter Siegert*, Zu einigen Problemen der Umbewertung der Grundmittel und der Neufestsetzung der Abschreibungssätze, „Einheit", Berlin, Heft 8, S. 40, 1963.

56 Die genannten Probleme sind auch heute noch nicht endgültig gelöst, denn erst nach Abschluß der zweiten Etappe der Industriepreisreform (1967) wird eine größere Annäherung der Preise an die Werte erreicht werden.

Aus den genannten Gründen ist natürlich die Aussagekraft der in Tabelle 4 angeführten Daten relativ gering. Sie reicht auf keinen Fall aus, um etwa auf dieser Grundlage perspektivische Berechnungen über die Entwicklung der Fondsintensität der Produktion in der Volkswirtschaft der DDR durchführen zu können. Sie vermitteln aber eine ungefähre Vorstellung über die Fondsintensitätsrelationen zwischen den Zweigen, wenn man die angeführten Einschränkungen berücksichtigt. In den Daten der Tabelle 4 kommen zwei bemerkenswerte Tatsachen deutlich zum Ausdruck.

Erstens ist zu konstatieren, daß die Fondsintensität der Produktion in Gruppe „A" bedeutend höher ist als in Gruppe „B", wobei sich ein eindeutiges Gefälle entsprechend der Stufenprozesse der Produktion bis zum Endprodukt zeigt. Am höchsten ist die Fondsintensität der Produktion in der Grundstoffindustrie mit 2,23, wobei auch innerhalb dieses Bereiches die Linie entlang der Stufenprozesse führt: An erster Stelle steht der Bergbau (4,01), es folgen die Energiebetriebe (3,40), die Baumaterialproduktion (2,85), die Metallurgie (1,86) und die Chemie (1,49). Als nächster Bereich folgt die metallverarbeitende Industrie (1,16), in der die einzelnen Zweigwerte relativ gering vom Durchschnitt abweichen. Aber bemerkenswert ist hier, daß die modernen Zweige – Feinmechanische und Optische Industrie, Elektrotechnische Industrie und Fahrzeugbau – unter dem Durchschnitt des betreffenden Industriebereichs bleiben (ebenso wie die Chemie im Bereich der Grundstoffindustrie). Danach folgt die Leichtindustrie (1,03). Den Schluß bildet die Nahrungs- und Genußmittelindustrie, wenn auch der Durchschnittskoeffizient bei 1,49 liegt. Dieser ist aber wesentlich beeinflußt durch den Koeffizienten des Fischfangs (5,32).

Die zweite bemerkenswerte Tatsache ergibt sich aus dem Vergleich der beiden Hauptkomponenten der Fondsintensitäts-Kennziffer, aus der Gegenüberstellung der Koeffizienten der Grundfondsintensität und der Umlauffondsintensität (im konkreten Fall: Materialverbrauch im Verhältnis zur Produktion). Es zeigt sich, daß die unterschiedliche Höhe der Fondsintensität hauptsächlich durch die Grundfondsintensität der Produktion bestimmt wird. Die Grundfondsintensität variiert zwischen den Koeffizientenwerten von 10,42 und 0,03. Die Skalenbreite der Umlauffondsintensität hingegen reicht nur von 1,89 bis 0,09. Dabei muß aber bemerkt werden, daß die Werte über 1,00 eine Ausnahme bilden, was an sich verständlich ist, denn bei einem Koeffizienten der Umlauffondsintensität, der größer als 1,00 ist, wird durch das erzeugte Produkt nicht einmal der Materialaufwand realisiert. Im allgemeinen konzentrieren sich die Koeffizienten der Umlauffondsintensität der Produktion auf den Bereich von etwa 0,55 bis 0,90. Zweifellos verbergen sich hinter diesen Besonderheiten bestimmte Gesetzmäßigkeiten vorwiegend technologischer Natur (einschließlich der jeweiligen natürlichen Produktionsbedingungen), die einer näheren Untersuchung und Begründung bedürfen.

Aus dieser außerordentlich starken Differenzierung zwischen den zweiglichen Fondsintensitätskoeffizienten der Produktion, die die unterschiedlichen Produktionsbedingungen und den unterschiedlichen Entwicklungsstand der Produktivkräfte in den einzelnen Produktionszweigen widerspiegeln, ergibt sich die dringende Notwendigkeit, diese Faktoren in die Analyse und Planung der Fondsintensität einzubeziehen.

Dabei stehen zwei Aspekte im Vordergrund. Einmal gilt es, die verschiedenen Ursachenkomplexe sowie wirkenden Gesetzmäßigkeiten aufzudecken und der numerischen Berechnung zugänglich zu machen. Die Grundlage dafür ist in den betrieblichen und zweiglichen Aggregat-Kennziffern der Fondsintensität der Produktion (einschließlich der Aggregat-Kennziffern für Erzeugnisgruppen) gegeben. Durch zusätzlichen Vergleich dieser Aggregate – zwischenzweigliche und internationale Vergleiche – können die erforderlichen Einsichten gewonnen werden. Als wichtiges Hilfsmittel können weiter die Koeffizienten-Matrizen des vollen Aufwands aus den Verflechtungsbilanzen der Produktion und der Verteilung der Erzeugnisse verwendet werden, die zusätzliche Aufschlüsse über die Stufenprozesse der Produktion vermitteln.

Der zweite Aspekt ergibt sich aus der Aufgabenstellung, die Auswirkungen einer Veränderung der Zweigstruktur der Volkswirtschaft auf die Entwicklung der Fondsintensität der Industrieproduktion bzw. des gesellschaftlichen Gesamtprodukts zu ermitteln. Dieses Problem ist im Hinblick auf die vorrangige Entwicklung der führenden Zweige in der Volkswirtschaft der DDR von besonderer Bedeutung; denn bei den konkreten wirtschaftspolitischen Entscheidungen ist die Kenntnis der Fondsintensitätsentwicklung im Ergebnis der Realisierung des wissenschaftlich-technischen Fortschritts in den einzelnen Zweigen eine wichtige Voraussetzung.

Auf den ersten Blick hin könnte man – etwa in Anlehnung an Kronrod – die Auffassung vertreten, daß der volkswirtschaftliche Koeffizient der Fondsintensität der Produktion steigende Tendenz haben müsse, weil das Gesetz des vorrangigen Wachstums der Abteilung I gegenüber Abteilung II gilt und die Fondsintensität der Produktion in Abteilung I höher ist als in Abteilung II. Aber wir haben schon darauf hingewiesen, daß die Fondsintensität in einigen Zweigen, die für den beschleunigten technischen Fortschritt in der Produktion entscheidend sind, relativ niedrig ist (z. B. in der Chemie, in der Elektrotechnik, in der Feinmechanik und Optik). Wenn also vom Kriterium einer günstigen Fondsintensität des gesellschaftlichen Gesamtprodukts oder des Industrieprodukts ausgegangen wird, dann gibt es für jeden Zeitabschnitt bestimmt optimale Relationen, die mit den wirtschaftspolitischen Entscheidungen für den Perspektivzeitraum abzustimmen sind.

Mit Hilfe der auf der Grundlage der Aggregat-Kennziffern der Fondsintensität gebildeten synthetischen Fondsintensitäts-Koeffizienten für die einzelnen Erzeugnisgruppen und Zweige ist es möglich, Planentwürfe in bezug auf die Entwicklung der volkswirtschaftlichen Fondsintensität der Produktion zu überprüfen und vorausschauend die Entwicklung der Fondsintensität entsprechend der fixierten Planaufgaben zu bestimmen.

Die methodologische Grundlage bilden die Fondsintensitätskoeffizienten der Zweige, und zwar nach der Formel:

$$f_{pvw} = \frac{\sum_{i=1}^{n} f_{pi} P_i}{\sum_{i=1}^{n} P_i} \quad (i = 1, 2, \ldots, n) \tag{14}$$

wobei: f_{pi} – Koeffizient der Fondsintensität der Produktion des Zweiges i und
P_i – Produktion des Zweiges i.
f_{pvw} – Volkswirtschaftlicher Koeffizient der Fondsintensität der Produktion.

Gleichfalls große Bedeutung kommt sowohl für die Zwecke der ökonomischen Analyse als auch für die Planung selbst den Kennziffern und Koeffizienten der Investitionsintensität der Produktion zu. Wenn man zum Beispiel die Kennziffern und Koeffizienten der Investitionsintensität der Produktion für die beiden großen Investitionsobjekte Leuna II und Erdölverarbeitungswerk Schwedt errechnet, dann ergibt der Vergleich dieser Koeffizienten mit den Kennziffern und Koeffizienten der Fondsintensität in der Chemie einmal die künftigen Veränderungen der Fondsintensitätsentwicklung dieses Zweiges und zum anderen läßt sich der ökonomische Nutzeffekt der Entwicklung der Petrolchemie abschätzen.

Die Investitionsintensität der großen Vorhaben ist faktisch die Fondsintensität der Produktion nach Inbetriebnahme dieser Objekte. Deshalb sollte die Erarbeitung der Investitionsintensitäts-Kennziffern und -koeffizienten ebenso verbindlich werden, wie die Ausarbeitung der Kennziffern und Koeffizienten der Fondsintensität der Produktion.

Schließlich ist noch auf die künftigen Möglichkeiten nach der Entwicklung von Verflechtungsbilanzen der Grundfonds hinzuweisen. Obwohl in der ökonomischen Literatur schon häufig theoretische Abhandlungen über die Ausarbeitung von Verflechtungsbilanzen der Grundfonds publiziert worden sind, gibt es noch keine praktischen Ergebnisse, die ihre unmittelbare Anwendung in der Planungspraxis ermöglichen könnten. Die Hauptschwierigkeiten scheinen darin zu liegen, daß die Bewegung der Grundmittel von Zweig zu Zweig, die sich zur Zeit der Bildung der Grundfonds vollzogen hat, auf die heutige Struktur der Grundfonds in den Zweigen projiziert werden müßte, um die entsprechenden Verflechtungen aufzeigen zu können. Offensichtlich muß hier zunächst mit größeren Vereinfachungen gearbeitet werden, um erste brauchbare Ansätze zu gewinnen. Aus der Koeffizienten-Matrix dieser Grundfonds-Verflechtungsbilanz ließen sich dann wichtige technologische Beziehungen in der Grundfondsentwicklung ablesen. Die Multiplikation dieser Matrix mit der Aufwandsmatrix ergibt die Koeffizienten der Fondsintensität der Produktion (einschließlich der Umlauffondsintensität). Die Multiplikation mit der invertierten Aufwandsmatrix ergäbe Koeffizienten der vollen Fondsintensität der Produktion.

3. Gesamtbetrachtung

Die Gesamtkennziffer der Fondsintensität der Produktion stellt ein Aggregat dar, dessen Aufbau durch die Produktionselemente in ihrer sachlichen Gliederung bestimmt ist, denen Koeffizienten zugeordnet sind, die die jeweilige Auslastung kennzeichnen. Die Aggregate bilden die Grundlage für die Bestimmung der spezifischen Zweigkoeffizienten, deren Behandlung – vor allem unter Berücksichtigung der

Koeffizienten der Investitionsintensität der Produktion – die Einbeziehung der Prozesse der gesellschaftlichen Arbeitsteilung in die Analyse und Planung zuläßt. Dieser Aufbau ermöglicht die numerische konkrete Analyse und Planung der Fondsintensität nach den lokalen und sachlichen Ursachenkomplexen. Auf diese Weise wird die Kennziffer der Fondsintensität zu einem ökonomischen Instrument der Analyse und Planung.

Das Hauptanliegen, das mit der Fondsintensitätsproblematik gelöst werden soll, ist die Analyse der numerisch bestimmbaren Wechselbeziehungen, die zwischen den Produktionsfonds und der Produktion bzw. – noch allgemeiner – zwischen dem gesellschaftlichen Reichtum (vor allem dem Reproduktionsfonds) und dem jährlichen gesellschaftlichen Gesamtprodukt bestehen.

Bislang werden die Fondsintensitätskoeffizienten beziehungsweise Kapitalintensitätskoeffizienten in der ökonomischen Literatur vorwiegend nicht unter diesem Aspekt betrachtet, sondern als ein Parameter, an dem man mögliche Entwicklungstendenzen ablesen kann, vornehmlich also als eine Korrelationsgröße, die nach Wahrscheinlichkeitsmaßstäben gemessen werden muß.

Es wird versucht, aus der *Bewegung* der Fonds einerseits und der Produktion andererseits die Entwicklungsgesetze zu ermitteln. Das ist aber ein Unterfangen, das die Aussagefähigkeit dieser Koeffizienten von vornherein auf einen eng begrenzten Rahmen beschränkt, der nicht ausreicht, um diese Koeffizienten als zuverlässige Instrumente der ökonomischen Analyse und Planung einsetzen zu können. Um dieses Ziel zu erreichen, ist daher erste Voraussetzung, die *objektiv gegebenen, vorwiegend technologisch bestimmten Proportionen* zwischen den wirkenden Komponenten zu bestimmen, um dann auf dieser Grundlage die dynamischen Entwicklungen in den Kalkül einbeziehen zu können.

Es läßt sich die These aufstellen, daß es zu jedem Zeitpunkt ein objektives Optimum in den Wechselbeziehungen zwischen den im gesellschaftlichen Produktionsprozeß fungierenden Elementen und Faktoren gibt. Der höchste Effekt der eingesetzten Produktionsfonds, das heißt die günstigste Fondsintensität der Produktion, wird erzielt, wenn die konkreten Produktionsbeziehungen annähernd diesem Optimum entsprechen. Mit anderen Worten: auf allen Ebenen der gesellschaftlichen Produktion müssen die optimalen Proportionen zwischen den Produktionselementen, die optimalen Proportionen zwischen vergangener und lebendiger Arbeit aufgedeckt und angestrebt werden, um den höchsten Nutzeffekt der gesellschaftlichen Arbeit zu sichern.

Hier geht es zunächst nicht um den dynamischen Aspekt, sondern um den optimalen Zustand, der zu jedem Zeitpunkt unter den jeweiligen konkreten Bedingungen gegeben ist. Und von diesem Zustand aus können die jeweiligen Maßnahmen zur Realisierung des wissenschaftlich-technischen Fortschritts auf ihren ökonomischen Effekt hin bewertet werden. Nicht jeder wissenschaftlich-technische Fortschritt bedeutet eine Annäherung an optimale Relationen. Der Fortschritt an der einen Stelle kann durch einen Mehraufwand an anderer Stelle kompensiert werden, und das kann die Fortentwicklung von einem unzureichenden Zustand zu einem anderen unzureichenden Zustand bedeuten.

Uns scheint, daß die von uns vorgeschlagene Aggregat-Kennziffer der Fondsintensität der Produktion einen ersten Schritt auf dem Wege zur Ermittlung optimaler Relationen darstellen könnte. Allerdings nur einen ersten Schritt.

Die Aggregate können auf allen Ebenen der Ökonomik gebildet werden: Innerhalb der betrieblichen Produktion, auf der Betriebsebene, für Erzeugnisgruppen, für die einzelnen Zweige und schließlich für die Volkswirtschaft insgesamt. Diese Aggregate widerspiegeln die mannigfaltigen effektiven Relationen, die in der Produktion zwischen den fungierenden Elementen bestehen. Durch Gegenüberstellung dieser vielfältigen Beziehungen können zunächst empirisch die dem Optimum am nächsten kommenden Kombinationen aufgefunden werden. Als Kriterium gilt innerhalb gleichartiger Gruppen die günstigste Fondsintensität der Produktion. Zusätzliche Daten werden dabei aus dem Vergleich der Fondsintensität der Produktion mit den Koeffizienten der Investitionsintensität für jeweils gleichartige Produktionen gewonnen.

Auf dieser Grundlage der Analyse der optimalen Zustandsrelationen können dann – wenn die wichtigsten objektiven Abhängigkeiten geklärt sind – zusätzliche Elemente in das Aggregat eingeführt werden, die die dynamischen Aspekte berücksichtigen. Ganz gleich aber, wie die endgültige Formel der dynamischen Kennziffern der Fondsintensität der Produktion aussehen mag, sie muß auf alle Fälle die grundlegende Kombination der zusammenwirkenden Elemente im Zustandsmodell enthalten.

Darüber hinaus sind aber zweifellos zusätzliche Elemente erforderlich, die vor allem die Berücksichtigung des Zeitfaktors ermöglichen. Hierzu gibt es bereits eine Reihe von Vorstellungen, u. a. auch in einer Arbeit von K. Steinitz, in der besonders das Verhältnis zwischen Jahres-Investitionen und unvollendeten Investitionen behandelt wird.[57]

Es sind noch zwei weitere, eminent wichtige Probleme zu lösen, ehe über die Analyse und Planung der Fondsintensität der Produktion ökonomische Entscheidungen getroffen werden können, die den optimalen Werten nahekommen.

Das erste Problem betrifft die mathematische Formulierung des Aufgabenkomplexes. Der Vorzug des von uns dargestellten Aggregats besteht, wie uns scheint, darin, daß die wirkenden Elemente und Faktoren in einem in sich geschlossenen System erfaßt und analysiert werden. Das heißt, das Aggregat kann unter verschiedenartigen Gesichtspunkten erweitert oder verdichtet werden, ohne daß der komplexe Charakter verlorengeht, weil alle Systemelemente auf die zwei Komponenten des Aggregats – Fondsausstattung der lebendigen Arbeit und Arbeitsintensität der Produktion – zurückgeführt werden, zwischen denen direkte Wechselbeziehungen bestehen. Das ist möglich, weil innerhalb der Komponenten die verschiedenen Auslastungs-Kennziffern, die Strukturveränderung und schließlich der der technologischen Verbesserung selbst geschuldete ökonomische Effekt jeweils gesondert ausgewiesen werden. Dieser Aufbau des Aggregats muß unbedingt ge-

[57] *Klaus Steinitz*, Investitionen und Wachstumstempo der Produktion, „Wirtschaftswissenschaft", Berlin, H. 1, S. 19f., 1963.

wahrt bleiben. Aus dieser Komplexität ergeben sich die Anforderungen, die an die mathematische Programmierung der Optimierungsaufgaben gestellt werden müssen.

Das zweite Problem betrifft die durch das jeweilig geltende Preissystem beeinflußte Bewertung der Elemente des Aggregats, die schon die Aussagekraft des Zustands-Aggregats beeinträchtigt (wir wiesen bereits darauf hin), die aber bei dynamischer Betrachtung der Fondsintensitätsentwicklung zu einem ausschlaggebenden Faktor wird. Eva Müller weist mit Recht darauf hin, daß z. B. die Kennziffer „Grundmittel je Einheit Nationaleinkommen" (worunter Eva Müller offensichtlich die Grundmittelausstattung der lebendigen Arbeit versteht) in der ökonomischen Literatur unter vier verschiedenen Gesichtspunkten betrachtet wird[58]:

1. wird der *stoffliche Umfang* der Grundfonds auf die Zahl der sie bedienenden Arbeiter bezogen. Diese Zahl entspricht in ihrer Bewegung etwa der der *Wertgröße* des Nationaleinkommens (g_1);
2. wird die *Wertgröße* der Grundfonds der mit ihrer Hilfe erzeugten *stofflichen Menge* des Nationaleinkommens gegenübergestellt (g_2);
3. wird der *stoffliche Umfang* der Grundfonds auf die *stoffliche Menge* des Nationaleinkommens bezogen (g_3);
4. wird die *Wertgröße* der Grundfonds der *Wertgröße* des Nationaleinkommens gegenübergestellt (g_4).

Eva Müller weist auf einen Zusammenhang hin, den auch schon A. Notkin nachdrücklich hervorgehoben hat:

„Diese vier Relationen sind sowohl in ihrer absoluten Höhe als auch in ihrer Entwicklungstendenz unterschiedlich, weil mit dem Steigen der Arbeitsproduktivität die stoffliche Menge eines Produkts, die einer Werteinheit entspricht, wächst. Daher bestehen unterschiedliche Beziehungen zwischen den Anlagefonds und dem Nationaleinkommen, je nachdem, ob man diese beiden Größen unter dem stofflichen oder dem wertmäßigen Aspekt betrachtet."[59]

Aus der aus rein theoretischen Überlegungen gewonnenen These, daß

„die stoffliche Menge Grundmittel, die einer Werteinheit Nationaleinkommen entspricht . . ., zum Beispiel eine steigende, die Wertgröße der Grundfonds, die einer stofflichen Einheit Nationaleinkommen entspricht, eine sinkende Tendenz"[60]

hat, folgert sie, daß die Kennziffer, die die stoffliche Menge der Grundfonds auf eine Werteinheit des Nationaleinkommens bzw. auf eine Arbeitskraft bezieht, „für die praktischen Bedürfnisse am bedeutungsvollsten" sei.[61]

Diese stoffliche Menge der Grundfonds wird nun aber nicht in echten Natureinheiten gemessen, was angesichts der außerordentlichen Mannigfaltigkeit der Grundmittel auch nicht möglich ist, sondern in sogenannten unveränderten Preisen.

[58] Vgl. *Eva Müller*, die Entwicklungstendenz der Kennziffer „Grundfondsintensität", „Wirtschaftswissenschaft", Berlin H. 11, S. 1766, 1963.

[59] Ebenda, S. 1767. [60] Ebenda. [61] Ebenda.

Der Unterschied zwischen dem wertmäßigen und dem stofflichen Ausweis der ökonomischen Tatbestände besteht also einzig in der Differenz zwischen den unveränderten Preisen (Preise eines bestimmten Basisjahres) und den laufenden Preisen. Darin liegt die Ursache für eine Reihe von Unzulänglichkeiten.

Unter diesen konkreten Bedingungen haben unveränderte Preise für Grundmittel in bezug auf die Entwicklung der Fondsintensität der Produktion keine Aussagekraft; denn sie bedeuten im Grunde genommen eine potenzierte Auswirkung der unrealen Bewertungsgrundlage auf den Ausweis der objektiven Beziehungen. Selbst wenn die Grundmittel zu Preisen bewertet würden, die den Werten angenähert sind, ist die Anwendung von unveränderten Preisen als Bemessungsgrundlage für die Entwicklung der Fondsintensität der Produktion objektiv mit einer Reihe von Mängeln behaftet, auf die bei einem ähnlichen Anlaß A. Notkin hingewiesen hat.

> „Vor allem muß gesagt werden, daß die vergleichbaren Preise einen unexakten Maßstab darstellen. Diesen Preisen liegen eine bestimmte Struktur der Volkswirtschaft und bestimmte Wertrelationen der Waren in der Basisperiode zugrunde. Aber diese verändern sich beständig. Strukturveränderungen vollziehen sich in einer besonders intensiven Weise in unserem Jahrhundert der neuen technischen Revolution. Deshalb widerspiegeln vergleichbare Preise die Bewegung der physischen Volumina des gesellschaftlichen Gesamtprodukts und des Nationaleinkommens nur für verhältnismäßig kurze Zeitabschnitte (5 bis 10 Jahre) mehr oder weniger genau. Für längere Zeitperioden können relativ bessere Resultate gewonnen werden, wenn die Indizes der physischen Volumina, die auf der Grundlage einer systematischen Überprüfung der unveränderten Preise gebildet werden, miteinander verkettet werden."[62]

Das aufgeworfene Bewertungsproblem stellt sich allerdings bei der Behandlung des Zustands-Aggregats der Fondsintensität der Produktion etwas anders dar als bei der Verfolgung von Zeitreihen.

Die spezifische Aggregatbildung in den untersten Wirtschaftseinheiten bietet die Möglichkeit, in großem Umfange echte Naturaleinheiten und technologische Normative in die Berechnungen einzubeziehen, so daß ein konkreter Vergleich zwischen den wertmäßigen und stofflichen Relationen möglich wird. Auf dieser Grundlage können Einflüsse, die außerhalb des konkreten Wirkungszusammenhangs entstehen, über entsprechende Korrektur-Koeffizienten eliminiert werden.

Bei der Suche nach Optimal-Lösungen entsteht dieses Problem erneut, weil hier Bewertungen erforderlich sind, die die objektiven Bedingungen in maximaler Annäherung widerspiegeln. Das ist aber ein allgemeines Problem, das nicht nur für die Problematik der Fondsintensität allein gilt. Es kann nur durch eine verstärkte Weiterentwicklung der ökonomisch-mathematischen Verfahren geklärt werden, speziell durch Lösung des Problems der sogenannten objektiven Bewertungen.[63]

Es erweist sich somit als erforderlich, daß der dynamischen Betrachtungsweise – die unbedingt durchgeführt werden muß – die statische Behandlung der Fonds-

[62] *A. Notkin*, Wachstumsrelationen zwischen gesellschaftlichem Gesamtprodukt und Nationaleinkommen, „Fragen der Wirtschaft", H. 10, S. 6, 1963. (Russ.)

[63] Vgl. *W. S. Nemtschinow*, Ökonomisch-mathematische Methoden und Modelle, Verlag für sozialökonomische Literatur, Moskau 1962, Kapital X u. XI. (Russ.)

intensität der Produktion vorausgehen muß, weil hier die entscheidenden Voraussetzungen geschaffen werden, die für die Erhöhung der Aussagekraft dynamischer Zeitreihen unerläßlich sind. Der erste Schritt dazu ist die Einführung und Entwicklung der Aggregat-Kennziffer der Fondsintensität der Produktion.

IV. SCHLUSSBEMERKUNGEN

Im Rahmen der vorliegenden Arbeit, die vor allem das Ziel verfolgt, die theoretisch-methodologischen Grundlagen für die Bildung einer Aggregat-Kennziffer der Fondsintensität der Produktion zu entwickeln und zu begründen, ist es natürlich nicht möglich, die vielfältigen Anwendungsmöglichkeiten dieser Kennziffer an Hand praktischer Beispiele zu demonstrieren. Es können nur – ausgehend von dieser methodologischen Grundlage – einige wichtige Anwendungsbereiche skizziert werden.

Zunächst ist die Kennziffer der Fondsintensität der Produktion ein Instrument der ökonomischen Analyse und Kontrolle. Die Anforderungen, die die sozialistische Praxis an die politische Ökonomie des Sozialismus stellt, sind zunehmend gewachsen. Die in der sozialistischen Ökonomik wirkenden Gesetze müssen in ihrer Darstellung einen solchen Grad der Konkretheit erlangen, daß sie in der Planung unmittelbar, in numerisch ausweisbaren Parametern und Proportionalitätsverhältnissen, angewandt werden können. Das gilt vor allem für die Gesetze, die den sozialistischen Reproduktionsprozeß regulieren.

Die Erforschung der Fondsintensitätsentwicklung und der dieser zugrunde liegenden Gesetzmäßigkeiten wird dadurch zur dringenden Forderung des Tages. Ausgangspunkt und Grundlage für die Anwendung der Kategorie der Fondsintensität der Produktion ist die detaillierte ökonomische Analyse der im Abschnitt III genannten Grundbeziehungen, die die Entwicklung der Fondsintensität der Produktion bestimmen.

In Tabelle 5 sind Daten angeführt, die die Fondsintensität der Produktion in den Betrieben einer VVB des Maschinenbaus der DDR im Planjahr 1964 kennzeichnen. In diesen Daten ist bereits die Umbewertung der Grundmittel berücksichtigt. Die Betriebe sind nach Erzeugnisgruppen gruppiert. Die Aggregierung ist nicht vollständig durchgeführt worden: es wird nur die Grundfonds- und die Umlauffondsausstattung der lebendigen Arbeit (bezogen auf den Lohnfonds) und die entsprechende Arbeitsintensität der Produktion ausgewiesen; daneben ist ein Koeffizient der Schichtauslastung angeführt. (Vgl. Tabelle 5.)

Ein erster Überblick läßt folgendes erkennen: Bei einem durchschnittlichen Fondsintensitäts-Koeffizienten für die VVB insgesamt von 1,53 bewegen sich die betrieblichen Koeffizienten in der Skalenbreite von 0,87 bis 2,59.

Hier sind aber einige Korrekturen notwendig. Die Betriebe 26 und 27 der Gruppe F erzielten eine außerordentlich niedrige Fondsintensität der Produktion auf Grund von Bedingungen, die nicht zweigtypisch sind. Hier machen sich Einflüsse geltend, die aus einer zusätzlichen Konsumgüterproduktion resultieren. (Hoher Anteil der

TABELLE 5

Die Fondsintensität der Produktion der Betriebe einer VVB des Maschinenbaus in der DDR im Planjahr 1964

Betriebe	Fondsausstattung d. lebendigen Arbeit: Grundfondsausstattung	Umlauffondsausstattung	Fondsausstattung insges.	Arbeitsintensität der Produktion	Koeffizient d. Fondsintensität d. Produktion	Schichtkoeffizient
1	2	3	4	5	6	7
Gruppe A						
1	3,32	1,17	4,49	0,31	1,39	1,31
2	4,56	1,07	5,63	0,31	1,75	1,12
3	4,12	1,77	5,89	0,32	1,88	1,22
4	4,04	1,35	5,39	0,23	1,24	1,19
5	4,69	1,61	6,30	0,26	1,64	1,27
6	6,17	1,46	7,63	0,34	2,59	1,32
Gruppe B						
7	5,04	1,45	6,49	0,30	1,95	1,29
8	3,13	1,75	4,88	0,28	1,37	1,16
9	3,84	0,97	4,81	0,43	2,07	1,20
10	2,57	1,73	4,30	0,23	0,99	1,27
11	3,38	1,11	4,49	0,30	1,35	1,15
12	3,05	1,18	4,23	3,23	0,97	1,14
Gruppe C						
13	3,62	1,09	4,71	0,37	1,74	1,20
14	3,73	0,95	4,68	0,36	1,68	1,22
15	2,65	1,17	3,82	0,31	1,18	1,18
16	5,01	1,26	6,27	0,24	1,50	1,17
17	3,25	1,38	4,63	0,54	2,50	2,09
Gruppe D						
18	4,27	1,27	5,54	0,25	1,39	1,69
19	4,60	0,80	5,40	3,31	1,67	1,16
20	3,64	1,16	4,80	0,25	1,20	1,25
21	3,65	1,25	4,90	3,37	1,81	1,10
Gruppe E						
22	5,96	1,94	7,90	0,16	1,26	1,47
23	4,93	1,19	6,12	0,23	1,41	1,15
Gruppe F						
24	3,98	0,82	4,80	0,34	1,63	1,24
25	4,57	1,46	6,03	0,27	1,63	1,19
26	3,47	1,62	5,09	0,17	0,87	1,37
27	4,76	1,63	6,39	3,14	0,89	1,25
Gruppe H						
28	3,95	1,57	5,52	0,25	1,38	1,22
29	5,03	1,66	6,69	0,26	1,74	1,16
30	3,12	1,14	4,26	0,35	1,49	1,24
VVB insges.	4,15	1,32	5,47	0,28	1,53	1,28

Produktionsabgabe am IAP der Erzeugnisse.) Es ist daher zweckmäßig, diese beiden Betriebe in diesem Zusammenhang aus der Betrachtung auszuschließen. Ebenso sollten hier die Betriebe 6, 9 und 17 außerhalb der Betrachtung bleiben. In einem Falle handelt es sich um eine Neugründung, die noch nicht abgeschlossen ist, in den beiden anderen betrifft es einschneidende Produktionsumstellungen.

Nach Eliminierung dieser Betriebe reicht die Variationsbreite der Fondsintensitätskoeffizienten von 0,97 bis 1,95; dabei sind 18 von den verbleibenden 25 Betrieben innerhalb des Bereichs von 1,20 bis 1,75 angesiedelt. Diese relativ geringe Schwankungsbreite ist bemerkenswert. Der größte und bedeutendste Betrieb des Zweiges, der Betrieb 18, liegt mit einem Fondsintensitätskoeffizienten von 1,39 unter dem Zweigdurchschnitt.

Die Fondsausstattung der lebendigen Arbeit, die im Durchschnitt des Zweiges 5,47 beträgt, schwankt zwischen 3,82 und 7,90. Dabei ist bemerkenswert, daß die Grundfondsausstattung von 2,57 bis 5,96 reicht, während sich die Umlauffondsausstattung der lebendigen Arbeit auf den Bereich von 0,80 bis 1,94 beschränkt. Die Höhe der Umlauffondsausstattung kennzeichnet bei gegebenem Stand der Grundfondsausstattung der lebendigen Arbeit die Auslastung der Produktionsfonds, wenn die Bestände an unvollendeter Produktion und die Differenzen in der Reservebildung eliminiert werden.

Die Arbeitsintensität der Produktion, die reziproke Größe der Arbeitsproduktivität, reicht – bei einem Durchschnittskoeffizienten von 0,28 – von 0,16 bis 0,37. Dabei ist ein Zusammenhang mit der Höhe der Fondsausstattung der Arbeitskraft unverkennbar. Eine unterdurchschnittliche Arbeitsintensität der Produktion wird in der Regel bei einer überdurchschnittlichen Fondsausstattung der lebendigen Arbeit erreicht und umgekehrt.

Die vorliegenden Daten haben jedoch noch nicht genügend Aussagekraft, um schon eine geeignete Arbeitsgrundlage für die Planung und für die Vorbereitung wirtschaftspolitischer Entscheidungen abgeben zu können. Der Hauptmangel ist, daß die Aggregierung noch nicht genügend detailliert ist, so daß nur allgemeine Zusammenhänge sichtbar werden, die nicht ausreichend begründet werden können. Ein zweiter Mangel besteht darin, daß hier Großbetriebe mit mittleren und Kleinbetrieben unterschiedlos – einzig unter dem Aspekt der Erzeugnisgruppenarbeit – zusammengefaßt worden sind. Nun ist aber ein großer Unterschied, ob ein kleinerer Betrieb bestimmte Einzelteile im Kooperationsauftrag fertigt, oder ob ein Großbetrieb in Kleinserienfertigung ein bestimmtes Sortiment an verschiedenartigen Großaggregaten herstellt.

Unter Berücksichtigung dieser Gesichtspunkte ist die Analyse weiterzuentwickeln. Aber schon diese wenigen Daten dürften erkennen lassen, daß in Form der Kennziffer der Fondsintensität der Produktion ein kaum zu unterschätzendes Instrument der ökonomischen Analyse und Kontrolle entwickelt werden kann, daß für die Aufdeckung bestimmter gesetzmäßiger Zusammenhänge unerläßlich ist.

Ein zweiter Anwendungsbereich der Kennziffer der Fondsintensität der Produktion, der sich direkt aus dem oben genannten ableitet, ist im Zusammenhang mit der Einführung einer *Produktionsfondsabgabe* gegeben. In der „Richtlinie für das neue ökonomische System der Planung und Leitung der Volkswirtschaft" sind die Ziele genannt, die durch die verbindliche Einführung einer Produktionsfondsabgabe als Ausdruck einer staatlichen Mindestforderung an die Ausnutzung der Produktionsfonds und damit an die Produktion von Reineinkommen erreicht werden sollen:

„Die vorgeschlagene Einführung der Produktionsfondsabgabe soll bewirken, die Werktätigen, Betriebe und VVB unmittelbar an der rationellen Ausnutzung der Fonds zu interessieren,
die Stillstands- und Reparaturzeiten zu verkürzen,
die Modernisierung vorhandener Anlagen mit relativ geringen Mitteln zu fördern,
eine hohe Schichtauslastung zu erreichen,
die Umlaufmittel unter dem Gesichtswinkel optimaler Vorratshaltung und wirtschaftlicher Losgrößen zu bestimmen.

Insgesamt sollen die Betriebe und VVB zur rationellsten Ausnutzung der Fonds angeregt und damit zu der ökonomischen Erkenntnis veranlaßt werden, daß der Einsatz neuer hochproduktiver Maschinen usw. ökonomisch vorteilhaft ist und daß der ökonomische Nutzeffekt bei der Akkumulations- und Investitionstätigkeit stärker beachtet werden muß."[64]

Damit aber die Produktionsfondsabgabe als ökonomischer Hebel auf die für die Entwicklung optimaler Relationen zwischen vergangener und lebendiger Arbeit entscheidenden Faktoren in gebotener Weise einwirken kann, bedarf es offensichtlich eines verallgemeinernden Gradmessers, der diese Einwirkungen und Entwicklungen zum Ausdruck bringt. Nach unserem Dafürhalten könnte als eine solche verallgemeinernde Kennziffer der Koeffizient der Fondsintensität der Produktion eingesetzt werden.

Wenn man davon ausgeht, daß die Realisierung des wissenschaftlich-technischen Fortschritts in der Produktion letztlich zu einer höheren Effektivität der Produktionsfonds führen muß, kann man die allgemeine Forderung erheben, daß innerhalb der bestehenden Zweige die Fondsintensität der Produktion sinken muß.

Die Fondsintensitätskoeffizienten der Zweige (VVB) und Betriebe bilden somit ein zuverlässiges Kriterium für die differenzierte Bemessung der Produktionsfondsabgabe, weil sie die Gesamtentwicklung der vielfältigen Faktoren, die auf das Verhältnis zwischen vergangener und lebendiger Arbeit einwirken, in verallgemeinerter Form zum Ausdruck bringen. Jede Verbesserung in der rationelleren und vollständigeren Ausnutzung der vorhandenen Produktionsfonds muß sich – wenn die zweigstrukturellen Einflüsse eliminiert werden – in einer sinkenden Fondsintensität niederschlagen, das heißt, mit den gleichen Anlagen werden mehr Produkte erzeugt. Gelingt es, den Schichtkoeffizienten der Anlagen zu erhöhen, die Reparaturzeiten zu verkürzen, Maschinenengpässe zu beseitigen, rationellere Produktionsverfahren einzuführen usw., dann wirken sich alle diese Maßnahmen auf eine Erhöhung der zur Verfügung stehenden Maschinenzeit aus, was in seiner Auswirkung einer Neu-

[64] „Richtlinie für das neue ökonomische System der Planung und Leitung der Volkswirtschaft", „Gesetzblatt der Deutschen Demokratischen Republik", Teil II, Nr. 64 vom 18. Juli 1963, S. 474.

anschaffung von Maschinen gleichkommt. Die Produktionsfondsabgabe ist demzufolge so zu gestalten, daß in einer Gruppe von vergleichbaren Betrieben die Betriebe mit niedrigster Fondsintensität den höchsten betrieblichen Gewinn erzielen, so daß alle Betriebe materiell an sinkender Fondsintensität interessiert werden.

Damit ist zugleich schon auf die direkte Beziehung verwiesen, die zwischen der Produktionsfondsabgabe und dem Gewinn besteht, denn dieser ist die zentrale Kategorie im System der ökonomischen Hebel. Die Produktionsfondsabgabe ist ein fester Teil des betrieblichen Reineinkommens, der in Abhängigkeit von den vorhandenen Produktionsfonds erhoben wird. Sie ist ein Instrument zur Stimulierung der rationellen und vollständigen Ausnutzung der Produktionsfonds und eine Finanzierungsquelle für die erweiterte Reproduktion.

Wie wirkt nun die Produktionsfondsabgabe als ökonomischer Hebel? Ihre stimulierende Rolle ergibt sich vor allem aus dem Zusammenwirken der beiden dem Betrieb verbleibenden Gewinnteile: der Produktionsfondsabgabe und dem betrieblichen Reineinkommen. Da die Produktionsfondsabgabe ein fester Betrag ist, der eine quartalsmäßige Vorabverfügung an die VVB darstellt, wird das verbleibende betriebliche Reineinkommen zu einer variablen Restgröße, die dem Betrieb für den Prämienfonds usw. nach Abführung der Produktionsfondsabgabe verbleibt.

In diesem Sinne wirkt die Produktionsfondsabgabe zweifach stimulierend auf die rationelle und vollständige Ausnutzung der Produktionsfonds. Einmal wirkt sie stimulierend allein schon durch die Tatsache, daß entsprechend der Höhe der vorhandenen Produktionsfonds ein bestimmter Gewinnbetrag erwirtschaftet und abgeführt werden muß, und zwar unabhängig davon, ob die gebotenen Möglichkeiten ausgeschöpft werden oder nicht, ob also der Betrieb gut oder schlecht arbeitet. Die Betriebskollektive sind also dadurch daran interessiert, die Produktionsfonds im Verhältnis zum erzeugten Produkt möglichst klein zu halten bzw. mit den vorhandenen Produktionsfonds ein möglichst großes Produkt zu erzeugen, denn ein zusätzlicher Gewinn erhöht den Anteil des variablen, dem Betrieb verbleibenden Gewinns im Vergleich zur feststehenden Produktionsfondsabgabe. Umgekehrt hat eine unrationelle Produktionsentwicklung direkte Einbußen im Prämienfonds des Betriebes usw. zur Folge.

Zum anderen wirkt die Produktionsfondsabgabe stimulierend auf die rationelle Produktionsfondsentwicklung über die Bewegung des verbleibenden Restgewinns der Betriebe. Bei der Festlegung der Produktionsfondsabgabe ist der Restgewinn in den Betrieben am höchsten, die die günstigste Fondsintensität als Ausdruck der rationellsten Nutzung der Produktionsfonds aufweisen. Die übrigen Betriebe sind in Abhängigkeit von den erreichten Werten von vornherein in eine ungünstigere Lage versetzt. Sie können diese Lage nur verändern, wenn sie in bezug auf die rationelle und vollständige Auslastung der Produktionsfonds bessere Ergebnisse erzielen. Die Betriebe werden dadurch ökonomisch gezwungen, die Produktion zu rationalisieren, Engpässe zu beseitigen, nichtgenutzte Maschinen und Anlagen abzugeben, teure Anlagen in mehreren Schichten zu besetzen, wirtschaftlich mit den Materialien umzugehen, den Absatz reibungslos zu organisieren usw. usf.

Wenn die Produktionsfondsabgabe als ökonomischer Hebel wirksam wird, dann können die VEB und VVB gar nicht umhin, sehr detaillierte Fondsintensitätsberechnungen durchzuführen. Einmal müssen die künftigen Hebelwirkungen hinreichend genau vorausbestimmt werden. Zum anderen aber müssen genaue Kenntnisse darüber gewonnen werden, wie eine relative Senkung der Produktionsfondsabgabe erzielt werden kann.

Schon aus den vorerst noch groben Daten der Tabelle 5 lassen sich Orientierungswerte ablesen. Es ist für die genannte VVB eine durchaus reale Aufgabenstellung, durch Spezialisierungsmaßnahmen, Produktionsprogrammbereinigungen, rationellen Fondseinsatz, ausgefeilte Produktionsorganisation usw. in den Betrieben mit überdurchschnittlicher Fondsintensität eine Senkung derselben zumindest auf die Durchschnittsrate zu erreichen. Der erste Orientierungswert der VVB liegt bei 1,39 (Fondsintensität der Produktion im größten und bestimmenden Betrieb des Zweiges). Dieser Wert wird erreicht bei einer Fondsausstattung der lebendigen Arbeit von 5,54, der eine Arbeitsintensität der Produktion von 0,25 gegenübersteht. Betriebe mit einer höheren Fondsausstattung müßten zumindest eine Arbeitsintensität von 0,25 erreichen. Aber die Betriebe 2, 3, 5, 6, 7, 25 und 29 weisen schlechtere Werte aus.

Selbstverständlich ist die Senkung der Fondsintensität der Produktion nicht das eigentliche Ziel: Es geht um optimale Produktionsergebnisse. Doch ist die Fondsintensität der Produktion ein wesentliches Moment dieses Optimums.

Ein dritter Anwendungsbereich der Kennziffer der Fondsintensität der Produktion liegt auf dem Gebiet der *Bestimmung des Nutzeffektes der Investitionen.*

Hier ist nicht der Ort, die gültigen Verfahren der Nutzeffektsberechnung einer kritischen Analyse zu unterziehen und insbesondere nachzuweisen, worin ihre Vorzüge und ihre Unzulänglichkeiten begründet sind. Doch scheint uns – allein schon von rein methodologischen Erwägungen ausgehend – der Vergleich der Investitionsintensität der neuen Produktion mit der Fondsintensität der alten Produktion eine wesentliche Erweiterung der Nutzeffektsbestimmung zu sein.

Der Vorzug besteht erstens darin, daß die Investitionen nicht isoliert betrachtet werden, sondern im funktionellen Zusammenwirken mit den vorhandenen Produktionsfonds im konkreten Produktionsprozeß:

$$\frac{GF + UF}{AK} \cdot \frac{AK}{P} : \frac{I_{GF} + I_{UF}}{\Delta AK} \cdot \frac{\Delta AK}{\Delta P}. \tag{15}$$

Aus diesem Vergleich wird unmittelbar ersichtlich, worin sich die bestimmenden Proportionalitätsrelationen der künftigen Produktion von denen der bestehenden Produktion unterscheiden und wie sich diese auf die allgemeine Produktionsentwicklung auswirken. Dieser Vergleich ist somit eine wichtige Grundlage für die Faktorenanalyse bei der Bestimmung des Nutzeffekts der Investitionen.[65]

Ein zweiter Vorzug besteht darin, daß mit dem Vergleich zwischen Fondsintensität und Investitionsintensität der Produktion eine methodologische Grundlage

[65] Auf den Zusammenhang, der zwischen der Fondsintensitätsentwicklung der Produktion und dem Nutzeffekt der Investitionen besteht, hat *K. Steinitz* in seiner interessanten Arbeit hingewiesen. – Vgl. *K. Steinitz*, a. a. O.

für die Lösung von Kompensationsproblemen gegeben ist. Gegenwärtig vollzieht sich ein Prozeß der Ablösung von metallischen Grundstoffen durch Chemiestoffe. Die volkswirtschaftliche Effektivität dieses zweifellos progressiven Prozesses kann aber nur höchst unzureichend an den Kostenrelationen beim Enderzeugnis abgelesen werden, weil in den einzelnen Prozeßstufen einschneidende Veränderungen eintreten. Aber alle diese Veränderungen schlagen sich letztlich in der Fondsintensitätsentwicklung der Produktion, in dem Wechselverhältnis zwischen den eingesetzten Produktionsfonds und der erzielten Produktion nieder.

Methodologisch bieten sich zwei Lösungswege an. Einmal die Analyse der zweigstrukturellen Veränderungen der Fondsintensität der Produktion. Beispielsweise kann die Investitionsintensität des kompensierenden Erzeugnisses mit der Fondsintensität des zu ersetzenden Produktes verglichen werden. Auch der Vergleich der Fondsintensität der Produktion kompensierender Zweige ist in vielerlei Hinsicht aufschlußreich. Aber dieser direkte Vergleich hat den Nachteil, daß die Gesamtwirkung der Veränderungen in den Stufenprozessen nicht vollständig erfaßt werden kann, da die wechselseitige Verflechtung der Zweige, die am exaktesten durch die Koeffizienten des vollen Aufwands in Verflechtungsbilanzen ermittelt wird, dabei unberücksichtigt bleibt.

Der direkte Vergleich der kompensierenden Erzeugnisse und Zweige ist daher zu ergänzen durch die Analyse der Fondsintensitätsentwicklung des Endprodukts:

$$f_{NP} = \frac{PF}{NP}.$$

Eine Reduzierung der Prozeßstufen muß sich unter sonst gleichen Bedingungen auf eine sinkende Fondsintensität des Nettoprodukts auswirken und umgekehrt.

Weitere Anwendungsbereiche der Kennziffern der Fondsintensität beziehungsweise der Investitionsintensität der Produktion und des Nettoprodukts ergeben sich dann aus der konkreten Weiterentwicklung dieser methodologischen Grundlagen. Vor allem muß sich die im wesentlichen statische Analyse zum *dynamischen Vergleich* fortsetzen, wodurch wichtige Ansätze für die Perspektivplanung der Produktionsfonds- und Produktionsentwicklung geschaffen werden.

Gunther Kohlmey

WELTWIRTSCHAFTLICHE STRUKTURVERÄNDERUNGEN UND SOZIALISTISCHE WIRTSCHAFTSPLANUNG

1. GEGENWÄRTIGE ENTWICKLUNGSTENDENZEN DER INTERNATIONALEN PRODUKTIONS- UND DER WELTHANDELSSTRUKTUR

1.1

In der sozialistischen Planwirtschaft besteht eine der Hauptaufgaben darin, die Investitionen und ökonomischen Stimuli (Anreize, Hebel) so zu gestalten, daß die volkswirtschaftlichen Strukturen dem jeweiligen Entwicklungsstand und den jeweiligen Entwicklungstendenzen der Naturwissenschaften, Technik, Wirtschaft und Politik entsprechen. Dieses Entsprechen wird in erster Linie durch die Investionsmaßnahmen herbeigeführt. Das sind die Grundentscheidungen für jede wirtschaftliche Entwicklung.

Da sich die Produktivkräfte im einzelnen in der Regel nicht gleichmäßig, sondern ungleichmäßig entwickeln, müssen die volkswirtschaftlichen Strukturen laufend verändert werden. Das Konservieren von Strukturen kann unter Umständen dazu führen, das wirtschaftliche Wachstum zu bremsen. Die Strukturveränderungen sind selten universeller und in der Regel spezieller Natur; sie können allmählich erfolgen, bisweilen müssen sie sehr schnell vorgenommen werden.

Diese Strukturveränderungen müssen in die Bilanzen und die lang- sowie kurzfristigen Pläne eingearbeitet werden. Das gilt für die verschiedenen Gebrauchswertpläne und -bilanzen ebenso wie für die verschiedenen Wertpläne und -bilanzen. Außerdem muß das System der wirtschaftlichen Stimuli, vor allem der einzelnen Geldausdrücke des Werts (Preis, Gewinn, Kredit, Lohn usw.) so eingerichtet werden, daß die volkswirtschaftlich notwendigen Strukturveränderungen, also die Veränderungen, die mit der Entwicklung der Wissenschaft, der Technik und des Gesamtsystems der Produktivkräfte korrespondieren, nicht behindert, sondern gefördert werden.

Im Interesse des Zeitgewinns und der Produktivitätssteigerung ist ein hohes Maß an Planungsbeweglichkeit angebracht. Der Gefahr des bürokratischen Konservierens ganz oder teilweise veralteter volkswirtschaftlicher Strukturen muß laufend begegnet werden, um genau das Gegenteil zu erreichen: schnelles Erkennen notwendiger Strukturveränderungen, Ausarbeitung der relevanten wissenschaftlichen Grundlagen, rationelles Durchsetzen der Struktur- bzw. Entwicklungsprogramme. Zu diesen wie zu allen anderen grundlegenden Planentscheidungen gehört, daß stets die Einheit der vier folgenden Elemente sozialistischer Wirtschaftsführung hergestellt wird:

sozialistische Leitungsprinzipien,
Perspektivplanung und -bilanzierung,
ökonomisches Anreizsystem,
schnelle wissenschaftlich-technische Entwicklung.

In den volkswirtschaftlichen Struktur- und Entwicklungsbilanzen sowie Entwicklungsplänen müssen auch die Strukturveränderungen, die sich in der gesamten Weltwirtschaft und ihren einzelnen territorialen und ökonomischen Bereichen vollziehen, im jeweils erforderlichen Maß berücksichtigt werden.

Auf der einen Seite beeinflußt die gegebene Volkswirtschaft mit ihren Strukturveränderungen über die Ein- und Ausfuhr wie auch über andere Positionen der Zahlungsbilanz die Struktur der Weltwirtschaft und des Welthandels; auf der anderen Seite wirken Strukturveränderungen der Weltwirtschaft und des Welthandels über Import, Export und andere Positionen der Zahlungsbilanz auf die Struktur der gegebenen Volkswirtschaft ein.

Je rechtzeitiger weltwirtschaftliche Strukturveränderungen erkannt werden und die Volkswirtschaft mit ihren inneren Strukturen und denen des Außenhandels auf sie orientiert wird, desto geringer sind, bei sonst gleichen Bedingungen, die Friktionsschwierigkeiten der Umstellung, und desto größer sind die kurz- und vor allem langfristigen Vorteile. Strukturveränderungen der Weltwirtschaft und des Welthandels müssen also im Interesse der volkswirtschaftlichen Produktivitätserhöhung sehr sorgfältig in den nationalen Plänen und Bilanzen „eingefangen“ werden. Im übrigen ist das System der ökonomischen Hebel so einzurichten, daß es auch den Teil der volkswirtschaftlichen Strukturveränderungen, der sich aus den weltwirtschaftlichen Entwicklungsvorgängen ergibt, so rationell wie möglich stimuliert. Auch hierbei spielt die Beweglichkeit des Planungssystems und seiner einzelnen Elemente eine erstrangige Rolle.

Weltwirtschaftlichen Strukturveränderungen kann eine international verflochtene Volkswirtschaft nicht aus dem Wege gehen; sie muß diese vielmehr in einem Prozeß dialektischer Wechselwirkungen sowohl aktiv gestalten als auch sorgfältig berücksichtigen. Dieses Gestalten und Berücksichtigen weltwirtschaftlicher Strukturen ist ein Bestandteil des planwirtschaftlichen Systems der Ausnutzung ökonomischer Gesetze, Entwicklungsgesetzmäßigkeiten und -tendenzen, seien letztere nun lang- oder nur kurzfristiger Natur.

1.2

Aus der heutigen Entwicklung der weltwirtschaftlichen Strukturen lassen sich eindeutig zwei Tendenzen herausfiltern:

Die verarbeitende Industrie wächst im Durchschnitt schneller als die Nahrungs- und Genußmittel-, Brenn- und Rohstoffgewinnung.

Diese Entwicklungstendenz der modernen Produktivkräfte bzw. der Produktion schlägt sich auch in den Entwicklungen und Strukturen des Welthandels nieder, werden doch letzten Endes und in den Grundzügen Umfang und Struktur des internationalen Handels vom Entwicklungsstand der Produktivkräfte bestimmt.

Wir beobachten im Welthandel der Gegenwart ferner *die Tendenz des (wiederum im Durchschnitt) vorrangigen Wachstums der Welthandelsumsätze von industriellen Fertigwaren, speziell Produktionsinstrumenten, wodurch der Anteil der Gesamtgruppe der Nahrungs- und Genußmittel, Roh- und Brennstoffe an den internationalen Umsätzen zurückgeht.*

Natürlich gibt es Differenzierungen von Ware zu Ware und von Land zu Land. Dabei begegnen wir im einzelnen auch gegenläufigen Prozessen.

In diesen strukturellen Entwicklungstendenzen des heutigen Welthandels (sowohl in seinem sozialistischen als auch in seinem nichtsozialistischen Bereich) kommt eine allgemeine Gesetzmäßigkeit der Produktivkraftentwicklung zum Ausdruck: die Zunahme der Herrschaft des Menschen über die Naturgewalten, die Erschließung stets neuer Naturprozesse für die gesellschaftliche Produktion. Je mehr die Menschen, wie in der sozialistischen Gesellschaft, ihre sozialen Verhältnisse beherrschen, desto mehr Fähigkeiten erwerben sie, die Natur zu beherrschen.

Die gegenwärtige Tendenz des vorrangigen Wachstums der Umsätze von industriellen Fertigwaren, speziell von Produktionsinstrumenten, in der internationalen Zirkulationssphäre ist z. T. eine Erscheinungsform des Gesetzes vom vorrangigen Wachstum der Erzeugung von Produktionsmitteln, besonders Produktionsinstrumenten. In dieser Tendenz wird ein allgemeiner Zusammenhang zwischen internationaler Arbeitsteilung und Außenhandel sichtbar, zeigen sich unmittelbare Auswirkungen der Entwicklungstendenzen der modernen Produktivkräfte auf den Welthandel.

1.3

Sehen wir uns nun die Fakten an, erst die der Produktion, dann die des internationalen Handels.

Wir haben im Anhang eine ganze Reihe von Tabellen zusammengestellt, die für kürzere oder längere Zeiträume über die Entwicklung der Industrie- und Agrarproduktion wie auch des Welthandels aussagen. Ein Teil der Tabellen betrifft die gesamte Weltwirtschaft bzw. den gesamten Welthandel; ein anderer Teil nur den kapitalistischen bzw. sozialistischen Bereich. Das muß bei der Lektüre beachtet werden. Ein Teil der Tabellen überschneidet sich. Wir haben das absichtlich nicht bereinigt, weil die Vielfalt der Aussagen nicht beschnitten werden sollte. Im allgemeinen handelt es sich um Zahlen aus UN-Quellen, wobei wir weder bei diesen noch bei anderen Quellen Verfahrenskritik geübt haben, etwa an den gewählten Indexmethoden, den Basiszeiträumen, der statistischen Erfassung der Chemieproduktion, der Zuordnung des Erdöls lediglich zu den Brennstoffen, den Problemen der praktizierten Gliederungen in industrialisierte und nichtindustrialisierte bzw. ökonomisch entwickelte und nicht- oder schwachentwickelte Länder usw.

Tabelle 1, die nach der Fertigstellung dieses Beitrags dem sehr interessanten Buch von Alfred Maizels über *Industrial Growth and World Trade* entnommen werden konnte, umfaßt einige Entwicklungsreihen für den Zeitraum von 1876–1880 bis 1957–1959. Es ergibt sich, daß die Primärproduktion eindeutig langsamer als die Erzeugung von industriellen Fertigwaren zugenommen hat. Dasselbe, nur besser aufgeschlüsselt und wahrscheinlich auf besseren Unterlagen basierend, zeigt die in *Tabelle 2* wiedergegebene UN-Statistik für die Zeit von 1938 bis 1962. Die Entwicklungsreihen für Bevölkerung, Produktion und Außenhandel von 1938 bis 1961, die *Tabelle 3* enthält, lassen dieselben Schlüsse zu.

Nach den Aussagen der *Tabelle 2* nahm im kapitalistischen Bereich der Weltwirtschaft die Produktion der verarbeitenden Industrie, das Volumen von 1958 = 100 gesetzt, von 42 im Jahre 1938 auf 130 im Jahre 1962 zu, während die entsprechenden Werte für den Bergbau 54 und 122 lauten. Berücksichtigen wir gemäß *Tabelle 5* auch noch die Landwirtschaft (allerdings 1952–1953 bis 1956–1957 = 100 gesetzt und einschließlich sozialistische Länder), so erhalten wir die folgenden Prozentzahlen:

Jahr	Landwirtschaft	Bergbau	verarbeitende Industrie
1938	77	54	42
1955		95	95
1962	119	122	130

Selbstverständlich müssen (hier wie immer) die aggregierten Werte wieder aufgegliedert werden, wenn wir zu Einzelaussagen und -aufgaben übergehen. Dann zeigt sich, daß die Erzeugung von Chemieerzeugnissen, Metallwaren und Erdöl (einschließlich Erdgas) im angegebenen Zeitraum am schnellsten zugenommen hat. Übrigens ergibt sich aus den *Tabellen 1 und 3*, daß die Weltbevölkerung in den angeführten Zeitabschnitten langsamer zugenommen hat als die Agrar- und Industrieproduktion. Demnach sind die Thesen von einem explosiven Bevölkerungswachstum und der Gefahr eines relativen Versiegens der Ernährungsgrundlagen einfach falsch. Hunger und Elend, die in so großen Gebieten des kapitalistischen Weltsektors noch anzutreffen sind, haben ihre Ursachen nicht in Disproportionen zwischen Bevölkerungs- und Produktionswachstum, sondern in den imperialistischen Produktions- und politischen Verhältnissen, die eine Veränderung der Wirtschafts-, Sozial- und Infrastruktur, eine komplexe und schnelle Mechanisierung und Industrialisierung in gewaltigen Erdgebieten ver- oder doch behindert haben. So kann aus *Tabelle 6* abgelesen werden, wie von 1934–1938 bis heute in Afrika, Ozeanien, Lateinamerika, Ost-, Südost- und Vorderasien die Nahrungsmittelerzeugung je Kopf der Bevölkerung gesunken ist.

Tabelle 4, dem *Monthly Bulletin of Statistics* der UN vom Oktober 1963 entnommen, ist zumindest aus zwei Gründen interessant, ganz abgesehen davon, daß eine sowohl zusammengefaßte als auch detaillierte Statistik der kapitalistischen und sozialistischen Industrieproduktion von der UN zum ersten Mal veröffentlicht worden ist. Die in *Tabelle 4* angeführten Zahlen lassen erkennen, wie von 1950 bis 1962 die

Industrieproduktion der europäischen sozialistischen Länder (ohne Albanien und Jugoslawien) in allen Bereichen schneller gewachsen ist als die der nichtsozialistischen Länder. So hat sich der sozialistische Anteil an der Weltindustrieproduktion laufend erhöht. Darüber hinaus ist für den angegebenen Zeitraum ein Vergleich der Rangfolge der einzelnen Industriezweige nach der Größe des Zuwachses von Interesse; es gibt interessante Gemeinsamkeiten, aber auch Unterschiede. Die Zuwachspunkte betragen:

	Kapitalismus		Sozialismus	
	Zuwachs	Rangfolge	Zuwachs	Rangfolge
Elektrizität, Gas	85	1	122	3
Metallverarbeitung	74	2	144	1
Erdöl, Kautschuk, Chemie	70	3	93	6
Papier	57	4	81	8–9
Steine und Erden	56	5	128	2
Erze, Metallurgie	42	6	101	5
Holz, Holzverarbeitung	40	7–8	112	4
Nahrungs- und Genußmittel	40	7–8	82	7
Textil, Bekleidung, Leder	36	9	81	8–9

Neben den stark unterschiedlichen Plätzen von Holz und Papier in beiden Systemen fällt der starke Vorrang der Metallverarbeitung in den sozialistischen Ländern auf, ein Zeichen dafür, wie unter sozialistischen Verhältnissen die Industrialisierung voranschreitet. Die Erdöl-, Chemie- und Energiewirtschaft hat aber mit dem Wachstum der metallverarbeitenden Industrie nicht Schritt halten können. Das hat zu Disproportionen und Wachstumsschwierigkeiten geführt. Sie konnten, wie *Tabelle 4* ebenfalls ausweist, in den letzten Jahren gemildert werden. Seit 1959 liegt die Energiewirtschaft im Wachstumstempo an zweiter Stelle hinter der metallverarbeitenden Industrie. Die Chemie liegt aber immer noch auf Platz 6.

1.4

In Ziffer 1.2 haben wir schon festgestellt:
Die ungleichmäßige Entwicklung der Produktivkräfte und die Veränderungen der Produktionsstrukturen, die mit dem naturwissenschaftlich-technischen Fortschritt verbunden sind, wirken sich auch im Welthandel aus.

Wie den *Tabellen 7 bis 11* zu entnehmen ist, *wuchsen von 1937 bis zur Gegenwart die internationalen Umsätze von industriellen Fertigwaren im Durchschnitt schneller als die der Nahrungs- und Genußmittel, Roh- und Brennstoffe.*

Dadurch ergibt sich, wie *Tabelle 7* zeigt, im angegebenen Zeitraum eine Zunahme des Anteils der industriellen Fertigwaren (SITC*-Hauptgruppen 5 bis 8) am gesamten Welthandel von 47,7 auf 55,2 Prozent. Umgekehrt ging der Anteil der Erzeugnisse der Primärproduktionen (SITC-Hauptgruppen 0 bis 4) von 52,3 auf 43,5 Prozent

* SITC = Standard International Trade Classification (der UN).

zurück (wobei die Addition für 1961 nur 98,7 Prozent ergibt, weil der Rest auf nicht geklärte Positionen entfällt). *Tabelle 8* enthält ähnliche Aussagen für den kapitalistischen Teil des Weltmarkts. Klammern wir für diesen die Preisveränderungen aus, indem wir nach dem *Statistical Yearbook der UN* die Exportpreise 1959 = 100 setzen (vgl. *Tabelle 9*), so erhalten wir, wie *Tabelle 10* zu entnehmen ist, etwas mehr als eine Verdoppelung der gesamten Umsätze und eine Verdreifachung der Fertigwarenumsätze von 1938 bis 1961. Es nahmen auch die internationalen Umsätze von Nahrungs- und Genußmitteln, Roh- und Brennstoffen zu, im Durchschnitt jedoch weniger. Dadurch erhalten wir für die Nahrungs- und Genußmittel, Roh- und Brennstoffe rückläufige Anteile am kapitalistischen Welthandel:

1938 = 59,8 Prozent
1953 = 46,9 „
1961 = 45,3 „

Tabelle 11 enthält ähnliche Aussagen für das Verhältnis von Gesamt- und Agrarexporten des kapitalistischen Weltwirtschaftsbereichs im Zeitraum 1948–1952 bis 1961 entsprechend der FAO*-Statistik. Danach nehmen in diesen Jahren die kapitalistischen Gesamtexporte dem Volumen nach (1952–1953 = 100) um 80 Punkte zu, während sich das Volumen der Agrarexporte nur um 47 und das der kommerziellen Agrarexporte gar nur um 37 Punkte erweiterte.

Gehen wir noch einmal zu *Tabelle 7* zurück, so nahm (in laufenden Preisen) der Anteil der Chemieerzeugnisse am kapitalistischen und sozialistischen Welthandel von 4,4 Prozent im Jahre 1937 auf 5,9 Prozent im Jahre 1961 zu, während die entsprechenden Zahlen für Maschinen und Ausrüstungen (einschließlich Transportmaschinen) 10,6 und 22,6 Prozent lauten. Für die übrigen industriellen Fertigwaren sind es 32,7 und 26,7 Prozent.

Allerdings müssen wir, wenn wir zu Einzeluntersuchungen übergehen, die aggregierten Werte der SITC-Positionen 0 bis 4 und 5 bis 8 zerlegen, und zwar, wie wir schon sagten, von Ware zu Ware und von Land zu Land. Im einzelnen gibt es durchaus unterschiedliche, bisweilen entgegengesetzt verlaufende Prozesse. Bei den Waren des Welthandels unterscheiden wir traditionelle und dynamische Waren. Zu letzteren gehören vor allem Teile der Produktion der Chemie (besonders synthetische Materialien und deren Verarbeitungen), des Fahrzeugbaus und der Elektrotechnik (Elektronik!). *Tabelle 12* bringt einige strukturelle Angaben über die Ein- und Ausfuhren einiger westeuropäischer Länder, aus denen die unterschiedlichen Entwicklungen abgelesen werden können.

Auf der anderen Seite, gewissermaßen unter dem Strich, gibt es auch innerhalb der industriellen Fertigwaren Kategorien mit geringer Zunahme und folglich Rückgang des Anteils. Dazu gehören vor allem die Textilerzeugnisse. Während die Produktion der gesamten kapitalistischen verarbeitenden Industrie, 1958 = 100 gesetzt, von 42 im Jahre 1938 auf 130 im Jahre 1962 gesteigert wurde, nahm nach *Tabelle 2* die Textilproduktion (ohne Bekleidung) nur von 64 auf 117 und die Bekleidungs-

* Food and Agriculture Organisation (UN).

industrie (in Tabelle 2 nicht aufgeführt, aber in der Quelle angegeben) von 74 auf 121 zu.

Ähnliche Relationsverschiebungen zeigen sich auch im Welthandel. Die Wachstumsrate aller Textilexporte des kapitalistischen Weltwirtschaftsbereichs betrug im Zeitraum 1953–1961 = 48 Prozent, während die Wachstumsrate der Gesamtexporte bei 86 Prozent lag.[1] Aber innerhalb der kapitalistischen Textil- und Bekleidungsexporte gab es im angegebenen Zeitraum wieder krasse Unterschiede:

Garne	+ 57,4	Prozent
Gewebe	+ 19,8	,,
Bekleidung	+ 173,5	,,
Sonstige	+ 52,7	,,

Auch die für die Erzeugnisse der Primärproduktionen angegebenen Welthandelszahlen sind Durchschnittswerte, hinter denen sich z. T. erhebliche Ungleichmäßigkeiten verbergen. Der Rückgang des Welthandelsanteils war bei nichttropischen Nahrungsmitteln am stärksten; dann folgen Bergbauerzeugnisse, tropische Nahrungsmittel und schließlich tropische Rohstoffe. Erheblich zugenommen hat bis 1953 der Anteil des Erdöls, was, trotz des Rückgangs des Kohleanteils, zu einer Zunahme des Prozentsatzes der gesamten SITC-Gruppe „Brennstoffe" an den kapitalistischen Exporten im Zeitraum von 1938 bis 1953 geführt hat: von 7,9 auf 10,6 Prozent volumenmäßig und von 8,1 auf 10,1 Prozent wertmäßig. (Vgl. die *Tabellen 8 und 10.*) Seit 1953 ist der Anteil am Volumen mit etwas über 10 Prozent etwa konstant geblieben. Wertmäßig hingegen ergibt sich ein Rückgang des Anteils von 11,4 Prozent im Jahre 1957 auf 9,8 Prozent im Jahre 1961. Wir müssen also auch bei den Roh- und Brennstoffen zwischen dynamischen und traditionellen Erzeugnissen unterscheiden. So haben Erdöl und Erdgas gegenwärtig sowohl für die Entwicklung der Rohstoffbasis als auch für den Ausbau der Energiewirtschaft besondere Bedeutung.

1.5

Die im Welthandel der Gegenwart zu beobachtende Tendenz der Abnahme des Anteils der Nahrungsmittel und natürlichen Rohstoffe ist in erster Linie auf Veränderungen in der Produktion, auf Entwicklungstendenzen der heutigen Produktivkräfte zurückzuführen. Selbstverständlich werden diese Entwicklungsvorgänge bei den Produktivkräften durch das System der kapitalistischen Produktions- und politischen Verhältnisse (z. T. nennenswert) beeinflußt. Aus den kapitalistischen Produktionsverhältnissen ergeben sich auch unmittelbare Einflüsse auf die Welthandelsstrukturen (über Preise, Zölle, Valutamaßnahmen, Restriktionen usw.).

Eine erste Ursache für den dargestellten Rückgang des Anteils der Nahrungsmittel und natürlichen Rohstoffe am kapitalistischen Welthandel ist die relativ schnelle Zunahme der landwirtschaftlichen Produktivität in den hochentwickelten

[1] Diese und die unmittelbar anschließenden Zahlen über die Textilexporte stammen vom Deutschen Institut für Marktforschung (DDR).

kapitalistischen Ländern. (Vgl. die *Tabellen 5 und 6.*) Gegenüber der Vorkriegszeit hat im kapitalistischen Weltwirtschaftsbereich die Agrarproduktion pro Kopf der Bevölkerung am stärksten in Westeuropa zugenommen. Speziell bei Nahrungsmitteln wird das vorrangige Wachstum der landwirtschaftlichen Produktivität Westeuropas im Vergleich zu den Entwicklungsländern deutlich, da hier die Pro-Kopf-Produktion in den schwachentwickelten Ländern sogar zurückgegangen ist.

Die Zunahme der Agrarproduktivität in führenden kapitalistischen Ländern ist nicht zuletzt darauf zurückzuführen, daß die Landwirtschaft dieser Staaten kräftig subventioniert wird; so z. B. die USA-Landwirtschaft im Haushaltsjahr 1961 mit 6,8 und 1962 mit 5,9 Milliarden Dollar bei einem Bruttoeinkommen der Landwirte von 41 Milliarden und einem Nettoeinkommen von 12,9 Milliarden Dollar im Jahre 1962.[2] Das waren in beiden Jahren jährlich rund 1000 Dollar Stützung für jeden in der Landwirtschaft Beschäftigten. Von den Stützungen des Jahres 1962 entfielen rund 3 Milliarden auf direkte Preisstützungen und 1,5 Milliarden Dollar auf die Subventionierung (bis zu 100 Prozent) bestimmter Agrarexporte.

In Großbritannien betrugen die im Staatshaushalt ausgewiesenen Agrarsubventionen 1962 rund 315 und 1963 rund 337 Millionen Pfund Sterling.[3] In den Jahren 1959 bis 1963 waren die Nettoeinkünfte der britischen Landwirtschaft zu nicht weniger als 75 Prozent subventioniert. Dabei sind indirekte bzw. versteckte Stützungen unberücksichtigt geblieben.

Den (umgerechnet) etwa 3,5 bis 3,7 Milliarden D-Mark (der Deutschen Bundesbank) direkten Haushaltssubventionen in Großbritannien stehen in der Bundesrepublik rund 6 Milliarden gegenüber (ohne Zölle, Abschöpfungen usw.).[4] Ähnliche Zahlenwerte liegen aus Frankreich, Italien und anderen kapitalistischen Staaten vor.

Die Erhöhung der landwirtschaftlichen Produktion und Produktivität (je Hektar und je Kopf der Beschäftigten) in den führenden kapitalistischen Ländern war und ist also sehr aufwendig, weil im Verhältnis zum Preisniveau der Erzeugnisse der Investitionsbedarf hoch ist. Derartige finanzielle Mittel stehen den schwachentwickelten Ländern selbstverständlich nicht im entferntesten zur Verfügung. Hinzu kommt, daß deren Exportpreise im Durchschnitt niedriger liegen als die entsprechenden Preise der kapitalistischen Hauptländer. Das hängt z. T. mit dem ausgedehnten und oft starken Agrarprotektionismus zusammen, unter dem die europäische und amerikanische kapitalistische Landwirtschaft gegen die Interessen der sozialistischen und der Entwicklungsländer gefördert wird, wobei selbstverständlich die Interessen der Großeigentümer eindeutig im Vordergrund stehen.

Die eben behandelten und in den *Tabellen 5 und 6* dargestellten Prozesse hatten zur Folge, *daß in den entwickelten kapitalistischen Industrieländern der Anteil der Agrarimporte an den Gesamtimporten im Laufe der letzten zwei, drei Jahrzehnte, wenn auch im einzelnen unterschiedlich, zurückgegangen ist.*

[2] Vgl. „Fortune", zitiert in „Frankfurter Allgemeine Zeitung" vom 2. 9. 1963.

[3] Vgl. „Frankfurter Allgemeine Zeitung" vom 16. 9. 1963.

[4] Vgl. ebenda.

Der Anteil der Nahrungs- und Genußmittel (einschließlich Rohstoffe hierfür) an den Gesamteinfuhren ging in den USA von 27,3 Prozent im Durchschnitt der Jahre 1936–40 auf 23,1 Prozent im Jahre 1960 zurück; in Großbritannien von 44,9 Prozent im Jahresdurchschnitt 1935–38 auf 33,9 Prozent im Jahre 1960; in Westdeutschland von 37,4 Prozent im Jahre 1937 (Gesamtdeutschland) auf 23,0 Prozent im Jahre 1960.

Die entwickelten kapitalistischen Länder exportieren selbst in leicht zunehmendem Maße Agrarerzeugnisse. Von 1934–38 bis 1961 nahmen die gesamten kapitalistischen Agrarexporte um 74,1 Prozent zu, wobei die Wachstumsraten Nordamerikas mit 91,5 Prozent und Westeuropas mit 74,2 Prozent über dem Durchschnitt lagen.

Nach dem EWG-Bulletin für Landwirtschaftsstatistik ist die EWG, natürlich unter Einschluß der assoziierten Länder Afrikas, die billige Zulieferer abzugeben haben, in vielen Grundnahrungsmitteln ganz oder annähernd Eigenversorger. Bei Fleisch und Futtermitteln besteht ein Nettoeinfuhrbedarf.

Eine zweite Ursache, die den Rückgang des Anteils der Nahrungsmittel und natürlichen Rohstoffe an den Exporten des kapitalistischen Weltwirtschaftsbereichs in den letzten Jahrzehnten erklärt, ist die zunehmende Effektivität der Roh- und Brennstoffverarbeitung. Aus einer Einheit Roh- bzw. Brennstoff werden heute mehr Fertigerzeugnisse hergestellt als vor dem zweiten Weltkrieg, weil Abfall und Ausschuß vermindert, die Leichtbauweise erweitert, die Mikrotechnik entwickelt und die Leistungskoeffizienten je Kilogramm Material erhöht wurden.

Eine dritte Ursache des erwähnten Rückgangs ist die Entwicklung der Produktion von synthetischen Materialien (Synthesekautschuk, Plaste und Elaste, Chemiefasern, insbesondere Synthesefasern). Die Weltproduktion von Synthesekautschuk z. B. erhöhte sich von 1950 bis 1960 von 543,1 Tt auf 1922,8 Tt, womit sich das Verhältnis zwischen Synthese- und Naturkautschukerzeugung von 23: 77 auf 49: 51 verschob. 1962 war das Verhältnis schon 51: 49. Die gesamte Welterzeugung von Kunststoffen nahm von 3338 Tt im Jahre 1955 auf 7741 Tt im Jahre 1961 zu, also in 6 Jahren um 132 Prozent. Während die Erzeugung von synthetischen Fasern im kapitalistischen Weltwirtschaftsbereich von 1950 bis 1960 auf rund 1000 Prozent anstieg und 1962 rund 6 Prozent des gesamten Faserverbrauchs bzw. mehr als 25 Prozent des Chemiefaserverbrauchs erreichte, stieg in der gleichen Zeit die gesamte Fasererzeugung der kapitalistischen Welt (zusätzlich zu den Synthesefasern also die übrigen Chemiefasern, Baumwolle, Wolle und Seide) auf 150 Prozent an.

Diese drei Ursachen können auch an der schnelleren Zunahme der Fertigwarenerzeugung im Vergleich zum Nahrungsmittel-, Roh- und Brennstoffverbrauch verdeutlicht werden. Während, wie der *Tabelle 13* zu entnehmen ist, in Japan, Nordamerika und den kapitalistischen Ländern Europas die Produktion von industriellen Fertigwaren von 1938 bis 1954 um 77 Prozent zunahm, erhöhte sich der Verbrauch von Nahrungsmitteln nur um 35 und ihr Nettoimport nur um 12 Prozent. Der Gesamtverbrauch von Rohstoffen für die Erzeugung der Fertigwaren nahm im gleichen Zeitraum um 33 Prozent zu, während der Nettoimport – ganz erstaunlich! – sogar keinerlei Wachstumsrate aufwies.

Tabelle 14 zeigt ähnliche Tendenzen für die britische Wirtschaft. Auch hier ist von 1952 bis 1962 die verarbeitende Industrie insgesamt schneller gewachsen als alle übrigen Wirtschaftszweige; und innerhalb der verarbeitenden Industrie liegen Chemie, Energieerzeugung und Maschinenbau in dieser Reihenfolge an der Spitze. Die in *Tabelle 15* wiedergegebene Entwicklung der Kostenstruktur der verarbeitenden Industrie Großbritanniens von 1948 bis 1961 bringt, allerdings mit Einschränkungen (die z. T. auf die Methode zurückzuführen sind), Veränderungen gleicher Art zum Ausdruck.

Soviel zu den drei Hauptursachen, die erklären, warum der Anteil der Primärprodukte am Welthandel im angegebenen Zeitraum rückläufig war. Es handelt sich im Kern (nicht immer in den Erscheinungsformen) ganz offensichtlich um Gesetzmäßigkeiten, bzw. wirtschaftliche Entwicklungsprozesse, die sich aus der naturwissenschaftlich-technischen Entwicklung ergeben.

Eine vierte, allerdings weniger wichtige Ursache, die den Rückgang des Anteils der Nahrungsmittel und natürlichen Rohstoffe am Welthandel erklärt, ist darin zu sehen, daß in mehreren entwickelten kapitalistischen Ländern die Eigenproduktion von Erdöl und Erdgas begonnen wurde bzw. erheblich zugenommen hat.

Ein fünfter Umstand ist schließlich die Zunahme des Eigenverbrauchs für die Ernährung der schnell zunehmenden Bevölkerung und für die industrielle Verarbeitung in den sozialistischen Ländern und zum Teil auch in den jungen selbständigen Staaten, kolonialen und abhängigen Gebieten, die diese Erzeugnisse herstellen.

1.6

Aus dem bisher Dargelegten folgt u. a., daß der Zuwachs des gesamten Außenhandels eine Funktion der Zunahme der Mechanisierung, Chemisierung und Industrialisierung der einbezogenen Volkswirtschaften (einschließlich ihrer Landwirtschaft) und der Zunahme der internationalen Arbeitsteilung ist, wobei wir alle anderen Bedingungen, Funktionen usw., sowohl politischer als auch ökonomischer und anderer Natur, als gleich und konstant angenommen, also zunächst ausgeklammert haben. Natürlich sind zwischen den erwähnten drei Variablen die Wechselbeziehungen zu beachten, d. h., wir können und müssen von Fall zu Fall bald die eine und bald die andere als unabhängige Variable und die anderen entsprechend als abhängige Variablen setzen.

Je mechanisierter, chemisierter und industrialisierter also eine Volkswirtschaft ist, desto mehr Möglichkeiten und Notwendigkeiten entstehen für die internationale Arbeitsteilung und den Außenhandel, alle anderen Bedingungen wiederum als gleich und konstant angenommen.

Das bedeutet für das sozialistische Weltwirtschaftssystem, wenn wir die obigen Variablen noch einmal vertauschen:

Je schneller, konsequenter und planmäßiger – alle anderen Faktoren wiederum als gleich und konstant angenommen – eine Volkswirtschaft in das sozialistische Weltwirtschaftssystem und, bei Gewährleistung der Gleichberechtigung und einer gewissen

Stabilität, auch in andere Weltwirtschaftsbeziehungen integriert wird, desto mehr Möglichkeiten gibt es, die nationale Produktivität zu steigern.

Und noch eine andere Schlußfolgerung wäre zu ziehen: *Die Vorstellung, daß es die Hauptaufgabe des Welthandels bzw. des Außenhandels industriell entwickelter Länder sei, industrielle Fertigwaren gegen Nahrungsmittel und Rohstoffe auszutauschen, ist eng und einseitig.*

Sie ist konservativ und kann desorientieren. Selbstverständlich ist eine allgemeine Basis des Welthandels nach wie vor die Versorgung der industriell entwickelten Gebiete mit den notwendigen Nahrungs- und Genußmitteln, Roh- und Brennstoffen. *Das führende Kettenglied, d. h. der entscheidende Wachstumsfaktor des Welthandels und damit auch der internationalen Arbeitsteilung und nationalen Produktivität, ist jedoch die vorrangige Zunahme der internationalen Umsätze an industriellen Fertigwaren, insbesondere Produktionsinstrumenten.*

Dabei sind im Rahmen der Gesamttendenz spezifische natürliche und historische Bedingungen einzelner Länder ebenso zu beachten wie Sonderentwicklungen einzelner Rohstoffe, Brennstoffe und Fertigerzeugnisse.

2. SPEZIFISCHE BEDINGUNGEN UND WIRKUNGEN DER WELTWIRTSCHAFTLICHEN STRUKTURVERÄNDERUNGEN IM KAPITALISTISCHEN SYSTEM

2.1

Die dargelegten Zusammenhänge und Entwicklungstendenzen von internationaler Arbeitsteilung und Welthandel, die sich aus Veränderungen der Produktivkräfte ergeben, erhalten im kapitalistischen Sektor der Weltwirtschaft ihre Bedingungen, Funktionen, sozialökonomischen Formen, Wirkungen und historischen Ergebnisse durch die kapitalistischen Produktions- und politischen Verhältnisse. So sind die Strukturprobleme der Produktion zugleich soziale und nationale, sie sind Klassenprobleme.

In dem vom internationalen Monopolkapital beherrschten Sektor der Weltwirtschaft wird die Produktivitäts- und Wohlstandskluft zwischen den entwickelten und schwachentwickelten Ländern vergrößert.

Die Produktivität steigt in den führenden kapitalistischen Ländern schneller als in den Agrar- und Rohstoffanhängseln des kapitalistischen Weltwirtschaftssystems. Diese Ansicht vertreten am konsequentesten die marxistischen Theoretiker, sie wird aber auch, zum Teil sehr entschieden, von nichtmarxistischen Autoren vorgetragen, wie z. B. von Singer, Myrdal, Prebisch und Myint.

Der Moskauer Wirtschaftswissenschaftler W. Kollontai meint, es gäbe Grund für die Annahme, daß der Wert der Wareneinheit, die in den imperialistischen Ländern erzeugt wird, heute im Vergleich zur Jahrhundertwende um 50 Prozent niedriger ist als in den schwachentwickelten Ländern.[5] Nach Angaben von Charles Kindleberger entwickelte sich das Verhältnis zwischen der Arbeitsproduktivität in den industriellen Exportzweigen Westeuropas und der in den schwachentwickelten Ländern von 1913 bis 1952 wie folgt[6]:

	1913	1928	1938	1952
1. Westeuropa	100	135	170	170
2. Schwachentw. Länder	100	110	120	125
3. Verhältnis 1: 2	100	123	142	136

An dem in der nichtsozialistischen Welt erzeugten Nationaleinkommen waren nach dem *Statistical Yearbook der UN* (1960) die schwachentwickelten Länder 1951 mit 12,4 Prozent, 1959 aber nur mit 9,7 Prozent beteiligt.[7]

Der Anteil der schwachentwickelten Länder an der verarbeitenden Industrie der kapitalistischen Welt hat von 1938 bis 1961 lediglich um 0,6 Punkte zugenommen. Ihr Anteil betrug 1938 = 8,4 Prozent und 1961 = 9,0 Prozent. Stark zugenommen hat jedoch, entsprechend den Interessen der großen Monopole an einer auf ihre Bedürfnisse zugeschnittenen internationalen Arbeitsteilung, der Anteil der ökonomisch schwachentwickelten Länder an der extraktiven Industrie; ihr Anteil an der Gesamtproduktion der kapitalistischen extraktiven Industrie betrug 1938 = 14,4 und 1961 = 31,3 Prozent. Dieser Anstieg ist vor allem auf die Entwicklung der Erdölgewinnung zurückzuführen. Wenn wir extraktive und verarbeitende Industrie zusammenfassen, so ergeben sich als Anteile der schwachentwickelten Länder an der gesamten kapitalistischen Industrieproduktion 9,2 Prozent im Jahre 1938 und 11,1 Prozent im Jahre 1961. Im einzelnen sei auf *Tabelle 16* des Anhangs verwiesen, in der die UN-Indizes der Industrieproduktion entwickelter und schwachentwickelter Länder des kapitalistischen Weltwirtschaftsbereichs für die Zeit von 1938 bis 1962 zusammengestellt wurden, wobei eine strukturelle Aufgliederung erfolgte.

[5] Vgl. *W. Kollontai*, Die Gewinne der Imperialisten aus der Ausbeutung der schwachentwickelten Länder, in: „Weltwirtschaft und internationale Beziehungen" (russ.) H. 6, S. 48, 1959.

[6] Vgl. *Ch. Kindleberger*, The Terms of Trade. A European Case Study. London 1956, S. 248.

[7] Eine gründliche internationale Beratung über die statistische Gliederung in schwachentwickelte bzw. nichtindustrialisierte und entwickelte bzw. Industrie-Länder des kapitalistischen Weltwirtschaftsbereichs wäre angebracht. — Wir benutzen in unserem Beitrag fast ausschließlich die UN-Gliederung in entwickelte und schwachentwickelte Länder des kapitalistischen Weltwirtschaftsbereichs, wonach zu den entwickelten alle kapitalistischen Länder Europas sowie Jugoslawien, ferner die USA, Kanada, Japan, Australien, Neuseeland und die Südafrikanische Union gerechnet werden. In den GATT-Statistiken des internationalen Handels zählen Australien, Neuseeland und die Südafrikanische Union zu den schwachentwickelten Gebieten des kapitalistischen Weltwirtschaftssektors.

2.2

Das geringe Produktivitätsniveau und -wachstum bildet die Basis für die bekannten ungünstigen Positionen der Entwicklungsländer auf den kapitalistischen Weltmärkten. Aus dem Zurückbleiben in der Produktivitätsentwicklung ergeben sich absolute und komparative Außenhandelsnachteile, Monokulturen, Unelastizitäten, schwache Anbieter- und Nachfragepositionen usw. Hinzu kommen andere Faktoren und vor allem die direkten wirtschaftlichen und politischen Abhängigkeiten. So ergab sich für die letzten Jahrzehnte als Trend (mit kurzfristigen Abweichungen):

Der Anteil der wirtschaftlich schwachentwickelten Länder am Welthandel hat abgenommen. (Vgl. die Tabellen 17 bis 20.)

Wie der von uns in *Tabelle 17* zusammengestellten Matrix der Richtungen des gesamten internationalen Handels entnommen werden kann, betrugen die Anteile der (gemäß UN-Gliederung) schwachentwickelten Länder an den Weltexporten absolut (Mio US-Dollar zu laufenden Preisen) und in Prozent:

Jahr	Weltexporte	davon: schwachentwickelte Länder	
		absolut	Prozent
1938	23460	5900	25,1
1950	61200	19230	31,4
1955	92700	23670	25,5
1960	127510	27340	21,4
1962	140600	29040	20,7

Klammern wir den sozialistischen Weltwirtschaftsbereich aus, so betrug der Anteil der nichtindustrialisierten Länder an den kapitalistischen Weltexporten, wiederum zu laufenden Preisen, gemäß *Tabelle 17*:

1938 = 28,5 Prozent[8]
1950 = 34,2 „
1955 = 28,4 „
1960 = 24,3 „
1962 = 23,5 „

Legen wir *Tabelle 17a* zugrunde, so erfahren diese Zahlen leichte Veränderungen.

Wie die *Tabellen 17* und *18* erkennen lassen, nahm der Handel der Entwicklungsländer mit den sozialistischen Staaten in den letzten Jahren vorrangig zu, wobei allerdings die Anteile an den gesamten internationalen Umsätzen immer noch sehr niedrig sind. 1950 und 1957 gingen nur 3,0 Prozent der Exporte aus den Entwicklungsländern in die sozialistischen Staaten; 1962 waren es 5,6 Prozent. Die Anteile steigen weiter, wobei die Handelsbedingungen für die jungen Staaten günstig sind. Vor allem können sie u. a. auf diesem Wege den Monokulturcharakter ihrer Wirt-

[8] Die heutigen sozialistischen Staaten wurden auch für 1938 gesondert ausgewiesen und die entsprechenden Außenhandelszahlen ausgeklammert. (Vgl. Tabelle 17.)

schaft und ihres Außenhandels allmählich abbauen. Dieser Monokulturcharakter kommt in den *Tabellen 19, 25 und 26* besonders deutlich zum Ausdruck. So betrug der Anteil der schwachentwickelten Länder an den kapitalistischen Chemieexporten 1957 und 1961 unverändert nur 4,5 Prozent, während die Anteile an den Maschinenausfuhren zwar etwas zunahmen, aber mit 0,7 und 0,9 Prozent minimal sind.

Bei allen diesen Anteilszahlen muß berücksichtigt werden, daß ein großer Teil der Nahrungsmittel-, Rohstoff- und Brennstoffausfuhren aus den sogenannten Entwicklungsländern nur regional, aber nicht eigentumsmäßig auf diese Länder entfällt. Es handelt sich bei den Erdöl-, Naturkautschuk-, Buntmetall- und anderen Ausfuhren in der Tat häufig genug um Exporte der großen Monopolgesellschaften. Sie bestimmen über Produktion, Ausfuhr, Lohn, Preis und Profit. Sie stecken die Gewinne ein und belasten durch Gewinnüberweisungen in die imperialistischen Hauptstaaten die Zahlungsbilanz der schwachentwickelten Länder. So ist ein beträchtlicher Teil der Weltexporte, der in den üblichen Statistiken den nichtindustrialisierten Ländern zugeschlagen wird, sozialökonomisch den kapitalistischen Hauptländern zuzurechnen.

2.3

Im kapitalistischen Weltwirtschaftsbereich sind bei allen technisch hochentwickelten und neuen Produktionen die Hauptproduzenten- zugleich die Hauptabnehmerländer. Und das sind immer die entwickelten Volkswirtschaften. Zwischen 60 und 90 Prozent der internationalen Umsätze von Synthesefasern, Plasten, Werkzeugmaschinen, Kraftfahrzeugen, Anlagen, elektrischen Maschinen, Erzeugnissen der Meß-, Steuerungs- und Regelungstechnik usw. werden zwischen den fünf bis acht Hauptproduzenten umgesetzt. In den letzten Jahren haben in einigen führenden kapitalistischen Ländern die Importe von industriellen Fertigwaren schneller zugenommen als die Exporte. Aber auch hier ist, bei Fortbestehen der Grundtendenz, die Differenzierung nach Waren und Ländern nicht aus dem Auge zu verlieren.

Betrachten wir die gesamten Maschinenexporte der kapitalistischen Staaten Europas für den Zeitraum von 1957 bis 1961, so ergibt sich nach *Tabelle 21*, daß der Anteil dieser Staaten selbst, ferner der USA und Japans an den erwähnten Ausfuhren von 55,4 Prozent im Jahre 1957 auf immerhin 75,7 Prozent im Jahre 1961, also ganz erstaunlich, zugenommen hat. Aus *Tabelle 12* kann abgelesen werden, wie in einigen führenden kapitalistischen Ländern Europas der Importanteil der Chemieerzeugnisse und der metallverarbeitenden Industrie (entsprechend der DDR-Nomenklatur) von 1953 bis 1961 angewachsen ist; in Westdeutschland z. B. bei den chemischen Erzeugnissen von 8,4 auf 12,8 Prozent und bei den Erzeugnissen der metallverarbeitenden Industrie von 4,0 auf 13,4 Prozent.

Tabelle 22 zeigt, daß und wie von 1950 bis 1962 die Fertigwarenexporte von zwölf führenden kapitalistischen Industrieländern schneller zugenommen haben als die kapitalistischen Gesamtexporte. Setzt man die preisbereinigten Umsätze für 1958 mit 100 an, so erhält man für die kapitalistischen Gesamtausfuhren von 1950 bis 1962 eine Zunahme von 67 auf 130, während die entsprechenden Ziffern für die zwölf kapitalistischen Industrieländer 57 und 133 lauten.

2.4

Das schnellere Wachstum der verarbeitenden Industrie im Verhältnis zu Bergbau und Landwirtschaft wie auch die Verschiebungen in den Welthandelsanteilen zugunsten der industriellen Fertigwaren sind Ausdruck langfristiger Relationsverschiebungen zwischen Angebot und Nachfrage bei Fertigwaren sowie Nahrungsmitteln und Rohstoffen. Diese Veränderungen in den Bedarfs-, Produktions- und folglich auch Welthandelsstrukturen ergeben sich ebenfalls aus den Entwicklungstendenzen der modernen Produktivkräfte. Die Nachfrage nach Nahrungsmitteln und Rohstoffen geht im Durchschnitt und langfristig relativ zurück. Dadurch entsteht ein gewisser Druck auf die Produktion. Das ist eine objektive Basis für das Entstehen der bekannten Preisschere zwischen Nahrungsmitteln und Rohstoffen auf der einen und industriellen Fertigwaren auf der anderen Seite. (Vgl. die *Tabellen 9 und 11.*) Auch bei diesem ökonomischen Prozeß werden die sozialökonomischen Formen und Wirkungen von den kapitalistischen Produktionsverhältnissen bestimmt. Viele Faktoren kommen hier zum Tragen. An dieser Stelle und im begrenzten Rahmen dieses Beitrags sei lediglich auf einen Hauptumstand verwiesen: *Im kapitalistischen Weltwirtschaftssystem ist die strukturelle Schere zwischen den Weltmarktpreisen der Primär- und Fertigerzeugnisse zugleich eine regionale und sozialökonomische.*

Die Last wird auf die schwachentwickelten Länder abgewälzt, da hier die Monokulturen der Primärproduktionen eindeutig vorherrschen und in den entwickelten kapitalistischen Ländern die Landwirtschaft protektionistisch geschützt und subventioniert wird, in diesen Ländern aber auch mehr Möglichkeiten für die Produktivitätssteigerung vorhanden sind.

Ebenso wie die sehr geringfügige Zunahme des Anteils der schwachentwickelten Länder an der Industrieproduktion der nichtsozialistischen Welt und die Abnahme ihres Anteils am kapitalistischen Welthandel Ausdruck einer allgemeinen ökonomischen Entwicklungstendenz in den überlebten Formen der kapitalistischen Ausbeutungsweise ist, führt die sich aus der Entwicklung der modernen Produktivkräfte ergebende durchschnittliche Verschiebung des Verhältnisses von Angebot und Nachfrage bei Nahrungsmitteln und Rohstoffen einerseits und industriellen Fertigwaren anderseits zu einer rücksichtslosen Ausplünderung der schwachentwickelten Länder durch die herrschenden Monopole. So liegt den Preisveränderungen auf den kapitalistischen Weltmärkten eine objektive ökonomische Entwicklungstendenz zugrunde; sie erscheint aber und setzt sich durch in den kapitalistischen Verhältnissen der internationalen Unterdrückung und Ausplünderung.

2.5

Die Vertiefung der Kluft zwischen entwickelten und schwachentwickelten Bereichen des kapitalistischen Weltwirtschaftssystems bringt die Antagonismen zwischen der Entwicklung der Produktivkräfte und dem Charakter der kapitalistischen Produktions- und politischen Verhältnisse zum Ausdruck. Die modernen Produktivkräfte verlangen eine Erhöhung des Anteils der Industriewaren, besonders der Produktionsinstrumente, an den internationalen Umsätzen; da aber in der kapitalistischen Weltwirtschaft die herrschenden Monopolgruppen die Industrialisierung, Chemisierung und Mechanisierung in den schwachentwickelten Ländern behindern und damit keine umfassende Entwicklung der Produktivkräfte im gesamten kapitalistischen Weltwirtschaftssystem zulassen, setzt sich in diesem die Tendenz des vorrangigen Wachstums der internationalen Umsätze von Produktionsinstrumenten einer sozialökonomischen Form durch, bei der große Teile der kapitalistischen Weltwirtschaft zurückbleiben und von einer Handvoll imperialistischer Exploiteure beherrscht werden.

Die allgemeine Grundlage des vorrangigen Wachstums der internationalen Umsätze von Produktionsinstrumenten in der Gegenwart ist also in der Entwicklung der Produktivkräfte zu suchen. Im Kapitalismus wird daraus eine Deformation der internationalen Arbeitsteilung. Die Rüstungs- und Aggressionspolitik wie auch die weltwirtschaftlichen Diskriminierungsmaßnahmen gegenüber den sozialistischen Ländern verstärken diese Tendenzen. In all dem kommt zum Ausdruck, daß die modernen Produktivkräfte über den Rahmen des Kapitalismus hinausgewachsen sind.

3. WELTWIRTSCHAFTLICHE STRUKTURVERÄNDERUNGEN IM SOZIALISTISCHEN SYSTEM

3.1

Im sozialistischen System der Weltwirtschaft müssen die dargelegten Entwicklungstendenzen des vorrangigen Wachstums der verarbeitenden Industrie, speziell der Erzeugung moderner Produktionsinstrumente, und der Erhöhung des Außenhandelsanteils der industriellen Fertigwaren, wiederum speziell der modernen Produktionsinstrumente, von den kapitalistischen Gegensätzen und Hindernissen befreit und zu stärkerer Wirksamkeit gebracht werden.

Die sozialökonomische Form, in der sich diese Entwicklungstendenzen in der sozialistischen Gesellschaft entfalten, ist, gemäß dem kollektiven Charakter der sozialistischen Produktionsverhältnisse, die Gleichberechtigung der sozialistischen Nationen. Das historische Ergebnis des Wirkens dieser Tendenzen ist unter sozialistischen Bedingungen nicht Vertiefung, sondern Schließung der Kluft zwischen hochentwickelten und vormals schwachentwickelten Ländern. Es wirkt in einem bestimmten Zeitraum die historische Gesetzmäßigkeit des internationalen ökonomischen Niveauausgleichs. Dieser Ausgleich erfolgt nach vorn, auf das Niveau der am weitesten fortgeschrittenen Länder, und nicht zum Durchschnitt oder noch weiter nach unten.

Wenn wir in *Tabelle 23* die Zunahme des Nationaleinkommens und der industriellen Produktion einiger sozialistischer Länder von 1950 bis 1961 betrachten, stellen wir insofern einen gewissen Angleichungsprozeß fest, als viele Wachstumsraten der einst ökonomisch rückständigen Länder größer sind als die der älteren Industrieländer. Bei der Analyse der Entwicklung der Arbeitsproduktivität, einer Pro-Kopf-Ziffer, müssen schon wesentliche Einschränkungen gemacht werden. Allerdings sind alle Ziffern nur mit großem Vorbehalt international vergleichbar. Nach verschiedenen Ermittlungen ist ein Angleichungsprozeß ganz eindeutig bei den neu errichteten Produktionen (die oft auch Exportproduktionen sind) zu beobachten.

Die Existenz eines Prozesses des internationalen ökonomischen Niveauausgleichs zwischen den sozialistischen Volkswirtschaften kommt auch darin zum Ausdruck, daß der Anteil der Chemieindustrie und des Maschinenbaus in den technisch-ökonomisch früher schwachentwickelten Ländern des sozialistischen Weltsystems heute bereits recht hoch ist – vgl. hierzu noch einmal *Tabelle 4* – und viel höher liegt als in Ländern wie Spanien, Griechenland, Türkei, Indien, Mexiko, Brasilien usw.

In den RGW-Volkswirtschaften hat die Industrialisierung, Mechanisierung und Chemisierung wesentliche Fortschritte gemacht. Darin ist aber nur *eine* der Grundlagen für das Wachstum der nationalen Produktivität und des Außenhandels zu sehen. Die *andere* Grundlage ist die internationale Integration der sozialistischen Länder. Wir stoßen also immer wieder auf das Dreiecksproblem: nationale Produktivität – Außenhandel – internationale Arbeitsteilung.

In Erkenntnis dieser dialektischen Zusammenhänge ist im RGW-Bereich in den letzten Jahren die internationale Produktionsspezialisierung gefördert worden; gleichzeitig wurde die internationale technisch-wissenschaftliche Zusammenarbeit (TWZ) stärker als früher auf die Interessen der internationalen Produktionsspezialisierungen orientiert. Die Zusammenfassung dieser Formen der internationalen Wirtschaftszusammenarbeit der sozialistischen Länder mit allen anderen Formen erfolgt durch die begonnenen Plankoordinierungen. Aber all das sind erst Anfänge. Der Zustand ist gegenwärtig noch unbefriedigend. Das ist nicht nur damit zu erklären, daß ein großer Teil der sozialistischen Länder früher technisch-ökonomisch wenig entwickelt war und auch heute noch die Folgen der kapitalistischen Zurückgebliebenheit keineswegs vollständig überwunden hat. Unbefriedigend ist der Zustand der internationalen Verflechtungen zwischen den sozialistischen Volkswirtschaften auch deshalb, weil in den vergangenen Jahren, bis in die Gegenwart hinein, unnötige Parallelproduktionen mit kleinen Serien, zu hohen Selbstkosten und oft auch ungenügender Qualität zugelassen wurden. Hinzu kommt, daß im gesamten RGW-Bereich eine Disproportion zwischen der schnell gewachsenen verarbeitenden Industrie und der nicht im entsprechenden Maße entwickelten Roh- und Brennstoffbasis entstand (vgl. *Tabelle 4* und die Angaben auf Seite 221). Unbefriedigend ist der Stand der internationalen Spezialisierungen im RGW-Bereich schließlich auch deshalb, weil die Landwirtschaft nicht genügend gefördert wurde (z. T. wegen des Entwicklungsstandes in einzelnen Ländern nicht gefördert werden konnte) und so eine Schere zwischen industrieller und landwirtschaftlicher Entwicklung zustande kam. Schließlich wäre anzuführen, daß die Produktion synthetischer Erzeugnisse nicht frühzeitig genug und im erforderlichen Maße entwickelt wurde.

Unter den heutigen Bedingungen der weltwirtschaftlichen Übergangsperiode vom Kapitalismus zum Sozialismus, der Existenz eines immer stärker werdenden sozialistischen Weltsystems und auch der Existenz antiimperialistischer und neutraler Staaten bedeutet weltwirtschaftliche Verflechtung zwischen sozialistischen Ländern und auch der sozialistischen Länder mit bestimmten antiimperialistischen und neutralen Staaten keineswegs den Verlust der Souveränität und der wirtschaftlichen Selbständigkeit. Die wirtschaftlichen Verflechtungen zwischen den sozialistischen Ländern, d. h. Plankoordinierungen, Produktionsspezialisierungen, Außenhandel und internationale Finanzbeziehungen, sind wirtschaftlich außerordentlich rationell, wenn sie planmäßig und auf der Grundlage der Gleichberechtigung erfolgen; auf diesem Wege kann den technisch-ökonomisch bisher weniger entwickelten Ländern schnell geholfen werden. Internationale Arbeitsteilung und Außenhandel sind entscheidende Wachstumsfaktoren. Durch sie wird, bei richtiger Arbeit, die nationale Produktivität bedeutend erhöht.

Bei Existenz eines sozialistischen Weltsystems besteht keineswegs die Notwendigkeit, den sozialistischen Aufbau ohne rechtzeitige, gleichberechtigte und planmäßige Integration in die sozialistische Weltwirtschaft vorzunehmen. Das gilt besonders für kleinere und mittlere Volkswirtschaften.

In der heutigen Zeit, da das internationale sozialistische System gefestigt ist und die koloniale und nationale Befreiungsbewegung so großartige Erfolge erzielt hat, kommt hinzu, daß die sozialistischen Volkswirtschaften neue Möglichkeiten erhalten und ausnutzen müssen, um Prozesse der internationalen Arbeitsteilung mit nichtsozialistischen Bereichen der Weltwirtschaft einzuleiten bzw. auszubauen. Das entspricht der Politik der friedlichen Koexistenz und den Erfordernissen des beschleunigten nationalen Wirtschaftswachstums.

Die große Produktionsserie mit niedrigen Kosten, moderner Technologie und guter Erzeugnisqualität sowie der dazu gehörige große Markt können heute im sozialistischen Weltsystem, besonders im Bereich der europäischen Volksrepubliken, die schließlich nur Volkswirtschaften von mittlerer Größe sind, nicht anders als durch konsequente internationale Arbeitsteilung und durch die damit verbundene Erhöhung der Außenhandelsumsätze (mit moderner Warenstruktur) erreicht werden.

3. 2

Die Industrialisierung, Mechanisierung und Chemisierung wie auch die verschiedenen Formen der wirtschaftlichen Zusammenarbeit, insbesondere über den RGW und die zweiseitigen Ausschüsse für wirtschaftliche und technisch-wissenschaftliche Zusammenarbeit, haben dazu geführt, *daß im sozialistischen Weltwirtschaftssystem der Anteil der industriellen Fertigwaren, vor allem der Produktionsinstrumente, an den Außenhandelsumsätzen der beteiligten Länder zugenommen hat. (Vgl. die Tabellen 24 und 25.)*

Bei den Einfuhren bewegen sich die Anteile zwischen rund 12 Prozent (DDR) und 43 Prozent (Bulgarien), bei den Ausfuhren zwischen rund 14 Prozent (Bulgarien) und 48 Prozent (DDR). Mit Ausnahme der UdSSR, Rumäniens und Albaniens haben alle europäischen RGW-Länder einen Anteil der industriellen Konsumgüter an den Gesamtausfuhren von über 10 Prozent; bei der ČSSR sind es sogar über 20 Prozent.

Ein Vergleich mit dem kapitalistischen Weltwirtschaftsbereich an Hand der absoluten Werte in *Tabelle 25* zeigt, daß 1961 der Anteil der Maschinen und Ausrüstungen an den kapitalistischen Gesamtexporten 22,5 Prozent betrug, während der entsprechende Satz für alle sozialistischen Länder 23,9 Prozent und, nach *Tabelle 27*, für die europäischen RGW-Länder 26,5 Prozent ausmachte. Für sämtliche industriellen Erzeugnisse sind die drei Vergleichszahlen 55,0, 57,0 und 57,2 Prozent. Dabei ist aber die Kluft innerhalb des kapitalistischen Sektors der Weltwirtschaft zu beachten: Die entwickelten kapitalistischen Industrieländer hatten einen Anteil der Maschinen an den Gesamtexporten von 29,1 Prozent, und der Anteil sämtlicher Industrieerzeugnisse war 67,5 Prozent. Demgegenüber betrug der Anteil der Maschinen an den Gesamtausfuhren der schwachentwickelten Länder im Jahre 1961 nicht mehr als 0,8 Prozent bei einem Anteil von 14,4 Prozent sämtlicher industrieller Fertigerzeugnisse.

Aus den internationalen Vergleichen ergibt sich, daß die Zunahme des Umsatzes von Produktionsinstrumenten zwischen den RGW-Ländern in den letzten Jahren nicht groß genug war. Zwar lag die Wachstumsrate über der des kapitalistischen Weltwirtschaftsbereichs, aber *in den RGW-Ländern war die Relation zwischen der Wachstumsrate der Gesamtexporte und der von Maschinen und Chemieerzeugnissen unbefriedigend.*[9]

Während, wie *Tabelle 26* zu entnehmen ist, im kapitalistischen Weltwirtschaftsbereich von 1957 bis 1961 die Gesamtexporte nur um 17 Prozent zunahmen, erhöhten sich die Ausfuhren an chemischen Erzeugnissen um 35 Prozent und die von Maschinen um 36 Prozent. Im gleichen Zeitraum nahmen die Exporte der europäischen RGW-Länder um viel mehr, nämlich um 47 Prozent zu; die Ausfuhren von chemischen Erzeugnissen stiegen um 73 Prozent, aber die Maschinenexporte nahmen nur um 51 Prozent zu. Mit 61 Prozent lag sogar die Wachstumsrate der Ausfuhren aller übrigen industriellen Fertigwaren höher als die der Maschinenexporte, während im kapitalistischen Weltwirtschaftsbereich die Exporte der anderen industriellen Fertigwaren nur um 18 Prozent zunahmen.

Setzen wir die Zunahme der Gesamtexporte der *entwickelten* kapitalistischen Länder und der europäischen RGW-Staaten von 1957 bis 1961 jeweils gleich 100, so erhalten wir die folgenden Wachstumsrelationen, mit denen sich die RGW-Länder nicht zufriedengegeben und deshalb entsprechende Maßnahmen ergriffen haben:

[9] Bei Vergleichen zwischen sozialistischen und nichtsozialistischen Außenhandelsstrukturen ist auf die Unterschiedlichkeit der Nomenklaturen zu achten. In der SITC-Sektion 5 „Chemieerzeugnisse" sind z. B. Synthesekautschuk (in SITC-Position 23 enthalten), synthetische Fasern (in SITC-Position 25 enthalten) und synthetische Garne (in SITC-Position 65 enthalten) nicht aufgeführt.

	Insgesamt	Chem. Erz.	Masch.	übr. Ind. erz.
Entw. kap. Länder	100	175	180	90
Europäische RWG-Länder	100	155	109	129

Noch immer haben die drei schon vor 1945 entwickelten Industrieländer UdSSR, ČSSR und DDR einen Anteil von über 70 Prozent an den Maschinenexporten des RGW-Bereichs. Aber der im Gang befindliche Angleichungsprozeß äußert sich auch in einer Veränderung dieser Anteilszahlen. Von 1955 bis 1960 veränderten sich die Anteile wie folgt[10]:

	1955	1960
UdSSR	20,4	16,5
ČSSR	25,1	23,1
DDR	37,5	34,1
zusammen	83,0	73,7

Dabei betrugen die Anteile an den gesamten Außenhandelsumsätzen in diesen Jahren:

	1955	1960
UdSSR	36,2	35,5
ČSSR	12,4	12,0
DDR	13,6	14,0
zusammen	62,2	61,5

Im angegebenen Zeitraum erhöhte Bulgarien seinen Anteil an den Maschinenexporten des RGW-Bereichs von 0,4 auf 2,7 Prozent, Polen von 6,1 auf 10,9 Prozent, Ungarn von 9,1 auf 9,7 Prozent.

Die Prozesse der Angleichung, der Entwicklung der nationalen Produktivität und der schnell zu vertiefenden internationalen Spezialisierungen zwischen den RGW-Ländern lassen den erwähnten Anteil der Sowjetunion, ČSSR und DDR weiter zurückgehen. Bei den internationalen Plankoordinierungen und in den Außenhandelsperspektivplänen müssen diese strukturellen und regionalen Entwicklungen des Außenhandels vorausschauend in Rechnung gestellt und einigermaßen präzisiert werden.

Das Hauptkontingent der Maschinenexporte der RGW-Länder geht in den RGW-Bereich selbst; 1961 waren es nach *Tabelle 27* = 70,6 Prozent. Hinzu kamen 8,0 Prozent Exportanteile der fernöstlichen Volksrepubliken. Stark zugenommen hat in den letzten Jahren die Maschinenausfuhr der RGW-Länder in die schwachentwickelten Gebiete des kapitalistischen Weltwirtschaftssektors. Der Anteil dieser

[10] Vgl. *G. Huber, P. Sydow*, Die Entwicklung des Außenhandels der RGW-Länder 1962, in: „Der Außenhandel", H. 7, S. 32, 1963.

Ausfuhren an den gesamten Maschinenexporten der europäischen RGW-Länder betrug 1957 = 7,7 Prozent und, bei einem um mehr als die Hälfte gestiegenen Gesamtvolumen aller RGW-Maschinenexporte, 1961 = 13,9 Prozent.

Unbefriedigend, wenn auch im einzelnen unterschiedlich, ist der Anteil der entwickelten kapitalistischen Länder an den Maschinenexporten des RGW-Bereichs; es waren 7,1 Prozent im Jahre 1957 und nur 5,8 Prozent im Jahre 1961.[11] Dieser niedrige Prozentsatz und seine Abnahme sind nicht nur mit dem hohen Anteil und der stärkeren Zunahme der übrigen Maschinenexporte zu erklären. Das Hauptproblem ist die Qualitäts- und Rentabilitätsverbesserung. Wenn nach *Tabelle 27* die Maschinenausfuhren der europäischen RGW-Länder in die kapitalistischen Länder Europas von 1957 bis 1961 nur von 170 auf 200 Millionen Dollar anstiegen und auch die Chemieausfuhren nur von 110 auf 160 Millionen Dollar zunahmen, so ist das keineswegs ausreichend und befriedigend.

Den Hauptanteil der europäischen RGW-Exporte in die kapitalistischen Länder Europas machten im Durchschnitt der beiden Jahre 1960 und 1961 (in Mio US-Dollar) die folgenden Positionen aus[12]:

Erdöl und Erdölerzeugnisse	311,5
Holz	260,2
Kohle	210,0
Maschinen, Geräte, Ausrüstungen, Transportmittel, einschl. Schiffe	203,7
Getreide	163,5
Tiere und Fleisch	160,2
Chemische Rohprodukte einschl. Kunstdünger	130,8

Bei der DDR und ČSSR spielen die Exporte von Maschinen und Chemieerzeugnissen natürlich eine größere Rolle als bei den übrigen RGW-Ländern.

4. EINIGE SCHLUSSFOLGERUNGEN FÜR DIE ENTWICKLUNG DER AUSSENHANDELSSTRUKTUR DER DEUTSCHEN DEMOKRATISCHEN REPUBLIK

4.1

Wir wollen jetzt an Hand unserer bisherigen Darlegungen über bestimmte Entwicklungstendenzen der Welthandelsstruktur eine kurze Analyse der Außenhandelsstruktur unserer Deutschen Demokratischen Republik vornehmen und auch einige Schlußfolgerungen für die weitere Entwicklung dieser Außenhandelsstruktur ziehen.

Wenn wir uns *Tabelle 28* ansehen, stellen wir fest, daß die Exportstruktur der DDR durchaus der eines entwickelten Industrielandes entspricht. In den Jahren

11 Die Addition der erwähnten Prozentzahlen ergibt, ebenso wie die Addition der absoluten Werte in Tabelle 27, nur 98,3 Prozent, weil einige Umsätze nicht erfaßt sind.

12 Vgl. „Economic Bulletin for Europe", UN, Vol. 14, No. 1, S. 96ff., 1962. – Die Exporte nach Jugoslawien sind in den obigen Angaben enthalten.

1961 und 1962 entfielen jeweils rund 48 Prozent der Gesamtexporte auf die Position der Maschinen und Ausrüstungen, während rund 12,5 Prozent auf Chemieprodukte kamen.[13] Auf industrielle Konsumgüter entfielen rund 17 Prozent der Ausfuhren. Die Exportquote der metallverarbeitenden Industrie (bezogen auf die Bruttoproduktion) betrug im Jahre 1960 = 20,5 Prozent, während die gleiche Zahl für die Chemieindustrie 13,5 Prozent lautete.

Die Entwicklung der Chemie- und Maschinenexporte ist jedoch unbefriedigend. Bei den Chemieerzeugnissen ist der Anteil der höheren Verarbeitungsstufen zu gering. Außerdem sind bei einer Reihe von Erzeugnissen die Rentabilität und die internationale Wettbewerbsfähigkeit zurückgegangen. Bei der metallverarbeitenden Industrie war die Exportquote von 1958 bis 1962 leicht rückläufig. Damit steht im Zusammenhang, daß der Anteil der Maschinen, Ausrüstungen und Geräte an den Gesamtausfuhren der DDR in den letzten Jahren im wesentlichen konstant war. Auch hier ließen die Rentabilitätskennziffern und die internationale Wettbewerbsfähigkeit zu wünschen übrig. Hervorzuheben ist auch der Rückgang des Anteils der fertigen Anlagen an den Gesamtexporten der metallverarbeitenden Industrie von 14,0 Prozent im Jahre 1959 auf 7,7 Prozent im Jahre 1962. Es ist ferner zu unterstreichen, daß wir zuwenig moderne Maschinen, Geräte und Anlagen in die entwickelten kapitalistischen Industrieländer exportierten. Auch wichtige Wünsche der jungen Nationalstaaten konnten wir nicht befriedigen, denn obwohl unser Maschinenexport in diese Länder zugenommen hat, lieferten wir, gemessen an den Wünschen dieser Länder, zuwenig Maschinen auf Zahlungsziel und blieben in den Zuwachsraten z. B. hinter der ČSSR zurück.

Gehen wir zur Importstruktur der DDR über. Sie entspricht mit ihren hohen Anteilen der Nahrungs- und Genußmittel, Roh- und Brennstoffe im Prinzip ebenfalls durchaus der Importstruktur eines entwickelten Industrielandes. Ein internationaler Vergleich mit sozialistischen und kapitalistischen Ländern an Hand der *Tabellen 29 und 30* zeigt jedoch, *daß es kein zweites entwickeltes Industrieland in der Welt mit derartig hohen Anteilen der Nahrungsmittel und Rohstoffe und entsprechend niedrigen Anteilen der Maschinen und industriellen Konsumgüter an den Einfuhren gibt.*

Lediglich Großbritannien hatte 1961 unter den in *Tabelle 30* zum Vergleich herangezogenen Ländern einen etwas höheren Anteil der Nahrungsmitteleinfuhren als die DDR. Bei der metallverarbeitenden Industrie (MVI) haben Westdeutschland und Großbritannien einen geringeren Einfuhranteil als die DDR; dafür liegen in diesen Ländern die Importanteile der Chemie- und Leichtindustrie ganz bedeutend höher als in unserer Republik. Während 1961 der Einfuhranteil der Leichtindustrie in der DDR nur 4,5 Prozent betrug, lag er in den anderen in *Tabelle 30* zum Vergleich herangezogenen Ländern zwischen 11,5 und 17,3 Prozent. Für die Chemieimporte lautet in der DDR der Anteil 3,9 Prozent, während er sich in den anderen Ländern zwischen 12,8 und 19,6 Prozent bewegt. (Diese Prozentsätze wurden entsprechend der DDR-Außenhandelsnomenklatur berechnet.)

[13] In der Position „Roh- und Brennstoffe" enthalten.

Im Jahre 1960 betrug der Anteil der Maschinen und industriellen Konsumgüter an den Gesamteinfuhren der Deutschen Demokratischen Republik rund 18 Prozent, während die entsprechenden Ziffern bei anderen Ländern wie folgt lauten:

ČSSR	25 Prozent
Großbritannien	28 ,,
Polen	32 ,,
Frankreich	34 ,,
Westdeutschland	40 ,,
USA	40 ,,
UdSSR	62 ,,

Hier fällt u. a. der relativ niedrige Anteil Großbritanniens auf. Er ist einfach damit zu erklären, daß England in den vergangenen Jahrhunderten und Jahrzehnten seine Agrarbasis in die verschiedenen Gebiete des Empire verlegt hatte, von wo es, im wesentlichen bis heute, zollbegünstigt und billig Nahrungsmittel, Rohstoffe und Brennstoffe importiert.

An diesem Beispiel zeigt sich erneut, *daß die allgemeinen Entwicklungstendenzen für einzelne Länder, Zeiträume und Warengruppen konkretisiert werden müssen*, ehe für diese Länder, Zeiträume und Warengruppen Schlußfolgerungen gezogen werden. Dieser Grundsatz gilt natürlich auch für die DDR.

4.2

Der hohe Nahrungsmittel-, Roh- und Brennstoffanteil und umgekehrt der niedrige Fertigwarenanteil an den DDR-Einfuhren ist in erster Linie auf die sogenannten Spaltungsdisproportionen zurückzuführen.

Einen gewissen Eindruck von ihrer Existenz vermittelt *Tabelle 31.* Das Hauptmerkmal dieser Spaltungsdisproportionen besteht darin, daß ein einst für Gesamtdeutschland produzierender Überbau an verarbeitender Industrie auf dem Territorium der DDR heute eine viel zu schmale Roh- und Brennstoffbasis hat. Diese Basis lag früher zu einem großen Teil auf dem heutigen Territorium der Bundesrepublik.

Die Tatsache dieser Disproportionen ist heute allgemein bekannt, aber die Tiefe ihrer Wirkungen und die Schwierigkeiten, sie zu beseitigen bzw. zu mildern, sind schon weniger bekannt. Eine der Wirkungen besteht z. B. darin, daß in der DDR ein ungewöhnlich hoher Prozentsatz der industriellen Investitionen auf die Grundstoffindustrie entfällt. Eine andere Wirkung besteht in der Importstruktur, die mit ihren sehr hohen Nahrungsmittel-, Rohstoff- und Brennstoffanteilen einer Ausdehnung der internationalen Arbeitsteilung im Bereich der MVI, Chemie und Leichtindustrie gewisse Schwierigkeiten bereitet.

So ist auch in der DDR, wie in jeder Volkswirtschaft, die Entscheidung über Richtung und Tempo des wirtschaftlichen Wachstums zugleich eine außerordentlich komplizierte Strukturentscheidung. Ausgehend von der Wirkung der Spaltungsdisproportionen und in Verbindung mit dem Arbeitskräfteproblem, den Auswirkungen der Republikflucht und anderen Erscheinungen der Spaltung Deutschlands, möchte ich behaupten, *daß in der DDR die Strukturentscheidungen von ganz besonderer Bedeutung und auch ganz besonders schwierig sind.*

Strukturentscheidungen sind in erster Linie Investitionsentscheidungen. In unserer Republik sind sie wegen des hohen Anteils des Außenhandels an der Bildung und Umstrukturierung des gesellschaftlichen Bruttoprodukts gleich in zweiter Linie Außenhandelsentscheidungen.

Bei den Entscheidungen über die Außenhandelsstruktur der DDR müssen wir u. E. ganz eindeutig von der folgenden Erkenntnis ausgehen:

Es gilt auch für die DDR die heutige Entwicklungstendenz des Welthandels, wonach der internationale Umsatz von Produktionsinstrumenten das führende Kettenglied und damit der entscheidende Wachstumsimpuls des Außenhandels ist.

Von dieser allgemeinen Feststellung ist auszugehen. Dabei müssen aber die spezifischen natürlichen und historischen Bedingungen der DDR in Rechnung gestellt werden, und zweitens ist zu berücksichtigen, daß unsere Republik ein Bestandteil des sozialistischen Weltsystems, ein Glied in der Kette der sozialistischen internationalen Arbeitsteilung ist.

Von den Schlußfolgerungen, die sich bei diesem Vorgehen für die Perspektivplanung der DDR-Außenhandelsstruktur ergeben, wollen wir im folgenden einige uns wichtig erscheinende, allerdings nur in den Grundzügen, herausgreifen.

4.3

Das A und O ist die Erhöhung der Qualität unserer Erzeugnisse, speziell der Exportgüter aus der Chemie- und Maschinenbauindustrie.

Wir müssen bei hoher Rentabilität weltmarktfähige Waren herstellen und verkaufen. Diese Waren müssen in der Regel universell absetzbar sein. Die Verbesserung der Qualität wird zu einer Erweiterung der Quantität führen. Moderne Chemieerzeugnisse, Anlagen, Maschinen, Geräte und technische Konsumgüter sind heute im Durchschnitt auf allen Weltmärkten gefragt. Mit ihnen verschaffen wir uns günstige Bedingungen, um die internationale Wirtschaftszusammenarbeit zwischen den sozialistischen Staaten auszubauen. Mit ihnen können wir auf den Märkten der kapitalistischen Industrieländer stärker Fuß fassen. Mit ihnen werden wir schließlich die wirtschaftliche Zusammenarbeit mit den Entwicklungsländern und neu entstehenden Staaten ausdehnen können.

Hohe Qualität stärkt unser Ansehen. Hohe Qualität ist eine Waffe im Kampf gegen die antisozialistische Diskriminierungspolitik. Mit Waren guter Qualität lassen sich viele Hindernisse überwinden. Natürlich sind auch die Montagen, Reparaturen, Verpackungen usw. zu den Qualitätskriterien zu rechnen. Die Verbesserung der Qualität muß mit einer Verminderung der Selbstkosten gekoppelt werden. Das verlangt einmal die verschärfte Wettbewerbslage auf allen Weltmärkten, das verlangt außerdem unser Ringen um hohe Akkumulations- und Wachstumsraten.

Das Schwergewicht liegt in den nächsten Jahren eindeutig bei der Produktion von Chemieanlagen, der Petrolchemie und der elektrotechnischen Industrie. Das sind die Kristallisationskerne. Von ihnen aus ist das gesamte volkswirtschaftliche Strukturbild zu gestalten, auch das des Außenhandels.

Wie *Tabelle 28* zeigt, ist der Anteil der industriellen Konsumgüter an den Gesamtausfuhren der DDR in den letzten Jahren ständig gestiegen, aber der Anteil der Maschinen, Geräte und Anlagen blieb im wesentlichen konstant. Bei einzelnen Waren und Ländern, besonders kapitalistischen Industrieländern, gab es sogar Rückgänge. Es ist, um stärker anziehende Wachstumsraten zu erreichen, zweierlei notwendig: erstens regionale und zweitens strukturelle Verbesserungen.

Die regionalen Verbesserungen beziehen sich auf einige Entwicklungs- und kapitalistische Industrieländer. Hier können Positionen ausgebaut werden. Wir müssen z. B. den Entwicklungsländern Geräte, Maschinen und Anlagen zu günstigen Bedingungen anbieten. Es wäre zweckmäßig, mit Außenhandelspartnern, die daran interessiert sind, weitere langfristige Kooperations- und Liefervereinbarungen abzuschließen, ebenso Vereinbarungen über technisch-wissenschaftliche Hilfe und Zusammenarbeit.

Die strukturellen Verbesserungen laufen u. a. darauf hinaus, *den Anteil der gesamten MVI an unseren Exporten im Laufe der nächsten Jahre zu steigern*, wobei der Export von modernen Geräten und Maschinen, speziell kompletten Anlagen, besonders zu beschleunigen wäre. Wir zweifeln allerdings an der Richtigkeit der in der Literatur aufgestellten These, den Anteil der MVI an den DDR-Exporten bis 1970 auf 70 Prozent zu erhöhen[14]; es wäre zumindest die folgenden Umstände zu prüfen:

Erstens gibt es unseres Wissens kein Industrieland in der Welt, das derartig hohe Exportanteile der metallverarbeitenden Industrie insgesamt oder ihrer wichtigsten Gruppen aufzuweisen hätte. Die Anteile der SITC-Position Nr. 7 (Maschinen, Geräte, Anlagen, Transportmittel) betrugen 1961 (in Prozent der Gesamtausfuhren):[15]

Westdeutschland	45,3
Großbritannien	44,0
Belgien, Luxemburg	15,1
Schweden	32,3
USA	35,0
Frankreich	24,7
Italien	30,1
Schweiz	31,2

Diese Vergleichszahlen machen es bei aller Berücksichtigung der besonderen Wirtschaftsstruktur unserer Republik wenig wahrscheinlich, daß die Erhöhung auf 70 Prozent zweckmäßig sein dürfte.

[14] Vgl. *S. Zscherpe* und *G. Israel*, Zur Ausarbeitung eines wissenschaftlich begründeten Perspektivplanes des Außenhandels, in: „Der Außenhandel", H. 9, S. 10, 1963.

[15] Quelle: Berechnungen nach dem Yearbook of International Trade Statistics.

Eine andere Frage, die damit im Zusammenhang auftaucht, ist die, *ob eine weitere Erhöhung des Exportanteils der Chemie angebracht wäre.*

In allen entwickelten Industrieländern nehmen die Anteile der Chemieexporte und -importe zu. Wenn wir in unserer Republik mit über 15 Prozent auch einen ganz überdurchschnittlichen Anteil der Chemieindustrie an der industriellen Bruttoproduktion haben, so ist der Exportanteil von 12,4 Prozent im Jahre 1961 nicht außergewöhnlich; denn im gleichen Jahr lagen in anderen Industrieländern die Anteile der Chemieindustrie an den Gesamtexporten z. T. höher. Wie die nachfolgende Aufstellung zeigt, haben die angeführten Länder bei der Chemie allerdings auch hohe Importanteile;[16] in der DDR aber beträgt dieser Anteil nur 3 bis 4 Prozent:

	Ausfuhr	Einfuhr
Niederlande	19,4	17,9
Frankreich	14,2	19,6
Westdeutschland	13,6	12,8
Großbritannien	13,4	16,9
DDR	12,4	3,9
Belgien, Luxemburg	11,3	13,5

So ist unsere Chemieindustrie sehr stark binnenorientiert. Erhöhungen der Exportanteile der Chemieerzeugnisse wären also wohl nur zu erreichen, wenn auch die Importanteile nennenswert zunehmen. Damit ist kurzfristig nicht zu rechnen; denn erstens bauen die anderen sozialistischen Länder ihre Chemieindustrie erst auf bzw. stärker aus, sind also noch wenig exportorientiert. Und zweitens ergibt sich für die DDR wegen ihres hohen Exportanteils der MVI eine starke Notwendigkeit, die internationale Arbeitsteilung gerade auf diesem Gebiet zu entwickeln, was höhere Importanteile zur Folge hat. Drittens schließlich setzen die notwendigen Nahrungsmittel-, Rohstoff- und Brennstoffeinfuhren relative Grenzen.

Das gilt aber nur für die nächsten Jahre. Darüber hinaus sollte eine stärkere Importquote der Chemieindustrie einkalkuliert werden. Je stärker die internationale Spezialisierung, desto höher die nationale Produktivität. Beim heutigen Stand der Technik können moderne Produktionen in kleinen und mittleren Ländern nicht binnenmarktorientiert sein.

Allerdings wären beim Abwägen der Vorteile von Exportsteigerungen des Chemie- und MVI-Sektors die Veränderungen der Selbstkosten, Fondsintensität und Investitionen (einschließlich Folgeinvestitionen) ebenso zu prüfen wie die Auswirkungen auf andere Wirtschaftszweige (mittels Verflechtungsbilanzierung). Weiter ist es auch wichtig zu wissen, wieviel Werteinheiten Import eine Werteinheit Export im Chemie- und im MVI-Bereich benötigt. Schließlich wäre durchzurechnen, ob nicht bestimmte indirekte Chemieexporte (in Maschinen, Textilien, Möbeln, Geräten verarbeitete Synthesematerialien) rentabler als bestimmte direkte sind. Das sind spezielle Untersuchungen, deren Durchführung im Rahmen dieses Beitrags natürlich nicht möglich ist.

[16] Entsprechend der DDR-Nomenklatur zusammengestellt; vgl. die Tabellen 12 und 30.

4.4

Die Maschinen, Anlagen und Chemieerzeugnisse unserer Republik sind auf dem sozialistischen Weltmarkt gefragt. Wir müssen aber unbedingt mit der internationalen Entwicklung der Kosten, Qualitäten, Sortimente usw. Schritt halten. Wenn wir in die sozialistischen Länder mehr und bessere Maschinen liefern, erhalten wir mehr Rohstoffe, Brennstoffe und Nahrungsmittel. Der zweite Weg, der gleichzeitig zu gehen ist, besteht darin, *unsere entscheidenden Produktionen und Exporte durch verbindliche internationale Vereinbarungen zwischen den RGW-Ländern stärker zu spezialisieren.*

Wenn wir die anderen sozialistischen Partner durch die Qualität unserer Angebote stärker an verbindlichen internationalen Spezialisierungsvereinbarungen interessieren, können wir auch mehr Erzeugnisse der MVI und Chemieindustrie aus den anderen sozialistischen Staaten importieren. Wie *Tabelle 24* zeigt, nimmt der Anteil der industriellen Fertigwaren an den Exporten der technisch-wirtschaftlich früher wenig entwickelten sozialistischen Länder ständig zu. Das ist ein Prozeß, der den sozialistischen Produktionsverhältnissen völlig adäquat ist. Es ist eine Seite im Prozeß des allmählichen internationalen Niveauausgleichs. Es muß aber unbedingt vermieden werden, daß ungerechtfertigte Parallelproduktionen in den einzelnen Ländern entstehen; sonst kann das Gesetz der großen Produktionsserie bei niedrigen Selbstkosten und hoher Qualität nicht durchgesetzt werden. Das aber ist notwendig, um die Produktivität in jedem einzelnen Land und im sozialistischen System insgesamt zu gewährleisten.

Eine Verbesserung der internationalen Produktionsspezialisierungen zwischen den sozialistischen Staaten, besonders den RGW-Ländern, wird, entsprechend den früher festgestellten allgemeinen Zusammenhängen zwischen internationaler Arbeitsteilung und Markt (vgl. S. 226 f.), zu einer Erhöhung der Außenhandelsumsätze und auch zu weiteren strukturellen Verbesserungen führen. Die internationalen Umsätze von industriellen Fertigwaren, speziell Produktionsinstrumenten, werden vorrangig wachsen. Dabei kann sich auch die bereits in den letzten Jahren wirksam gewesene Tendenz stärker durchsetzen, daß der Anteil der MVI-Importe an den Gesamteinfuhren der DDR aus den RGW-Ländern zunimmt.

Wenn es uns außerdem gelingt, unsere Exporte in den nichtsozialistischen Weltwirtschaftsbereich schnell auszuweiten, schaffen wir uns rückwirkend auch auf diesem Wege Möglichkeiten, den Anteil der industriellen Fertigwaren an unseren Einfuhren allmählich zu erhöhen und so den schon mehrfach erwähnten ausschlaggebenden Wachstumsfaktor des internationalen Handels stärker zur Geltung zu bringen. Wir können einmal mehr Fertigwaren aus den kapitalistischen Industrieländern einführen und sind außerdem in der Lage, einer Reihe von neuen Staaten bzw. Entwicklungsländern allmählich und in steigendem Maße industrielle Fertigwaren abzunehmen.

Einige dieser Staaten bauen mit eigener Anstrengung, mit Kapitalimporten und Hilfeleistungen aus den sozialistischen Ländern verarbeitende Industrien auf, die, unter anderem wegen der beschränkten Kapazitäten des Binnenmarktes, auf den Weltmarkt drängen. (Zum Beispiel die Juteindustrie und bestimmte Maschinen-, Geräte- und Konsumgüterindustrien in Indien, die Verarbeitung von Südfrüchten zu Konserven und von Kakaobohnen zu Kakao in einigen afrikanischen Staaten, die Entwicklung der Textil- und Chemieindustrie in Ägypten und anderen Ländern, die Verarbeitung von Pflanzenölen, Häuten, Fischen, Obst u. a. m.) Das ist ein Prozeß, der den Erfordernissen der modernen Produktivkräfte entspricht. Wir müssen ihn fördern. Wir müssen und können helfen und beschleunigen. Der Imperialismus hat mit seinen Produktions- und politischen Verhältnissen den Aufbau einer verarbeitenden Industrie in den kolonialen und abhängigen Gebieten ver- oder doch behindert. Armut, Elend und Zurückgebliebenheit sind die Folge. Das Hauptmittel, sie zu bekämpfen, ist die systematische und komplexe Industrialisierung. Dadurch können und werden die Weltproduktivkräfte einen gewaltigen Impuls erhalten. Die sozialistischen Länder können dabei mit kreditierten Maschinen- und anderen Lieferungen ebenso helfen wie mit Investitionsunterstützungen, langfristigen Kooperations- und Liefervereinbarungen, technisch-wissenschaftlicher Hilfe u. a. m. Aber dann muß den neuen Industrien auch die Möglichkeit eingeräumt werden, ihre Erzeugnisse, unter Berücksichtigung der internationalen Kosten- und Qualitätserfordernisse, zu exportieren. Die sozialistischen Länder können dann auf bestimmte Produktionen verzichten. Sie können wachstumsfördernd umstrukturieren.

4.5

Unserer Auffassung nach wird die Zunahme der MVI-Einfuhren der DDR nicht nur absoluter, sondern auch relativer Natur sein.

Der Anteil der MVI an den Gesamtimporten der DDR kann, entsprechend den allgemeinen Entwicklungstendenzen des internationalen Handels entwickelter Industrieländer, erhöht, und der Anteil der Gesamtgruppe der Rohstoffe, Brennstoffe und Nahrungsmittel an unseren Einfuhren kann, mit sehr starken Differenzierungen im einzelnen, abgebaut werden.

Innerhalb der Gesamtgruppe der Nahrungs- und Genußmittel, Roh- und Brennstoffe liegen die Dinge sehr unterschiedlich. Die DDR benötigt für ihre führenden Wirtschaftszweige viel Energie. Die eigene Basis reicht nicht aus. Wie wir bereits an Hand von *Tabelle 4* erläutert haben (vgl. S. 220 f.), ist für hohe Wachstumsraten der modernen Industrie eine hohe Wachstumsrate der Energieerzeugung notwendig.

Also ist bei den Brennstoffen keinerlei Entlastung unserer Importbilanz zu erwarten. Im Gegenteil. (Das gilt auch für das Erdöl als Rohstoff der Petrolchemie.)

Anders liegen die Dinge bei den Nahrungsmitteln. *Der Anteil der Nahrungsmitteleinfuhren kann gesenkt werden, wobei einige Nahrungsmitteleinfuhren sogar absolut zurückgehen müßten.*

Dazu ist eine, allerdings investitionsaufwendige, Intensivierung unserer Landwirtschaft anzustreben. Das dürfte sich hauptsächlich auf die Düngemittelverwendung, die Futterwirtschaft und die Anwendung industrieller Methoden speziell in der Viehwirtschaft erstrecken. Allerdings sind auch hier Gegenfaktoren einzukalkulieren, die m. E. jedoch die Hauptrichtung nicht verändern: Wird womöglich die Einsparung an Nahrungsmitteleinfuhren nicht durch Erhöhung der Futtermittelimporte kompensiert? In welchen Fällen ist statt einer Produktionssteigerung eine Importsteigerung zweckmäßiger, billiger und vertretbar? Ist es, in Abwägung von Fonds- und Investitionsintensität, gegebenenfalls zweckmäßiger, andere Produktionen für den Export zu fördern und für ihren Erlös Nahrungs- und Futtermittel zu importieren?

Auf jeden Fall aber müssen wir auch in der DDR mit der langfristigen Tendenz rechnen, daß mit zunehmendem industriellen Reifegrad einer Volkswirtschaft Produktion und Produktivität der Landwirtschaft (je Hektar und je Beschäftigten) erhöht werden müssen. Das führt langfristig zu bestimmten Entlastungen der Importbilanz, wodurch dem entscheidenden Wachstumsimpuls des heutigen Außenhandels, dem vorrangigen Wachstum der Umsätze von modernen Produktionsmitteln, zusätzlicher Wirkungsraum freigegeben wird.

Eine andere und sehr wichtige Möglichkeit, unsere Importstruktur weiter zu verändern, besteht darin, die Erzeugung von Synthesematerialien zu erhöhen und zu verbessern. Das betrifft Synthesekautschuk, Plaste und Synthesefasern. Hier gibt es noch eine ganze Reihe von Aufgaben, die gelöst werden müssen. Dazu brauchen wir aber mehrere Jahre, wie überhaupt die in diesem Beitrag behandelten Umstrukturierungen langfristiger Natur sind.

Eine dritte und ebenfalls sehr wichtige Möglichkeit besteht darin, *die heimischen und importierten Roh- und Brennstoffe rationeller als bisher zu verarbeiten.*

Hierzu gehören u. a.: Verminderung des Schwunds durch richtige Lagerung, höchstmögliche Ausnutzung der Brennstoffe, Verminderung von Abfall und Ausschuß, den richtigen Brennstoff und das richtige Material (in den richtigen Abmessungen) für die jeweilige Produktion einsetzen, die Entwicklung der Leichtbauweise und Mikrotechnik. Auf diesem Wege können wir aus einer Werteinheit Roh- bzw. Brennstoff mehr Werteinheiten Fertigwaren herausholen; die Produktion der Fertigerzeugnisse wird schneller wachsen als der Roh- und Brennstoffimport. Dabei ist unbedingt zu berücksichtigen, daß der größte Teil unserer Roh- und Brennstoffimporte sehr transportkostenintensiv ist. Senkung des Importanteils bedeutet also auch Entlastung der Dienstleistungsbilanz im Rahmen der Zahlungsbilanz.

Wir dürfen aber keine *falsche* Sparsamkeit bei den Rohstoffimporten betreiben. Es gibt im Produktionssektor produktivitätsförderndes und produktivitätshemmendes Sparen. Eine produktivitätshemmende Sparsamkeit wäre der Verzicht auf Importe, die nur unnötig *erscheinen*, aber keineswegs unnötig sind, weil ihre Verarbeitung mit modernen Methoden zu Erzeugnissen hoher Qualität dazu beiträgt, die nationale Produktivität zu erhöhen, den Lebensstandard zu verbessern und die Exporte zu steigern. Es sind also jeweils der Produktivitäts- und der Exporteffekt einer Importeinheit zu prüfen.

Zu einer rationellen Importwirtschaft gehört auch der Einkauf richtiger Mengen zum günstigsten Preis. Viel zu starre Planungs- und Finanzierungsvorschriften haben das, bis in die Gegenwart hinein, oft verhindert. Das führte zu hohen Verlusten. Zu einer rationellen Importwirtschaft gehört auch eine ausreichende Lagerwirtschaft, die materiell und finanziell gesichert werden muß.

Wenn wir unsere Einfuhrstruktur allmählich ändern, werden unsere Importe und insgesamt unser Außenhandelsumsatz in höherem Maße als bisher zu einer Akkumulationsquelle werden. Wenn wir entsprechende Konzeptionen ausarbeiten, bereiten wir uns eine weitere Grundlage, um eine aktive Politik der internationalen Arbeitsteilung und des Außenhandels betreiben zu können.

4.6

Die skizzierten Möglichkeiten allmählicher Veränderungen unserer Export- und vor allem Importstrukturen bringen für die DDR volkswirtschaftliche Umstrukturierungen mit sich. Diese können nicht ohne gewisse Friktionsverluste vorgenommen werden. Die langfristigen Vorteile dieser Umstrukturierungen überwiegen jedoch die möglichen kurzfristigen Einbußen. Die langfristigen Vorteile bestehen unter anderem in der Reduzierung der sogenannten Warenhaussortimente in bestimmten Produktionsbetrieben, in der Durchsetzung des Prinzips der großen Produktionsserie, in der besseren Spezialisierung der Forschungs- und Entwicklungsarbeiten, in der Konzentration auf die Veredlungswirtschaft sowie in der Entfernung bestimmter einfacher Produktionen aus unserer Volkswirtschaft, die in der DDR sowieso mit hohen Löhnen, z. T. hohen Transportkosten und ungünstigen Weltmarkteinkaufspreisen belastet sind. Sie bestehen ferner in den politischen und wirtschaftlichen Möglichkeiten, die eine aktive Politik der internationalen Arbeitsteilung mit bestimmten Fertigwarenbezügen aus nichtsozialistischen Ländern mit sich bringt.

Die Reibungsverluste sind um so geringer und die langfristigen Vorteile um so größer, je genauer und rechtzeitiger die entsprechenden Prozesse erkannt werden und je schneller und konsequenter die Realisierung vor sich geht.

Wir müssen die Entwicklung der modernen Produktivkräfte und die sich daraus ergebenden Veränderungen in der Welthandelsstruktur vorausschauend erkennen und dadurch, daß wir unsere Volkswirtschaft dementsprechend gestalten, Einfluß auf die Welthandelsstruktur und unsere nationale Produktivität ausüben. Die Planwirtschaft ist nicht dazu da, veraltete Produktionen zu konservieren; sie ist vielmehr dazu da, rechtzeitig und proportional umzustrukturieren, die Entwicklung der Produktivkräfte voranzutreiben und dadurch ein gutes Wachstumstempo zu gewährleisten.

Ein „klassisches“ Beispiel für bestimmte Umstrukturierungen des Imports, des Exports und auch der Volkswirtschaft ist Großbritannien. In der Zeit von 1935–38 bis 1961 ist der (schon vorher abgesunkene) Anteil der Textilien an den Gesamtexporten weiter von 24,0 auf 7,8 Prozent zurückgegangen, der von Kohle und Koks von 8,0 auf 0,8 Prozent. Dafür ist der Anteil ausgewählter Chemieerzeugnisse von 6,3 auf 8,8 Prozent und der Anteil der Maschinenbauerzeugnisse von 20,1 auf 45,5 Prozent angestiegen. Auch der Export von Erdölprodukten hat von 1,0 auf 2,6 Prozent Anteil an den Gesamtausfuhren zugenommen. (Vgl. die *Tabellen 32 und 33.*)

Bei der Einfuhr ist der Anteil der Lebens- und Genußmittel von 44,9 Prozent auf 33,7 Prozent im gleichen Zeitraum zurückgegangen; es gibt auch einen kräftigen Rückgang des Anteils der Rohstoffe: von 27,9 auf 22,4 Prozent. Entsprechend ist der Anteil der Brennstoffe von 4,8 auf 11,0 Prozent, der der Halbfertigwaren von 15,1 auf 19,1 Prozent und der der Fertigwaren von 6,7 auf 13,4 Prozent gestiegen.

Diese Umstrukturierungen waren z. T. mit zyklischen, strukturellen und Zahlungsbilanzschwierigkeiten für Großbritannien verbunden. Insgesamt ist dadurch aber selbst unter den Bedingungen der kapitalistischen Konkurrenzwirtschaft die Produktivität der englischen Volkswirtschaft erhöht worden. Es versteht sich, daß in einer sozialistischen Planwirtschaft und bei der solidarischen Zusammenarbeit zwischen den sozialistischen Ländern und auch zwischen sozialistischen Staaten und Entwicklungsländern die Reibungsverluste geringer sein können.

Übrigens beobachten wir gegenwärtig auch in Westdeutschland, wie ganze Gruppen von Unternehmern ihre Betriebe in junge Staaten verlagern, um sich dort an der Entwicklung der Infrastruktur oder am Aufbau bestimmter Industrien zu beteiligen. Auch in Westdeutschland sind Umstrukturierungen entsprechend den weltwirtschaftlichen Veränderungen im Gange.

Es besteht also, um auf die DDR zurückzukommen, ein kompliziertes System der Verflechtungen und Wechselbeziehungen von Produktions-, Export- und Importstrukturen im System der internationalen Arbeitsteilung. Dieses System der Verflechtungen kann etwa auf folgende Art schematisiert werden:

Wir bestimmen die führenden Zweige der Volkswirtschaft: Maschinenbau, besonders Chemieanlagenbau; Energiewirtschaft; Elektrotechnik, besonders Elektronik; Chemie, besonders Petrolchemie; und schließlich die zweite Verarbeitungsstufe der Metallurgie.

Bei der Bestimmung dieser führenden Zweige lassen wir uns zumindest von drei Hauptfaktoren leiten: erstens der Entwicklungstendenz der modernen Produktivkräfte, zweitens den Erfordernissen der weiteren Stärkung des sozialistischen Weltsystems und drittens den rationellsten Wegen der Erhöhung der volkswirtschaftlichen Produktivität (unter Berücksichtigung unserer natürlichen und historischen Bedingungen).

Durch die Profilierung unserer Produktionsstruktur wird unsere Exportstruktur bestimmt, wobei die verschiedenen Weltmarktfaktoren in Rechnung gestellt werden.

Produktions- und Exportstruktur bestimmen unsere Importstruktur, wobei wiederum die verschiedenen Weltmarktbedingungen einzukalkulieren sind.

Vom Umfang der Importmöglichkeiten und der Importstruktur ergeben sich wiederum Auswirkungen auf die Produktionsstruktur.

So besteht ein sich fortlaufend veränderndes System der Wechselbeziehungen zwischen aktiver Einflußnahme auf internationale Arbeitsteilung und Welthandel und Berücksichtigung dieser beiden ökonomischen Bereiche bei der Profilierung der nationalen Wirtschaft.

Einige Produktionsumstrukturierungen, die sich für die DDR aus Umstrukturierungen des Imports ergeben könnten, wären:

a) Veränderungen in der metallverarbeitenden Industrie durch internationale Spezialisierungen im RGW-Bereich.
b) Stärkere Entwicklung der Produktion und stärkere Verwendung von synthetischen Materialien.
c) Entwicklung der Düngemittelproduktion, der Futtermittelwirtschaft und einer industrialisierten Viehwirtschaft; insgesamt Steigerung der Produktivität in der Landwirtschaft (je Kopf der Beschäftigten).
d) Erhöhung der Garn-, Gewebe- und Textilimporte aus Entwicklungsländern; Schließung veralteter Textilbetriebe in der DDR; Umstellung vorhandener Textilbetriebe auf die Syntheseverarbeitung; Rückgang des Anteils der Textilien an den Exporten und an der industriellen Gesamtproduktion.
e) Umstrukturierungen unserer juteverarbeitenden Industrie; Reduzierung der oft kostspieligen Rohjuteimporte; Import von Jutegarnen, Jutegeweben und Jutesäcken, die wir relativ billig erwerben können.
f) Umstrukturierungen in unserer lederverarbeitenden Industrie; Reduzierung der Importe von Häuten und Rohleder, die ebenfalls oft zu hohen Preisen und in harter Währung erfolgen; Importe von Leder und Erzeugnissen der lederverarbeitenden Industrie, die wir ebenfalls billig auf den Weltmärkten erwerben können.

Selbstverständlich sind die Richtungen des Außenhandels eng mit dessen Strukturen verbunden. Strukturelle Veränderungen werden oft auch regionale Veränderungen nach sich ziehen. Wir gehen in unserem Beitrag nicht auf diese Regionalprobleme ein, halten jedoch fest: Den Kern und Hauptanteil des Außenhandels der DDR und ihres Systems der internationalen Arbeitsteilung bildet das sozialistische Weltsystem, speziell der RGW-Bereich und hier wieder ganz besonders die Sowjetunion. Auf dieser festen Grundlage bauen wir unsere Wirtschaftsbeziehungen zu allen daran interessierten nichtsozialistischen Staaten auf und aus. Im Rahmen der Politik der friedlichen Koexistenz festigen wir die ökonomischen Grundlagen dieser Politik und treiben eine Politik der aktiven internationalen Arbeitsteilung.

4.7

Wir haben gesehen, wie richtig nicht nur für den Außenhandel, sondern für die gesamte Volkswirtschaft die Bedarfs-, Markt- und Preisforschung auf den Weltmärkten ist. Sie deutet, mehr oder minder genau, Entwicklungen des gesellschaftlichen Bedarfs an Hand der Entwicklung der Produktivkärfte und der technisch-wissenschaftlichen Entwicklungslinien an. Das Studium der Entwicklung der Produktivkräfte und des gesellschaftlichen Bedarfs in allen Weltwirtschaftsbereichen ist wichtig, weil wir daraus Schlüsse für die Strukturpolitik unserer Volkswirtschaft und des gesamten sozialistischen Weltwirtschaftssystems ableiten können.

Um alle dargelegten Prozesse, Gesetzmäßigkeiten und Zusammenhänge in der internationalen Arbeitsteilung und im Welthandel mit ihren Auswirkungen auf unsere Volkswirtschaft richtig und konsequent für unsere Perspektivplanung ausnutzen zu können, brauchen wir in unseren Programmen der führenden Industriezweige Konzentrationen und Schwerpunkte entsprechend den spezifischen Bedingungen in der DDR, den allgemeinen Entwicklungstendenzen der modernen Produktivkräfte, des sozialistischen Weltwirtschaftssystems und der internationalen Arbeitsteilung. Es ist notwendig, in die wissenschaftlich-technischen Konzeptionen der Industriezweige und Erzeugnisgruppen die Entwicklungstendenzen der modernen Produktivkräfte und der internationalen Arbeitsteilung, insbesondere zwischen den RGW-Ländern, einzubauen. Es darf also nicht schematisch verfahren werden. Da wir in Anbetracht unserer materiellen und finanziellen Kapazitäten nur schrittweise vorgehen können, müßte ein Zeitplan ausgearbeitet werden, innerhalb dessen zu bestimmten Zeiten eine Konzentration auf bestimmte Aufgaben erfolgen könnte.

Die Umstrukturierungen und insgesamt die Erhöhung der Effektivität unserer Außenwirtschaft verlangen Beweglichkeit. Voraussetzung dieser Beweglichkeit ist unter anderem die Anlage von Vorräten und Reserven, von materiellen und finanziellen Reserven, z. B. einer Valutareserve. Ohne solide Reserven gibt es keine effektive Planwirtschaft. Ohne Reserven und Beweglichkeit werden wir auf den Weltmärkten nicht mit höchstem Nutzeffekt einkaufen und verkaufen können.

Die Berücksichtigung der dargestellten Prozesse könnte dazu beitragen, die Produktivität unserer gesamten Volkswirtschaft und dabei auch die Effektivität des Außenhandels zu erhöhen. Da fast 25 Prozent unseres Nationaleinkommens über den Außenhandel wertmäßig und gebrauchswertmäßig umverteilt werden, sind die Perspektivpläne unserer Volkswirtschaft und unseres Außenhandels, in denen die weltwirtschaftlichen Entwicklungstendenzen sorgfältig berücksichtigt sind, von großer Bedeutung für den Erfolg des neuen ökonomischen Systems der Planung und Leitung unserer Volkswirtschaft. Die ökonomischen Stimuli im Außenhandel und in der gesamten Volkswirtschaft können nur dann richtig wirken, wenn die ökonomischen Gesetze richtig erkannt und ausgenutzt werden. Dazu gehören auch die allgemeinen Entwicklungsgesetze und -tendenzen der Produktivkräfte, der internationalen Arbeitsteilung und des Welthandels.

Es sei zum Abschluß noch einmal unterstrichen, was schon mehrfach gesagt wurde: Die internationale Arbeitsteilung ist, besonders beim heutigen Stand der Produktionstechnik, eine mächtige Produktivkraft. Zusammen mit dem Außenhandel ist sie ein erstrangiger Wachstumsfaktor. Der Anteil der Nahrungsmittel und natürlichen Rohstoffe an unseren Gesamtimporten kann und muß, wie dargestellt, auf verschiedene Art und Weise reduziert werden. Der Anteil der industriellen Fertigerzeugnisse insgesamt, besonders aber der Anteil der modernen, dynamischen Produkte, kann und muß erhöht werden. Das schafft, als Ausdruck einer progressiven volkswirtschaftlichen Strukturpolitik, günstige Bedingungen für die Zunahme der nationalen Produktivität, der Exporte und ihrer Rentabilität.

ANHANG

TABELLE 1

Weltbevölkerung, -produktion und -handel 1876–1959
(1913 = 100)

Zeit-raum	Be-völkerung[a]	Produktion Fertigw.	Primär-prod.	Welthandels-volumen Fertigw.	Primär-prod.	Welthandelspreis-index[b] Fertigw.	Primär-prod.
1876–80	79	25	–	31	31	102	104
96–00	90	54	76[c]	54	62	82	77
1911–13	99	95	93	94	97	98	98
26–30	111	141	123	113	123	145	128
31–33	117	110	120	81	116	100	68
34–35	120	133	125	84	114	117	85
36–38	124	158	135	100	125	120	93
48–50	145	238	156	132	116	233	259
51–53	151	297	176	178	133	248	289
54–56	158	341	191	216	156	244	271
57–59	166	381	203	251	182	259	257

Quelle: A. Maizels, Industrial Growth and World Trade, Cambridge (USA) 1963, S. 80.

[a] Ab 1948 ohne sozialistische Länder.

[b] Berechnet nach laufenden Preisen in US-Dollar.

[c] 1900.

TABELLE 2

Strukturindizes der kapitalistischen Industrieproduktion 1938–1962[a]
(1958 = 100)

Jahr	Bergbau u. verarb. Industrie	Bergbau insges.	Erdöl, Erdgas, roh	verarbeitende Industrie insges.	Nahrungs- u. Genuß-mittel	Textil-erz.[b]	Chemie-erz.	Metall-waren
Anteile 1958	100,0	9,8	4,5	90,2	12,8	5,1	9,9	30,4
1938	44	54	33	42	53	64	28	30
1948	62	69	58	62	68	75	46	55
1955	95	95	92	95	90	98	84	98
1957	103	103	100	102	96	103	96	106
1959	110	104	107	111	104	108	112	113
1961	122	117	128	122	112	114	131	126
1962	129	122	138	130	115	117	144	137

Quelle: „Monthly Bulletin of Statistics“, UN, Mai 1963, S. VIIIf.

[a] Enthält auch Jugoslawien, und, bis 1959, Kuba.

[b] Ohne Bekleidungsindustrie.

TABELLE 3

Bevölkerung, Export- und Produktionsvolumen des kapitalistischen Weltwirtschaftsbereichs 1938–1961

(Volumenindex 1959 = 100)

	1938	1948	1953	1954	1955	1956	1957	1958	1960	1961
Bevölkerung	75	83	90	91	93	95	96	98	102	104
Produktion von Nahrungsmitteln und Rohstoffen	67	74	87	88	91	95	95	98	103	104
Produktion von Fertigwaren	38	56	77	77	87	90	93	90	106	110
Alle Exporte	53	51	72	76	82	90	95	93	110	116
davon:										
Nahrungsmittel und Rohstoffe	78	63	75	78	83	90	15	93	108	115
Brennstoffe	40	48	74	80	89	95	99	97	109	114
Fertigwaren	38	44	70	73	80	88	93	92	112	116

Quelle: Statistical Yearbook, UN, 1962, S. 446.

TABELLE 4

Indizes der Weltindustrieproduktion 1950–1962

(1958 = 100)

Jahr	Bergbau, verarb. Ind., Elektrizität, Gas	Nahrungs- u. Genußm.	Textil-, Bekleidungs- u. Lederind.	Holz- u. holzverarb. Ind.	Papier- u. papierverarb. Ind.	Erdöl- u. erdölverarb. Ind., Kautschuk, Chemie	Industrie der Steine u. Erden (Rohst. u. Verarb.)	Erzbergbau u. Metallurgie	Metallverarb. Ind.	Elektrizität u. Gas[a]
					A. Welt[b]					
Anteile 1958 = 100	100,0	11,8	10,3	3,8	2,4	17,9	5,0	9,4	28,6	4,8
1950	62	69	72	69	68	59	57	68	55	49
1951	68	72	76	73	73	65	64	76	65	55
1952	72	76	77	74	70	68	67	78	71	60
1953	78	80	82	78	77	73	71	85	79	65
1954	80	83	85	82	82	77	76	84	79	71
1955	89	88	91	91	91	86	86	98	90	79
1956	94	91	95	94	96	92	91	103	96	87
1957	99	94	99	96	98	97	95	106	101	93
1958	100	100	100	100	100	100	100	100	100	100
1959	110	105	108	112	109	109	112	111	114	110
1960	119	110	114	120	115	118	122	121	126	121
1961	126	115	117	126	122	125	128	127	132	130
1962	135	120	122	132	127	136	135	132	148	142

Fortsetzung Tabelle 4

Jahr	Bergbau-verarb. Ind., Elektrizität, Gas	Nahrungs- u. Genußm.	Textil-, Bekleidungs- u. Lederind.	Holz- u. holzverarb. Ind.	Papier- u, papierverarb. Ind.	Erdöl- u. erdölverarb. Ind., Kautschuk, Chemie	Industrie der Steine u. Erden (Rohst. u. Verarb.)	Erzbergbau u. Metallurgie	Metallverarb. Ind.	Elektrizität u. Gas[a]
				B. Sozialistische Länder Europas[c]						
Anteile an der Weltproduktion	27,2	24,6	32,8	30,4	10,5	29,2	29,9	36,6	26,4	21,9
1950	40	49	46	39	50	45	31	43	31	38
1951	47	56	55	45	57	50	37	51	38	43
1952	53	62	61	52	63	56	44	58	45	49
1953	60	68	66	57	69	62	50	66	53	55
1954	67	75	73	63	75	68	55	72	59	61
1955	75	79	81	73	81	77	66	79	69	71
1956	81	82	85	79	86	83	71	88	78	79
1957	89	89	92	86	93	90	83	94	88	87
1958	100	100	100	100	100	100	100	100	100	100
1959	112	108	108	113	108	108	117	110	116	114
1960	124	114	116	138	116	119	135	122	113	128
1961	136	121	122	146	124	128	148	134	148	144
1962	150	131	127	151	131	138	159	144	175	160
				C. A minus B						
Anteile an der Weltproduktion	72,8	75,4	67,2	69,6	89,5	70,8	70,1	63,4	73,6	78,1
1950	70	76	84	83	70	65	69	84	64	52
1951	77	78	85	86	75	72	77	92	75	58
1952	79	81	84	84	71	73	77	90	81	63
1953	85	84	90	87	78	78	81	97	89	68
1954	85	86	90	91	83	81	85	91	86	73
1955	95	90	96	99	92	90	94	109	98	81
1956	99	94	100	101	97	95	99	113	102	89
1957	102	96	102	100	99	99	101	114	106	95
1958	100	100	100	100	100	100	100	100	100	100
1959	110	104	108	111	110	109	110	111	113	108
1960	118	108	113	115	115	118	116	121	123	119
1961	122	113	115	117	121	124	120	122	127	126
1962	130	116	120	123	127	135	125	126	138	137

Quelle: „Monthly Bulletin of Statistics", Oktober 1963. (Nähere Erläuterungen zur Statistik dort und im Juni-Heft 1963.)

[a] Produktionsziffern der europäischen sozialistischen Länder ausschließlich Gas, aber einschließlich Dampferzeugung.

[b] Ohne Albanien, VR China, Mongolische VR, VR Korea und DR Vietnam.

[c] Bulgarien, ČSSR, DDR, Polen, Rumänien, UdSSR, Ungarn.

TABELLE 5

Die Entwicklung der Weltagrarproduktion
1934–38 bis 1961–62
(∅ 1952–53 bis 1956–57 = 100[a])

Gebiet	1934–38	1948–49 bis 1952–53	1959–60	1960–61	1961–62
Produktionsvolumen					
Nordamerika	68	93	107	109	108
Kapitalist. Europa[b]	82	86	113	120	118
Ozeanien	78	90	118	122	123
Lateinamerika	73	89	122	120	124
Ost- u. Südostasien[c]	84	87	115	119	120
Vorderasien	71	83	120	121	118
Afrika	69	88	110	114	111
Europ. sozialist. Länder	82	86	132	132	135
Alle Gebiete	77	88	116	119	119
Produktion je Kopf der Bevölkerung					
Nordamerika	88	100	98	98	95
Kapitalist. Europa[b]	93	89	108	114	112
Ozeanien	103	99	106	106	104
Lateinamerika	108	97	108	103	105
Ost- u. Südostasien[c]	109	93	104	105	104
Vorderasien	93	91	107	105	100
Afrika	94	96	99	101	96
Europ. sozialist. Länder	84	91	123	121	122
Alle Gebiete	95	95	106	106	105

Quelle: The State of Food and Agriculture, FAO/UN, Rome 1962, S. 14.

[a] Preise dieses Zeitraums fixiert.

[b] Einschließlich Jugoslawien.

[c] Ohne VR China.

TABELLE 6

Die Entwicklung der Weltnahrungsmittelproduktion 1934–38 bis 1961–62

(∅ 1952–53 bis 1956–57 = 100[a])

Gebiet	1934–38	1948–49 bis 1952–53	1959–60	1960–61	1961–62
Produktionsvolumen					
Nordamerika	66	92	109	111	110
Kapitalist. Europa [b]	82	86	113	120	119
Ozeanien	81	93	114	119	119
Lateinamerika	70	88	117	118	120
Ost- und Südostasien [c]	82	87	116	120	120
Vorderasien	71	83	119	119	117
Afrika	72	89	107	111	108
Europ. sozialist. Länder	83	86	133	134	137
Alle Gebiete	76	88	116	119	119
Produktion je Kopf der Bevölkerung					
Nordamerika	85	99	100	99	97
Kapitalist. Europa [b]	93	89	109	115	112
Ozeanien	108	102	101	104	102
Lateinamerika	103	97	104	102	101
Ost- u. Südostasien [c]	106	93	105	106	104
Vorderasien	93	91	106	103	89
Afrika	97	98	96	98	93
Europ. sozialist. Länder	85	92	124	123	124
Alle Gebiete	94	94	106	107	105

Quelle: The State of Food and Agriculture, FAO/UN, Rome 1962, S. 14.

[a] Preise dieses Zeitraums fixiert.

[b] Einschließlich Jugoslawien.

[c] Ohne VR China.

TABELLE 7

Strukturindizes der Weltexporte 1937–1961[a]

(in Prozent; lfd. Preise)

Warengruppe	1937	1954	1958	1960	1961
Nahrungs- u. Genußmittel (SITC 0–1)[b]	22,8	21,0	19,4	17,5	17,5
Rohstoffe (SITC 2 u. 4)	21,9	17,4	15,5	16,6	15,9
Brennstoffe (SITC 3)	7,6	8,6	11,4	9,9	10,1
Chemieerzeugnisse (SITC 5)	4,4	5,4	5,5	5,8	5,9
Maschinen (SITC 7)	10,6	14,6	21,2	21,8	22,6
Sonstige industrielle Fertigerzeugnisse (SITC 6 u. 8)	32,7	33,0	25,5	27,1	26,7
Summe[c] (SITC 0–8)	100,0	100,0	98,5	98,7	98,7

Quelle: Für 1937: Statistisches Jahrbuch für das Deutsche Reich 1938;
für 1954: Yearbook of International Trade Statistics, UN;
für 1958–1961: „Monthly Bulletin of Statistics", UN, März 1963, S. XIV.

a Jeweils alle sozialistischen und nichtsozialistischen Staaten.

b SITC = Standard International Trade Classification (der UN).

c Die Differenz zu 100,0 Prozent entfällt auf SITC-Position 9: „Verschiedene Transaktionen und Waren".

TABELLE 8

Die kapitalistischen Weltexporte zu laufenden Preisen 1938–1961

(Mio US-Dollar)

	1938	1948	1953	1954	1955	1956	1957	1958	1959	1960	1961
Alle Waren	21100	53600	74100	76900	83700	92950	99800	95150	100950	112700	117700
davon:											
Nahrungsmittel und Rohstoffe	9200	24500	29400	30250	32100	34450	35950	33250	35450	38700	40300
Brennstoffe	1700	4950	7450	8200	9150	10300	11350	10850	10500	11050	11500
Fertigwaren	9800	23600	35900	37100	41000	46650	50900	49600	53550	61150	63900

Quelle: Statistical Yearbook, UN, 1962, S. 446.

TABELLE 9

Preisindizes der kapitalistischen Weltexporte 1938–1961
(1959 = 100)

Jahr	Alle Waren	Nahrungsmittel u. Rohstoffe	Brennstoffe	Fertigwaren
1938	40	33	41	48
1948	103	110	99	99
1953	101	111	97	96
1954	100	110	98	94
1955	101	109	98	95
1956	102	108	104	99
1957	104	107	109	102
1958	101	101	107	101
1960	101	101	97	102
1961	101	99	96	103

Quelle: Statistical Yearbook, UN, 1962, S. 446.

TABELLE 10

Die kapitalistischen Weltexporte 1938–1961 zu festen Preisen
(Mio US-Dollar, Preise des Jahres 1959)

Jahr	Alle Waren	Nahrungsmittel u. Rohstoffe	Brennstoffe	Fertigwaren
1938	53250	27650	4200	20400
1948	51750	22250	5000	23850
1953	73000	26550	7700	37350
1954	76650	27450	8400	39350
1955	83220	29300	9300	43050
1956	90650	31950	9950	47250
1957	95600	33600	10400	50050
1958	93850	32950	10200	49200
1959	100950	35450	10500	53550
1960	111500	38350	11400	59950
1961	116650	40850	11950	61900

Quelle: Statistical Yearbook, UN, 1962, S. 446.

TABELLE 11

Volumen, Preisindizes und Wert der kapitalistischen Gesamtexporte und der Agrarexporte 1948 bis 1961

	Ø 1948–52	1954	1955	1956	1957	1958	1959	1960	1961[a]
Gesamtvolumen der Exporte 1952–53 = 100	87	108	118	128	135	133	143	159	167
Volumen der Agrarexporte insgesamt 1952–53 = 100	95	102	109	119	122	119	128	136	142
Volumen der kommerziellen Agrarexporte 1952–53 = 100	95	102	103	110	113	112	120	127	132
Gesamtwert der Agrarexporte, lfd. Preise	94	101	103	109	114	105	108	115	116
Gesamtwert der Agrarexporte, terms of trade, 1952–53 = 100	98	105	106	108	110	101	105	110	108
Wert der kommerziellen Agrarexporte, terms of trade, 1952–53 = 100	98	105	101	100	103	95	99	103	101

Quelle: The State of Food and Agriculture 1962, FAO/UN, Rome 1962, S. 35.

[a] Vorläufige Angaben.

TABELLE 12

Die Aus- und Einfuhranteile ausgewählter Warengruppen in einigen kapitalistischen Industrieländern Europas 1953, 1957 und 1961

(Prozent der Gesamtausfuhr bzw. -einfuhr zu lfd. Preisen)

	Ausfuhr			Einfuhr		
	1953	1957	1961	1953	1957	1961
Westdeutschland						
Metallurgie	10,3	13,0	12,2	7,3	8,9	10,9
Chemie	12,6	12,9	13,6	8,4	10,7	12,8
Metallverarb. Ind.	46,6	49,1	52,1	4,0	6,7	13,4
davon: Fahrzeugbau	8,9	11,5	13,2	0,4	0,6	1,6
Elektrotechnik	6,3	7,5	8,1	0,6	0,8	2,4
Leichtindustrie	14,0	13,3	11,3	17,0	15,5	16,7
Großbritannien						
Metallurgie	7,4	9,3	9,1	6,2	6,6	6,8
Chemie	10,2	12,4	13,4	13,1	15,9	16,9
Metallverarb. Ind.	42,8	45,4	50,1	5,3	5,5	9,8
davon: Fahrzeugbau	12,9	13,5	14,1	0,2	0,5	0,6
Elektrotechnik	6,7	6,8	7,4	0,3	0,7	1,6
Leichtindustrie	21,5	17,1	15,2	11,1	13,7	15,7
Frankreich						
Metallurgie	13,8	14,6	14,1	4,0	6,9	10,3
Chemie	13,9	13,1	14,2	18,4	19,4	19,6
Metallverarb. Ind.	20,5	23,5	28,4	11,8	12,8	18,8
davon: Fahrzeugbau	6,4	8,1	8,2	1,0	1,3	2,7
Elektrotechnik	3,1	3,2	4,4	1,4	1,5	2,8
Leichtindustrie	21,8	19,5	19,4	12,9	11,3	11,5
Niederlande						
Metallurgie	3,3	6,9	5,5	10,5	9,9	8,8
Chemie	15,0	21,1	19,4	14,5	18,5	17,9
Metallverarb. Ind.	17,9	17,2	20,3	18,8	22,1	26,7
davon: Fahrzeugbau	2,3	0,8	1,3	3,5	4,0	5,3
Elektrotechnik	5,9	6,1	8,0	3,5	4,6	6,7
Leichtindustrie	20,2	15,4	16,1	15,6	15,3	17,3
Belgien-Luxemburg						
Metallurgie	30,4	33,1	29,4	8,1	8,1	9,7
Chemie	11,6	11,7	11,3	12,8	15,2	13,5
Metallverarb. Ind.	16,5	16,2	18,4	19,5	19,8	24,8
davon: Fahrzeugbau	3,0	3,2	4,0	4,9	5,3	7,4
Elektrotechnik	2,9	3,2	3,4	2,7	3,1	4,4
Leichtindustrie	20,4	19,5	20,7	16,1	16,1	15,9

Quelle: Deutsches Institut für Marktforschung (Umrechnungen der OECD-Statistik entsprechend der DDR-Außenhandelsnomenklatur).

TABELLE 13

Das unterschiedliche Wachstum von Fertigwarenproduktion Rohstoff- und Nahrungsmittelverbrauch in den entwickelten kapitalistischen Ländern 1938 und 1954[a]

(Mrd. US-Dollar, Preise des Jahres 1950)

Warengruppe	1938	1954	Zuwachs 1954: 1938 in Prozent
Gesamte Warenproduktion	142,5	252,5	77
Verbrauchte Nahrungsmittel	44,5	60,0	35
Nettoeinfuhr von Nahrungsmitteln	4,9	5,5	12
Verbrauchte Rohstoffe in der verarb. Industrie	25,4	33,7	33
Nettoeinfuhr von natürlichen Rohstoffen	9,9	9,9	± 0

Quelle: Trends in International Trade, A Report by a Panel of Experts, GATT, Geneva, Oktober 1958, S. 40.

[a] Nordamerika, kapitalistisches Europa, Japan.

TABELLE 14

Strukturverschiebungen in der Wirtschaft Großbritanniens 1951–52 bis 1962

Industriezweig	1952 Prozent d. Brutto-prod.	1952–57 mengen-mäßige Zunahme	1957–62 mengen-mäßige Zunahme	1962 Prozent d. Brutto-prod.
Ges. verarb. Ind.	34,6	+ 21,7	+ 13,9	35,2
davon: Chemie	–	+ 44,9	+ 29,0	–
Maschinenbau	–	+ 23,8	+ 16,2	–
Gas, Elektrizität u. Wasser	2,2	+ 29,7	+ 30,2	3,0
Metallwaren	–	+ 15,8	– 1,8	–
Textil, Leder, Bekleidung	–	+ 16,1	+ 0,9	–
Land-, Forst- u. Fischwirtschaft	5,6	+ 10,9	+ 11,8	3,9
Bergbau, Steine und Erden	3,7	– 1,0	– 8,7	2,9
Transport- u. Nachrichtenwesen	8,8	+ 7,4	+ 11,9	8,1
öffentl. Verwaltung (einschl. militär. Ausg.)	6,7	– 6,3	– 4,8	6,0
Gesamtes Bruttoprodukt Großbritanniens	100,0	+ 15,2	+ 13,3	100,0

Quelle: Britisches Blaubuch über Nationaleinkommen und -ausgaben, zitiert nach: „The Economist“ vom 14. 9. 1963, S. 937.

TABELLE 15

Die Kostenstruktur der englischen verarbeitenden Industrie[a]
(Mio Pfund, Preise des Jahres 1958)

		1948	1950	1955	1959	1960	1961
	Insgesamt	2023	2039	2672	2980	3093	3204
1	Einheimische Materialien						
	davon:						
	Landwirtschaft	726	676	515	558	550	585
	Bergbau o. Kohle	49	57	71	76	83	88
	Bau	80	76	66	77	83	84
	Dienste	1168	1230	2020	2269	2377	2447
2	Brennstoffe	369	396	493	536	561	578
3	Importe	1388	1598	2178	2153	2334	2364
1–3	*Gesamte Materialien*	*3789*	*4033*	*5343*	*5669*	*5990*	*6146*
4	Löhne	4050	4211	4494	4565	4644	4705
5	Verbrauchtes Kapital	323	368	426	471	537	623
1–5	*Gesamte Kosten*	*8153*	*8612*	*10263*	*10705*	*11171*	*11474*
6	Steuern	1706	1741	1788	1680	1807	1720
7	Nettoprofite	–243	782	1573	2115	2684	2496
1–7	*Marktendwert*	*9616*	*11135*	*13624*	*14500*	*15662*	*15690*

Quelle: „The Economic Journal", Dezember 1963, S. 662.

[a] Ohne Abschreibungen.

TABELLE 16

Indizes der Industrieproduktion entwickelter und schwachentwickelter Länder des kapitalistischen Weltwirtschaftsbereichs 1938–1962[a]

(1958 = 100)

Jahr	Bergbau und verarb. Industrie	Bergbau insgesamt	Bergbau Erdöl, Erdgas, roh	verarbeitende Industrie insgesamt	Nahrungs- u. Genuß-mittelind.	Textil-ind.[b]	Chemie-ind.	Metall-waren-ind.
				a) Industrieländer				
Anteil in % 1958	89,5	74,8	63,8	91,1	84,7	79,2	89,2	96,1
1938	44	62	42	43	55	68	27	30
1948	64	77	70	62	69	77	46	56
1955	97	99	100	97	92	100	84	99
1957	104	106	106	103	97	106	97	106
1959	110	103	106	111	104	109	113	113
1961	121	107	110	122	112	115	131	126
1962	128	110	114	130	116	118	144	137
				b) weniger industrialisierte Länder				
Anteil in % 1958	10,5	25,2	36,2	8,9	15,3	20,8	10,8	3,9
1938	38	31	17	40	47	53	31	24
1948	52	45	36	54	61	68	47	39
1955	82	82	78	81	84	89	77	71
1957	94	94	90	94	94	95	92	88
1959	107	108	110	107	103	102	110	111
1961	129	145	160	124	114	114	130	138
1962	134	160	182	126	116	114	139	

Quelle: „Monthly Bulletin of Statistics“, UN, Mai 1963, S. Xf.

[a] Gliederung entsprechend den UN-Statistiken.

[b] Ohne Bekleidungsindustrie.

TABELLE 17

Matrix der Richtungen der Weltexporte nach UN-Angaben (unverändert) 1938 bis 1962[a]

(fob*—Preise in Mio US-Dollar)

Export von nach	Jahr	Welt	kapitalist. Industrie-Länder	schwach-entw. Länder	Sozialistische Länder insges.	UdSSR	Europ. Volksrep.	Asiat. Volksrep.	Jahr	Export von nach
Welt	1938	23460	16400	5070	1675	280	770	625	1938	Welt
	50	61200	(39085)	(17355)	4760	1430	2370	960	50	
	53	81700	49680	19700	7430	2480	3590	1360	53	
	55	92700	58870	22430	8810	3010	4300	1500	55	
	57	110800	69100	27880	10910	3830	5540	1540	57	
	59	114800	72170	26020	13910	4940	6750	2220	59	
	60	127510	81510	28530	15010	5360	7560	2090	60	
	61	133250	85670	29470	15400	5650	8190	1560	61	
	62	140600	91410	29630	16560	6170	9070	1320	62	
Kapitalistische Industrieländer	1938	15180	10408	3450	1235	220	540	475	1938	Kapitalistische Industrieländer
	50	37040	24663	(11487)	890	205	550	135	50	
	53	52730	33180	14180	965	345	510	110	53	
	55	59670	40080	16050	1345	425	770	150	55	
	57	74070	48780	20800	2090	685	1080	325	57	
	59	74880	50960	19250	2415	710	1230	475	59	
	60	85150	58920	21230	2960	1020	1500	440	60	
	61	89970	62930	21650	3190	1050	1640	500	61	
	62	94490	67400	21220	3380	1280	1660	440	62	

* fob = free on board

Fortsetzung Tabelle 17

Export von nach	Jahr	Welt	kapitalist. Industrie-Länder	schwach-entw. Länder	Sozialistische Länder insges.	UdSSR	Europ. Volksrep.	Asiat. Volksrep.	Jahr	Export von nach
Schwachentwickelte	1938	5900	4240	1280	181	21	60	100	1938	Schwachentwickelte
Länder	50	19230	13256	(5404)	570	120	115	335	50	Länder
	53	21070	15300	5110	325	65	90	170	53	
	55	23670	17080	5750	575	165	245	165	55	
	57	25420	18180	6160	755	295	260	200	57	
	59	25740	18770	5740	990	435	340	215	59	
	60	27340	19770	6040	1215	500	445	270	60	
	61	27640	19760	6070	1475	720	495	260	61	
	62	29040	20810	6280	1620	810	560	250	62	
Sozialistische Länder	1938	2380	1760	335	261	35	176	50	1938	Sozialistische Länder
	50	4930	1166	469	3300	1105	1705	490	50	
	53	7910	1200	410	6145	2075	2990	1080	53	
	55	9370	1715	625	6905	2430	3285	1190	55	
	57	11300	2140	920	8060	2845	4205	1010	57	
	59	14200	2445	1040	10510	3790	5180	1540	59	
	60	15020	2825	1260	10830	3840	5610	1380	60	
	61	15640	2980	1750	10730	3880	6050	800	61	
	62	17070	3190	2130	11580	4090	6860	630	62	
UdSSR und	1938	1960	1470	215	248	entfällt	175	50	1938	UdSSR und
europäische	50	4140	885	235	3025	(UdSSR	1660	490	50	europäische
Volksrepubliken	53	6780	1040	170	5420	an	2810	1080	53	Volksrepubliken
	55	7950	1510	385	5940	UdSSR)	3060	1190	55	

	57	9600	1910	570	6940		3940	1010	57	
	59	11990	2200	670	8910		4800	1540	59	
	60	12980	2540	860	9470		5250	1380	60	
	61	14120	2740	1390	9800		5840	800	61	
	62	15670	2940	1720	(10220)		6680		62	
Europäische Volksrepubliken	1938	mit UdSSR zusammengefaßt, siehe UdSSR und europäische VR				23	mit UdSSR zusammengefaßt, siehe UdSSR und europäische VR		1938	Europäische Volksrepubliken
	50					875			50	
	53					1530			53	
	55					1690			55	
	57					1990			57	
	59					2570			59	
	60					2840			60	
	61					3160			61	
	62					3540			62	
Asiatische Volksrepubliken	1938	420	290	120	13	12	1	.	1938	Asiatische Volksrepubliken
	50	790	281	234	275	230	45	.	50	
	53	1130	160	240	725	545	180	.	53	
	55	1420	205	240	965	740	225	.	55	
	57	1700	230	350	1120	855	265	.	57	
	59	2210	245	370	1600	1220	380	.	59	
	60	2040	285	400	1360	1000	360	.	60	
	61	1520	240	360	920	710	210	.	61	
	62	1400	250	410	180		180	.	62	

Zu Tabelle 17:

Quelle: Yearbook of International Trade Statistics, Vol. I, S. 19, 1954, Vol. I, S. 18, 1958; Vol. I, 1959. Tabelle B (für das Jahr 1950); Vol. I, Tabelle B, 1960 (für die Jahre 1938, 1953 bis 1959);

Monthly Bulletin of Statistics, H. 6, Tabelle C, Seite 85, 1963.

Comercio exterior, Revista Mensual del Ministerio del Comercio Exterior de Cuba, Nr. 2, S. 60, 1963 (für Kubas Exporte 1953 bis 1962).

[a] Bei der Zusammenstellung der Tabellen 17 und 17 a half mir die von Herrn Dr. Rudolf Walther geleitete statistisch-analytische Rechengruppe unseres Instituts.

Die Gliederung der Länder erfolgte nach der UN-Nomenklatur. In den Weltexporten sind *nicht* enthalten:

Der Handel zwischen der DDR und der Bundesrepublik;

der Handel *zwischen* den asiatischen Volksrepubliken.

Jugoslawien wird in der UN-Statistik zu den entwickelten Ländern gerechnet, ist also in Tabelle 17 in der Zeilengruppe „Kapitalistische Industrieländer" enthalten. In Tabelle 17 a wurden die Exporte Jugoslawiens von den UN-Zahlen der Gesamtexporte der kapitalistischen Industrieländer abgezogen und den UN-Zahlen der Exporte aller sozialistischen Länder sowie auch den UN-Zahlen der Exporte der UdSSR und der europäischen Volksrepubliken zugerechnet. Jugoslawiens Exporte in alle Länder der Welt betrugen (in Mio US-Dollar):

1938 = 117
1950 = 159
1953 = 186
1955 = 257
1957 = 395
1959 = 477
1960 = 566
1961 = 569
1962 = 690.

Eine regionale Aufgliederung der Exporte Jugoslawiens wurde nicht vorgenommen; Tabelle 17 a wurde also nicht zu einer Matrix ausgebaut.

Die Exporte Kubas sind für den gesamten Zeitraum in der UN-Statistik in der Zeilengruppe „Schwachentwickelte Länder" enthalten. Dabei sind die Exporte für 1961 und 1962 offensichtlich geschätzt worden. In Tabelle 17 a wurden die Exporte Kubas ab 1960 von den Exporten der schwachentwickelten Länder abgezogen und den Exporten der sozialistischen Länder zugerechnet. Dabei stützen wir uns auf die offiziellen Angaben in der oben angeführten Quelle. Danach betragen die Gesamtexporte Kubas, wiederum in Mio US-Dollar:

1953 = 640
1954 = 539
1955 = 594
1956 = 666
1957 = 808
1958 = 734
1959 = 638
1960 = 618
1961 = 625
1962 = 521.

Das bei der Umgruppierung der Exporte Kubas angewandte Verfahren führt beim Jahr 1960 zu einer relativ genauen Korrektur der UN-Statistik. Für 1961 und 1962 ist die Korrektur weniger genau, da sie mit den offiziellen Zahlen vorgenommen wurde, in der UN-Statistik jedoch uns nicht bekannte Schätzungsgrößen enthalten sind.

Ein nicht geringer Teil der USA-Exporte, die sogenannten Sonderausfuhren, sind nur im Feld der Weltexporte enthalten; sie fehlen in allen anderen Elementen der Matrix. Es handelt sich nach der UN-Statistik um die folgenden Beträge (Mio US-Dollar):

1938 = –
1950 = 632
1953 = 4125
1955 = 1913
1957 = 1981
1959 = 1785
1960 = 1663
1961 = 1760
1962 = 2141.

Die Zahlen der Weltexporte enthalten noch weitere Positionen, die regional nicht aufgegliedert werden konnten. Das betrifft besonders die Exporte in die schwachentwickelten Länder. Diese regional nicht zu bestimmenden Exporte sind in den übrigen Feldern der Matrix ebenfalls nicht enthalten.

Die Exporte von und nach China konnten nach den Angaben des Statistischen Amtes der UN nicht immer von den Exporten von und nach Taiwan unterschieden werden; in Zweifelsfällen wurden die Werte der Volksrepublik China zugeordnet.

In den Angaben des Statistischen Amtes der UN werden zwar die Exporte *in* die UdSSR und die europäischen Volksrepubliken getrennt aufgeführt, die Exporte *aus* diesen Ländern werden jedoch nur in einer Gesamtzeile angegeben.

TABELLE 17a

Die Richtungen der Weltexporte nach veränderten UN-Angaben 1938 bis 1962[a]

(fob-Preise in Mio US-Dollar)

Export nach von	Jahr	Welt
Welt	1938	23460
	50	61200
	53	81700
	55	92700
	57	110800
	59	114800
	60	127510
	61	133250
	62	140600
Kapitalistische Industrieländer	1938	15063
	50	36880
	53	52544
	55	59413
	57	73675
	59	74403
	60	84584
	61	89401
	62	93800

[a] Vgl. Tabelle 17.

Fortsetzung Tabelle 17 a

Export nach von	Jahr	Welt
Schwachentwickelte Länder	1938	5900
	50	19230
	53	21070
	55	23670
	57	25420
	59	25740
	60	26722
	61	27015
	62	28519
Sozialistische Länder, einschließlich Jugoslawien und Kuba	1938	2497
	50	5089
	53	8096
	55	9627
	57	11695
	59	14677
	60	16204
	61	16834
	62	17760
UdSSR und europäische Volksrepubliken, einschließlich Jugoslawien	1938	2077
	50	4299
	53	6966
	55	8207
	57	9995
	59	12467
	60	13546
	61	14689
	62	16360

Quelle: Vgl. Tabelle 17.

TABELLE 18

Die regionale Struktur (GATT-Gliederung) des kapitalistischen Welthandels 1928–1962

(Mio US-Dollar, lfd. Preise)

Exporte von: \ Exporte nach:	Jahr	Kapitalist. Industrieländer	Schwachentw. Länder	Sozialistische Länder	Welt insgesamt[c]
Kapitalistische Länder insgesamt	1928	21443	8329	(1966)	31738
	1937	16028	6833	(1533)	24394
	1938	13602	6283	(1532)	21417
	1950	34957	18955	1458	55370
	1953	46250	22005	1265	70240
	1955	54010	25445	1885	81970
	1957	63970	30350	2815	98230
	1959	66390	28280	3380	99150
	1961	78790	31465	4680	115850
	1962	84090	31545	4995	121390
Kapitalistische Industrieländer[a]	1928	13658	6075	(1619)	21352
	1937	9387	5197	(1329)	15913
	1938	8260	4734	(1318)	14312
	1950	19479	12864	778	33121
	1953	28745	15820	865	45810
	1955	34925	18415	1250	54920
	1957	43370	22705	1920	68700
	1959	45375	21085	2270	69420
	1961	56595	23870	2950	83910
	1962	60725	23685	3200	88010
Schwachentwickelte Länder[b]	1928	7785	2254	347	10386
	1937	6641	1636	204	8481
	1938	5342	1549	214	7105
	1950	15478	6091	680	22249
	1953	17505	6185	400	24430
	1955	19085	7030	635	27050
	1957	20600	7645	895	29530
	1959	21015	7195	1110	29730
	1961	22195	7595	1730	31940
	1962	23365	7860	1795	33380

Quelle: Bis 1950: Trends in International Trade. A Report by a Panel of Experts, GATT, Geneva 1958; ab 1953: International Trade 1962, Geneva, November 1963, Anhang D.

[a] Nordamerika, kapitalistisches Europa, Jugoslawien, Japan.

[b] Übrige Bereiche des kapitalistischen Systems, auch Australien, Neuseeland und Südafrikanische Union.

[c] Die Addition der drei vorhergehenden Spalten ergibt ab 1953 nicht den vollen Wert der Spalte „Welt insgesamt"; die Differenz entfällt auf unspezifizierte Exporte.

TABELLE 19

Der Anteil der schwachentwickelten Länder an den kapitalistischen Gesamtexporten 1957–1961

Ländergruppe	Jahr	Gesamt-exporte	Nahr.- und Genuß-mittel	Roh-stoffe	Brenn-stoffe	Chemie-erzeug-nisse	Masch.	andere Fertig-waren
Entwickelte kapitalistische Länder[a] (Mio US-Dollar)	1957	74730	10560	10450	4380	5080	19290	23420
	1958	70670	10660	8350	3470	5120	19790	21950
	1959	74990	11160	9370	3150	5800	20680	23610
	1960	85040	11820	11110	3370	6490	23820	27080
	1961	89800	12940	11410	3540	6860	26150	27580
	1962	94490	.	.	.	.	.	.
Schwachentw. Länder[b] (Mio US-Dollar)	1957	25440	8250	6890	7000	240	145	2770
	1958	24760	8160	6240	7430	230	150	2400
	1959	25750	7830	7180	7360	230	155	2850
	1960	27350	8070	7630	7650	290	190	3360
	1961	27600	8010	7360	8100	320	225	3430
	1962	29040	.	.	.	.	.	.
Entwickelte kapitalistische Länder[a] (Prozent)	1957	74,6	56,1	60,3	38,5	95,5	99,3	89,4
	1958	74,1	56,6	57,2	31,8	95,7	99,2	90,1
	1959	74,4	58,8	56,6	30,0	96,2	99,3	89,2
	1960	75,7	59,4	59,3	30,6	95,7	99,2	89,0
	1961	76,5	61,8	60,8	30,4	95,5	99,1	88,9
	1962	76,5	.	.	.	.	.	.
Schwachentw. Länder[b] (Prozent)	1957	25,4	43,9	39,7	61,5	4,5	0,7	10,6
	1958	25,9	43,4	42,8	68,2	4,3	0,8	9,9
	1959	25,6	41,2	43,4	70,0	3,8	0,7	10,8
	1960	24,3	40,6	40,7	69,4	4,3	0,8	11,0
	1961	23,5	38,2	39,2	69,6	4,5	0,9	11,1
	1962	23,5	.	.	.	.	.	.

Quelle: „Monthly Bulletin of Statistics", UN, März 1963, S. XIV. Für die Zahlen des Jahres 1962: Ebenda, Juni 1963, S. XII ff. (Anteile v. Verfasser berechnet.)

[a] Nordamerika, kap. Europa, Jugoslawien, Japan, Australien, Neuseeland und Südafrikanische Union.

[b] Übrige Länder des kapitalistischen Weltwirtschaftsbereichs.

TABELLE 20

Indizes des Außenhandels der entwickelten und schwachentwickelten Länder des kapitalistischen Weltwirtschaftsbereichs 1951–1962

(1958 = 100)

	1951	1952	1954	1956	1959	1960	1961	1962
		a) *Exporte*						
Mengenindex								
Kapitalistischer Weltwirtschaftsbereich insgesamt	74	73	82	97	107	118	124	131
Entwickelte Länder[a]	72	72	81	97	107	120	126	132
Schwachentwickelte Länder	80	77	85	97	107	113	118	127
Preisindex								
Kapitalistischer Weltwirtschaftsbereich insgesamt	108	105	99	101	99	100	99	99
Entwickelte Länder[a]	102	103	97	100	99	100	101	101
Schwachentwickelte Länder	122	111	105	104	97	98	95	93
		b) *Importe*						
Mengenindex								
Kapitalistischer Weltwirtschaftsbereich insgesamt	73	73	80	95	108	120	126	135
Entwickelte Länder[a]	70	70	78	95	111	124	131	142
Schwachentwickelte Länder	81	81	83	95	101	109	113	115
Preisindex								
Kapitalistischer Weltwirtschaftsbereich insgesamt	110	108	99	102	97	98	97	96
Entwickelte Länder[a]	111	109	100	103	97	98	97	96
Schwachentwickelte Länder	106	108	97	100	98	99	98	97

Quelle: „Monthly Bulletin of Statistics", UN, Januar 1963.

[a] Nordamerika, kapitalistisches Europa, Jugoslawien, Australien, Neuseeland, Japan, Südafrikanische Union.

TABELLE 21

Die Richtung der Maschinenexporte der kapitalistischen Staaten Europas 1957–1961[a]

Richtung / Jahr	Gesamt-exporte	Nordamerika		Kap. Europa		Japan		Soz. Länder[b]	
		Mio US-Dollar	% der Ges.-exporte	Mio US-Dollar	% der Ges.-exporte	Mio US-Dollar	% der Ges.-exporte	Mio US-Dollar	% der Ges.-exporte
1957	11240	1000	*8,8*	5150	*45,8*	84	*0,8*	421	3,7
1958	12240	1270	*10,4*	5530	*45,2*	87	*0,7*	445	3,6
1959	13320	1720	*12,9*	6040	*45,3*	92	*0,7*	578	4,3
1960	15360	1640	*10,7*	7410	*48,2*	130	*0,8*	718	4,7
1961	17170	1520	*9,0*	9200	*53,6*	225	*1,3*	817	4,8

Quelle: „Monthly Bulletin of Statistics", UN, März 1963, S. XXVI. (Anteile vom Verfasser berechnet.)

[a] Enthält auch Jugoslawien. Ohne Exporte Westdeutschlands in die DDR.

[b] Einschließlich Fernöstliche Volksrepubliken. Ohne Kuba und Jugoslawien.

TABELLE 22

Entwicklung der Gesamtexporte des kapitalistischen Weltwirtschaftsbereichs und der Ausfuhr von industriellen Fertigwaren ausgewählter Industrieländer 1950–1962

Jahr	Kapitalistische Gesamtexporte			Fertigwarenexporte von 12 kapitalistischen Industrieländern[a]		
	Wert[b]	Preisindex[c]	Vol.[c]	Wert[b]	Preisindex[c]	Vol.[c]
1950	56500[d]	88	67	20670	82	57
1953	74600[d]	100	78	31550	95	75
1955	84300	99	89	35620	94	86
1957	100500	103	102	44710	101	101
1959	101200	99	107	47020	99	108
1960	112700	100	118	54020	101	122
1961	117800	99	124	56540	102	126
1962	123700	99	130	60340	103	133

Quelle: „Monthly Bulletin of Statistics", UN, Januar, März, Juni, Juli 1963.

[a] USA, Westdeutschland, Großbritannien, Frankreich, Benelux, Italien, Schweiz, Schweden, Japan, Kanada.

[b] Mrd. US-Dollar.

[c] 1958 = 100.

[d] Für 1950 und 1953 anhand des Preisindex zurückgerechnet.

TABELLE 23

Wirtschaftswachstum ausgewählter sozialistischer Länder 1950–1961
(1950 = 100)

Land	National-einkommen	Arbeits-produktivität d. ind. Prod.-Arbeiter	Ind. Bruttoproduktion 1961:1950	Ind. Bruttoproduktion durchschnittl. jährl. Wachstumsrate
Bulgarien	286	191	436	14,7[c]
ČSSR	222	223	307	10,8
DDR	253	239	311	10,8
Korea[a]	394	231	730	19,8
Polen	227	247	373	12,7
Rumänien	288	233	392	13,2
UdSSR	286	207	330	11,4
Ungarn	186[b]	147[b]	293	10,3

Quelle: Ekonomika stran sozialističeskowo lagerja w zifrach 1961, Moskau 1962, S. 18, 19, 37, 55.

[a] 1949 = 100.

[b] 1950–1960.

[c] In der Quelle mit 11,7 offensichtlich ein Druckfehler.

TABELLE 24

Die Export- und Importstruktur ausgewählter sozialistischer Länder 1950 und 1960
(Prozent der Gesamtausfuhr bzw. -einfuhr)

Land	Maschinen- und Ausrüstungen 1950 Ausfuhr	1950 Einfuhr	1960 Ausfuhr	1960 Einfuhr	industrielle Konsumgüter 1950 Ausfuhr	1950 Einfuhr	1960 Ausfuhr	1960 Einfuhr
Bulgarien	2,2[a]	36,5[a]	13,6	43,2	3,8[a]	4,7[a]	17,9	7,6
ČSSR	26,4[a]	11,2[a]	45,1	21,7	25,3[a]	2,6[a]	20,4	3,3
DDR	28,0	5,5	48,4	12,3	12,5	3,7	15,0	5,5
Polen	6,7	30,7	24,5	26,4	9,2	5,0	11,3	5,3
Rumänien	0,8[a]	37,1[a]	15,0[ab]	36,7[ab]	2,5[a]	9,9[a]	5,3[ab]	3,4[ab]
UdSSR	11,8[a]	21,5[a]	20,5	29,8	4,9[a]	7,4[a]	2,8	17,2
Ungarn	23,0	22,0	38,0	25,5	20,3	1,5	17,8	4,8

Quelle: Ekonomika stran sozialističeskowo lagerja w zifrach 1961, Moskau 1962, S. 68.

[a] Aus verschiedenen anderen Quellen zusammengestellt.

[b] 1959.

TABELLE 25

Veränderungen der Warenstruktur des internationalen Handels 1957–1961

(Exporte fob; Mio US-Dollar)

Warenart	1957 Welt[a]	1957 Entw. kap. Länder[b]	1957 Schwach-entw. Länder[c]	1957 Soz. Länder[d]	1961 Welt[a]	1961 Entw. kap. Länder[b]	1961 Schwach-entw. Länder[c]	1961 Soz. Länder[d]
1 Alle Waren	111480	74730	25440	11310	133040	89800	27600	15640
2 Nahrungsmittel[e]	20770	10560	8250	1950	23330	12940	8010	2375
3 Rohstoffe	19520	10450	6890	2180	21130	11410	7360	2360
4 Brennstoffe	12810	4380	7000	1431	13480	3540	8100	1837
5 *2–4*	*53100*	*25390*	*22140*	*5561*	*57940*	*27890*	*23470*	*6572*
6 Chem. Erz.	5770	5080	240	456	7910	6860	320	727
7 Maschinen[f]	21910	19290	145	2480	30120	26150	225	3750
8 Übr. ind. Erz.	28870	23420	2770	2680	35460	27580	3430	4440
9 *6–8*	*56550*	*47790*	*3155*	*5616*	*73490*	*60590*	*3975*	*8917*

Quelle: „Monthly Bulletin of Statistics", UN, März 1963.

[a] Entwickelte kapitalistische, schwachentwickelte und sozialistische Länder sowie unspezifizierte Exporte; ohne Handel *zwischen* den fernöstlichen Volksrepubliken.

[b] Nordamerika, kapitalistisches Europa, Jugoslawien, Japan, Australien, Neuseeland, Südafrikanische Union.

[c] Kapitalistischer Weltwirtschaftsbereich ohne b.

[d] Ohne Jugoslawien und Kuba, ohne Handel *zwischen* den fernöstlichen Volksrepubliken.

[e] Einschließlich Rohstoffe hierfür.

[f] Einschließlich Geräte, Ausrüstungen, Transportmittel.

TABELLE 26

Veränderungen der Warenstruktur des kapitalistischen und sozialistischen internationalen Handels 1961 : 1957

(Exporte fob; Anteile am Weltexport 1961 und Zunahme 1961 : 1957 in Prozent)

Weltwirtschaftsbereich	Alle Waren Anteil am Weltexp.	Alle Waren Zunahme	Chemieerzeugnisse Anteil am Weltexp.	Chemieerzeugnisse Zunahme	Maschinen Anteil am Weltexp.	Maschinen Zunahme	sonst. Fertigwaren Anteil am Weltexp.	sonst. Fertigwaren Zunahme
Soz. Länder[a]	12	*38*	9	*59*	12	*51*	12	*66*
davon:								
Europ. RGW-Länder	11	*47*	9	*73*	12	*51*	10	*61*
Ges. kap. Weltwirtschaftsbereich	88	*17*	91	*35*	88	*36*	88	*18*
davon:								
Schwachentw. Länder	21	*9*	4	*33*	1	*55*	10	*24*
Entw. kap. Länder	67	*20*	87	*35*	87	*36*	78	*18*

Quelle: Berechnet nach: „Monthly Bulletin of Statistics", UN, März 1963, S. XIV.

[a] Ohne Jugoslawien und Kuba, ohne Handel *zwischen* den asiatischen Volksrepubliken.

TABELLE 27

Die regionale und Warenstruktur der Exporte der europäischen RGW-Länder 1957–1961

(Mio US-Dollar, f. o. b.)

Richtung / Warengruppe	Jahr	Gesamtexporte	Entw. kap. Länder	schwachentw. Länder	Kap. Europa	Europ. RGW-Länder	Asiatische Volksrep.
Alle Waren	1957	9600	1900	560	1800	5940	1010
	1958	10110	1930	700	1810	6060	1230
	1959	11990	2190	660	2060	7390	1530
	1960	12970	2530	830	2330	8080	1380
	1961	14120	2730	1340	2490	8980	810
Nahrungs- u. Genußmittel	1957	1450	385	54	365	970	41
	1958	1310	470	60	445	730	50
	1959	1720	570	59	540	1000	46
	1960	1840	610	76	580	1050	35
	1961	2150	730	120	690	1170	105
Rohstoffe (außer Brennstoffen, Ölen u. Fetten)	1957	1500	405	41	385	970	48
	1958	1490	385	58	355	970	65
	1959	1590	430	51	395	1030	63
	1960	1760	600	64	550	1040	53
	1961	1920	580	125	530	1150	36
Mineralische Brennstoffe u. verwandte Erzeugnisse	1957	1400	405	48	400	820	120
	1958	1340	355	92	350	780	120
	1959	1510	395	85	390	880	155
	1960	1620	460	90	435	920	150
	1961	1820	495	140	450	1020	155
Chemieerzeugnisse	1957	405	125	36	110	210	29
	1958	485	145	35	130	250	41
	1959	540	155	38	140	305	41
	1960	620	160	57	135	350	37
	1961	700	185	87	160	380	34
Maschinen, Ausrüstungen, Transportmittel	1957	2470	175	190	170	1580	480
	1958	2820	185	270	175	1730	580
	1959	3500	175	250	165	2180	850
	1960	3730	205	300	195	2440	740
	1961	3740	215	520	200	2640	300
Übrige Fertigwaren	1957	2260	365	195	340	1390	270
	1958	2510	375	170	345	1590	330
	1959	2880	405	175	370	1930	340
	1960	3280	480	245	425	2210	320
	1961	3640	540	335	465	2550	180

Quelle: „Monthly Bulletin of Statistics“, UN, März 1963, S. XVIff.

TABELLE 28

Die Außenhandelsstruktur der Deutschen Demokratischen Republik 1950–1962

(Prozente der Gesamteinfuhr bzw. -ausfuhr)

Warengruppe	1950		1955		1958		1960		1961		1962	
	Einf.	Ausf.	Einf.	Ausf.	Einf.	Ausf.	Einf.	Ausf.	Einf.	Ausf.	Einf.	Ausf.
Geräte, Masch., Ausrüstungen	5,5	28,0	3,4	55,7	9,5	47,3	12,3	48,4	13,2	47,9	12,5	47,9
Roh- und Brennstoffe[a]	56,7	52,7	59,0	31,8	57,6	35,4	58,6	33,1	59,5	32,2	57,5	32,0
Nahrungsmittel (einschl. Rohstoffe hierfür)	34,1	6,8	31,8	1,8	25,1	3,3	23,7	3,5	21,7	3,4	25,5	2,4
Ind. Konsumgüter	3,7	12,5	5,8	10,7	7,8	14,0	5,4	15,0	5,6	16,5	4,5	17,7
Zus.	100,0	100,0	100,0	100,0	100,0	100,0	100,0	100,0	100,0	100,0	100,0	100,0

Quelle: 1950–1960: „Der Außenhandel", H. 4–5, S. 14f., 1962.

[a] In dieser Position sind entsprechend der Außenhandelsstatistik der DDR auch sämtliche Chemieerzeugnisse enthalten.

TABELLE 29

Die Einfuhrstruktur ausgewählter sozialistischer und kapitalistischer Länder 1960[a]

(Prozente der Gesamteinfuhr)

<table>
<tr><th>Warengruppe</th><th>UdSSR</th><th>DDR</th><th>ČSSR</th><th>Polen</th><th>USA</th><th>Groß-bri-tannien</th><th>Frank-reich</th><th>West-deutsch-land</th></tr>
<tr><td>Roh- u. Brennstoffe</td><td>24,4</td><td>58,6</td><td>53,0</td><td>51,5</td><td>33,9</td><td>37,7</td><td>46,1</td><td>36,2</td></tr>
<tr><td>Geräte, Maschinen, Ausrüstungen</td><td rowspan="2">61,9</td><td>12,3</td><td>21,7</td><td>27,1</td><td rowspan="2">40,0</td><td rowspan="2">28,0</td><td rowspan="2">33,5</td><td rowspan="2">39,7</td></tr>
<tr><td>Ind. Konsumgüter</td><td>5,4</td><td>3,3</td><td>5,4</td></tr>
<tr><td>Nahrungs- und Genußmittel (einschl. Rohstoffe hierfür)</td><td>11,7</td><td>23,7</td><td>22,0</td><td>16,0</td><td>23,1</td><td>33,9</td><td>20,1</td><td>23,0</td></tr>
<tr><td>Insgesamt:[b]</td><td>98,0</td><td>100,0</td><td>100,0</td><td>100,0</td><td>97,0</td><td>99,6</td><td>99,7</td><td>98,9</td></tr>
</table>

[a] Zusammenstellung des Verfassers an Hand offizieller Statistiken. Die einzelnen Warengruppen sind in den kapitalistischen und sozialistischen Ländern ungleich zusammengesetzt, vermitteln jedoch eine grobe Orientierung. In den Fertigwarenpositionen der kapitalistischen Länder sind auch Halbfertigwaren enthalten. Die Chemieerzeugnisse wurden von uns einheitlich bei allen Ländern den Roh- und Brennstoffrn eingeordnet. Das ist sehr problematisch, mußte aber des Vergleichs wegen leider so gemacht werden.

[b] Der Rest zu 100 Prozent entfällt auf diverse Positionen.

TABELLE 30

Die Einfuhrstruktur der DDR und einiger kapitalistischen Staaten Westeuropas 1961
(Prozente der jeweiligen Gesamteinfuhr)

Land	Nahrungs- u. Genußmittel, ldw. Rohstoffe	Chemie	Brennstoffe, sonstige Rohstoffe	metallver-arb. Industrie	Leicht-industrie
DDR	39,9	3,9	39,2	15,6	4,5
Westdeutschland	30,3	12,8	21,9	13,4	16,6
Großbritannien	41,4	16,9	15,4	9,8	15,8
Frankreich	28,2	19,6	21,0	18,8	11,5
Belgien-Luxemburg	18,3	13,5	26,2	24,8	15,9
Niederlande	18,2	17,9	16,9	26,7	17,3

Quelle: Deutsches Institut für Marktforschung (außer Angaben für die DDR). Die Gliederung erfolgte entsprechend der Außenhandelsnomenklatur der Deutschen Demokratischen Republik. (Vgl. Tabelle 12.)

TABELLE 31

Der Anteil des heutigen DDR-Territoriums an ausgewählten Industrieproduktionen Deutschlands 1936[a]

Grundstoff- und Energieerzeugung	Prozent	Verarbeitende Industrie	Prozent
Eisenerzbergbau	5,0	Eisen- u. Stahlwaren	23,4
Stein- und Kalisalzbergbau	59,7	Maschinenbau insges.	31,1
Steinkohlenbergbau	2,3	Elektroindustrie	25,4
Braunkohlenbergbau	64,0	Feinmechanik, Optik	33,1
Eisenschaffende Industrie	6,6	Glas und Keramik	38,1
NE-Industrie	31,5	Druck und Papier	37,5
Gießereiindustrie	21,6	Leder	24,5
Chemisch-technische Industrie	24,0	Textilien	37,2
Steine und Erden	26,2	Bekleidung	44,2
Elektroenergie	33,8	Nahrungs- und Genußmittel	31,9

Quelle: Berechnung nach Materialien der Staatlichen Zentralverwaltung für Statistik.

[a] Bezogen auf den heutigen Gebietsstand der beiden deutschen Staaten.

TABELLE 32

Die Importstruktur Großbritanniens 1935–38, 1954 und 1961

(Anteile in Prozent)

Warengruppe	1935–1938 (jährl. Durchschn.)	1954	1961
Lebensmittel	44,9	39,1	33,7
Rohstoffe	27,9	30,2	22,4
Brennstoffe	4,8	9,8	11,0
Halbfertigwaren	15,1	15,3	19,1
Fertigwaren	6,7	5,1	13,4
Übrige Waren	0,6	0,5	0,4
Insgesamt	*100,0*	*100,0*	*100,0*

Quelle: „Biki" (Moskau), Priloshenija, H. 6, S. 54, 1962. (Nach offiziellen britischen Statistiken.)

TABELLE 33

Die Exportstruktur Großbritanniens 1935–38, 1954 und 1961

(Anteile in Prozent)

Warengruppe	1935–1938 (jährl. Durschschn.)	1954	1961
Maschinenbauer-erzeugnisse	20,1	37,9	45,5
Metalle	13,4	12,8	12,9
Textilien	24,0	13,5	7,8
Chemieerzeugnisse	6,3	7,7	8,8
Übrige ind. Fertigerz.	11,9	10,9	10,7
Kohle und Koks	8,0	2,5	0,8
Erdölprodukte	1,0	3,2	2,6
Lebensmittel	7,4	5,8	5,6
Übrige Waren	7,9	5,7	5,3
Insgesamt	*100,0*	*100,0*	*100,0*

Quelle: Vgl. Tabelle 32.

Lola Zahn

ÖKONOMISCHE WIRKUNGEN DES TECHNISCHEN FORTSCHRITTS IM KAPITALISMUS

Dargelegt an Hand der Entwicklung der Stahlindustrie und des Maschinenbaus in Westdeutschland

I. ABGRENZUNG DES THEMAS

In der Epoche der wissenschaftlich-technischen Revolution und des Sieges des Sozialismus läuft die Frage der friedlichen Koexistenz im wesentlichen darauf hinaus, welches der beiden Weltsysteme die Wissenschaft und Technik erfolgreicher entwickelt und ihre Potenzen stärker ausnutzt. Seit Jahren hat sich die Erkenntnis, daß auch die historisch überlebten kapitalistischen Produktionsverhältnisse dem technischen Fortschritt noch Spielraum geben, gegenüber dogmatischen Auffassungen von der Stagnation der Technik im Kapitalismus durchgesetzt. Über Umfang und ökonomische Wirkungen des technischen Fortschritts in den kapitalistischen Ländern beziehungsweise über die Art und Weise der Durchsetzung der von Lenin festgestellten „*Tendenz* zur Stagnation und Fäulnis, die dem Monopol eigen ist", liegen für die Zeit nach dem zweiten Weltkrieg erst wenige Untersuchungen vor. Der vorliegende Beitrag zum Thema mußte – angesichts der weltpolitischen Tragweite und der ökonomischen Komplexität des wissenschaftlich-technischen Fortschritts in beiden Weltsystemen – notwendigerweise stark eingegrenzt werden.

Die wichtigsten Beschränkungen liegen in folgendem:

1. Die welthistorischen und die besonderen politischen und ökonomischen *Voraussetzungen des technischen Fortschritts im gegenwärtigen Kapitalismus* werden ebensowenig wie seine naturwissenschaftlich-technologischen Grundlagen näher untersucht. Daher ist auch das Problem der Akkumulation des für den technischen Fortschritt erforderlichen Kapitals beiseite gelassen worden, ein Problem, das insbesondere unter dem Gesichtspunkt der Methoden staatsmonopolistischer Investitionsfinanzierung nach dem zweiten Weltkrieg hinreichend beleuchtet worden ist. In einer Untersuchung über Strukturveränderungen im Kapitalismus wäre es sicherlich lohnend, dieses Problem unter dem Aspekt zu untersuchen, in welchem Umfang und auf welche Weise der staatsmonopolistische Kapitalismus den Widerspruch zwischen Akkumulation und von der Strukturveränderung her gefordertem Investitionsbedarf der Zweige zu lösen vermag.

2. Völlig außer Betracht bleiben die vom technischen Fortschritt unter kapitalistischen Bedingungen hervorgerufenen *sozialökonomischen Strukturveränderungen und sozialen Folgen* für die zahlenmäßig angewachsene Arbeiterklasse: der beginnende Prozeß der Verschmelzung der wissenschaftlich-technischen Intelligenz, deren größter Teil als Lohnarbeiter vom Kapital beschäftigt wird, mit der Arbeiterklasse;

die Zunahme der mit Aufgaben der Zirkulation, Information, Ausbildung, des Gesundheitswesens usw. beschäftigten Arbeiter und Angestellten; Prozesse der Dequalifikation von Facharbeitern alten Typs und der Qualifikation von Arbeitern für neue Fachberufe (Meß- und Regeltechniker, Automateneinrichter, Schaltwart, Steuermann usw.); die veränderten Bedingungen, Formen, Methoden, Grade der Ausbeutung und Veränderungen in der Entlohnung.

3. Die Analyse des technischen Fortschritts wurde *auf die Industrieproduktion begrenzt*, obwohl die breite Einführung der maschinellen Technik in die Landwirtschaft und in neue Bereiche, wie Wissenschaft und Forschung, in Handel und Verwaltung, Gesundheits- und Bildungswesen und die Durchsetzung schon technisierter Bereiche mit Elementen einer nichtmechanischen Technik für die Umwälzung der industriell-technischen Basis der Volkswirtschaften charakteristisch ist. Auch die Wechselbeziehung zwischen technischem Fortschritt und der Militarisierung der Wirtschaft wurde bewußt ausgeklammert.

4. Die ökonomischen *Auswirkungen* des industriellen technischen Fortschritts *auf das Kapital* selber, auf seine Struktur und Bewegung – *nicht aber auf den Wert der Waren und auf den Mehrwert* – wurden untersucht. Der technische Fortschritt verringert den gesellschaftlichen Arbeitsaufwand und damit den Wert der Ware. Da aber die sogenannte Kostendegression von den Monopolen nur in dem Maße an den Käufer ihrer Waren im Preis weitergegeben wird, wie der Konkurrenzkampf und die Marktlage es bedingen, entsteht eine wachsende Differenz zwischen Warenwert und Monopolpreis und damit ein das Anwachsen des Kapitalminimums teilweise kompensierender Faktor.

Die ökonomischen Auswirkungen des technischen Fortschritts auf das Kapital lassen sich am ehesten an Hand der Entwicklung bestimmter Industriezweige in einem oder mehreren kapitalistischen Ländern feststellen. Der gegenwärtige technische Fortschritt in der Industrieproduktion wird in starkem Maße von Wechselwirkungen zwischen neuen oder veränderten Werkstoffen und neuen Verfahrensweisen und der von ihnen bedingten Apparatur bestimmt. Als Werkstoff liefernder Zweig wurde die Stahlindustrie und als wichtigster Produktionsinstrumente liefernder Zweig der Maschinenbau ausgewählt.

Die *Stahlindustrie* zeichnet sich durch einen relativ raschen technischen Fortschritt aus, der ihre technologische Grundlage stark verändert und viele wissenschaftliche Komponenten in die Stahlerzeugung und -verarbeitung hineingetragen hat.

> „Die Stahlindustrie war seit der Einführung des Flußstahles noch in keinem Abschnitt ihres Werdeganges einem so starken und vielgestaltigen Wandel unterworfen, wie dies auf Grund der Entwicklungen der vergangenen 15 Jahre zur Zeit der Fall ist. Die Forderung nach einer technisch und wirtschaftlich bestmöglichen Ausnutzung läßt sich in den bestehenden Anlagen nicht oder meist nur unter einem hohen Aufwand verwirklichen. So wurde mehrfach der Weg gewählt, völlig neue gemischte Hüttenwerke zu schaffen."[1]

Die in allen Zweigen geleistete wissenschaftliche Arbeit kristallisiert sich im *Maschinenbau* in Gestalt der von ihm geforderten Neukonstruktionen, der Erzeu-

[1] „Stahl und Eisen", 83. Jahrg. Nr. 23, S. 1497, 1963.

gung von Maschinen, Apparaten, Geräten, Anlagen zur Bearbeitung neuer oder veränderter Werkstoffe, zur Ausnutzung neuer Verfahrens- und Fertigungstechniken sowie zur Erzeugung und Ausnutzung neuer Energiearten und -formen usw. In den Erzeugnissen des Maschinenbaus vergegenständlicht sich ein hohes Maß an wissenschaftlicher Arbeit und ist der technische Fortschritt besonders greifbar. Diese Untersuchung konzentriert sich auf Westdeutschland, wo der Maschinenbau neues technisches Wissen komplex verarbeitet, ohne selber schon so stark wie andere führende Zweige von einer neuen Fertigungstechnik ergriffen zu sein. Erst in den letzten Jahren zeigen sich erste Ansätze zur Herstellung der in den USA schon länger eingeführten programmgesteuerten Maschinen und zur verstärkten Einführung der Montage von Maschinen aus Baueinheiten, wodurch der Übergang zur Großserienfertigung und Massenproduktion von Maschinen möglich wird. Bis 1962 jedoch blieb der Maschinenbau in der Produktion je Beschäftigten hinter der gesamten verarbeitenden Industrie zurück.

Produktionsergebnisse je Beschäftigten im Jahre 1962[2]
1950 = 100

Verarbeitende Industrie insgesamt	168
Maschinenbau	142

Wenn das für den Monopolkapitalismus ungewöhnlich rasche Tempo des technischen Fortschritts in der Nachkriegszeit hauptsächlich durch die Herausbildung und erfolgreiche Entwicklung des sozialistischen Weltsystems und seine Potenzen zur Bewältigung der wissenschaftlich-technischen Revolution beeinflußt wird, so ist der Inhalt des technischen Fortschritts – auch unter kapitalistischen Bedingungen – von der Umwandlung der Wissenschaft in eine unmittelbare Produktivkraft bestimmt.

Es ist nun nicht die Hauptaufgabe dieses Artikels, die Schranke und die Grenzen des Kapitals für die technische Weiterentwicklung der Produktion aufzuzeigen, sondern die innerhalb der technischen Entwicklung der Produktion sich ergebenden Wirkungen auf die materielle Produktionsbasis und auf die Produktionsverhältnisse aufzuzeigen. Selbstverständlich setzen die kapitalistischen Produktionsverhältnisse – trotz aller staatsmonopolistischen Erscheinungsformen des Vergesellschaftungsprozesses der Produktion – der Verwandlung der Wissenschaft in eine unmittelbare Produktivkraft enge Grenzen. Selbstverständlich vermag die kapitalistische Produktionsweise die materiell-technisch gegebenen Möglichkeiten des Produktionsfortschritts nur zeitweise und unvollständig zu verwirklichen. Dennoch aber erfolgte unter den Bedingungen des ökonomischen Wettbewerbs der beiden Weltsysteme und der Verschärfung des Konkurrenzkampfes auf dem kapitalistischen Weltmarkt in der zweiten und dritten Phase der allgemeinen Krise eine raschere technische Entwicklung, als sie dem Monopolkapitalismus bisher eigen war. Nicht diese Entwicklung oder ihre Beschränktheit soll erklärt, sondern ihre ökonomischen Wirkungen sollen näher beleuchtet werden.

[2] Vgl. Statistisches Jahrbuch für die Bundesrepublik Deutschland, 1963, S. 238.

Auszugehen wäre also vom technischen Fortschritt in der Epoche der wissenschaftlich-technischen Revolution. Die ersten Ansätze der Vereinigung von Wissenschaft und Produktion zu einem einheitlichen umfassenden gesellschaftlichen Prozeß finden ihren Niederschlag in einer Veränderung der gesellschaftlichen Arbeitsteilung. Die gesellschaftliche Arbeitsteilung im weitesten Sinne schließt die Verteilung der gesamten gesellschaftlichen Arbeit – der lebendigen wie der vergegenständlichten Arbeit – auf die Produktionszweige in sich ein. Damit sind auch die Verteilung der Produktionsmittel innerhalb der Produktion auf die verschiedenen Zweige und die Verflechtung der Zweige durch Liefer- und Absatzbeziehungen in die gesellschaftliche Arbeitsteilung einbezogen.

Der technische Fortschritt verändert durch Investitionen das einzelbetriebliche Kapital und seine Zusammensetzung. Da aber Investitionen hauptsächlich durch Produktions- und Lieferbeziehungen, d. h. durch den Warenaustausch zwischen Produktionsmittel erzeugenden und verbrauchenden Industriezweigen, materiell ermöglicht werden, wirkt der technische Fortschritt verändernd auf die Warenverflechtung sowie auf die Kapitalverteilung und -verflechtung zwischen den Zweigen ein. Diesen Einfluß übt der technische Fortschritt ebenso im internationalen wie im nationalen Rahmen aus, so daß sich auch Veränderungen in der internationalen kapitalistischen Arbeitsteilung und in der internationalen Kapitalverflechtung ergeben.

Der technische Fortschritt innerhalb eines Produktionszweiges wirkt also über Investitionen, vor allem in das fixe Kapital, auf den Markt für Produktionsmittel und damit auf die Produktion anderer Zweige ein. Die kapitalistische Konkurrenz in ihren verschiedenen Formen als Substitutions- und Preiskonkurrenz des Marktes sowie als Konkurrenz um profitable Kapitalanlagen setzt die besonderen ökonomischen Bedingungen, die das Tempo der Durchsetzung des technischen Fortschritts und der ihn begleitenden Produktionsspezialisierung und -kooperation beeinflussen.

Ausgehend von gewissen Wechselwirkungen des technischen Fortschritts in der Stahlindustrie und im Maschinenbau sollen seine Auswirkungen auf die Größe der Produktionseinheit und auf das Kapitalminimum je Investitionsobjekt, auf die Spezialisierung und Kooperation einzelner Unternehmungen, auf die Konzentration und Verflechtung des Monopolkapitals, auf Verflechtungsbeziehungen innerhalb eines Zweiges, zwischen den Zweigen und schließlich auf die internationale Markt- und Kapitalverflechtung untersucht werden.

II. EINIGE BEMERKUNGEN ZUM TECHNISCHEN FORTSCHRITT

Tiefe Einsicht in die Dialektik der Entwicklung der Produktivkräfte und der Produktionsverhältnisse gab uns der von Marx entwickelte historische Materialismus. Lenin vertiefte diese Erkenntnisse, indem er den Prozeß der Vergesellschaftung der Produktion auf der Grundlage des Monopols im einzelnen analysierte. Sowohl Marx wie Lenin haben uns viele Hinweise auf die Rolle der Wissenschaft für die

Entwicklung der Produktion gegeben. Als Lenin starb, waren Kennzeichen der beginnenden Verwandlung der Wissenschaft in eine unmittelbare Produktivkraft noch kaum zu erkennen. Wohl waren neue, von der Wissenschaft begründete Industriezweige entstanden, wie die chemische und die elektrotechnische Industrie, die im Unterschied zu den früheren Industriezweigen wesentlich auf wissenschaftlicher Forschung statt auf handwerklicher Erfahrung beruhen und sich auf dieser wissenschaftlichen Grundlage entwickeln. Aber der Prozeß der Durchdringung der gesamten Produktion durch die Naturwissenschaften und die von ihnen begründeten Industriezweige ist erst heute in den Hauptrichtungen erkennbar. Heute wissen wir, daß die Chemisierung und Elektronisierung der gesamten Volkswirtschaft sowie die dadurch ermöglichte kontinuierliche, automatische Produktion und die erforderliche Gewinnung neuer Energiequellen und -formen, wie der Kernenergie, der unmittelbaren Verwandlung von Wärme in Energie usw., einige Aspekte der wissenschaftlich-technischen Revolution bilden.

Der unter den Bedingungen der wissenschaftlich-technischen Revolution sich vollziehende technische Fortschritt hat eine andere Qualität als der im Kapitalismus der freien Konkurrenz sich durchsetzende technische Fortschritt. Der im Monopolkapitalismus realisierte technische Fortschritt weist seinen wissenschaftlich-technischen Grundlagen nach gewisse Ähnlichkeiten mit dem unter sozialistischen Bedingungen verwirklichten Fortschritt auf. Insofern ist er durch gewisse Kennziffern zu erfassen, die eine Analogie in den Beziehungen zwischen Produktionsaufwand und -ergebnis aufdecken. In beiden Produktionsweisen dient der technische Fortschritt der Verwirklichung des allgemeinen Gesetzes der Ökonomie der Zeit. Die Gesamtheit der sozialökonomischen Bedingungen und ökonomischen Triebkräfte aber unterscheidet die Art und Weise der Durchsetzung des technischen Fortschritts in Zeit und Raum. Der im Rahmen des sozialistischen Weltsystems planbare technische Fortschritt setzt sich systematischer, umfassender und schneller durch als der im Rahmen des kapitalistischen Markt- und Profitsystems von den Monopolen forcierte technische Fortschritt. Nichtsdestoweniger erzeugt der technische Fortschritt bestimmte allgemeine ökonomische Wirkungen, die jeweils eine spezifische sozialökonomische Form annehmen, sowie aus dem System unmittelbar erwachsende spezifische ökonomische Wirkungen.

Trotz aller Unterschiede in der Durchsetzungs- und Wirkungsweise des technischen Fortschritts im Sozialismus und im Kapitalismus ist es möglich, gewisse allgemeine Kennzeichen festzustellen und eine allgemeine Gliederung des technischen Fortschritts vorzunehmen.

Der technische Fortschritt der Produktion umfaßt die sachlichen und die persönlichen Elemente des Produktionsprozesses. Veränderungen der Arbeitsmittel, insbesondere der Produktionsinstrumente, sowie der Arbeitsgegenstände erfordern Veränderungen in der Qualifizierung und in der Quantität der Arbeitskräfte; denn die Art und Weise des Zusammenwirkens der Arbeitskraft mit den sachlichen Produktionselementen, d. h. die Technologie des Produktionsprozesses, verändert sich, wenn sich das eine oder andere Objekt des technischen Fortschritts verändert hat. Es bestehen Wechselwirkungen zwischen veränderten Produktionsmitteln und in

Qualität und Quantität veränderten Arbeitskräften, da auch umgekehrt die Produzenten allein dank ihrer erhöhten Qualifikation die Potenzen einer neuen Technik und Organisation des Produktionsprozesses auszunutzen vermögen. Es bestehen aber auch Wechselwirkungen zwischen den sachlichen Elementen des Produktionsprozesses als den verschiedenen *Objekten des technischen Fortschritts*, d. h. zwischen

a) Werkstoffen,

b) Produktionsinstrumenten,

c) Energiequellen und -formen.

Diesen Objekten entsprechen verschiedene *Bereiche der Technik:*

a) die Verfahrenstechnik, durch die Stoffe in Werkstoffe mit bestimmten chemischen und physikalischen Eigenschaften umgewandelt werden;

b) die Fertigungstechnik, die zur Erzeugung geometrisch definierter Erzeugnisse und zum Zusammenbau von Einzelteilen zu funktionsfähigen Produkten führt;

c) die Energietechnik, die der Erzeugung, Umwandlung und Verteilung von Energie dient.

Diese eigentlichen Produktionstechniken werden durch die Informations- und die Fördertechnik ergänzt, die unerläßlich sind, um die enge Verflechtung der Produktionstechniken auf das Niveau eines automatischen Systems zu heben.

Wir können den technischen Fortschritt aber auch nach der *Produktionsstufe* unterscheiden, je nachdem ob er sich vollzieht

a) in der vorgelagerten Industrie,

b) im betrachteten Industriezweig,

c) in den Abnehmerindustrie- bzw. sonstigen Abnehmerbereichen.

Diese Unterscheidung ist wichtig, da der technische Fortschritt in einem Industriezweig technische und ökonomische Auswirkungen auf dessen Liefer- und Abnehmerindustrien ausübt. Vom technischen Fortschritt, der sich zunächst ja konkret an einer bestimmten Stelle vollzieht, gehen Wechselwirkungen auf andere Zweige, auf die gesamte Verflechtung und damit auf die Struktur der Industrie und der gesamten Wirtschaft aus. Durch diese allseitige Wechselwirkung erlangt der technische Fortschritt globalen strukturändernden Charakter.

Die Entwicklung des technischen Fortschritts vollzieht sich im Wege wechselseitiger Einwirkung von Produkt- und Verfahrensveränderung. Eine Gliederung des technischen Fortschritts *nach dem Ansatzpunkt* der technischen Veränderung führt zur Unterscheidung von

a) Produktgestaltung und -umgestaltung,

b) Prozeßveränderung, d. h. technologische Umgestaltung von Verfahren oder Fertigungen.

Die innere Logik des technischen Fortschritts hat z. B. dazu geführt, daß der westdeutsche Maschinenbau sehr stark von der Produktgestaltung Gebrauch machen mußte, aber gerade deshalb, weil die Produktgestaltung noch in vollem Flusse ist, seine eigene Technologie bisher weniger stark als andere Industriezweige, wie z. B. die Metall- oder Chemieindustrie, verändert hat. Ähnliches gilt weitgehend von der elektrotechnischen Industrie.

Da die Produktgestaltung – global gesehen – im wesentlichen der Umgestaltung von Prozessen vorangeht, lassen sich *zwei Entwicklungsstufen* des technischen Fortschritts im Laufe der Nachkriegsentwicklung aufzeigen: in der ersten Entwicklungsstufe steht der technische Fortschritt in Gestalt neuer Erzeugnisse im Vordergrund, wirkt er produktions- und beschäftigungsausdehnend; in der zweiten Entwicklungsstufe aber wird die Produktsubstitution wirksam und zwingt die sich verschärfende Konkurrenz zwischen alten und neuen Produkten (Natur- und Synthesefaser, Stahl und Plaste usw.) zu einer breiten Einführung neuer Technologien. Nunmehr wirkt der technische Fortschritt weniger extensiv als intensiv, d. h., er führt zur technischen Erneuerung des fungierenden Kapitals, zur Freisetzung von Arbeitskräften durch technisch erneuertes Kapital, zur Vergrößerung des Produktionsausstoßes durch Erhöhung der Arbeitsproduktivität.

Während in den USA diese zweite Entwicklungsstufe etwa 1953 einsetzte, ist ihr Beginn in Westdeutschland im Jahre 1958 zu beobachten. Für die Beurteilung der Einwirkung des technischen Fortschritts auf den zyklischen Verlauf der Wirtschaft ist die Frage, ob technische Fortschritte hauptsächlich vom Produkt oder vom Produktionsprozeß her erfolgen, von entscheidender Bedeutung.

III. TECHNISCHER FORTSCHRITT, KAPITALMINIMUM UND KONZENTRATIONSPROZESS DES KAPITALS

Die technische Entwicklung hat im gegenwärtigen Kapitalismus zu Veränderungen insbesondere in den Beziehungen zwischen den Werkstoffe erzeugenden Zweigen und dem Maschinenbau geführt. Auf der einen Seite hat der technische Fortschritt, der in allen Industriezweigen zur Einführung neuer Erzeugnisse und veränderter oder neuer technischer Verfahren führt, Auswirkungen auf den Maschinenbau, weil er den Einsatz entsprechender neuartiger oder veränderter Maschinen erfordert. Umgekehrt führt der technische Fortschritt im Maschinenbau, sei es in Gestalt einer technischen Weiterentwicklung oder der Neukonstruktion von Maschinen höherer Leistungsfähigkeit, dazu, daß Neuinvestitionen zwecks technischer Erneuerung des Kapitals und Verbilligung der Produktion in den übrigen Zweigen der materiellen Produktion möglich und unter entsprechenden ökonomischen Bedingungen notwendig werden.

1. Eine Revolution in der Metallurgie stellt die *Einführung des Sauerstoffblasverfahrens* (auch als LD-, d. h. Linz-Donawitz-, Lanzen-, Kaldo-, Rotorverfahren bekannt) dar. Beruhte das Thomasverfahren der Stahlerzeugung auf dem Windfrischen, das Siemens-Martin-Verfahren auf dem Herdfrischen, so beruht die Reduktion der Einsatzstoffe im neuen Oxygenstahlverfahren auf der Zufuhr reinen Sauerstoffs, der auf die Badoberfläche aufgeblasen wird. Durch die Zuführung reinen Sauerstoffs anstelle von Luft, die auch Stickstoff enthält, wird ein technisch besserer Stahl erzeugt und die chemische Reduktion beschleunigt, so daß das Sauer-

stoffblasverfahren eine höhere Leistung auf gleichem Raum ermöglicht. Während durch Schmelzen von Roheisen im Elektroofen hochveredelter Stahl erzeugt wird, führt das Sauerstoffblasverfahren zu einer verbilligten und verbesserten Herstellung von Massenstählen. Trat der Elektrostahl neben die Stahlarten, die in den traditionellen metallurgischen Verfahren gewonnen werden, so tritt der Oxygenstahl in Konkurrenz zum Thomas- und Siemens-Martin-Stahl.

Der Oxygenstahl hat in wenigen Jahren einen nennenswerten Anteil an der Stahlerzeugung erlangt und verdrängt gemeinsam mit dem Elektrostahl die traditionellen Stahlarten.

TABELLE 1

Verteilung der Rohstahlerzeugung nach Herstellungsverfahren in Westdeutschland von 1954 bis 1962

Jahr	Rohstahlerzeugung in 1000 t	Rohstahlerzeugung in Prozent	Anteile in Prozent: Thomas	Siemens-Martin	Elektro	Oxygen
1954	17434	100	39,23	56,22	3,88	–
1955	21335	100	41,94	53,16	4,33	–
1956	23189	100	42,27	52,21	4,97	–
1957	24507	100	41,52	52,32	5,50	0,22
1958	22785	100	40,29	51,10	6,73	1,50
1959	29435	100	45,72	45,81	6,37	1,85
1960	34100	100	43,71	47,18	6,37	2,53
1961	33458	100	42,94	46,20	7,07	3,59
1962	32563	100	40,57	46,22	7,88	5,17

Quelle: Statistisches Jahrbuch für die Eisen- und Stahlindustrie der Bundesrepublik Deutschland für 1962, S. 12.

2. Auch *in der Gewinnung von Roheisen* vollzogen sich nennenswerte Veränderungen. Durch die *Vervollkommnung des Herstellungsverfahrens* und durch die *Entwicklung von Großraumöfen* mit einem Gestelldurchmesser von 9 bis 10 Metern verringern sich sowohl die Investitionskosten als auch die laufenden Betriebskosten je Tonne Roheisen. Die Bedienungsmannschaft ist die gleiche, ob ein kleinerer oder größerer Hochofen zu bedienen ist. Der Rohstoff- und Energieeinsatz hingegen verringerte sich. Dazu trugen bei: die Erschließung zahlreicher großer Vorkommen von Erzen mit höherem Fe-Gehalt (Lateinamerika, Afrika usw.), die Verbilligung der Seefrachten, die durch beide Vorgänge ökonomisch ermöglichte Verwendung ergiebigerer Auslandserze, eine bessere Aufbereitung der Einsatzmaterialien durch Erzsinterung, Klassierung usw.

3. Eine große Veränderung erfolgte im Walzwerkbereich durch den allgemeinen *Übergang zum kontinuierlichen Walzen* und durch das *Vordringen der Kaltwalzverfahren.* Diese Entwicklung hängt mit dem starken Wachstum der Industriezweige zusammen, die Mittel- und vor allem Feinbleche verarbeiten, wie die Fahr-

zeugindustrie mit ihrem Bedarf an Karosserieblech, die Elektrotechnik und die Metallwaren erzeugende Industrie, welche Feinstbleche, Weißblech usw. benötigen. Die Nachfrage nach Flachstahl, insbesondere nach Feinblechen nahm gegenüber der Nachfrage nach Profilstahl zu, so daß die Walzwerke sich umstellen mußten. Da im Warmwalzverfahren infolge schneller Abkühlung keine sehr feinen Blechabmessungen erzeugt werden können, mußte das Warmbreitband des Walzwerkes durch eine Kaltwalzstraße ergänzt werden. So erfordern ein höherer Bearbeitungsgrad des Walzstahls und von den Metallverarbeitern genauer spezifizierte Eigenschaften, Gütegrade, Formen und Abmessungen des Stahls eine größere Vielseitigkeit in der Erzeugung von Roh- und Walzstahl. Große Investitionen der Walzwerke wurden notwendig, um den geänderten Anforderungen der metallverarbeitenden oder -verbrauchenden Industriezweige einschließlich des Maschinenbaus zu genügen, der gehärtete Werkzeugstähle sowie Sonderstähle von besonderer Zugfestigkeit, Druckfestigkeit und Widerstandsfähigkeit gegen hohe Temperaturen, Wettereinwirkungen usw. benötigt.

4. Die letzte große Veränderung in der Stahlindustrie bahnt sich in der Gießerei an. Die Verlagerung der Nachfrage auf verfeinerte Erzeugnisse des Maschinenbaus ließ die Anwendung von Gußeisen immer weniger zu. Gewalzter, geschmiedeter, gepreßter und gezogener Stahl verdrängten Erzeugnisse der Eisengießerei.[3] Das neu entwickelte *Stranggußverfahren* überträgt das Prinzip kontinuierlicher, gleichmäßige Qualität sichernder Erzeugung auf die Stahlgießerei und setzt eine hochentwickelte Technologie an die Stelle des herkömmlichen Stand- oder Kokillengusses. Der Strangguß faßt mehrere Arbeitsgänge des Gießens zusammen, erübrigt andere, so daß nur fünf Arbeitsgänge von den beim Standguß vom fließenden Stahl bis zum Halbzeug erforderlichen zwölf Arbeitsgängen verbleiben. Ihre Vereinigung zu einem kontinuierlichen Ablauf macht umfangreiche Entwicklungs- und Konstruktionsarbeiten notwendig. Für den kontinuierlichen Guß ist eine einheitliche Anlage höherer Kapazität Voraussetzung, und deshalb sind höhere Investitionen als für den Kokillenguß erforderlich.

Die höheren Ansprüche der verarbeitenden Industriezweige an ihr Material führten zur Verlagerung gewisser Verarbeitungsprozesse in die Grundstoffindustrie. Infolge eines höheren Verarbeitungsgrades der Stähle mußten kontinuierliche, stufenlos regulierbare Bearbeitungsvorgänge möglichst auch in der Feinverarbeitung gesichert werden.

Von ingenieurtechnischer Seite wird der wesentliche Inhalt der technologischen Fortschritte in der Metallurgie darin gesehen, daß es gelang, die Mangelhaftigkeit der natürlichen Kristalle des Metalls zu verringern, indem die Härte und Zähigkeits-

[3] Gegenüber einer Produktionsindexzahl von 187 und 188 für Rohstahl und Roheisen betrug der Index für Stahl- und Eisenguß nur 137 bzw. 134 im Jahre 1962 in Prozent des Jahres 1954 auf Tonnenbasis; auch die Erzeugung von Schmiedestücken erreichte nur eine Indexziffer von 139, weil Zweige, die große, im Schmiedeverfahren geformte Stücke brauchen, wie der Schiff- und Lokomotivbau, ihren Produktionsanteil verringert haben. (Vgl. Statistisches Jahrbuch der Eisen- und Stahlindustrie für 1962, Verlag Stahleisen m. b. H, Düsseldorf 1963, S. 10, 12, 40 u. 46.)

eigenschaften der Stähle immer erfolgreicher auf wissenschaftlicher Basis gesteuert wurden.[4] Das neue Oxygenstahlverfahren, die Sinterung und andere Aufbereitungsverfahren, das kontinuierliche Blechwalzen, das eine Teilautomatisierung der Walzstraßen zur Folge hatte und die Entwicklung eines kontinuierlichen Gießverfahrens erforderte, führten zu völlig neuen Anforderungen an den Maschinenbau, an die Elektrotechnik und viele andere Zweige. Neuartige Industrieöfen, elektronische und andere Meß-, Prüf-, Kontroll-, Steuer- und Regelungsanlagen wurden benötigt. Die teilautomatisierten Walzstraßen erforderten die Konstruktion und Produktion neuartiger Hebezeuge, Krane, Be- und Entladeanlagen, von Stetigförderern, Industriewaagen usw. Stufenlos regelbare hydraulische Pressen wurden gebraucht. Auch die Kraftübertragungsanlagen stellten höhere Ansprüche an Wirkungsgrad und Regelbarkeit. Beiden Anforderungen entsprach z. B. der elektrohydraulische Antrieb. Da der technische Fortschritt allgemein mit höherer Maßgenauigkeit und der Befreiung der Produktionsprozesse von Störungsfaktoren verbunden ist, muß der Maschinenbau mehr Prüfmaschinen und Werkseinrichtungen zur Rauch- und Staubbeseitigung, zur Temperatur- und Feuchtigkeitsregelung, d. h. Kältemaschinen, lufttechnische und Trocknungsanlagen, liefern. Im Maschinenbau entstanden neue Fachzweige.

In dem Maße, in dem der technische Fortschritt die Metallurgie und die Walzindustrie grundlegend veränderte, mußte der Maschinenbau sich auf veränderte Maschinenerzeugnisse umstellen. In der Regel führt der technische Fortschritt zur Vergrößerung der Anlagen und Aggregate. Das gilt in besonders hohem Maße für die Eisen- und Stahlindustrie.

1938 erzeugte ein Hochofen der Hoesch-AG Dortmund etwa 700 Tonnen Roheisen täglich. 1962 besaß die Sowjetunion 7 Hochöfen, die je 3000 Tonnen täglich erzeugten. 1963 waren in den USA Hochöfen mit einer Produktion von 2800 Tagestonnen in Betrieb, während in Westdeutschland der größte Hochofen (Nr. IX der August-Thyssen-Hütte-AG. Duisburg, ATH) 2100 Tagestonnen erzeugte. Die durchschnittliche Tagesleistung der Hochöfen lag in Westdeutschland 1959 allgemein bei 530 t und in der August-Thyssen-Hütte selbst bei 775 t.

Ein Thomas-Konverter erzeugte 1938 50 Tonnen Stahl in der Stunde, während ein LD-Konverter 1963 250 Tonnen, also fünfmal so viel, erzeugt und eine Jahreskapazität von 1 Million t erreicht.[5]

Nach dem Kriege hatten knapp 20 Prozent der Siemens-Martin-Öfen in Westdeutschland ein Schmelzengewicht über 100 Tonnen und lag das durchschnittliche Schmelzengewicht bei 66 Tonnen. Durch die Ersetzung kleinerer durch größere S-M-Öfen erhöhte sich das mittlere Schmelzengewicht auf 100 Tonnen; der Anteil der S-M-Öfen mit darüberliegenden Schmelzengewichten machte über 40 Prozent aus. Dem steht allerdings ein mittleres Schmelzengewicht in den USA von

[4] Vgl. „Handelsblatt", 16. Jahrg., Nr. 22, S. 104, 1963.

[5] Vgl. Willy Ochel, Veränderte Technik, wirtschaftliche Folgen. „Der Volkswirt", Beilage, Nr. 45, S. 25f., 1963; „Neues Deutschland" vom 12. 8. 1962; „Industriekurier" vom 5. V. 1959.

183 Tonnen gegenüber. Dort haben fast 85 Prozent aller Siemens-Martin-Öfen Schmelzengewichte über 100 und 11,6 Prozent über 300 Tonnen.

TABELLE 2

Vergrößerung der Produktionseinheiten – S-M-Öfen

Schmelzengewichte von S-M-Öfen

		unter 100 t	100–199 t %	200–299 t %	300–399 t %	über 400 t %	mittleres Schmelzengewicht t
WD	1952	81,9	15,7	1,6	0,8	–	66
WD	1960	59,7	31,7	8,1	0,5	–	100
USA	1959	4,3	55,4	28,7	7,9	3,7	183

Quelle: Rudolf Graef, Rohstoffe auf der Waage, „Der Volkswirt“, Beilage „Zum Eisenhüttentag“, Nr. 45, S. 21, 1963.

Kontinuierliche Walzanlagen haben eine weitaus größere Kapazität als die alten Walzstraßen. Je stärker das Material ausgewalzt werden soll, desto größer muß die Geschwindigkeit des Walzvorgangs sein, da dünne Bleche und Profile schnell abkühlen. Die Entwicklung kommt in folgenden Angaben deutlich zum Ausdruck.

Walzgeschwindigkeit verschiedener Drahtstraßen

Vorkriegs-Drahtstraßen	30 km/Stunde
1950 gebaute Drahtstraße	90 „
1962 gebaute Drahtstraße	125 „

Während die Kapazität alter Walzstraßen bei 200000 Tonnen jährlich lag, beträgt die Kapazität einer kontinuierlich arbeitenden Walzstraße 500000 bis 5 Millionen Tonnen Walzprodukt. Es gibt in Westeuropa Breitbandstraßen, die 3 bis 5 Millionen Tonnen Walzstahl jährlich erzeugen.

Die Leistung kontinuierlicher Warm- und Kaltbreitbandstraßen hat sich gegenüber 1938 verdreifacht, die anderer Straßen verdoppelt, was wesentlich auf die Zunahme der Walzgeschwindigkeiten und die Einführung der Elektronik zurückzuführen ist.

Fachleute stellen fest,

„daß sich fast in allen Bereichen der Stahlindustrie eine Entwicklung zu technisch immer größer werdenden Erzeugungseinheiten zeigt; die Hochöfen werden größer, die Stahlwerke, die Walzstraßen usw. Diese Entwicklung führt dazu, daß kleinere Einheiten nicht mehr wirtschaftlich sind und stillgelegt werden.“[6]

[6] „Der Volkswirt“, Beilage „Zum Eisenhüttentag“, Nr. 45, S. 43, 1963.

TABELLE 3

Walzenstraßenleistung und höchste Walzgeschwindigkeiten

Art der Walzstraßen	Erzeugung (Ausbringung) 1000 t/Monat		Geschwindigkeit m/s	
	1938	1962	1938	1962
Umkehrstraßen				
Grobblech	25	60	4,0	8,0
Träger	40	80	4,0	8,0
Kontinuierliche Straßen				
Halbzeug	70	150	3,0	5,5
Stabstahl	17	35	8,0	16,0
Röhrenstreifen	15	30	8,0	16,0
Draht	12	40	20,0	36,0
Warmband	100	300	8,0	20,0
Kaltbreitband vierfach Tandem	35	110	8,5	20,0

Quelle: A. Michel, Wandlungen in der Eisen- und Stahlindustrie, „Stahl und Eisen", 83. Jahrg., Nr. 1, S. 15, 1963.

Tatsächlich werden bei Inbetriebnahme neuer Produktionseinheiten die alten Anlagen fast immer *stillgelegt.* Es handelt sich meist um nahezu oder vollständig abgeschriebene Werke. So konnte die Hoesch-AG. z. B. bei Inbetriebnahme einer Breitbandstraße (Investition 120 Millionen Mark) das bisher betriebene Steckel-Walzwerk für 4,5 Millionen Mark, und damit über den Buchwert, nach Japan verkaufen.[7] Die neue Breitbandstraße mit ihrer Kapazität von 500000 Jahrestonnen ersetzt vier inzwischen stillgelegte Walzwerke. Damit waren bis 1957 alle 11 alten Tafelblechwerke bei Hoesch stillgelegt worden.

Das neue von der Hoesch-AG. gebaute Siemens-Stahlwerk mit seinen 4 Öfen von je 200 Tonnen Fassungsvermögen erzeugt monatlich 65000 Tonnen Stahl und damit fast viermal so viel wie das aus dem Jahr 1895 stammende, 1962 stillgelegte Martinwerk I mit seinen monatlich 18000 t erzeugenden 6 Öfen. *Ein* moderner S-M-Ofen erzeugt mit 16000 Monatstonnen mehr als fünf alte Öfen zusammengenommen.

Wie es in der westdeutschen Literatur heißt, ist für die Kapitalanlagen in der Stahlindustrie allgemein charakteristisch, „daß unwirtschaftliche Anlagen Schritt um Schritt durch moderne kostensparende Neubauten ersetzt werden."[8]

Investitionen erfolgen also nicht in erster Linie, um Kapazitäten zu erweitern, sondern um durch Kostensenkung und Erzeugung nachgefragter Qualitäten Konkurrenten, vor allem ausländische, aus dem Wege zu räumen und sich bestimmte Marktanteile zu sichern. In Monopolkreisen wird gefordert, auch die noch aus der

[7] Vgl. „Der Volkswirt", Nr. 21, 1958; „Industriekurier" vom 16. 4. 1959.

[8] „Der Volkswirt", Beilage, Nr. 26, 1963.

Vorkriegszeit verbliebenen 50 Prozent der Produktionseinrichtungen durch Neuinvestitionen außer Kurs zu setzen.[9]

Aus dem Größenwachstum der Anlagen ergeben sich große Finanzierungs- und Absatzproblene. Das Kapitalminimum, das der Aufbau eines kombinierten Stahlwerkes oder ein einzelnes Vorhaben erfordert, ist enorm gestiegen. 1957 erforderte der Bau einer hochmodernen Walzstraße 100 Millionen Mark.[10] Der Thyssen-Trust z. B. nahm von 1952 bis 1960 9 Walzstraßen mit einem Investitionsaufwand von 935 Millionen Mark in Betrieb. Die durchschnittlichen Investitionskosten betrugen also 104 Millionen Mark.[11] Die Investitionskosten der im Bau befindlichen Warm- und Kaltbreitbandstraßen der ATH liegen jedoch mit 140 Millionen Mark über dem alten Satz. Auch für eine Kaltbandbreitstraße der Mannesmann-AG. in Huckingen werden 140 Millionen Mark Investitionskosten angegeben. Preiserhöhungen allein sind für diesen Anstieg nicht ursächlich. Es handelt sich um leistungsfähigere und aufwendigere Anlagen. Durch die bis 1961 errichteten 9 Walzstraßen stieg die Walzstahlkapazität der ATH von 120000 Tonnen auf 2,5 Millionen Tonnen; durch die Investitionen der darauffolgenden Jahre für 3 neue Walzstraßen wird die Rohstahl- und Walzkapazität der ATH 1964, 4,5 Millionen Jahrestonnen betragen.[12] Die Investitionskosten der Walzstraßen betrugen 1963 das Fünf- bis Sechsfache der Vorkriegskosten (1938).[13]

Der 1959 fertiggestellte Siemens-Martin-Ofen der Hoesch AG. erforderte 20 Millionen Mark Investitionen und bringt täglich 200 Tonnen Stahl. Demgegenüber kostet das Oxygenstahlwerk der Dortmund-Hoerder-Hüttenunion (DHHU) in Hörde in der ersten Baustufe schon 130 Mill. Mark. Wie es heißt, soll es das größte im Bau befindliche Stahlwerk Europas sein. Für ein für das Hüttenwerk Huckingen des Mannesmann-Konzerns geplantes LD-Stahlwerk wurden 1961 für eine Kapazität von 1,8 Mill. Jahrestonnen rund 60 Millionen DM genannt.

In allen Bereichen führt das Größenwachstum und die zunehmende Kompliziertheit der Maschinenanlagen zu einer Erhöhung der Investition je technischer Einheit.

Dabei kommt der Investition der Monopole in die industrieeigene Forschung und Entwicklung wachsende Bedeutung zu. Die Zahl der industriellen Forschungsstätten wurde in Westdeutschland auf 200 im Jahre 1960 mit 15000 Wissenschaftlern geschätzt. Allein die Ausgaben für werkseigene Forschung stiegen von 2,3 Milliarden D-Mark 1948–1955 auf 3,79 Milliarden für 1956–1959. Wenn auch die Monopole der chemischen und der elektrotechnischen Industrie mit einem durchschnitt-

9 Vgl. Dr. Michel, Vorstandsmitglied der August-Thyssen-Hütte (ATH), „Handelsblatt" vom 1. 8. 1962.

10 Vgl. „Unternehmerbrief des Deutschen Industrieinstituts", 13. Jahrg., Nr. 41, 1963.

11 Vgl. Geschäftsbericht der ATH für 1961/1962, S. 18f. — Zu den 9 Walzstraßen gehören 2 Blockbrammen-, eine schwere und eine mittlere Profilstraße, je eine Mittel- und Grobblech-Scherenstraße, je eine Breitband-Warm- und Kaltwalzstraße und eine Universalträgerstraße.

12 Vgl. „Die Welt" vom 1. 8. 1963.

13 Vgl. A. Michel, Wandlungen in der Eisen- und Stahlindustrie, „Stahl und Eisen", 83. Jahrg., Nr. 1, S. 15, 1963.

lichen finanziellen Forschungsaufwand von 4–5 Prozent des Umsatzes an der Spitze stehen, so werden in der Metallurgie und im Maschinenbau ebenfalls wachsende Mittel in die Forschung investiert. Das Größenwachstum der technischen Anlagen hängt mit der unmittelbaren Einbeziehung der Wissenschaft in die Produktion und dem Größenwachstum wissenschaftlicher Forschungseinrichtungen zusammen.[14]

> „Für die Wiederbeschaffung der Laboratoriumseinrichtungen von Faraday, mit denen er die Grundgesetze der Elektrizitätslehre entdeckte, wären 100,– D-Mark aufzuwenden, für den Neubau der Versuchsgeräte von Heinrich Hertz, die ihm die Erschließung der drahtlosen Wellen ermöglichten, 10000 D-Mark, ein physikalisches Laboratorium der dreißiger Jahre kostete 300000 D-Mark, heute aber ist ein physikalisches Universitätsinstitut unter einem Aufwand von 5000000 D-Mark sinnlos, und ein Materialprüfreaktor, wie ihn die eine oder andere Technische Hochschule haben müßte, kostet 50000000 D-Mark. Das Synchrophasotron, ein kernphysikalischer Teilchenbeschleuniger der Russen in der Nähe von Moskau, kostete eine halbe Milliarde D-Mark; es dient nur der Grundlagenforschung.“[15]

Infolge dieses Größenwachstums der Forschungsanlagen und der Notwendigkeit großer Investitionen verwundert die Feststellung bürgerlicher Ökonomen keineswegs, daß im Kapitalismus

> „in zunehmendem Maße eine Verlagerung von Forschung und Entwicklung in die Unternehmen selbst stattfindet. Diese Entwicklung kann auch an den westdeutschen Verhältnissen beobachtet werden. Immer mehr verlieren die Universitäten und freien Forschungsinstitute ihre Forschungsaufgaben. Selbst in der Grundlagenforschung muß sich die Industrie selbst mehr und mehr einschalten, weil die Universitäten nicht mehr über die nötigen finanziellen Grundlagen verfügen, um technische und persönliche Voraussetzungen für eine erfolgreiche Forschung zu schaffen.“[16]

Der produktionstechnisch fortgeschrittene Maschinenbau der USA (ihm werden elektrische Maschinen zugerechnet) gab im Jahre 1959 4,2 Prozent des Umsatzes für Forschung und Entwicklung aus, ebensoviel wie die chemische und die Nahrungsmittelindustrie. Dieser Satz wurde nur von den rüstungswichtigen Zweigen – elektrische Ausrüstung und Nachrichtenwesen – weit übertroffen. Die amerikanische Forschungsinvestitionsrate im Maschinenbau ist ein Modellfall, den der westdeutsche Maschinenbau trotz bisher umfangreicher Lizenzkäufe mehr oder minder nachahmen muß. Davon zeugt z. B. die Tatsache, daß sich von 1958 bis 1962 die Zahl der in den Entwicklungs- und Konstruktionsabteilungen von 18 führenden Unternehmen des Werkzeugmaschinenbaus beschäftigten Mitarbeiter von 1067 auf 1523, d. h. um 43 Prozent erhöhte.[17]

[14] Vgl. VWD (Vereinigter Wirtschaftsdienst)-Spiegel, Frankfurt/M., Nr. 130, 8. 6. 1961; „Der Volkswirt“, Beilage, Nr. 46, S. 4, 1960; „Deutsche Zeitung“ vom 8./9. 10. 1960, S. 40.

[15] *Leo Brandt*, Die zweite industrielle Revolution, List-Verlag, München 1957, S. 134.

[16] *Konrad Mellerowicz*, Unternehmungspolitik, Band 1, Verlag Haufe, Freiburg i. B. 1963, S. 11f.

[17] Vgl. „Der Volkswirt“, Beilage, Nr. 46, S. 52, 1962.

Infolge der wachsenden Investitionen in die Forschung und Entwicklung sowie in das fixe Kapital ist die Finanzierung des technischen Fortschritts selbst von den Monopolgesellschaften schwerer zu bewerkstelligen. Daher setzt das Monopolkapital verstärkt die staatsmonopolistische Investitionsfinanzierung ein, während die nichtmonopolistischen Betriebe angesichts der Konzentration der Forschung bei den Monopolgesellschaften keine andere Möglichkeit haben, als sich auf die Zulieferung von Zubehörteilen usw. zu spezialisieren und der Monopolproduktion ein- und unterzuordnen. Andererseits *sinken* durch wachsende Investitionen für fixes Kapital *die Investitions- und Betriebskosten je Erzeugniseinheit* gegenüber alten Anlagen und zwingen – trotz nichtausgelasteter Kapazitäten – zur *Fortsetzung steigender Investitionen je Erzeugungseinheit.*

TABELLE 4

Investitionskosten von Hochofenanlagen

Gestell-durch-schnitt m	Geschätzte Leistung 1000 t/Jahr	Investitionskosten Mio D-Mark	D-Mark/ t · Jahr	Kapital-aufwand D-Mark/t Roheisen
5,0	215	30	139	16,72
6,0	312	38	122	14,64
7,0	399	45	113	13,53
8,0	518	55	106	12,74
9,0	656	68	104	12,43
9,5	805	80	99	11,92

Quelle: *A. Michel,* Wandlungen in der Eisen- und Stahlindustrie, „Stahl und Eisen“, 83. Jahrg., Nr. 1, S. 13, 1963.

Das Wachstum der Aggregate vermindert die relativen Investitionskosten. So sind die Kosten eines Hochofens um so geringer, je größer der Gestelldurchmesser und damit die Tages- und Jahresleistung ist.

Der Übergang von den klassischen zum modernen Stahlgewinnungsverfahren im Sauerstoff-Konverter bringt erhebliche Investitionseinsparungen je Tonne Rohstahl, die um so größer sind, je höher die installierte Kapazität ist. So werden für eine Kapazität von 1,2 Millionen Tonnen pro Jahr 2 Sauerstoffkonverter von je 150 Tonnen, für ein Sauerstoff-Konverter-Stahlwerk von 2,4 Millionen Jahreskapazität jedoch nur 3 solche Konverter benötigt.

Die vergleichende Tabelle 5 enthält rein theoretische Investitionskosten für traditionelle Stahlwerke. Tatsächlich lagen hier die neu installierten Kapazitäten weit unter der in der Tabelle als Vergleichsgrundlage angenommenen Kapazität von 2,4 Millionen Tonne Rohstahl je Stahlwerk. Daher bringt diese Tabelle nicht das wachsende Kapitalminimum zum Ausdruck, sondern nur den sinkenden Aufwand an fixem Kapital je Erzeugniseinheit. Die Kapazität technisch fortgeschrittener Produktionseinheiten wächst viel schneller als der durch ihren Aufbau verursachte wachsende absolute Investitionsaufwand.

TABELLE 5

Investitionskosten von Stahlwerken

Kapazität t/Jahr	Art der Anlage	Zahl und Größe der Öfen bzw. Konverter	Investitionskosten Mio D-Mark	Investitionskosten D-Mark/ t · Jahr	Kapital-aufwand D-Mark/t
2,4 Millionen	S-M-Stahlwerk	14 · 150 t	380	158.–	19.–
		8 · 350 t	330	137.50	16.50
	Thomas-Stahlwerk	6 · 70 t	200	83.50	10.–
	Sauerstoff-Konverter-Stahlwerk	3 · 150 t	150	62.50	7.50

Quelle: *A. Michel*, Wandlungen in der Eisen- und Stahlindustrie, „Stahl und Eisen", 83. Jahrg., Nr. 1, S. 15, 1963.

Das Wachstum der technischen Produktionseinheiten und des Kapitalminimums führt in den technisch fortschreitenden Ländern zu einer Abnahme der Investition je Erzeugniseinheit und damit auch der globalen Investitionsaufwendungen der Stahlindustrie für die Erzeugung einer Tonne Rohstahl.

TABELLE 6

Investaufwendungen der Stahlindustrie je erzeugte Tonne Rohstahl
(in $)

	1952 bis 1958	1958
Westdeutschland	11,5	9,9
Frankreich	13,3	13,2
Italien	12,5	11,1
Niederlande	18,5	13,2

Quelle: Dr. *Rainer Hellmann*, Luxemburg, Investitionsentwicklung in der Montanunion. „Der Volkswirt", Beilage, 1959, Nr. 44, S. 33.

Infolge sinkender Investitionskosten je Erzeugniseinheit setzt sich der technische Fortschritt trotz seiner Kostspieligkeit durch. So wurden z. B. 1961 nach Angaben der Hohen Behörde der Montanunion 51 Prozent der von den EWG-Ländern hergestellten Walzwerkserzeugnisse auf voll- und halbkontinuierlichen Straßen gewalzt.[18]

Obwohl 1963 erst zwei Millionen Tonnen Rohstahl (ein halbes Prozent des Gesamtausstoßes) in den etwa 60 Stranggußanlagen der Welt vergossen wurden, gehört diesem neuen kontinuierlichen Gießverfahren die Zukunft. Die Sowjetunion trug entscheidend dazu bei, diesem modernen Verfahren zum Durchbruch zu verhelfen. 1960 begann sie Stranggußanlagen zu errichten. Von den 60 Stranggußanlagen der Welt im Jahre 1963 (1964 : über 100) besaßen die Sowjetunion 12 Anlagen,

[18] Vgl. „Der Volkswirt", Beilage, Nr. 44, S. 35, 1962.

die USA 6, wovon drei noch im Bau waren, das übrige Europa 30 (darunter Westdeutschland drei, von denen eine im Bau war). Der Rest verteilte sich auf Kanada (4), Japan (3), Südamerika (3), und Mexiko (2).[19]

Die Sowjetunion errichtete nicht nur mehr, sondern auch größere Stranggußanlagen als die nachziehenden kapitalistischen Länder. Im Jahre 1962 besaß die Sowjetunion in Nowo Lipezk und in Stalino die zwei größten Anlagen (90 und 140 Tonnen), während andere Länder nur solche von 30 bis 50 Tonnen hatten. In Westeuropa und in den USA betrugen die größten Pfannengewichte noch 1963 erst 90 bis 100 Tonnen.

Im Hüttenwerk Krasnoje-Sormovo wird die Hälfte der gesamten Rohstahlerzeugung auf Stranggußanlagen vergossen. Dabei wurde in 7 Jahren ein Gewinn erzielt, der mehr als das Zweieinhalbfache der Anlagekosten beträgt.[20] Solche Stranggußanlagen mit einer Jahresleistung von 200000 bis 300000 Tonnen bieten schon große Kostenvorteile, von denen die kapitalistischen Wirtschaften allerdings viel langsamer und unvollständiger – infolge ihres schwierigen Marktproblems und der Gefahr der Nichtauslastung von Kapazitäten – Gebrauch machen können.

In Westdeutschland, wo Anfang 1963 höchstens 5 größere Stranggußanlagen vorhanden waren,[21] wird die Wirtschaftlichkeit der neuen Anlagen noch unter Beweis gestellt. Fachleute machen folgende Schätzungen:

TABELLE 7

Platzbedarf, Anlagekosten und Verarbeitungskosten von Stranggußanlagen im Vergleich mit Brammenstraßen

Art der Anlage	Kapazität t/Jahr	Platzbedarf in qm	Anlagekosten in Millionen D-Mark	Verarbeitungskosten je Tonne Stahl
a) Standgußanlage mit Brammenstraße	1 Mill.	20550	91	Keine numerischen Angaben über die anerkannte Verringerung
Brammenstranggußanlage	1 Mill.	8400	61	
b) Standgußanlage mit Brammenstraße	2 Mill.	40000	140	49,40 bzw. 59,80
Brammenstranggußanlage	2 Mill.	20000	100	18,30 bzw. 21,30

Quelle: a) „Stahl und Eisen“, 83. Jahrg., Nr. 9, S. 538f., 1963.
b) „Stahl und Eisen“, 82. Jahrg., Nr. 22, S. 1474f., 1962.

Eine amerikanische Einschätzung, daß 1983 60 Prozent der gesamten Stahlproduktion der USA im Strangguß hergestellt werden wird, beruht auf der Er-

19 Vgl. „Industriekurier“ vom 11. 11. 1963 und vom 30. 9. 1964, Technikbeilage, S. 692.

20 Vgl. „Stahl und Eisen“, 82. Jahrg., Nr. 22, S. 1474, 1962; 83. Jahrg., Nr. 23, S. 1508, 1963.

21 Vgl. „Handelsblatt“ vom 21. 2. 1963.

rechnung des hohen ökonomischen Nutzeffekts des neuen Verfahrens, wonach bei Investitionskosten von 10 Dollar je Tonne Jahreskapazität Betriebskosten von 4 bis 6 Dollar und mehr eingespart werden, so daß sich die Investitionskosten tatsächlich halbieren.[22]

Das Größenwachstum technischer Produktionseinheiten vollzieht sich auch im Maschinenbau. Ein Beispiel aus dem Volkswagenwerk möge dies illustrieren: Früher waren 22 Drehautomaten im Werte von 3 Millionen D-Mark notwendig, um 30000 Motorenstößel herzustellen. Jetzt bewerkstelligen 4 statt 7 Mann die gleiche Leistung an 3 Stufenpressen, die 452000 D-Mark kosten. Die Investitionskosten je Maschine stiegen von 136000 auf 150000 D-Mark. Der Investitionsaufwand je Erzeugniseinheit (je Motorenstößel) verringerte sich von 100 auf 15 D-Mark.[23]

Der technische Fortschritt führt zu kontinuierlicher Produktion nicht nur innerhalb einer Produktionsstufe, sondern auch über mehrere Produktionsstufen hinweg. In der Stahlindustrie werden große Energie- und Transporteinsparungen dadurch erzielt, daß das Roheisen in „einer Hitze", d. h. in einem einheitlichen Fluß, in Rohstahl und weiter in Walzstahl umgewandelt wird, d. h., die durch den Transport aus dem Stahl- ins Walzwerk sich ergebende Erkaltung vermieden wird. Das kombinierte Hütten- und Walzwerk, das einen kontinuierlichen Fluß von der Anlieferung der Einsatzstoffe bis zum Walzfertigerzeugnis gewährleistet, ist daher unmittelbar durch den technischen Fortschritt bedingt. Ferner drängten gleichbleibende Qualitäten der Einsatzmaterialien und mengenmäßig und preislich gesicherte Bezüge nach vertikaler Konzentration. Ebenso erforderte das Gesetz der Ökonomie der Zeit die Verbindung des hochproduktiven Sauerstoffblasverfahrens mit einem kontinuierlichen Gußverfahren, dem Strangguß.

Das schnelle Größenwachstum in kombinierten Stahl-Walzwerken bedingt, daß der wachsenden Hochofenkapazität steigende Verarbeitungskapazitäten entsprechen. Wächst nun der Ausstoß der Grobblechstraße, so ist auch die Feinblechwalzkapazität erweiterungsbedürftig. Und umgekehrt zieht die Errichtung kontinuierlich arbeitender Walzstraßen die Ausdehnung der Rohstahlkapazität durch *Errichtung größerer Betriebe* nach sich usw.

> „Mit dem Zug zur größeren technischen Leistungseinheit wird auch ein etwa gleichartiger Zug zur wachsenden Unternehmensgröße unvermeidbar werden."[24]

Für ein kombiniertes Stahlwerk ergibt sich bei einer Investition von 1200 D-Mark/Jahrestonne Stahl für eine Jahresproduktion von rd. 700000 t theoretisch ein Investitionsaufwand von 84 Mio DM.

[22] Vgl. Das Stranggußverfahren in den USA, *E. L. Byrom*, Präsident der Koppers Co. Inc. Pittsburgh, USA, in: Gestörter Stahlmarkt, Sonderausgabe des „Industriekurier" zum Eisenhüttentag 1963, 16. Jahrg., Nr. 176, S. 5, 1963.

[23] Vgl. *G. Friedrich*, Technischer Fortschritt und Beschäftigung in Deutschland, in: Automation und technischer Fortschritt in Deutschland und den USA, Europäische Verlagsanstalt, Frankfurt 1963, S. 84.

[24] Prof. Dr. *F. W. Hardach*, Finanzierungssorgen heute und morgen, „Der Volkswirt", Beilage, Nr. 45, S. 43, 1963.

Das in Duisburg-Hamborn errichtete komplette ATH-Oxygenstahlwerk wird 720 Millionen DM kosten, die sich wie folgt verteilen:[25]

Hochofen und Sinteranlage	120 Mio DM
Universalblockstraße m. Tiefofenanlage	100 „ „
Warmbreitbandstraße	140 „ „
Kaltbreitbandstraße	140 „ „
allg. Werksanlagen	220 „ „
	720 „ „

Der technische Fortschritt und das Größenwachstum der Produktionseinheiten führt zu einer *wachsenden optimalen Betriebsgröße* und verbindet sich mit der weiteren *Konzentration von Produktion und Kapital.*

Vor dem zweiten Weltkrieg lag die optimale Größe eines vertikal integrierten Stahlwerks unter 1 Million Jahrestonnen Stahl.

„Während noch nach dem zweiten Weltkrieg Erzeugniseinheiten mit einer Rohstahlkapazität von 1 bis 2 Mill. t als wirtschaftlich optimal galten, wird heute eine Größenordnung von 4 bis 7 Mill. t Rohstahl für moderne Hüttenwerke angestrebt."[26]

In den USA haben Stahlwerke schon Kapazitäten von 5–8 Millionen t erreicht und werden nach dem Vorbild der Sowjetunion Rohstahlkapazitäten von 12–13 Millionen t geplant, da so weitere Einsparungen an Investitions- und Produktionsselbstkosten je Erzeugungseinheit erreicht werden.[27] Für eine Ölraffinerie wurde 1959 als optimal eine Kapazität von 3,5 Millionen, für eine Zementfabrik von 350000 Jahrestonnen bezeichnet.[28] 1954 erreichte keine westdeutsche Raffinerie 3 Millionen; 1962 hatten 8 Raffinerien Kapazitäten von 3–5,5 Millionen Jahrestonnen und bildeten zwei Drittel der Gesamtkapazität.[29]

Das Wachstum des Kapitalminimums je Produktionseinheit ist mit einer *relativen Abnahme der Beschäftigten* verbunden.

„Ob ein Hochofen 500 oder 2000 Tonnen ausbringt, ein SM-Ofen 50 oder 200 Tonnen, eine offene Walzstraße 200000 oder eine kontinuierliche zwei Millionen Walztonnen, das Bedienungspersonal bleibt in der Regel gleich groß."[30]

In der Stahlindustrie bewirkt der technische Fortschritt eine erhebliche Freisetzung von Arbeitskräften, die bei rückläufiger Entwicklung der Stahlproduktion innerhalb des Industriezweiges nicht mehr kompensiert wird.

25 „Die Welt" vom 1. 8. 1963.

26 *H. G. Sohl*, Zur Investitionspolitik der westdeutschen Stahlindustrie. „Stahl und Eisen", 82. Jahrg., Nr. 22, S. 1663, 1962.

27 Vgl. *K. Oppenländer*, Perspektiven des deutschen Stahls, „Der Volkswirt", Beilage, Nr. 44, S. 28, 1962.

28 Vgl. „Der Volkswirt", Beilage, Nr. 42, S. 22, 1959.

29 „Die Mineralölwirtschaft", Nr. 12, S, 572, 1963. – Die durchschnittliche Größe der 97 westdeutschen Zementwerke stieg von 210000 t im Jahre 1956 auf 300000 t im Jahre 1962. (Vgl. „Wirtschaftsdienst", 43. Jahrg., H. 11, Anhang: Aktuelle Absatzwirtschaft, S. IV, 1963.)

30 „Der Volkswirt", Beilage Eisen- und Stahlindustrie, Nr. 44, S. 18, 1959.

Für ein modernes integriertes Hüttenwerk sind 4000 Belegschaftsmitglieder notwendig, auf die eine Produktion von 200–300 t Rohstahl pro Kopf und Jahr entfallen. Bei einer jährlichen Kapazität von 1 Million t ergeben sich Investitionskosten von 1,2 Milliarden DM (1200 DM Investition je Jahrestonne).

„Für die Errichtung eines kombinierten Stahlwerks auf der grünen Wiese wird der Kapitalaufwand je Arbeitsplatz von Fachleuten auf 200000 bis 300000 Mark geschätzt."[31]

Eine solche Kapitalstruktur spiegelt Veränderungen in der betrieblichen Arbeitsteilung und insbesondere in der Stellung von Arbeitern in Schlüsselpositionen des automatischen Produktionsprozesses wider. Diese Entwicklung trägt neue ökonomische und ideologische Momente in den Klassenkampf hinein.

Die *Erhöhung der Investition je Beschäftigten* nahm in der Stahlindustrie nach der Mineralölindustrie die stärksten Ausmaße an, zeigt sich aber auch – trotz sehr ungleichmäßiger technischer Fortschritte – im Durchschnitt der gesamten Industrie:

	Investition je Beschäftigten[32]				
	1955 bis 1958	1959	1960	1961	1962
Durchschnitt der gesamten Industrie	1730	1880	2215	2470	2540

Im Maschinenbau war die starke Entwicklung im Jahre 1955 mit der Erweiterung neuartiger Erzeugnisgruppen und einer beträchtlichen Zunahme der Beschäftigung verbunden, hatte also expansiven Charakter; die besonders kräftige Entwicklung des Jahres 1961 führte hingegen zu technischen Umstellungen und zur Erhöhung des Investitionsaufwandes je Beschäftigten. Besonders die kleinen hochspezialisierten Firmen waren zur technischen Erneuerung ihres Kapitals gezwungen, um Anschluß an den Markt zu finden.

TABELLE 8

Investitionen je Beschäftigten im westdeutschen Maschinenbau nach der Betriebsgröße

Betriebs-größenklasse Beschäftigte	Investitions-veränderung 1961/1960 in Prozent	Investition je Beschäftigten in D-Mark 1960	1961	1961 (1960 = 100) in Prozent	Investition in Prozent des Umsatzes 1960	1961
–50	+ 14	970	2020	210	4,2	5,9
50–199	+ 13	1420	1720	121	6,1	6,4
200–999	+ 22	1625	1630	100	6,3	5,6
1000 u. mehr	+ 23	1785	2190	123	6,5	7,0

Quelle: *K. Oppenländer*, Investitionstätigkeit und -tendenzen im Bereich der Metall- und Investgüter-Industrie, „Metall", 17. Jahrg., Nr. 2, S. 153.

[31] „Unternehmerbrief des Deutschen Industrieinstituts", 13. Jahrg., Nr. 41, S. 6, 1963; Vgl. auch Wolfgang Pohle, Generalbevollmächtigter der Friedrich Flick GmbH., Düsseldorf: Investitionen und Finanzierungen, in: Steigende Kosten – sinkende Zuwachsraten – verschärfter Wettbewerb. Vorträge des 16. Deutschen Betriebswirtschaftler-Tages. Hrsg. v. d. Deutschen Gesellschaft für Betriebswirtschaft, Eigenverlag, Berlin 1963.

[32] Vgl. „Wirtschaftskonjunktur", Sonderbeilage, Nr. 3, S. 6, 1962.

Die Maschinenbauunternehmen mit den niedrigsten Beschäftigten- und Umsatzzahlen mußten einen wachsenden Anteil ihres Umsatzerlöses angesichts verschärfter Konkurrenz investieren. Diese Betriebe können oft nur um den Preis ihrer Verwandlung in Zulieferbetriebe am technischen Fortschritt und am Absatz teilnehmen.

Für die kleineren Betriebe bedeutet das Größenwachstum der Apparaturen und des Kapitalminimums ganz besonders, daß sie sich spezialisieren und durch feste Zulieferbeziehungen zu den Monopolen sich ihnen unterordnen oder verschwinden müssen.

Monopolvertreter haben diese Alternative klar ausgesprochen. So meinen Sprecher der Montanmonopole, daß sich

> „in Zukunft nur eine beschränkte Anzahl von Großwerken im europäischen Raum in die Massenstahlerzeugung teilen können und müssen. Ihnen stehen dann kleinere Einheiten gegenüber, deren Existenz auf irgendwelchen Spezialitäten beruht.“[33]

Der Konzentrationsprozeß führt zu solchen Formen der Spezialisierung und der Zulieferung, daß mittlere Betriebe einen hohen Anteil ihrer Produktion als Zubehör an einen Monopolbetrieb liefern und damit von diesem völlig abhängig werden. Die gleiche Entwicklung, die zu einer Zahl von 30000 Zulieferbetriebe des Siemens-Konzerns, 21000 von Krupp und 18000 von Daimler-Benz geführt hat, zwängte Tausende von Betrieben in die Rolle eines abhängigen Zulieferbetriebes der Montanmonopole hinein.[34] Karl P. Vietz, Essen, bezieht sich z. B. auf die Mitteilung eines Stahlkonzerns, „daß die Zahl seiner Zulieferer in den Jahren von 1953 bis 1958 um 1000 auf 5000 gestiegen ist.“[35] Für den Maschinenbaukonzern Klöckner-Humboldt-Deutz-AG. wurde eine Zahl von rund 5000 Zulieferfirmen genannt.[36]

In der von wenigen Monopolen beherrschten, stark konzentrierten Stahlindustrie drückt sich die Konzentration des Kapitals nicht in einer Verringerung der Gesamtzahl der Betriebe oder in einer durchschnittlichen Zunahme der Beschäftigten je Werk aus, sondern in einer verstärkten Erhöhung der organischen Zusammensetzung des Kapitals und in wachsender Konzentration von Kapitalanlagen und von ökonomischer Macht über zehntausende von nur formal selbständigen, faktisch monopolabhängigen Zuliefer- und Abnehmerbetrieben.

IV. SPEZIALISIERUNG UND KOOPERATION, MONOPOLBILDUNG UND KONKURRENZ ALS FOLGE UND BEDINGUNG DES TECHNISCHEN FORTSCHRITTS

Die Umwälzung der Technik der Stahlgewinnung und -verarbeitung wurde nicht zuletzt durch das Vordringen von Industriezweigen mit einem veränderten, sehr spezifizierten Stahlbedarf, mit sehr variablen hohen Qualitätsansprüchen, hervorgerufen.

33 *Willy Ochel*, Eisen- und Stahlindustrie. „Der Volkswirt“, Beilage, Nr. 45, S. 26, 1963.
34 Vgl. Deutsches Wirtschaftsinstitut, Berichte, 14. Jahrg., H. 15/16, S. 282, 1963.
35 *Karl P. Vietz*, Größenordnung und Wirtschaftlichkeit in der Montanindustrie, „Wirtschaftsdienst“, 39. Jahrg., H. 4, S. 219, 1959.
36 Vgl. „Der Volkswirt“, Beilage, Nr. 44, S. 21, 1959.

Die Veränderungen in der Stahlnachfrage und in den ihr Rechnung tragenden Produktionsverfahren sind so umwälzend, daß Dr. Willy Ochel, Vorsitzender des Vorstandes der Hoesch AG., in einem viel beachteten Vortrag in Dortmund grundlegende Veränderungen der Preisfestsetzung für Stahl voraussah:

„Auf dem Gebiet des Absatzes steht zu erwarten, daß die bisher selbstverständlichen Preisklassifizierungen nach den Erschmelzungsverfahren, d. h. Thomas, Siemens-Martin oder Elektro, weitgehend ersetzt werden müssen durch solche, denen die Güteeigenschaften der Erzeugnisse zugrunde liegen."[37]

Die zunehmende Spezifizierung des Stahlbedarfs nach Sorten, Gütegrad, Form, Abmessung usw. führte zu einer verstärkten *Spezialisierung und Kooperation in der Stahlindustrie.*

Zunächst nahmen die Monopolgesellschaften eine Produktionsbereinigung unter ihren Konzernbetrieben vor, indem sie die Produktionsstufen innerhalb ihres Konzernbereichs neu verteilten. Zum Beispiel stellten sich die Walzwerke der Hoesch AG. in Hohenlimburg und die Trierer Walzwerk AG. auf den Materialbezug aus dem Warmbreitbandwalzwerk und dem neu errichteten Kaltwalzwerk der Westfalenhütte des Hoesch-Konzerns um. Damit erübrigten die Investitionen der Westfalenhütte Investitionen bei den anderen Walzwerken.

Um durch Investitionen ihre Marktposition zu halten, ohne durch den sprunghaften Kapazitätsanstieg, den die Investitionen hervorrufen, starke profitmindernde Überkapazitäten herbeizuführen, gingen die Monopolgesellschaften zu verschiedenen Formen einer engeren Zusammenarbeit über.

Folgende Formen zwischenbetrieblicher Zusammenarbeit von unterschiedlicher Intensität sind zu nennen:

1. *Langfristige Lieferverträge.* Durch sie sichert sich der Abnehmer einen qualitativ gleichmäßigen Vormaterialbezug, und der Lieferant sorgt für die Auslastung seiner Kapazitäten, ohne sich durch Investitionen in der nächsten Verarbeitungsstufe einen festen Absatz sichern zu müssen.

2. *Gegenseitige Übernahme von Lohnarbeiten*, vor allem durch *Lohnwalzverträge.* Der Auftraggeber vermeidet zumindest zeitweilig auf der betreffenden Produktionsstufe sonst erforderlich werdende Investitionen und überbrückt vorübergehend Disproportionen in den eigenen Kapazitäten durch Inanspruchnahme fremder Walzkapazität. Der Auftragnehmer lastet seine Kapazität besser aus und erhält über den Lohnwalzpreis einen berechenbaren Teil seiner Investitionsauslagen zurück. Durch einen solchen Kapazitätsaustausch wird die Investitionsfinanzierung indirekt unterstützt.

3. *Abstimmung der Produktionsprogramme.* Sie führt zur Spezialisierung und zur Erzeugung in umfangreicheren Losgrößen. Diese Vertiefung der Arbeitsteilung erhöht die Rentabilität der Produktion.

[37] *Willy Ochel*, Die wirtschaftlichen Folgen einer sich verändernden Technologie im Eisenhüttenwesen, Vortrag vor der Volks- und Betriebswirtschaftlichen Vereinigung im Rheinisch-Westfälischen Industriegebiet, Sitz Düsseldorf, „Werk und Wir", Nr. 7, S. 265, 1963.

4. *Gemeinschaftsgründungen* mehrerer Monopolunternehmen, Vorhaben, die diese einzeln nicht rentabel oder überhaupt schwer durchführen könnten, werden so ermöglicht.

Einige Beispiele mögen das Gesagte erläutern.

Zu 2. Im Geschäftsbericht der Mannesmann-Werke für 1962 heißt es:

„Auf Grund von Vereinbarungen mit der August-Thyssen-Hütte AG. und der Hüttenwerke Oberhausen AG. wird die ATH-AG. auf ihrer im Bau befindlichen zweiten Warmbreitbandstraße jährlich 624000 Tonnen Coils aus von uns hergestelltem Vormaterial auswalzen. Ein Teil dieses Bandes soll alsdann in unserer Warmbandadjustage zu Röhrenstreifen sowie zu Grob- und Mittelblechen verarbeitet, der andere Teil auf der Kaltbandstraße zu Feinblechen ausgewalzt werden. Daneben werden wir auch für das Hüttenwerk Oberhausen AG. Kaltband auswalzen."[38]

Es liegen vor:

a) ein Lohnwalzvertrag zwischen Mannesmann und ATH über das Auswalzen von Vormaterial der Mannesmann-Hüttenwerke zu Warmbreitband, das alsdann in einer noch zu errichtenden Warmbandadjustage der Mannesmann und einer neuen Kaltbandstraße zu Röhrenstreifen und verschiedenen Blechen weiterverarbeitet wird;

b) ein Lohnwalzvertrag zwischen der HOAG und ATH auf Herstellung von Warmbreitband aus Vormaterial der HOAG und

c) ein Lohnwalzvertrag zwischen HOAG und Mannesmann auf Weiterverarbeitung des von der ATH erhaltenen Warmbandes auf der Kaltbandstraße der Mannesmann-Werke.

Dem gegenseitigen Austausch der Kapazitäten, in den die HOAG einbezogen ist, liegt eine Spezialisierung der ATH auf Warmband und der Mannesmann auf Kaltband zugrunde. Durch diese Lohnwalzverträge konnte die ATH schon die Hälfte der Kapazität ihrer Warmbreitbandstraße von monatlich 140000 Tonnen auslasten.

Zu 3. Durch Produktionsabstimmung spezialisierte sich die ATH auf die Herstellung von leichter verformbarem kaltgewalztem verzinktem Blech in Form von Rollen oder Tafeln bis zu 0,25 mm minimaler Dicke und überließ der Siegener AG. Geisweid die Herstellung tafelverzinkter warmgewalzter Bleche nach dem Tauchverfahren, durch das nur eine minimale Dicke von 0,5 mm erreicht werden kann. Dadurch brauchte die Siegener AG. nicht selber eine kontinuierliche Bandverzinkungsanlage nach dem amerikanischen Armco-Sendzimir-Verfahren zu errichten, für die der Thyssentrust bis 1959 20 Millionen D-Mark aufwendete. Erfahrungsaustausch und Spezialisierung ermöglichten eine Verbesserung der Qualität und eine erhöhte Konkurrenzfähigkeit der spezialisierten Gesellschaften und zwangen andere Monopole zu ähnlichen Spezialisierungsmaßnahmen. So nahmen die Mannesmann-Werke durch Bau einer Kaltwalzanlage und Umstellung von der Tafelblech- auf die Bandblechverzinkung ebenfalls eine Spezialisierung vor.

Wirkt die Spezialisierung für die spezialisierten Betriebe zunächst konkurrenzvermindernd, so wirkt sie sich konkurrenzverschärfend auf die nichtspezialisierten

[38] A. a. O., S. 18.

Betriebe aus. Die Aufnahme der Bandverzinkung in Europa bedeutete z. B. eine starke Konkurrenz für die USA, die bis 1958 die meisten der 60 Bandverzinkungsanlagen der Welt besaßen und Hauptlieferant verzinkter dünner Feinbleche waren.

Zu 4. Als Beispiel einer Gemeinschaftsgründung möge die sich an das genannte Spezialisierungsabkommen anschließende Errichtung einer gemeinsamen Verkaufsgesellschaft der ATH und der Siegener AG., der Dreisternblech GmbH., genannt werden, die 1959 rund 20 Prozent des in Westdeutschland erzeugten verzinkten Blechs als Tafelblech von der Siegener AG. und 35 Prozent als Bandblech von der ATH erhielt, damit den westdeutschen Markt beherrschte und einen Anteil von 10 Prozent an der Produktion der Montanunion in breitem Sortiment anzubieten hatte. Spezialisierungsabkommen und Gemeinschaftsgründungen verstärken das Produktions- und Marktmonopol und steigern damit die monopolistische Konkurrenz.

Die unter 1. bis 3. genannten neuen Formen zwischenmonopolistischer Beziehungen erzeugen ähnliche Wirkungen wie die unmittelbare Produktions- und Kapitalkonzentration in Gestalt von Beteiligungen, Fusionen usw. In der Praxis verbindet sich die Produktions- mit der Kapitalbereinigung, die Herausbildung einer profilierten Spezialisierung mit vertikaler Kapitalverflechtung. Die Gemeinschaftsgründung jedoch ist selber eine Form unmittelbarer Kapitalkonzentration.

Eine Gemeinschaftsgründung des produktiven Kapitals stellt z. B. das Sidmar-Projekt dar, bei dem sich mehrere westeuropäische Stahlkonzerne zur Errichtung eines integrierten Hüttenwerkes an der belgischen Küste zusammengeschlossen haben, um die – aus Umstellungen in Bezug, Gewinnung, Verarbeitung und Absatz resultierenden – Standortvorteile eines Küsten-Stahlwerks gegenüber den an den Lagerstätten der Rohstoffe gelegenen kombinierten Hüttenwerken auszunutzen.[39]

Mehrere Hüttenwerke vereinigen sich zur Erschließung von Erzvorkommen, zu gemeinsamer Erzaufbereitung, zum Betrieb eines Weiterverarbeitungswerkes, oder sie errichten ein gemeinsames Kraftwerk.

[39] Infolge der Verdrängung einheimischer durch Übersee-Erze und der wachsenden Ersetzung von Kohle durch Elektroenergie besitzen Küstenstahlwerke Standortvorteile gegenüber Binnenwerken durch Vermeidung von Kosten des Umschlags von Hochseefrachtern auf Binnenverkehrsmittel. So wurden Hüttenkombinate in Cornigliano, Piombino, Bagnoli bei Genua an der Reede von Portovecchio und an der Küste in Tarent, in Ymuiden bei Amsterdam, in Dünkirchen und Bremen errichtet. Die Standortverlagerung der Verhüttung veränderte sich, in Prozent der gesamten Roheisenerzeugung der Montanunion berechnet, wie folgt:

	1936/37	1959/60
Kohlebasis	71	55
Erzbasis	24	35
Küstenstandort	2	8
Sonstige Standorte	3	2

(Vgl. „Der Volkswirt", Beilage, Nr. 44, S. 32, 1962.)

Zur gemeinsamen Gründung eines Kraftwerkes durch mehrere Monopole führen folgende Umstände. Ein wirtschaftlich arbeitendes Kraftwerk muß mindestens 150 Megawatt (MW) haben. Ein einzelnes Hüttenwerk hat aber einen so großen Strombedarf nicht, und umgekehrt kann das ihm angegliederte Bergwerk auch die erforderliche Kohle nicht liefern.[40]

Keineswegs nur in der Stahlindustrie, sondern in vielen anderen Industriezweigen ist das Größenwachstum technischer Anlagen gesetzmäßig. Bis vor kurzem stellten Dampfturbinen von 150 MW noch maximale Einheitsleistungen dar, während heute Anlagen mit einer Leistung von 300 MW in der Fertigung sind.[41]

In der Sowjetunion werden z. B. Dampfturbinen von 300 MW in der Serienfertigung und Wasserturbinen mit einer Leistung von je 500 MW gebaut. So sind zehn solcher Turbinen für das Wasserkraftwerk Krasnojarsk am Jenissei in Sibirien bestimmt. Der Bau von Turbinen bis zu 1200 MW für Wärmekraftwerke ist in Vorbereitung.[42] Nach dem Ende des zweiten Weltkrieges hatte ein 50-MW-Turbogenerator eine beachtliche Größe, während 1963 Turbogeneratoren von 300 MW und in den USA von 600 MW gebaut wurden.[43]

Das mit dem technischen Fortschritt verbundene Größenwachstum der Aggregate erzeugt neue Formen der Produktions- und Absatzkooperation zwischen den Monopolen, aber auch neue Formen der Abhängigkeit von den Monopolen, von ihrer Auftragspolitik, ihrem Preisdiktat usw.

Die vertraglich gesicherte Zusammenarbeit der Monopolgesellschaften untereinander (und teilweise auch mit ihren Zulieferbetrieben) auf dem Gebiet der Lieferung, Lohnveredelung, Spezialisierung und der gemeinsamen Betriebsgründung soll:

a) umfangreiche Investitionsmittel auf wenige große Vorhaben konzentrieren und die Investitionsfinanzierung erleichtern;[44]

b) die möglichst vollständige Ausnutzung der verfügbaren Kapazitäten und den Absatz der Erzeugnisse sichern;

c) Produktionsbezüge in gleichmäßiger Qualität gewährleisten;

d) durch Spezialisierung, Sortimentsbereinigung und höhere Losgrößen die Rentabilität erhöhen und

e) als Folge der unter a) bis d) genannten Möglichkeiten die Konkurrenzfähigkeit auf den Binnen- und Außenmärkten gegenüber Preisunterbietungen und Substitutionstendenzen festigen.

40 Vgl. „Der Volkswirt“, Beilage, Nr. 45, S. 44, 1963.

41 Vgl. „Blick durch die Wirtschaft“ vom 26. 4. 1963.

42 Vgl. „Neues Deutschland“ vom 18. 12. 1963 und vom 13. 2. 1963.

43 Vgl. *Willy Ochel*, Die wirtschaftlichen Folgen einer sich verändernden Technologie im Eisenhüttenwesen, a. a. O.

44 Da z. B. die Dortmund-Hörder-Hüttenunion (DHHU) dem Hoeschkonzern einen Teil ihrer Oxygenstahl- und Blockbrammenkapazität zur Verfügung stellte, konnte Hoesch bis 1968 auf ein eigenes LD-Werk verzichten. Umgekehrt konnte die DHHU die Sinteranlagen und die Breitbandkapazität von Hoesch in Anspruch nehmen und konnte die Errichtung einer eigenen Warmbreitbandstraße bis 1970 vertagen.

Wenn der hohe Investitionsaufwand für Stahl- und Walzwerksanlagen die Stahlmonopole zu Spezialisierung, Austausch von Kapazitäten und Gemeinschaftsgründungen veranlaßte, so führte der steigende Grad technischer Schwierigkeit bei der Entwicklung und Konstruktion neuer Stahl- und Walzwerksausrüstungen wie auch anderer Anlagen zur *Spezialisierung und Kooperation im Maschinenbau.*

Auch im Maschinenbau und in anderen Zweigen der Metallverarbeitung entwickelten sich der Lizenzaustausch, insbesondere mit ausländischen, vor allem USA-Firmen, die Abstimmung über Typen, Normen und Sortimente, Spezialisierungsvereinbarungen sowie die Zusammenarbeit im Einkauf und Vertrieb, bei der Marktforschung und Werbung und bei der Entwicklung, Konstruktion und Zulieferung großer Anlagen zum Aufbau neuer Werke.

Die Gute-Hoffnungshütte der HOAG baut u. a. Sinteranlagen, die in Zusammenarbeit mit der Arthur G. McKee in den USA hergestellt werden. Die Lurgi-Gesellschaft für Chemie- und Hüttenwerke mbH., Frankfurt/Main, entwirft Anlagen für ein gemeinsam mit der Steel Company of Canada entwickeltes und erprobtes Verfahren zur Erzeugung von Schwammeisen im sogenannten SL-Prozeß. Als Beispiel internationaler Kooperation in der Stahlindustrie sei noch auf die hinter den 8 Lurgi-Gesellschaften stehende Metall-Gesellschaft AG. Frankfurt hingewiesen, die nach dem Verfahren der International Nickel Co. Sphäroguß (Gußeisen aus Kugelgraphit mit hohen Festigkeitseigenschaften) herstellt.

In anderen Fällen geht die Zusammenarbeit mit dem Auslandskapital in gemeinsamen Unternehmungen vor sich. Die Siemag-United stellt einen Zusammenschluß der Siegener Maschinenbaugesellschaft mbH., Dahlbruch, Westfalen und der United-Engineering and Founding Co., Pittsburgh, USA, dar. Die Siemag-United baut Kaltbreitbandstraßen mit einer Walzgeschwindigkeit bis zu 645 Meter pro Minute. Die Morgan-Worcester-Siemag baut nach amerikanischen Lizenzen Drahtwalzwerke mit einer maximalen Geschwindigkeit von 35,6 Meter pro Sekunde oder 2136 Meter (2,1 km) je Minute.

Besonders erwähnenswert sind zahlreiche Fälle einer Art Dreiecks-Kooperation. Für den Ausbau des neuen Kaltwalzwerkes der ATH lieferte die französische Firma Société de Constructions Mécaniques de Creil, Creil-Oise, (COMEC), alleinige Lizenznehmerin der STAMCO, Inc., New Bremen/Ohio, USA, eine vollständige Bandspaltanlage, die im Frühjahr 1964 in Betrieb gesetzt werden soll. Beide Auslandsgesellschaften haben in Düsseldorf eine gemeinsame Maschinenvertriebsgesellschaft, die STAMCOMEC mbH.

Ebenso wird durch die in Düsseldorf gegründete Filiale der französischen Delattre Levivier Sidérurgie, Courbevoie, die eine Walzwerkabteilung (SECIM) hat, die Lizenznehmer von UNITED ist und z. B. mit ihr gemeinsam die Teile für eine Grobblechstraße von 4,3 Meter Breite für das 1963 in Dünkirchen in Betrieb genommene Küstenstahlwerk USINOR lieferte, eine Verflechtung von Produktion und Kapital zwischen USA-Frankreich-Westdeutschland bewirkt.

Diese Verflechtung beschränkt sich keineswegs auf den Bau von Hütten- und Walzwerksanlagen. Amerikanische Firmen fertigen bereits an 3 Orten in Westdeutschland Baumaschinen und haben außerdem Lizenzen an westdeutsche Firmen vergeben.[45] Durch Baumaschinen mit besonderen Legierungen, deren Herstellung in Westdeutschland zu teuer wäre, dringt amerikanisches Kapital in die Baumaschinenproduktion Westdeutschlands ein und übt einen ungeheuren Konkurrenzdruck auf kleinere Unternehmen aus, während die großen Maschinenbauunternehmen sich in Absprachen mit den Auslandsunternehmen spezialisieren und ihr Produktionsprogramm auf die Verlagerung der Bautätigkeit vom Hoch- auf den Tiefbau einstellen. Kleinere Firmen können mit dem damit gekoppelten Größenwachstum der Baumaschinen nur schwer Schritt halten und müssen sich auf Zulieferungen umstellen und damit den Monopolbetrieben unterordnen.

Dort, wo der technische Fortschritt bisher übliche Verfahren ersetzt oder verbessert, wurde eine Bereinigung der Produktionsprogramme und eine Spezialisierung vorgenommen, wie das Beispiel der Bandverzinkung zeigte. Ganz andere Ausmaße hat die Spezialisierung und Kooperation dort, wo es sich um die Entwicklung und Konstruktion völlig neuer Anlagen handelt. Wenn die Spezialisierung und Kooperation im westdeutschen Maschinenbau allgemein auch keine so großen Ausmaße angenommen hat wie in der Stahlindustrie, da viele kleine und mittlere Maschinenbaubetriebe an dem verzweigten und verästelten Produktionsprogramm des Maschinenbaus teilhaben, so findet unter großen Maschinenbauunternehmen eine weitgehende Abstimmung und Zusammenarbeit bei der Entwicklung, Konstruktion und Herstellung völlig neuer Anlagen statt.

So betreiben z. B. die drei großen Maschinenbaukonzerne Klöckner-Humboldt-Deutz, MAN und Friedrich Krupp in ihren Versuchs- und Entwicklungsabteilungen gemeinsam Arbeiten für die Weiterentwicklung der Kreiskolbenmaschine, die als Dieselaggregat die bisher übliche Hubkolbenmaschine ersetzen soll, da der Hubkolbenmotor keine weitere Leistungssteigerung zuläßt.[46]

Bis Anfang 1963 bestanden in Westeuropa drei Strangguß-Gemeinschaften. Zu der westdeutschen Stahl-Strangguß-Gemeinschaft (SSG) hatten sich die Mannesmann-Werke und zwei weitere Firmen, zu der österreichischen Strangguß-Interessengemeinschaft (GeSIG) 4 Eisen- und Stahlgesellschaften, u. a. die Gebrüder Böhler AG., Wien, und zu der Concast AG. Zürich, der weitaus größten Gemeinschaft, die westdeutsche Firma Schloemann AG. (Haniel-Deutsche Erdöl-AG-Gruppe), Düsseldorf, die Compagnie des Forges & Aciéries de la Marine de Firminy et de St. Etienne, S. A., Paris und die United Steel Company, Ltd. Sheffield, USA, zusammengeschlossen.

Durch einen Vertrag wurde Anfang 1963 zwischen den drei Gruppierungen festgelegt, daß Forschungserfahrungen und Erkenntnisse beim Bau von fast 50 Stranggußanlagen und auch die Rechte aus 1200 Stranggußpatenten unter den drei Vertragspartnern und ihren Lizenznehmern ausgetauscht werden. Die nach den Erfahrungen der deutschen und österreichischen Stranggußgemeinschaften projektierten Anlagen werden in Westdeutschland von der DEMAG Duisburg und die von der Concast projektierten Anlagen durch die Schloemann AG. Düsseldorf ge-

[45] Vgl. „Die Welt“ vom 8. 5. 1963.

[46] Vgl. „Der Volkswirt“, Nr. 46, S. 2283, 1961.

baut.[47] Somit stehen der Stahlindustrie wahlweise zwei technische Ausführungen von Stranggußanlagen zur Verfügung, während gleichzeitig ein höchstmöglicher Spezialisierungs-, Konzentrations- und Monopolisierungseffekt erreicht wurde.

Der technische Fortschritt führt angesichts wachsender Größen der Aggregate, der Werke, der Investitionssummen und wachsender Schwierigkeit der Investitionsfinanzierung, des Absatzes und der Kapazitätsauslastung zur Bereinigung der Produktionsprogramme erst innerhalb eines Monopols, dann zwischen nationalen Monopolen und schließlich innerhalb der kapitalistischen Weltwirtschaft; denn nicht immer reicht die Spezialisierung und Kooperation innerhalb eines Landes angesichts des raschen technischen Fortschritts, der zu technisch völlig neuen Lösungen zwingt, aus.

Das Beispiel der Stranggußanlagen zeigt, daß die Spezialisierung und Kooperation auf Teilgebieten zeitweilig zu einem kapitalistischen Weltmonopol führen kann. Dieser Prozeß vollzieht sich im Wechselspiel von Konkurrenzausschaltung durch Spezialisierung und Kooperation in einem bestimmten, z. B. im nationalen Rahmen, wodurch die Konkurrenz im internationalen Rahmen zunächst verschärft wird. Die dann erfolgende internationale Absprache schwächt zwar die Konkurrenz unter den Vertragspartnern ab, verstärkt aber die Konkurrenz zwischen den Herstellerbetrieben von Stranggußanlagen einerseits und von Walzstraßen andererseits, da die Stranggußanlage z. B. in Konkurrenz zur Blockbrammenstraße tritt. Die Investition für eine Stranggußanlage beträgt bei einer Kapazität von 2 Millionen Jahrestonnen Brammen 100 Millionen D-Mark im Gegensatz zu 140 Millionen D-Mark für eine Brammenstraße. (Vgl. Tabelle 7.) Dieses Beispiel zeigt, *daß die Konkurrenz, die innerhalb eines Bereichs ausgeschaltet oder abgeschwächt wird, zwischen den Bereichen um so stärker in Erscheinung tritt.*

Wird der technische Fortschritt durch die wachsende Substitutions- und Preiskonkurrenz angetrieben, so löst er seinerseits ökonomische Prozesse der Spezialisierung, der Kooperation, der vertikalen und horizontalen Produktions- und Kapitalverflechtung und damit der Konzentration der Produktion und des Kapitals in den Händen einiger Monopolgesellschaften aus. Zwar monopolisieren diese zunächst den technischen Fortschritt, schwächen die Konkurrenz in einem bestimmten Rahmen ab, aber schaffen gerade dadurch die Voraussetzungen für eine Verschärfung der Konkurrenz auf einer höheren Ebene, da die technische Umwälzung zu Überkapazitäten führt und ständig neue Möglichkeiten der Produktsubstitution und der technologischen Vervollkommnung der Produktion bietet, die beide konkurrenzverschärfend wirken. So wird die Wechselwirkung zwischen Konkurrenz und technischem Fortschritt durch die Spezialisierung und Kooperation nur vorübergehend aufgehalten und führt zu Widersprüchen stärkerer Wirkung in größeren Bereichen.

[47] Vgl. „Industriekurier" vom 23. 2. 1963.

V. AUSWIRKUNGEN DES TECHNISCHEN FORTSCHRITTS AUF DIE INTERINDUSTRIELLE VERFLECHTUNG UND AUF DIE KONZENTRATION DES KAPITALS

Zu den allgemeinen Entwicklungstendenzen des technischen Fortschritts gehören der zunehmende Be- und Verarbeitungsgrad der Erzeugnisse und der Rückgang im spezifischen Materialverbrauch.

Der *höhere Veredelungsgrad* ist für alle Rohstoffindustrien ebenso wie für die Energiewirtschaft charakteristisch. Wenig bearbeitete Naturstoffe wie Steine und Sand, Holz, Pflanzenfasern und natürlicher Kautschuk werden durch Beton, Glasfasern, Preßplatten, synthetische Fasern, Schaumgummi usw., die aus einem längeren Gewinnungsprozeß hervorgegangen sind, verdrängt. Metalle erfahren eine höhere Veredelung, werden durch Kunststoffe, die einen hohen Grad derVerarbeitung aufweisen, verdrängt oder verbinden sich mit ihnen. An Materialien und Energie werden

TABELLE 9

Struktur des Walzwerkserzeugnisabsatzes in Prozent des Gesamtabsatzes

	1938 (Deutsches Reich)		1962 (Westdeutschland)	
Gesamtabsatz (Mill. t)				
davon Industrie (Mill. t)		11,97		13,04
			in Prozent	
Eisen-, Stahl- und Walzindustrie		16,1		30,6
Kohlenbergbau	2,2		0,5	
Stahlbau	13,6		7,6	
Maschinenbau	12,3		5,5	
Schiffbau	3,6		2,6	
Bau- und Baustoffindustrie	8,3		3,2	
		40,0		19,2
Fahrzeugbau	2,5		7,0	
Elektrotechnik	1,4		2,6	
		3,9		9,6
Eisen-, Blech- und Metallwaren	12,5		10,0	
Stahlverformung	5,7		6,9	
sonstige Industrie	2,2		1,2	
		20,4		18,1
Industrie insgesamt		80,4		77,5
Binnenstahlhandel		13,4		20,0
Verkehrsbau		4,5		2,3
Sonstige Abnehmer		1,7		0,2
		100,0		100,0

Quelle: Statistisches Jahrbuch für die Eisen- und Stahlindustrie für 1962, S. 54f.

Forderungen nach größerer Gleichmäßigkeit in der Struktur bzw. in der Wirkung, nach Regulierbarkeit, leichterer Transportierbarkeit usw. gestellt. Daher treten sekundäre Energieformen, wie Gas und Elektrizität, zunehmend an die Stelle von Primärenergien, und diese selbst, wie das Erdöl und auch die Kohle, finden nur in stark verarbeiteter Form Verwendung. Energie- und Rohstoffgewinnung sind durch die zahlreichen Möglichkeiten der Verarbeitung einander näher gerückt.

Der wachsende Verarbeitungsgrad der Erzeugnisse bringt die *verbesserte Ausnutzung und vielseitigere Verwendung der Grundstoffe* mit sich. Solche Entwicklungstendenzen des technischen Fortschritts haben Auswirkungen auf die Verflechtung der Industriezweige:

A) *Die Veränderung der Produktionsstruktur der einzelnen Zweige.* Die Aufnahme neuer oder veränderter Erzeugnisse in die Produktion eines Zweiges verändert die Struktur der Produktionsmittelnachfrage – d. h. nach benötigten Rohstoffarten und -qualitäten, Energieformen und -quellen etc. – gegenüber einem anderen Zweig.

Infolge des Vordringens neuer Zweige und des relativen Rückgangs anderer Zweige veränderte sich in Westdeutschland die Absatzstruktur für Walzwerkserzeugnisse und zwang die Stahlindustrie zur Veränderung ihrer Produktionsstruktur nach Sorten, Gütegraden, Formen, Abmessungen. (Vgl. Tab. 9)

Zwei Entwicklungslinien im Produktionssortiment der Stahlindustrie heben sich hervor, die durch strukturelle Veränderungen im Absatz und durch den technischen Fortschritt in den Abnehmerzweigen wie in der Stahlindustrie selbst hervorgerufen wurden:

1. Der Anteil der Qualitätsstähle, darunter auch des Edelstahls, nahm gegenüber den Massenstählen zu. So stieg der Anteil legierter Stähle von 6,3 Prozent im Jahre 1955 auf 8,5 Prozent der Stahlblockerzeugung im Jahre 1962. Die Erzeugung höher veredelter Stahlsorten, d. h. von Stählen mit geringem Kohlenstoffgehalt, beruhte auf dem Vordringen des Sauerstoffblasverfahrens, die Zunahme von legierten Stählen auf der verstärkten Verwendung von Elektroöfen.

TABELLE 10

Erzeugung von legiertem Rohstahl in 1000 t

	legierte Rohstahlblöcke	in Prozent der Rohblockerzeugung	davon gewonnen in Siemens-Martinöfen	Elektroöfen
1955	1315	6,3	771	541
1962	2177	8,5	1071	1043

Quelle: Statistisches Jahrbuch für die Eisen- und Stahlindustrie für 1962, S. 16.

2. In der Walzstahlerzeugung ergab sich eine Verschiebung vom Profil- zum Flachstahl infolge des Vordringens des Fahrzeugbaus, des Leichtmaschinenbaus[48],

[48] Auch im Maschinenbau erfolgte eine Strukturverschiebung zugunsten weniger materialintensiver Fachgruppen (Büro-, Prüfmaschinen usw.), für die vor allem Flachstahl und z. T. Sonderstähle verwendet werden. Der Anteil des Profilstahls sank von 26,1 Prozent im

der Elektrotechnik, der Konservenindustrie usw. (Vgl. Tab. 11.) Damit erhöhte sich auch der Anteil des Kaltwalzens gegenüber dem Warmwalzen.

TABELLE 11

Struktur der Walzstahlerzeugung in Deutschland bzw. Westdeutschland

	1928	1938	1954	1962
Erzeugung in Mill. t	10,5	15,5	11,5	21,6
Strukturanteile in Prozent				
Profilstahl	61,7	56,9	49,2	46,4
Flachstahl	26,2	33,3	42,9	47,3
sonstige Erzeugnisse	12,1	9,8	7,9	6,3
insgesamt:	100,0	100,0	100,0	100,0

Quelle: Statistisches Jahrbuch für die Eisen- und Stahlindustrie für 1962, S. 18f.

B) Die *Veränderung der technischen Einsatzkoeffizienten.* Durch die Verringerung des relativen und des spezifischen Material- und Energieverbrauchs sowie des Verbrauchs an fixem Kapital je Produktionseinheit werden Elemente des insgesamt angewachsenen konstanten Kapitals ökonomisiert.

1. Im Maschinenbau führt der technische Fortschritt dazu, daß die Maschinenbauerzeugnisse wissenschaftsintensiver werden, d. h., einen größeren Anteil in ihnen unmittelbar oder über Zulieferungen (z. B. von elektronischen und sonstigen Meß- und Regelanlagen) mittelbar vergegenständlichter geistiger Arbeit und einen kleineren Anteil in großem Volumen und hohen Materialgewichten vergegenständlichter körperlicher Arbeit enthalten. Fertig bezogene Einbauelemente (Getriebe, Wälzlager, Elektromotoren, Steuer- und Regelelemente) machen nur 10 Prozent des Gewichtsanteils am Materialverbrauch, aber 30 Prozent der Materialkosten des Maschinenbaus aus.[49]

Die *relative Verringerung des Materialanteils am Wert* des Maschinenbauerzeugnisses gilt nicht nur für die leichteren Maschinen und Ausrüstungen wie Flüssigkeitspumpen, Maschinen für die Verarbeitung von Gummi und plastischen Massen, d. h. leichter Werkstoffe. Sie gilt auch für den Schwermaschinenbau, so für Hütten- und Walzwerksausrüstungen, in die Schalt-, Steuer- und Regelanlagen eingebaut werden, die stark werterhöhend wirken. Der technische Fortschritt äußert sich gegenwärtig ja nicht zuletzt darin, daß nicht die Kraft des Materialgewichts oder der mechanische Druck, sondern andere, nämlich hydraulische, pneumatische, elektrophysikalische Naturkräfte zur Wirksamkeit gebracht werden. Daher begünstigt die Automatisierung auch den Trend zur Entwicklung von Maschinen mit einem relativ verringerten Materialeinsatzgewicht. Der materialintensive Maschinenkörper trägt vielseitig

Jahre 1955 auf 24,5 Prozent im Jahre 1961, während der Anteil des Flachstahls von 22 auf 23,9 Prozent im gleichen Zeitraum anstieg. (Vgl. Statistisches Handbuch für den Maschinenbau, Hrsg. Verein Deutscher Maschinenbau-Anstalten e. V. (VDMA), 1962, S. 64; 1963, S. 68.

49 Vgl. Maschinenbau – wirtschaftlich gesehen, Hrsg. VDMA, 1962, S. 50.

verwendbare Werkzeuge, ist für einen automatischen Werkzeugwechsel und die Auswechslung von Verschleißteilen eingerichtet. Die Entwicklung von Mehrzweckmaschinen, der Maschinenaufbau aus Bauelementen und die Verwirklichung der Maschinenprogrammierung verringern den Stahlverbrauch. Besonders die Elektronik ermöglicht eine immer größere Leistung auf immer engerem Raum, ein Prinzip, das nicht zuletzt von den anderen beiden Entwicklungsprinzipien des Maschinenbaus: leichtere Bedienung und größere Wirtschaftlichkeit bedingt wird.

Darüber hinaus wird der relative Stahlverbrauch des Maschinenbaus durch die Sortimentsverschiebung vom Schwer- zum Leichtmaschinenbau verstärkt.

TABELLE 12

Anteile des Schwermaschinenbaus am Produktionswert des Maschinenbaus in Prozent

	1953	1962
Bergbaumaschinen	6,3	2,9
Hütten- und Walzwerkseinrichtungen	2,9	2,3
Loks und Tender	2,4	1,0
Chemieanlagen	2,0	0,9
Dampfmaschinen und -turbinen	1,4	0,9
	15,0	8,0

Quelle: Statistisches Handbuch für den Maschinenbau, Hrsg. VDMA, 1954 und 1963.

2. Der technische Fortschritt führt zur *Verringerung des spezifischen Materialverbrauchs*, d. h. der Einsatzmenge je Erzeugniseinheit. Eine Seite des technischen Fortschritts besteht eben im erhöhten Ausnutzungsgrad der Rohstoffe und der Energie.

Durch den Einsatz von Erzsinter, durch technologische Verbesserungen und genaue Abstimmung der Einsatzmaterialien auf das zu gewinnende Produkt sank der spezifische Materialverbrauch in der Eisen- und Stahlindustrie.

TABELLE 13

Materialeinsatz in der Roheisen- und Rohstahlerzeugung Westdeutschlands[50]

Materialart	Maßeinheit	1936	1955	1962
Einsatz metallischer Stoffe			974	965
davon Erzverbrauch nach FE-Gehalt	in kg je Tonne Roheisen- und Hochofenlegierungen		574,6	377,1
Koksverbrauch	in kg je Tonne Roheisen		933	748
Roheisenverbrauch	in kg je Tonne Rohstahl	849	772	745

Quelle: Statistisches Jahrbuch für die Eisen- und Stahlindustrie ... für 1962, Düsseldorf 1963, S. 28 und S. 16.

[50] Die mit dem Elektro- und Sauerstoffblasverfahren als auch mit dem Einspritzen von flüssigen (Heizöl) oder gasförmigen Kohlenwasserstoffen (Erdgas, „Restgas“, Kokereigas)

Von der verbesserten Ausnutzung des Eisengehaltes des Erzes und von der Verringerung des Kokseinsatzes über die Verminderung des spezifischen Roheisenverbrauchs bei der Rohstahlerzeugung führt eine lange Kette zu einer spezifischen Verminderung des Stahleinsatzes je Million D-Mark Maschinenbauerzeugnis.

Durch Verwendung besonders harter Stähle mit geringerem spezifischen Gewicht, durch die Ersetzung von Eisenmetallen durch Nichteisenmetalle und durch Kunststoffe[51], durch materialsparende Konstruktionen (Hohlprofile usw.), durch die einem bestimmten Verwendungszweck entsprechende stahleinsparende technische Dimensionierung der Bearbeitungsmaschinen und nicht zuletzt durch eine veränderte Formgestaltung von Maschinenelementen und sonstigen Stahlerzeugnissen wird eine Verringerung des spezifischen Stahlverbrauchs im Maschinenbau erreicht. Eine veränderte Formgestaltung ermöglicht materialsparende Arbeitsverfahren, z. B. die Ersetzung spanabhebender durch spanlose Bearbeitung oder grober Spanabhebung (Fräsen, Hobeln) durch spanabhebende Feinbearbeitung (Schleifen, Läppen, Honen usw.). Da Abfälle fortfallen oder minimalen Umfang haben, verringert sich der spezifische Stahleinsatz.

Vom Ausmaß der Verdrängung spanabhebender durch spanlose Metallverformung gibt die Veränderung des wertmäßigen Anteils beider Arten von Metallbearbeitungsmaschinen an der Produktion des Maschinenbaus eine Vorstellung:

TABELLE 14

Anteil der Werkzeugmaschinen zur Metallbearbeitung am Gesamtwert des Maschinenbaus Westdeutschlands

(in Prozent)

	1953	1962
spanabhebend	8,2	7,0
spanlos	2,7	3,4

Quelle: Statistisches Handbuch für den Maschinenbau, Hrsg. VDMA, 1963, S. 44 und 125f.; 1954, S. 547 und 91f.

oder der Zusatzzuführung von Sauerstoff zum Vorfrischen von Roheisen bei Thomas- und Siemens-Martin-Öfen verbundene Qualitätserhöhung des Stahls, Regulierbarkeit der Arbeitsvorgänge und der Güte bestimmenden Faktoren hat zu größerer Elastizität der Beschikkung und zu einer Verringerung des spezifischen Materialeinsatzes geführt. Dazu trugen aber auch die Verwendung eisenreicher Erze und die besondere Aufbereitung der Einsatzstoffe bei. So gelang es der hochmodernen japanischen Stahlindustrie, den Kokseinsatz unter 500 kg je Tonne Stahl zu senken. (Vgl. „Der Volkswirt", Beilage, Nr. 44, S. 18, 1962.)

51 Bis 1958 waren etwa 240000 t Walzstahl durch 80000 t Kunststoff ersetzt worden. Die Verdrängung von Stahl durch Kunststoffe machte damals insgesamt etwa 3 Prozent der gesamten Walzstahlproduktion Westdeutschlands aus. (Vgl. *K. Oppenländer*, Investitionstendenzen in der Eisen- und Stahlindustrie. „Wirtschaftskonjunktur", Nr. 2, S. 33, 1962.) – Seitdem wurden z. B. in wachsendem Maße gußeiserne Rohre durch Kunststoff- und Asbestzementrohre ersetzt usw.

Von der Verringerung des Materialverbrauchs im Maschinenbau zeugen die nachfolgend berechneten Kennziffern der Gewicht-Wert-Relation der Produktion und des Materialausnutzungsgrades.

TABELLE 15

Produktion und Materialverbrauch im Maschinenbau Westdeutschlands

	1955	1962
Produktion in Mill. D-Mark	14269,8	29834,9
Preisindex	200	123
Produktion in Mill. D-Mark in Preisen von 1955	14269,8	24256,0
Produktion in 1000 t	2929,4	4327,6
Produktion in 1000 t je Mill. D-Mark	205,3	178,4
Materialverbrauch in 1000 t	3500	4800
Ausbringungsgrad des Materials (Produktion in Prozent des Materials)	83,7 Prozent	90,2 Prozent

Quelle: Statistisches Handbuch für den Maschinenbau, Hrsg. VDMA, 1959, S. 38f.; 1962, S. 64; 1963, S. 44f. und 68.

Die *Erhöhung der Kennziffer des Ausbringungsgrades des Materials* zeugt von der Verringerung des spezifischen Material- und insbesondere Stahlverbrauchs im Maschinenbau.

In der *Senkung der Kennziffer des Produktionsgewichtes je Million Produktionswert* kommt einmal die Tendenz der Verringerung des spezifischen Materialverbrauchs und zum anderen die Tendenz der relativen Verringerung des Anteils des Materialwertes am Erzeugniswert zum Ausdruck. Beiden Trends des technischen Fortschritts liegt die Verwandlung der Wissenschaft in eine unmittelbare Produktivkraft zugrunde: wissenschaftliche Methoden der Gewinnung und Verarbeitung von Stahl, der wissenschaftlich begründete Einsatz von Material und Maschinen, der Einsatz leichterer, vor allem auch synthetischer, d. h. wissenschaftlich begründeter, Werkstoffe, die Einführung neuer nichtmechanischer Wirkungsprinzipien in die Produktion und eine wissenschaftliche Technologie.

Wir vermögen daher in der Kennziffer Materialgewicht je Million Produktionswert des Maschinenbaus eine Kennziffer des technischen Fortschritts zu erblicken, die, wie die Tabelle zeigt, die Entwicklung in allen Fachgruppen des Maschinenbaus betrifft. Die getroffene Auswahl wurde durch die nur für die hauptsächlichen Maschinengruppen vom Statistischen Bundesamt angegebenen Preisindizes bestimmt.

Ökonomisch drückt sich in dieser Kennziffer des technischen Fortschritts im Maschinenbau die Verringerung des Anteils des konstanten zirkulierenden Kapitals am Produktenwert aus. Diese Kennziffer deutet veränderte technische Einsatzkoeffizienten und Verflechtungsbeziehungen zwischen den Industriezweigen an.

C) Die *globale Veränderung der Industriestruktur.* Wenn der technische Fortschritt – extensiv wirkend – die Veränderung der Produktionsstruktur und damit der

TABELLE 16

	Preisindex 1958 = 100		Preisindex		Produktion in Mio. DM zu Preisen des Jahres		Produkt. z. Preisen v. 1955	Tonnage in 1000 t		t/Mio. DM preisbereinigt	
	1955[2]	1962[1]	1955	1962	1955[3]	1962[4]	1962	1955[3]	1962[4]	1955	1962
Metallbearbeitungsmaschinen d. spanabhebenden Formung	87,2	118,7	100	136	939,8	2122,0	1560,3	136,3	200,0	145,0	128,2
Metallbearbeitungsmasch. d. spanlosen Formung	87,5	121,4	100	139	402,2	1028,7	740,1	91,4	165,0	227,3	222,9
Maschinen f. d. Bauwirtschaft	90,2	109,8	100	122	578,1	1690,4	1385,6	161,8	316,0	279,9	228,1
Kraftmaschinen	91,9	103,9[1]	100	113	841,0	1253,6[1]	1109,4	122,9	144,3[1]	146,1	130,1
Landmaschinen	89,9	108,7	100	121	545,6	1243,2	1027,4	195,6	315,0	358,5	306,6
Ackerschlepper	92,5	110,1	100	119	1074,4	1111,7	934,2	219,0	177,0	203,8	189,5
Armaturen	107,0	104,2	100	97	583,6	1205,1	1242,4	—	167,0	—	134,4
Textilmaschinen	89,8	115,5	100	129	474,2	890,7	690,5	75,9	92,4	160,1	133,8
Holzbe- und -verarbeitungsmaschinen	86,1	114,5	100	133	213,1	549,6	413,2	45,2	69,1	212,1	167,2
Zahnräder und Getriebe	90,6	110,6	100	122	417,4	837,6	686,6	80,5	117,0	192,9	170,4
Maschinen und Einrichtungen für den Bergbau	86,1	110,6	100	128	411,3	882,9	689,8	156,7	245,0	381,0	355,2
Papier- und Druckereimaschinen	91,3	117,6	100	129	614,1	1255,7	973,4	108,7	160,6	177,0	165,0

1 Angaben für 1961, da 1962 Produktionsziffern nur für Verbrennungsmotore
Quelle: Statistisches Jahrbuch für die Bundesrepublik Deutschland, 1963, S. 461 und 1962, S. 248

2 Statistisches Jahrbuch für die Bundesrepublik Deutschland, 1962, S. 480f.

3 Statistisches Jahrbuch für die Bundesrepublik Deutschland, 1959, S. 188f.

4 Statistisches Jahrbuch für die Bundesrepublik Deutschland, 1963, S. 243f.

Nachfrage- und Absatzstruktur jedes einzelnen Industriezweiges herbeiführt, wenn er — intensiv wirkend — die technischen Einsatzkoeffizienten, d. h. die Mengenrelationen der Bezüge je Produkteinheit, verringert, so bedeutet dies, daß sich die Beziehungen zwischen den Betrieben, Fachgruppen und Industriezweigen verändern und als globales Ergebnis der qualitativen und quantitativen Einzelveränderungen sich eine veränderte Gesamtindustriestruktur herausbildet.

Die gesellschaftliche Arbeitsteilung führt infolge der Vervielfältigung und der Komplizierung der gegenseitigen Lieferansprüche zu einem höheren Grad der Verarbeitung der Erzeugnisse und der Spezialisierung der Produzenten sowie zu einem vielseitigeren Austausch spezialisierter Erzeugnisse.

Verweisen wir nur darauf, daß die Stahlindustrie ihren Abnehmerindustrien höher veredelte Rohstahl- und Walzwerkserzeugnisse liefern mußte, sich dazu auf neue Herstellungs- und Bearbeitungsverfahren umstellen und an den Maschinenbau und andere Zweige erhöhte Lieferanforderungen erheben mußte. Der Maschinenbau mußte für die neue Technik in der Stahlindustrie umfangreichere und kompliziertere Maschinenanlagen, d. h. Erzeugnisse höherer technischer Qualität, Produkte eines stufenreicheren Produktionsprozesses zur Verfügung stellen. Da Stahlindustrie und Maschinenbau voneinander Erzeugnisse eines höheren Verarbeitungsgrades und gleichzeitig differenzierterer Spezifizierung beziehen, verändern, komplizieren sich ihre Verflechtungsbeziehungen.

Der gegenwärtige technische Fortschritt ist durch das Ineinandergreifen verschiedener Produktionszweige bei der Erzeugung eines Produkts gekennzeichnet. Während früher eine eindeutige massenhafte Beziehung des Erz- und Kohlebergbaus zur Stahlindustrie und der Stahlindustrie zum Maschinenbau bestand, ist es heute so, daß diese beiden Industriezweige mit zahlreichen anderen Zweigen, die ihre Lieferanten und Abnehmer bilden, verbunden sind: mit der Chemie (einschließlich der Mineralölindustrie), der Elektroenergieerzeugung, der Elektrotechnik usw.

Vor dem Krieg nahm der Maschinenbau $^1/_8$ der Walzwerkserzeugnisse ab, 1962 nur $^1/_{10}$. Der Maschinenbau weist hingegen eine stärkere Verflechtung als früher zur Stahlindustrie als Investor und zur anlageintensiven Chemieindustrie und den mit ihr zusammenhängenden Zweigen auf, die ihren Anteil an Lieferungen des Maschinenbaus von 7,8 Prozent aller Maschinenlieferungen im Jahre 1953 auf 17,5 Prozent im Jahre 1961 erhöhten.

Umgekehrt beziehen Stahlindustrie und Maschinenbau mehr Vorprodukte von der chemischen Industrie als früher und sind beide in wachsendem Umfange Bezieher elektrischer Schaltgeräte und -anlagen, elektronischer Meß-, Prüf-, Steuer- und Regelgeräte usw. Stahlindustrie und Maschinenbau liefern aber auch ihrerseits an die Elektroindustrie. Besonders hoch ist die Verflechtung beider Zweige mit den Riesenunternehmen der Elektroindustrie, d. h. den Monopolen der AEG und Siemens.

Zwischen der Stahlindustrie und dem Maschinenbau als Bezugsquelle seiner Ausrüstungen, zwischen der Stahlindustrie und der Elektrotechnik als Abnehmer von Blechen, zwischen der Stahlindustrie und der chemischen Industrie usw. bestehen stärkere Liefer- und Abnehmerverflechtungen als früher infolge der Vervielfältigung

TABELLE 17

Struktur des Absatzes des Maschinenbaus an investierende Industriezweige in Prozent

Industriezweig	1953		1961	
Eisen- und Stahlindustrie	17,4		19,0	
Maschinenbau	5,5		7,9	
Fahrzeugbau	7,3		8,8	
Elektrotechnik	3,2		4,2	
EBM, Ziehereien, Blech- und Kaltwalzwerke	2,3		2,7	
Chemie	6,0		13,9	
Kunststoffverarbeitung, Gummi-, Asbestindustrie	1,1		2,0	
Glas	0,7		1,6	
		43,5		49,5
Kohlenbergbau	17,2		5,2	
Stahlbau	0,7		0,7	
Schiffbau	0,5		0,3	
Feinmechanik/Optik	0,7		0,6	
Holzindustrie	5,0*		1,7	
Textil, Bekleidung	10,5		6,2	
Leder, Schuhe	0,7		0,4	
Lebens- und Genußmittel	7,1		4,7	
		42,4		19,8
sonstige Industriezweige		14,1		30,7
		100,0		100,0

Quelle: 1953: Krelle, Volkswirtschaftliche Gesamtrechnung, Berlin 1959, beigelegte Tab.
1961: Statistisches Jahrbuch für den Maschinenbau, Hrsg. VDMA, 1963, S. 64 (errechnet).

einschließlich Papiergewinnung.

der früher einseitig linearen Verflechtungsbeziehungen. Diese wachsende Produktionsverflechtung zwischen verschiedenen Industriezweigen, vor allem mit den auf neuen wissenschaftlichen und technischen Grundlagen beruhenden chemischen und elektrotechnischen Industrien, hat zu einer ihr entsprechenden Kapitalverflechtung oder *vertikalen Konzentration* geführt.

In der westdeutschen Stahlindustrie haben vor allem die Mannesmann- und Hoeschwerke den ihrem Stahlsektor angegliederten Sektor des Maschinenbaus erweitert. Der Mannesmann-Konzern verfügt neben Zechen und Rohstoffgewinnungsanlagen über vier Hütten-Walz- und vier Röhrenwerke. Er ist an neunzehn weiterverarbeitenden Gesellschaften mit einem Kapital von 100 Millionen D-Mark und an fünf Gesellschaften der Kohle- und der Kunststoffchemie (64 Millionen D-Mark) beteiligt.

Besonders stark ist die Kapitalverflechtung von Mannesmann zur Kunststoffindustrie. Zu nennen wäre die 50prozentige Beteiligung an der Südwestchemie, die

TABELLE 18

Bezugsstruktur der Elektroindustrie im Jahre 1958 in Prozent

	Gesamt	davon Betriebe mit 10000 und mehr Beschäftigten
Energiewirtschaft	3,0	3,0
Eisenschaffende Industrie (einschließlich Fachhandel)	14,3	16,2
NE-Metallindustrie (einschließlich Fachhandel)	10,5	8,5
Chemische Kunststoffindustrie	7,3	5,5
sonstige Grundstoffindustrien	6,3	3,9
Maschinenbau	4,7	5,1
Elektroindustrie	14,1	16,1
sonstige Investitionsgüterindustrie	9,6	11,8
Verbrauchsgüterindustrie einschließlich Nahrungsmittel und Genußmittel	6,2	6,3
Bauindustrie	2,6	2,8
sonstige Wirtschaftsbereiche	10,2	10,3
Import	7,4	6,5
	100,0	100,0

Quelle: „Der Volkswirt", Beilage „Die Elektroindustrie als Kunde", Nr. 11, S. 19, 1959.

Gründung der Mannesmann-Plastic GmbH. Düsseldorf, an der die Eternit AG. gegen Überlassung der Produktion von Asbestzementrohren eine 40prozentige Beteiligung übernommen hat, die 66prozentige Beteiligung an einem gemeinsamen Unternehmen mit einem der größten Kunststoffverarbeiter in den USA, der Mannesmann-Easton-Plastic-Products Co., und die Beteiligung, gemeinsam mit der IG-Farben (Farbwerke Hoechst AG.) und der HOAG, an der Ruhrchemie.

Der Hoeschkonzern fertigt in seinem Trierer Walzwerk kunststoffbeschichteten Stahl unter der Bezeichnung Platal und bereitet die Fertigung ähnlicher kombinierter Werkstoffe zum Absatz an die Bauindustrie vor. Der Klöckner-Konzern hat die vertikale Konzentration in Richtung auf voll- und teilautomatisch gesteuerte Anlagen für die Hüttenindustrie gerichtet. Das Produktionsprogramm der Klöckner-Ferromatik GmbH. in Castrop-Rauxel und von Klöckner-Moeller sind durch diese Verschmelzung von Maschinenbau und Elektrotechnik charakterisiert.

Der technische Fortschritt zwingt durch seine vielfältigen hohen technischen und ökonomischen Anforderungen dazu, die Konzernstruktur weitgehend von branchenfremden Unternehmungen zu bereinigen und die Vertikalkonzentration so auszubauen, daß moderne, in sich abgewogene Kapazitäten erreicht werden.

So hatte der Mannesmann-Konzern zunächst die Produktionseinrichtungen der Schlepperabteilung der Porsche-Diesel-Motorenbau in Friedrichshafen an Daimler-

Benz verpachtet. Dann beteiligte Daimler-Benz sich am Kapital von Porsche-Diesel mit 50 Prozent. Die MAN-Schlepper wurden in das Verkaufsprogramm der danach gegründeten gemeinsamen Schleppervertriebsgesellschaft Porsche-Diesel-Renault übernommen.[52] Beide Veränderungen zeugen von einer zunehmenden produktionsorientierten Kapitalverflechtung und Kooperation.

Der technische Fortschritt verändert die Produktions- und Absatzstruktur aller Industriezweige, erhöht ihre gegenseitige Verflechtung durch zunehmende Verarbeitung der Erzeugnisse, den komplexen Charakter der Produktionsbezüge und die Vielseitigkeit des Absatzes.[53] Es ist einleuchtend, daß die Tendenz zu immer weitergehender Verzweigung der Erzeugnisse und Spezialisierung der Produzenten unbedingt ihre Vereinigung auf dem Wege des Austausches und damit umfangreichere und vielseitigere Liefer- und Verflechtungsbeziehungen als früher hervorruft. Die Produktionsskala erweitert sich, der Verarbeitungsgrad und die Produktionsqualität steigen, die Spezialisierung wächst; aber der dazu führende technische Fortschritt beruht gerade auf der *Verschmelzung* von Naturprozessen und Wirkungsprinzipien bei der Erzeugung eines modernen Erzeugnisses. Da jedoch die Industriezweige jeweils ein Wirkungsprinzip vorarngig anwenden, führt der technische Fortschritt den gesellschaftlichen Produktionsprozeß auf eine höhere Stufe der Vergesellschaftung und erzeugt – auch im Kapitalismus – neue Formen des Zusammenschlusses isolierter Produktionsbetriebe oder -gruppen, d. h. der Monopole und ihrer Vereinigungen. Der technische Fortschritt löst durch die Umgestaltung der Industriestruktur und ihrer inneren Produktions- und Absatzverflechtung verstärkt Konzentrationsprozesse aus, wobei die Kapitalkonzentration sich stärker als zuvor den Erfordernissen einer technisch-ökonomisch bedingten Struktur der Produktionskonzentration anpaßt.

Der objektive Zusammenhang zwischen technischem Fortschritt und wachsender Verflechtung der Industriezweige, die sich kapitalistisch in einer zunehmenden Kapitalkonzentration äußert, ist durch eine *Neuverteilung der gesellschaftlichen Arbeit nach ihrer Form* gegeben.

Ökonomisch drückt sich der technische Fortschritt in der verstärkten Verausgabung von vergegenständlichter und verminderter Verausgabung von lebendiger Arbeit in einem bestimmten Produktionsprozeß aus. (Daß durch diesen Formwandel in der Verausgabung der Arbeit zur Erzeugung eines bestimmten Produktes gesellschaftliche Arbeit eingespart wird, indem ein bestimmtes Quantum lebendiger Arbeit durch ein geringeres Quantum vergegenständlichter Arbeit ersetzt wird, interessiert zunächst nicht.) Nun hat die Verteilung der gesamtgesellschaftlichen Arbeit auf die verschiedenen Industriezweige in Gestalt von lebendiger Arbeit keine unmittelbaren Auswirkungen auf die volkswirtschaftliche Verflechtung der Industriezweige. Wird aber nun ein wachsender Teil des im Industriezweig B angelegten Kapitals in vergegenständlichter statt in lebendiger Arbeit verausgabt, so setzt dies voraus, daß sich zuvor

52 Vgl. „Blick durch die Wirtschaft“ vom 29. 7. 1962.

53 Infolge des anwachsenden Sortiments von Walzwerksfertigerzeugnissen nahm der Absatz über den Stahlhandel von 13,4 Prozent im Jahre 1938 auf 20 Prozent des Gesamtabsatzes im Jahre 1962 zu.

lebendige Arbeit in einem anderen Industriezweig, in A, vergegenständlicht haben muß, um in gegenständlicher Form vom Industriezweig A auf den Industriezweig B übertragen zu werden. Während die frühere Verausgabung von lebendiger Arbeit in B die Verflechtung nicht berührte, führt die jetzige Vergegenständlichung eines geringeren Quantums lebendiger Arbeit (als Industriezweig B aufwenden mußte) im Industriezweig A zur Erzeugung eines im Industriezweig B neu einzuführenden Arbeitsmittels und somit zu einer Verflechtung bzw. zu einem erhöhten Verflechtungsgrad zwischen dem Industriezweig A als Liefer- und dem Industriezweig B als Abnehmerzweig.

Mit dem technischen Fortschritt erhöht sich die organische Zusammensetzung des Kapitals, und weil der Umfang der aufgewandten vergegenständlichten Arbeit im Verhältnis zur lebendigen Arbeit anwächst, erhöht sich der Umfang der Zulieferungen zwischen den Arbeitsmittel erzeugenden und verwendenden Industriezweigen. Der Formwandel der Arbeit im technisch fortschreitenden Produktionsprozeß stellt also den Zusammenhang zwischen technischem Fortschritt und industrieller Verflechtung her. Kapitalistisch ausgedrückt bedeutet dies, daß je höher die organische Zusammensetzung des Kapitals ist, desto größer die Verflechtung zwischen den Zweigen. Diesem erhöhten Verflechtungsgrad der Produktion, ihrer wachsenden Vergesellschaftung, paßt sich die horizontale und vertikale Konzentration des Kapitals an. Dazu kommt ein Weiteres.

Die Ersetzung einer bestimmten Art lebendiger Arbeit, z. B. des manuellen Transports von Werkstücken, durch vergegenständlichte Arbeit, in Gestalt von Staplern, Transportbändern, Elektrokarren usw., ist mit der Entstehung neuer Erzeugnisgruppen und Fachsparten eines Industriezweiges verbunden. Auch die Anwendung neuer Verfahren, z. B. der Rohstoffsynthese, elektrophysikalischer Werkstoffbearbeitung usw., führt zur Herausbildung neuer industrieller Fachrichtungen und schließlich sogar zu ihrer Herauslösung als selbständiger großer Industriezweig. So entstand die Chemieindustrie ursprünglich aus dem mit der Textilindustrie verbundenen Zweig der Farbenerzeugung, und so lösten sich jüngst die Mineralöl- und die Kunststoffverarbeitung als selbständige Zweige von der Chemieindustrie ab. Als eigener Fachzweig des Maschinenbaus tritt heute z. B. die Ölhydraulik und Pneumatik hervor, die von der offiziellen Statistik noch nicht als Fachzweig anerkannt ist, aber vom Fachverband seit 1960 gesondert erfaßt wird. Die Geschichte der technischen Industrieentwicklung ist geradezu die Geschichte der Differenzierung der Zweige, der Herausbildung immer neuer Produktionsstufen und damit der Entwicklung eines höheren Verarbeitungsgrades für die Enderzeugnisse. Die Zahl der sich miteinander verflechtenden Industriezweige wächst; die Verflechtungsbeziehungen zwischen den Zweigen komplizieren sich. An die Stelle einer einfachen, gradlinigen, massiven Verflechtung weniger Produktionszweige (Landwirtschaft – Textilindustrie; oder Forstwirtschaft – Holzindustrie) tritt eine vielseitige Verflechtung von Zweigen, von denen alle von den neu entstandenen Zweigen, wie der chemischen und elektrotechnischen Industrie, irgendwie berührt und beeinflußt werden.

Die Entwicklung zu einem höheren Verflechtungsgrad durch den technischen Fortschritt und die Erhöhung der organischen Zusammensetzung des Kapitals erfolgt innerhalb der erweiterten Reproduktion des Kapitals. Durch die zunehmende Zahl der Beziehungen zwischen den Produktionszweigen sinkt zwar der Anteil der Lieferungen eines Zweiges an den Gesamtbezügen eines anderen, aber da das Produktionsvolumen sich ausdehnt, steigt der absolute Umfang der zwischen ihnen stattfindenden Bezüge. Man könnte das so ausdrücken: wächst der Verflechtungsgrad aller Industriezweige, so verringert sich die Intensität der Verflechtung zwischen je zwei Industriezweigen. Die sich darin ausdrückende wachsende Kompliziertheit aller Verflechtungsbeziehungen in der Produktion ist eine notwendige Folge der Reproduktion des Kapitals auf höherer technischer Stufe, d. h. der Veränderungen seiner inneren Struktur (oder, allgemein gesagt, der veränderten Struktur der Verteilung der gesellschaftlichen Arbeit nach ihrer Form). Bei der Verteilung der vergegenständlichten Arbeit auf die verschiedenen Industriezweige ist in diesem Zusammenhang der früher nachgewiesene relative Rückgang der in den Arbeitsstoffen vergegenständlichten Arbeit gegenüber der in den Produktionsinstrumenten und -anlagen vergegenständlichten Arbeit zu erwähnen. Der wertmäßige Anteil des Materials sank z. B. in der Roheisengewinnung von 62 Prozent um 1900 auf 50 Prozent in der Gegenwart.[54]

Ein immer geringerer Teil des produktiven Kapitals muß für Material- und Energievorräte und -bezüge, d. h. für zirkulierendes konstantes Kapital, verauslagt und ein wachsender Teil des insgesamt steigenden konstanten Kapitalteils in fixes Kapital umgewandelt werden. Dieser veränderten Struktur der technischen Zusammensetzung auch des konstanten, nicht nur des Gesamtkapitals, muß eine sich ebenfalls verändernde Industriestruktur entsprechen, in der der Produktionsumfang der Anlagegüter erzeugenden Zweige gegenüber den Grundstoffe liefernden Zweigen ansteigt.

Obwohl die in Westdeutschland als Investgüterindustrien gekennzeichneten Zweige in hohem Maße auch Verbrauchsgüter (PKW, elektrische und andere Haushaltsmaschinen und -geräte) erzeugen, deutet ihr starker relativer Produktionsanstieg gegenüber den Grundstoffindustrien auf die Richtigkeit dieser Schlußfolgerung hin.

TABELLE 19

Struktur des Umsatzes der westdeutschen verarbeitenden Industrie, 1954 und 1962 in Prozent

	1954	1962
Grundstoffindustrien	32,2	30,4
Investitionsgüterindustrien	29,6	36,1
Verbrauchsgüterindustrien	21,2	19,2
Nahrungs- und Genußmittelindustrien	17,0	14,3

Quelle: Statistisches Jahrbuch für die Bundesrepublik Deutschland, 1957, S. 208f.

54 Vgl. *K. Oppenländer*, Perspektiven des deutschen Stahls, „Der Volkswirt", Beilage, Nr. 44, S. 28, 1962.

An Hand einer Übersicht kann der stärkere Verflechtungsgrad des Maschinenbaus mit anderen Investgüterindustrien, die sich besonders stark entwickelt haben, nachgewiesen werden.

TABELLE 20
Verflechtungsbeziehungen des Maschinenbaus mit anderen Investitionsgüterindustrien in Westdeutschland 1950–1956 und 1958–1961

Abnehmer / Verkäufer	Maschinenbau	Fahrzeugbau	Elektrotechnik	F/O und EBM	Schiffbau Stahlbau	Invest. insg.
in Mill. D-Mark						
Maschinenbau						
1950–1956	2005	1265	815	885	295	5265
1958–1961	2487	2754	1472	804	384	7901
in Prozent						
1950–1956	38,1	24,0	15,5	16,8	5,6	100
1958–1961	31,5	34,7	18,6	10,2	5,0	100

Quelle: 1950–1956 Schriftenreihe des Ifo-Instituts für Wirtschaftsforschung, Nr. 30. Die westdeutsche Industrie als Investor und als Käufer von Ausrüstungsgütern auf den Märkten der Investitionsgüterindustrien, S. 42 und 40.
1958–1961: Statistisches Jahrbuch für den Maschinenbau, Hrsg. VDMA, 1963, S. 64 und 1962, S. 60.

Innerhalb des Maschinenbaus wurde 1958–1961 weniger als ein Drittel statt fast zwei Fünftel der Produktion abgesetzt. Fahrzeugbau und Elektrotechnik erhöhten ihren Anteil am inländischen Maschinenabsatz von 39,5 auf 53,3 Prozent. Im abnehmenden Eigenumsatz des Maschinenbaus kommt erstens seine stärkere Verflechtung mit anderen Industriezweigen und zweitens ein erhöhter Verflechtungsgrad innerhalb des Maschinenbaus zum Ausdruck, der zur Produktionskonzentration führte und den Warenumsatz verringerte.

In der wachsenden Verflechtung einer zunehmenden Zahl von Industriezweigen erkannte Lenin schon im Ausgang des vorigen Jahrhunderts eine wesentliche Seite der wachsenden Vergesellschaftung der Produktion und der Arbeit:

„Die Vergesellschaftung der Arbeit durch die kapitalistische Produktion besteht ... darin, daß die Konzentration der Kapitalien von der Spezialisierung der gesellschaftlichen Arbeit, von einer Verringerung der Anzahl der Kapitalisten in jedem gegebenen Industriezweig und von einer Vergrößerung der Zahl der speziellen Industriezweige begleitet ist; sie besteht darin, daß viele zersplitterte Produktionsprozesse zu einem einzigen gesellschaftlichen Produktionsprozeß verschmelzen."[55]

[55] *W. I. Lenin*, Werke, Band 1, Dietz Verlag, Berlin 1961, S. 169.

Zwischen technischem Fortschritt und zunehmender Verflechtung innerhalb der spezialisierten Zweige der Sphäre der materiellen Produktion und der nichtmateriellen Sphäre besteht ein enger und höchst komplexer Zusammenhang. In diesem Beitrag soll nur darauf hingewiesen werden, daß die Verwissenschaftlichung des Produktionsprozesses und die zunehmende Bedeutung der geistigen Arbeit die Ausweitung solcher Bereiche der Volkswirtschaft wie der Forschung, der schulischen und fachlichen Ausbildung, des Gesundheitswesens und so weiter voraussetzt. Infolge der zunehmenden Anwendung moderner technischer Apparaturen und Geräte in diesen Bereichen tritt eine nicht zu unterschätzende Verflechtung der Industriezweige – insbesondere des Maschinen-, einschließlich des Elektromaschinenbaus – mit diesen Bereichen ein. Innerhalb der ganzen Wirtschaft zunehmende Liefer- und Abnahmebeziehungen können technisch-ökonomisch nur bewältigt werden, wenn der Informations-, Verkehrs- und Handelsapparat ausgebaut und technisch vervollkommnet wird. Dadurch ergibt sich nicht nur innerhalb der materiellen Produktion eine weitere Vervielfältigung von Verflechtungsbeziehungen, sondern auch zwischen ihr und der nichtmateriellen Sphäre.

Wenn sich die interindustrielle und gesamtwirtschaftliche Verflechtung durch den technischen Fortschritt erhöht, so sind die im Kapitalismus weitgehend spontan sich vollziehenden ökonomischen Prozesse von sehr viel mehr Störfaktoren bedroht als früher. Dazu kommt, daß die Zunahme der Verflechtung sich nicht auf den nationalen Rahmen beschränkt, sondern eine *internationale, über Waren- und Kapitalexport sich verstärkende Verflechtung* durch den technischen Fortschritt herbeigeführt wird. Die Bedingungen für eine proportionale Entwicklung haben sich derart kompliziert, Entwicklungs- und Störfaktoren so vervielfältigt, daß die Monopole den Staat mehr als früher in den Reproduktionsprozeß eingreifen lassen müssen, damit er die Bedingungen der Reproduktion zu ihren Gunsten verändere. Der staatsmonopolistische Kapitalismus entwickelt sich in Gestalt der Integration auf internationaler Ebene weiter.

In den kapitalistischen Industrieländern nahm das Außenhandelsvolumen schneller als die Produktion zu.

TABELLE 21

Durchschnittliche jährliche Zuwachsraten von 1954 bis 1962 in Prozent zu Preisen von 1954

	WD	Frankreich	Ital.	Belg.	Niederl.	EWG	GB	USA
Bruttosozialprodukt	6,7	4,7	6,3	2,9	4,2	5,4	2,3	3,3
Ausfuhr	11,0	5,1	14,4	7,6	7,7	8,8	3,2	5,1
Einfuhr	14,4	7,1	13,3	7,5	7,9	10,3	4,2	5,8

Quelle: Intensivierter Leistungsaustausch der westlichen Industrieländer, in: „Vierteljahreshefte zur Wirtschaftsforschung", H. 2, S. 112, 1963.

Besonders ausgeprägt war, wie schon die obige Tabelle andeutet, die zwischen den EWG-Ländern eingetretene Verstärkung der internationalen Verflechtung.

TABELLE 22

Der Außenhandelsumsatz der EWG in Prozent des Außenhandels der kapitalistischen Welt

1953	1954	1955	1956	1957	1958	1959	1960	1961	1962
19,3	20,8	21,8	22,3	22,8	23,4	24,0	25,7	26,8	27,4

Quelle: UN-Statistik, entnommen: Statistisches Jahrbuch für die Eisen- und Stahlindustrie . . . für 1962, S. 178f.

Der stärkeren Verflechtung der kapitalistischen Industrieländer lag nicht zuletzt der technische Fortschritt zugrunde, der unmittelbar durch die zwischen ihnen bestehende Konkurrenz durchgesetzt wurde.

Westdeutschland, das den Anteil des Maschinenexports an der Maschinenproduktion von 32,7 Prozent im Jahre 1955 allmählich auf 40 Prozent erhöhte, wies nach 1955 eine stark steigende Maschineneinfuhr aus. Die Maschineneinfuhr Westdeutschlands machte 1955 nur 2,8 Prozent, 1962 aber schon 6,3 Prozent der Gesamteinfuhr aus. Wurden 1955 6,4 Prozent der Inlandsversorgung mit Maschinen aus dem Ausland bestritten, so waren es 1962 schon 14,1 Prozent.[56]

An der westdeutschen Einfuhr sind die USA mit einem Viertel beteiligt, die ihrerseits selber nicht in entsprechendem Umfang Maschinen aus Westdeutschland beziehen, so daß die Maschinenhandelsbilanz Westdeutschlands mit den USA passiv ist.

Der Maschinenbau der USA weist eine entwickeltere Produktionstechnik auf und ist auf vielen Gebieten konkurrenzfähiger als der westdeutsche Maschinenbau. Gleichzeitig spielt die Tatsache eine Rolle, daß er viele neue produktivitätssteigernd und qualitätshebend anwendbare Maschinen hervorgebracht hat. Dieser Zusammenhang zwischen der Neukonstruktion von Erzeugnissen bzw. der Konstruktion völlig neuer Erzeugnisse mit einer entwickelteren Produktionstechnik liegt darin, daß der Maschinenbau der USA sich weitgehend auf die Fertigung von Standardteilen und Einbauelementen verlegt, die zum Teil von spezialisierten Herstellerfirmen gefertigt und zusammengebaut werden (z. B. chemische Anlagen).[57]

Angesichts der von den EWG-Ländern eingeführten verstärkten Spezialisierung der Produktion, des beginnenden Übergangs zu modernen Fertigungsmethoden und der Aufnahme zahlreicher Neukonstruktionen in das Produktionsprogramm nutzten die USA ihre hochgradig spezialisierte Teile- und Montagefertigung dazu aus, das Schwergewicht des Maschinenexports in die EWG-Länder auf die Teileausfuhr zu

[56] Vgl. Statistisches Handbuch für den Maschinenbau, Hrsg. VDMA, Bde. 1959 bis 1963.

[57] Vgl. *H. Reuter*, Der deutsche Maschinenbau im Großen Europäischen Markt, Arbeitsgemeinschaft für Rationalisierung des Landes Nordrhein-Westfalen, Verkehrs- und Wirtschaftsverlag, Dortmund 1963, S. 37.

verlagern und die Montage in eigenen in Europa errichteten Filialbetrieben vorzunehmen:

„Das aus Amerika bezogene Sortiment wird mehr und mehr von der EWG-Dynamik beeinflußt. In den letzten Jahren verlagerte sich jedenfalls insbesondere in der Büromaschineneinfuhr der aus dieser Richtung kommende Warenstrom fortschreitend von Fertigerzeugnissen zu vorgefertigten Teilen und Einbauelementen, die in den EWG-Niederlassungen amerikanischer Firmen weiterverarbeitet oder montiert werden.“[58]

Auf Seite 304f. war von dem Eindringen amerikanischen Kapitals in die westdeutsche Produktion von Baumaschinen die Rede. Auch hier ermöglichte die Verbindung von Kapital- und Warenexport das Eindringen amerikanischer Waren in Westeuropa in der Form, daß sich das Gewicht in gewissem Umfang von der Ausfuhr von Fertigerzeugnissen des Maschinenbaus auf die Ausfuhr von Maschinenteilen und -elementen verlagerte. Durch das Eindringen von Kapital aus den USA in den Gemeinsamen Markt verwandelt sich die Auslandskonkurrenz in Binnenkonkurrenz, wird der Export von Fertigwaren durch den Export von Halbwaren abgelöst, kann die bloße Außenhandelsverflechtung vermittels der Kapitalverflechtung in eine wachsende, durch Maschinenteile-Importe vermittelte internationale Arbeitsteilung übergehen, dann nämlich, wenn sie sich für längere Zeit durchzusetzen vermag.

Auch andere Länder, z. B. Frankreich und Westdeutschland selber, dringen mit stärker spezialisierten, auf Teilefertigung beruhenden Produktionen auf den Auslandsmärkten durch. Auch Frankreich gelang – wie den USA – dieser Durchbruch auf dem westdeutschen Büromaschinenmarkt.

TABELLE 23

Büromaschinenausfuhr und -einfuhr Westdeutschlands im Jahre 1962

		davon Teile	
	in Mill. DM	in Mill. DM	in %
Büromaschinen			
Ausfuhr insgesamt	664,7	85,6	12,9
Einfuhr insgesamt	497,8	177,5	35,7
davon Ausfuhr in die USA	75,4	3,5	4,6
Einfuhr aus den USA	123,3	43,9	35,6
Ausfuhr nach Frankreich	103,3	13,9	13,5
Einfuhr aus Frankreich	153,8	111,9	72,8

Quelle: Statistisches Handbuch für den Maschinenbau, Hrsg. DVMA, 1961.

[58] Maschinenbau – wirtschaftlich gesehen, Hrsg. VDMA, 1962, S. 47.

Die sehr viel niedrigeren Importanteile der übrigen Büromaschinenausfuhrländer nach Westdeutschland (Italien, Schweden, Niederlande) gingen mit einem niedrigen Anteil der Einfuhr von Teilen parallel.

Spezialisierte Fertigung von Maschinen und Maschinenteilen, Einbauelementen und weitere Entwicklungstendenzen des technischen Fortschritts haben bereits zu einer vertieften Arbeitsteilung innerhalb der EWG geführt.

Der wachsende Maschinenimport eines traditionellen Maschinenbaulandes wie Westdeutschland wird durch den technischen Fortschritt und die Spezialisierung des Maschinenbaus einer Reihe von Ländern bestimmt.[59]

Die allgemeine Zunahme des Anteils der Halbwaren an der gesamten Einfuhr Westdeutschlands zeugt von einer gewissen allgemeinen Verlagerung der Vorstufen der Produktion in andere Länder.

Statistisch läßt sich eine zunehmende Spezialisierung im Maschinenbau und im Maschinenaußenhandel nur schwer nachweisen. Sie zeigt sich außer bei Büromaschinen z. B. eindeutig bei Druckereihilfsmaschinen und bei Erdbaugeräten.

TABELLE 24

*Westdeutsche Ein- und Ausfuhr von Erdbaugeräten **
1962 in Mill. D-Mark

	Einfuhr		Ausfuhr	
USA, Großbritannien	88,9		1,7	
Italien, Belgien-Luxemburg	24,5		6,6	
		113,4		8,3
Frankreich, Niederlande	5,5		16,9	
übrige Länder	9,4		53,0	
		14,9		*69,9*
		128,3		78,2

* Statistisches Handbuch für den Maschinenbau, Hrsg. VDMA, 1963.

59 Infolge der Vielseitigkeit der modernen technischen Entwicklung, der Notwendigkeit großer Investitionen in den technischen Fortschritt ist „in allen anderen Industrieländern eine neue große Welle des technischen Fortschritts ausgelöst worden . . ., von der die deutsche Industrie kaum anders als durch erhebliche Lizenznahmen profitieren kann", erklärte Fritz Berg, Vorstandsvorsitzender des „Bundes der Deutschen Industrie". Während Deutschland vor 1945 größere Einnahmen aus Lizenzen als Ausgaben hatte, blieb die Lizenzbilanz Westdeutschlands während der ganzen Nachkriegszeit passiv und erhöhte sogar ihre Passivität:

Einnahmen und Ausgaben aus Lizenzen in Westdeutschland
1954 und 1961
in Mill. D-Mark

	1954	1961
Einnahmen	80	160
Ausgaben	250	610

(Droht unsere Technik zu vergreisen?, „Der Volkswirt", Nr. 6, S. 219, 1963.)

Die Doppelrolle, welche die Fachzweige in der Rangordnung der Ausfuhr wie Einfuhr innehaben, läßt kaum eine Spezialisierung erkennen. Diese Doppelrolle erklärt sich jedoch, wie die Fachvereinigung der westdeutschen Maschinenbauunternehmen feststellt:

> „aus der weitgehenden Differenzierung des Produktionsmittelbedarfs, die von Land zu Land vielfältige Möglichkeiten zur Entwicklung und Darbietung von Spezialitäten eröffnete. Vielleicht kann man sagen, daß die internationale Arbeitsteilung – und Kooperation durch Außenhandel – auf keinem anderen Gebiet so weit gediehen ist wie auf dem Felde des Maschinenbaus.“ [60]

Unter den kapitalistischen Maschinenbauländern habe sich, so heißt es in der Übersicht des VDMA,

> „eine Art internationaler Rollenverteilung herausgebildet, je nachdem, auf welchem Gebiet sie es zu besonderer Leistungsfähigkeit und Meisterschaft brachten. Das schuf zwar nicht gerade zwingende Abhängigkeiten, scheint jedoch genügend Anreiz zu bieten, in bestimmten Bedarfsfällen das ausländische Angebot dem des eigenen Landes vorzuziehen.“ [61]

So ist z. B. der hohe Absatz des niederländischen Werkzeugmaschinenbaus auf dem westdeutschen Markt „im wesentlichen auf die Spezialisierung der niederländischen Hersteller auf bestimmte Maschinenarten zurückzuführen“.[62] Spezialkonstruktionen sicherten dem Maschinenbau der Schweiz – nach den USA und Großbritannien der drittgrößte Maschinenlieferant Westdeutschlands – Absatzmöglichkeiten auf dem westdeutschen Markt, ungeachtet der großen Leistungsfähigkeit des westdeutschen Maschinenbaus. Das auf Seite 305f. genannte Beispiel der Zusammenarbeit Concast, Zürich, und Schloemann, Düsseldorf, beim Bau von 40 Stranggußanlagen, von denen Schloemann allein 14 herstellte, beweist, daß die Spezialisierung ein entscheidender Faktor internationaler Konkurrenz- sowie Partnerfähigkeit ist.

Gegenwärtig bahnt sich also eine Vertiefung der internationalen Arbeitsteilung der kapitalistischen Länder an, insbesondere innerhalb der EWG und in besonders hohem Maße im Maschinenbau. Diese internationale Arbeitsteilung läßt eine Teilung zwischen einfacheren und schwierigeren Produktionsstufen bzw. Fertigungsweisen erkennen. Italien exportiert z. B. einfache Werkzeugmaschinen und führt spezialisierte Werkzeugmaschinen ein. Auch im Austausch von Büromaschinen mit Westdeutschland zeigt sich ein ähnliches Bild. Als Beispiel aus dem Stahlbereich sei auf Schweden verwiesen, das Massenstähle ein- und Qualitätsstähle ausführt, wodurch – infolge ihres großen Wert- und Gewichtsunterschiedes – die schwedische Stahlaußenhandelsbilanz wertmäßig aktiv, aber gewichtsmäßig passiv wurde.

60 Maschinenbau – wirtschaftlich gesehen. Hrsg. VDMA, 1962, S. 48.

61 Maschinenbau – wirtschaftlich gesehen. Hrsg. VDMA, 1962, S. 33; Vgl. auch Hans Leitner (Vertiefte europäische Arbeitsteilung, „Stahl und Eisen“, Nr. 9, S. 583, 1962), der die westdeutsche Maschineneinfuhr „als Zeichen einer mit der ständigen Verfeinerung und Spezialisierung verbundenen Vertiefung der internationalen Arbeitsteilung“ wertet.

62 Vgl. „Wirtschaftsdienst“, Nr. 6, S. V, 1963.

Die wachsende Verflechtung des westdeutschen Maschinenbaus mit der Wirtschaft kapitalistischer Industrieländer und die zunehmende Verflechtung der westdeutschen Wirtschaft mit dem ausländischen Maschinenbau lassen eine verstärkte internationale Kooperation im Maschinenbau der kapitalistischen Welt erkennen. Aber die Tendenz zur Internationalisierung des Wirtschaftslebens vermag sich nicht in einer ihr entsprechenden, sondern nur in einer verzerrten Form durchzusetzen.

Erstens stellt sie keine weltweite Internationalisierung dar, da als Folgeerscheinungen der Embargopolitik und der Herausbildung regional engbegrenzter Großmärkte der Anteil der sozialistischen Länder am Außenhandel gegenüber dem früheren Volumen des Handels mit diesen Ländern noch immer sehr gering ist.

Zweitens vollzog sich das Wachstum der internationalen Auslandsverflechtung der kapitalistischen Länder auch auf Kosten des Anteils der ökonomisch schwachentwickelten Länder, deren Anteil z. B. an den westdeutschen Ein- und Ausfuhren von 24,9 Prozent im Jahre 1954 auf 20,5 Prozent bis 1961 zurückging. Trotz lauthals proklamierter Entwicklungshilfe ging auch die westdeutsche Ausfuhr von Maschinen – Rückgrat wirtschaftlicher Entwicklung, d. h. Industrialisierung – in die Entwicklungsländer relativ zurück, während das Volumen des Außenhandels zwischen den kapitalistischen Industrieländern stärker als zwischen diesen und den Entwicklungsländern anstieg.

TABEELE 25

Anteil der Entwicklungsländer an der westdeutschen Maschinenausfuhr in Prozent

	1952	1953	1954	1955	1956
Entwicklungsländer	35	33	33	33	31
	1957	1958	1960	1961	1962
Entwicklungsländer	31	35,8	28,2	25,9	24,5
kapitalistische Industrieländer			65,6	67,9	70,9

Quelle: 1952–58 Rüdiger von Tresckow, VDMA, Versuch einer Darstellung des Strukturwandels und des Konjunkturverlaufs in der Weltmaschinenausfuhr in die Entwicklungsländer, „Forschungsberichte des Landes Nordrhein-Westfalen“, Nr. 795, Köln-Opladen, S. 33, 1959; 1960–62 „Stahl und Eisen“, 83. Jahrg., Nr. 9, S. 560, 1963.

An der westdeutschen Ausfuhr von Maschinen in Entwicklungsländer haben Erzeugnisse der herkömmlichen Technik (Lokomotiven, Kraftmaschinen, Textilmaschinen, Erzeugnisse des Apparatebaus) einen überdurchschnittlichen Anteil, während die entwickelten Industrieländer besonders hohe Anteile an der westdeutschen Ausfuhr von Maschinen neuerer Technik haben (Gießerei-, Werkzeug-, Büro-, Landmaschinen, Getriebe, Automaten, Wäschereimaschinen, Maschinen für Gummi- und Plasteverarbeitung usw.).[63] Durch die relativ starke Ausfuhr von Maschinentypen älterer Technik in die Entwicklungsländer erleichterten sich die

[63] Vgl. Statistisches Handbuch für den Maschinenbau, Hrsg. VDMA, 1963, S. 90f.

westdeutschen Monopole die technische Umstrukturierung ihres eigenen Maschinenbaus ohne große Kapitalverluste. Andererseits unterstützte der Maschinenexport in die schwachentwickelten Länder ihre neokolonialistischen Expansionsversuche sehr wesentlich.

Drittens wuchs die Konkurrenz auf den kapitalistischen Maschinenmärkten dadurch, daß nach dem zweiten Weltkrieg – außer in den traditionellen Hauptproduktions- und -exportländern England, Deutschland, USA – sich in europäischen Ländern wie Frankreich, Schweiz, Schweden usw. ein leistungsfähiger, hochspezialisierter und exportfähiger Maschinenbau entwickelte.

Der Übergang zu internationaler Spezialisierung auf Teilefertigung sowie auf Montage, die internationale Spezialisierung alter Maschinenbauländer auf kompliziertere Fertigungen und neuer Maschinenbauländer auf einfachere Erzeugnisse sowie neu entwickelte Formen internationaler Kooperation setzen sich keineswegs harmonisch, sondern in einem erbitterten Kampf innerhalb und außerhalb der sich herausbildenden Regionalmärkte, innerhalb von supranationalen Monopolvereinigungen und zwischen internationalen Monopolen durch. Dieser Prozeß der Vertiefung der internationalen Arbeitsteilung ist zugleich ein Prozeß der wachsenden Beherrschung und Unterordnung der nationalen Wirtschaften und der nichtmonopolisierten Unternehmen unter das Diktat des Monopolkapitals.

VI. DER TECHNISCHE FORTSCHRITT ALS STRUKTURELLER UND ALS ZYKLISCHER FAKTOR IN DER ERWEITERTEN REPRODUKTION DES KAPITALS

Wir setzten in unserer Betrachtung eine gewisse Verwirklichung des technischen Fortschritts im Kapitalismus als gegeben voraus. Es war nicht unser Anliegen, die Schranken, welche die Kapitaleigenschaft der Produktionsmittel der technischen Erneuerung des Produktionsapparates entgegensetzt, zu untersuchen. Selbstverständlich bestimmen die kapitalistischen Produktionsverhältnisse die Art und Weise der Verwirklichung des technischen Fortschritts in den kapitalistischen Ländern und wirken sich auf ihn hemmend aus. Seine Durchsetzung – objektiv auf Strukturveränderungen gerichtet – erfolgt unter dem Druck der Wirkungen des kapitalistischen Marktes: ohne Plan, unsystematisch, ungleichmäßig, getragen vom Streben nach günstigster Verwertung des Kapitals. Der technische Fortschritt vollzieht sich im schärfsten Konkurrenzkampf um den Preis gewaltigen Machtzuwachses bestimmter Monopole und des Verlustes der ökonomischen Selbständigkeit zahlreicher, dem Herrschaftsbereich der Monopole zwangsweise ein- und untergeordneter kapitalistischer Betriebe, und schließlich auf Kosten der ökonomisch schwächeren Länder.

Gemessen an den objektiven Produktionsmöglichkeiten der entwickelten kapitalistischen Länder setzt sich der technische Fortschritt relativ langsam und inadäquat durch. So kam das IFO-Institut, München, in einer Untersuchung über die „Sozialen Auswirkungen des technischen Fortschritts" im Jahre 1962 zu der Feststellung,

„daß in der gegenwärtigen Phase der Mechanisierung im konventionellen Rahmen im allgemeinen nach wie vor ein größeres Gewicht zukommt als der Automatisierung auf elektronischer Basis.“[64]

Wenn der technische Fortschritt zu einem höheren Verflechtungsgrad aller Industriezweige, zur Zunahme der zwischen ihnen stattfindenden Lieferungen führt, so erfolgt dieser Prozeß im Kapitalismus sehr stockend, verlustreich für die finanzschwachen Unternehmen, profitabel für die durch die staatsmonopolistische Umverteilung des Nationaleinkommens weiter gestärkten Monopolunternehmen. Dadurch, daß neue Erzeugnisgruppen und sogar Industriezweige entstehen, werden zwar neue Verflechtungsbeziehungen hergestellt und bestehende verstärkt, aber auch jahrzehntelang gesichert erscheinende Absatzverflechtungen und Kreditbeziehungen abgeschwächt. Indem sich eine differenziertere und komplexere Arbeitsteilung in der Industrie, in der gesamten Volkswirtschaft und in der kapitalistischen Weltwirtschaft durchzusetzen beginnt, werden die technisch fortgeschrittensten Zweige immer mehr zu führenden Zweigen der Volkswirtschaft, während andere, bisher führende oder wichtige Industriezweige, wie der Kohlenbergbau, der Schiffbau, die Naturfasertextilindustrie usw., zurückgedrängt werden und durch Strukturveränderungen ausgelöste Krisen erleiden.

Im Konkurrenzkampf, durch Vernichtung und Verlust von Kapital, durch Eroberung und Einbuße von Marktpositionen usw. verändern die sich summierenden technischen Umwälzungen des gesellschaftlichen Produktionsprozesses die technisch-ökonomische Produktionsbasis und ihre Struktur. Damit bewirken die technischen Umwälzungen im Verlauf der Reproduktion des Kapitals auch Veränderungen in der sozialökonomischen Struktur der Gesellschaf, d. h. in den kapitalistischen Produktionsverhältnissen. *Der technische Fortschritt wirkt also innerhalb und vermittels der zyklischen Bewegung der kapitalistischen Reproduktion strukturverändernd.* Indem er den Ablauf der Investitions- und Produktionstätigkeit über den Einfluß des Marktes mitbestimmt, löst er Prozesse aus, die schließlich – in der Perspektive – zu einer neuen Produktions-, Investitions- und Kapitalstruktur hinführen. Diese strukturellen Entwicklungstendenzen aber verändern wiederum die Bedingungen der kapitalistischen Reproduktion, die Bedingungen ökonomischen Wachstums.

In diesem Artikel wurden einige ökonomische Wirkungen des technischen Fortschritts – soweit er sich in der Stahlindustrie und im Maschinenbau Westdeutschlands durchsetzte – auf die kapitalistischen Produktionsverhältnisse und auf die Struktur des Kapitals untersucht. Nicht untersucht wurden die ökonomischen Wirkungen, die – hemmend oder fördernd – von den kapitalistischen Produktionsverhältnissen auf die Durchsetzung des technischen Fortschritts ausgehen. Unter diesem Vorbehalt sind die nachstehenden prinzipiellen Ausführungen zu verstehen. Die Untersuchung des technischen Fortschritts als struktureller Faktor soll durch den ergänzenden Hinweis auf seine Bedeutung als zyklischer Faktor abgeschlossen werden.

[64] Soziale Auswirkungen des technischen Fortschritts, herausgegeben vom Ifo-Institut für Wirtschaftsforschung, Duncker und Humblot, Berlin-München 1962, S. 34.

Durch die Mechanisierung der Bau- und der Landwirtschaft, des innerbetrieblichen Transportes, die Entwicklung und Bearbeitung neuer Werkstoffe, die Erschließung neuer Naturkräfte für die Technik und ihre Vereinigung in der Automatisierung von Produktionsprozessen entsteht eine Nachfrage nach neuen Erzeugnissen des Maschinenbaus im weitesten Sinne, nach neuen Grund- und Hilfswerkstoffen, wächst der Energieverbrauch in Qualität und Quantität usw. Der veränderte technische Einsatz der Produktionsmittel, die Verwendung völlig neuartiger Produktionsmittel ist mit einer starken Erweiterung der Produktion und mit erheblichen Wachstumsimpulsen für Investition und Produktion verbunden. So bildet sich infolge des technischen Fortschritts und der von ihm bewirkten Erhöhung des Qualitäts- und Verarbeitungsgrades der Erzeugnisse, der von ihm ausgelösten wachsenden interindustriellen Verflechtung *ein relativ unabhängiger Bereich des inneren und äußeren Marktes für Produktionsmittel* heraus, *der zu einer Erweiterung des Absatzes in der Abteilung I der gesellschaftlichen Produktion führt.* Diese Erweiterung des Absatzes von Produktionsmitteln, nämlich neuer Erzeugnisse, Produkte neuer Produktionsstufen und neuer Industriezweige, erfolgt relativ unabhängig von der Konsumtionskraft der Gesellschaft. Umgekehrt bewirkt die zeitweilige und in gewissem Umfang verselbständigte Entwicklung der Abteilung I eine Erhöhung der konsumtiven Nachfrage durch zusätzliche Beschäftigung und steigende Löhne.

Durch die zunächst den Produktionsmittel- und dann auch den Konsumtionsmittelmarkt erweiternde Wirkung des technischen Fortschritts bildet er – gemeinsam mit anderen Faktoren – ein wichtiges Moment des zyklischen Aufschwunges. Der technische Fortschritt ist ein starker Impuls für die Belebung der Investitionstätigkeit und damit für die Auslösung und Fortsetzung des wirtschaftlichen Aufschwunges.

Auf der anderen Seite gehen vom technischen Fortschritt auch negative Auswirkungen aus, da er wohl zunächst die Produktionsskala erweitert, dann aber eine Substitutionswirkung auslöst, so daß bestimmte herkömmliche und weiter produzierte Produktions- und Konsumtionsmittel sich immer weniger auf dem Markt behaupten können. Daher kommt es zu Kapitalvernichtungen und -verlusten und zu Strukturkrisen in überlebten Industriezweigen. Im weiteren Verlauf des technischen Fortschritts erfolgt die breite Anwendung neu in die Produktion aufgenommener Erzeugnisse des Maschinenbaus und wird die Verwendung und Ausnutzung neu entwickelter Werkstoffe allgemein üblich. Finden neue und verbesserte Produktionsverfahren massenhaft Eingang, so führt die Preiskonkurrenz zum Ausscheiden weniger konkurrenzfähiger Unternehmen oder zu ihrer Umstellung auf die Bedürfnisse der produktiven Konsumtion der Monopolgesellschaften, d. h. zu ihrer faktischen Verwandlung in monopolistische Hilfsbetriebe.

Nun übt der technische Fortschritt seine belebenden Impulse ebenso wie seinen – durch Verschärfung des Widerspruchs zwischen Produktion und Markt usw. – ausgeübten Kriseneffekt in den verschiedenen Industriezweigen nach- und nebeneinander aus. Und nur deshalb, weil in Westdeutschland ein Produktionsbereich nach dem anderen vom technischen Fortschritt erfaßt wurde und im Zuge der erweiterten Reproduktion des Kapitals auf höherem technischen Niveau die stimulierenden Impulse die zur Krise treibenden Wirkungen überkompensierten, war ein so langer, nur durch Teilkrisen kurz unterbrochener Nachkriegswirtschaftszyklus möglich. Die Wechselwirkungen des technischen Fortschritts bedingen das räumliche Nebeneinander von Zweigen und Bereichen starker und geringer technischer Entwicklung und ermöglichen eine zeitliche Aufeinanderfolge, die den gesamten Reproduktionsprozeß als einen kaum unterbrochenen Prozeß erweiterter Produktion erscheinen läßt. Auch die westdeutsche Exportexpansion war weitgehend von der Rolle der westdeutschen Industrie als Bezugsquelle von Mitteln zur Durchsetzung des technischen Fortschritts im Ausland bestimmt.

Es hängt also von der zeitlichen Folge, vom Wirkungsgrad des technischen Fortschritts in verschiedenen Bereichen und Zweigen der Volkswirtschaft und vom zeitlichen Ablauf und Umfang der durch die Wechselwirkungen des technischen Fortschritts und andere Momente ausgelösten strukturellen Veränderungen in der produktiven sowie in der persönlichen und gesellschaftlichen Konsumtion ab, ob, wann, wo, in welchen Formen und in welchem Umfang es zu Krisenerscheinungen in der gegenwärtigen Wirtschaft der entwickelten kapitalistischen Industrieländer kommt.

Es ist kein Zufall, daß sich bürgerliche Wirtschaftstheoretiker und Wirtschaftspraktiker insbesondere nach dem zweiten Weltkrieg, als die Herausbildung des sozialistischen Weltsystems die kapitalistischen Länder dazu trieb, der Vergesellschaftung der Produktion durch eine rasche produktionstechnische Nutzbarmachung und Weiterentwicklung kriegstechnischer Errungenschaften zu entsprechen, angestrengt darum bemühen, gesamtwirtschaftliche Zusammenhänge aufzuspüren. Nach dem ersten Weltkrieg betrieben die bürgerlichen Ökonomen Konjunkturforschung, stellten „Konjunkturbarometer" auf, um drohendes ökonomisches Unwetter an den Wolkenbildungen über den Waren- und Geldmärkten rechtzeitig zu erkennen. Nach dem größten Wolkenbruch, der in Gestalt der Weltwirtschaftskrise 1929 über die kapitalistische Wirtschaft hereinbrach, und besonders nach dem zweiten Weltkrieg, drängte der infolge des technischen Fortschritts zunehmende Verflechtungsgrad und -umfang der Industrieproduktion die kapitalistischen Staaten zu Versuchen, die materiellen und finanziellen Bewegungsströme der nationalen Wirtschaften in Input-Output-Bilanzen, Volkswirtschaftlichen Gesamtrechnungen, Nationalbudgets, mathematischen Modellen und in anderen Formen zu erfassen. Die wachsende Vergesellschaftung der kapitalistischen Produktion zwingt dem monopolkapitalistischen Staat die objektive Notwendigkeit auf, so auf den kapitalistischen Reproduktionsprozeß einzuwirken, daß der enge Rahmen der kapitalistischen Produktionsverhältnisse möglichst großen Spielraum für die Bewältigung der Anforderungen der wissenschaftlich-technischen Revolution unserer Epoche gibt. Das kann nur dadurch geschehen, daß das Monopolkapital – unter den veränderten historischen Bedingungen des technisch-ökonomischen Wettbewerbs der zwei Weltsysteme – sich durch staatsmonopolistische Einwirkung Bedingungen sichert, unter denen es sich maximal verwerten und erweitert reproduzieren kann. Wenn durch staatsmonopolistische Maßnahmen ein gewisses zeitliches Nacheinander in der aufschwungfördernden Wirkung des technischen Fortschritts und anderer Reproduktion und Zyklus beeinflussender Faktoren erreicht wird, ist diesen Maßnahmen eine konjunkturverlängernde Wirkung nicht abzusprechen. Es sei nur auf die Impulse hingewiesen, die zunächst vom Investitionshilfegesetz des Jahres 1952 auf die Stahlindustrie, und später durch die umfangreiche staatliche Förderung der Bauwirtschaft und den sogenannten Agrarstrukturwandel auf die gesamte Wirtschaft ausgeübt wurden. Erst die Untersuchung des Zusammenhangs der technischen Produktionsverflechtung und der Entwicklung der inneren und äußeren Märkte mit Strukturveränderungen der Investitionen, des Kapitalexports und der Kapitalanlagen sowie mit der staatsmonopolistischen Umverteilungspolitik kann den Umfang der staatsmonopolistischen Ausnutzung des technischen Fortschritts als Konjunkturfaktor aufzeigen. Aber wie eine Metallspirale oder ein Gummistrang Grenzen der Ausdehnung hat, so stößt auch der technische Fortschritt als Triebkraft der erweiterten Reproduktion im Kapitalismus an die Grenzen der Verwertung des Kapitals.

Der technische Fortschritt wirkt zunächst produktionserweiternd, kann aber, trotz der mit seinen Wechselwirkungen verbundenen markterweiternden Wirkung, die Ausnutzung der sprunghaft anwachsenden neuen Produktionsmöglichkeiten nicht auf die Dauer gewährleisten, so daß die Gesetze der Konkurrenz und der Krise, nur zeitweilig durch entgegenwirkende Faktoren aufgehalten, ihre Wirksamkeit in neuen Erscheinungsformen entfalten. Der technische Fortschritt führt zwar zu einer gewissen Wandlung der Struktur und zu einer Zunahme der Verflechtung, zur zeitweiligen Entstehung eines sich verselbständigenden interindustriellen Absatzmarktes, zu einer gewissen Vertiefung der nationalen und stark regional begrenzten internationalen Arbeitsteilung, aber dieser strukturelle Prozeß ist von fortwährenden Störungen begleitet und führt immer wieder zu disproportionalen Entwicklungen. So bildet der technische Fortschritt im Kapitalismus ebenso einen ökonomischen Faktor zyklischen Aufschwungs wie krisenhafter Entwicklungen.

Diesen Sachverhalt illustriert besonders deutlich die sich – nach den USA – 1961–1963 auch in Westdeutschland abzeichnende Stahlkrise und der mit ihr verbundene „Stahlkrieg“ um den Absatz einer Industrie, die in den letzten Jahren besonders stark vom technischen Fortschritt getragen wurde. Es handelt sich hier zunächst nicht um eine Strukturkrise wie bei der Kohlen- und bei der Textilkrise, sondern um eine sich anbahnende Überproduktionskrise.

Ein Drittel der Menschheit verbraucht vier Fünftel des in der Welt erzeugten Stahls. Die Entwicklungsländer haben einen riesigen potentiellen und einen gewissen aktuellen Stahlbedarf, den sie zunehmend selbst befriedigen. Da infolge der für die Stahlproduktion erforderlichen großen Anlagen Investitionen zu einem sprunghaften Anstieg der Produktionskapazität führen, exportieren die Entwicklungsländer Überschüsse ihrer jungen Stahlproduktion. Dazu kommt Japan, das seine Stahlproduktion von 5 Millionen Tonnen Rohstahl im Jahre 1950 auf 28 Millionen Tonnen im Jahre 1962 erhöhte. Infolge der Ausdehnung der Stahlproduktion auf neue Länder ging der Importbedarf im Verhältnis zur Eigenproduktion in der Welt von 38,8 Prozent im Jahre 1953 auf 24,5 Prozent im Jahre 1962 zurück.[65]

[65] Vgl. Expertenbericht der Hohen Behörde der Montanunion, „Industriekurier“ vom 11. 11. 1963.

Durch die technische Umwälzung der Stahlindustrie ist die Produktionskapazität trotz der Stillegung technisch überholter alter Kapazitäten sprunghaft angewachsen. Der Stahlverbrauch ist trotz der technisch gelungenen Einsparung von Stahl und der teilweisen Substitution durch andere Werkstoffe und trotz Verschiebungen in der Industriestruktur zuungunsten intensiver Stahlverbraucher im kapitalistischen Europa kontinuierlich angestiegen. Die Erweiterung der kapitalistischen Produktion vermochte die negativen Auswirkungen des technischen Fortschritts auf den Stahlverbrauch zu kompensieren.

Das Beispiel der USA zeigt jedoch, daß dem Stahlverbrauch – gerade angesichts der mit dem technischen Fortschritt verbundenen Substitutions-, Einsparungs- und Struktureffekte – eine bestimmte Grenze gesetzt ist. In den USA scheint sie erreicht zu sein. 1960 lag der Stahlverbrauch pro Kopf der Bevölkerung unter dem von 1955 und sogar von 1950.

TABELLE 26

Sichtbarer Stahlverbrauch je Einwohner in kg

	1936/38	1950	1955	1960
Westdeutschland*	263	212	410	525
Frankreich	132	150	235	306
Montanunion	200	151	265	344
Großbritannien	227	286	367	425
USA	318	563	620	501

* 1936–38 Deutschland, ab 1950 Westdeutschland (einschl. Westberlin), 1960 einschließlich Saarland.

Quelle: „Der Volkswirt", Beilage, Nr. 44, S. 41, Tab. 15, 1962.

Der Inlandsverbrauch Westdeutschlands an Stahl war niedriger als in den USA, da der direkte und indirekte (durch stahlenthaltende Artikel erfolgende) Stahlexport Westdeutschlands bedeutend höher als der der USA war. Nichtsdestoweniger zeigt die Entwicklung des Stahlverbrauchs in den USA den technisch aufholenden Ländern wie Westdeutschland die Perspektive ihrer eigenen Entwicklung.

Zwischen den sprunghaft angewachsenen Produktionskapazitäten und der Entwicklung der Stahlnachfrage hat sich in Westdeutschland seit 1961 eine wachsende Kluft aufgetan. Die Stahlproduktion sank von 34,1 Millionen Tonnen im Jahre 1960 auf 32,6 Millionen Tonnen im Jahre 1962 und etwa 31,8 Millionen Tonnen im Jahre 1963.[66]

In den USA lag die Kapazitätsausnutzung in der Stahlindustrie 1958 in der Nähe von 60 Prozent, 1959 bei 63 Prozent und stagnierte bis 1962 bei 67 Prozent. Dabei liegen die Stahlpreise so hoch, daß schon eine Kapazitätsauslastung über 45 Prozent oder sogar nur von 40 Prozent profitbringend ist.[67] Zu dem wachsenden

[66] Vgl. „Der Volkswirt", Nr. 42, S. 2385, 1963.

[67] Vgl. *Theodor Prager*, Wirtschaftswunder oder keins, Zur politischen Ökonomie Westeuropas, Wien-Köln-Stuttgart-Zürich 1963, S. 20. – Vgl. auch *K. Oppenländer*, Perspektiven des deutschen Stahls. „Der Volkswirt", Beilage, Nr. 44, S. 36, 1962.

Widerspruch zwischen Produktion und Markt in den hochentwickelten Stahlländern wurde anläßlich des Eisenhüttentages 1962 festgestellt, daß „die westlichen Industrien, vor allem die USA, im Ausbau ihrer Stahlkapazitäten künftige Verbrauchsentwicklungen schon längst vorweggenommen haben".[68]

In Westdeutschland sank die jahrelang bei über 90 Prozent liegende Kapazitätsausnutzung seit 1961, wobei sie bei Walzstahl schon den kritischen Punkt der Rentabilitätssicherung von durchschnittlich 75 Prozent der Kapazitätsauslastung 1963 erreichte. Der Ausnutzungsgrad der Rohstahlkapazität sank von 96,5 Prozent im Jahre 1960 auf 80 Prozent im Jahre 1963.[69]

Zoll- und Preisdifferenzen, die wachsende konkurrierende Stahleinfuhren erleichterten, und andere Faktoren wirkten verschärfend auf den Widerspruch zwischen der Produktion und dem Markt der westdeutschen Stahlindustrie ein, haben ihn jedoch nicht hervorgerufen. Auf diese Entwicklung hatte jedoch der technische Fortschritt maßgeblichen Einfluß.

Das Beispiel des Stahls zeigt, daß der technische Fortschritt unter kapitalistischen Bedingungen – im Ergebnis einer länger andauernden Entwicklung – wachsende Widersprüche zwischen Produktion und Markt erzeugt, zwischen wachsendem Kapitalumfang und sinkender Kapitalausnutzung, zwischen Produktionsmöglichkeiten und Kapitalverwertung, zwischen der Möglichkeit der Einsparung konstanten Kapitals je Erzeugniseinheit und der Entstehung unproduktiver Kosten durch nichtausgelastetes fixes Kapital.

Nehmen wir den zuletzt genannten Widerspruch. Das Anwachsen des Anteils des fixen Kapitals am Gesamtkapital führt zu wachsendem Produktionsausstoß je Kapitaleinheit. Je Erzeugniseinheit wird nicht nur in der Regel weniger fixes Kapital, sondern auch weniger konstantes zirkulierendes Kapital verbraucht, da sich sein Anteil durch Senkung des spezifischen Material- und Energieverbrauchs vermindert. (Bei hoher organischer Zusammensetzung des Kapitals fällt die Einsparung an variablem Kapital je Erzeugniseinheit natürlich weniger ins Gewicht als die durch die neue Technik ermöglichte Einsparung an konstantem Kapital je Erzeugniseinheit.)

Der Gesamtumfang der für eine Anlage erforderlichen Investitionen stieg in der Stahlindustrie, wie wir sahen, erheblich an. Die Belastung durch das fixe Kapital, durch seinen länger andauernden Umschlag wird zu einem Teil dadurch kompensiert, daß 1. die Bau- und Installationszeiten möglichst verkürzt werden und 2. die durch das Anwachsen des fixen Kapitals, d. h. durch die technische Erneuerung des Kapitals, erreichte Kontinuität der Produktion und Vergrößerung des Ausstoßes in der Zeiteinheit den Umschlag des fixen Kapitals beschleunigt.

So wurden durch den stufenweisen Auf- und Ausbau neuer Werke und kurze Bauzeiten Investitionsmittel schnell produktionswirksam und ihr Umschlag setzte verhältnismäßig früh ein. Zum Beispiel wurde das neue Stahlwerk der August-Thyssen-Hütte in einem Jahr von 4000 Arbeitern in der ersten Baustufe fertig-

[68] Vgl. „Der Volkswirt", Beilage, Nr. 44, S. 46, 1962.

[69] Vgl. „Industriekurier", Sonderausgabe zum Eisenhüttentag, Nr. 176, 1963; „Der Volkswirt", Beilage, Nr. 44, S. 36, 1962.

gestellt; 14 bzw. 12 Monate wurden für die Sinteranlage bzw. für das Tandem-Kaltwalzwerk der Westfalenhütte des Hoesch-Konzerns benötigt.

Die ökonomischen Auswirkungen des technischen Fortschritts zeigen eine gewisse Gesetzmäßigkeit zwischen dem Wachstumstempo der technischen Anlagengröße, der Investitionen und der Produktionskapazität. Die Kapazität wächst schneller an als die Investitionen und diese wiederum rascher als die Größe der technischen Produktionseinheiten.

W = Wachstum I = Investitionen
K = Kapazität G = Größe der technischen Produktionseinheit

$$WK > WI > WG.$$

Da WK > WI, ergibt der technische Fortschritt ein Sinken der Investitionen je Kapazitätseinheit oder eine steigende Effektivität des fixen Kapitals.

WI > WG bedeutet, daß sich gleiche Investitionen infolge des technischen Fortschritts auf kleinerem Raum oder größere Investitionen auf gleichem Raum realisieren. Das Größenwachstum schließt gleichzeitig den Effekt der besseren Raumausnutzung, der Verringerung von Gewicht und Volumen der Ausrüstung im Verhältnis zu ihrem Wert ein.

WK > WG bedeutet, daß durch wachsende Investitionen in den technischen Fortschritt der Leistungseffekt der Maschinen und damit der Ausnutzungsgrad des in ihnen enthaltenen Materials gesteigert oder, kurz gesagt, die Produktivität der Arbeit erhöht wird.

Der gesetzmäßige Zusammenhang technischer und ökonomischer Wachstumsgrößen ist Ausdruck der Umsetzung des technischen in den ökonomischen Fortschritt. Im Kapitalismus aber sind dieser Umsetzung bestimmte Grenzen gesetzt. Wenn der technische Fortschritt die Produktionszeit und damit den Umschlag des Kapitals verkürzt, so erhöht er den Produktionsausstoß derart, daß der Absatz eines Teils der Zusatzmenge in Frage gestellt ist. Infolge der engen Marktgrenzen verlängert sich daher die Zirkulationszeit der Waren und die Umschlagszeit des Kapitals.

In einem gewissen Punkt der Entwicklung wirkt die Marktenge auch auf die Produktion zurück und belasten nichtausgenutzte Kapazitäten die Kosten der Produktion. Der staatsmonopolistisch gesicherte Monopolpreis fängt zwar die Kosten der Nichtauslastung der Kapazität (ebenso wie den moralischen Verschleiß) in gewissem Umfang auf, kann aber in dem Maße, in dem er diese faux frais der kapitalistischen Produktion zu decken hat, also profitentlastend in Anspruch genommen wird, nicht investitionssichernd, d. h. für die sogenannte Selbstfinanzierung, genutzt werden. Damit erreicht der technische Fortschritt jeweils die Grenze seiner Rentabilität für das Monopolkapital.

Wie widerspruchsvoll sich die Erweiterung der Produktion auf höherer technischer Stufe vollzieht, kann am Beispiel der Entwicklung von Produktion und Markt der westdeutschen Stahlindustrie nachgewiesen werden.

Der Widerspruch in der Entwicklung von Produktion und Markt, der durch die langsamere Entwicklung des Stahlverbrauchs gegenüber der sprunghaft steigenden Stahlerzeugung hervorgerufen wird, wurde durch das spekulative Marktverhalten der Stahlverbraucher und Anpassungsversuche der Stahlerzeuger zeitweilig vergrößert, zeitweilig abgeschwächt.

Seit September 1957 begann der Lagerbestand an Walzstahl bei den Investitionsgüterindustrien zu steigen, da der tatsächliche Stahlverbrauch hinter dem erwarteten Verbrauch zurückblieb. Seit Mitte 1958 erfolgte ein schneller Abbau der auf 3 Millionen Tonnen Walzstahl angewachsenen Lagerbestände. Die Bestellungen gingen zurück, die Lieferfristen der Stahlwerke verkürzten sich, das Ausmaß der produktionsnotwendigen Walzstahllager bei den Verarbeitern verringerte sich. In dem Maße des Lagerabbaus nahmen – angesichts wachsender Investitionstätigkeit – die Bestellungen seit Mitte 1959 wieder zu und verlängerten sich die Lieferfristen, erhöhten sich die Preise. Nach Erreichen des Tiefpunktes der Lagerhaltung Ende 1959 mit 1,6 Millionen Tonnen Walzstahl setzte seit Mitte 1960 wieder der Aufbau der Lager bei den Verarbeitern ein, insbesondere seit April 1961, als die Investitionstätigkeit wieder nachließ. Die kumulative Lageranhäufung, begünstigt durch verkürzte Lieferfristen, vollzog sich bis August 1961. Dann setzte der Lagerabbau auf das Niveau von 1957 ein.[70]

Nicht nur wächst die Produktionskapazität infolge des technischen Fortschritts sprunghaft, sondern auch die Stahlnachfrage weist – trotz kontinuierlich anwachsenden Stahlverbrauchs – heftige Schwankungen auf und zwingt die Hütten- und Stahlwerke zu einer marktbedingten diskontinuierlichen Produktionsentwicklung und verursacht große Schwankungen in der Kapazitätsauslastung. Die Widersprüche in der Entwicklung von Produktion und Markt und die Widersprüche der Kapitalverausgabung und -verwertung werden durch den Lagerzyklus und andere Einflußgrößen zugespitzt. Die unsichere Marktentwicklung hat natürlich starke Rückwirkungen auf Investitionen für neue technische Produktionsanlagen. (Die Untersuchung der ökonomischen Wirkungen des zyklischen Charakters der kapitalistischen Reproduktion auf die Durchsetzung des technischen Fortschritts geht jedoch über das hier aufgeworfene und behandelte Thema hinaus.) Die Glanzzeit der Entwicklung der westeuropäischen Stahlindustrie liegt hinter ihr. Die Prognose, die ein westdeutscher Strukturtheoretiker den „Perspektiven des (west)deutschen Stahls" gibt, sind düster:

> „Der Effekt des Wandels der Verbrauchernachfrage wird ein relatives Zurückbleiben der Wachstumsintensität der Gruppen Bergbau, Baugewerbe, Eisen- und Schienenbahnenbau, Schiffbau, Stahlbau, Maschinenbau und des Eigenverbrauchs innerhalb des Eisen- und Stahlbereichs bringen, während die Investitionsgüterhersteller in der Elektrotechnik, des Behälterbaus und der Röhrenwerke sowie die Gebrauchsgüterhersteller in der Elektrotechnik, im Fahrzeugbau und in der Eisen-, Blech- und Metallwarenindustrie zu den Wachstumsträgern zählen werden. In diesen Wachstumsindustrien dürften sich aber gleichzeitig der Effekt der kleineren Größen, der Effekt der leichteren Gewichte sowie der Verdrängungseffekt beim Rohstoffeinsatz auswirken, und somit Substitutionseffekte zum Zuge kommen, die die Stahlverwendung einschränken. Industrien, in denen gleichzeitig der Effekt der größeren Größen (zum

[70] Vgl. *K. Oppenländer*, Perspektiven des deutschen Stahls. „Der Volkswirt", Beilage Nr. 44, 1962.

Beispiel Maschinenbau) und der Effekt des verlängerten Lebensalters (zum Beispiel Stahlbau) wirksam werden, zählen zu den weniger wachsenden Bereichen.“ [71]

Der technische Fortschritt wirkt im Kapitalismus als struktureller Faktor, indem er – um den Preis von Teilkrisen, Marktschwierigkeiten, Produktionsumstellungen, Kapitalvernichtung, Betriebsaufgabe, monopolistischer Beherrschung und großer Nachteile für die unmittelbaren Produzenten – die Industrie-, Wirtschafts- und Außenhandelsstruktur verändert, wobei immer wieder neue Disproportionen entstehen. Der technische Fortschritt erweist sich damit gleichzeitig als ein zyklischer Faktor, der keineswegs nur an „Wirtschaftswunder“ grenzende langanhaltende Aufschwungsphasen, sondern ebenso Teilkrisen hervorruft und darüber hinaus allgemein als Krisenmoment wirkt. Vom Stadium des technischen Fortschritts, von der zeitlichen Aufeinanderfolge in der Ausnutzung der von ihm erzeugten Wechselwirkungen und von den übrigen auf Umfang und Tempo der Entwicklung einwirkenden zyklischen sowie von außerökonomischen Faktoren hängt es ab, welche Gesamtwirkung vom technischen Fortschritt auf die zyklische Entwicklung der Reproduktion des Kapitals ausgeht.

Die Einwirkung des technischen Fortschritts auf die Produktions- und Kapitalstruktur ist untrennbar mit seiner Einwirkung auf die Reproduktion des Kapitals einerseits, der Arbeitskräfte andererseits und damit auf die Reproduktion des Kapitalverhältnisses verbunden. So wirkt der technische Fortschritt als struktureller und zyklischer Faktor im einheitlichen, aber widerspruchsvoll verlaufenden Prozeß der erweiterten Reproduktion des Kapitals. Dabei hat der technische Fortschritt eindeutig bestimmte sozialökonomische Veränderungen zur Folge, aber unterschiedliche ökonomische Auswirkungen entsprechend dem jeweiligen Stadium der technischen Entwicklung und dem Einfluß der den Wirtschaftsablauf hauptsächlich bestimmenden Faktoren.

Es fragt sich, wie die Entwicklung der kapitalistischen Produktionsverhältnisse durch die wachsende Konzentration und Monopolisierung, Spezialisierung und Kooperation im nationalen und internationalen Rahmen den zyklischen Ablauf der kapitalistischen Reproduktion modifiziert. Zweifellos führt die Fortexistenz des Kapitalismus – angesichts der Entwicklung des sozialistischen Weltsystems – zur Herausbildung neuer Erscheinungen im staatsmonopolistischen Kapitalismus, durch die der Sozialismus hindurchschimmert. Es handelt sich um die Herausbildung materiell-organisatorischer Verflechtungsbeziehungen, deren Beherrschung zum Nutzen der gesamten Gesellschaft nur die sozialistische Produktionsweise ermöglicht. Insofern hat der technische Fortschritt im gegenwärtigen Kapitalismus eine begrenzte Perspektive.

[71] *K. Oppenländer*, Perspektiven des deutschen Stahls. „Der Volkswirt“, Beilage, Nr. 4, S. 38, 2. 11. 1962.

Kurt Braunreuther

MAX WEBER (1864–1920) – DER BEDEUTENDSTE VERTRETER DER BÜRGERLICHEN SOZIOLOGIE IN DEUTSCHLAND

Eine wissenschaftsgeschichtliche Studie

I. WIRKEN UND WIRKUNGEN

Max Weber galt in der deutschen bürgerlichen Wissenschaft bereits zu seinen Lebzeiten als ein beachtenswerter Gesellschaftswissenschaftler. Sein Gesamtwerk umfaßt etwa hundertfünfzig Publikationen, deren erste – auf wirtschaftshistorischem Gebiet – in die neunziger Jahre des vorigen Jahrhunderts fällt. 1904 übernahm er – zusammen mit W. Sombart und E. Jaffé – die Redaktion des Archivs für Sozialwissenschaft und Sozialpolitik und im Jahre 1909 die Schriftleitung des Sammelwerkes „Grundriß der Sozialökonomik". Er wirkte als Hochschullehrer in Berlin, Freiburg i. Br., München und vor allem – als Nachfolger von Karl Knies – in Heidelberg; in Wien versah er zeitweilig eine Gastprofessur. Auf seinen Auslandsreisen beeindruckten ihn vor allem die Vereinigten Staaten von Nordamerika (1904). Die gesellschaftswissenschaftliche Tätigkeit war verflochten mit der politischen: Mitarbeit im Alldeutschen Verband, im Kreise Friedrich Naumanns, im Verein für Sozialpolitik, in der Demokratischen Partei und im Verfassungsausschuß der Weimarer Republik unter Hugo Preuß. An den Friedensverhandlungen in Versailles nahm Max Weber als Sachverständiger teil.[1]

Max Weber genoß als Soziologe wie auch als politisch sich engagierende Persönlichkeit nicht nur im Kreise der Fachkollegen einen beträchtlichen Ruf, sondern

[1] *Für biographische und bibliographische Angaben*: Paul Honigsheim, Weber, Max, in: Handwörterbuch der Sozialwissenschaften, Band 11, Gustav Fischer Stuttgart, J. C. B. Mohr (Paul Siebeck) Tübingen, Vandenhoeck und Ruprecht Göttingen, 1961, S. 556f.; Paul Honigsheim, Max Weber und die deutsche Politik, „Kölner Zeitschrift für Soziologie und Sozialpsychologie", 13. Jahrg., H. 2, 1961; Johannes Winkelmann und Eduard Baumgarten, Einleitung und Erläuterung zu: Max Weber, Soziologie, Weltgeschichtliche Analysen, Politik, Alfred-Kröner-Verlag, Stuttgart 1956; Marianne Weber, Max Weber – ein Lebensbild, Verlag Lambert Schneider, Heidelberg 1950; J. A. Schumpeter, Max Webers Werk, in: Dogmenhistorische Aufsätze, J. C. B. Mohr, Tübingen 1954; W. Bernsdorf, Internationales Soziologenlexikon, Ferdinand Enke Verlag, Stuttgart 1909, S. 622; Georg Lukács, Die Zerstörung der Vernunft, Aufbau-Verlag, Berlin 1954, S. 374f.; Walther Wegener, Die Quellen der Wissenschaftsauffassung Max Webers und die Problematik der Werturteilsfreiheit der Nationalökonomie, Duncker und Humblot, Berlin 1962; Max Bendix, Max Webers Gesellschaftsbild, „Kölner Zeitschrift für Soziologie und Sozialpsychologie", 12. Jahrg., H. 3, S. 385, 1960.

auch in breiteren Kreisen des Teiles der Bourgeoisie, der die Aufrechterhaltung ihrer Diktatur mit den Mitteln einer „liberalen" Politik – zum Unterschied von der offen reaktionären, an überholten Formen festhaltenden bourgeois-junkerlichen Klassenpolitik – für vorteilhafter hielt. Umfassendere Anerkennung fanden seine wichtigsten Ansichten – nicht nur in Deutschland, sondern auch im kapitalistischen Ausland, insbesondere im angelsächsischen Sprachraum – nach seinem Tode. Das steigende Bourgeoisinteresse am Werke Max Webers zeigt sich in einer Reihe von Neuausgaben seiner Arbeiten nach 1945 in Westdeutschland.[2] Dabei zeigen sich heute Tendenzen, die zeitgenössische Polemik in den ursprünglichen Ausgaben der Schriften Max Webers zugunsten des vorgeblich zeitlos Gültigen zurückzustellen. Das nach dem zweiten Weltkrieg zunehmende Interesse an Max Weber, einer in mancher Hinsicht eigenwilligen Persönlichkeit, erstreckt sich also keineswegs auf alles, was Max Weber publiziert hat, sondern darauf, was – den monopolkapitalistischen ideologischen Bedürfnissen der fünfziger bis sechziger Jahre westdeutscher Entwicklung entsprechend – für besonders nützlich gehalten wird.[3] In jüngster Zeit macht sich bei der Behandlung einzelner Fragen, zum Beispiel der *Werturteilsfrage*, in der wachsenden, sich mit Max Weber beschäftigenden Literatur ein Beleuchtungswechsel bemerkbar.

II. WERTURTEIL UND WERTURTEILSFREIHEIT

Max Weber, der sich wiederholt politisch entschlossen und offen engagiert hat, forderte, sich in der Politik auf Grund eines bekennenden Werturteils zu entscheiden, in der eigentlichen Wissenschaft jedoch davon Abstand zu nehmen. Der Sozialwissenschaftler solle sich dem untersuchten Objekt gegenüber „wertfrei", d. h. werturteilsfrei, verhalten.[4] Es handelt sich hier offensichtlich um eine *betonte* Pro-

[2] *Neuausgaben (Auswahl) von Werken Max Webers*: 1. Gesammelte Aufsätze zur Wissenschaftslehre, J. C. B. Mohr (Paul Siebeck) Tübingen 1951. – 2. Soziologie, Weltgeschichtliche Analysen, Politik, Alfred Kröner, Stuttgart 1956 (enthält – zum Teil gekürzte – Arbeiten aus den Jahren von 1896 bis 1920). – 3. Wirtschaft und Gesellschaft, J. C. B. Mohr, Tübingen 1956. – 4. Staatssoziologie; Duncker und Humblot, Berlin 1956, – 5. Wirtschaftsgeschichte; Duncker und Humblot, Berlin 1958. – 6. Rechtssoziologie, aus dem Manuskript herausgegeben von J. Winckelmann, Hermann Luchterhand Verlag, Neuwied 1960.

[3] Vgl. *Kurt Braunreuther*, Bemerkungen über Max Weber und die bürgerliche Soziologie, „Wissenschaftliche Zeitschrift der Humboldt-Universität", Ges.- u. Sprachw. Reihe, VIII. Jahrg., H. 1, 1958/59.

[4] Wie bei G. Simmel, so sind auch bei Max Weber „Wert" und „Werturteil" sprachlich kaum, wenn auch bei Weber der Sache nach, geschieden. Die neuere bürgerliche soziologische Literatur hat sich in der Regel dort, wo sie die Frage des objektivistischen Charakters der gesellschaftswissenschaftlichen Literatur behandelt, für das Wort „Werturteil" entschieden. Bei Simmel, in seiner „Philosophie des Geldes", wurde diese Frage um so mehr verwirrt, weil er den „Wert" als moralische Kategorie auch noch mit dem Wert als ökonomischer Kategorie durcheinanderwarf. Vergleiche die Arbeit Max Webers, mit der seiner-

pagierung der Objektivität in der bürgerlichen Gesellschaftswissenschaft, damit eines bestimmten Verhaltens der sozialwissenschaftlichen Arbeiter. Das galt bis dahin besonders für die Darstellung zeitgenössischen Geschehens keineswegs als selbstverständlich. Diese Haltung entsprach dem historischen Auftrag, den die vom feudalen Einfluß befreite Bourgeoisie den ihr ergebenen Sozial*wissenschaftlern* in der Periode des *vormonopolistischen* Kapitalismus erteilt hatte. Vom Sozial*propagandisten* wurde auch damals literarisch dokumentierte Ergebenheit gewünscht. Der Sozialwissenschaftler und der Propagandist waren nicht immer in einer Person vereinigt, und soweit dies der Fall war, wurde eine bestimmte Arbeitsteilung für zweckmäßig angesehen.

Beide Zweige bürgerlich-gesellschaftswissenschaftlicher literarischer Aktivität mußten erkennen lassen, was als — für die herrschende Klasse bestimmte — wissenschaftlich aufbereitete Information und was als allgemeine Massenpropaganda zu gelten hatte. Weil damals die Bourgeoisie noch als gesamte Klasse herrschte, wurde der informative Teil der gesellschaftswissenschaftlichen Literatur in starkem Maße publiziert. Die Tatsache der im geringen Maße monopolistisch beeinflußten Konkurrenz der Bourgeoisie im vormonopolistischen Kapitalismus machte dieses sich spontan durchsetzende, von den Beteiligten selten *bewußt* angewandte Verfahren erforderlich. Mit dem Monopolkapitalismus veränderte sich die Lage wesentlich. Die Bourgeoisie, in welche Konkurrenzkämpfe auch verstrickt, repräsentierte bis dahin insgesamt die herrschende Klasse. Jetzt kristallisierte sich die Monopolbourgeoisie als maßgebende herrschende Schicht heraus. Dessenungeachtet ließen die Konkurrenzkämpfe nicht nach, sondern verschärften und komplizierten sich mit den wachsenden Widersprüchen. Lenin hat als erster wissenschaftlich umfassend diese neue Lage und die mit ihr verbundenen gesellschaftlichen Prozesse namentlich in seinem Werk „Der Imperialismus als höchstes Stadium des Kapitalismus" analysiert.[5]

Es sei hier von den speziellen Momenten der deutschen ökonomischen und politischen Erscheinungsform des Imperialismus abgesehen.[6] Die bourgeois-junkerliche Vergangenheit Deutschlands belastete auch den Übergang des Imperialismus noch zusätzlich.

Die Monopolbourgeoisie stellt an ihre Publizisten — sowohl als wissenschaftliche Informatoren als auch als Propagandisten — etwas andere Anforderungen als die Bourgeoisie des vormonopolistischen Kapitalismus. In erster Linie wird gegenüber der Arbeiterklasse eine neue Qualität der ideologischen Propaganda benötigt. Auf dem Gebiete des Hauptklassengegensatzes der Gesellschaft war für die herrschende

zeit die Werturteilsdiskussion eingeleitet wurde: *M. Weber*, Die „Objektivität" sozialwissenschaftlicher und sozialpolitischer Erkenntnis, „Archiv für Sozialwissenschaft und Sozialpolitik", Neue Folge, Band 1, Tübingen 1904 (gekürzt in: *Max Weber*, Soziologie, Weltgeschichtliche Analysen, Politik, Stuttgart 1956, S. 186).

5 Vgl. *W. I. Lenin*, Werke, Band 22, Dietz Verlag, Berlin 1960; derselbe, „Hefte zum Imperialismus", Dietz Verlag, Berlin 1957.

6 Vgl. *Fritz Klein*, Deutschland von 1897/98 bis 1917, VEB Deutscher Verlag der Wissenschaften, Berlin 1961.

Schicht die Lage sehr kompliziert geworden. Durch die mit dem Imperialismus einsetzende sozialökonomische Strukturveränderung ergaben sich jedoch auch Aufgaben propagandistisch-ideologischer Natur innerhalb der Bourgeoisie, deren nichtmonopolistischer Teil jetzt einer speziellen Propaganda auszusetzen war.

Wie die vormonopolistische, so sieht sich auch die monopolistische Bourgeoisie primär der Arbeiterklasse gegenüber, der infolge des Zerfalls der kapitalistischen Gesellschaft neue potentielle Verbündete zur Verfügung stehen. Dieses Moment ist bei der fortschreitenden Differenzierung der Bourgeoisie ebenfalls in Betracht zu ziehen. Der gegenüber der vormonopolistischen Zeit bedeutend weiter ausgebildete, stärker bürokratisierte und militarisierte staatliche und außerstaatliche Machtapparat der Monopolbourgeoisie bezeugt sichtbar die auf allen Gebieten enorm zunehmenden Schwierigkeiten einer zahlenmäßig geringer gewordenen herrschenden Schicht in der Gesellschaft. Sie muß deshalb im Interesse der Verteidigung ihrer besonderen Schichtinteressen auch höhere Ansprüche an die *intellektuelle* Propaganda stellen und kann in dieser Hinsicht die Dinge in geringerem Maße dem Selbstlauf überlassen, als dies die vormonopolistische Bourgeoisie – nicht zuletzt im Vertrauen auf die vom Bourgeoisideologen geübte Selbstzensur – sich erlauben konnte.

Die Monopolbourgeoisie ist an der wirksamen Massenagitation einer Literatur interessiert, die ihr Herrschaftssystem positiv bewertet und damit verteidigt. Sie verlangt diese Haltung auch von der „wissenschaftlich"-informierenden Literatur, die großen Einfluß auf die nichtmonopolistische Bourgeoisie und die mit ihr verbundene Intelligenz hat. Literatur heißt hier der publizierte Teil der Forschung; der nicht publizierte Teil bleibt nichtöffentliches Dokument und Archivalie und steht in dieser Form den entsprechenden Leitungsstäben der Gesellschaft zur Verfügung.

Die innerhalb der Bourgeoisie entscheidenden Kräfte des Monopolkapitals haben einen großen und daher wachsenden Bedarf an wissenschaftlich aufbereiteten Informationen für ihre eigene Leitungstätigkeit. Diese geordneten Informationen sollen möglichst nicht mit Werturteilen (Wertungen) belastet sein und somit den Entscheidungen nicht vorgreifen. Die leitenden Kräfte der miteinander konkurrierenden Gruppen der Monopolbourgeoisie sind hierbei gar nicht daran interessiert, daß Schwierigkeiten oder Gefahren, die ihrer Herrschaft drohen, unberücksichtigt bleiben. Sie benötigen derartige Materialien sowohl auf politischen als auch auf ökonomischen Gebieten. Begreiflicherweise sind diese Kräfte aber nicht daran interessiert, daß die Schwierigkeiten ihrer Gesellschaftsordnung allzu stark in das Bewußtsein der von ihnen beherrschten Menschen hineingetragen werden. Daran ist ihnen um so weniger gelegen, wenn Autoren Neigungen zeigen, die verschiedensten Schwierigkeiten, Mißstände und Widersprüche in greller, das herrschende System negativ belastender Weise zu beschreiben. Insofern gibt es heute in der bürgerlichen gesellschaftswissenschaftlichen Literatur von monopolkapitalistischen Positionen aus eine Polemik gegen die Werturteilsfreiheit. Das monopolkapitalistische System ist so wenig stabil, daß seine Vertreter sich eine werturteilsfreie Schilderung ihres Systems in der Literatur auf die Dauer nicht leisten können. Deshalb verlangen Nutznießer des Monopolkapitalismus eindeutig positive Bekenntnisse in der offiziell als wissenschaftlich ausgewiesenen Literatur und diffamieren heute zahlreiche Intellektuelle, die keine Bereitschaft zeigen, sich diesem Gebote unterzuordnen. Das bedeutet nicht, daß überhaupt keine sozialen Schwierigkeiten öffentlich berührt werden sollen. Soweit einzelne Schwierigkeiten und Schäden ohnehin und unvermeidbar in der öffentlichen Diskussion behandelt werden, wird ebenfalls bekenntnishafte Rechtfertigung verlangt, die sich jedoch einer eigens für diese apologetischen Zwecke erfundenen euphemistischen Sprache zu bedienen hat. Der Kampf solcher Intellektuellen, die nicht mit einer schrankenlosen Machtpolitik des Monopolkapitals einverstanden sind und deshalb für *werturteilsfreie* wissenschaftliche Berichterstattung eintreten, hat heute demzufolge einen anderen Charakter als zur Zeit Max Webers.

Indessen gibt es auch schon darüber hinausgehende Tendenzen. In einigen Kreisen der bürgerlichen Intelligenz dämmert die Erkenntnis, daß eine „Werturteilsfreiheit", also ethische Neutralität, es nicht gestattet, sich gegen die zunehmenden und differenzierten Unterwerfungsmanipulationen des monopolkapitalistischen Systems aktiv zur Wehr zu setzen. Es kommt das gesunde Gefühl auf, daß die werturteilsfreie und sich der operativen Empfehlung enthaltende Darbietung wissenschaftlicher Resultate nicht nur nicht vor Mißbrauch schützt, sondern den nicht am Mißbrauch, d. h. auch nicht an der fehldeutenden Entstellung, interessierten Autor für den Mißbrauch obendrein noch mitverantwortlich zu machen ermöglicht. Wenn unter diesem Aspekt Bemühungen zur Überwindung eines — werturteilsfreien — Objektivismus sichtbar werden, so ist das positiv zu bewerten. Das ist eine gewisse Annäherung an eine dem gesellschaftlichen Fortschritt dienende Parteilichkeit. Wesentlich ist und bleibt, daß Darstellung und Analyse von Tatbesänden und Entwicklungen, damit Beurteilung der innewohnenden Tendenzen und Gesetzmäßigkeiten, nicht durch Moralisieren ersetzt oder mit moralisch begründeten Urteilen vermischt werden, sondern daß die wissenschaftliche Darstellung und die Einschätzungen ihrer moralischen Aspekte in ein und demselben Werk unterscheidbar bleiben.

Als Max Weber vor dem ersten Weltkriege die Diskussion zugunsten der Werturteilsfreiheit der Wissenschaft begann, lag eine ander Situation vor als heute. Damals hatte Max Weber, der den — schon seit Jahrzehnten existierenden — bürgerlichen Objektivismus schließlich nicht erfunden hat, diesen Objektivismus durch neue Formulierungen in bedeutendem Maße ausgebaut und der historischen — klassenpolitischen — Situation um die Jahrhundertwende angepaßt. Infolge seiner bourgeoisorientierten — aber nicht bourgeois-junkerlichen, zugleich nicht antimonarchischen, jedoch antiwilhelminischen — Einstellung hatte er einen kritischen Blick für die theoretischen Schwächen der auf den Hohenzollernstaat eingeschworenen Schmoller-Schule und deren werturteilsbehaftete allgemeinpolitische sowie wirtschafts- und sozialpolitische Darlegungen. Max Weber war ausgesprochen für Werturteile in der staatsbürgerlichen politischen Entscheidung, wollte aber die aus empirischen Untersuchungen gewonnenen Resultate davon freigehalten wissen. Er hat sich selbst nicht konsequent daran gehalten. Eine Reihe seiner Publikationen unmittelbar politischen Charakters zeigt, daß es ihm weniger auf die Vermeidung von Werturteilen als vielmehr darauf ankam, überholte und politisch unbrauchbar gewordene Vorurteile über Bord zu werfen. In vielen Publikationen Max Webers ist die Wissenschaft keineswegs von der Politik geschieden. In seinen von ihm selbst für rein wissenschaftlich gehaltenen Arbeiten wiederum hinderte ihn die bürgerlich-klassenbedingte Grenze seiner Erkenntnisfähigkeit wiederholt, wissenschaftliche Urteile von bürgerlichen Vorurteilen zu scheiden. Einem nicht unerheblichen Teil seines Werkes deshalb überhaupt den wissenschaftlichen Charakter absprechen zu wollen, wäre dennoch unbillig.

Der marxistische Historiker N. A. Maschkin hielt den *Althistoriker* Max Weber für erwähnenswert.[7] S. A. Tokarew verweist anläßlich der Erörterung einer religionsgeschichtlichen These u. a. auf religionssoziologische Ansichten Max Webers.[8] Diese sowjetischen Forscher schieden bei Max Weber die *Deutung* gewonnener Fakten, d. h. die verallgemeinernde Theorie, von diesen Fakten selbst. Bezüglich gesellschaftswissenschaftlicher *Fakten* gibt es bei Max Weber vielfach interessante Hinweise. A. Lunatscharski wies anläßlich einer Rezension von Max Webers postum erschienener Abhandlung über „Die rationalen und soziologischen Grundlagen der Musik“[9] im Jahre 1925 darauf hin, daß „wir Max Webers Arbeiten sehr hoch werten“ müßten, „gerade weil sie uns Halbfabrikate liefern“.[10]

Diese Eigenschaft als „Halbfabrikate“ verdanken einige Resultate Max Webers ohne Zweifel seiner werturteilsfreien Methode im Zusammenhang mit äußerst fleißiger Quellenforschung. Wirklich werturteilsfrei konnte Weber arbeiten, wenn die Bearbeitung eines Stoffes entweder nur seinem privaten, mitunter klassenindifferenten Forscherinteresse geschuldet war – und ein Forscher war Max Weber – oder wenn das *Parteiinteresse* seiner Forschung partiell fortschrittlich war, d. h. zum Beispiel dann, wenn er junkerliche Interessen und damit historische Positionen bekämpfte, die rückständiger als seine eigenen waren, wenn er also zwar dem *Motiv* nach nicht werturteilsfrei arbeitete, aber die Fakten so für die von ihm vertretenen Interessen sprachen, daß ihre nackte Darstellung dem im Grunde politischen Zwecke genügte. Solche Tendenzen sind in seinem Aufsatz über „Die ländliche Arbeitsverfassung“ (1893) sichtbar. Deshalb hörte Max Weber niemals auf, überzeugter Bourgeois zu sein. Er war ein Bourgeois, der genau wußte, daß die Zeitverhältnisse es der Bourgeoisie geraten sein ließen, mit elastischeren Methoden in Politik und Wissenschaft zu arbeiten, als dies preußischen Junkern oder anderen Parteigängern des bourgeois-junkerlichen Konservatismus einleuchten mochte.

Die Werturteilsfreiheit Max Webers war eine klassenbedingte Forderung im Interesse einer Bourgeoisie noch vormonopolistischen Charakters, einer Bourgeoisie,

[7] Vgl. *N. A. Maschkin*, Römische Geschichte, Verlag Volk und Wissen, Berlin 1953, S. 69 u. 636.

[8] Vgl. *S. A. Tokarew*, Entstehung und Frühformen der Religion, „Sowjetwissenschaft, Gesellschaftswissenschaftliche Beiträge“, H. 7, S. 858, 1957.

[9] *M. Weber*, Die rationalen und soziologischen Grundlagen der Musik, in: Wirtschaft und Gesellschaft, 2. Auflage, 2. Halbband, J. C. B. Mohr (Paul Siebeck), Tübingen 1925, S. 818–869.

[10] *Anatoli Lunatscharski*, Die Revolution und die Kunst, VEB Verlag der Kunst, Dresden 1962, S. 34.

die sich der Arbeiterklasse gegenüber sieht, jedoch frei ist von junkerlichen Bindungen und Einwirkungen. Diese Forderung der Werturteilsfreiheit Max Webers kam für Deutschland eigentlich verspätet; denn sie kam zu einem Zeitpunkt, zu dem — mit dem Ende des vormonopolistischen Kapitalismus und dem Beginn des Imperialismus — die gesellschaftlichen Bedingungen sich geändert hatten. Das bebedeutet nicht, daß die Forderung der Werturteilsfreiheit gegenstandslos geworden wäre; aber sie hatte nicht mehr völlig den gleichen Klasseninhalt. Max Weber, der auch als Wissenschaftler primär ein politisch aktiver Vertreter seiner Klasse war, hatte einen gewissen Blick für diese gewandelten Bedingungen. Er fühlte daß es höchste Zeit war, die bürgerliche Gesellschaftswissenschaft im Interesse der Großbourgeoisie von einigen historischen Schlacken zu befreien. Er schickte sich an, diese historisch verspätete Arbeit zu leisten, und ist deshalb mit einem nicht unwesentlichen Teil seines Werkes bis zu einem gewissen Grade — insbesondere mit seiner Lehre von der Werturteilsfreiheit — auch noch als Vertreter der vormonopolistischen Bourgeoisie einzuschätzen. Es erwies sich jedoch, daß diese Lehre auch noch für die neue Monopolbourgeoisie im ersten Stadium ihrer Herrschaft und unter bestimmten Bedingungen nützlich war. Ob ein Gegenstand werturteilsfrei oder nicht werturteilsfrei behandelt wird, das ist in der bürgerlichen Sozialwissenschaft letzten Endes unter dem Aspekt einer bestimmten klassensituationsbedingten Zielstellung immer eine Zweckmäßigkeitsfrage gewesen. Die Diskussion über die Werturteilsfreiheit, besonders in Westdeutschland, ist immer noch im Gange. Es ist einiger Aufmerksamkeit wert, die sich herausbildenden Tendenzen weiterhin zu verfolgen.

III. VERHÄLTNIS ZUR POLITIK

Max Webers politische Aktivität einzuschätzen, bereitet Schwierigkeiten. Der bedeutende sowjetische Kulturpolitiker Anatoli Lunatscharski hat sich in der Einschätzung Max Webers in diesem Punkte geirrt, wenn er schreibt:

> „Stets sehen wir in ihm einen Demokraten, einen Mann mit progressiven Anschauungen den eine eigenartige Ader in seiner Geisteshaltung daran hindert, den Dingen direkt ins Auge zu blicken, der mit innerem Empfinden für die gewaltige Wahrheit der proletarischen Weltanschauung bestrebt ist, sich gegen sie durch angebliche Kompliziertheit von Fragen, durch angebliche Notwendigkeit einer Eklektik abzuschirmen . . .
> . . . Durch sein ganzes Leben ist seine Geisteshaltung genötigt worden, sich derart zu gestalten, daß er ein etwas marxistenähnlicher wissenschaftlicher Demokrat bleiben mußte.“[11]

Max Weber war kein Monarchist wilheminischer Prägung, er haßte den letzten gekrönten Hohenzollern wegen seiner politischen Unfähigkeit. Im Prinzip lag ihm eine konstitutionelle Monarchie englischen Musters am nächsten. Indessen konnte er, wenn es — wie kurz nach dem ersten Weltkriege — darauf ankam, auch „Demokrat“ sein, so wie ein Monopolbourgeois die formale bürgerliche Demokratie nach

[11] Ebenda, S. 33f.

dem Muster der USA als besonders geeignet für seine politischen und ökonomischen Geschäfte finden kann. Die Regierungsform war ihm gleichgültig, nicht der Klasseninhalt, der großbürgerlich sein mußte, wenn auch Max Weber – der auf eine gewisse Selbständigkeit seiner intellektuellen Existenz hielt – auf entsprechende billige Schmeicheleien verzichtete. „Marxistenähnlich" war er nicht, weder als Politiker noch als Wissenschaftler, wenn auch gerade bei ihm Marxanalogien eine Rolle spielen. Für die – für die Bourgeoisie – unerreichbare *Größe* des Marxschen Werkes hatte er ein nicht geringes Verständnis. Nicht ganz unzutreffend schrieb Eduard Baumgarten, ein Biograph Max Webers:

„Max Weber, der als erster eine methodisch konsequente Verhaltensforschung in seiner Soziologie zum Prinzip erhoben hat, ist von Karl Marx ausgegangen (der vor Max Weber u. a. auch die *wissenschaftliche* Verhaltensforschung begründete! – K. B.). Von Marx lernend und gegen Marx kämpfend, hat Weber seine methodischen Gleise gelegt."[12]

In der Tat: Max Weber ist sozusagen der Klassiker des Anti-Marxismus in der gesamten bürgerlichen Soziologie.

Hinsichtlich der Einschätzung des *Politikers* Max Weber hat der marxistische Philosoph W. Heise in seiner Einschätzung recht, wenn er bemerkt:

„Gegenüber dem kleinbürgerlichen Reformisten *Tönnies* und dem ästhetisierenden *Simmel* war *Max Weber* ... der aktive Vertreter monopolkapitalistischer Politik nach innen und außen. Er war bewußter Imperialist und Nationalist, stand auf den Positionen der Klasseninteressen der industriellen Großbrourgeoisie – auch im Gegensatz zum Großgrundbesitz – und forderte unbedingten Kampf für Deutschlands ‚Weltmacht' und ‚Größe', forderte militärische Aufrüstung und militante Machtpolitik, um den ‚Platz an der Sonne' zu erobern. Das Interesse des Imperialismus erschien ihm als Interesse der ‚Nation'.

Und um diese äußere Politik durchzuführen, verlangte er ‚soziale Einigung der Nation... für die schweren Kämpfe der Zukunft'. Hier verfolgte er – gegenüber der Arbeiterklasse wie gegenüber der preußisch-deutschen Monarchie – die Politik der ‚liberalen' Linie des deutschen Monopolkapitals mit starker ideologischer Anlehnung an den englischen und amerikanischen Imperialismus."[13]

Max Weber war ein origineller und eigenwilliger Repräsentant der wilhelminischen Periode und – im Prinzip – auch der imperialistischen Politik der deutschen Großindustriellen (möglichst bei politischer Ausschaltung der hohenzollernschen politischen Variante mit ihren Besonderheiten).

Zur Einschätzung der politischen Orientierung Max Webers hat der bürgerliche Soziologe Paul Honigsheim, ein Max Weber in Sympathie und Verehrung gegenüber stehender Biograph, eine Reihe Fakten zusammengetragen, die die gleiche Deutung gestatten (wobei freilich einige mildernde Umschreibungen in Rechnung zu stellen sind):

„Mehrere Reihen konvergieren in Max Webers Politik: Der Vater war nationalliberaler Abgeordneter und Anhänger Bismarcks; zu seinem Einfluß kamen individualistisch-

12 *E. Baumgarten*, in: Max Weber, Soziologie ..., a. a. O., S. XXVI.

13 *W. Heise*, Die deutsche Philosophie von 1895–1917, VEB Deutscher Verlag der Wissenschaften, Berlin 1962, S. 59f.

demokratische Eindrücke aus der Ideenwelt von Linksliberalen, die, wie *Theodor Mommsen*, im Vaterhaus verkehrten; und schließlich der sozialpolitische Einschlag von seiten damaliger Kathedersozialisten, wie *Gustav Schmoller* und des ‚Vereins für Sozialpolitik'. Daraus und aus dem Gefühl der rigorosen Verpflichtung gegenüber dem geliebten Deutschland ergab sich seine politische Haltung. Sie führte ihn von der ‚Nationalliberalen Partei, die ihm ursprünglich ein Reichtagsmandat angeboten hatte, das er aber ablehnte, zu *Friedrich Naumann*. Schwer auseinanderzuhalten sind sein und Naumanns Anteil an der Programmgestaltung des ‚Nationalsozialen Vereins' von 1896. Nach dessen Scheitern (1903) ging Weber mit den meisten Mitgliedern zu den Linksliberalen und nach dem Kriege zur Deutschen Demokratischen Partei über. Er wirkte zudem im Verein für Sozialpolitik und trat in zahlreichen Zeitungsartikeln, insbesondere in der ‚Frankfurter Zeitung', für seine Überzeugungen ein. Seine Kritik an der Politik greift dabei auf Bismarck zurück, dessen monokratische Herrschaft er — in einem tieferen Sinne — für den blinden Gehorsam gegenüber dem ‚gekrönten Dilettanten' Wilhelm II. — den er trotz seiner monarchischen Gesinnung ebenso wie die nach ihm benannte Ära verabscheute — verantwortlich machte. Weber sah die Gefahr in dem Dominieren der ostelbischen Feudalen, die schon längst keine Aristokratie mehr darstellten, sondern eine ökonomische Unternehmerschicht. Ihre Macht werde durch eine protestantische Staatskirche künstlich aufrechterhalten, die mit ihnen und der konservativen Partei weitgehend zusammenhänge. Satisfaktionsfähigkeit, Coleurstudententum und Reserveleutnantwesen seien zudem Wege der Assimilation des Bürgertums an überlebte feudale Lebensformen und Geistesrichtungen sowie Wege, auf denen ungeeignete Leute in Führerstellungen gelangten.
Demgegenüber fordert Weber die Umwandlung großer Güter in Domänen und ihre Vergabe an Pächter, die sie wegen der Gefahr der Polonisierung des deutschen Ostens nur mit deutschen Landarbeitern bebauen dürften, ferner den Ausbau der Sozialpolitik, die aber nicht primär in Industriesozialisierung zu bestehen habe, schließlich die Gestaltung eines neuen Führertums auf demokratischem Wege ‚von unten', verbunden mit der Überwachung der Beamten durch parlamentarische Kontrollkommissionen. Weber betonte jedoch, daß er die ‚Schattenseiten der Demokratie' nicht verkenne. Insbesondere legtimierte er sie nicht, wie es sonst oft geschieht, durch optimistisch-naturrechtlich-menschenrechtliche Argumente. Während des Krieges insistierte er in Rußlands Schuld und Deutschlands Unschuld am Weltkrieg sowie in der Notwendigkeit einer Erklärung, Deutschland erstrebe keine Gebietserweiterungen im Westen, wohl aber einen ‚Kranz halbabhängiger Slawenstaaten' im Osten. Schließlich rief er nach dem Weltkrieg zum Guerilla-Krieg gegen die Polen auch für den Fall, daß diese Danzig betreten würden, und kämpfte erfolgreich für direkte Volkswahl und eine gehobene Machtposition des Reichspräsidenten."[14]

Wenn Max Weber aktiv in die Politik eingriff, so benutzte er sein in vieler Hinsicht sehr konkretes Wissen über die Gesellschaft in Vergangenheit und Gegenwart rückhaltlos im Interesse der Bourgeoisie, wenn auch oft gegen den — subjektiven — Willen des reaktionärsten Teiles der gesamten herrschenden Klasse. In diesem Sinne — und hier liegt vielleicht eine seiner verhängnisvollsten Wirkungen — arbeitete er unter Hugo Preuss an der Weimarer Verfassung. Eduard Baumgarten beschreibt — eben-

[14] *Paul Honigsheim*, in: Handwörterbuch der Sozialwissenschaften, Band 11, a. a. O., S. 558f.

falls als sympathisierender bürgerlicher Biograph – diese Tätigkeit und die Einstellung Max Webers, auf der sie beruhte:

„Er befürchtete, daß diese Verfassung im praktischen Resultat sich als führerlose Demokratie auswirken werde und so jeglicher Demagogie, allen Massen-Emotionalitäten desto hilfloser ausgeliefert würde. Um dies zu verhüten, setzte er diejenigen Bestimmungen durch, die die politische Macht in der Stellung des Reichspräsidenten konzentrierten. Auch der Notverordnungsparagraph, der diese Macht gegebenenfalls noch steigerte, geht auf seinen Antrag zurück. Nur scheinbar im Widerspruch hierzu verstärkt Weber andererseits durch einen dritten Antrag das Enquête-Recht des Parlaments, – um die abermalige Entwicklung einer unkontrollierten Beamtenherrschaft im Bereich der Exekutive, die er schon unter Wilhelm II. unentwegt bekämpft hatte, zu verhindern. Wieder hatte er englisch-amerikanische Vorbilder im Auge: Techniken der Heranbildung und Auslese von Führern mit ‚Führercharisma' (wie er dies nannte), verbunden mit Techniken der Kontrolle und der Wieder-Ausschaltung von Führern für den Fall der Untauglichkeit oder des Machtmißbrauchs."[15]

So diplomatisch dies auch geschrieben ist, enthüllt es doch wichtige Tatbestände. Vor allem dies: Max Weber gehört zu den erfahrensten und methodisch beschlagensten Ideologen, die darauf hinarbeiteten, in einer revolutionären Situation die Klassenverhältnisse im Interesse vor allem der industriellen Großbourgeoisie zu konsolidieren, wobei die Form der bürgerlichen Republik nicht hinderlich zu sein brauchte, wenn man sich ihrer nur geschickt genug bediente. Dank solcher Tätigkeit, vor allem unter Mithilfe führender Rechtssozialisten, gelang es schließlich, auch noch den aggressivsten – und subjektiv wie objektiv unfähigsten – Teil der herrschenden Klasse (die mit dem Großgrundbesitz liierten Kreise), der infolge der revolutionären Tätigkeit der Massen in große Bedrängnis geraten war, im Sattel zu halten und wieder manövrierfähig zu machen.

Max Webers politische Wirksamkeit liegt nicht nur im Unmittelbaren. Er betätigt sich auch als Theoretiker der Politik, wobei die Politik als ein Gegenstand der Wissenschaft vom abstandhaltenden Gelehrten, scheinbar „sine ira et studio", untersucht wird – wie in dem Aufsatz „Der Beruf zur Politik". Wie wenig Abstand Max Weber von seinem Gegenstand hält, wenn die von ihm vertretenen Klasseninteressen unmittelbar berührt werden, wie schnell er die Unschuld des ‚reinen' Wissenschaftlers verliert, wie sehr er dann sogar vergißt, daß er seinen Ruf als Quellenforscher aufs Spiel setzt, zeigen seine Ausfälle gegen die sich organisierenden Kräfte des geschichtlichen Fortschrittes. Die in seiner Theorie enthaltene Leugnung eines auf der Grundlage objektiver, erkennbarer und ausnutzbarer Gesetzmäßigkeiten sich durchsetzenden geschichtlichen Fortschritts verschließt ihm den Weg zur Erkenntnis noch über das Maß einer klassenbedingt begrenzten bürgerlichen Erkenntnisfähigkeit hinaus. Geschichtsblind ereifert er sich bereits in der Frage, die er als Wissenschaftler sachlich beantworten müßte:

„Wodurch als eben durch die Person der Gewaltheber und ihren Dilettantismus unterscheidet sich die Herrschaft der Arbeiter- und Soldatenräte von der eines beliebigen Machthabers des alten Regimes?"[16]

[15] *E. Baumgarten*, in: Max Weber, Soziologie . . ., a. a. O., S. XXV.

[16] Ebenda, S. 172 u. 173.

Man darf nicht vergessen, daß dies 1919 ausgesprochen wurde, und zwar vor Studenten der Universität München, die doch in der für sie völlig neuen und gewiß schwierigen Situation der Orientierung bedurft hätten. Sie wurden auch orientiert, und zwar *gegen* eine *demokratische* Republik (und deren Organe: die Räte), die zu schaffen möglich war, weil die Bedingungen dafür reif waren; ja die objektiven Bedingungen waren damals bereits für die viel weiterreichenden Verhältnisse einer *sozialistischen* Republik herangereift.

Bezüglich der Einschätzung großer geschichtlicher Ereignisse, insbesondere solcher, die das unmittelbare Lebensinteresse der Bourgeoisie als Klasse beeinträchtigen, mußte der professorale Liberalismus Max Webers zwangsläufig versagen. Weber hatte dies bereits anläßlich seiner Beurteilung der russischen Revolution von 1905 praktisch bewiesen. W. I. Lenin – in seinem „Vortrag über die Revolution von 1905", den er 1917 im Züricher Volkshaus in deutscher Sprache hielt – weist Max Webers abfällige Bewertung des Moskauer Dezemberaufstandes mit wissenschaftlicher Präzision zurück. Lenin bemerkt in diesem Zusammenhang, daß Max Weber die „professorale Weisheit des feigen Bürgertums" repräsentiere.[17]

Max Webers politische Tätigkeit war in Wirklichkeit verflochten mit seiner wissenschaftlichen Betätigung als Hochschullehrer und Forscher.

IV. METHODOLOGISCHE BEMERKUNGEN

Als *Methodologe* hat sich Max Weber besonders von Heinrich Rickert beeinflussen lassen, der als Philosoph den südwestdeutschen Neukantianismus vertrat. In speziell philosophischer Hinsicht wurde diese

> „... Badische Schule des Neukantianismus ... am wirksamsten vertreten von *Heinrich Rickert* (1863–1936), dem Schüler und Nachfolger *Windelbands* in Heidelberg. Er gab dem Neukantianismus eine Wendung zu den Fragen der von ihm idealistisch als ‚Kulturwissenschaften' aufgefaßten Gesellschaftswissenschaft. Rickert bezeichnete seinen Standpunkt als ‚transzendentalen Idealismus'. Er negierte *Kants* ‚Ding an sich' und näherte sich dem erkenntnistheoretischen Standpunkte *Fichtes*. Er bekämpfte bewußt Materialismus und Positivismus, insbesondere ... den historischen Materialismus."[18]

Max Webers Arbeit führte jedoch zu einer eigenen Entwicklungsstufe dieser Methodologie. Diese Methodologie wurde zunächst auf die Wirtschaftsgeschichte, darüber hinaus – in umfassender Weise – auf andere Gebiete des ökonomischen – wie des damit verbundenen juridischen – Denkens angewandt. Diese intensive Beschäftigung mit ökonomischen Problemen, nicht zuletzt auch seine bürgerlich-juristische – insbesondere wirtschaftsrechtliche – Denkschulung mit ihrem Blick auf aktive praktische Betätigung im Leben der bürgerlichen Gesellschaft, gab

[17] Vgl. *W. I. Lenin*, Werke, Band 23, Dietz Verlag, Berlin 1957, S. 259. – Leider fehlen im wissenschaftlichen Apparat dieses Bandes über diesen Punkt nähere Hinweise.

[18] *W. Heise*, Die deutsche Philosophie von 1895–1917, a. a. O., S. 25f.

Max Weber für die auszuarbeitende Methodologie starke Impulse, die zu einer enormen Systematisierung führten. Diese Systematisierung des von ihm ausgebauten bürgerlich-soziologischen Apparates gestattete später dessen verhältnismäßig geschickte Handhabung auch durch bürgerliche Gesellschaftswissenschaftler geringeren Formats, bei denen sich allerdings häufig sowohl eine Max Weber selbst fremde Pedanterie als auch eine Neigung zur Simplifizierung zeigt. Das methodologische *System* Max Webers stellt eine apologetische Leistung von Rang dar. Es wurde – auch infolge mancher Eigenwilligkeit des Autors – vielen bürgerlichen Sozialwissenschaftlern erst sehr allmählich klar, was Max Webers System in apologetischer Hinsicht zu leisten imstande war. Das Entscheidende für den Ausbau dieser neuen Stufe der Apologetik war ohne Zweifel Webers Beschäftigung mit dem Werk von Karl Marx, und zwar mit einem geschärften Bourgeoisinstinkt dafür, daß die weltgeschichtliche Leistung dieses Werkes für einen bürgerlich orientierten Wissenschaftler unerreichbar und daß die Wirkung dieses Werkes unaufhaltsam im Wachsen war. In diesem Zusammenhang erklärt sich auch bei Max Weber die – etwa im Vergleich mit Georg Simmel – entschiedenere Hinwendung zu politisch-ökonomischen Problemen. In einer seiner Thesen betont Max Weber:

> „Gemeinschaften, die nicht irgendwie ökonomisch determiniert sind, sind ... höchst selten."[19]

An diesem Gedanken hielt er fest und entwickelte ihn in eigener Weise weiter.

V. RELIGIONSSOZIOLOGIE UND ÖKONOMIE: ALTERNATIVE ZUM HISTORISCHEN MATERIALISMUS

Wie Eduard Baumgarten als Biograph Max Webers mit Recht hervorhebt, war es besonders dessen Abhandlung „Die protestantische Ethik und der Geist des Kapitalismus" (1905), die ihrem Autor den Rang einer Weltberühmtheit verlieh. In dieser Arbeit wird Webers Stellung zu Marx deutlich. In der *religionssoziologischen* Schrift versucht er eine Theorie der Entstehung des Kapitalismus zu entwickeln. die die Marxsche Theorie der ursprünglichen Akkumulation und darüber hinaus den historischen Materialismus und die Marxsche politische Ökonomie entkräften soll. Weber zeigt sich dabei als durchaus wirkungsvoller Schriftsteller. Vergessen wir nicht, daß Max Weber in vieler Hinsicht ein ausgezeichneter Historiker war, der es als Forscher verstand, Tatsachen und Zusammenhänge von Interesse aus einem ausgedehnten Quellenmaterial herauszuheben. Im Aufsuchen der Quellen ging er keine ausgetretenen Wege. Schließlich verstand er es, seine Resultate in formell klarer, wenn auch mitunter nicht leicht zu lesender Weise darzulegen. Das Beachtliche – wenn auch wissenschaftlich an sich nicht Neue – in der Schrift Webers besteht in der Zuordnung bestimmter Religionsformen oder deren Modifikationen zu bestimmten

[19] *Max Weber*, Soziologie ..., a. a. O., S. 62.

Gesellschaftsformationen oder Phasen derselben und den sie charakterisierenden ökonomischen Tätigkeiten. Die Darstellung im einzelnen ist indessen eine originelle Leistung. Max Weber bleibt jedoch bei der bloßen Zuordnung von Religionsformen und ökonomisch bestimmten Verkehrsformen nicht stehen. Er ordnet die Materialien so, daß beispielsweise vorwiegend die ökonomischen Erscheinungen als sekundäre — den Erscheinungen der religiösen Ideologie als primären untergeordnet — in das Blickfeld des Betrachters dieser Anordnung treten. Max Weber hat sich gehütet, ein Auf-den-Kopf-Stellen der Dinge allzu prägnant und apodiktisch zu formulieren. Die theoretisch befriedigende *Erklärung* für seine Thesen bleibt er — als Vertreter der nur *verstehenden* Soziologie — ohnehin schuldig. Er will im Grunde genommen auch gar keine *Erklärungen*. Hier nicht und anderswo nicht. Er bemerkt:

„Wir ständen, selbst mit der denkbar umfassendsten Kenntnis *aller* ‚Gesetze' des Geschehens, ratlos vor der Frage: Wie ist *kausale Erklärung* einer *individuellen* Tatsache überhaupt möglich?, da schon eine *Beschreibung* selbst des kleinsten Ausschnittes der Wirklichkeit ja niemals erschöpfend denkbar ist."[20]

Das zeigt die intellektuelle Haltung, die Max Weber gegen den Marxismus in der Intelligenz durchzusetzen versuchte. Damit hängt zusammen, daß er in seiner religionssoziologischen Arbeit das Verhältnis zwischen einer historisch bestimmten ökonomischen Art der gesellschaftlichen Betätigung und der daraus hervorgehenden, diese Betätigung reflektierenden und zugleich auf Intensität und Richtung dieser gesellschaftlich erstrangigen Betätigung einwirkenden Wirtschaftsgesinnung — das Basis-Überbau(-Basis)-Verhältnis — nicht apodiktisch in ein — falsches — Überbau-Basis-Verhältnis verkehrt. Er legt jedoch den Sachverhalt in so geschickter Weise dar, daß der — philosophisch-idealistisch vorgebildete — Leser auf seine eigene Verantwortung philosophisch-idealistische Schlüsse zieht und den historischen Materialismus als erledigt betrachtet.

Im Sinne einer so tendierenden Interpretation formuliert Baumgarten:

„Kapitalistische Produktionsweise setzt eine Arbeitsdisziplin und ein Berufsethos voraus, die beide religiöse, nämlich asketische Gesinnungen zur Wurzel haben."[21]

Abgesehen davon, daß Baumgarten nicht von einer exakten Vorstellung einer Produktionsweise und der sie widerspiegelnden Kategorie ausgeht, sind bei ihm die Zusammenhänge in philosophisch-idealistischer Weise eindeutig auf den Kopf gestellt: *Zuerst* war ihm die religiöse Gesinnung vorhanden, und dann entstand auf Grund dieser Gesinnung der Kapitalismus. Damit nicht der geringste Zweifel an einer antimarxistischen Auslegung bleibt, bemerkt Baumgarten, daß Max Weber sich „gegen Marx und dessen berühmte, genau umgekehrt lautende These gewandt"[22] habe. Es handelt sich bei Marx indessen nicht nur um eine These, sondern um eine geschlossene Theorie, die Theorie des historischen Materialismus, die in gedrängter

20 Ebenda.

21 *E. Baumgarten*, in: Max Weber, Soziologie . . ., a. a. O., S. XV.

22 Ebenda.

Form in Marx' „Vorwort" zu seinem Werk „Zur Kritik der politischen Ökonomie" im Jahre 1859 veröffentlicht wurde – und seitdem weltberühmt – geworden ist.[23]

Vorsichtiger als Baumgarten bemerkt der französische bürgerliche Soziologe Raymond Aron, daß sich Max Weber lediglich „entschieden gegen die dogmatische Anmaßung einer Totalerklärung der Geschichte durch die Wirtschaft"[24] wandte und fügt hinzu:

> „Wir behaupten nicht, daß dies die eigentliche Bedeutung des Marxismus sei ..."[25]

Max Weber – in seiner Abhandlung „Die protestantische Ethik und der ‚Geist' des Kapitalismus" – gibt keine eindeutig kausal determinierte Ableitung der Entstehungsursachen des Kapitalismus aus religiösem Geist, wenn auch – gestützt auf die Autorität Max Webers – eine solche Eindeutigkeit für moderne Dutzendapologeten bequemer wäre.

Max Weber weist darauf hin, daß die kalvinisch-puritanische Richtung des Protestantismus innerhalb religiöser Verhaltensweisen bewirkte, daß die früher den Massen nahegelegte Askese gegenüber der gesellschaftlichen Umwelt in eine innerweltliche, der Welt zugekehrte Askese verwandelt wurde. Das war für Max Weber innerhalb der mit dem Kapitalismus aufkommenden religiösen, sich mit einer stärkeren wirtschaftlichen Aktivität zunächst abfindenden, dann diese Aktivität erklärend unterstützenden Gesinnung eine primäre Tatsache, die seit Marx' und Engels' Forschungen der Wissenschaft durchaus bekannt war. Max Weber zufolge hat diese ideologische Tatsache bewirkt, daß alle ökonomische Betätigung einen unerhörten Ansporn erhielt, und tiefer geht Weber den – mehr funktionalistisch als kausal und auf jeden Fall nicht als einem dialektischen Prozeß zugehörig gedeutet – dargestellten Erscheinungen nicht auf den Grund.

Rastlose Tätigkeit des Erwerbens und der Verwertung des Erworbenen wurde jedenfalls als fromme Tätigkeit bewertet. Besitz und erfolgreiche Besitzerhaltung – noch mehr: Besitzerwerbung – war Ausdruck göttlicher Gnade geworden. Max Weber schreibt u. a.:

> „Der Gedanke der *Verpflichtung* des Menschen gegenüber seinem anvertrauten Besitz, dem er sich als dienender Verwalter oder geradezu als „Erwerbsmaschine" unterordnet, legt sich mit seiner erkältenden Schwere auf das Leben. Je größer der Besitz wird, desto schwerer wird – *wenn* die asketische Lebensstimmung die Probe besteht – das Gefühl der Verantwortung dafür, ihn zu Gottes Ruhm ungeschmälert zu erhalten und durch rastlose Arbeit zu vermehren. ... die Genesis des Lebensstils reicht in einzelnen Wurzeln ... in das Mittelalter zurück, aber erst in der Ethik des asketischen Protestantismus fand er seine konsequente ethische Unterlage. Seine Bedeutung für die Entwicklung des Kapitslismus liegt auf der Hand."[26]

[23] Vgl. *Karl Marx*, Zur Kritik der politischen Ökonomie, *Karl Marx/Friedrich Engels*, Werke, Bd. 13, Dietz Verlag, Berlin 1961, S. 8f.

[24] *R. Aron*, Die deutsche Soziologie der Gegenwart, Alfred-Kröner-Verlag, Stuttgart 1953, S. 133.

[25] Ebenda.

[26] *Max Weber*, Soziologie ..., a. a. O., S. 370. Eine zusammenfassende – und in *diesem* Punkte objektive Wiedergabe der Gedanken Max Webers gibt dessen Witwe in: Marianne Weber, Max Weber – ein Lebensbild, a. a. O., S. 387ff.

Natürlich war diese Darlegung darauf angelegt, Marx zu ersetzen. Deshalb wohl versucht auch Max Weber seine auf die Entstehungsgeschichte des – „modernen" – Kapitalismus[27] angewandte „verstehende" Soziologie direkt mit einer Neufassung trivial-ökonomischer Argumente zu koppeln. So heißt es zum Beispiel:

„... halten wir jene Einschnürung der Konsumtion mit dieser Entfesselung des Erwerbsstrebens *zusammen*, so ist das äußere Ergebnis naheliegend: *Kapitalbildung durch asketischen Sparzwang*."[28]

Die Kapitalbildung durch *kapitalistische Ausbeutung* – von Lohnarbeitern – zunächst in der ursprünglichen, dann im Zusammenhang mit der ihr folgenden „normalen" kapitalistischen Akkumulation ist in dieser Theorie verschwunden, und das war vom Standpunkt der Verfolgung des apologetischen Zieles ein weiterer wesentlicher Punkt dieser – entsprechend der gewachsenen Arbeiterbewegung und der Verbreitung des Marxismus – „verfeinerten" Beseitigung des Marxismus, womit von bürgerlicher Seite zugleich dem in der Arbeiterbewegung damals auch in starkem Maße negativ wirksamen Revisionismus zugearbeitet wurde. Zieht man diese größeren Zusammenhänge in Betracht, so gibt das Resümee der gedrängten – vom Standpunkt des Marxismus-Leninismus allerdings viel zu engen und isolierten – Darstellung Honigsheims von Webers religionssoziologischer Darstellung der Zeit der ursprünglichen Akkumulation den Sachverhalt annähernd richtig wieder:

„Die Theorie (Max Webers – K. B.) selbst lautet: Der Protestantismus außerhalb und links von Anglikanismus und Luthertum lehrt: Die Erde ist seit dem Sündenfall von Gott zwar verflucht, aber zugleich den Seinigen zum Beherrscht- und Gebrauchtsein gegeben. Also verbleibe man in ihr, enthalte sich aber asketisch allen Gefühlsmäßigen und Erfreuenden, arbeite vielmehr dauernd, verdiene dadurch mehr, ohne aber die Möglichkeit zu haben, es auszugeben, akkumuliere also Kapital. Da Gott den Seinen die Herrschaft gibt, und das in einer Zeit, in der nicht mehr feudaler Besitz und Bodenrente, sondern Kapitalbesitz und -zinsen Macht verleihen, so liegt es nahe, folgenden Schluß zu ziehen: Ich habe mich asketisch des Lebensgenusses enthalten, systematisch gearbeitet, Kapital akkumuliert, dadurch Macht gewonnen, auch über Gottverworfene, wie Katholiken, Anglikaner und Lutheraner; ist das nicht ein Beweis, daß ich als von Gott Auserkorener in den Himmel gehen werde? Diese Folgerung läuft auf eine religiöse Legitimierung der kapitalistisch empfindenden und wirtschaftenden Bourgeois hinaus. Mehr hat Weber nicht behauptet. Asketischer Protestantismus ist für ihn also nicht die Ursache des Kapitalismus, und die Theorie ist nicht einfach ‚der auf den Kopf gestellte Marx'."[29]

27 Wie die Gesamtwiderlegung von Max Webers Auffassung bereits in Karl Marx' Werk „Das Kapital", so ist die spezielle Korrektur der Weberschen Darstellung der Entstehung des Kapitalismus im 24. Kapitel – „Die sogenannte ursprüngliche Akkumulation" – des „Kapital" gegeben; Vgl. *Karl Marx/Friedrich Engels*, Werke, Band 23, Dietz Verlag, Berlin 1962, S. 741f.

28 *Max Weber*, Soziologie ..., a. a. O., S. 371.

29 *P. Honigsheim*, in: Handwörterbuch der Sozialwissenschaften, Band 11, a. a. O., S. 558.

VI. IDEALTYPUS

In der ideologischen Defensive gegen die wissenschaftliche Weltanschauung der Arbeiterklasse erklärte Max Weber den Marxismus zum „Idealtypus“ und die marxistische Methodologie zu einer „idealtypischen“ Methode unter anderen, deren jeweilige Bevorzugung durch Wissenschaftler letztlich eine Frage lediglich pragmatischer Überlegungen sei.

Zu Beginn des Imperialismus, etwa um die Zeit der russischen Revolution von 1905, schickte sich Max Weber an, „aus einem Juristen, Nationalökonomen und Politiker zum Soziologen“[30] zu werden. Als bürgerlicher Soziologe bezog er die Ökonomie als ein wichtiges, aber für ihn letztlich nicht ausschlaggebendes Teilgebiet in die soziologischen Untersuchungen ein. Als Antimarxist sah Max Weber seine Aufgabe darin, „Kategorien der verstehenden Soziologie“[31] zu entwickeln. Er bemühte sich in diesem Zusammenhang, den „Sinn“ menschlichen Handels zu finden. Dieser „Sinn“ war nun keineswegs das zu Charakterisierende menschlichen Handelns in seiner objektiven Realität, sondern die subjektive Orientiertheit hinsichtlich bestimmter Erwartungen. Diese waren zu vergleichen mit dem, was tatsächlich erzielt wurde. Weil die Ableitung kausaler – gesetzmäßiger – Beziehungen mit der Wirklichkeit von Max Weber nicht erwartet und nicht einmal für möglich gehalten wurde, konnte diese Soziologie von vornherein nur als eine *Verhaltenslehre* aufgefaßt werden, und zwar so, daß sie zwischenmenschliches Verhalten – ohne Berücksichtigung von relevanten Klassenbeziehungen – beschreibt und im begrenzten Maße auch deutet, keineswegs aber zum Handeln anzuleiten beabsichtigt. Womit Handeln verglichen werden soll, muß der zu findende „*Idealtypus*“ anzeigen, eine zur bloßen Denkhilfe – im Grunde je nach dem Untersuchungszweck ganz verschieden und willkürlich – geschaffene Konstruktion.

Die gesamte menschliche Geschichte erscheint so als ein sinnloses Geschehen, in das die „verstehende Soziologie“ erst Sinn hineingelegt hat, wobei nicht jegliches Handeln in Betracht zu ziehen ist, sondern nur jenes Handeln, das Max Weber besonders kennzeichnet. Er bezeichnet damit

> „ein Verhalten, welches 1. dem subjektiv gemeinten Sinn des Handelnden nach auf das *Verhalten anderer* bezogen, 2. durch diese seine sinnhafte Bezogenheit in seinem Verlauf *mitbestimmt* und also 3. aus diesem (subjektiv) gemeinten Sinn heraus verständlich *erklärbar* ist.“[32]

Es ist übrigens auch hiernach zu verstehen, warum die moderne bürgerliche, insbesondere angloamerikanische, auf Pragmatik eingestellte Theorielosigkeit so sehr an Max Weber interessiert ist. Der „Idealtypus“ ergibt sich notwendig aus dieser Betrachtungsweise. Max Weber hat darüber in vielen Zusammenhängen geschrieben.

30 Ebenda.
31 *Max Weber*, Soziologie ..., a. a. O., S. 97.
32 Ebenda, S. 99.

„Ideal" bedeutet in diesem Zusammenhang keineswegs das, was landläufigerweise darunter verstanden wird:

„Ein ‚Idealtypus' in unserem Sinne ist ... etwas gegenüber der *wertenden* Beurteilung völlig Indifferentes, er hat mit irgendeiner anderen als einer rein *logischen* ‚Vollkommenheit' nichts zu tun. Es gibt Idealtypen von Bordellen so gut wie von Religionen ..."[33]

Der „Idealtypus" ist — um mit Max Weber zu sprechen — ein „Richtigkeitstypus", von dem zum Beispiel der bekannte „Idealtypus" des neoliberalen Nationalökonomen Walter Eucken nur einen vulgarisierten Spezialfall darstellt. Max Weber weist — und dies erscheint nun durchaus verständlich — den Spott gegen die in der bürgerlichen politischen Ökonomie gebräuchlichen „Robinsonaden" zurück. Aus dieser Haltung resultiert aber auch seine scheinbare teilweise „Anerkennung" des Marxismus. Damit ist der Marxismus als reine Denkübung — und nur zu diesem Zwecke — in kastrierter Form zugelassen. Max Weber behauptet:

„... daß ... alle spezifisch-marxistischen ‚Gesetze' und Entwicklungskonstruktionen — ... idealtypischen Charakter haben."[34]

Im Werke von Marx sah aber Weber den „weitaus wichtigsten Fall idealtypischer Konstruktionen".[35] Er stellte deshalb der von ihm und W. Sombart geleiteten Zeitschrift die Aufgabe, „die Literatur, die über und im Anschluß an den großen Denker (Karl Marx — K. B.) erwächst, zum regelmäßigen Gegenstand kritischer Analyse"[36] zu machen.

Die Einführung der Kategorie des „Idealtypus" und damit der „idealtypischen" — sich durchaus an nachweisbare Fakten haltenden, diese Fakten aber gemäß eines vorliegenden Untersuchungsfalles im Grunde subjektivistisch auswählenden und pragmatisch deutenden (trotz der enormen Einbeziehung historischer Tatsachen) — Methode erfuhr in neuerer Zeit auch aus bürgerlicher soziologischer Sicht einige Kritik, so durch Heinz Maus:

„*Max Weber* führt den ‚Idealtypus' als Konstruktionsprinzip ein. Damit wird der Soziologie, so betont historisch sie sich bei ihm manchmal gibt, das Verständnis geschichtlicher Dynamik vollends genommen; an Stelle der Völkerkunde wird jetzt die Geschichte zum Beispielarsenal. Die Soziologie wird zu einer Typenlehre, ja zu einer Kasuistik sozialen Handelns, und wird subjektivistisch: die Rationalität, der ‚Sinn', an dem soziales Handeln gemessen wird, wird den Subjekten ‚zugerechnet' und nicht mehr aus der objektiven Konstellation des historischen Gesellschaftsprozesses begriffen."[37]

Der allgemeine bürgerlich-gesellschaftswissenschaftliche Gebrauch, dem Max Webers Lehre vom Idealtypus unterworfen wurde, geht faktisch von der Vorstellung des Idealtypus aus, wie ihn R. Aron schildert:

33 Ebenda, S. 245.
34 Ebenda, S. 250.
35 *E. Baumgarten*, in: Max Weber, Soziologie ..., a. a. O., S. 250.
36 Ebenda, S. 250.
37 *Heinz Maus*, Geschichte der Soziologie, in: W. Ziegenfuß, Handbuch der Soziologie, Ferdinand Enke Verlag, Stuttgart 1956, S. 42.

„Der *Idealtypus* muß in der Tat nicht so sehr als ein spezifischer Begriff als vielmehr als *Gattungsbegriff aller von der Kulturwissenschaft verwendeten Begriffe* aufgefaßt werden. Er entspricht zwei Intentionsrichtungen Webers: einmal einem radikalen Nominalismus . . ., zum anderen der Überzeugung von der Besonderheit der auf kulturelle Gegenstände anzuwendenden Begriffe, die sich nicht auf das Schema der klassischen Logik zurückführen lassen.
Idee und Wirklichkeit, Allgemeinheit und Einzelheit, Seinsollen und Sein fallen niemals zusammen; das Faktum kann nicht aus dem Gesetz abgeleitet werden, die Gesetze sind vielmehr lediglich Instrumente, die der Welterfassung dienen . . . Man formuliert daher strenge Begriffe nicht, um damit die Wissenschaft zu einem geschlossenen System abzurunden, sondern um unsere Ideen mit der Wirklichkeit zu vergleichen und durchs Bewußtsein ihrer Verschiedenheit unser Wissen zu vertiefen . . .
So kommt es zur Bestimmung des Idealtypus als eines ‚Gedankenbildes', das nicht durch Verallgemeinerung der den Individuen zukommenden Züge, sondern durch *utopische Rationalisierung* gewonnen wird."[38]

Bei Max Weber findet man es nicht immer so bündig. Er wußte zuviel, um sich allzu apodiktische Zuspitzungen, die nicht irgendwie abgemildert wurden, zu leisten. Jedoch den rezipierten Grundzug des idealtypischen, von Max Weber ausgehenden Denkens, gibt Aron durchaus richtig wieder, nämlich den damit verbundenen durchgehenden gesellschaftswissenschaftlichen Agnostizismus in einer Darstellungsform, die wissenschaftstechnisch dennoch praktikabel ist. Und darauf kam es an: Es mußte auch noch von einer gegenüber den Grundfragen der gesellschaftlichen Entwicklung prinzipiell versagenden Wissenschaft verlangt werden können, daß sie praktisch für die Orientierung und Leitung der herrschenden Klasse immer noch etwas zu leisten imstande ist. Diese – mit einem kaum noch zu überbietenden Agnostizismus verbundene – wissenschaftliche Informationstechnik stellt eine der größten Leistungen der modernen bürgerlichen gesellschaftswissenschaftlichen Dekadenz dar. In dieser Hinsicht ist sie eine Synthese der vorhergehenden Leistungen der bürgerlichen Soziologie.

VII. SUMME SEINES WIRKENS: „WIRTSCHAFT UND GESELLSCHAFT"

1. Entstehung und Bedeutung

Die ganze Methodologie der „verstehenden" Soziologie, die Gesamtheit seiner enormen Kenntnisse und die in seiner Position gesammelten Erfahrungen in iedeologischen Auseinandersetzungen setzt Weber schließlich in seinem – hinsichtlich seines gesamten Schaffens bilanzziehenden – Werk „Wirtschaft und Gesellschaft" ein. Das ist ein riesiger Torso; denn das Werk blieb in *vielen* Teilen unvollendet. Das nicht geringen Studienfleiß erfordernde Werk erschien 1921 – also nach Max Webers Tode – zum ersten Male. In diesem Werke findet sich, oft in aphoristischer Kürze, der von Max Weber zeit seines Lebens verarbeitete Stoff.

[38] *R. Aron*, Die deutsche Soziologie . . ., a. a. O., S. 99f.

„Wirtschaft und Gesellschaft" übte nicht sogleich eine umfassende Wirkung aus. Die Periode der Weimarer Republik benötigten die bürgerlichen Gesellschaftswissenschaftler, um den stofflichen Inhalt wie auch die methodologische Bedeutung dieses über 800 Folioseiten umfassenden Hauptwerkes der „verstehenden" Soziologie zu erfassen.

Die wissenschaftspolitische (apologetische) Bedeutung wurde damals nur von wenigen erfaßt. Es gibt keinen Beitrag der bürgerlichen Soziologie auf dem Gebiet der wirtschaftssoziologischen Darstellung in der Weimarer Republik, der sich an Bedeutung und nachhaltiger Wirkung mit diesem Werk messen könnte. Auch heute verfügt die bürgerliche Soziologie in Westdeutschland über kein Buch, das mit „Wirtschaft und Gesellschaft" verglichen werden kann. In seiner apologetischen Bedeutung allerdings ist dieses Werk heute einigermaßen erkannt. In diesem Buch steckt nicht zuletzt die Grundkonzeption der sich nach dem zweiten Weltkriege in Westdeutschland als spezielle Fachwissenschaft etablierenden Wirtschaftssoziologie.

Die Weimarer Republik kannte bereits eine spezielle „Betriebssoziologie"[39] – die als Teil einer Wirtschaftssoziologie angesehen werden kann, jedoch auch heute noch, aus verschiedenen praktischen, mit ihrer Anwendung zusammenhängenden Gründen ein Sonderdasein führt – aber keine spezielle „Wirtschaftssoziologie", wenn auch wirtschaftssoziologische Konzeptionen. Der damals auf diesem Gebiete wirksamste, noch aus der Vorkriegsschule des Kathedersozialismus stammende bürgerliche Ökonom dieser Periode *Werner Sombart* schrieb für das die bürgerliche Soziologie der Jahre von 1918 bis 1933 repräsentierende *Handwörterbuch der Soziologie* Alfred Vierkandts den Artikel „Wirtschaft".[40]

Sombart gibt einen Extrakt dessen, was die jüngere historische Schule der bürgerlichen politischen Ökonomie – einige Sombartsche Originalitätsfloskeln abgerechnet – zu jener Zeit an allgemeinen gesellschaftswissenschaftlichen Vorstellungen zu bieten hatte.

Sombart vertrat 1930 die Ansicht:

„Nationalökonomie ist ... Soziologie, das heißt eine Wissenschaft vom menschlichen Zusammenleben."[41]

[39] Vgl. *Goetz Briefs*, Betriebssoziologie, in: A. Vierkandt, Handwörterbuch der Soziologie (1931), Neuauflage Stuttgart 1959, S. 31–52.

[40] Vgl. *Werner Sombart*, Wirtschaft, in: A. Vierkandt, Handwörterbuch ..., a. a. O., S. 652–659.

[41] *Werner Sombart*, Die drei Nationalökonomien, München/Leipzig 1930, S. 177f., zitiert bei Helmut Schoeck, Soziologie – Geschichte ihrer Probleme, Verlag Karl Alber, Freiburg/München 1952, S. 282, – Schoeck bemerkt u. a.: „Eine ganz andere Forschungsrichtung auf sozialwissenschaftlichem Gebiet als die formale (reine) Soziologie eines Leopold von Wiese entfaltet sich bei einigen Nationalökonomen ... Werner Sombart spricht sich für die Einheit zwischen Soziologie und Nationalökonomie aus. Sombarts Hauptstudien entfalten sich an seiner Auseinandersetzung mit Marx ... In den zwanziger Jahren ... wurde Sombart immer mehr zum Wortführer einer soziologischen Richtung innerhalb der Nationalökonomie ..." (Ebenda, S. 281f.)

Eine marxistische Gesamtdarstellung W. Sombarts gibt *Werner Krause*, Werner Sombarts Weg vom Kathedersozialismus zum Faschismus, Rütten & Loening, Berlin 1962.

Diese Auffassung setzte sich indessen unter dem Aspekt bürgerlicher Fachsoziologie nicht durch, wenn auch Sombart selbst im Kreise der bürgerlichen Soziologen sowohl durch seine Publikationen als auch infolge seines Auftretens auf offiziellen Zusammenkünften bürgerlicher Soziologen und Sozialpolitiker einen so erheblichen Einfluß ausübte, daß er selbst nach 1933 sehr erstaunt war, als ihm trotz seiner Annäherungsversuche bei den deutschen Faschisten nicht erlaubt wurde, diese Rolle weiterzuspielen.

Eine spezielle „Wirtschaftssoziologie" gab es in der Zeit bis 1933 nicht. Was an speziellen Soziologien – außer der genannten „Betriebssoziologie" – vorhanden war, das war einmal die formalistische „Beziehungssoziologie" Leopold von Wieses, die – besonders von Max Webers Bruder Alfred vertretene – „Kultursoziologie", die – auch von Max Weber vertretene – „Rechtssoziologie", die außer von Max Weber namentlich von Ernst Troeltsch ausgearbeitete „Religionssoziologie" und die von Karl Mannheim propagierte „Wissenssoziologie".[42] In dieser Zeit begann Max Webers Werk über „Wirtschaft und Gesellschaft", das wiederholt aufgelegt wurde, zu wirken und übte schließlich einen stillen, aber nachhaltigen Einfluß aus.

Marianne Weber schrieb in dem der ersten Auflage beigegebenen Vorwort:

> „Die Herausgabe dieses nachgelassenen Hauptwerkes ... bot naturgemäß manche Schwierigkeiten. Für den Aufbau des Ganzen lag kein Plan vor."[43]

Wir haben es demnach – ähnlich wie mit seiner „Wirtschaftsgeschichte" (zuerst 1923, wesentlich nach Hörerskripten) – mit Manuskriptdrucken zu tun, denen der Autor weder insgesamt noch im einzelnen selbst Imprimatur erteilt hat.

Was Max Weber in seinem Hauptberuf als Antimarxist auf jeden Fall begriffen hatte, war die Tatsache, daß ungeachtet aller sonstigen antimarxistischen Wirksamkeit – die des von Eduard Bernstein begründeten Revisionismus eingeschlossen – der Marxismus unwiderlegt geblieben war. Dies galt ganz besonders für das gewaltigste Werk der gesellschaftswissenschaftlichen Weltliteratur, nämlich „Das Kapital" von Marx.

Nach dem Studium der – von Max Webers Herausgebern (nach den auch in Webers übrigen Büchern betonten Gesichtspunkten) geordneten – umfangreichen Manuskripte drängt sich der Eindruck auf, daß Max Weber der utopische Gedanke beherrschte, Marx' „Kapital" zu entthronen oder wenigstens in den Hintergrund zu drängen.[44] Das ist nun allerdings Max Weber und den von ihm ausgehenden zahl-

[42] Es bedarf noch der Erarbeitung besonderer Studien über diese bürgerlichen Bindestrichsoziologien, die die gesellschaftlichen Ursachen dieser Spezialrichtung vor dem Hintergrund jener Geschichtsperiode ausreichend darlegen. – Über Betriebssoziologie vergleiche: *Manfred Puschmann*, in: Zur Kritik der bürgerlichen Soziologie in Westdeutschland, VEB Deutscher Verlag der Wissenschaften, Berlin 1962.

[43] *Max Weber*, Wirtschaft und Gesellschaft, 2. Auflage, a. a. O., S. VII.

[44] Es ist unmöglich, im Rahmen der vorliegenden Abhandlung allein das umfangreiche Inhaltsverzeichnis wiederzugeben. Etwa 140 Spezialthemen sind auf 21 Kapitel verteilt und diese wiederum in 3 Teilen zusammengefaßt: 1. Die Wirtschaft und die gesellschaftlichen Ordnungen und Mächte, 2. Typen der Vergemeinschaftung und Vergesellschaftung, 3.Typen der Herrschaft. Einzelne Kapitel des zweiten Teils sind von Weber breiter angelegt,

reichen bürgerlichen Schriftstellern in keiner Weise gelungen. Die — vergeblichen und zum Scheitern verurteilten — Anläufe einer Marx-Kritik in der bürgerlichen Literatur nehmen zu, zugleich damit die Versuche, Marx' Werk Gedanken zu entnehmen, um sie — in nicht sachgerechter Isolierung oder Entstellung — bürgerlichem Denken dienstbar zu machen. In diesem Zusammenhang werden Zitate aus Marx' Werk und — wo dies zu gefährlich erscheint — mehr oder weniger richtig wiedergegebene oder entstellte Inhaltsangaben von Marx' Darlegungen in den Arbeiten westdeutscher Soziologen in zunehmender Zahl verwendet. Max Weber vermied weitgehend derartige direkte Bezugnahmen, weil er offenbar spürte, daß dies *seinem* Unternehmen nicht zuträglich sei.

„Wirtschaft und Gesellschaft" — als methodologisches Hauptwerk der modernen bürgerlichen Soziologie — ist mit außerordentlich zahlreichen, aus Max Webers immensem historischen Wissen geschöpften historischen, insbesondere auch historisch-ökonomischen Fakten wie auch mit zahlreichen, mitunter treffend formulierten Beobachtungsdetails aus dem gesellschaftlichen Leben ausgestattet. Diese zahlreichen Details sind der von Weber geschaffenen Nomenklatur und dem daraus konstruierten System untergeordnet. Trotz der Verbindung mit historischen Details sind die meisten Fachausdrücke und Definitionen so formuliert und angewandt worden, daß sie „zeitlos" wirken und als auf jede Gesellschaftsformation anwendbar erscheinen. Wenn ein Autor prinzipiell Antisozialist ist, besteht bei ihm kein Interesse, die Vergänglichkeit antagonistischer Gesellschaftsformationen — insbesondere der kapitalistischen — zu betonen. So heißt es zum Beispiel bei Weber:

> „*Verkehrswirtschaftliche* Bedarfsdeckung soll alle, rein durch *Interessenlage* ermöglichte, an Tauschchancen orientierte und nur durch Tausch vergesellschaftete wirtschaftliche Bedarfsdeckungheißen. ‚*Planwirtschaftliche*' Bedarfsdeckung soll alle an *gesatzten*, paktierten oder oktroyierten, materialen Ordnungen systematisch orientierte Bedarfsdeckung innerhalb eines *Verbandes* heißen."[45]

Die hier enthaltenen Kunstausdrücke sind anderenorts in diesem Werk auch wieder definiert worden, so der „Verband"[46] und der „wirtschaftlich orientierte Verband"[47], so daß sich ein kompliziertes, aber formell geordnetes System — trotz des fragmentarischen Charakters des Werkes — ergibt.

Es liegt damit insgesamt ein so kunstvolles System der kapitalistischen Apologetik vor, wie es sonst in neuerer Zeit nicht seinesgleichen finden dürfte. Max Weber forderte von seinen künftigen Lesern großen Fleiß und verständnisvolles Einprägen der

als schließlich ausgeführt, so das Kapitel über den „Markt" und über „Die Stadt". Im dritten Teil zeigt sich der fragmentarische Charakter u. a. in den Kapiteln über „Klassen, Stand, Parteien", „Legitimität", „Bürokratie", „Charismatismus". Das Werk gilt heute über seine spezielle Thematik hinaus als ein wichtiges Begriffslexikon der bürgerlichen Soziologie. Viele Fachausdrücke sind so in die Sprache der bürgerlichen Soziologie eingegangen, daß sie dort mit der Selbstverständlichkeit eines eingefleischten Vorurteils benutzt werden.

[45] *Max Weber*, Wirtschaft und Gesellschaft, 2. Auflage, a. a. O., S. 59.

[46] Ebenda, S. 26.

[47] Ebenda, S. 37 u. 38.

einzelnen Passagen, ohne deren Verständnis der Überblick über das Ganze leicht verloren geht. Das erklärt zum Teil, daß das Werk bei seinem Erscheinen nicht sofort in breiterem Maße wirkte. Dazu bedurfte es der literarischen Aufbereitung – mitunter auch einer Max Weber selbst fremden Simplifizierung – durch Sekundärschriftsteller.

2. Kategorien und theoretische Ansätze

Die von Max Weber beschrittene und – zunächst von ihm allein – bestrittene Richtung der kapitalistischen Apologetik auf soziologisch-ökonomischem Gebiet am Beginn des Imperialismus in Deutschland zeigte sich auch in seinen sprachlichen Konstruktionen. In seiner gedrängten, zugleich nicht ohne Vorsichtsmaßregeln benutzten Fachsprache ist z. B. die Definition der Wirtschaft abgefaßt:

> „Von Wirtschaft wollen wenigstens wir hier vielmehr nur reden, wo einem Bedürfnis oder einem Komplex solcher, ein, im Vergleich dazu, nach der Schätzung des Handelnden, *knapper* Vorrat von Mitteln und möglichen Handlungen zu seiner Deckung gegenübersteht und dieser Sachverhalt Ursache eines spezifisch mit ihm rechnenden Verhaltens wird. Entscheidend ist dabei für zweckrationales Handeln selbstverständlich: daß diese Knappheit *subjektiv* vorausgesetzt und das Handeln daran orientiert ist."[48]

Dabei fällt der Max Weber eigene Ausdruck „zweckrationales Handeln" auf. Max Weber unterscheidet zweckrationales, wertrationales, affektuelles und traditionales „soziales Handeln". „*Zweckrational*" nennt er ein Handeln, das bestimmt ist durch „Erwartungen des Verhaltens von Gegenständen der Außenwelt und von anderen Menschen und unter Benutzung dieser Erwartungen als ‚Bedingungen' oder als ‚Mittel' für rational, als Erfolg, erstrebte und abgewogene eigne *Zwecke*".[49] Max Webers weitere, differenzierende Erläuterungen seien hier unterdrückt; nur soviel sei bemerkt, daß nach ihm absolute Zweckrationalität als Grenzfall zu betrachten ist und daß auf das „Prinzip des ‚Grenznutzens'" in diesem Zusammenhang aufmerksam gemacht wird.[50] Max Weber erstrebte nicht nur eine Synthese der bisherigen bürgerlich-soziologischen – also etwa Rickerts, Simmels, Tönnies', F. Gottls wie auch K. Jaspers' – Bemühungen, sondern auch des Historismus der jüngeren historischen Schule der Nationalökonomie und des von der österreichischen Grenznutzenschule vertretenen Psychologismus. In modernen bürgerlichen Abrissen der Geschichte der bürgerlichen politischen Ökonomie wird deshalb Max Weber mehr oder weniger ausführlich behandelt.[51]

[48] Ebenda, S. 181.

[49] Ebenda, S. 12.

[50] Vgl. ebenda, S. 13.

[51] Vgl. *Paul Mombert*, Geschichte der Nationalökonomie, Gustav Fischer, Jena 1927; *Gerhard Stavenhagen*, Geschichte der Wirtschaftstheorie, Göttingen 1957, S. 191–197; *Richard Kerschagl*, Volkswirtschaftslehre, Manzsche Verlagsbuchhandlung, Wien 1947; *Edgar Salin*, Geschichte der Volkswirtschaftslehre; J. C. B. Mohr (Paul Siebeck), Berlin/

Wilhelm Weber — ein Wiener Hochschullehrer — bemerkt:

„Für die Nationalökonomie des Verstehens wurden vor allem Gedanken *Max Webers* entscheidend, der auch sonstige prinzipielle Methodenfragen gelöst hat, wie das Wertfreiheitsproblem und die Problematik der in isolierender Abstraktion gewonnenen Idealtypen. Hier liegt wohl die Wurzel der modernen *Modellkonstruktionen*, wenngleich für eine des Experiments ermangelnde Wissenschaft wie jene der Wirtschaft der Weg der gedanklichen Nachbildung der Wirklichkeit in einem unwesentliche Details bewußt ausklammernden Modell überhaupt der einzige gangbare ist.“[52]

Dies sei hier lediglich zitiert, um die Anerkennung der weitreichenden Wirkung Max Webers im Lager der bürgerlichen Ökonomen für das moderne bürgerliche ökonomische Denken zu belegen.

Die weit über den Bereich modernen bürgerlich-*wirtschafts*soziologischen Denkens hinausgehenden, für die gesamte bürgerliche Gesellschaftswissenschaft bedeutsam gewordenen „soziologischen Grundbegriffe“ finden sich im ersten — einleitenden — Kapitel des Werkes „Wirtschaft und Gesellschaft“. Hier gibt auch Max Weber eine Definition der Soziologie:

„Soziologie (im hier verstandenen Sinn dieses sehr vieldeutig gebrauchten Wortes) soll heißen: eine Wissenschaft, welche soziales Handeln deutend verstehen und dadurch in seinem Ablauf und seinen Wirkungen ursächlich erklären will. ‚Handeln‘ soll dabei ein menschliches Verhalten (einerlei ob äußeres oder innerliches Tun, Unterlassen oder Dulden) heißen, wenn und insofern als der oder die Handelnden mit ihm einen subjektiven *Sinn* verbinden. ‚Soziales‘ Handeln aber soll ein solches Handeln heißen, welches seinem von dem oder den Handelnden gemeinten Sinn nach auf das Verhalten *anderer* bezogen wird und daran in seinem Ablauf orientiert ist.“[53]

„Sinn“ bedeutet eine spezielle Kategorie, die ebenfalls zu erklären war:

„‚Sinn‘ ist hier entweder a) der tatsächlich A. in einem historisch gegebenen Fall von einem Handelnden oder B. durchschnittlich und annähernd in einer gegebenen Masse von Fällen von den Handelnden oder b) in einem begrifflich konstruierten *reinen* Typus von dem oder den als Typus *gedachten* Handelnden subjektiv *gemeinte* Sinn. Nicht etwa irgendein objektiv ‚richtiger‘ oder ein metaphysisch ergründeter ‚wahrer‘ Sinn. Darin liegt der Unterschied der empirischen Wissenschaften vom Handeln: der Soziologie und der Geschichte, gegenüber allen dogmatischen: Jurisprudenz, Logik, Ethik, Ästhetik, welche an ihren Objekten den ‚richtigen‘, ‚gültigen‘ Sinn erforschen wollen.“[54]

Tübingen 1951; *Arno Hillebrecht*, Geschichte der volkswirtschaftlichen Lehrmeinungen, W. Kohlhammer, Stuttgart 1955; *Günter Schmölders*, Geschichte der Volkswirtschaftslehre, Betriebswirtschaftlicher Verlag Dr. Th. Gabler, Wiesbaden 1961. — Es gibt auch Ausnahmen: Der vielbenutzte *J. Zimmermann*, Geschichte der theoretischen Volkswirtschaftslehre, Bund-Verlag GmbH., Köln-Deutz, S. 122f., erwähnt M. Weber wohl, reicht aber dem epigonalen neoliberalen Apologeten W. Eucken die Palme; *Walter Braeuer* — in seinem an sich sehr brauchbaren „Handbuch zur Geschichte der Volkswirtschaftslehre“, Vittorio Klostermann, Frankfurt am Main 1952, widmet M. Weber kein Kapitel, sondern erwähnt ihn nur einleitend als Wirtschaftshistoriker (S. 5).

52 *Wilhelm Weber*, Wirtschaftswissenschaft von heute, Springer Verlag, Wien 1953, S. 37f.

53 *Max Weber*, Wirtschaft und Gesellschaft, 2. Aufl., a. a. O., S. 1.

54 Ebenda, S. 1f.

Um – etwa vom landläufigen Sprachgebrauch herkommende – möglicherweise vieldeutige Wortbedeutungen auszuschalten, war Max Weber bemüht, für seine „verstehende“ Soziologie schließlich auch das „Verstehen“ festzulegen:

„,Verstehen‘ heißt in all diesen Fällen: deutende Erfassung: a) des im Einzelfall real gemeinten (bei historischer Betrachtung) oder b) des durchschnittlich und annäherungsweise gemeinten (bei soziologischer Massenbetrachtung) oder c) des für den *reinen* Typus (Idealtypus) einer häufigen Erscheinung wissenschaftlich zu konstruierenden (‚idealtypischen‘) Sinnes oder Sinnzusammenhanges. Solche idealtypische Konstruktionen sind z. B. die von der reinen Theorie der Volkswirtschaftslehre aufgestellten Begriffe und ‚Gesetze‘. Sie stellen dar, wie ein bestimmt geartetes, menschliches Handeln ablaufen *würde*, *wenn* es streng zweckrational, durch Irrtum und Affekte ungestört und *wenn* es ferner ganz eindeutig nur an einem Zweck (Wirtschaft) orientiert wäre. Das reale Handeln verläuft nur in seltenen Fällen (Börse) und auch dann nur annäherungsweise, so wie im Idealtypus konstruiert.“[55]

Gesellschafts*wissenschaft* erforscht *Gesetze* des gesellschaftlichen Lebens in Vergangenheit und Gegenwart. Die *marxistische* Soziologie hält an dieser Forderung fest. Eine Wissenschaft, die diese Forderung aufgibt, verliert Orientierung und Legitimierung. Max Weber setzt das Wort „Gesetze“ in Anführungsstriche und relativiert den wissenschaftlichen Gesetzesbegriff. Die gesellschaftswissenschaftlichen Vertreter des noch revolutionären Bürgertums – so die klassischen Vertreter der bürgerlichen politischen Ökonomie von William Petty bis David Ricardo – waren ihrerseits leidenschaftlich bemüht, die Gesetze aufzudecken, die das gesellschaftliche Leben beherrschten. Mit Veränderung der Frontstellung der Bourgeoisie, die aufhörte, gegen den Feudalismus oder seine reaktionären Überreste zu kämpfen, und sich gegen die neue historische Klasse der Arbeiter wandte, verflüchtigte sich der wissenschaftliche Charakter der bürgerlichen Gesellschaftswissenschaften, vor allem der Philosophie und der politischen Ökonomie. Die bürgerlichen Gesellschaftswissenschaften verloren in dieser politischen Wendung ihren progressiven wissenschaftlichen Grundzug. Sie wurden im allgemeinen politisch konservativ oder reaktionär und verteidigten ihre Stellung mit einer immer trivialer werdenden Methodologie. Das brachte die bürgerlichen Gesellschaftswissenschaftler mitunter in große Schwierigkeiten; denn schließlich wollten sie an der ideologischen Front gesellschaftlicher Kämpfe ernst genommen werden. Es kostete sie nicht geringe Anstrengungen, ihren apologetischen, vulgärmethodologischen Theorien einen ausreichenden Wirkungsgrad zu erhalten.

Diese Anstrengungen steigerten sich im Zuge der immer stärkeren Abwendung der bürgerlichen Sozialwissenschaft von einer die gesamte Gesellschaft und ihre Entwicklung umfassenden Theorie. Es ist außerordentlich schwer, *bei geringer werdendem Gehalt an relativer Wahrheit, bei immer größerer Entfernung von der objektiven Wahrheit, der bürgerlichen Gesellschaftswissenschaft einen gewissen Grad von Richtigkeit wie auch Verwendbarkeit zu verleihen.* Es wird hier vom allgemeinen Trend dieses Prozesses gesprochen und nicht behauptet, daß dieser Prozeß stetig verläuft. Auch

[55] Ebenda, S. 4.

in der bürgerlichen Soziologie zeigte sich deshalb hin und wieder eine mehr oder weniger begrenzte Einsicht verschiedenen Grades. Es war unmöglich, zu jeder Zeit, an jedem Ort und bei jeder Gelegenheit einen so zugespitzt radikalen und zynischen — zugleich so offensichtlich unwissenschaftlichen — Subjektivismus zur Schau zu tragen, wie das z. B. in Simmels Soziologie der Fall ist. Zwischen dem extremen Subjektivismus und einem — auf die grundlegende *Erkenntnis* der Wirklichkeit ebenfalls verzichtenden — Positivismus, der den Subjektivismus verschämt hinter einem geordneteren System von Fakten verbirgt oder ihn zynisch betont, gibt es eine Skala von Schattierungen. Innerhalb der Grenzen der Skala bewegen sich die modernen bürgerlichen Gesellschaftswissenschaften. Im Kampfe mit dem überlegenen Marxismus, den Max Weber fleißiger und gründlicher studiert hatte als etwa Georg Simmel, kommt Weber zu seiner positivistischen Auffassung des Zweckrationalen Die *Zweckrationalität* menschlichen Handelns — was auch immer bezweckt wird — aufzudecken, war das äußerste, was nach ihm einer — bürgerlichen! — Gesellschaftswissenschaft gerade noch abverlangt werden konnte, aber auch abverlangt werden mußte. Diese Zweckrationalität wurde — nach W. Heise — „zum eigentlichen Gegenstand seiner Soziologie".[56]

Sich dem Marxismus allzu stark zu nähern, verbot Max Weber seine leidenschaftlich verteidigte Klassenposition. Die bürgerliche Gesellschaftswissenschaft in eine jedes rationale Denken rigoros vermeidende Mystifizierung von Erlebnissen absinken zu lassen, in der über das Leben nicht mehr nachgedacht, in der es nur noch als „Schau" erlebt und reproduziert werden konnte, verbot schließlich ebenfalls die historische Situation der Bourgeoisie, was freilich damals nur von klugen bürgerlichen Intellektuellen erkannt wurde. Zudem mußte eine Gesellschaftswissenschaft sich immerhin auch dadurch praktisch bewähren, daß sie noch mittels einer wissenschaftlich vertretbaren Technik Informationen zu sammeln, zu sichten, zu ordnen und für den handlichen Gebrauch höherer Leitungstätigkeit auch zu systematisieren in der Lage war. Der Webersche kategoriale Apparat gestattete dies offensichtlich in einem weitaus höheren Grade als der anderer bürgerlicher Systeme in dieser Periode.

Die auf idealtypischen Methoden beruhende verstehende Soziologie hatte nicht nur gegen die Arbeiterklasse und den Marxismus als theoretische Grundlage eines Propagandasystems zu dienen, sondern gleichzeitig die verschiedensten, miteinander konkurrierenden Kräfte der Bourgeoisie und schließlich in der weiteren Entwicklung auch der Monopolbourgeoisie, innerhalb deren Schichten und Gruppen sich die Konkurrenz um Machtpositionen verschärfte, mit einem Instrumentarium zu bedienen, das wenigstens temporär und partiell gestattete, gesellschaftliche Daten aus Geschichte und Gegenwart zu sammeln und zu verarbeiten.

Vom Imperialismus hatte Max Weber eine begrenzte Vorstellung: Er bemerkte die verstärkte Bürokratisierung der gesellschaftlichen Leitungstätigkeit, und er sah auch die zunehmende Politisierung des monopolkapitalistischen ökonomischen Geschäfts, d. h. auch z. B. den zunehmend stärkeren Einsatz politischer, staatlicher

56 *W. Heise*, in: Die deutsche Philosophie von 1895—1917, a. a. O., S. 62.

Machtmittel für die Erzielung ökonomischer Erfolge in einem Maße, wie dies im vormonopolistischen Kapitalismus nicht der Fall war. In dieser Hinsicht sah er relativ scharf, obwohl objektive Gesetze im gesellschaftlichen Leben für ihn nicht existierten. Die Soziologie Max Webers wird auf diese Weise eine Verhaltenslehre. Sie soll nicht gesellschaftliches Verhalten lehren, sondern sie ist als Hilfsmittel gedacht, um gesellschaftliches Verhalten in begrenztem Maße verstehen und deuten zu können. Sie gibt damit auch eine begrenzte Grundlage für das Handeln der Menschen, die das Handeln anderer beurteilen und über die entsprechende Macht verfügen, diese methodisch erworbene Kenntnis zu nutzen. Aber letztlich ist die überschaubare Rationalität der gesellschaftlichen Welt für Max Weber äußerst begrenzt. Über diese Welt waltet für ihn das letztlich unerkennbare Schicksal.

So steht das ganze System dieser Soziologie am Ende wieder auf dem schwankenden Boden des Irrationalismus und damit auch des Agnostizismus. Dieser gesellschaftswissenschaftliche Irrationalismus bildet dann aber seinerseits die pseudotheoretische Grundlage für Begründungen imperialistischen Abenteurertums, das Max Weber im Prinzip anerkannt, aber in seinen technischen Mitteln bestimmten Regeln unterworfen sehen möchte. Liegt das Prinzip der „Herrschaft" im Irrationalen – eine für Imperialisten sehr nützliche Vorstellung ! –, so soll der Betriebsablauf unter jeder Herrschaft im Detail mit einem gedanklichen Instrumentarium erfaßbar und lenkbar sein. Die Details lassen sich sozusagen – im positivistischen Sinne – verhältnismäßig sachlich aufdecken, doch das „Charisma" erfolgreicher Herrschaft bleibt im mystischen Dunkel, wie überhaupt die Ursachen gesellschaftlichen Handelns als nicht aufdeckbar dargestellt werden. Dieser Zug im Denken Max Webers erklärt auch das Kompromiß, das zwischen werturteilsfreier Forschung einerseits und der Wahl einer bestimmten, subjektiv bewertenden *Verantwortungsethik*[57] andererseits, zwischen zwei von Max Weber künstlich getrennten Lebensgebieten also, jederzeit herbeigeführt werden kann und muß.

Die „Gesetze" der Soziologie Max Webers

> „sind durch Beobachtung erhärtete typische *Chancen* eines bei Vorliegen gewisser Tatbestände zu *gewärtigenden* Ablaufes von sozialem Handeln, welche aus typischen Motiven und typisch gemeintem Sinn der Handelnden *verständlich* sind."[58]

„Die Soziologie bildet" folglich nur *Typen*-Begriffe und sucht *generelle* „Regeln des Geschehens".[59] Aber „nur vom *reinen* (‚Ideal'-)Typus her ist soziologische Kasuistik möglich."[60]

[57] Max Weber unterschied *Gesinnungsethik* und *Verantwortungsethik*. Er nahm als Politiker die letztere für sich in Anspruch. Der Gesinnungsethiker fühle sich einem Prinzip verpflichtet, ohne sich um die Folgen zu kümmern. Der verantwortungsethisch eingestellte Politiker denke an die Folgen seines Handels und lasse sich durch diese Überlegung in seinem Handeln bestimmen. (Vgl. *Max Weber*, Der Beruf zur Politik, in: Soziologie ..., a. a.O., S. 174f.)

[58] *Max Weber*, Wirtschaft und Gesellschaft, 2. Auflage, a. a. O., S. 9.

[59] Ebenda, S. 9.

[60] Ebenda, S. 10.

Das *System* Webers kann in vorlliegender Studie nur in Ausschnitten betrachtet werden. Es ist räumlich unmöglich, es in seiner Breite und in seiner Verflochtenheit vollständig darzustellen. Es kommt zudem hier weniger darauf an, bestimmte Überspitzungen Max Webers herauszustellen, eine Arbeit, die vom Standpunkte des Historikers durchaus von Interesse sein kann, sondern es kommt hier darauf an. auf die im Verlaufe der weiteren Geschichte der bürgerlichen Soziologie absorbierten Elemente hinzuweisen, die allerdings auch wieder häufig modifiziert worden sind. Diese Elemente werden hier nicht nur in der Weiterverwendung bestimmter Fachausdrücke gesehen, sondern vielmehr in den übernommenen Verarbeitungsmethoden gesellschaftlicher Fakten. Die Behandlung des Problems z. B. der historisch gegebenen *Chance* einerseits und der *verantwortungsethischen*, also *bewertenden*, Form der Ausnutzung einer solchen Chance andererseits, gehört zur Mustersammlung der modernen bürgerlichen Soziologie, wirkt jedoch darüber hinaus auch in der bürgerlichen politischen Ökonomie und in der bürgerlichen Philosophie. Das Beispiel vielseitiger Verwendbarkeit der auf Max Weber zurückzuführenden Elemente modernen bürgerlichen Denkens widerlegt eben die einseitig einschätzende Identifizierung des Verfalls bürgerlich-gesellschaftswissenschaftlichen Denkens mit bloßem Spezialistentum (das es natürlich außerdem gibt); denn Max Weber war in diesem Verfallesprozeß, zu Beginn des Imperialismus, ein komplex denkender Apologet seiner Klasse.

Die Möglichkeit, eine „Chance" auszunutzen, oder auch nur die Wahlmöglichkeit für Ausnutzungsformen bestimmter „Chancen" waren — nach Max Weber — auch und vor allem im Sinne *erfolgreicher* Ausnutzung nach der vom Soziologen darzulegenden jeweiligen gesellschaftlichen Sachlage keineswegs vorgegeben. Das ging den bürgerlichen Wissenschaftler gar nichts an. Andererseits wußte Max Weber, daß den Menschen eine solche Wahl in der Regel nicht völlig frei stand. Aber Max Weber schrieb ja nicht schlechthin für *Menschen*, sondern für Vertreter einer bestimmten *Klasse* von Menschen. Für sie sollten *Chancen* erkennbar und ausnutzbar sein, und zwar bei nicht erkennbarer, nicht durchschaubarer, letztlich *geleugneter Gesetzmäßigkeit* gesellschaftlicher Prozesse. Eine Chance wird — in dieser Denkweise — sichtbar durch subjektive Einschätzungen von sozialen Tatbeständen, wobei erfahrungsgemäß auftretende Motive und Zielstellungen Beteiligter einzukalkulieren sind. Dabei unterstellt Weber nicht die einmalige, sich nicht wiederholende, sondern die *typische* Chance, die sich unter bestimmten Umständen wahrscheinlich darbietet und deren wahrscheinliches Eintreten durch längere Beobachtung ähnlicher Situationen zu Recht vermutet werden kann. Gesellschaftliches Handeln kann dann, d. h. auf Grund einer richtig eingeschätzten Chancensituation, sich — nach Max Weber — als erfolgreiches Handeln erweisen. Weber sah dieses Handeln als klassendeterminiert an.

Max Weber leugnete nicht die Tatsache der Klassen, aber er interpretiert sie im Rahmen seines Systems. Die Menschen gehören nach ihm durchaus bestimmten Gesellschaftsklassen an, treffen von ihrer „Klassenlage" aus Entscheidungen. Darin liegen — auch nach Max Weber — vorgegebene Begrenzungen der Entscheidungsmöglichkeiten. Aber auch in einem Irrgarten, dessen Plan unbekannt ist, können jeweils verschiedene Entscheidungen über die Fortsetzung des Weges getroffen werden, nur hängt es dann vom Zufall ab, ob überhaupt und wann gegebenenfalls das Ziel erreicht wird.

In Webers Definitionen ist häufig verhältnismäßig leicht erkennbar, wie bedeutend relevantere Klassenprobleme, als sie sich dort angedeutet finden, ausgespart werden. Dies gilt z. B. für historisch-konkrete Grundformen des Eigentums an entscheidenden Produktionsmitteln, wie sie bestimmte Gesellschaftsformationen charakterisieren. Wir überprüfen das an einigen Definitionen des wohl unvollendet gebliebenen Kapitels über „Stände und Klassen" in „Wirtschaft und Gesellschaft":

„‚*Klassenlage*' soll die typische Chance

1. der Güterversorgung,
2. der äußeren Lebensstellung,
3. des inneren Lebensschicksals

heißen, welche aus Maß und Art der Verfügungsgewalt (oder des Fehlens solcher) über Güter oder Leistungsqualifikationen und aus der gegebenen Art ihrer Verwertbarkeit für die Erzielung von Einkommen oder Einkünften innerhalb einer gegebenen Wirtschaftsordnung folgt.

‚*Klasse*' soll jede in einer gleichen Klassenlage befindliche Gruppe von Menschen heißen.

a) *Besitzklasse* soll eine Klasse insoweit heißen, als Besitzunterschiede die Klassenlage primär bestimmen.

b) *Erwerbsklasse* soll eine Klasse insoweit heißen, als die Chancen der Marktverwertung von Gütern oder Leistungen die Klassenlage primär bestimmen.

c) *Soziale Klasse* soll die Gesamtheit derjenigen Klassenlagen heißen, *zwischen* denen ein Wechsel

α) persönlich,

β) in der Generationenfolge

leicht möglich ist und typisch stattzufinden pflegt.

Auf dem Boden aller drei Klassenkategorien können Vergesellschaftungen der Klasseninteressenten (Klassenverbände) entstehen. Aber dies muß nicht der Fall sein: Klassenlage und Klasse bezeichnet an sich nur Tatbestände *gleicher* (oder ähnlicher) typischer Interessenlagen, in denen der einzelne sich ebenso wie zahlreiche andere befindet. Prinzipiell konstituiert die Verfügungsgewalt über jede Art von Genußgütern, Beschaffungsmitteln, Vermögen, Erwerbsmitteln, Leistungsqualifikation je eine besondere Klassenlage und nur gänzliche „Ungelerntheit" Besitzloser, auf Arbeitserwerb Angewiesener bei Unstetheit der Beschäftigung eine einheitliche. Die Übergänge von der einen zur anderen sind sehr verschieden leicht und labil, die Einheit der ‚sozialen' Klasse daher sehr verschieden ausgeprägt."[61]

Wie hieraus – übrigens auch aus der Anlage des gesamten Werkes heraus – zu erwarten ist, kann die „Klasse" dann lediglich unter einem bloßen, die gesellschaftlich primär entscheidende Produktionssphäre außerachtlassenden – ökonomistischen – Zirkulationsaspekt gesehen und definiert werden. Der Distributionsaspekt wird da-

[61] Ebenda, S. 177.

bei in begriffsloser Weise allenfalls noch angedeutet, etwa im Hinweis auf eine als selbstverständlich unterstellte Besitzgleichheit. Und so ist dies auch:

„Wir wollen da von einer ‚Klasse' reden, wo 1. einer Mehrzahl von Menschen eine spezifische ursächliche Komponente ihrer Lebenschancen gemeinsam ist, soweit 2. diese Komponente lediglich durch ökonomische Güterbesitz- und Erwerbsinteressen und zwar 3. unter den Bedingungen des (Güter- oder Arbeits-) *Markts* dargestellt wird (‚Klassenlage'). Es ist die allerelementarste ökonomische Tatsache, daß die Art, wie die Verfügung über sachlichen *Besitz* innerhalb einer sich auf dem zum Zweck des Tauschs begegnenden und konkurrierenden Menschenvielheit verteilt ist, schon für sich allein spezifische Lebenschancen schafft . . . Aber immer ist für den Klassenbegriff gemeinsam: daß die Art der Chance auf dem *Markt* diejenige Instanz ist, welche die gemeinsame Bedingung des Schicksals der Einzelnen darstellt. ‚Klassenlage' ist in diesem Sinn letztlich: ‚Marktlage' . . . Eine Vielheit von Menschen dagegen, deren Schicksal nicht durch die Chance der eigenen Verwertung von Gütern oder Arbeit auf dem Markt bestimmt wird — wie z. B. die Sklaven —, sind im technischen Sinn keine ‚Klasse' (sondern: ein ‚Stand')."[62]

Diese Auffassung von nur unter bestimmten Zirkulationsaspekten wissenschaftlich existenten „Klassen" und „Klassenlagen" liegt faktisch Max Webers Geschichtsauffassung zugrunde. Die Geschichte verläuft nach ihm von der Antike bis zum Mittelalter wesentlich gleichmäßig und kontinuierlich. Der entstehende — sogenannte moderne oder abendländische — Kapitalismus hängt mit einer Veränderung der Wirtschaftsgesinnung zusammen. Kapitalismus im allgemeinen aber hat es — nach ihm, auf Grund seiner wesentlich Zirkulationsaspekte berücksichtigenden ökonomischen Beurteilung — durchweg gegeben. Die Verursachung der Veränderung dieses Kapitalismus „zum *modernen* Kapitalismus" durch den „ ‚kapitalistischen Geist' in dem Sinn, wie er dem asketischen Protestantismus eignete"[63], wird — in „Wirtschaft und Gesellschaft" — viel entschiedener in philosophisch-idealistischem Sinne behauptet, als dies ursprünglich bei ihm der Fall war. Das glaubte Max Weber besonders aus seinen ausgedehnten religionssoziologischen Untersuchungen herleiten zu können, deren Hauptzweck es war, die primäre Bedeutung der Wirtschaftsgesinnung des Geistes für weltbewegende ökonomische Veränderungen hervorheben zu können, insbesondere aber, um die Herrschaftsansprüche des Kapitalismus als in der Natur des Kapitalismus (genauer: der Eigenart seiner Ideen) liegend, also als theoretisch begründet, erscheinen zu lassen.[64]

So wie Max Weber — entsprechend dem Motiv der Stabilisierung bürgerlicher Klassenherrschaft — für den Kapitalismus im allgemeinen eine zeitlose Deutung zu geben bestrebt war, so hat es für ihn auch immer Imperialismus und monopolistischen Kapitalismus gegeben, deren Begriffe er ebenfalls mit speziellen, recht dehnbaren Deutungen verband. So heißt es z. B.:

62 Ebenda, S. 632.
63 Ebenda, S. 360.
64 Vgl. ebenda, S. 360f.

„Der imperialistische Kapitalismus, zumal der koloniale Beutekapitalismus auf der Grundlage direkter Gewalt und Zwangsarbeit, hat im allgemeinen zu allen Zeiten die weitaus größten Gewinnchancen geboten, weit größer, als, normalerweise, der auf friedlichen Austausch mit den Angehörigen anderer politischen Gemeinschaften gerichtete Exportgewerbebetrieb. Daher hat es ihn zu allen Zeiten und überall gegeben . . .“[65]

Dennoch fand sich in Max Webers nachgelassenen Manuskripten, die in „Wirtschaft und Gesellschaft“ zusammengestellt wurden, auch folgender Passus:

„Das universelle Wiederaufleben des ‚imperialistischen‘ Kapitalismus, welcher von jeher die normale Form der Wirkung kapitalistischer Interessen auf die Politik war, und mit ihr des politischen Expansionsdrangs, ist . . . kein Zufallsprodukt und für absehbare Zeit muß die Prognose zu seinen Gunsten lauten.“[66]

In begrenzter Weise kommt in Max Webers Schilderungen auch die geschichtliche Umkehrung der ehemals fortschrittlichen bürgerlichen Ideologie zur Reaktion zum Ausdruck. Er weist darauf hin, daß das noch gegen die Feudalität stehende Bürgertum zwar nicht antireligiös, jedoch antiklerikal – d. h. gegen den Machtapparat der offiziellen Kirche – opponierte, und registriert auf seine Weise die allerdings bereits im Verlaufe des 19. Jahrhunderts eingetretenen – und übrigens u. a. schon im „Kommunistischen Manifest“ dargestellten und analysierten – Veränderungen:

„Den gleichen Weg findet das Bürgertum in dem Augenblick, wo seine eigene Stellung durch den Ansturm der Arbeiterklassen von unten her gefährdet wird. Mit dem einmal im Sattel sitzenden Kapitalismus als solchen hat die Kirche – man hat nur nötig, die Entwicklung der deutschen Zentrumspartei von Ketteler bis heute zu vergleichen – sich abgefunden. Die Hierokratie ihrerseits kommt dem entgegen. Sie hat zwar zeitweise ökonomisch eschatologische Hoffnungen auf einen ‚christlichen‘, d. h. hierokratisch geleiteten ‚Sozialismus‘ – worunter sehr verschiedene, meist kleinbürgerliche, Formen von Utopien verstanden wurden – gesetzt und zur Untergrabung des Glaubens an das bürgerliche ökonomische System das ihrige beigetragen. Aber die typische und fast unvermeidliche Autoritätsfeindschaft der Arbeiterbewegung verschiebt ihre Attitude. Der moderne Proletarier ist kein Kleinbürger. Nicht magisch zu beherrschende Dämonen und Naturgewalten sind es, die seine Existenz bedrohen, sondern gesellschaftliche, rational durchschaubare Bedingungen. Die ökonomisch kraftvollsten Schichten der Arbeiterschaft verschmähen vielfach die Lenkung durch die Hierokratie oder lassen sie sich als eine kostenlose Interessenvertretung gefallen, soweit sie dies ist.“[67]

Daß die Arbeiterklasse im Prinzip friedliebend ist, muß Max Weber ebenfalls bestätigen. Er verwechselt das mit einer pazifistischen Einstellung. In Wirklichkeit schließt Aktivität im nationalen und internationalen Klassenkampf Pazifismus allerdings aus, Friedensliebe jedoch ein. Daß bei echter Friedensliebe ein militantes Verhalten erforderlich ist, um den Frieden zu schützen, könnte nur im Sinne eines sehr oberflächlichen Formalismus als Widerspruch gelten. Es sei im übrigen – wie zuvor – auch für den folgenden Beleg unterlassen, die verschiedenen, der Geschichte entsprechenden oder widersprechenden Details herauszuheben. Es ist auch wenig

65 Ebenda, S. 624.
66 Ebenda, S. 625.
67 *Max Weber*, Ebenda, S. 805f.

fruchtbar, noch einmal unter dem Gesichtspunkt der Methodologie alle Details derartiger Aussagen zu analysieren. Hier kommt es lediglich darauf an zu belegen, daß Sprecher auch der imperialistischen Bourgeoisie durchaus keine einheitlichen Meinungen vertreten, daß sie im eigenen Interesse mitunter einige Widersprüche der Gesellschaft zur Kenntnis nehmen müssen und daß sie — je nach dem Grade ihrer Intelligenz und Berufserfahrung — sich bemühen, der Großbourgeoisie klar zu machen, sie dürfe sich nicht zu sehr polizeigesicherter Selbsttäuschung überlassen und müsse den Prozeß der Entwicklung der Klassenkräfte wenigstens einigermaßen im Auge behalten, um eine geeignete Politik der Massenbeeinflussung betreiben zu können.

Der Einschätzung der Arbeiterklasse widmet Max Weber u. a. folgende Thesen:

„Wenn . . . die Arbeiterschaft auch in Gläubigerstaaten in sehr starkem Maße pazifistisch gesonnen ist und insbesondere an dem Fortbestand und der zwangsweisen Beitreibung solcher Tribute von ausländischen zahlungssäumigen Schuldnergemeinschaften oder der Erzwingung der Anteilnahme an der Ausbeutung fremder Kolonialgebiete und Staatsaufträge meist keinerlei Interesse zeigt, so ist dies einerseits ein naturgemäßes Produkt der unmittelbaren Klassenlage und daher der sozialen und politischen Situation innerhalb der Gemeinschaften in einer kapitalistischen Wirtschaftsepoche. Die Tributberechtigten gehören der gegnerischen Klasse an, welche zugleich die politische Gemeinschaft beherrscht, und jede erfolgreiche imperialistische Zwangspolitik nach außen stärkt normalerweise mindestens zunächst auch ‚im Innern' das Prestige und damit die Machtstellung und den Einfluß derjenigen Klassen, Stände, Parteien, unter deren Führung der Erfolg errungen ist. Zu diesen mehr durch die soziale und politische Konstellation bedingten Quellen von pazifistischen Sympathien treten bei den ‚Massen', zumal den proletarischen, ökonomische. Jede Anlage von Kapitalien in der Kriegsmaschinen- und Kriegsmaterialproduktion schafft zwar Arbeits- und Erwerbsgelegenheit, jede Staatsinstanz kann im Einzelfall ein Element direkter Konjunkturbesserung und erst recht indirekt durch Steigerung der Intensität des Erwerbsstrebens und durch Nachfragesteigerung eine Quelle gesteigerter Zuversicht in die ökonomischen Chancen der beteiligten Industrien und also einer Haussestimmung werden. Aber sie entzieht die Kapitalien anderen Verwendungsarten und erschwert die Bedarfsdeckung auf anderen Gebieten und vor allem werden die Mittel in Form von Zwangsabgaben aufgebracht, welche — ganz abgesehen von den durch ‚merkantilistische' Rücksichten gegebenen Schranken der Heranziehung des Besitzes — die herrschenden Schichten normalerweise kraft ihrer sozialen und politischen Macht auf die Massen abzuwälzen verstehen."[68]

Die überaus zahlreichen Kapitel, in denen Max Weber die Verwendbarkeit seines soziologischen Instrumentariums darzulegen versucht, bieten noch viele Anknüpfungspunkte zur Auseinandersetzung mit historischen, philosophischen und ökonomischen Fragen. *Alle* Kapitel enthalten viel *historisches* Material, besonders aber aus der älteren Geschichte. Max Weber versagt als Theoretiker in stärkerem Grade, je mehr er sich seiner imperialistischen Gegenwart nähert. Das gilt auch dann, wenn ihm zugebilligt wird, daß er seine Studien in dieser Hinsicht nicht selbst redaktionell abschließen konnte. Max Weber spricht bei Erörterung der historischen Sachverhalte

[68] Ebenda, S. 626.

weit zurückliegender Zeiten ohne Zweifel eine präzisere Sprache, als dies bei Behandlung der Gegenwartsfragen der Fall ist. Das hängt sicher auch damit zusammen, daß seine verfehlte Grundkonzeption ihn ständig treibt, besonders in der *Vergangenheit* das Material für *Idealtypen* zu suchen, mit denen dann die zuzuordnenden Erscheinungen der jüngsten Geschichte „verglichen" werden sollen. Offenbar spielt dabei auch die Tatsache eine Rolle, daß abgelebte Zeiten sich wesentlich leichter klassenindifferent auch dann behandeln lassen, wenn die Behandlung noch verhältnismäßig genau dem historischen Sachverhalt entspricht. Auf geschichtsgenaue Behandlung von Gegenwartsfragen reagieren jedenfalls herrschende Ausbeuterklassen in der Regel bedeutend empfindlicher. Zugleich gestattet es das falsche Prinzip des modernen – reaktionären – bürgerlichen Historismus, mit den jeweils möglichst älteren Zeiten entnommenen Verhaltensmodellen die moderne kapitalistische Ausbeuterordnung ideologisch zu stützen. Das kann verfolgt werden an Max Webers Erörterungen über „Herrschaft"[69] und über die „Typen der Herrschaft"[70], in denen hauptsächlich politische Formen von – ökonomischen – Ausbeuterordnungen in seiner Sprache und Auffassung systematisiert und – unter jeweils bestimmten Bedingungen – als indiskutable Naturerscheinungen und demzufolge als normal dargestellt werden.

VIII. SYMBIOSE WISSENSCHAFTLICHEN UND POLITISCHEN ANLIEGENS

Im Leben Max Webers gibt es prinzipiell keine Diskrepanz zwischen dem politisch engagierten Bürger und dem zielstrebig orientierenden Wissenschaftler. Dies steht im Zusammenhang mit Webers Bemühungen, Politiker der Großbourgeoisie zu erziehen, wie dies u. a. in seinem Vortrag über „Politik als Beruf" vom Jahre 1919 zum Ausdruck kommt.[71] Webers Auffassungen über Typen der Herrschaft sollten ebenso der Selbstverteidigung der Bourgeoisie dienen, wie das offenbar für ihn selbst gegolten hat. Es sei an seine politische Aktivität in verschiedenen Phasen seines Lebens erinnert. Max Weber hatte sich dabei immer als ein ebenso erbitterter wie zugleich besonders intelligenter Feind der Arbeiterklasse, insbesondere ihrer revolutionären Vorhut, erwiesen.[72] Er trat aggressiv gegen die russische Revolution von 1905, gegen die Große Sozialistische Oktoberrevolution und gegen die Sowjetunion, gegen die kämpfenden Arbeiter und die der Arbeiterklasse ergebenen Führer in der

[69] Vgl. ebenda, S. 603f.

[70] Vgl. ebenda, S. 122f.

[71] *Max Weber*, Soziologie ..., a. a. O., S. 167f.; vergleiche auch die Anmerkungen auf S. 521f.

[72] Vergleiche die Zusammenstellung einiger Bemerkungen Max Webers durch *Robert Naumann*, Bemerkungen zur Entwicklung und Krise des Liberalismus, in: Theorie und Praxis des Neoliberalismus, Verlag Die Wirtschaft, Berlin 1957, S. 43ff.; auch S. 63, 85, 150 u. 369.

deutschen Novemberrevolution auf. Der mitunter schäumende Haß, der in entsprechenden Publikationen offen zum Ausdruck kommt, macht ihn zuweilen völlig blind gegen das Neue in der Entwicklung der Weltgeschichte. Von Werturteilsfreiheit findet sich in dieser Hinsicht jedenfalls nicht eine Spur. Diese Ereignisse der Weltgeschichte *wissenschaftlich* zu verallgemeinern oder auch nur den Versuch einer theoretischen Verarbeitung zu unternehmen, war nicht *seine* Sache. Von einer durchgehenden Werturteilsfreiheit kann auch sonst im Werke Max Webers nicht die Rede sein, das heißt auch dort nicht, wo er seiner „wissenschaftlichen Tätigkeit den trügerischen Schein einer Objektivität gibt, die angeblich über dem Klassenkampf der Meinungen steht".[73]

[73] *Jürgen Kuczynski*, Die politökonomische Apologetik des Monopolkapitals in der Periode der allgemeinen Krise des Kapitalismus, Dietz Verlag, Berlin 1952, S. 58.

AUTORENVERZEICHNIS

Fritz Behrens	Professor, Dr. rer. pol. habil., Nationalpreisträger, Mitglied der Deutschen Akademie der Wissenschaften zu Berlin, wissenschaftlicher Arbeitsleiter am Institut für Wirtschaftswissenschaften der DAW
Walter Gellrich	Dr. rer. oec. habil., wissenschaftlicher Arbeitsleiter am Institut für Wirtschaftswissenschaften der DAW (bis 31. 7. 1963)
Ottomar Kratsch	Dr. rer. oec., wissenschaftlicher Arbeitsleiter am Institut für Wirtschaftswissenschaften der DAW
Gunther Kohlmey	Professor, Dr. rer. pol., Nationalpreisträger, Mitglied der Deutschen Akademie der Wissenschaften zu Berlin, stellvertretender Direktor des Instituts für Wirtschaftswissenschaften der DAW
Lola Zahn	Professor, Dr. phil., wissenschaftlicher Arbeitsleiter am Institut für Wirtschaftswissenschaften der DAW
Kurt Braunreuther	Professor, Dr. oec. habil., Mitglied der Deutschen Akademie der Wissenschaften zu Berlin, Leiter der Arbeitsgruppe Soziologie am Institut für Wirtschaftswissenschaften der DAW

www.ingramcontent.com/pod-product-compliance
Lightning Source LLC
LaVergne TN
LVHW081328011026
849161LV00013BB/2867